KB106396

한국 자생 풍수의 기원, 도선

저자 일러두기

이 책의 내용 일부는 필자가 이미 출판한 책들의 내용을 옮긴 것입니다. 필자의 풍수 공부의 최종 목적은 도선의 자생 풍수를 더듬는 것입니다. 따라서 1978년 대한지리학 회와 서울대 지리학과 논문집에서 발표한 논문 이래 지금까지 해온 작업들은 이 책을 위한 과정이었습니다. 저의 다른 책을 읽으신 독자들께 양해를 구합니다.

한국 자생 풍수의 기원, 도선

최창조

민음사

이 책을 김승연 회장님께 바칩니다.

머리말

이 책은 다음과 같은 기본 인식과 가설을 전제로 했다.

- 도선道詵은 신라 42대 홍덕왕에서 52대 효공왕 연간의 인물로 신라가 망조를 보이던 시기를 살았다.
- 천년 왕국 신라는 992년 동안 지속됐는데, 당시는 그 존립이 숙명적으로 위태로운 상황이었다.
- 도선의 풍수는 단군을 비롯한 우리 고대 신앙부터 불교와 도교, 그 외의 외래 종교 등 당시의 모든 사상을 수습하여 혼융무애混融無礙해 만든 것이다. 그런 까닭에 그의 풍수는 현대에 이르기까지 끊임없이 인구에 회자되고 있다. 물론 그의 풍수는 '지리학'이지만, 차라리 '인간학'이라 부르는 편이 더 적합하다.
- 도선의 업적은 비보裨補, 방법론은 직관, 대상은 현실, 영향력은 정치성이

었다. 그는 인생을 '살아가는 그 자체'라 여겼을 뿐 거기에 의미를 붙여 복잡한 숙제라고 생각하지는 않았던 듯하다. 이는 도선의 풍수 사상이 상식을 벗어나지 않는 까닭이다.

- 도선은 고려 왕조에 의해 만들어진 인물이다. 존재 자체가 없었던 건 아니지만 그에 관한 대부분의 기록은 허구다. "증거의 부재가 부재의 증거는 아니다."라는 칼 세이건의 말은 도선 연구에 적용하기에 적확한 금언이다.
- 특히 고려 태조 왕건이 자신의 반역, 즉 궁예에 대한 죄책감과 보상 심리 차원에서 도선을 끌어들였을 가능성이 농후하다. 비단 궁예뿐 아니라 당시 호족들 대부분은 "우리가 이 전쟁을 끝내지 못한다면 전쟁이 우리 모두를 끝장낼 것이다."라는 자아도취적 목적을 내세웠다.
- 또 왕건은 궁예가 미륵을 자처한 데 대한 일종의 대항 이데올로기로서 도선을 끌어들였다. 이미 명성이 드높은 고승들은 너무 알려졌기 때문에 정치적으로 이용하기 어려웠다. 그래서 존재가 미미했던 도선을 내세운 것이다.
- 한미한 가문 출신에 국내파였던 도선의 심리 기저에는 도당渡唐 유학생 출신 최치원崔致遠에 대한 또 다른 보상 심리가 있었다. 그런 배경이 그를 '자생적인 것'에 몰두하도록 부추겼을 것이다.
- 그럼에도 도선의 풍수는 중국과 풍토가 다른 우리나라만의 자생 풍수로서 평가받을 만하다. 결국 도선은 우리 자생 풍수의 비조鼻祖로서 추앙받을 자격이 있다.

우리나라에서 풍수를 말하는 사람치고 도선을 입에 올리지 않는 사람은 없다. 고등학교 한국사 교과서는 물론 저명한 한국사학자들의 통사에 이르기까지 그를 한국 풍수의 비조라 부르는 데에는 전혀 이견이 없다. 지관들 사이에도 다른 견해가 없는 듯싶다. 도선 풍수는 중국에서 수입된 이론에 바탕을 둔 것이지만, 누구나 도선을 받드는 데 주저하지 않는다. 정파든 사파든, 이름 높은 사람이든 무명인이든 도선을 추앙하는 데는 차이가 없다. 하기야 어느 누가 자신을 사파니, 비정통이니, 무명인이니 하겠는가? 그러니 한마디로 말하면 우리 풍수를 다룰 때 도선을 빼고서는 시작조차 할 수 없다.

그런데 도선은 알 수 없는 인물이다. 그에 관한 기록이 여기저기에 남아 있지만 그 내용을 들여다보면 상이한 곳이 너무 많다. 심지어 그의 어머니가 강씨인지 최씨인지부터 아리송하다. 게다가 아버지에 대해서는 기록이 단 한 줄도 없다. 전해지는 민담조차 없다. 이는 당연한 얘기다. 도선의 어머니가 오이 또는 구슬을 삼키고 그를 잉태했다고 하니 아버지가 있을 리가 없다. 그에 관한 이야기는 사실에 바탕을 두려고 노력한 미스터리다. 따라서 그의 일생은 생몰 연대가 분명하더라도 짙은 안개 속에 가려진 픽션일 수밖에 없다. 그런데 기이하게도 그가 "한국 풍수지리의 비조"라는 점에서는 한 사람도 이견이 없다. 결국 필자는 미스터리 픽션을 쓰는 셈이다. 그럼에도 나는 그가 한국 '자생 풍수'의 맥을 찾아가는 데 가장 중요한 길잡이라고 확신한다. 따라서 이 책에서는 도선을 좇으면서, 동시에 자생 풍수의 궤적을 더듬으려는 노력이 이어질 것이다. 책의 끝부분에서 자생 풍수의 특성을 정리했으나, 아무래도 시도에 불과하다. 어찌 보면 이 책은 한국 전통 사상 전반에 대한 '훑어보기'라 할 수 있다.

이 책의 가장 중요한 목적은 신비에 싸인 도선과 풍수를 상식 수준으로 펼쳐 보이는 데 있다. 이러한 목적을 이루기 위해 필자는 정사와 야사, 신화와 전설과 민담은 물론, 현대 과학과 소설에 이르기까지 다양하고 세세한 근거들을 거리낌 없이 동원했다. 혹자는 이런 필자의 접근법에 당혹해할 수도 있다. 여하튼 필자가 지금까지 풍수를 공부하면서 절실히 느낀 점, 풍수가 별 쓸모도 없이 복잡하고 난해해졌다는 사실이다. 이미 정통 풍수가 지향하던 지기地氣 감응은 상당 부분 효력을 잃었다. 산맥은 곳곳이 끊겼고, 물길 역시 헤아릴 수 없을 정도로 막혔다. 그러니 과거의 풍수 이론이 무슨 소용이 있겠는가? 그렇다고 풍수 자체의 효용까지 없어졌다는 말은 아니다. 환경 심리학적 쓸모는 인간 본성이 바뀌지 않는 한 남아 있을 수밖에 없다. 그러니 풍수에 대해, 즉 도선에 대해 정리해 보자는 것이다.

도선에 관한 기록은 많지는 않아도 어느 정도 남아 있다. 문제는 그런 자료 대부분이 도선 당대가 아니라 그가 입적하고 오랜 세월이 지난 다음에 나왔다는 데 있다. 당연히 믿음이 가지 않는 부분이 많을 수밖에 없다. 그뿐 아니다. 저 유명한 『삼국사기』에도, 『삼국유사』에도, 삼국 시대 고승들에 관한 기록 어디에도 도선에 관한 언급이 없다. 그런데도 그가 실재했다는 건 분명한 사실이다.

필자는 풍수 공부의 대미로 도선에 대해 정리하고 싶었다. 그것이 평전이든 평설이든 상관없다. 평전이란 개인의 일생에 대해 필자의 논평을 겸해 쓴 전기이고, 평설이란 어떤 것의 가치나 의의 따위를 평가하여 설명한 것이다. 필자는 평전을 쓰고 싶었지만 도선의 전기를 쓰는 건 불가능했다. 자료의 신빙성에 심각한 의문이 들었기 때문이다. 부득이하게 평설이 되겠지만, 그래도 남은 기록을 바탕으로 그의 일대기를 구성해 보고자 노력했다. 아마도 이 책은 '로망스'에 가까울 것이다.

영문학에서 근대적 의미의 '소설'을 지칭하는 용어는 '노블novel'이다. 노블은 우리말로 소설이라고 번역되는데, 전근대적인 산문 설화 문학을 지칭하는 '로망스romance'와는 별개의 문학 장르다. 학생들에게는 소설의 의미를 '우리 모두처럼 결함과 미덕을 동시에 갖고 있고, 이상을 추구하지만 저속한 욕망에 얽매이기도 하는 보통 사람이, 매우 구체적인 현실 속에서 생존하면서 뒤얽히게 되는 지극히 현실성과 개연성이 강한 사건의 전개를 다루는 문학'이라고 설명한다. 영웅과 악당의 대결 이야기는 현실성이 결여되어 '소설'이 될 수 없고, 또

현실적인 인물이 등장하더라도 그들이 아주 구체적인 현실 상황에서 살아가면서 부딪히는 이야기가 아니라면 우리 자신과 삶에 대한 통찰력을 제공해 주지 못하기 때문에 소설로서의 가치를 가질 수 없다. 즉 소설은 역사 속에서 이루어지는 실존적 인간의 이야기이고, 탈역사적 공간에서 이루어지는 선남선녀들의 이야기는 로망스다.[1] 필자가 평전도 아니고 소설도 아닌 로망스라고 말하는 것은 그런 까닭이다. 그렇다고 이 책에서 로망스의 구조를 잘 드러내지도 못했다. 도선의 탄생 설화나 고려 개국의 예언은 그에 걸맞지만 그의 일생에 영웅담은 없다. 결국 필자 나름대로 도선에 대해 정리하고 평가하고 그 의의와 현실에서의 유의성을 살피는 데 그쳤다. 솔직히 고백하면 도선에 관해서는 더 이상 할 얘기가 없을 것 같다. 필자가 주장하는 자생自生 풍수에 대해 총정리한다는 전제를 깔고 얘기를 시작해 보기로 하자.

"나는 사물에 대한 수리적 분석이나 구체적인 해석에는 늘 불안을 느낀다. 그 대신 보편적인 원리나 본질론으로 우물우물 넘어가기를 잘하는데 그 또한 그때 길러진 전원적田園的인 사고 형태의 한 약점일는지 모른다."[2] 필자가 도선에 관심을 가지고 그에 대해 정리하는 것을 필생의 업적으로 삼으려는 것은 당연히 도선이야말로 자생 풍수의 모든 것이라고 생각해서지만, 필자 자신의 성향이 위 인용문의 내용과 비슷하기 때문에 로망스에 가깝다고 한 것이다.

본격적으로 이 작업에 매달리면서 느낀 것은 도선에 관한 정확한 기록을 찾을 수 없고, 그의 입적 후 고려 시대에 나온 기록들은 정치적인 의도에서 자기만족적인 왕씨 가문의 정통성 확립에만 집중하여 그 사실성이 희박하고, 게다가 현대 학자들의 그에 관한 해석과 평가도 심히 상반되며 어느 한 부분에만 치우쳐 도대체 도선이 누구인지를 알 수 없게 한다는 것이다.

이 책은 이런저런 주장을 광범위하게 소개하고 필자가 지금까지 주장해 온 자생 풍수의 결과물을 적극 반영했고, 이미 출간한 책의 일부를 그대로 옮기기도 했다. 역사학자들이 인정하는 기록은 물론 전설, 설화, 소설 등 그에 관한 것이라면 어떤 분야든 받아들였다.

　필자의 결론은 '도선의 자생 풍수는 인생 그 자체'라는 것이다. 인생이 모호하고 그 과정도 불분명하며 그 해석 역시 주관적일 수밖에 없다는 점에서 그렇다. 도선을 얘기한다는 것은 결국 인생을 말하는 것이기 때문에 어쩔 수 없이 '직관'과 '비논리의 논리', '말 없는 말, 법 없는 법', '통찰과 억지', '논리와 상상력'을 두루 동원했다. 필자가 주장하는 자생 풍수가 그런 것이기에 지금까지 많은 비난을 받아 왔지만, 오히려 그렇기 때문에 풍수를 통해 인생을 깨우쳐 왔다는 나름의 성찰에는 변함이 없다. 인생은 불가해하다. 자생 풍수 역시 불가해하다.

도선을 알아야 할 이유

우리나라 풍수를 말하면서 도선을 빼놓을 수는 없다. 필자는 오래전부터 도선을 알고 싶었다. 먼저 필요한 것은 그의 전기傳記지만 전기를 쓰는 건 가능해 보이지 않았다. 따라서 전기가 전제인 평전도 포기할 수밖에 없었다. 그래서 평설 형식을 택한 것이지만, 그야말로 암중모색이었다. 어느 날 책을 읽다가 이런 구절을 접했다.

하지만 명심하라. 탐험가들이 과학이라는 포커 테이블에 앉아서 생명의 게임을 해독하기 시작한 것은 고작 400년밖에 되지 않았다. 우리가 직립 보행을 시작한 600만 년에 비하면 400년은 눈 깜박할 새에 지나지 않는다. 초기 화석 기록을 해독하는 게임을 몇 판 만에 이기겠다는 것은 오산이다. 차차 살펴보겠지만, 한편으로는 패턴을 꼼꼼하게 오랫동안 들여다보면서 다른 한편으로는 과정에 대한 육감을 발휘해야 한다.(가설을 세워야 한다.) 화석 기록의 해독을 위한 규칙을 배우는 일은 시행착오를 거치며 느릿느릿 진행되었으며 수많은 질문, 직관과 반직관이 동원되었다. 그러면서도 헤아릴 수 없는 의심의 눈초리를 받아야 했다. 하지만 과학이야말로 의심을 검증하기에 둘도 없는 체계 아니던가. 과학은 좋은 질문을 늘 환영한다.[1]

도선에 관한 연구 논문은 결코 적은 양이 아니다. 전설, 설화, 민담에다 고문헌도 그 진위가 안개 속이지만 역시 적지는 않다. 도선에 관한 연구 논문이 쓰이기 시작한 것은 겨우 30년 전이다. 도선은 2200년 전쯤에 살았던 인물이다. 게다가 '고려의 정통성 확립'이라는 정치적 계략에 이용되었던 인물이다. 지금 필자가 평설이라도 정리해 놓는다면 의미가 있다고 생각한다. 최소한 도선에 관한 자료의 집대성 정도의 기여는 할 수 있을 것이다. 만용이랄 수 있는 용기를 내어 이 책을 쓰는 까닭이다. 그리고 필자의 풍수 공부 마지막을 도선으로 장식하고 싶다는 욕심도 크다. 필자의 나이도 60대 중반을 넘어섰으니 노욕老慾이라는 비판을 들어도 좋다. 필자는 도선을 사랑한다.

필자가 1978년 대한지리학회에서 발표하고 학회지 《지리학》에 처음 풍수 논문을 발표한 지 올해로 37년이 되었다. 지금 나는 풍수를 어떻게 이해하고 있나? 결국 풍수 역시 '사람의 생각'이라는 결론을 내렸다. '중요한 것은 사람'이란 생각 말이다. 당연하지 않은가? 내가 없다면 이 모든 것이 존재할까? 한 발 양보해서 존재한다 하더라도 의미가 있을까?

도선의 흔적이 신라 기록에 전혀 남지 않은 것은 무슨 까닭일까? 도선을 더욱 알쏭달쏭한 인물로 여기게 만드는 것은 그가 다른 이름으로도 기록되어 있다는 사실이다. 「광양옥룡사동진대사보운탑비문光陽玉龍寺洞眞大師寶雲塔碑文」[2]에 나오는 옥룡사의 도승 화상道乘和尙은 이미 선학들에 의하여 수차 지적된 바와 같이 도선과 동일 인물임에 틀림없다. 고려가 그토록 떠받들던 인물의 이름조차 통일되지 않았다는 것은 매우 흥미로운 사실이다. 게다가 동진 대사는 경보경甫, 869~948로 도선의 제자인데 그의 비문에 스승의 이름이 다르게 나온다는 것은 이상함을 넘어 괴이한 일이다.

한편 고려 역대 왕들은 그를 매우 높여 현종13년(1022)은 대선사大禪師, 숙종 6년(1101)은 왕사王師, 인종4년(1126)은 선각 국사先覺國師의 존호를 주었으니[3] 이상한 일이 아닐 수 없다. 조선 태종 때에는 서운관書雲觀에서 상소하여 "밀기密記에 있는 서울의 총본산에 소속된 70개소의 사찰을 제외하고는 모두 주군州郡에 예속시키라."라는 하명이 있었다. 성호 이익李瀷은 이 밀기가 도선의 것이라 했다.[4] 따라서 조선 시대에도 도선의 위상은 풍수에 관한 한 변함이 없었음이 분명하다. 다만 도선이 옥룡사에 앉아 태조 왕건의 창업을 도왔다는 부분은 잘못이다. 옥룡사비에 "35년 동안을 한가히 앉아 말을 잊었다."라는 것은 잘못된 말이다. 20년 동안 석장錫杖을 날려 두 번이나 송도松都에 이르렀으니, 적멸의 가운데에 기미가 그윽이 움직여서 하나는 쇠잔하고 하나는 흥왕하려 할 적에 창업을 도와 일으켰으니, 또한 "설說함이 없는 설과 법法이 없는 법이다."라고 한 것과는 다르다.[5]

왕건과 그의 가문은 도선을 정치적으로 이용했다. 그 점은 사계斯界에 이견이 없다. 불교학자나 승려 중에는 그를 우등한 선사禪師로 보는 이도 있지만 이는 도선 자체가 의심스러운 만큼이나 의심스럽다. 왕건이 도선을 치켜세운 것은 심리적 요인이 컸다고 본다. 그는 궁예에게 반역했다. 훗날의 기록이 어떠하든 승자의 기록이란 점에서 그대로 믿기는 어렵다. 궁예의 포악성도 그렇다. 후삼국이라는 전국 시대 호족 중 누가 자비로울 수 있었겠는가. 자비로운 사람은 일찌감치 도태되고 말았을 것이다.

왕건에게는 궁예를 대신할 승려 출신의 누군가가 필요했고, 도선이 적임자였다. 이미 도선이 자신의 왕업을 예언했고 그 방법까지 알려 주었다면 미륵을 자처한 궁예 대신으로 도선이 합당한 선택이었을 것이다. 도선은 탁발 행각 시에 송악의 왕건 윗대 어른을 만났을 개연성이 높다. 왕건은 지방인 송도의 부상富商이었고, 흔히 풍수를 하는 사람은 그런 집의 식객이 되기가 수월했을 것이다. 게다가 "당신 집안에 왕기王氣가 서렸다."라는 치사는 도선에 대한 대접에 소홀함이 없도록 하는 데 충분하지 않은가. 이런 일들이 잘 짜인 각본에 의해서는 아니었을 테지만, 역사의 운명일 수는 있다. 왕건 개인의 자질과 함께 도선의 신비화는 고려 개국에 결정타였음이 분명하다.

도선이 비교적 젊은 나이에 옥룡사에 주석駐錫하며 나오지 않은 것도 이상하다. 그는 전설적인 인물이다. 그는 고려 왕씨들에 의해 신비화되었다. 그에 관한 기록은 모두 고려 때 나온 것이다. 그 기록에는 풍수 이론에는 반드시 등장해야 할 장풍득수藏風得水가 없다. 청룡이니 백호도 없다. 그는 누구인가? 모른다. 그러면서도 한국 풍수의 시조라고 교과서에 명기되어 있고, 그에 대한 반론도 없다. 풍수계라는 곳이 제각기 도안道眼이요, 법안法眼임을 자처한다. 게다가 자신의 주장이 정통임을 강변한다. 그런데도 도선을 떠받드는 데는 이론이 없다. 필자는 그런 도선의 궤적을 추적해 보고 싶었다. "보지 않은 것은 말하지 말라."라는 것이 풍수의 금언이다. 왕건릉을 비롯하여 고려의 왕릉들을 답사한 입장에서 분명히 말할 수 있는 것은 그 능들이 지금 통용되는, 중국에서 수입된 풍수 이론에 전혀 부합하지 않는다는 점이다. 그렇다면 도선 풍수, 필자가 주장하는 자생 풍수는 중국 풍수와는 다르다는 얘기가 된다. 이 점을 추적해 보자는 의도도 있었다.

1부

한국 풍수 사상 개관

악지(惡地)에서도 생명과 땅의 기운이 맞으면 번성할 수 있다. 즉 명당은 좋은 땅이 아니라 맞는 땅이다.

어느 나라 어느 민족에게나 지리관地理觀이 있다. 동물에게도 공간에 관한 지각력이 있으나 본능적인 것일 뿐 그것을 체계화하고 인식하여 거기에 상징성을 입힐 능력은 없다. 우리의 지리관은 자생 풍수다. 필자가 굳이 자생이라는 말을 덧붙이는 것은 중국 풍수와 다르다는 것을 강조하기 위함이다. 지금 알려진 풍수는 대부분 중국 것이다. 아주 조잡하게 양자를 특징짓는다면 중국 풍수가 발복을 바라는 이기적인 측면이 강한 데 반하여 자생 풍수는 대동적大同的이라고 할 수 있다. 이 차이에 주목하여 자생 풍수의 맥을 좇아 보자는 것이 필자의 목적이다.

이를 위하여 선사 시대와 초기 역사 시대의 고분을 살펴보았다. 나주 반남의 마한 고분군, 경남 고성의 고분군, 김수로왕릉과 황해도 안악 3호분을 직접 답사했다. 그러나 거기에서 자생 풍수의 뚜렷한 흔적은 찾지 못했다. 그것이 대동 사회를 꿈꾼 자생 풍수가 넘어서려던 세력인 당시 지배층의 무덤이었기 때문이지만, 그래도 성기性器 모양의 지형을 따르는 지극히 자연스러운 인간의 바람을 느낄 수 있었다. 고대의 성기 숭배는 풍요와 다산을 상징하기에 인간의 자연스러운 바람이라 본 것이다.

석탈해가 초승달 모양의 집터를 기만으로 빼앗은 일이나, 선덕여왕이 백제 군사들이 여근곡女根谷에 숨어 있음을 예측한 이야기 등 『삼국유사』에는 자생 풍수 초기의 흔적이 보인다.

본격적인 자생 풍수는 도선으로부터 시작된다. 그에 관해서는 우리 풍수의 시조라는 정사正史의 기록이 있는 것은 물론이고 많은 연구가 이루어져 있기에, 또한 필자 자신이 그런 연구에 참여했고 그의 유적을 여러 곳 답사했기에 그가 당시까지의 자생 풍수를 집대성하고 제자를 두었다는 점은 분명하다. 당시는 신라 말의 혼란기로 백성들은 매우 힘거운 상황에 놓여 있었고 도선과 그의 제자들은 개벽된 세상을 바라며 실제 행동에 들어갔다. 도선의 제자 혹은 2~3대 제자들은 후삼국 각 진영에 들어가 활약했다. 그러나 이미 도선이 새로운 왕조의 수도를 중부 지방이라 한 데서도 드러나듯이 국토 동남부에 있던 신라는 물론, 서남부에 치우쳐 있던 후백제도 실패로 끝났다. 그리고 고려 왕조가 무대에 오른다. 그러니까 후백제 견훤의 참모 역할을 한 도선의 추종자들은 처음부터 스승의 가르침을 제대로 이해하지 못했던 것이다. 그것이 그들의 출신지 때문은 아니다. 도선은 전남 영암 출신이었고 그의 제자들 상당수도 연고지가 전라도지만, 많은 이들이 고려에 종사했다. 그리고 그들은 성공했다.

문제는 개벽 사상이었다. 새로운 세상이 오면 성공한 자생 풍수가이자 개벽 사상가였던 그들 자신이 기성 세력이 되어 버리니 그들은 개벽 사상을 억누를 수밖에 없었다. 또 다른 개벽은 자신들이 세운 세상을 부정하게 되니 그런 행동은 당연한 일이다. 그러나 세상이 어수선해지면 반드시 나타나는 것이 개벽 사상이다. 고려 중기 이후 끊임없이 대두된 천도론遷都論이 그 예다. 대표적인 인물이 묘청妙淸과 신돈辛旽이었다. 그들은 실패했다. 역사는 성공한 쪽의 기록이다. 당연히 묘청과 신돈에 대한 정사의 기록이 아름다울 리가 없다.

고려의 무장이었던 이성계의 사부이자 친구이며 참모였던 무학無學은 성공했다. 그러나 새로운 개벽 세상을 연 조선은 국시國是를 유교에 두었다. 때문에 승려였던 무학은 기록에서 무시당한다. 그러나 야사나 설화의 세계에서는 무학은 살아남았다.

역사는 반복된다. 남사고南師古, 토정 이지함李之菡, 광해군 때 교하 천도를 주장했던 이의신 등 여러 인물이 등장하지만 아직 때가 아니었다. 홍경래洪景來 집단은 성공에 근접했으나 개벽을 보지 못했고, 동학의 전봉준全琫準을 비롯한 농민군도 특히 외세의 개입으로 비참한 말로를 걷는다.

1장   자생(도선) 풍수가의 특성

이 책에서 필자는 도선에 방점을 두었으나, 작업하다 보니 결국 개벽을 꿈꾸던 무리가 도선이라는 하나의 맥으로 이어진다는 확신이 생겼다. 물증을 찾아냈지만 많지는 않다. 전해지는 이야기와 현장 답사에서의 직관이 확신을 심어 주었다. 이를 위하여 많은 다른 사람들의 증언과 글들은 물론 필자 자신의 답사기와 이미 발표한 글들에서도 재인용하거나 일부를 전재했다. 그리고 이들 자생 풍수가들의 특성을 다음과 같이 정리했다. 이것은 바로 도선의 특성이기도 하다.

1 한미한 출신의 승려들

먼저 도선을 비롯해 이들의 출신은 대체로 한미했다. 그것은 개벽을 꿈꾸는 중요한 계기가 된다. 지금 삶에 만족한다면 다른 세상을 바랄 이유가 없지 않겠는가. 그렇다고 그들이 특수하다는 것은 아니다. 아무리 유복한 사람이라도 나름의 고뇌와 불안은 있는 법이니 일반화가 가능하다. 실제로 홍경래의 동지 중에는 부자도 있었고, 도선과 무학은 이미 당대에 존경받는 승려였다.

둘째, 이들 중 상당수가 승려였다는 점이다. 땡추黨聚로 불릴 만한 부류의 승려들이었다는 말이다. 고려는 물론 신라도 불교 국가로 쳐도 지나침이 없는 왕조였다. 그들의 활동은 제한받지 않았다. 그러나 조선은 억불승유 정책을 취한 터라 무학은 『조선왕조실록』에서 무시당했고, 홍경래, 전봉준 등은 기본적으로 유학자였다. 승려로서 그들은 권력에 크게 연연하지 않았다. 다만 개벽 세상을 위해 권부權府에 가담한 것은 사실이다. 불교를 정치적인 이유 때문에 억압한 조선 시대에는 승려는 아니지만 어떤 식으로든 사찰과 관련이 있었다. 이것은 세 번째 특징과도 연결된다.

셋째, 이들은 거사하기 전 전국의 산천을 주유하였고, 그 과정에서 산간에 입지한 사찰을 기반으로 승려들과의 접촉이 잦았고 스스로 승려가 되는 예도 많았다. 그러나 학승은 아니었다. 그래서 자연스럽게 땡추가 되기도 쉬웠다. 아니, 땡추가 될 수밖에 없었다. 그래서 그들의 교류는 결사의 성격을 띠게 되었다. 게다가 그들의 주유는 민심을 읽고 훗날 전략과 전술을 구사하는 데 큰 도움을 주었다.

2 당대 사상에 대한 배격

넷째, 이들은 당대의 기반이 되던 사상을 배격했다. 자생 풍수 또한 그야말로 스스로 이 땅에서 이루어진 지리관이지만, 한편으로는 유식한 중국의 이론 풍수에 대립했다. 사실 중국의 풍수는 중국의 지리관이 반영된 것으로 우리 풍토에 맞지 않는 부분이 많다.[1] 중국 내에서도 풍토에 따라 여러 유파가 있었으니 우리에게 자생 풍수가 있는 것은 당연하다.

다섯째, 추구한 이상이 대동大同의 공동체였다는 점이다. 물론 그들의 최초 기성 이탈이 자신의 처지를 비관한 이기적인 목적에서 비롯되었다는 것은 인정한다. 그러나 그 이상이 사회 전체의 호응을 얻을 때 일반화가 이루어진다. 그리하여 이기利己를 벗어나 대동을 지향하는 것이다.

여섯째, 『정감록』식의 도참圖讖, 비기秘記, 비결 등을 잘 이용했다. 특히 자주 사용한 것이 측자測字와 파자破字였다. 한자를 분리하는 것을 파자 또는 탁자坼字라 하고 한자를 결합하거나 추리하고 유추하는 것을 측자 또는 상자相字라고 하는데,[2] 대표적인 예가 목자득국木子得國으로 이李씨인 이성계의 등극을 예언하는 따위이다. 어차피 예언이란 맞을 수도 있고 틀릴 수도 있다. 게다가 문자에 약했던 백성들에게 파자와 같은 기술은 신비롭게 여겨졌을 것이다. 그러니 민중을 끌어들이는 데 그만큼 효과적인 것도 드물다.

3 자생 풍수의 특성 요약

필자는 이미 자생 풍수의 특성을 열 가지로 요약한 바 있다.[3] 특성이 열 가지나 된다면, 이는 특성이랄 수 없는 숫자이다. 그러나 자생 풍수 자체가 땅보다 사람을 중시하다 보니 삶이 그런 것처럼 다양할 수밖에 없고 따라서 특성 아닌 특성이 무려 열 가지나 나온 것이다. 필자는 앞에서 풍수에서 땅을 보는 관점은 사람을 보는 것과 같다고 했다. 객관화나 일반화, 논리화가 처음부터 불가능하다는 얘기다.

첫째, 주관성이다. 세상에 완전히 객관적인 것은 없다. 현실 세계에서 일어나는 것을 글로 기록할 때 객관성이란 정말 허무한 것이다. 전문가나 과학자는 객관을 중시한다. 20세기 최고의 물리학자 중 하나인 닐스 보어는 "전문가란 그 분야에서 자신이 저지를 수 있는 모든 실수를 다 해 본 사람"이라고 했다. 만약 객관적이었다면 그럴 수가 없다.

풍수 이론에서는 명당의 조건을 까다롭게 규정한다. 그러나 그런 곳이 잘 있지도 않거니와, 있다 하더라도 당신의 명당과 나의 명당이 같다는 보장은 없다. "기찻길 옆 오막살이"는 객관적으로 최악의 입지지만, 아기에게는 명당이다. 그곳에서 잘도 자니까 그렇다. 기암괴석의 설악산을 좋아하는 사람도 있지만 후덕한 지리산이나 덕유산을 더 좋아하는 사람도 있다. 그보다 아예 바다를 더 좋아하는 사람도 많다. 제 눈에 안경이다. 너무 극단적인 말이기는 하지만 일본의 경영의 신으로 추앙받는 마쓰시타 고노스케가 이런 말을 했다. "감옥과 수도원은 둘 다 세상에서 고립되어 있지만 죄수들은 불평하고 수사들은 감사한다. 자신이 일하는 직장을 수도원으로 승화시키느냐, 감옥으로 전락시키느냐는 본인의 자유 의지에 달렸다. 스스로 감사할 수 있다면 감옥도 수도원이 될 수 있다."

주관은 어느 개인의 직관과도 통한다. 스튜어트 서덜랜드는 『비합리성의 심리학』이라는 책에서 "인간의 능력 가운데 가장 높게 평가받는 것 중 하나가 직관이다. 그러나 실제로 직관은 너무 엉성하기 때문에 인간이 직관적 판단을 내릴 때 사용했던 것과 동일한 데이터를 형식 수학 분석에 맡겨서 얻어 낸 판단이 사람의 판단보다 일관되게 더 낫다."라고 했지만 드 베커는 "개들의 직관이 뛰어나다고? 인간에게는 개의 것보다 훨씬 더 뛰어난 직관이 있다. 문제는 인간이 자신의 직관을 신뢰하지 못한다는 것이다."라고 했다. 혼란스럽지만 주관이 삶에 밀착되어 있는 것만은 사실이다.

둘째, 비보성裨補性이다. 자생 풍수는 고침의 지리학이라는 뜻이다. 새로운 세상, 개벽의 세상을 바라는 것은 정치적인 특성이다. 언제나 지금 이곳에서 적응하라는 자생 풍수의 주장은 현재성이고, 비논리의 논리 혹은 논리 뛰어넘기를 하는 것은 불명성不明性이며, 이상보다 현실에 충실하게 살라는 것은 편의성이다. 그럴듯하게 보인다는 개연성, 모든 삶의 분야와 관계된다는 적응성, 내가 중심이라는 자애성自愛性, 인간도 주인이고 자연도 주인이라는 상보성도 자생 풍수의 특성이다. 이런 열 가지 특성은 본문 끝부분에서 자세히 다룰 것이다.

자생 풍수가들의 주장은 위의 특성들을 갖추고 있다. 그들은 땡추이며 개벽론자이고 때로는 신비주의자이기도 하다. 한마디로 요약하면 세상 좀 평온하게 살아 보자는 것이다. 그럴 수 있는 곳이 명당이다. 요컨대 자생 풍수는 자신의 느낌으로, 스스로의 판단으로 명당을 만들어 갈 것을 요구한다. 독일의 연출가 하이너 괴벨스의 다음 말이 참고가 된다. "나의 무대는 아무것도 의미하는 것이 없으니 보는 것만큼 보고, 듣는 것만큼 들으라." 그는 관객에게 특정 화두를 미리 만들어 '전달'하거나 이해를 구하려 하지 않는다. 오히려 자신의 무대에서 의미의 흔적을 지워 버리고 비워 둠으로써, 관객 스스로 보고 들은 것을 통해 무대를 새롭게 구성하기를 원한다.

오늘날 연극은 스스로 의미를 표방하지 않으며 관객을 향해 끊임없이 세계와 인간에 대해 질문한다. 그리고 그 질문에 대한 답을 선택하고 결정할 권한은 관객의 몫으로 남겨 놓는다. 선험적인 의미가 배제된 무대 공간 속에서 관객의 상상력이 극대화되며 인간과 삶에 대한 능동적이고 창조적인 '보기'가 가능해진다. 이러한 관객 주체는 오늘날 정치 철학에서 강조하는 진정한 민주주의적 주체이기도 하다. 그런 점에서 현대 연극에서 행해지는 모든 실험은 동시대 현실에 예술적·정치적으로 대응하려는 적극적 행위다.[4]

필자는 자생 풍수가 매우 주체적이라는 사실을 강조했다. 이것이 주관성이라든가 자애성으로 나타난다. 또한 비보裨補도 중시했다. 흔히 풍수는 자연 보전에 적극적이라 여긴다. 그러나 교과서적 풍수서인 『금낭경金囊經』에서 밝힌 바대로 풍수는 "신이 할 바를 빼앗고 천명을 바꾼다.奪神工 改天命."라는 목적을 갖는다. 현대의 환경 보전론자처럼 개발에 막무가내로 반대하는 것이 아니다. 어머니인 병든 땅을 그저 방치하는 것이 아니라 치료한다는 적극성이 들어 있다. '치유의 지리학'이자 '인간의 지리학'이 자생 풍수라는 뜻이다. 당연히 돌팔이 의사의 치료는 안 될 말이다. 엉터리로 공사를 했을 때 "그거 봐라, 하지 말라고 하지 않았는가."라고 말하는 것은 무책임하다. 공사를 잘못한 사람에게 책임을 물어야 옳다. 그것이 바로 자생 풍수가 추구하는 목표이다.

이제 왜 지금 또다시 풍수인가 하는 문제를 살펴볼 차례다. 그냥 보면 해로운 현상도 관점을 달리하면 새로운 장점이 보인다. 노인들의 치매는 큰 사회 문제가 되었다. 매춘 여성들 또한 유사 이래의 사회 문제다. 이 두 문제를 동시에 해결한 곳이 있다.

독일의 베스트팔렌 지역에서는 매춘 여성들을 양로원 돌보미로 육성하는 직업 교육 프로그램을 실시하고 있다. 《영국 의학저널》은 이러한 노력을 알리면서, 노인 인구가 증가하는 독일에서는 실업률이 높은데도 노인 돌보미는 수천 명이나 부족하다고 전하며, 요양원 관계자의 말을 인용했다. "매춘 여성들을 고용하는 것은 상당한 효과가 있습니다. 이들은 사람을 다루는 기술이 뛰어나고, 비위가 좋으며, 육체적 접촉에 대한 두려움이 전혀 없기 때문입니다." 전직 매춘 여성인 한 돌보미는 이렇게 증언한다. "매춘은 타인들이 하는 말에 귀를 기울이고, 안정감을 전하는 방법을 가르쳐 주었습니다. 노인들을 보살피는 데 꼭 필요하지만 부족한 부분이 바로 이런 것 아닌가요?"[5]

사람들이 타파해야 할 미신으로 꼽는 음택陰宅 풍수는 분명 수많은 사회 문제를 일으켰다. 필자는 과도한 지출을 하지 않는 한 그 관습에도 장점이 있다고 본다. 첫째, 사회 교육적 효과다. 명절 때 '교통 지옥'이라고까지 표현되는 악조건을 무릅쓰고 부모님은 조부모님의 산소에 성묘를 간다. 여기에서 "돌아가신 부모님에게도 저리 정성을 쏟는데, 하물며 살아 계신 부모님에게는 어떠해야겠는가!" 하는 교훈이 남는다.

둘째, 환경 심리학적 효과다. 예컨대 "이곳은 저 앞 문필봉文筆峯 때문에 후손 중에 위대한 학자가 태어날 곳이란다."라는 부모의 설명은 자식들에게 세뇌 효과를 나타낸다. 부를 원하면 노적봉露積峯을, 권력을 바라면 장군봉將軍峯을 내세우면 된다. 인과 관계를 설명할 필요는 없다. 심리적인 효과를 바랄 뿐이기 때문이다.

환경 심리학은 1960년대의 지적 분위기를 반영하며 나타났다. 이것은 행태주의와 궤를 같이한다. 행태주의란 종래의 인간과 자연의 단순하고 기계론적인 관점을 탈피하자는 데서 시작한다. 즉 행태의 복잡성을 광범위하게 이해하고자 하는 태도라 할 수 있다. 이때 인간이 사고의 주체가 된다. 인간의 행동은 인식 과정에 의해 전달된다고 본다. 따라서 인간 행태는 자연적인 것뿐 아니라 사회적인 환경에 영향을 받는다. 사고 체계와 행동의 관계에 자연스럽게 천착하게 되는데, 이때는 의식뿐 아니라 잠재의식까지도 문제가 된다.

행태 지리학은 네 가지 전형적인 접근 방법을 취한다. 첫째, 인간이 인지하는 환경과 실제 세계는 현저히 다르다는 점을 인정하며 시작한다. 이때 공간은 이중적 특성을 갖는다. 하나는 객관적 세계인 실제 세계인데 이런 부분은 직접적인 방법으로 인지하고 측정된다. 다른 하나는 행태 환경으로 '마음속에서 만들어지는 세계'며, 이는 간접적인 방법으로만 연구가 가능하다. 행태 환경이 아무리 선택적이고 주관적일지라도 그것이 인간의 의사 결정과 행동의 기초가 된다. 둘째, 개인이 그 환경에 반응하거나 환경을 형성한다는 사실에 입각하는 관점이다. 오랫동안 서구 지리학은 환경 결정론적 시각이 지배해 왔지만 그 반대도 있다는 사실의 인정이다. 따라서 행태는 환경의 최종 생산물이자 새로운 상황의 창조자이기도 하다. 셋째, 이 방법은 사회 집단보다는 개인에 연구의 초점을 맞춘다. 여기에서는 개인 심리 이론이 지니는 비논리적이라는 위험성이 따른다. 끝으로 다학제적 연구의 필요성이다. 이는 행태 지리학의 당연한 결과라 할 수 있다.

환경 심리학은 네 가지 특성을 공유한다. 환경을 인간 행위를 통하여 이해하고 정리한다는 점, 인간을 모든 문제의 필수 요소로 받아들인다는 점, 절실한 사회 문제로부터 파생되었다는 점, 다학제적 방법론을 취한다는 점이 그것이다.

1976년 H. M. 프로샨스키는 인간과 환경의 관계를 동태적 상호 관련성의 상태로 규정하면서, "인간은 자연 및 인문 환경의 영향을 받으므로 그의 행위는 제한적이 될 수밖에 없지만, 목적 지향적인 인간의 자유 의지에 의하여 크게 차이가 나기에 상호 관련성은 매우 복잡하다."라고 정리했다.[6]

필자는 사실 이런 지리학의 조류를 받아들인다면 풍수도 학계의 공식적인 분야가 될 수 있다고 본다. 그러나 아직도 그런 움직임이 있다는 소식은 듣지 못했다. 아마도 과학이라는 개념에 너무나도 좁게 빠져 있는 까닭이 아닌가 짐작할 뿐이다.

음택 풍수의 장점을 계속 얘기하면 셋째, 가족 관계를 보다 원활하게 만든다. 혈연이 어떤 것인지를 체감할 수 있는 기회가 되기 때문이다.

넷째, 유전공학적 연구 사례가 DNA상의 인과 관계를 설명할 수 있을지 모른다는 가능성을 보인다는 점이다. 본문에서 이런 사례를 소개했다. 하지만 아직은 부작용이 염려된다. 명당을 쓰면 후손에게 좋다는 생각이 과학의 힘까지 끌고 들어와 설친다면 그 폐해는 간단치 않을 것이기 때문이다.

끝으로, 관습을 어느 정도 인정하는 것이 사회의 안정에 도움이 되리라는 기대도 있다. 부모의 유해가 생기 충만한 땅에 묻히면 그 자식이 복을 받는다는 이른바 '동기감응론同氣感應論'은 『금낭경』에서 비롯되었다. 즉 바람도 없는 맑은 날에 동종銅鐘이 울린 까닭은 그 구리를 캔 광산에 지진이 났기 때문이라는 비유로 알려져 있다. 그러나 이런 사고는 이미 오래전부터 있어 온 관념이다. 『주역』에서는 "정精과 기氣는 만물이 되고 혼魂은 떠돌아다니며 변화하므로 귀신의 정상情狀을 알게 된다."[7]라고 했고, 『성리대전性理大全』은 이를 풀이하여 생사를 논했는데, 여기에서 기의 감응을 말하고 있다.

『주역』에서는 이를 부연하여 "공자 왈, 같은 소리는 서로 응하며 같은 기운은 서로를 구하며, 물은 젖은 데로 흐르며 불은 마른 데로 나가며 구름은 용을 좇고 바람은 범을 따른다. 성인聖人이 일어남에 만물을 바라보니 하늘에 근본을 둔 것은 위로 친하고 땅에 근본을 둔 것은 아래로 친하니 곧 각기 그 종류를 따른다."[8]라고 했다. 이에 대해 『장서葬書』에서는 "부모의 유해는 자손의 뿌리가 되고 자손의 몸은 부모의 몸에서 갈라져 나온 것이므로 하나의 기가 서로 음덕一氣上應을 미칠 때 본래의 뿌리에서 가지에 미친다. 부모와 자식은 본래 같은 기로써 서로 감응하여 귀鬼의 복응을 받는다."[9]라고 확언했다.[10] 그러니 관습이며 안정의 바탕이라 한 것이다.

자생 풍수의 현대적 변용의 효과에 관한 것은 이 책의 목표가 아니므로 여기에서는 생략하지만 필자의 결론은 "효과가 많다."라는 것이다.

1 자생 풍수는 주관적 명당론이다

"현명한 새는 나무를 가려서 둥지를 튼다." 자주 듣는 말이다. 딱따구리는
아름다운 새다. 해충을 잡아먹는 좋은 새益鳥이기도 하다. 딱따구리는 곧고 튼
실하게 잘 자란 나무에 구멍을 파고 둥지를 만든다. 그러나 나무의 생명에 지
장을 주지는 않는다. 하물며 사람이야 오죽하겠는가. 사람이라면 누구나 명당
을 찾아 집을 지으려 한다. 제대로 된 사람이라면 그렇게 해도 땅의 생기地氣를
해치지 않는다. 딱따구리의 지혜실은 본능이겠지만를 닮아야 한다. 우리가 지금까
지도 풍수를 마음속에서 놓지 않는 합당한 이유가 이것이다.

  명당에 관한 관념은 사람마다 다르다. 아름답기는 하지만 살벌한 석산石山
을 좋아하는 사람도 있고 후덕한 토산土山을 좋아하는 사람도 있다. 산보다 물
이 좋다는 사람도 많다. 좀 우울한 성향의 사람이라면 허망한 풍경에서 마음

의 평온을 느낄 수도 있다. 그래서 필자는 여러 글에서 풍수는 주관적인 사고 관념이며, 그 체계화라든가 과학화 혹은 현대식 학문화는 매우 어렵다고 주장해 왔다. 물론 인문학으로서는 충분한 자격이 있다.

학자에 따라서는 꾸준히 풍수의 과학적 측면을 연구한 사람도 있고 지리학, 건축학, 조경학, 환경 과학 등 여러 부문에서 정식 학문으로의 진입을 시도하고 있다. 때로 성공적으로 보이기도 하지만, 안타깝게도 기존 학문 세계에서 그것을 인정할 기미는 보이지 않는다. 대학에 강좌가 개설되어 있고 학과가 설립된 곳도 있었지만, 곁가지로 취급되는 것처럼 여겨진다.

여기에 덧붙여 상당히 이상한 현상이 하나 떠오른다. 풍수가 우리나라 역사에, 특히 고려와 조선 왕조의 개국에 큰 영향을 미쳤다는 것은 잘 알려진 사실이지만 국사國史의 정통이라 할 고등학교 교과서에서는 풍수를 거의 다루고 있지 않다는 점이다. 2011년 3월 1일 발행된 교육과학부 검정 고등학교 『한국사』 6종[11]의 '찾아보기' 중 풍수풍수지리 포함, 도선, 무학을 살펴보니 3종[12]에는 풍수지리풍수지리설 포함라는 항목에 한 줄씩 나와 있고, 1종[13]에는 풍수지리설이 31쪽에 있다고 나와는 있는데 해당 쪽에는 풍수에 대한 내용이 전혀 없었다. 또 한 책[14]에는 두 쪽에 풍수지리설이 나와 있지만 단 한 줄뿐이다. 그리고 1종의 교과서에만 도선에 한 쪽에 두 줄,[15] 풍수지리설에 네 쪽이 할애되어 있으나 그저 용어가 나열되어 있을 뿐이다. 이건 정말 이상하다. 많지도 않은 우리나라 통일 왕조 중 두 왕조의 개국에 그렇게 큰 영향을 미친 풍수가 이런 대접을 받는다는 것이 말이다. 두 가지 추측이 가능하다. 하나는 풍수에 관한 연구가 너무 없다는 것과 다른 하나는 풍수가 미신이기 때문에 의도적으로 무시했다는 것이다.

한국의 풍수사를 정리하고 싶다는 욕심은 있었지만 기록의 불비不備와 연구 부족으로 엄두를 내지 못했다. 그러나 풍수에 관련된 인물은 많다. 한국사 교과서에 나오는 도선, 묘청, 신돈, 이성계, 무학 등을 비롯하여 『조선왕조실록』

에는 상당수의 인물이 풍수 논쟁에 등장한다. 이들을 정리하면 일종의 풍수 역사가 될지도 모르겠다는 생각에 풍수 인물사, 특히 그들의 시조인 도선에 대해 정리해 보기로 했다.

1997년 12월 어느 저녁, 필자는 평양의 조선중앙력사박물관에서 장정심 관장과 얘기를 나누고 있었다. 당시 방북 때는 사전에 서로 정치적인 문제는 화제로 삼지 않기로 했고 호칭도 서로 '남측', '북측'으로 부르기로 했기에 별 거슬리는 일은 없었다. 이날 곱게 한복을 차려입은 장 관장은 "남측 사학자들은 지나치게 실증주의에 집착하여 '력사적 상상력'을 도외시하는 것 같다."라고 했고, 필자는 "내 전공이 아니라 할 말이 없다."라고 답했다. 실은 이 역사적 상상력이라는 측면에 대해 필자는 공감하는 바가 있었지만 말 그대로 전공이 아니기 때문에 언급은 피했다. 풍수는 기록이 남아 있지 않은 부분이 너무 많아서 전후좌우의 사정을 감안하여 상상력을 동원하지 않을 수 없는 경우가 많아서 하는 소리다.

물론 이 책에서는 필자의 주관만을 내세우지 않겠다. 오히려 믿을 만한 기록, 즉 정사이거나 그에 준하는 것들에 주로 의지하여 주장을 펼 생각이다. 그렇다고 해도 자료를 해석하는 데는 필자의 주관이 개입할 수밖에 없다. 그래서 궁색하지만 역사적 상상력 운운한 것이다.

풍수 자체의 역사, 그러니까 시공에서 연속적이기보다는 두드러진, 그러면서 기록이 남아 있는 풍수 학인學人들을 살펴보는 일은 의미가 있다. 물론 이 책에서는 예외적으로 무학이 언급되지만 주로 도선에만 집중할 것이다. 그를 아는 것이 자생 풍수를 아는 길이라 생각하기 때문이다. 소설과 소설가의 관계를 비유한 다음의 글은 풍수에도 차용이 가능하다.

우리가 어떤 소설에 전적으로 몰입했을 때, 소설 표면에 있는 복잡한 풍경 가운데 깊숙이 내재된 의미를 찾고, 주인공들의 감각적인 경험으로부터(사람들의 대화와 일상의 세부 사항들을 통해 세계가 그들 눈에 어떻게 보이는지 발견하면서) 즐거움을 느낄 때 작가의 존재를 잊을 수 있습니다. 심지어는 우리 손에 들린 소설이 어떤 작가에 의해 계산되고 계획되어 쓰였다는 사실조차 완전히, 소박하게 잊을 수도 있습니다. 소설 예술의 강력한 특징은, 우리가 작가를 가장 많이 잊는 순간, 그가 텍스트에서 가장 큰 영향력을 발휘한다는 것입니다. 왜냐하면 작가를 잊는 순간, 작가의 세계가 자연스럽고 실제라고 느끼며, 작가의 '거울'을 완벽하고 자연스러운 거울(여기서 유행이 지난 비유를 쓰고 싶습니다.)이라 여기기 때문입니다. 물론 완벽한 거울은 없습니다. 단지 우리의 기대에 완벽하게 부응하는 거울만이 있을 따름입니다. 소설을 읽기로 결심한 모든 독자는 자신의 취향에 따라 하나의 거울을 선택합니다.[16]

풍수에서도 "당신이 땅을 보는 관점은 모름지기 이래야 한다."라는 주장은 교조적이기도 하거니와 바람직하지도 않다. 앞서 말한 것처럼 그것은 지극히 주관적이기 때문이다.

필자는 도선과 그의 뒤를 잇는 역사상의 풍수 학인들에 관한 관심에 일차적인 목표를 두고 있지만, 다른 한편으로는 그 거울을 통하여 풍수의 본질을 추구하고자 한다. 즉 기록에 남거나 강력하게 구전 설화로 남은 풍수 학인들은 거의 예외 없이 정치적 의도를 갖고 있더라는 점을 강조할 것이다. 이것은 그들이 풍수를 신봉했다기보다는 풍수를 통해 그들의 정치적 목적을 이루고자 한 측면이 강했다는 뜻이기도 하다. 지금도 마찬가지다. 현대의 지관들은 정치적이든 사적私的이든 목적을 갖는다. 많은 지관들은 필자의 견해에 반감을 가질 테지만, 그들이 풍수를 통하여 얻고자 하는 바가 무엇인지를 자성한다면 동의하리라 본다. 물론 필자는 소수이기는 하지만 풍수의 본질인 지기를 감지하고 그것을 이해시키는 데 노고를 아끼지 않는, 그리하여 지적 즐거움을 풍수 공부의 우선으로 삼는 지관들이 있음을 인정한다. 그들에게는 죄송하다.

죄송하기는 사학자들에게도 마찬가지다. 전공자도 아니며 이제는 학자도 무엇도 아닌 사람이 역사를 운위한다는 것이 송구하다는 의미다.

역사에는 세 종류가 있다. 첫째는 실제 벌어졌던 진실로, 이는 영원히 알 수 없다. 둘째는 대부분의 사람이 진실이라고 생각하는 것으로, 꾸준한 노력으로 복구할 수 있다. 셋째는 권력을 지닌 사람들이 후세로 하여금 진실이라고 믿게 만들려는 것으로, 그게 책에 실린 역사의 90퍼센트다.[17]

필자는 이 책에서 역사뿐 아니라 전설이나 설화 속에 드러난 도선에 대해 정리하고 평가하고자 한다. 그리하여 이 책이 풍수를 좀 더 잘 알 수 있는 계기가 되기를 바란다. 인간 행위는 대부분 목적을 가진다. 하다못해 갓난아기들의 배냇짓까지도 성장을 위한 운동이라고 한다. 목적이 있는 것이 잘못은 아니지만 그것을 추구하기 위해 위선은 하지 말아야 한다고 생각한다.

사실 필자가 중요시하는 것은 지난 역사가 아니라 현재다. 오늘날에도 풍수는 의미가 있는가? 그렇다는 것이 필자의 주장이다.

2 풍수는 동심원적 관점인가?

풍수의 논리는 자연이라는 것이 동심원의 형태로 우리의 삶을 전후좌우로 둘러싸면서 우리와의 관계를 맺어 나가고 있다는 관점에 서 있다. 그러나 이러한 사상은 우리가 자연 안에서 길지를 택함으로써 어떻게 더 복되고 안락한 삶을 살아갈 것인가에 관심을 가질 뿐, 우리가 자연과 더불어 의미 있는 삶을 영위해 나간다는

좀 더 적극적인 자세에까지 미치지 못한다는 아쉬움이 있다. ── 장회익

이 지적은 부분적으로 그리고 현실적으로 사실이다. 대부분의 사람들이 그렇게 풍수를 이해하고 있으니까 인정한다는 뜻이다. 하지만 자생 풍수에서 병든 땅을 고치고 달래서 조화를 이루며 살아 보자는 노력 또한 엄연히 존재한다는 사실은 들어 있지 않다. 그는 우리 국학이 수행해야 할 과제로 두 가지를 들고 있다.

그 하나가 서구 과학과의 조화 문제다. 우리의 문화 속에는 '비과학적' 요소들이 적지 않게 들어 있다. 문제의 해결은 쉽지 않다. 이런 요소들이 걸림돌이 될 수도 있고, 또 이를 잘못 제거하려다가는 교각살우矯角殺牛의 어리석음을 범할 수도 있다. 또 하나는 '속도'의 문제. 여기서 우리가 유의해야 할 점은 '문화적 가속 페달'과 '문화적 브레이크'를 적절히 활용하는 것이다. 오직 조심스러운 운전자만이 이 일을 해낼 것이다.

적절한 지적이고 전적으로 동감하지만 문제는 아직은 우리 가운데 누구도 조심스러운 운전자가 누구인지 모른다는 점이다. 불행히도 내가 바로 그 사람이라고 자신 있게 말할 수 있는 사람은 아직 없는 듯하다. 더욱 심각한 문제는 가속 페달을 밟자는 운전자와 브레이크를 밟자는 운전자 사이에 화해의 기미가 보이지 않는다는 것이다. 화장장 건설 문제만 보더라도 필요를 인정하면서도 주민의 눈치만 살필 뿐 분명히 대안을 제시하는 정책 결정자가 없다는 것이 좋은 예증이 될 수 있을 것이다. 그렇다고 이런 일을 다수결 원칙에 따라 결정하자는 것도 유치하고 비현실적이다.

이 문제에 관한 한 나는 "영웅은 당장 손해날 짓은 하지 않는다."라는 중국 속담 쪽에 서 있다. 나야 당연히 영웅이 아니고 지식인으로서 비겁하지만 대

안이 없으니 어쩌랴. 그러나 만약 내가 의사 결정자라면 필요 불가결한 시설이니 다음 선거에서 떨어지고 당장 욕을 먹더라도 적절한 입지를 물색하여 가속 페달을 밟는 쪽을 택하겠다. 다만 이렇게 할 경우 핸들을 조정하여 입지를 여러 곳으로 선정하여 위험을 분산할 계책을 마련할 것이다. 대안 없이 눈치만 보며 시간을 끌다가는 대형 참사로 이어질 수 있기에 하는 소리다.

풍수도 선택의 문제라는 점은 여러 곳에서 지적해 왔다. 선택은 민주주의 원칙으로도, 이치로도 해결되지 않는 경우가 많다. 다수가 항상 옳다는 확신도 없고 논리가 언제나 바르게 흐를 수도 없다는 것을 그간의 경험을 통하여 무수히 알아 온 바에야 느낌과 직관에 맡기는 것도 한 방법이 될 수 있을 것이다. 풍수에서는 이론보다 직관을 중시한다.

3 풍수 이전 시대의 입지 관점

도선의 자생 풍수가 그만에 의해 만들어진 것이 아니라는 점은 명백하다. 그 이전에 쌓여 온 풍수 관련 지혜를 도선이 정리했다고 보는 것이 옳다. 풍수설의 본질과 기층 사상을 산천 숭배 및 계세繼世 사상을 바탕으로 형성된 조선祖先 숭배 신앙으로 보고, 이들 기층 사상이 풍수설과 접근될 가능성을 배태하고 있었기 때문에 그 성행에 긍정적 작용을 했으리라 추론한 강중탁의 주장은 상당한 근거가 있다.[18]

풍수의 정의

먼저 정통적인 입장에서 풍수의 정의와 기원에 관해 살펴보기로 한다.

저명한 교과서적 중국 풍수지리 전적들에 나타나는 풍수의 정의들을 살펴보면 다음과 같다. 『탁옥부琢玉賦』에서는 "수많은 지리서가 있으나 그 뜻을 묶으면 음양陰陽이라는 두 개념 사이에 머무는 것이니, 음양의 기묘함을 꿰뚫어 알 때 사람 사이에 나아가 지선地仙으로 행세하여도 부끄러움이 없을 것"[19]이 라며 그 요체가 음양이라 파악하였다.『설심부雪心賦』에서는 "지리의 이법理法 에서는 좌향 방위에 대한 것이 논리를 세우는 처음이라"[20] 라며 방위의 중요성 을 강조하였다.『청낭경青囊經』에서는 다시 음양을 내세웠고[21] 『금탄자金彈子』에 서는 "지리에서 땅을 보는 일은 모두 다 용龍이 주主이고 혈穴이 다음이며 사성 砂城과 수水가 다음이다."[22]라며 용, 혈, 사, 수의 네 가지를 제시하고 있다. 이에 대해서는『산법전서山法全書』에서 더욱 분명하게 "풍수지리설을 요약해서 말하 면 용, 혈, 사, 수의 사법四法"[23]이라 표현했을 정도다. 이것은 옛 지리서의 공통 적인 구조로 용, 혈, 사, 수를 같이 다루어 온 것은 전통이었던 듯하다. 당唐의 양균송楊筠松이 혈에 관한『도장倒杖』이라는 책을 씀으로써 사법을 분리 서술 하는 경향이 나타나기는 했지만, 풍수 기본서에서는 역시 이 방법이 오늘날까 지 이어지고 있다. 그러나 이러한 것은 풍수지리의 이론이 확립되고 훨씬 후대 의 일로, 초기에는 지기론地氣論에 중점을 두었다는 점을 염두에 두어야 한다.

예컨대 현존하는 가장 오래된 풍수지리서인『청오경青烏經』은 우주 만물이 음양오행의 기氣로 이루어졌다고 보고 인생의 길흉화복도 바로 그 기의 운행 에 따른다고 하였다.『장경葬經』이라고까지 추앙되는 동진 시대東晉時代 곽박郭 璞의『장서葬書』[24]에서도 마찬가지로 "장사葬事 지낸다는 것은 생기生氣를 타는 일"이라 하였고, 이어서 장열張說이 주해하기를 "만물의 생겨남은 땅속의 것[25] 에 힘입지 않은 것이 없다."[26]라고 할 정도다. 즉 풍수의 가장 중요한 요소는 지 기라고 할 수 있을 것이다. 풍수 기원에 관한 논의는 이러한 지기론을 받아들 이느냐 받아들이지 않느냐에 따라 달라질 수 있다.[27]

사실 중국 풍수지리에는 크게 두 개의 유파가 있다. 하나는 형세론形勢論이 고 다른 하나는 이기론理氣論이다.

형세파는 형기론形氣論, 형법形法 등으로 불리기도 하며, 서양과 미국에서는 문자 그대로 'Form School'이라고 한다. 두 유파가 처음부터 분명하게 선을 긋고 발전한 것은 아니다. 서로 보완과 갈등을 겪었다. 이미 중국 앙소 문화仰韶文化[28]의 취락 입지 선정에 두 가지가 혼재한 것으로 나타난다. 배산임수背山臨水 또는 침산면수枕山面水를 한 취락 형태는 형세파적 표현이고, 동시에 남향하여 취락이 형성된 것은 방위를 중시한 이기파적 표현이다. 물론 당시 이들이 풍수라는 관점을 가진 것이 아니라 본능적으로 최적의 입지를 취하다 보니 그리된 것이라 여겨진다. 진한 시대에 이르러 두 유파는 어느 정도 기본 틀을 형성했던 것 같다. 『한서漢書』「예문지藝文志」에 기록이 보이는 상지서相地書『감여금궤堪輿金匱』 및 『궁택지형宮宅地形』이 이기파와 형세파의 초보적 형태를 취한다. 이 가운데 『궁택지형』은 땅을 보는 것相地, 집을 보는 것相宅, 사람을 보는 것相人, 물건 보는 것相物 등을 포함한다.

형세론은 『청오경』, 『장경』 등에 이미 그 본질적 내용들이 드러나 있으며, 당나라 양균송의 『감룡경感龍經』과 『의룡경疑龍經』에 이르러 완성되었다고 본다. 따라서 양균송을 형세파의 개창조라고 하며, 이 이론이 중국 강서江西 지방을 중심으로 전파되었기 때문에 '강서파'라고도 한다. 명나라 때 출간된 『인자수지人子須知』, 청나라 때 출간된 『탁옥부』 등이 대표적인 전적이다.[29]

이기론은 방위파, 이법理法 등으로 불리며, 영어권에서는 'Compass School'로 부른다. 풍수의 이기론은 이理와 기氣를 다루는 성리학의 이기론과는 관련이 없다. 이들은 천지만물이 모두 기로 인해 생겨난 것으로 보았는데, 형세론 위주의 풍수 고전인 『청오경』에서도 기를 가장 근본적인 개념으로 받아들인다. 이기파는 특히 나침반이 출현한 송대 이후 급격한 발전을 이루는데 초기에는 주로 복건 지방을 중심으로 발달하다가 후에 절강, 광동, 안휘 등지로 확산된다. 그래서 이기파를 복건파라고도 한다. 이기론은 매우 형이상학적인 측면이 강하여 실재하는 땅을 보는 풍수에는 적합하지 않은 면이 많다. 그래서 정자程子, 주자朱子 등 유명 학자들은 이기론을 부정했다.[30]

풍수가 최종적으로 지향하는 바는 물론 명당이다. 도선의 풍수가 병든 땅을 찾아 고쳐 주는 치유의 지리학을 추구했지만, 결국 그것은 건강한 땅에 대한 바람의 다른 표현이라 할 수 있다. 그렇다면 건강이란 무엇인가? 사람의 건강을 설명한 다음의 인용문이 좋은 대답이다.

건강은 완전한 육체적·정신적·사회적 건재 상태이며 단순히 질병이 없는 것이 아니다. 건강이란 모든 신체 부분, 장기, 세포에 생명이 막힘없이 흐르는 것, 육체적인 조화 상태, 생물학적 잠재 에너지가 방해받지 않고 발현되는 것으로 정의할 수 있다. 건강한 유기체는 자신을 둘러싼 환경과 잘 상호 작용한다. 건강한 인간은 자신이 활기차고 성과를 낼 수 있다고 생각한다. 그에게는 자기 방어력에 관한 낙관적인 신뢰와 정신적 힘 그리고 안정적인 영혼의 삶이 있다.

건강은 고정된 어떤 것이 아니라 인간이 자기 자신과 맺는 역동적 관계다. 건강은 날마다 유지되고자 하며 몇 년, 몇십 년에 걸쳐, 수명이 다할 때까지 증진되고자 한다. 건강은 평균이 아니라 향상된 규범이며 개개인의 최고 성과다. 가시화된 의지며 지속적인 강한 의지력의 표현이다. 건강은 개개인의 완성을 넘어 사회적인 더불어 살기의 완벽성을 향한다. 건강은 삶에 대한 자연스러운 의지의 목표이며 그렇기에 사회와 법 그리고 정치의 자연스러운 목표다. 건강을 추구하지 않는 인간은 병이 날 것이 아니라 이미 병들었다.[31]

땅과 인간의 관계 또한 이와 유사하다.

풍수의 기원에 관한 논의[32]

우리 풍수의 기원에 관한 논의는 크게 두 가지로 나뉜다. 하나는 한반도 자생설이고 다른 하나는 중국으로부터의 유입설이다.

먼저 가장 극단적인 자생 풍수지리설의 주장은 구석기 시대에서 그 연원을 찾는다. 이에 따르면 한반도는 지형적인 구조에서 산이 많은 까닭으로 산악과 산신에 대한 숭배 사상이 구석기 시대부터 전해 내려왔으며, 산신과 산악의 숭배 사상은 한반도를 중심으로 하여 독특한 지석묘 문화를 형성했다고 한다. 우리나라에서 풍수지리 사상은 산악 지대의 지리적인 환경 조건과 산악 숭배 사상, 지모地母 관념, 영혼 불멸 사상 및 삼신오제三神五帝 사상 등에 의해 자연적으로 발생했으며, 단군의 신시神市 선정, 왕검의 부도符都 건설, 지석묘 설치에서의 위치 선정 및 신라 탈해왕의 반월성 선정 등은 고대 우리나라에서 풍수 사상이 직접적으로 건축에 적용된 사례라는 것이다. 또한 이 견해는 음양오행설의 발생 배경을 삼신오제 사상에 두며, 삼신오제 사상이 풍수지리설의 모체 사상이라는 것이다. 그러다가 신라 말기에 활발해진 중국과의 문화 교류로 풍수가 더욱 발달하게 되었다는 것이 이 주장의 골자다.[33]

이와 유사한 고조선 시대 발생설도 있다. 즉 『삼국유사』 단군 신화에 나오는 "환인이 삼위태백三危太伯을 보았다."라는 말을 한울을 건설하기 위해 그 땅의 풍수지리를 보았다는 뜻으로 해석하고, 삼위태백은 삼산三山, 즉 주산과 좌우의 청룡, 백호를 뜻하는바, 그것은 팔괘의 건乾, 리離, 감坎을 말한 것이며 태백산 또한 주산, 즉 건산乾山을 의미한다는 주장이다. 결국 고대 우리 민족의 명칭인 동이東夷란 천문, 풍수지리, 풍각쟁이幾何, 노래하는 한량들을 가리킨다고 단정했다.[34]

위의 두 견해보다 약간 시기가 늦은 삼국의 건국 이전 상고 때를 그 발생 시기로 보는 견해도 있는데 이 또한 풍수 사상이 우리 민족 내부에서 자체적으로 발생한 지리 사상이라는 점을 지적하고 있다. 여기에서는 먼저 풍수를 다음과 같이 정의한다. 즉 풍수라는 것은 지리 혹은 감여堪輿라고도 하여 국도國都나 국토로부터 개인의 주택, 분묘에 이르기까지 산천의 지상地相과 형세에 따라 길흉화복이 있다는 것이다. 땅에는 만물을 화생化生하는 생활력이 있으므로 땅의 활력 여하에 따라 국가나 국토나 인생에 중대한 영향을 준다고 생각하는 것이 풍수 사상이라는 것이다. 이렇게 정의를 내리면서, 기원에 관해서는 다음과 같이 언급한다.

풍수지리설도 음양팔괘陰陽八卦와 오행생기五行生氣의 관념을 토대로 하여 일종의 학문으로 발전된 것인데, 그 기원을 찾자면 중국 상고 시대까지 소급해야겠지만, 우리나라에는 당唐의 풍수설을 도입하기 이전에 이미 풍수설이 존재했다는 것이다. 상고 시대와 마찬가지로 삼국 시대에도 생활의 요구 때문에 적당한 토지의 선택을 생각하지 않을 수 없었다. 주택을 선택할 때는 산수가 놓인 모양을 고려하지 않을 수 없고, 국도國都를 점정占定할 때는 방위와 안전의 지세를 고려하지 않을 수 없었다. 이러한 토지 선택의 방법은 점점 추상적이고 전문적으로 진보되어 하나의 상지술相地術로 발달했다.

이러한 논리 아래 그 증거로 백제 시조 온조왕이 오간烏干, 마려馬黎 등 열 명의 신하를 거느리고 한산漢山 부아악負兒岳에 올라 지세를 살펴보고 강남의 땅이 북은 한산을 끼고 동은 고악高嶽에 웅거하고 남은 여택如澤을 바라보고 서는 대해大海를 막아 천험天險의 지리를 얻었으므로 국도를 정하였다는 기록[35]과, 고구려 유리왕이 위나성尉那城은 산수가 험하고 땅이 기름져 그곳으로 천도했다는 기록[36] 등을 꼽았다. 이렇게 풍수설에 가까운 것이 상고 시대에 신봉되었는데, 신라 말엽에 당으로부터 학술적인 풍수지리설이 수입되자 풍수설이 급속도로 확산되었다는 것이다.[37] 따라서 이 주장은 엄밀히 말하면 풍수의 순수한 한반도 자생설이라기보다는 최초 우리나라에 풍수적 사고방식이 있었고 뒤에 체계화된 중국의 이론 풍수가 도입된 것이라는, 일종의 혼합설로 보아야 할 것이다.

한편 풍수를 연구하는 역사학자들과 민속학자들의 경우는 역사적 사실들을 실증적으로 제시하며 중국으로부터의 도입을 주장하는데, 그들 사이에는 도입 시기가 삼국 시대냐 신라의 통일 이후냐의 시대 차이밖에 없다.

먼저 현존하는 문헌 중 풍수지리설의 존재를 입증하는 최초의 기록인 「숭복사비문崇福寺碑文」을 근거로 하여 풍수 사상이 신라 통일 이후 당과의 문화적 교류가 빈번하던 때에 비로소 전래된 것이라고 본 견해가 있다.[38] 특히 우리나라는 원래 산악국으로 "도처유명당到處有明堂"이라고 할 수 있을 만큼 풍수 조건에 적합한 곳이 무수하여, 결국 이러한 자연적 환경이 풍수지리 사상의 성행과 폐해의 중요한 이유가 되었거니와, 신라 통일 이전 삼국 시대에는 아직 그러한 술법과 사상을 받아들인 듯한 형적은 없다고 단정한다.[39]

그런데『삼국유사』와『삼국사기』에 나타나는 고구려 주몽 동명왕과 백제의 시조 온조왕이 수도를 정한 것이라든가 기타 삼국 시대 때부터 행해진 신월新月, 삼일월형三日月形 등을 풍수에 입각한 복지卜地 사상이라 보고, 우리나라에서는 이미 삼국 시대 초기부터 풍수 사상이 널리 유행했다고 주장하는 이도 있다.[40] 또한『삼국사기』탈해이사금 조에 나오는 "탈해가 겸지지리兼知地理 했다."라는 말은 곧 풍수지리를 알았다는 뜻이므로 서기 57년에 이미 풍수지리 사상이 도입되었다고 보기도 한다.[41]

한편 사신四神 벽화가 그려져 있는 평남 용강군 매산리, 신덕리 및 진지동 소재의 고구려 고분과 충남 부여군 능산리 고분은 그 주위 산세가 확실히 풍수상의 조건을 구비하고 있어서 그에 의해 선정된 것으로 보기도 한다.

특히 백제에서는 풍수지리에 관한 서적까지 유행했던 모양으로, 무왕 3년에 삼론종三論宗의 승려인 관륵觀勒이 역법, 둔갑방술서遁甲方術書와 함께 천문지리서를 가지고 일본에 가서 그곳의 승정僧正이 된 적이 있는데, 관륵이 가지고 갔다는 지리서가 구체적으로 무엇인지는 알 수 없으나 당시 백제에서 유행하던 풍수지리 관계 서적임에 틀림없다고 보고, 삼국 시대에 이미 풍수지리설이 들어왔다고 주장했다.[42]

그리고 고구려 및 백제의 능묘에서 사신도四神圖가 등장하고 공주 송산리 무령왕릉의 장법葬法이 풍수지리설과 일정한 관계를 가지는 점으로 미루어 중국적 음양오행설이나 천문관이 우리나라에 전래된 삼국 시대 초에 풍수 사상

이 전래된 것이 아닌가 여겨지기도 한다.[43]

한편 풍수지리 사상이 천문 사상이나 방위 사상, 음양오행 사상, 도참 사상 등과 불가분의 관계를 가지고 태동, 전개, 변화해 온 것은 주지의 사실이지만 문제는 비록 풍수 사상이 그 이론을 체계화하는 과정에서 이들 사상의 내용을 도입했다 할지라도 시간적으로 더 앞서 존재했던 이들 사상 자체가 풍수 사상의 기원일 수는 없으며, 음양오행설로 무장된 유교 경전이 풍수지리 경전보다 우리나라에 더 일찍 전래되었다고 해서 그것이 한국 풍수 사상의 기원일 수는 없다는 주장도 있다.[44]

그러나 필자는 앞의 여러 학자들이 열거한 예들이, 풍수가 중국으로부터 이미 들어와 있었다는 증거로는 미흡하다고 생각한다. 우선 사신 벽화의 개념은 풍수 이전 음양 방위론에서 상당히 광범위하게 사용되었던 것이기 때문에 그러하고, 초승달 모양의 지세도 우리 자생 풍수의 한 전형으로서 그것이 결코 중국으로부터의 도입을 증명하지는 못한다고 본다.

특히 고분 벽화에 그려진 사신도를 바로 풍수지리의 영향으로 단정하는 견해는 사신 사상이나 천문 방위 사상을 풍수지리 사상과 혼동한 결과다. 곧 풍수에 사신사四神砂 개념이 있는 것은 분명한 사실이지만, 그것은 본래 한漢, 위魏와 육조 시대의 회화와 공예가 기본이 된 것이므로 분묘 장식에 쓰였을 뿐이다. 물론 그 후에는 각 방위를 수호하는 상징성을 포함하지만, 거기에는 풍수의 본질인 지기론적 속성이 아예 배제되어 있기 때문에 풍수의 증거로는 삼을 수 없다는 뜻이다.

따라서 필자는 자생 풍수가 이미 이 나라에 있어 오다가, 백제와 고구려에 이론이 확립된 풍수지리가 중국에서 도입되면서 서서히 알려졌고, 결국 삼국 통일 이후에는 신라에도 전해져 한반도 전체에 유포되었으리라고 추정한다. 신라에 중국식 풍수가 늦게 전해졌다고 보는 이유는 신라의 왕릉 터는 풍수적 지기와 관련 없는 자리라고 판단했기 때문이다. 즉 자생 풍수에 중국으로부터

도입된 이론 풍수가 혼합된 것은 신라 통일 이후라고 보는 것이다.[45]

우리나라 사상사의 초석을 놓은 김득황 박사도 "풍수설에 가까운 것이 상고 시대에 신봉되었는데 신라 말엽에 당으로부터 학술적인 풍수설이 수입되자 신라에서 급속도로 풍수설이 유행되었다."[46]라고 하여 자생 풍수의 가능성을 제시하고 있다.

앞서 언급한 것처럼 우리나라에서 풍수지리라는 용어를 최고最古의 설화 속에서 언급한 사람이 있다. 그는 "결국 동이는 천문, 풍수지리, 풍각쟁이, 노래하는 한량들이다."라고 했다. 또한 『삼국유사』 단군 신화에 나오는 "환인이 삼위태백을 보았다."를 "환인이 풍수지리를 보았다."라고 해석했다.[47] 그의 이런 주장에 동의하지는 않지만 그런 연구가 있다는 것은 밝혀 둔다. 삼위태백의 삼산三山을 주산과 좌청룡, 우백호로 본 것은 매우 의심스럽지만 흥미는 느낀다. 이것은 용어를 논외로 한다면 주거 입지 조건을 말한 셈이므로 굳이 풍수지리라 할 것까지는 없다고 본다.

풍수와 관계없이 사람들이 동의할 수 있는 지리적 사실이 하나 있다. 모든 생명체는 제가 번식하고 생존해 갈 터를 고른다는 점이다. 동물은 적극적으로, 식물은 수동적으로 대처한다는 차이는 있다. 하지만 생명체가 적절한 입지를 부정한다면 그것은 곧 죽음을 의미한다. 식물의 씨앗은 제 종자에 부합하는 땅에 떨어져야 목숨이 부지된다. 차진 땅에 맞는 종자가 모래밭에 떨어지면 생존이 불가능하다. 필자가 뭇 생명衆生은 입지를 가린다고 말한 것은 그런 뜻이다. 동물의 경우는 말할 나위도 없이 그렇다. 하물며 사람은 어떻겠는가? 당연히 입지를 가린다. 그것도 매우 세련되고 복잡하게 가린다. 더욱 어려운 것은 그들이 입지 선정에서 상징적인 의미, 나아가 종교적인 의미까지 바라기 때문이다. 삶터에 생물학적 요구뿐 아니라 모종의 관념상의 욕구까지 바라게 되면 일은 복잡해질 수밖에 없다.

인류 초기에 그런 상징적 터 잡기인 풍수적 관념이 분명 있었겠지만 어떤 인물이 그런 일을 했는지는 전혀 알 길이 없다. 그들의 관념을 유추할 수 있는 증거는 주거 유적지와 고분일 것이다. 그런데 풍수에서는 "보지 않은 것은 말하지 말라."라는 금언이 있다. 필자가 직접 답사한 곳은 신라 지역의 고분을 제외하면 몇 곳 되지 않는다. 이에 대한 견해의 근거는 희박한 필자의 주관적 해석밖에 없지만 소개하기로 한다.

사람이 인위적으로 시체를 땅에 묻기 시작한 것은 지금으로부터 7~8만 년 전인 중기 구석기 시대부터이며, 후기 구석기 시대가 되면 생명의 부활을 바라는 뜻에서 붉은 산화철을 시체 위에 뿌린 흔적이 확인되기도 한다.[48]

나주 반남면 마한 고분군, 경상남도 고성 고분군, 김수로왕릉[49]

전라남도 나주시 반남면에 들어가면 이게 웬일인가 싶을 정도로 커다란 봉분들을 만날 수 있다. 경상남도 고성읍에서도 규모는 그보다 작지만 역시 놀랄 만한 고분을 접하게 된다. 반남 것이 눈에 잘 띄는 것은 사실이지만 고성 것도 높이 솟아 있기 때문에 그에 크게 뒤지지 않는다. 김해 시내에도 가야의 고분이 있다. 김수로왕과 그의 부인 허황후릉도 고분임에는 틀림없다. 반남 고분은 마한, 고성 고분은 소가야, 김해 것은 금관가야의 고분이다.

고분이 우리에게 말해 주는 것은 옛사람들의 땅에 대한 생각이랄까, 그들의 지리관의 일부이다. 땅에는 바로 이웃한 곳이라 하더라도 서로 다른 풍토가 있을 수 있다. 굳이 합리적 이유를 찾자면 미시기후학적microclimatological 차이 때문이라 할 수 있지만, 실은 그보다 훨씬 미묘한 문제가 있다. 감정 혹은 각 개인의 느낌의 차이라는 게 있을 수 있기에 그렇다. 풍토를 풍수로 바꾸면 이런 말도 가능하다. 즉 풍수에서는 사람의 느낌과 마찬가지로 보편적 법칙이라는 것을 찾아내기가 불가능에 가깝다는 것이다. 다시 말해서 풍수란 이 지구상의 다양한 풍토적 특성 중에서 고유하고 유일한 것이라는 뜻이다. 그것은 예민한 관찰에 의하여 서술할 수는 있지만 보편적인 체계로 표현할 수는 없는 대상이다. 독일의 풍토 철학자 헤르더의 지적처럼 사람들의 육체나 생활 방식, 성질, 일 등 그들의 마음으로부터 보는 모든 세계는 풍토적인 것이기 때문에 그들에게서 그 국토를 빼앗는 것은 모든 것을 빼앗는 것이나 마찬가지다. 여기에서 국토를 풍수로 바꾸어도 이해 못 할 일이 아니다.

오늘날 발복을 목적으로 하는 풍수는 대체로 중국에서 유입된 중국 풍수다. 우리 고유의 자생 풍수는 풍수의 일반 이론에 바탕을 두기보다는 풍토 적응성을 최대한 높여 가꾸어진 풍토론이기 때문에 자생 풍수가 우리 땅을 이해하는 데 더 큰 도움을 주는 것은 말할 나위도 없다. 그래서 국토 이곳저곳을 답사하다 보면 지역에 따라 풍수의 논의가 매우 다양하다는 것을 알 수 있다.[50]

나는 우리 고유의 자생 풍수가 있었다고 주장하는데, 혹 고분을 통하여 그 원형을 볼 수 있다면 더 바랄 것이 없다는 생각이다. 결론부터 말하면 그곳에서 풍수적 터 잡기의 원형을 찾아볼 수는 없었다. 조계종 전 종정 월하 큰스님의 말씀처럼 "풍수란 자연스러운 것이며, 바람과 물이 변화하며 흐르듯 자연의 변화와 흐름에 인간이 적응해 가는 것이 풍수의 법도"다.

그런데 이 고분들은 주위 자연 경관과 어울리는 모양이 아니다. 오히려 평지돌출식으로 권위적이며 주위를 압도하는 입지 조건과 형태를 띠고 있다. 여기에는 두 가지 해석이 가능하다고 본다. 하나는 우리 자생 풍수가 무덤 자리 잡기인 음택 풍수에 관심을 두지 않았다는 증거가 될 수 있다는 것이고, 또 하나는 자생 풍수라 하더라도 삼한, 가야 시대에는 아직 기반을 갖추지 못한 까닭이라고 할 수도 있다는 것이다. 풍수가 중국에서 전래되었다는 주장에 따른다면 당연히 아직 한반도에 풍수가 들어오기 전이기에 그렇다는 얘기가 될 것이다.

마한은 처음 충청, 호남 지방에 근거를 두었으나 북쪽에서 내려온 백제에 밀려 충청도 직산에서 금강 이남인 전라도 익산으로 쫓겨 갔다가 4세기 후반 근초고왕의 영토 확장 때 영산강까지 밀리고 이후 백제가 공주, 부여로 내려오면서 더욱 압박을 받아 5세기 말에는 완전히 굴복한 것으로 추정된다고 한다. 일설에는 마한 세력은 백제의 중요 지방 세력으로 때로는 왕권을 차지하기도 했다고 한다. 밀려 내려간 이 마한인들이 서남해 도서 지방과 제주도로 내려가 우리 고래의 지리학그것을 필자는 자생 풍수라 부른다.을 남겼기 때문에 오늘날 자생 풍수의 화석화된 편린이 이 부근에서 발견될 수 있지 않을까 하는 기대를 하는 것이다. 이 경우 고분의 모양이 권위적인 것은 풍수와 관계없이 다만 지배 세력의 힘을 보여 주기 위한 것으로 이해할 수 있다. 또한 그 자생 풍수를 우리 자생 풍수의 할아버지로 일컬어지는 도선이 남해의 한 이인異人에게서 전수받아 체계를 갖춘 것이 아닐까 하는 가정도 해 볼 수 있다.

그러나 그런 가정을 가지고 반남의 고분들을 보았지만 그것은 결코 풍토 순응적인 것은 아니었다. 드넓은 야지野地에 인공으로 만든 언덕처럼 생긴 봉분은 주위 경관과 전혀 어울리지 않았다. 그것이 대단한 문화재적 가치를 가진 것은 분명한 사실이지만 안타깝게도 자생 풍수의 흔적은 찾을 수 없었다. 그래서 이런 점으로부터 유추할 수 있는 또 한 가지는 자생 풍수가 지배층의 지리관이 아니었을 수 있다는 것이다.

그에 비하면 고성 송학리 고분은 어느 정도 풍수의 편린을 느끼게 하는 측면이 있었다. 우선 광활한 들판이 아니라 주위 산에 맥을 대고 있는 듯한 입지가 그런 생각을 하게 했고 전체적으로 분지상盆地狀 지세라는 사실이 반남 고분과는 다른 지리관에 의해 구축되었다는 점을 시사하는 게 아닐까 한다.

하지만 상반되는 이 두 사례는 오히려 풍토 적응성에 바탕을 둔 우리 자생 풍수의 특징을 드러내는 예로 볼 수도 있다. 반남은 들이 넓은 곳이고 고성은 비산비야非山非野라 할 수 있는 올망졸망한 산자락들 사이에 있기에 그 입지가 그런 것이 오히려 자연스럽고, 그게 바로 자생 풍수의 적응성이라고 생각하기 때문이다.

실제로 고성의 고분 중 가장 큰 것은 무기산 정상에 자리 잡았고 나머지 고분들도 그것을 에워싸듯 하며 위치해 있다. 『동국여지승람』에 따르면 고성은 "외로운 성이 바다에 임한 형국"이라 한다. 무기산은 낮지만 그 위에 서면 고성 읍이 조망된다. 그리고 그 정상에 직경 33미터의 고분이 서 있으니 권위적 배치임은 부정할 수 없다. 또 그 봉분 위에 누군가 밀장한 아기 무덤의 흔적을 두어 군데 찾을 수 있었다. 이것은 오히려 인간적인 면이다. 또 고분 아래쪽에는 일본식 주택이 아직 남아 있었다.

거기에서 읍내 쪽으로 조금 나온 곳에 있는 문화식당에는 어미 호랑이와 새끼 다섯 마리가 그려진 민화풍의 그림이 붙어 있었는데, 이는 마치 무기산 고분이 근처 남령산지南嶺山地에서 우단사련藕斷絲連으로 이어진 것처럼 가야의 정신적인 맥이 일본식 집으로 끊어진 것 같지만 우단사련으로 호랑이 민화에 이어져 있음을 상징하는 것 같았다. 우단사련이란 연 뿌리를 끊어도 끈적끈적한 끈기가 실처럼 이어지는 것을 표현한 말로, 겉으로 보기에는 끊어졌으나 그 맥은 끊어지지 않았음을 비유하는 풍수 용어다. 물론 남녀 사이의 정이 끈질김을 보여 주는 데 쓰이는 말이기도 하다.

동쪽으로 더 나아가 김해 김수로왕과 허황후릉의 경우는 명백히 구지봉에 잇대어 자리를 잡고 있어 자생 풍수 특징에 한발 더 다가선 듯한 느낌을 준다. 게다가 왕비릉에 있는 파사석탑은 왕비가 인도 아유타국에서 가져온 것이라고 안내문에 게시되어 있지만 그 내용은 풍수적으로 중요하지 않고 이 탑이 남해의 파도를 진정시켜 준다고 하여 진풍탑鎭風塔으로도 불린다. 이것은 분명 풍수 비보의 예라 할 수 있다.

게다가 허황후릉 바로 곁에 있는 구지봉은 본래 산을 절개하여 길을 냈던 곳이지만 김해 김씨들이 그들의 시조인 수로왕의 탄생지이자 시조 부부의 무덤이 있는 이곳의 산맥세가 끊겼다고 하여 일부러 위쪽을 덮어 맥을 다시 이었으니 풍수와는 더욱 인연이 깊은 곳인 셈이다.

이처럼 도로 건설로 인한 산의 절개지 위쪽을 연결하는 방법은 요즘 들어 자주 쓰이는 생태 복원 방법이다. 즉 끊어진 산을 연결하여 동식물의 왕래를 보장함으로써 그 효과를 추구하는 방법을 생태 교량eco-bridge 또는 생태 회랑 eco-corridor이라 부른다. 다만 이곳이 동물들의 좁은 이동 경로가 되어 포식 동물들이 이곳을 지킬 가능성이 있다는 점은 고려해야 한다.

이와 관련하여 이런 설화도 전해진다. 임진왜란 때 부산성과 동래성을 차례로 무너뜨린 왜군이 양산 김해를 짓밟고, 조선의 지기를 누르기 위해 김수로 왕의 능을 도굴하고 그 맥을 끊었다. 신립申砬이 천험天險의 요해지要害地인 조령을 포기하고 탄금대 앞에 배수진을 친 것은 그가 북방에서 여진족과 싸우면서 익힌 기마전을 펼치기 위해서였다고 하며 그의 전술적 실책을 탓하는 것이 일반적인 해석이다. 그러나 당시 왜병이 그들의 종군 풍수사들을 동원하여 다음과 같은 참언을 퍼뜨렸다고 한다. "조령은 새를 뜻한다. 우리는 조총鳥銃을 가지고 있다. 사냥꾼이 조총을 가지고 새를 잡는 것은 당연하다." 왜군은 더욱 기세가 올랐고 이 소문을 들은 조선군의 사기는 말이 아니게 되었다. 그래서 신립이 왜군의 허를 찌르기 위해 일부러 조령을 피해 장소를 바꾼 것이라 한다. 그에게 익숙한 기마전과 배수의 진으로 승기를 잡으려 했다는 해석이다. 그러나 당시 조선군의 전력이나 수가 뒤진 데다 전날 내린 비로 말의 기동이 어려워 안타깝게 참패했다는 것이다.[51]

정리하면 반남, 고성, 김해의 고분들은 자생 풍수적 입지는 아닌 듯하다. 다만 그 풍토를 반영하여 평야의 반남 고분은 평지돌출이고, 고성의 그것은 낮은 산 정상을 차지했으며, 김해 것은 산에 맥을 두고 있다는 차이점은 있다. 하지만 자생 풍수가 본디 음택으로 시작한 것이 아니고, 고분이 지배층의 지리관을 반영한 것이기에 자생 풍수가 가장 중시하는 자연의 흐름에 순응하는 대신 권위주의적 형상을 하고 있고 무엇보다도 그 땅 기운地氣이 사랑보다는 위압감을 주는 것으로 보아 자생 풍수의 흔적은 찾을 수 없다는 느낌을 받았다.

반남면 덕산리 사적 78호 고분에서는 불쾌한 경험을 하여 마음이 좋지 않았는데, 동네 어린이 셋이서 개를 데리고 봉분 위에 올라 미끄럼을 타는 모습을 본 것이다. 언뜻 권력도 권위도 세월이 가면 어린이와 개가 올라타는 것일 뿐이라는 감회는 잠깐, 나중에 알고 보니 어떤 사진 작가가 작품을 만들기 위해 일부러 연출한 장면이라는 사실에 유적에 대한 관리 소홀보다 그의 소행이 괘씸하여 불쾌하더라는 말이다. 풍수는 자연이요, 인위는 풍수가 바라는 바가 아니기 때문이다.

한 가지 의외의 사실은, 자타 공인 당대 최고의 현장 지관이었던 지창룡 박사가 도선을 전혀 언급하지 않았다는 점이다. 그의 박혁거세 능묘에 관한 해설을 보면 그 이유가 나타난다. 그는 철저히 중국의 이론 풍수에 입각하여 풍수를 보았다. 그가 경주의 진산을 낭산으로 보았다든가, 신라가 한때 황금시대를 구가한 것이 "명당 여장심如掌心 하면 가부두량금家富斗量金, 즉 왕방旺方의 조수가 일석一夕이라도 명당 전방에 모이면 가부家富한다."라든가, "염출여수兼出女秀하고 혈전穴前 안산案山이 층층層層 고향高向이라야 법法에 합당하다."라는 표현은 도선과는 전혀 관계가 없는 풍수법이다. 그러나 "혁거세가 박瓢과 같은 알에서 나왔다 하여 '박朴'이라 했다고 하나 실은 혁거세의 '혁赫'이 '밝光明'의 차훈자이므로 후세에 이와 동음인 박을 성으로 전한 데 지나지 않으며, '거세居世'란 군장君長의 위호인 '거서居西' 혹은 '거서간居西干', '거슬居瑟'과 같은 뜻으로 혁거세는 결국 명왕明王, 성왕聖王 혹은 철인哲人, 현지자賢智者의 뜻이라는 것이 통설이다." 같은 재미있는 해석도 내놓았다.[52]

황해도 안악 3호 무덤[53]

1997년 12월 22일 아침 황해남도 신천을 거치고 거기에서 북쪽으로 길을 틀어 10시 45분 북한의 국보 유적 제67호인(안악 3호 무덤)에 닿았다.[54] 안악 3호 무덤은 "지금까지 알려진 고구려 벽화 무덤 가운데에서 무덤칸의 규모와

안악 3호 무덤 내부 벽화 일부.

벽화 내용의 풍부성에서 으뜸가는 고구려의 왕릉으로 무덤칸은 판돌로 쌓는
데 지하 궁전을 방불케 한다. 벽화는 인물 풍속도이며 돌 벽 위에 직접 그렸다.
벽화 중에서 중요한 것은 주인공이 등장하는 정사도와 행렬도인데 그중에서
도 행렬도가 유명하다. 주인공이 탄 소 수레 앞의 성상번聖上幡 깃발을 통하여
그가 고구려 왕임을 밝힐 뿐 아니라 250명이 넘는 등장인물의 수와 화면의 크
기, 복잡하고 다채로운 내용에서 고구려 벽화 중에서는 물론 세계 미술사에서
도 중요한 위치를 차지하는 대작이다."[55]

　안악 1, 2호 무덤은 이번에 직접 보지 못하여 『조선 유적 유물 도감』에 실
린 글로 소개를 대신한다. 안악 1호 무덤은 "인물 풍속도를 그린 외칸짜리 고
구려식으로 된 벽화 무덤으로 특징적인 것은 안칸 외벽에 주인공의 실내 생활
도 대신에 전각도篆刻圖를 그린 것과 천장에 이상한 짐승 그림이 많은 것이다.
고구려 사람들의 신앙과 풍부한 상상력을 보여 준다."[56] 안악 2호 무덤은 "인물
풍속도를 그린 고구려 벽화 무덤. 무덤칸은 안길, 안칸, 안칸 동벽의 감龕으로

이루어졌으며 벽화는 무덤칸의 회벽 위에 그렸다. 화려한 벽화 중에서 안칸 동벽의 비천도가 특히 우수하다. 비천도는 아름다운 고구려 여인을 섬세하고 우아한 화풍과 높은 예술적 기량으로 훌륭하게 형상한 명작으로서 고구려 회화사의 한 페이지를 빛나게 장식하고 있다."[57]

안악 3호 무덤은 직접 보았으나 필자의 전공이 아닌 부분은 그쪽 기록과 안내원의 설명에 의존했다. 다만 그 터의 풍수지리적 성격에 대해서는 나름대로 해석을 가할 것이다. 안악 3호 무덤은 4세기 중엽에 만들어진 것으로 근래 연구에서 고구려 21대 고국원왕의 능으로 밝혀졌다고 한다. 남한의 『국사 대사전』에는 그가 고구려 제16대 왕으로 되어 있는데 어찌 된 영문인지 문외한인 필자는 알 수 없어 답답하다. 물론 『삼국사기』나 『삼국유사』의 기록대로 한다면 고국원왕은 16대가 되고 21대는 문자왕이다.

고국원왕은 환도성만주 집안현 통구으로 천도한 사실과 아버지 미천왕의 시신을 연왕燕王 모용황에게 탈취당한 사실을 비롯하여 그의 어머니와 왕비까지 사로잡혔던 적이 있고 왕 41년371 백제의 근초고왕이 평양성을 공격하므로, 나아가 싸우다가 화살에 맞아 죽어 고국원故國原에 장사 지냈다는 기록이 나오는 것으로 보아 참으로 안타까운 일생을 보낸 인물로 여겨진다.

무덤무지봉분는 방대형으로 남북 33미터, 동서 30미터, 높이 6미터다. 무덤 칸은 돌로 쌓았는데 문칸, 앞칸, 안칸, 동서 두 곁칸, 회랑 등으로 구성되어 있다. 문은 0.5톤 정도의 돌문 두 짝으로 조성되었는데 1949년 첫 발굴 당시에도 매끄럽게 열릴 정도로 정교했다고 한다. 이는 현지 안내판의 기록이고 안내원 선생은 이를 "문 하나가 900킬로그램으로 지금도 잘 열리는 베어링식 문짝"이라 표현했다.

벽화 중 중요한 것은 주인공이 등장하는 정사도와 행렬도인데 주인공이 탄 소 수레 앞의 성상번 깃발을 통해 그가 고구려의 왕임을 알 수 있다고 한다. 문간에는 위병이 서 있고 서쪽 곁칸에는 '백라관'을 쓰고 화려한 비단옷을 입은 사람이 문무백관을 거느리고 있는 모습으로 보아 왕의 무덤임에는 의심의 여지가 없는 듯하다.

고분 안은 50미터쯤 굴곡진 출구로 조성되어 있는데, 이는 보존을 위해서라고 한다. 나는 그 속을 직접 보지는 못했다. 다만 평양으로 돌아와 그 모사품을 볼 수 있었지만 그 감흥이 같을 수야 있겠는가. 앞칸에는 호위 병사와 고취대, 수박희택견가 그려져 있고 천장에는 해와 달 그리고 영생도와 지하 천궁이 새겨져 있다. 안칸에는 시신이 안치되어 있었는데 부부로 추정되는 두 사람분의 유골이 출토되었다고 한다. 수많은 도기 파편이 발견되었고, 대신을 거느리고 정사를 보는 모습과 동과 남에는 시녀를 거느린 왕비의 모습이 그려져 있다.

동쪽 곁칸에는 육곳간, 푸줏간이 그려져 있는데 통돼지와 노루, 부엌 풍경도 보이고 개도 있었다. 나는 그것이 개인지 노루인지를 놓고 북측 일행들과 입씨름을 벌였지만 결국 그들도 개라는 데 동의했다. 그러니까 우리는 오랜 옛날부터 개를 식용으로도 썼다는 얘기가 되는 셈이다. 색채는 지금까지도 변함이 없으며, 벽화 중 "영화永和 13년"이라는 글자 때문에 무덤 주인에 대한 구구한 해석이 있었으나 동수라는 이름의 그는 중국 요동 지방 평곽현 경상리 사람으로 벼슬을 살다가 69세에 죽었다고 되어 있으며 그의 이름이 안칸 문지기 그림 아래 있는 것으로 보아 당연히 무덤의 주인은 아니라는 주장이다. 연대는 대략 350년대로 나왔다고 한다.

처음에는 미천왕의 무덤이라고 추정했으나 김일성 주석으로부터 남평양 문제와 안악 3호 무덤의 주인을 확인하라는 두 가지 교시를 받고 연구한 결과 고국원왕의 무덤이라고 확정짓게 되었다는 김일성대학교 리정남 교수[58]의 추가 설명이 있었음을 부기해 둔다.

안악 3호 무덤은 예로부터 '하 무덤'이라 일컬어졌다고 한다. 조선 시대 안악 군수를 지낸 하연의 선정비를 이곳에 세우고 나중 그의 무덤을 여기에 씀으로써 그렇게 와전된 것이다.[59] 리 교수는 고국원왕에 대한 『삼국사기』 기록이 별로 마음에 들지 않는 모양이었다. 그는 고국원왕이 41년 동안 남진 정책을 쓰며 임진강과 예성강을 국경으로 삼았는데 당시 안악 지방은 양악이라 하여 고구려의 속국이었다고 했다.

고국원왕은 지금의 황해남도 신원군 아양리에 부수도副首都로 남평양을 두고 백제를 공략하다가 결국 전사하여 이곳에 묻히게 된 것이 아닐까 하는 것이 그의 주장인 듯했다. 지금 보아도 이곳은 양악산성, 구월산성, 장수산성, 정방산성이 사방에서 옹위하는 형세다. 그런데 『신증동국여지승람』에 재미있는 기사가 나온다. 장수산이 고을 북쪽 5리에 있는 재령군의 진산이라 기록되어 있지만 『신증동국여지승람』에서 추가하기를 당시 임금, 즉 중종 14년1519에 여병癘病, 염병, 즉 장티푸스지만 전염병으로 보는 것이 옳다.이 많다고 하여 지금의 읍으로 옮겼다고 하는데 예전 읍과는 거리가 60리라고 되어 있다. 이로 미루어 보면 남평양인 신원군 아양리가 재령의 구읍이었음을 알 수 있다.

지금 안악 3호 무덤 주변은 '어로리벌'이라는 넓은 벌방들판이기 때문에 이 상태로 풍수를 말하는 것은 불가능하다는 것이 현장에서의 내 최초 판단이었다. 한데 안내원의 얘기를 듣다 보니 뭔가 이상했다. 그래서 과거 지세를 묻다가 중대한 사실을 알게 되었다. 안악 3호 무덤 뒤 북쪽으로 높이 15미터쯤 되는 솔밭 둔덕이 보이고 거기서 3호분까지는 명백히 맥세가 이어져 있었다. 즉 산에 기대어 터를 잡은 것이 분명했다는 뜻이다. 그 둔덕에서 안악 읍내까지는 6킬로미터 정도인데, 계속 주변 평지보다는 약간 높게 이어지는 어떤 기맥을 느낄 수 있었다. 그리고 동·서·남쪽은 바다였다는 것이 아닌가. 그렇다면 이 무덤은 안악읍에서 길게 남자의 성기 모양으로 바다로 돌출된 부분, 말하자면 귀두부에 터를 잡은 셈이 된다. 이는 우리 자생 풍수가 즐겨 찾던 자리 잡기 방식으로 나로서는 중요한 사례를 북한 소재의 고분에서 하나 더 추가하는 행운을 얻은 것이다.

문제는 이곳이 과연 바다였겠느냐는 것인데 1997년 당시 70세인 안내인 위홍찬 선생은 어렸을 때 동양척식주식회사가 이곳을 개간했다는 말을 직접 들었으며 일부 공사는 목격도 했다고 했다. 망망한 바다 한가운데일 수는 없으나 바닷물이 들락날락한 갯벌이었을 가능성은 충분히 있겠다는 판단은 현지인의 증언뿐 아니라 지도상으로도 판단이 가능했다.

　재령강의 지류인 서강은 석당리 수문을 통해 이 지역의 관개를 하며 이 일대는 워낙 해발고도가 낮아 과거 저습지였음에 틀림없다. 평야에 조성된 은파호나 장수호가 해주만 쪽으로 연결되는 것을 보면 쉽게 짐작할 수 있는 일이다. 게다가 지금도 땅을 조금만 파도 갯벌 흙이 나올 정도라는 것이다.

　앞의 황개천은 서강과 연결되어 있고 평양과 가까워 교통이 편리한 데다가, 당시는 뱃길로도 이용할 수 있었으니 남천南遷 정책의 거점으로 손색이 없었을 것이 아니겠느냐는 얘기도 있었다. 동쪽으로 정방산, 북쪽으로 양산대, 서쪽으로 구월산, 남쪽으로 장수산과 수양산이 있는데 모두 해발 900미터급으로 사

황해도 구월산 원경.

방 수호에도 유리하니 금상첨화라는 것이다. 자생 풍수의 희귀한 예를 안악에서 만나다니 반가운 마음을 참기가 어려울 정도인지라 오전 내내 소변을 보지 않았는데 신기하게도 그날 오후에야 구월산에서 소변을 보았다. 그 양기 탱천한 구월산에서 소변을 본 것이다. 북한의 노동당원이나 현지 안내원들은 필자가 요구하든 요구하지 않든 풍수를 "봉건 도배들의 터 잡기 잡술"이라고 정의했다. 아마도 필자에 대한 정보는 자기들도 알고 있었으리라 여겨진다.

황해도 구월산 근경.

3 장 기록상 최초의 풍수 인물, 석탈해와 선덕여왕

아무리 교과서에 "한국의 풍수는 신라 말 도선에 의하여 중국으로부터 수입된 것"이라 되어 있어도 『삼국유사』의 석탈해 기록을 보면 그 주장이 맞지 않는다는 것을 알 수 있다. 물론 그 이전에 고구려의 시조 주몽이나 주몽의 셋째 아들이자 백제의 시조인 온조와 관련해서도 터 잡기에 대한 얘기가 나오지만 너무 소략하여 생략한다.

『삼국유사』의 성격부터 살펴본다. 육당 최남선이 그의 『삼국유사』 해제에서 언급했듯이, 일연의 시대보다 앞선 문종과 숙종 그리고 명종 연간에는 각종 유교 전적이 전대미문의 규모로 간행되었다. 또 이와 병행하여 예종 이후 유신儒臣들의 문집이 잇달아 간행되었을 뿐 아니라 궁중에서도 제도적으로 유학의 신전伸展을 뒷받침했던 것이다. 이것은 이 땅 문화사에서 유교 및 그와 맺어진 합리주의적 학풍 또는 사관이 전례 없이 높고 큰 파고를 이루며 솟구쳐 올랐음을 의미한다. 그것은 문화사의 새로운 힘, 새로운 용기였을 것이다. 스스로 유학에도 밝았던 일연은 이 솟구쳐 오르는 새로운 파고를 의식했을 것이다. 그는 이 새로운 파고에 대한 '카운터 무브먼트counter movement'를 생각한 것은 아니었을까. 일연의 결의 내지 『삼국유사』의 저술 동기는 편향성을 극복하고 인간과 역사를 총체적으로 보고자 하는 데에 있었다고 보고 싶다. 『삼국유사』는 샤머니즘적인 신비주의와 도교적인 신비주의, 불교적인 신비주의가 역사 속에서 구현된 것들의 기록이면서 세 범주의 신비주의가 다시 하나로 어울린 양태에 대한 기록이다.[60] 우리는 이 책을 통하여 균형이 잡힌 역사를 되돌아볼 수 있다.

1 석탈해

이름은 탈해 잇금[61]이다. 남해왕 때에 가락국 바다 가운데 배 한 척이 떠내려와 정박하였으므로 그 나라의 수로왕이 신하와 백성들과 함께 북을 울리면서 맞아서 머물도록 하려 하였더니 배는 그만 나는 듯이 달아나서 계림 동쪽의 하서지촌 아진포에 닿았다. 이때에 갯가에는 한 노파가 있었는데 이름이 아진의선阿珍義先이라 하니 곧 혁거세왕의 배꾼의 어머니였다.

그녀가 바다를 바라보며 말하기를 "이 바다에는 원래 바윗돌이 없는데 어인 까닭으로 까치들이 몰려서 울꼬?" 하고는 배를 저어 가서 찾아보니 웬 배 한 척 위에 까치들이 몰려 있었다. 배 한가운데에는 궤짝이 한 개 있는데 길이가 20척이요, 너비가 13척이었다.

그녀는 배를 끌어다가 어떤 나무숲 아래 가져다 두고 좋은 일인지 언짢은 일인지 알 수가 없어 하늘을 향하여 맹세를 한 뒤 궤짝을 열어 보니 단정하게 생긴 사내아이가 들어 있고 더불어 가지각색의 보물七寶과 노비들이 가득 실려 있었다. 그녀가 이레 동안 그 아이를 바라지하였더니 그제야 말하기를 "나는 용성국龍城國 사람이다. 우리 나라에는 일찍부터 스물여덟 용왕이 있어 사람의 태로부터 나서 다섯 살, 여섯 살 적부터 왕위를 계승하여 만백성들에게 천품을 닦도록 교화하였으며 8품의 성골이 있으나 차별을 두지 않고 모두가 임금 자리에 오르게 되었다. 당시 나의 부왕인 함달파가 적녀국 왕녀에게 장가를 들어 왕비로 삼았는데 오랫동안 아들이 없어서 자식 낳기를 기도하였더니 7년 후에 알 한 개를 낳았다. 이에 부왕은 여러 신하들을 모으고 묻기를, '사람으로서 알을 낳는다는 것은 고금에 없는 일이니 아마도 좋은 일이 아닌가 보다.' 하고 곧 궤짝을 만들어 나를 넣고 겸하여 가지각색의 보물과 노비들을 배에 싣고 바다에 띄우면서 빌기를 '인연 닿는 땅에 네 마음대로 닿아 나라를 세우고 가문을 만들라.'라고 하였다. 때마침 붉은 용이 있어 배를 호위하면서 이곳까지 왔노라."라고 하였다.

말을 마치자 그 사내아이는 지팡이를 끌면서 두 종을 데리고 토함산 위에 올라가서 돌무덤을 만들고 이레 동안 머물렀다. 그가 성안의 살 만한 땅을 찾다가 초승달처럼 생긴 산봉우리가 있음을 바라보고 그 지세가 오래 살 만한 자리인지라 곧 내려가 알아보았더니 이는 호공瓠公의 댁이었다. 그는 곧 꾀를 써서 남몰래 그 집 옆에 숫돌과 숯을 묻고는 이튿날 아침에 그 집 문 앞에 와서는 말하기를 "이 집은 우리 할아버지 때 집이다."라고 하니 호공은 그렇지 않다 하여 서로 시비를 따지다가 결판을 못 내고 결국 관가에 고발하였다.

관리가 말하기를 "무슨 증거가 있기에 이것을 너희 집이라고 하느냐?" 하니 그 아이가 대답하기를 "우리 조상은 본래 대장장이였는데 잠시 이웃 지방으로 나간 동안에 다른 사람이 빼앗아 여기에 살고 있는 것입니다. 땅을 파서 사실을 밝혀 주소서." 하여 그 말대로 파 보니 과연 숫돌과 숯이 나왔으므로 곧 빼앗아 살았다. …… 노례왕이 죽자 공무제 중원中元 2년 정사57년 6월에 탈해가 바로 왕위에 올랐다. 그가 "이것이 옛날昔 우리 집이오." 하면서 남의 집을 빼앗았다고 하여 성을 옛 석昔 자로 하였다. …… 뒤에 탈해 신령의 명령이 있어 "내 뼈를 조심해 묻으라."라고 하였다. 그의 해골 둘레가 3척 2촌이요, 몸뚱이 뼈 길이가 9척 7촌이요, 이가 엉켜 있어 하나인 듯하고 뼈마디가 모두 연결되어 있었으니 소위 천하에 적수가 없을 장사의 뼈였다. 그 뼈를 부수어 그의 형상을 빚어 만들어 대궐 안에 모셨다. 탈해의 신령이 또 이르기를 "내 뼈를 동악東 岳에 두라."라고 하였으므로[62] 그곳에 모셨다.[63]

이 기록에 나오는 초승달 모양의 집터[64]는 전형적인 운세 상승의 명당이며, 꾀를 써서 그 터를 빼앗았다는 것은 후대에 음택 풍수 자리 뺏기에 흔히 쓰이던 늑장勒葬의 전형적인 예로 볼 수 있다. 게다가 탈해왕은 자신의 뼈를 조심스럽게 다루라든가 동악에 묻어 달라는 등 풍수로 여길 만한 조짐을 드러냈다는 점도 유념해야 한다.

그러나 여기에는 몇 가지 문제가 있다. 첫째, 이 책은 탈해의 시대로부터 1000년 이상 지나 나온 것이라는 점에서 신빙성에 문제가 있다. 둘째, 저자 일연은 불교 승려로 풍수지리를 잘 알았음에 틀림없으므로 그런 식으로 해석할 소지가 있다는 점이다. 셋째, 탈해왕 조 어디에도 풍수라는 용어가 쓰이지 않았다는 점이다. 이런 문제들에 대해서는 간단히 대답할 수 있다. 이보다 더 오래된 기록이 없으며, 역사는 누구나 자신의 관점에서 볼 수밖에 없다는 점, 그리고 분명 풍수적 관점에서 나온 얘기지만 풍수라는 용어 자체가 나오지 않았다는 점에서 풍수가 아니라고 말하는 것은 너무 유치하다는 것이다. 물론 서양에도 이와 유사한 기록이 있으니 그것도 풍수라고 해야 하느냐는 질문이 있을 수 있으나 그것 역시 논점을 달리한다는 점에서 유치하다고 본다. 즉 풍수적 관념이 있었다는 것은 아직 풍수라는 용어가 쓰이지는 않았지만 풍수라고 보아도 무방할 정도의 의식은 있었음을 인정할 수 있다고 본다.

여하튼 귀중한 역사서인 『삼국유사』에 나오는 석탈해라는 인물이 기록에 등장하는 최초의 풍수 관련 인물임은 분명한 사실이다. 이 외에도 탈해는 그 유골을 부수어 형상을 빚어 대궐 안에 모셨다는 점에서 특이하지만 소장塑葬

의 예이기도 하다. 『삼국유사』에는 석탈해 말고도 소장을 한 인물이 한 명 더 나온다. 바로 원효元曉다. 탈해는 동악신으로서 오랫동안 국사國祀를 받은 영주 英主이며, 원효는 신라 문화의 첫째가는 공로자로서 뛰어난 승려다. 그러므로 이 소상塑像은 영걸英傑을 구체적으로 내보이기 위해 만들어진 것이다.[65] 그러나 이것은 풍수와는 별 관계가 없다. 다만 음택 풍수에서 땅에 묻힌 조상이 받는 지기가 자손에게 감응하는 통로는 피와 살이 아니라 뼈인 점에서는 일맥상통하는 면이 없는 것은 아니다. 그러나 학계에서는 실증성을 중시하기 때문에 그 설명이 사뭇 다르다.

제4대 탈해왕57~80의 능이라 전해 오는 왕릉은 왕경王京 내 북쪽에 있는 경주시 동천동 산17번지 금강산의 남쪽에 위치한다. 봉분 높이는 4.4미터이며, 봉분 지름은 15.7미터의 원형 봉토분이다.

한편 탈해왕의 유해에 대해서는 『삼국사기』 탈해왕 조에서 탈해의 계시를 받은 문무왕이 탈해왕릉을 열어 뼈를 수습한 뒤 궁궐에 안치하였다가 다시 소상을 만들어 토함산 정상의 탈해사에 봉안했다는 기록이 있다. 그러나 조선 전기에 폐사가 된 까닭에 20세기 초에 이르러 『삼국사기』 「신라 본기」의 장지 기록인 '성북양정구城北壤井丘'와 조선 시대 지리지의 관련 기록을 근거로 하여 석씨 일족에 의해 현재의 고분을 탈해왕릉으로 비정比定하였다. …… 그런데 전傳 탈해왕릉은 1974년 12월 31일 도굴당하였다. 당시 봉분 동북쪽 중간 지점에서 너비 85센티미터, 깊이 4.4미터로 도굴갱을 만든 후 도굴을 자행하였는데, 이때 묘제가 횡혈식 석실분橫穴式石室墳임이 밝혀졌다. 따라서 목관묘 시기에 해당되는 탈해왕릉으로 판단하기 어렵다.[66]

요컨대 탈해왕릉이 아니라는 것이다. 필자는 이 문제에 관한 한 문외한이다. 따라서 이 내용에 관여할 자격이 없다. 다만 풍수를 말하기 위해서는 확실치 않고 무책임하다는 비난을 면하기 어렵지만 이른바 '역사적 상상력' 맥락에서 얘기가 되는 것은 소개하기로 한다.

2 선덕여왕의 여근곡

자생 풍수에서 여성이든 남성이든 성기에 빗대어 지세를 설명한 예는 많다. 지금은 거의 사라졌지만 구전에 따르면 우리나라 지명에 '자지골', '보지골', '좆대바위'같이 원색적인 표현들이 나타난다. 물론 다산이나 번성을 기원한 지명이다. 그리고 그런 형상을 드러낸 지모地貌가 반드시 그곳에 있다. 앞서 안악3호 무덤에서도 그와 같은 예가 나왔다. 이런 사례는 자칫 풍수를 사실과 다르게 저속한 것으로 오인하게 할 우려가 있기에 언급을 자제하기로 한다. 다만 여기에서는 『삼국유사』의 선덕여왕 이야기를 살펴보기로 한다.

영묘사 옥문지玉門池에서 한겨울에 수많은 개구리들이 모여 사나흘 동안 울어 댔다. 나라 사람들이 괴이하게 여겨 왕에게 물었다. 왕은 급히 각간角干 알천閼川과 필탄弼呑 등에게 정예 병사 2000명을 이끌고 서둘러 서쪽 교외로 가서 여근곡을 물어보면 그곳에 틀림없이 적병이 있을 테니 습격하여 죽이라고 말했다.
두 각간이 명을 받고 나서 각기 1000명을 거느리고 서쪽 교외로 가서 물었더니 부산富山 아래에 과연 여근곡이 있었고 백제 군사 500명이 그곳에 숨어 있었으므로 그들을 에워싸서 죽였다. (백제에서) 후원병 1200명이 왔지만 역시 한 명도 남김없이 죽였다. …… 개구리의 성난 모습은 군사의 형상이고, 옥문이란 여인의 음부로 여인은 음이 되며 그 색깔이 흰데, 흰색은 서쪽을 나타내기 때문에 군사가 서쪽에 있음을 알았다. 남근이 여근에 들어가면 반드시 죽게 된다. 즉 발기가 시든다. 따라서 쉽게 잡을 수 있음을 안 것이다.

신하들은 모두 여왕의 그 성스러운 지혜에 감탄했다.[67]

이것을 풍수라 보기는 어렵다. 그러나 여근곡이라는 지명 자체가 '보지골'과 같은지라 포함시켰다. 실제 이곳의 지세는 말 그대로다.

이와 비슷한 사례들은 『삼국유사』에 흔히 나온다. 그 내용이 유사하고 인물이 불분명한 경우가 대부분이기 때문에 나머지는 생략하기로 한다.

3 성기 지명과 도갑사

성기 지명

성기에 빗댄 지명의 한 가지 예를 제시한다. 전라남도 영암군 군서면 동구림리에 있는 이름이다.

전설에 의하면 백제 때 서울을 구림으로 옮기려 했다며, 마을 사람들은 지금도 자기들 고장을 '반半 서울'이라 일컬으며 자부하고 있다. 쌍취정, 서호정, 남송정, 북송정이 4대문의 자취라 한다.

죽정마을은 대나무가 많고 마을이 정자 형국이라 하여 붙은 이름이다. '보지골'과 '역등'은 마을에서 4킬로미터 떨어진 도갑사道岬寺 바로 위쪽에 있으며 뽕나무 밭을 사이에 두고 30미터쯤 떨어져 마주 보고 있다. 역등은 '자지골', '역산'으로도 불리며 도갑사에 이어지는 산등성이가 자지 모양으로 길게 뻗쳐 있고 습기가 밴 진털밭이 돋아 있다. 그 바로 맞은편의 '보지골'은 여자의 아래 부위와 영락없이 닮은 형태로서 양옆으로 오목하게 골이 패어 있고 가운데는 물기가 흐르고 있다. 민묘 1기가 그곳에 있다. 이와 같이 음양이 맞추어진 곳, 바로 그 여자 하체 부위의 형국에 묘를 쓸 때는 석물石物, 비독이라고도 함을 세우지 않는다고 한다. 그곳에 비碑

를 세우면 삽입된 남성의 성기가 유감有感되어 집안에 음풍이 흐르기 때문이라고 한다.(1995년 필자의 답사 당시 61세였던 박찬원 선생의 제보.)[68]

도갑사[69]

도갑사에 있는 「도선국사비명」에는 "후세에 지리를 말하는 자들은 모두 그를 근본으로 삼는다師所傳陰陽說數篇世多有後之言地理者皆宗焉."라는 기록이 남아 있으니 도선이 우리나라 지리학과 풍수설의 조종임은 그로써 분명한 셈이다.

더구나 이 일대 서호와 장천에는 선사先史 주거지가 있고 시종면 일대에는 고분들이 즐비하며 왕인王仁 박사 유적지도 있어 가히 역사·지리학의 보고 같은 곳이다. 도선이 지리산 이인으로부터 풍수법을 전수받은 것은 그의 나이 서른 살 때였다. 그러니까 그가 당시 그 일대에서 만들어지던 자생 풍수의 원류에 접했을 가능성은 충분하다. 그리고 도갑사 인근에는 앞서 설명한 남녀의 성기를 지명으로 삼은 곳이 허다하다.

도갑사 입구 사하촌 오른편으로는 식당과 기념품 가게가 늘어서 있다. 그 가겟집 뒤로 돌아가면 야트막한 둔덕을 넘어가는 오솔길이 나타난다. 그 길 너머 오른쪽에 이상한 기운을 풍기는 두 산이 버티고 있는데 그 이름이 앞서 말한 자지골과 보지골이다. 보지골에서는 작은 샘물이 솟고 그 물이 도갑천의 원천이 되며 그 아래 본래의 도갑리 마을이 있었으나 지금은 폐동廢洞된 상태다. 답사에 동행했던 친구의 질문이 걸작이다. "생기발랄하고 정기 왕성한 땅 기운을 받았을 원原 도갑리 마을이 어째 폐동이 되었나?" 나의 대답 또한 농조가 될 수밖에 없다. "자지가 보지에 닿았더라면 그럴 까닭이 없었겠으나 보다시피 닿을락 말락한 배치이니 기운만 쓰다 제풀에 지친 까닭이겠지." 아무래도 내가 산도깨비에 씌어 헛소리를 한 것이지 싶다.

도갑사 인근의 지세에 관해서는 다른 곳에서 설명하겠지만, 간단히 말해서 이곳의 땅 읽기는 상식을 벗어나지 않으며 지금은 듣기 거북한 얘기일지 모르

70

지만 아주 이해하기 편하게 되어 있다는 점은 분명하다. 도선 풍수의 한 특징인 상식성이 잘 드러난 예다. 무릇 상식을 벗어나면 술법에 빠질 수 있고 술법에 들어가면 사이비 신비에 빠져 헤매기 십상이니, 그런 잡술의 길을 가지 않은 도선 풍수는 건전하다고 할 수 있다.

일부 지사들의 해설에 따르면 도갑사 일대의 산세와 수맥은 음란수淫亂水가 흐르는 형국이라 한다. 때문에 도갑사에서는 얼마 전까지만 해도 전국 사찰 가운데서 보기 드물게 비구와 비구니가 함께 수양을 하기도 했다. 물론 요사채는 별도로 사용했다고 하지만 사찰의 특수한 사례를 보여 주는 경우가 아닐 수 없다.[70]

자궁으로의 회귀 염원

이것보다 더 나아가, 어머니의 자궁으로 회귀하려는 상징성을 띤 지명의 예를 보자. 삼척 신기면 대이리 골말 좆대봉의 경우다.

지금 사람들은 모두 불안해한다. 그가 사는 곳이 시골이든 도회지든 편안히 살지 못한다는 점에서는 마찬가지다. 분명 경제적으로는 잘살게 되었다고들 하는데 생활에 대한 만족도는 오히려 떨어진 듯한 느낌을 받으며 살아가는 것이다. 하루하루를 살아가는 일이 피곤하고 고달프기 짝이 없다.

공기는 공기가 아니고 물은 물이 아니다. 길은 막히고 사람들은 짜증을 넘어 분노를 감추지 않는다. 언제 무슨 사고가 날지 알 수 없다. 다리를 건너며, 터널을 지나며, 고속 도로를 달리며 잠시도 안심해서는 안 된다. 반대편 길을 달려오는 운전자들의 얼굴을 살핀다. 모두들 지치고 화나 있으며 표정에 조급증을 드러내고 있다. 왜 삶이 이 지경이 되었을까. 차창을 열면 달려드는 매연과 기분 나쁜 훈기, 좋은 공기는 바랄 수도 없고 그저 웬만한 공기라도 그리울 뿐이다. 시골의 개울물 역시 더럽기는 매한가지다. 얼마 전까지만 해도 상쾌한 바람과 맑은 물은 우리가 당연히 누려야 하는 것으로 여겨졌다. 물론 지금처럼 잘살지는 못했지만, 아니, 지독히도 못살았지만 그때는 그랬다. 그러나 지금은 아니다. 유엔 사무총장이 환경을 고려하지 않는 개발은 자멸 행위라는 메시지를 보내오는 지경이다. 바람과 물의 길, 그것은 풍수의 도風水之道다. 풍수는 바로 그 당연한 것을 되찾자는 취지에 현대적 의미가 있다.[71] 그 좋았던 바람과 물을 되찾아 불안 없는 터전에서 살아 보자는 것이 풍수가의 꿈이다. 나는 이제 바람과 물의 길을 따라 아무런 근심 없는 안정 희구의 삶터를 찾아 나서고자 한다.

지금까지 나는 풍수의 이론을 앞세우고 그것이 현장에서 어떻게 적용되는지를 살피는 매우 고답적인 답사에 치중해 왔다. 그런데 무척 중요한 사실을 알게되었으니, 바로 풍수의 이론은 주로 중국에서 유입된 것이고, 현장은 우리 풍토에 맞는 풍수가 펼쳐진 곳이기 때문에 상반될 수밖에 없고, 더 중요한 것은 현장이라는 점이다. 이론을 중시하고 터 잡기가 이루어진 조선 중후기 양반촌이 썩 좋은 곳이 못 된다는 사실이 바로 현장의 중요성을 웅변한다.

풍수가 찾고자 하는 터는 어떤 곳일까? 한마디로 불안이 없는 땅이다. 그런 땅은 어디인가? 바로 어머니의 품속 같은 곳이다. 안온하고 안정적이며 근심 걱정이 없는 터, 바로 어머니의 품 안같이 생긴 땅에서 사람들은 편안하게 살았다. 풍수에서는 그렇게 생긴 터를 좋아한다. 그래서 명당 좌우의 청룡과 백호는 어머니의 양팔이 되고 주산인 현무사玄武砂는 어머니의 몸이 되는 것이다. 그 가운데가 바로 명당이니 명당은 바로 어머니의 품속이 아니고 무엇인가. 그곳은 아무런 걱정 없이 태초의 평안 속에서 오직 만족만을 누리고 느끼며 살았던 어머니의 품이다. 그 품을 떠나면서 근심과 불안이 시작되었다. 마치 오늘의 우리가 고향이라는 명당을 떠나 도시의 잡답 속에서 불안을 떠안고 살아가는 것과 마찬가지다.

그러나 품 안에 안긴 것만으로는 아직 안심하지 못하는 사람들도 있다. 그들은 더욱 진전하여 어머니의 자궁 속으로 회귀하고자 하는 염원을 드러내기도 한다. 그곳이야말로 우주 태생의 평화가 깃든 곳이라 믿는다. 삼척시 신기면 대이리의 골말이 바로 그런 곳이다. 환선굴이라는 석회암 동굴로 외지에 제법 알려진 곳이지만 지금 그 굴은 폐쇄되어 있다.(1996년 답사 당시 얘기다.) 본래 20여 호의 화전민들이 살던 이 마을에는 지금 두어 집밖에 남아 있지 않다. 그들은 『정감록』 신봉자였음이 분명하다. 하지만 처음 만난 골말의 한 할아버지는 그 점을 강하게 부인했다. 아마도 『정감록』의 이미지가 미신과 통하기 때문에 그랬을 수도 있고, 『정감록』을 좇아 자신의 인생을 혹사시킨 부모님에 대한 반감 때문일 수도 있겠다. 얼마 후 외지인인 필자에 대한 본능적인 거리낌을 지운 뒤에 그 할아버지가 보여 준 『정감록』 필사본 일부는 이곳이 분명 정감록촌이었음을 말해 주었다.

태백산 연맥이랄 수 있는 덕메기산德項山을 비롯하여 같은 줄기인 양태메기, 지각봉, 물미산이 사방을 둘러싸고 있으니, 그곳을 일러 어머니의 배 속이라 표현한들 조금도 이상하지 않은 지세다. 그런데도 병자호란 이후 인조 때 경기도 포천에서 이곳으로 들어온 마을 입향조 이시두는 이곳이 어머니의 자궁 속이라는 보다 확실한 증거를 원했던 모양이다. 그것이 바로 분지 가운데 우뚝 솟아 있는 '촛대배이촛대봉 또는 촛대병바위'다. 이 거대한 석물은 태백의 터줏대감인 사진 작가 이석필 선생의 말마따나 촛대봉 위의 콩알을 떼어 낸 '좆대봉'이 바른 이름일 것이다. 그리하여 어머니의 자궁 속에서 원초적 생산을 행하기 위해 삽입된 아버지의 발기한 양물일 게 분명한 이 좆대봉으로 말미암아 골말은 한 점 의심의 여지 없이 자궁 속이 되는 것이고, 따라서 티끌만 한 불안도 없는 터전이 될 수 있었던 것이다.

병자호란 이래 11대째 이곳에 살고 있다는 이종욱 할아버지(1996년 당시 74세)의 집은 소나무 널판으로 지붕을 덮은 너와집인데 지난해 겨울 필자가 이곳을 찾았을 때도 낮술에 취해 계시더니 이번 초가을에도 낮술에 젖어 계신다. 극단의 평온을 갈구하는 마음이 그를 이곳에서마저 취몽의 세계로 이끌었

을까. 환선굴에서 시작되었다는 마을 곁을 흐르는 환선천은 슬프도록 푸르고
도 맑아 바라보기만 해도 가슴이 시리다. 그러나 그 슬프도록 시린 계곡물도
머지않아 더럽혀지려니 싶어 마음이 개운치 않다. 아닌 게 아니라 대이리 계곡
입구에는 벌써 오염의 시작이랄 수 있는 공장이 들어서고 있었다.

화장의 시초

화장火葬은 풍수에서 금기인가? 그렇지 않다. 간단한 예로 고려 시대를 보면
된다. 고려 왕조는 불교의 선종禪宗과 풍수지리를 국가의 2대 지배 이데올로기
로 삼았다. 그런데도 공민왕 이전의 임금들과 왕비들 대부분은 화장을 했다.
사실 옛날에는 화장을 하려면 돈이 많아야 했다. 매장이야 "하늘 아래 임금
땅 아닌 곳이 없다.率天之下莫非王土."라는 말에서 알 수 있듯이 돈이 별 필요가
없는 장법이다. 그러나 화장을 하려면 막대한 양의 장작을 모아야 하고 며칠이
걸린다. 그사이에 문상객들을 위한 식음료를 준비하는 데도 돈이 든다. 그러니
상당한 권세가나 재력가가 아니면 현실적으로 화장은 불가능했다. 하지만 신
라 때부터도 화장이 가끔씩 이루어졌다.

문무왕이 화장을 선택한 이유

신라 사회는 법흥왕 14년527 불교를 공인했는데도 150년 이상 불교식 장법
으로 널리 알려져 있는 화장을 받아들이지 않았으나 문무왕은 화장을 선택
하였다. 이 화장은 그의 유언에서 분명히 '서국 의식西國儀式'이라 하였듯이 인
도의 불교식 화장임에는 의심의 여지가 없다. 따라서 이에 대해 그동안 학계는
신라 사회에 널리 퍼진 불교 사상의 영향으로 보았다.
그러나 문무왕의 화장 선택은 장법에서는 불교식이었는데도 불교 사상에
대한 독실한 믿음 때문이라고 보기보다는 현실적인 문제를 고려한 것으로 볼
수 있을 것 같다. 즉 그의 유언 첫마디에 언급한 '대질大疾'이 직접적인 원인으

로 추정된다. 그는 장기간에 걸친 삼국 통일 전쟁과 나당 전쟁을 수행하면서 병을 얻었고 이것이 죽음의 원인이 된 듯하다. 또한 그의 구체적인 병명은 알 수 없으나 '대질'로 표현될 정도로 그의 병은 심각했다. 따라서 그는 전염의 예방 차원이거나 몸의 상태가 좋지 않아 화장을 택한 것으로 생각된다. 이는 의학이 발달하지 않은 사회에서 행한 최선의 방법이었을 것이다.

이와 관련해서 연동되는 질문은 왜 전대의 왕릉처럼 봉분 형태의 왕릉을 조영하지 않았는가 하는 점이다. 이는 원성왕元聖王이 화장을 했음에도 기존의 왕릉과 전혀 다름없이 조영한 점에 비추어 보면 당연한 질문이다. 이에 대해 문무왕은 유언에서 "죽은 영혼을 되살려 내지 못하는 일이니 백성들을 수고롭게 할 수 없다."라고 잘라 말했다. 하지만 이러한 표현은 전쟁으로 피폐해져 더 이상 왕릉을 조성할 여력이 없었던 당시의 국가 경제를 간접적으로 시사하는 것이다. 즉 그가 큰 병으로 인해 화장 후 그 뼈를 동해에 뿌려 용이 되기로 결심한 이상 해중海中에 봉분을 조영할 수 없었음이 당연한데도 백성들의 어려움을 외면하지 않았던 그의 애민 사상을 드러내기 위해 역으로 위와 같은 수사적 표현을 동원했으리라 생각된다.[72]

그러지 않고 만일 유언을 그대로 해석한다면, 봉분을 만드는 일은 백성들을 수고롭게 할 뿐 자신의 영혼을 되살리지 못하기 때문에 필요하지 않다는 것이다. 그렇기 때문에 자신은 불교 의식을 따라 화장한 후 그 뼈를 동해에 뿌림으로써 동해의 용東海之龍이 되어 왜병의 침입으로부터 신라를 구하겠다는 것이 된다.[73]

2부

도선의 등장

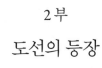

1장　시대 배경

1 격변의 시대 신라 말

한 왕국의 쇠퇴는 그 왕조의 통제력 상실을 의미한다. 왕조, 즉 국가의 지배력이 약화되면 범죄가 늘어난다. 그런데 흥미로운 것은 그런 범죄자들이 자신들의 범죄 행위를 정당화한다는 점이다. 범죄학이라는 측면에서만 보면 신라 말의 호족들은 경주의 왕실과 귀족의 입장에서 명백한 범죄자들이다. 그런 현상은 신라 말에만 나타난 것은 아니다. 세계 공통의 현상이라고 해야 옳다. 여기에 스티븐 핑커의 주장을 소개한다.

오늘날 폭력과 낮은 사회 경제 지위가 상관관계를 보이는 까닭은 무엇일까? 엘리트와 중간 계층이 사법 제도를 통해 정의를 추구하는 데 반해, 하류 계층은 폭력 연구자들이 흔히 '자력 구제self-help'라고 부르는 행동에 의지하기 때문이다. 이것은 『너무 사랑하는 여자들』, 『영혼을 위한 닭고기 수프』 같은 부류의 자기 위로를 말하는 것이 아니라, 제 손으로 집행하는 정의처럼 국가 개입이 부재하는 상황에서 개인이 폭력적 복수로 정의를 확보하는 것을 말한다.

법학자 도널드 블랙은 큰 영향력을 발휘한 논문 「사회적 통제로서 범죄」에서 우리가 범죄라고 부르는 행동의 대부분이 범인의 시각에서는 정의의 추구라고 지적했다.[1]

신라 말의 상황에서 도선은 사회가 그런 형태로 바뀔 것을 직관으로 이해하고 앞으로 나타날 호족들에게 그 대안을 풍수를 통하여 암시하지 않았을까 한다.

천년 왕국 신라에 명백한 망조가 들기 시작하던 42대 흥덕왕 2년827 도선이 태어났다. 그의 생애 중 왕이 열한 차례나 바뀌었는데 이는 망하는 나라의 전형적 현상이다. 1000년이면 종말론이 대두되기에는 충분한 시간일 수밖에 없다. 궁중에서는 골육상쟁이 끊임없었고, 지방에서는 반란이 그치지 않았으며 자연재해가 해를 거르지 않았다.

자연재해가 역사에 영향을 미치는 것은 당연하다. 문제는 자연재해의 발생 원인이다. 결과야 한발, 홍수, 지진, 해일 등 많이 있지만 그 근본적 원인이 어디에 있는지 알기는 매우 어렵고 어떤 면에서는 추정 불가능한 경우가 대부분이다. 물론 거시적인 지질 시대의 구분으로 보자면 빙하기의 출현이 소행성 혹은 혜성과의 충돌 때문이라는 주장이 대세다.

황당하지만 재미있는 주장도 있다.

조선 시대 중기의 전란과 민생 피폐로 인해서 혼란했던 역사의 원인을 밝혀 보고자 노력했다. 그 원인이 되었던 장기 재난 현상의 발생에 대해서 연구하던 중에 외계 충격설theory of terrestrial impact을 접하게 되었다. 외계 충격이란 소행성과 혜성 등의 지구 근접 물체들이 지구 대기권에 들어와서 공중 폭발하거나 지구 표면에 충돌하는 현상을 가리킨다. …… 그에 관한 과학적 연구는 2000년대에 들어와 지구의 역사가 고생대, 중생대, 신생대로 바뀐 이유가 길이 6~10킬로미터 크기의 초대형 소행성이 지구에 충돌하였기 때문이었음을 확실하게 입증하였다. 나아가서 흔히 유성이라고 부르는 중소형 소행성들이 대기권에 들어올 때에 일으키는 재난에 대해서도 많은 연구가 이루어졌다. …… 『조선왕조실록』 태조부터 철종까지 470여 년간에 자연 이상 현상들에 관한 기록을 모두 발췌하여 분석한 결과 중기의 270여 년간 대량의 유성이 지구 대기권에 돌입한 사실(서울에서 육안으로 관측된 것만도 3300여 개)이 드러났다. …… 이 연구를 통해서 조선 중기의 혼란과 피폐가 유교의 관념론에 빠진 사람들의 인재人災의 소치가 아니라 장기적인 자연재해, 곧 천재天災에 일차적이고 근본적인 원인이 있었다는 것을 파악하게 되었다.[2]

필자가 지리학과에서 배운 바로는 소행성이 충돌할 경우 그 영향이 소규모 지역에 한정되지는 않는다고 한다. 대기권에서 모두 소진되지 않고 공중 폭발하거나 충돌하는 경우, 규모의 문제가 아니라 그 사실만으로도 전 지구적 재앙을 일으킨다고 배웠다. 게다가 임진왜란이나 병자호란이 일어난 즈음에 한반도에 경천동지할 천체 현상은 없었고, 세계사 연표를 봐도 미증유의 혼란은 없었던 것 같다. 도선이 살던 9세기에도 사정이 다르지 않았다.

솔직히 필자는 그런 사건이 있었으면 하고 바란다. 왜냐하면 도선이 고려 개국과 함께 돌연 나타났다는 것을 설명하는 데 이보다 편리한 가설은 없기 때문이다. 농담 삼아 한마디 덧붙이자면 도선이 외계인이었으면 참 편하게 이 책을 쓸 수도 있었을 것이다.

유성우는 그런 현상 중에서도 옛 사람들을 놀라게 하기에 충분한 천체 현상이다. 현대에는 1933년과 1945년 시간당 수천 개의 유성이 쏟아졌지만 지구에 별다른 영향을 미치지는 않았다. 마치 지구가 종말을 맞는 전조처럼 보이지만 그것이 어떤 지역의 역사에 커다란 영향을 미쳤다는 증거는 없다. 물론 잠시 후에라도 종말론을 현실로 만들 천체 현상이 일어날 확률이 0은 아니지만, 그 사실은 한반도라는 미시적 역사를 해석하는 데 도움이 되지 않는다.

그러나 매우 설득력 있는 사례도 있다. 바로 발해의 멸망에 관한 추정이다. 다음은 2010년 소원주가 쓴 『백두산 대폭발의 비밀』에 실린 글이다.

발해는 서기 926년 거란 침공으로 멸망했다. 200년 이상 해동성국이라 불리며 지금의 중국 동북 3성과 러시아 연해주, 북한 동쪽 지역을 지배하는 거대 왕국이었던 발해는 거란이 침공한 지 보름도 안 돼 항복했다. 『고려사高麗史』 기록에 의하면 발해 멸망 1년 전에 발해의 장군이나 왕족, 귀족들이 500명, 100호, 1000호의 백성들을 이끌고 고려로 망명했다고 한다. 당시 그런 인구 규모는 웬만한 소도시의 전체 인구다. 이상한 것은 정복자인 거란족마저 발해 정복 후 곧 발해 땅을 포기하고 돌아갔다는 것이다.

거란은 발해 멸망 후 동단국이라는 나라를 세우고 수도를 옮겼는데, 백두산 북동부에서 서쪽으로 원거리를 이동해 랴오양으로 옮겼다. 거란은 서쪽의 요동 지방을 제외하고 발해 땅 전부를 그냥 포기한 셈이다. 거란 측 기록인 『요사遼史』에 의하면 멸망 뒤 거란으로 강제 이주당한 발해인은 9만 4000여 호가 되고, 『고려사』나 『동국통감東國通鑑』에도 멸망 후 10만여 명의 발해인이 고려로 귀화했다고 기록되었다. 발해가 강성했을 때 전체 인구가 10만여 호였는데, 발해의 전 인구가 그 넓은 땅을 공동화시킨 채 거란이나 고려로 이주했다는 것은 전쟁 말고도 그곳에 엄청난 재앙이 있었다는 반증이다.

『요사』에는 거란이 발해인을 강제 이주시키고 현을 없애 버렸다廢縣는 기록이 나온다. 백두산 동서남북의 인접 지역, 압록강, 도만강, 송화강 유역, 함경도 동해안 지역과 연해주 지역에 100여 개에 이르는데 모두 백두산을 중심으로 방사상으로 분포한 지역이다.

수백 년 후 화산 유리가 완전히 풍화되면 화산재가 비옥한 토양이 된다. 발해가 사라진 지 200년 후 여진족이 역사에 등장하는 것은 화산재가 비옥한 토양이 되어 경작 활동이 시작된 시기와 일치한다. 그들은 금나라를 세우고 땅에서 국력을 키워 중국까지 정복할 수 있었다. 고려가 후백제를 통일한 것도 10만 명의 발해 유민들이 유입된 것이 결정적인 원동력이었다.[3]

역사 이해에서 왕조 교체를 중시하는 것은 다분히 편의적이고, 역사를 계기적 발전 과정으로 파악하기 힘들다는 한계가 있다. 그러나 한국사는 한 왕조의 지속 기간이 매우 길었고, 통일 왕조의 교체도 두 번밖에 없었으며, 외부 세력의 무력 정복으로 인한 교체가 아니었다는 특징이 있다. 왕조가 교체될 때는 큰 폭의 개혁이 필요한 시기였고 그에 따라 정치 세력과 제도, 지배 이념 등이 크게 바뀌었다. 현재 학계에서는 통일 신라에서 고려로의 왕조 교체 과정이 한국사의 발전에서 중요한 의미를 갖는다는 데 인식을 같이하고 있다. 도선이라는 인물의 시대적 배경은 그런 맥락에서 큰 의미가 있다.[4]

도선이 태어난 때의 흥덕왕은 41대 헌덕왕과 함께 40대 애장왕을 죽이는데 가담했는데, 헌덕왕은 그의 형이고 애장왕은 그의 조카였다. 골육상잔과 반역, 반란은 일상이 되다시피 했고, 천재지변으로 인한 기아와 전염병의 창궐까지 천년 왕국 신라의 붕괴는 기정사실이 되어 가고 있었다.

태종 무열왕 이후 진골 귀족이 왕위를 독점하였다. 그러나 진골의 수가 늘어나자 자연스럽게 갈등이 빚어졌다. 그 시작은 경덕왕의 개혁이었다. 경덕왕의 아들 혜공왕 4년 각간 대공大恭이 반란을 일으켰는데 이를 빌미로 무려 아흔여섯 명의 각간이 전국에서 들고일어나 3개월에 걸쳐 싸우는 대란이 발생하였다. 도선이 태어나기 얼마 전인 헌덕왕 14년822 김주원, 김헌창, 장보고가 뒤엉킨 반란이 터졌는데, 장보고는 도선의 출생지인 영암 바로 이웃인 완도에 청해진을 두었고 당唐과 왜倭와의 무역도 활발하게 일으켰다. 그 무역항이 바로 영암에 있었고, 이는 도선에게 많은 영향을 준다.[5]

여기에는 문제가 있다. 매우 미묘한 상황을 야기할 수 있는 사실인데, 풍수지리 이론이 실제 적용되었음을 직접적으로 확인할 수 있는 기록이 있고 그 기록자가 최치원이라는 점이다. 기록은 숭복사崇福寺에서 나온다. 이 비문에서 최치원은 798년에 원성왕이 죽은 직후 왕릉을 선택하는 과정을 서술하면서 중국 풍수설의 비조로 알려진 청오자靑烏子의 이름과 그 학설을 거론하는 등 풍수지리의 원리가 신라 왕실에서 거론되고 이용된 정황을 전한다.[6] 미묘하다는 것은 유명한 최치원이 도선과 동시대 사람이면서도 풍수 비조 자리를 차지하지 못했다는 점이다. 물론 왕건의 후백제 지역민 무마撫摩라든가, 최치원의 풍수가 중국의 음택에 관한 것이기에 정치적 가치가 떨어졌기 때문으로 볼 수도 있지만, 미묘한 문제이기는 하다.

도선이 우리나라 풍수지리의 비조라는 점에는 이견이 없다. 또한 그가 선승禪僧이라는 증거도 많다. 거기에 덧붙여 그를 지사志士로 평한 학자도 있다. 도선이 살던 당시는 혼란기였다. 780년에 신라 혜공왕이 난두亂豆에게 피살되어 무열왕 계통은 끊어지고 신라 상대上代의 왕통인 내물왕 계통의 진골 귀족이 다시 왕권을 장악한 이후 왕권 쟁탈전이 계속되어 중앙 정부의 통치력이 급격히 쇠약해지는 반면 지방 세력인 호족이 성장하여 다투어 실력을 키우고 있었다.

신라의 골품 제도는 이미 힘을 쓸 수 없게 되었고 그러한 차별적인 제도는 유지될 수 없는 시대가 되었다. 육두품 이하의 인물들이 다투어 세력을 길렀고 여기에 가담한 것이 선종 계통의 승려들이었다. 하지만 육두품은 귀족이다. 최치원이 육두품에 불만을 품었다면 그의 그릇이 작았음을 뜻할 뿐이다.

이러한 시대적 상황을 도선은 깊이 통찰했던 것으로 생각된다. 그는 신라의 시대는 이미 지나갔으며 지도력을 상실한 신라 귀족은 이 시대를 수습할 수 없다고 판단했다. 그리하여 그는 전국의 유력한 가문을 눈여겨 보고 직접 자기 눈으로 확인하기 위하여 전국을 답사하였던 것으로 생각된다. 결국 왕건의 집안이 도선에 의하여 새 시대의 창조자로 예견되었다. 그리고 도선은 이를 현실화하기 위하여 왕건이 나기 전에 왕건의 아버지 용건과 접촉하여 장래를 예시하였고 왕건이 난 이후 왕건과 접촉하여 그를 지도하여 새 시대의 창조자로 양성하였던 것이다.[7]

흥미로운 평론이지만 필자는 이에 전부 동의하지 않는다. 필자가 지금까지 조사한 바로는 도선이 그렇게 평가받을 만한 근거를 찾을 수 없었기 때문이다. 다만 시대 배경에 대해서는 잘 정리했다고 생각한다.

2 신라 말, 고려 초의 풍수 사상

풍수의 기원이 언제인지는 불분명하지만 우리나라에서 풍수가 본격적으로 역사의 전면에 떠오른 것이 신라 말엽부터라는 것은 분명하다. 그렇다면 이 시기에 왜 갑자기 풍수가 중요하게 떠올랐는지를 먼저 밝혀야 할 것이다.

신라 말 불교는 화엄종의 한계를 극복하는 사상 체계로서 선종을 받아들이는 한편 유교와 노장 사상도 별 거부감 없이 흡수하는 사상적 복합화가 이루어졌는데, 이것은 다름 아닌 중앙의 진골 귀족들의 독점적인 지배 체제와 그들의 고대적인 사유 방식에 반발하는 중간 계층인 육두품 계열과 지방 호족들에 의해 추진되었고, 아울러 경주 국도國都 중심, 진골 귀족 중심의 신라 고대 문화를 극복하려는 사상 운동의 성격을 띠었다.

특히 선종은 지배 이념으로서의 불교의 당면한 자체 모순을 스스로 인식하고 그 해결책을 구하려는 과정에서 수립된 것이었기에 당연히 반지배 이념적 성격을 띨 수밖에 없었다. 필자는 신라 말 풍수 사상의 도입 및 정착 과정에서 그것이 혁명과 고려 개국의 이념적 바탕이 되었다는 사실을 감지할 수 있었다. 앞서도 살펴본 바와 같이 풍수가 우리나라에서 역사의 전면에 부각된 것은 9세기 초 신라가 쇠퇴의 길로 접어들 무렵이었고 이는 도선의 활동 시기와 일치한다.

당시 신라의 지배 이데올로기는 교종教宗이었는데, 이것은 다분히 불교 경전에 의지하는 것이었으므로 문자를 모르는 민중들은 그로부터 소외될 수밖에 없었다. 물론 반복적으로 염불을 욈으로써 제도된다는 타력他力 불교가 없었던 것은 아니지만, 그 정도의 신앙으로는 신라 말의 타락한 시대상에서 벗어나 새로운 세계에 대한 지평을 열어 주는 진보적 이념 역할을 기대할 수 없었다.

게다가 왕조 말기에 드러나기 마련인 지배층의 학정과 부패는 개벽을 요구하는 민중들의 마음을 더욱 북돋운다. 이런 시점에 중국에서 유입된 선종이 반지배 이데올로기적인 의미를 지닌 채 유포되기 시작했다. 선종은 마음에서 마음으로 내적 성찰에 의하여 불성을 찾고, 설교나 문자를 떠나 즉시 불심을 중생에게 전하는 종파이며, 게다가 사람이면 누구나 불성을 지니고 있다는 일체 평등의 사상을 내포한 만큼 빠른 속도로 당시 민중들의 마음속에 자리할 수 있었으리라는 것은 쉽게 짐작할 수 있다.

선승들의 좌선의 목적은 본질적으로 견성見性이나, 그 과정에서 호흡법과 같은 기氣의 운용에 관한 술법이 깊이 있게 인식되며, 무념무상의 경지에서 천기와 지기에 대한 감지 역시 심도 있게 이루어질 수밖에 없다. 그래서 그들은 자연스럽게 풍수술을 터득하고 이론을 확립해 갔다. 중국의 일행一行이나 우리나라의 도선 국사가 대표적인 예다. 게다가 풍수 역시 가문의 뼈대가 중요한 것이 아니라 인성이 운명을 결정한다는 반계층적 신분 의식을 지닐 수밖에 없는 인식 체계인 만큼 당시 민중들에게는 아주 쉽게 받아들여질 수 있었을 것이다.

선승들은 자신의 수련과 중생 교화의 방편으로 전 국토를 편답하며 지리

지식을 넓혔다. 그들은 신라의 서울인 경주가 국토의 동남쪽에 치우쳐 있어 적절치 못하다는 정치·지리학적 이해를 갖출 정도였다. 이런 것들이 중부 지방을 거점으로 혁명과 개벽을 꿈꾸는 호족들에게 받아들여졌고, 마침내 왕건이 고려를 개국한다. 이제 선종과 풍수가 지배 이념이 된 것이다.

풍수의 내용도 매우 건전하여 초기 풍수의 지리학적 접근성을 잘 보여 준다. 처음에 사찰 입지 선정에 이용되다가 점차 왕궁 입지, 지배층의 양택 터 잡기 등 양적陽的 풍수로 확장되고, 후삼국 시대에 이르면 국도國都를 비롯하여 마을, 고을 등의 입지 선정 등 대표적인 지리학 이론으로 전개된다.

고려가 개국한 이후에도 초기에는 그 건전성이 크게 와해되지 않고 유지되는 특징을 보인다. 우선 태조 왕건의 「훈요십조訓要十條」제2훈에서 그 일부를 짐작할 수 있다. 「훈요십조」에 대해서는 그것이 정말로 태조의 유훈이냐에 대한 논란이 있으나 여기에서는 그 진위는 별로 문제가 되지 않는다. 설혹 그것이 위작이라 하더라도 어쨌든 고려 초기 풍수 사상을 어느 정도 반영하고 있을 것이기 때문이다.

그 내용은, 모든 사원은 도선이 산수山水의 순역順逆을 살펴서 개창한 것이며, 도선이 이르기를 내가 점정한 곳 이외의 다른 곳에 함부로 사원을 지으면 지덕을 손상시켜 국운이 영구치 못할 것이라고 하였다. 후세의 국왕, 공후, 후비, 조신 등이 소원 성취를 위하여 사당을 창건, 증축하는 일이 있을까 봐 크게 염려된다는 뜻으로 이해된다. 신라 말에도 다투어 절을 많이 이룩하여 지덕을 쇠손시켜 나라가 망한 것이니 경계를 게을리하지 말라는 것이다.

이 내용은 항간에서 흔히 풍수 비보설로 알려진 것이다. 그리고 단순히 고려 왕실이 자신들의 정통성을 보장해 주던 지배 이념인 풍수를 사상으로서 강조하기 위하여 언급한 것으로 평가된다. 그러나 유심히 관찰해 보면 여기에는 간과할 수 없는 교묘한 정치적 배려와 국가 경영상의 속뜻이 숨어 있음을 알게 된다. 고려는 철저히 무력으로 전 국토를 석권하고 나라를 세운 경우가 아니다. 여러 지방 호족들에게 혼인, 유인誘引 등의 방법을 사용하여 거의 외교적 수완으로 이룬 나라이기 때문에 어느 면에서는 대단히 취약한 체제였다고 할 수 있다.

왕건이 전 왕조의 마지막 임금인 경순왕을 죽이지 아니하고 우대한 것도 결국은 그의 취약한 정권을 보호하기 위한 전략이었을 것이다. 그리하여 무력이 가장 우월하지 않다는 점을 불교를 통하여 가르치고, 한편으로는 아직도 여러 지방에서 그대로 세력을 유지하고 있던 호족들의 경제적·군사적 거점이었던 사찰들을 중앙 정부의 통제 아래 두기 위하여 풍수 사상을 원용했다고 여겨진다.

어떤 이념의 배경 없이 막무가내로 사찰의 신축이나 증개축을 금지시켰다면 지방 호족들의 격렬한 반발이 명약관화하였을 것이고, 취약한 권력으로 그것을 가라앉히기도 무망한 노릇이었을 것이다. 그래서 풍수를 이용한 것이다. 당시 거의 대부분의 사람들이 믿고 따르던 풍수 사상에 따르면 일정 지점들을 벗어나 사찰을 세우면 지덕이 쇠한다고 하니 그러지 말라고 한다면 누가 그것을 반대할 수 있었겠는가. 참으로 교묘한 정치적 전략이라 하지 않을 수 없다.

이것이 국가 경영상의 지혜가 숨어 있는 전략이라는 평가를 뒷받침하기 위해서는 자연 지리학적 설명이 길게 필요하나, 여기에 대해서는 이미 필자의 다른 논문에서 상세히 밝혔으므로 간단히 말하겠다. 자연재해의 피해가 예상되는 지점에 사찰을 건설해 두면 승려들이 항시 그곳에 대기하고 있는 셈이 되기 때문에 노동력 공급이라는 측면에서 일리가 있고, 그들이 항상 감시 요원의 일도 수행할 것이기 때문에 일석이조의 이점이 있는 셈이다.

이 당시의 풍수 학인들을 일일이 열거할 여유는 없으나 대체로 이 시대에는 풍수를 업으로 하는 사람은 아직 나오지 않았던 듯하고, 처음에는 주로 선승들 사이에서 앞에 말한 이유로 그들의 종교적인 수련과 동시에 습득되었던 것 같다. 그 후 점차로 귀족 지배층과 일반 지식인들 사이에 두루 퍼졌으나, 그들 역시 전문 풍수가라 할 정도는 아니었다. 또 일부는 각 지방 호족들 사이에서 군략가로 활약했던 사실이 기록에 남아 있다.

2장   장보고

도선이 태어난 전남 영암은 열린 땅이다. 후삼국의 일통一統을 꿈꾸던 고려 태조 왕건이 뱃길로 나주를 경략經略함으로써 후백제의 혈로를 끊은 데서 알 수 있듯이 무진주광주 — 나주 — 영암을 잇는 길은 반도 남부의 해양권을 통하는 요로였다. 도선의 출가 전후에 이미 장보고가 해장海將이 되어 청해완도에 진을 치고 해상권을 장악하고 있었는데, 나주, 영암은 그 세력권에 속해 있었다. 후삼국이 정립하던 시기에도 수많은 입당 유학승들이 이 길을 통하여 귀국했다. 장보고의 세력은 그들의 보호 역할도 했다.[8]

도선의 출생 당시 장보고는 도선의 출생지인 전남 영암에서 가까운 완도에 청해진을 세웠다. 흥덕왕 3년828의 일이다. 장보고의 결정적인 도움으로 왕위에 오른 신무왕이 장보고의 딸을 왕비로 삼겠다고 약속했지만 재위 6개월 만에 죽었다. 그의 장남이 문성왕으로 즉위하여 아버지 대신 그 약속을 지키려하였으나 골품 제도가 골수에 박힌 조정의 반대로 뜻을 이루지 못했다. 그가 왕위에 오르면서 가장 먼저 한 일은 청해진 대사 장보고궁복 또는 궁파라고도 불림의 공을 헤아리는 일이었다. 그러나 재위 2년에 가뭄과 기근이 닥쳤고 도성 전역에 전염병이 돌았다. 그 와중에 일길찬一吉湌 홍필이 반란을 일으킨 것이다. 이에 문성왕은 왕권을 강화하고 지방의 안정을 도모하기 위해 장보고의 딸을 둘째 왕비로 들이려 하였는데 조정 대신들이 장보고의 신분이 미천하다는 이유로 반대했다.

이에 장보고의 복수를 두려워하여 염장을 보내 암살하니, 문성왕 8년846이었다. 염장은 힘이 장사이고 용맹이 뛰어난 장수였다. 문성왕은 그의 의지를 믿고 장보고를 죽이라는 밀명을 내렸다.[9] 신라의 당나라·왜와의 해상 무역을 보호 관장하던 청해진은 20년도 지속되지 못하고 끝을 보았다. 이는 신라의 힘을 더욱 쇠약하게 만든 계기였다. 문성왕 시대 당나라는 무종과 선종 연간이었다. 도교를 숭상하던 무종은 불교를 탄압했다. 그래서 사찰 4만여 곳을 부수고 승려 26만 명을 환속시키는 극단적인 조치를 내렸다. 그 후 선종이 즉위하여 폐사를 복구하고 안정을 되찾으려 했으나 곳곳에서 반란이 일어나 국정이 혼란에 빠진다. 이런 상황에서 당시 신라의 도당 유학승들이 무엇을 보고 배웠을지 의문이다. 그들은 불경뿐 아니라 도교나 풍수지리, 의학, 점술, 천문 등제 잡학까지 섭렵했을 가능성이 높다. 비록 도선은 당나라에 유학한 적이 없지만 그들에게 영향을 받았을 것이다.

장보고는 개인적으로 말로가 비참했고 역사적으로 매우 아까운 인물이다. 그의 본거지를 찾아보았다. 완도 읍내를 벗어나 섬의 북쪽으로 길을 잡으면 가용리, 죽청리를 지나 장좌리에 닿는다. 이곳 앞바다의 작은 섬이 그 유명한 청해진의 옛터 장도將島다. 청해진은 흥덕왕 3년828 장보고에 의하여 설치되었다. 그는 본래 당나라에서 군인으로 출세한 사람인데 해적들이 신라 사람들을 잡아다가 노예로 매매하는 일이 있음을 보고 분개하여 귀국한 뒤 완도에 청해진을 설치하고 그 대사를 맡았다. 그는 사병 성격을 띤 1만 명의 해군을 거느리고 해안 지대를 경비하여 당나라 해적의 출몰을 제압하였다. 그뿐 아니라 당 및 일본과 무역을 활발히 하여 황해의 왕자王者가 되었다.

그가 왜 하필이면 그의 사령부인 청해진을 완도에 설치하였을까. 청해진 터에 서서 바로 그 문제를 생각해 보았다. 이곳이 중국뿐 아니라 일본과의 교통이 편리하다든가 보다 내만內灣에 위치하여 항만 조건이 좋다든가 하는 상식적인 조건들은 금방 벽에 부딪힐 수밖에 없었다. 그런 조건을 가진 섬들은 그 부근에 즐비하니까. 그렇다면 특별히 그가 끌릴 만한 지세를 이곳이 갖추고 있는 것일까.

상황봉 줄기가 내려오는 산록, 그러니까 지금의 법화사 터에 수기帥旗를 꽂고 현재 마을이 있는 장소에 본진을 두며 앞바다에 있는 장도에 선봉을 두는 것은 옛 병법에서 기본적으로 생각할 수 있는 구도였을 것이다. 또한 상황봉을 진산으로 삼아 현무를 두고, 강진 쪽 본토와 고마도, 사후도를 청룡으로, 완도 본섬의 동망봉-남망봉 연맥과 신지도를 백호로 삼으며, 마주 보는 고금도를 조산으로 하면 자연스럽게 장도가 안산이 되니 두 섬은 주작이 되는 셈이다. 이런 풍수적 사신 수호 관념에서 이 터를 선호한 것일까.

그러나 이런 공상은 장보고에 관한 문헌을 살펴보면서 쉽게 해답을 얻을 수 있었다. 『완도군지』에 이런 기록이 나온다. "장보고는 신라 제40대 애장왕 2년 801 현 완도읍 장좌리에서 장백익의 아들로 태어났다." 그렇다면 그는 고향에 돌아온 것이 아닌가. 왜 하필이면 완도에 청해진을 설치했을까 하는 의문은 맥없이 답을 얻은 셈이다.

여하튼 장보고는 청해진 대사로 임명된 뒤 현재의 완도읍 장좌리를 중심으로 죽청리, 가용리, 대야리 등지에 군진을 펴는 한편 장도일명 장군섬 주변 갯벌에는 목책도 설치하였다. 이 목책의 일부가 이미 발굴되었다.

섬 꼭대기에는 잘 자란 동백나무와 후박나무 숲이 있는데 그 속에는 사당도 있고 여기에서는 매년 음력 정월 대보름날 해 뜰 때 당제를 모신다고 한다. 특이한 것은 이곳에서 모시는 혼령 중에 고려 삼별초의 장군 중 한 명인 송징이 있다는 것이다. 1980년대에 들어와서는 장보고도 모시고 있다고 한다. 장보고와 송징으로 이어지는 장좌리의 군맥은 반외세, 불퇴전不退轉의 고집쟁이들이었던 모양이다.

장도를 말하면서 몇 해 전 이곳에서 만난 곽현구 옹의 얘기를 소개하지 않을 수 없다. 우선 장도는 조음도助音島, 「완도군지」에 완도의 다른 이름이라 되어 있음 또는 선산도仙山島라고도 불리는데, 조음도란 조그마한 섬이라는 뜻의 쪼끔섬이고 선산도는 장씨들의 선산을 한자로 표기한 것일 뿐이라는 것이었다. 그의 주장의 골자는 장도가 하나의 거대한 분묘라는 것이다. 본래는 바닷가에 해발 40미터쯤 되는, 가운데 구멍이 뚫린 바위가 하나 있었다. 그러니까 이 바위에는 천연 동굴이 있었던 셈이다. 장보고의 조상들은 이 동굴을 가족 집단 분묘로 삼았고 그 뒤 세월이 흐름에 따라 그 위에 계속 조상의 분묘를 덧붙임으로써 오늘의 장도가 되었다는 것이 곽 옹의 주장이다.

그 섬의 한쪽 면은 동지 때 해 뜨는 방향을 취하고 다른 한 면은 하지 때 해 뜨는 방향을 취하고 있는데, 그것도 이곳이 인공의 분묘로 조성되어 그렇다고 그는 생각했다. 그것은 마치 로마 시대의 지하 분묘와 같은 것이라는 설명도 곁들였다. 아마도 카타콤을 떠올리는 모양이었다.

나는 이런 얘기를 믿을 만큼 순진한 사람은 아니다. 하지만 얘기가 하도 황당하고 기이하다 보니 관심이 가지 않을 수 없었다. 그는 확신했다. 이제 점차 발굴이 이루어지면 다 밝혀질 것이라는 얘기였다. 그러니까 그의 주장이 만에 하나라도 맞는다면 우리는 처음으로 천연 동굴에 집단 분묘를 만들고, 인공으로 무덤을 만들기 위하여 갯벌 바위 주위에 토사를 퇴적하여 그것이 하나의 섬이 되게 한 유례가 없는 묘제墓制를 만나게 되는 셈이다. 곽현구 옹의 말에 휘둘린 탓인가, 나오다 보니 장도가 정말 인공 섬처럼 보였다. 답사한다고 떠돌다 보니 뭐에 씌인 것인지도 모르겠다.

길이 어느덧 강진군 성전면에 들어섰다. 도선 국사와 관련이 깊은 월남사지를 그냥 지나칠 수는 없으나 이번 기행이 전문적인 것은 아니라서 발길을 돌려 잘 알려진 월출산 무위사로 향했다. 신라 진평왕 때 원효 대사가 창건한 이 절은 훗날 우리 풍수의 시조인 도선 국사가 중창함으로써 전통 지리학의 관심사가 되었다. 한데 도선이 중창하고 지은 절 이름이 자못 의미심장하다. 칭하여 갈옥사葛屋寺라는 것이다. 칡덩굴을 엮어 지은 절이라는 뜻일 터이다. 간단히 말해 이곳에는 삼간초옥 이상의 대찰을 짓지 말라는 도선 국사의 말없는 가르침인 셈인데 후세 사람들이 그분의 높은 뜻을 살피지 못하고 제법 큰 규모의 사찰로 변질시키고 말았고 이런 터의 왜곡은 지금도 종각 건립 공사를 통하여 끊임없이 자행되고 있다.

이곳은 월출산록 중 가장 넓은 곡간 평야를 지닌 땅이다. 말하자면 산간 분지치고는 별 흠결이 없는 좋은 조건의 터라는 말이다. 도선은 그의 고향에서 아주 가까운 이곳을 찾아 쇠락한 절을 추스르기는 했지만 이곳이 돌봐야 할 만큼 병든 땅이 아니라는 것을 알고는 최소한의 사찰 유지만 바랐을 것이라는 얘기다. 앞서도 언급한 것처럼 도선이 사랑을 바친 땅은 오로지 병들거나 지친 땅들이다. 이런 좋은 땅은 일반 백성들이 살아도 피해를 입을 조건이 없는 곳이다. 구태여 큰 절을 세워 수많은 승려들을 예비 노동력으로 둘 필요가 없는 땅이다. 절 안뜰에서 굴삭기의 소음이 짜증스럽게 들렸다. 혹시 복원을 위하여 하는 공사라면 이런 경구를 들려주고 싶었다. 복원보다는 폐허의 보존이 더 자연스럽다.

사실 13번 국도가 지나는 국립 공원은 월출산뿐이다. 하지만 나는 이곳을 그냥 스쳐 지나기로 했다. 이곳은 우리나라 지리학의 시조 도선의 고향이자 그의 숨결이 곳곳에 배어 있는 곳이며 우리 전통 지리학의 자취를 수도 없이 찾아낼 수 있는 지리학 자료의 보물 창고다. 그런 곳을 지리학 전공자인 내가 차마 주마간산 격으로 바라볼 수는 없다는 생각이 이곳을 그냥 지나가게 만든 것이다. 독자 제위의 혜량을 바란다.

3장 도선에 관한 국사 사전의 기록

도선흥덕왕 2년(827)~효공왕 2년(898)은 신라 말기의 중이다. 속성은 김金, 영암 출신으로, 15세에 중이 되어 월유산 화엄사에서 대경大經을 공부하여 바로 대의에 통하니 수많은 불학도들이 신으로 추앙하였다.문성왕 8년(846) 그 후 수도 행각에 나서 동리산의 혜철 대사惠徹大師, 785~861에게 이른바 '무설설 무법법 無說說 無法法'을 배워 크게 깨닫고, 23세에 천도사穿道寺에서 구계具戒, 불교 의식를 받았다. 한편 당나라에 건너가 일행 선사一行禪師에게 비법을 배웠다고 하며, 음양지리설을 고려화하여 널리 보급하여 고려와 조선에 큰 영향을 주었다. 그의 명성을 들은 사람들이 궁중으로 모셔 가니 도선은 왕에게 여러 가지로 정신적 영향을 준 후 다시 산으로 돌아왔다. 그가 죽은 후 신라의 효공왕은 요공 선사了空禪師라는 시호를 내렸다. 고려 시대의 국왕은 도선을 매우 숭배하여, 숙종은 대선사大禪師를 추증, 왕사王師의 호를 추가하고 인종은 선각 국사의 존호를 각각 주었다.[10] 유홍렬 편『한국사 대사전』과 이홍직 편『국사 대사전』에는 도선이 중국에 유학했다는 사실은 기록되어 있지 않다. 사실이 그렇다. 반면 "도선은 운봉산에다 굴을 파고 불도를 닦고, 태백산 앞에 움막을 치고 여름을 보내면서 수도 생활을 하다가 드디어 희양현曦陽縣 백계산의 옥룡사玉龍寺에 자리 잡고 거기에서 생을 마칠 뜻으로 말없이 수양하였다."라는 기록이 추가되어 있다. 그와 관련된 설화는 매우 다양하다. 먼저 그 설화에 등장하는 인물 중 팔원八元을 보자.

왕건의 조상 강충은 개성의 서강 영안촌의 부잣집 딸 구치의에게 장가들어 오관산 마가갑에 살았다. 그즈음 풍수에 능통한 신라의 감간監干, 지방관 팔원이 부소군을 방문하였다. 팔원은 부소산이 형세는 좋지만 나무가 없는 것이 흠이라면서 강충에게 부소군을 부소산 남쪽으로 옮기고 소나무를 심어 바위가 보이지 않도록 하면 삼한을 통일할 왕이 태어날 것이라고 하였다. 부소군은 원래 산 북쪽에 있었는데, 강충은 팔원의 말을 믿고 마을 사람들과 함께 산 남쪽으로 이사하여 온 산에 소나무를 심고 지명을 송악군으로 고쳤다.

위 얘기는 김관의金寬毅의 『편년통록編年通錄』에 실려 있는 민담 중 일부인데, 여기에 풍수에 능통한 팔원이란 인물이 나오고 그가 고을을 산 남쪽으로 옮기라고 했다는 것이다.[11] 도선이 행했다는 일화와 상통한다.

도선의 시대는 통일 신라 왕조 혼란의 시발점이었다. 제36대 혜공왕 시해로 시작된 정치적 혼란은 제42대 흥덕왕이 후사 없이 훙거薨去하자 왕위 계승을 둘러싼 내분으로 본격화된다. 왕족 내 계파 간의 반목은 잦은 시해로 이어지고, 이로 인한 혼란은 정치, 경제, 문화 등 모든 분야에 걸쳐 말기적 현상을 초래한다.[12]

4장 정통 국사 책의 도선 관련 기사

식민 사관으로 지탄을 받는 이병도 박사는 도선을 풍수지리 음양 도참의 대가로 꼽으며 도선의 이름을 빌린 그의 참서讖書, 예언서는 그의 사후에 나와 세상을 유전하며 민심을 미혹시켰다고 짤막하게 기술했다. 그 전문全文은 다음과 같다. 풍수지리에 관해서라면 전문가보다 더 전문가[13]인 그가 이렇게 간단히 언급한 것이 이상할 정도다. 물론 그의 『고려 시대의 연구』라는 책은 풍수 전문가도 이해하기 어려운 것인데, 오히려 통사에서는 도선을 너무나 소략하게 다루었다는 것이 이상하다는 뜻이다.

나말에 이르러서는 도선과 같은 풍수지리, 음양 도참의 대가도 나왔다. 도선은 즉 최치원과 동시대인으로, 속성은 김씨, 만년에 백계산光陽 옥룡사에 주하여 효공왕 2년 72세로 입적한 이니, 그의 사상은 자세히 알 수 없으나, 대개 중국에서 기원 발달한 풍수지리와 음양 도참 사상을 골자로 하여 지리쇠왕설, 지리순역설 내지 비보설을 주창하였던 것 같다. 지리산수는 곳에 따라 쇠왕이 있고 순역이 있으므로 왕처旺處, 순처順處를 택하여 거주할 것과 쇠처衰處, 역처逆處를 인위적으로 비보할 것을 말하여 일종의 비기도참서를 남겼던 것 같다. 후일 고려 시대에 성행한 『도선비기道詵秘記』 등은 내용 전체가 도선의 문자인지 아닌지는 알 수 없으나, 다소 그의 사상에 연원을 둔 것임은 틀림없을 것이다. 하여튼 그의 비기라고 칭하는 참서가 그의 사후부터 세상에 유전되어 여지없이 미혹게 하는 일이 많았으니 고려 태조와 같은 이도 그의 설을 깊이 믿어 자손을 경계하는 「십훈요」 중에 산수의 순역을 추점하여 지덕을 손박損薄지 말 것을 유훈하였다.[14]

이후에 나온 국사 책들도 이와 비슷하다. 대표적인 책의 도선 관련 내용 한 가지만 첨부한다.

호족들의 대두와 함께 널리 퍼지게 된 사상에는 또 풍수지리설이 있었다. 풍수지리설을 크게 선양한 것은 도선이었는데, 그는 불교의 선근공덕 사상에다가 또한 음양오행설 등을 결합해서 이를 폈던 것이다. 그에 의하면 지형이나 지세는 국가나 개인의 길흉과 밀접한 관계를 가지는 것이다. 지리에는 쇠왕이 있고 순역이 있는데, 왕처, 순처, 즉 명당을 택하여 양택주택이나 음택분묘을 지으면 국가나 개인이 행복을 누릴 수 있다. 반면에 쇠처나 역처는 불행을 가져다주므로 사람의 몸에 침을 놓고 뜸구을 뜨듯이 비보사찰을 세워 재앙을 막아야 한다는 것이었다. 그는 반도半島를 백두산을 뿌리로 하고 가지가 뻗어 나간 나무에 비유하기도 하고, 혹은 배船 모양에 비기기도 하였다. 그리고 전국의 각지를 돌아다니며 산수의 쇠왕과 순역을 점쳤다고 전해지고 있다.
이 풍수지리설에 입각해서 각지의 호족들은 저마다 자기네의 근거지를 명당으로 생각하고, 그들의 호족으로서의 존재를 정당화하려고 하였던 것 같다. 송악 왕씨松岳 王氏의 경우는 그 대표적인 예라 할 수 있는데, 왕건의 후삼국 통일은 마치 송악의 지덕 때문인 것으로 믿어졌다. 즉 왕건의 조상은 송악산에 소나무를 심어 이를 푸르게 하고 집을 그 남쪽으로 옮기면 자손 중에 삼한을 통일할 영웅이 나오리라는 풍수지리설을 그대로 믿어 실천했고, 그 결과 왕건의 통일이 이루어진 것이라고 믿었다. 태조 자신도 풍수지리설의 돈독한 신자여서 그의 「십훈요」 제5조에 "짐은 삼한 산천의 음덕에 힘입어 대업을 이룩하였다."라고 할 정도였다.

모든 호족들은 저마다 자기들의 근거지를 명당으로 생각했겠지만, 그 세력의 크고 작음에 따라 명당에도 등급이 매겨졌을 것이다. 나무에 큰 꽃이 피는 곳에 비유된 대화세大花勢는 곧 가장 훌륭한 명당을 말하였다. 한편 반대 세력의 근거지는 역처로 규정하였다. 태조가 「십훈요」 속에서 자기에게 끝까지 반항하던 후백제의 땅을 배역처라고 말한 것이 그 대표적인 예에 속한다.[15]

도선이 당나라에 유학을 간 것은 아니지만 영향을 받았다는 주장도 있다.

풍수 도참설은 불교의 선근善根 공덕 사상에 음양오행설을 결합한 것으로, 신라 말기에 도선이라는 승려가 당나라 지리학의 영향을 받아 체계를 세운 것으로 전한다.[16]

이는 잘못 전해진 것이다. 이에 대해서는 뒤에서 자세히 다룰 것이다.
도선을 풍수지리의 중요한 전기로 보는 주장이 있다.

그렇다면 왜 고려 이후에 이르러 동방의 풍수지리가 도선에서 비롯되었다는 인식이 생기게 되었을까? (도선에 관한) 이러한 설화는 비록 사실은 아니지만, 통일 신라에서 고려로 넘어가던 시기 우리나라 풍수지리에서 일어난 한 가지 중요한 변화를 반영하고 있다. 도선의 시기를 전후하여 우리나라 풍수지리의 위치와 역할이 크게 달라졌던 것이다. 즉 이 시기를 기점으로 이전 경주의 왕실과 귀족 사회에 국한되었던 것으로 보이는 풍수지리설이 호족 세력이 포진하고 있던 지방으로 확산되었으며, 더 나아가 통일 신라 말기의 정치사상에서 커다란 역할을 하기 시작하였다. 그러한 변화의 중심에 도선이라는 인물이 서 있었던 것이다.[17]

그 이유를 정치·사회적인 변화로 보았다는 점에서는 차이가 없다. 필자는 이를 개벽 사상이라 불렀다.

정통 강단 사학자 중에도 풍수를 긍정적으로 보는 이가 없지는 않다.

한국의 풍수지리설을 발전시킨 신라 말의 승려 도선은 전국 각지를 여행하면서 국토의 특성을 실증적으로 파악하여 민족 지리학의 초석을 놓기도 했다. 풍수 사상이 지나쳐서 정치적으로 악용되기도 했고, 무덤 자리를 놓고 치열한 싸움이 벌어지는 역기능도 없지 않았으나, 풍수 사상은 땅을 생명체로 보면서 땅을 소중하게 생각한 긍정적 의미도 있다. 요즘처럼 땅을 죽은 것으로 생각하고 환경을 마구 파괴하는 현실에서는 풍수지리에 환경 지리학 혹은 생명 지리학의 긍정적 의미도 있다.[18]

결국 도선의 풍수지리를 민족 풍수, 환경 풍수, 생명 풍수로 생각한다는 의미가 아닐까 한다. 그러니까 도선의 풍수지리는 민족 지리학, 환경 지리학, 생명 지리학이라 볼 수 있다는 견해다. 필자로서는 참으로 천군만마의 우군을 얻은 느낌이다. 더구나 한영우 교수가 필자와 지리학과 교수들에게 풍수를 위호하면서 "당신들은 도선을 한국 지리학의 태두로 여기고 동상을 건립하는 노력을 기울여야 한다."라는 말씀을 직접 한 데 대해서는 은혜로 생각하고 있다. 이른바 실증 사학자들이 필자를 공격한 것이 기록에 따른 것이라면 최유청의 「백계산옥룡사증시선각국사비명병서白鷄山玉龍寺贈諡先覺國師碑銘并序」이하 「도선비문」이라 함 또한 사실과 차이가 난다는 사실을 무엇이라 변명할 것인지 궁금하다.

왜 실증 사학자들은 그토록 기록에 집착하는 것일까? 다른 근거가 없어서? 아니면 눈에 보이는 문자가 아니면 믿지 못해서인가? 그 기록이 엉터리라면 그래도 문자니까 믿을 것인가? 그들이 삼국 시대와 통일 신라 시대를 말할 때, 그들의 기록을 문자 그대로 믿는 것이라면 난센스라고밖에 말할 수 없다. 최유청의 「도선비문」을 가장 신빙성 있는 기록이라고 했지만 실은 그 글이야말로 정치적인 것이었다. 그는 도선을 알지 못했다. 알 수도 없었다. 도선은 그들이 좋아할 만한 신라의 귀족 출신도 아니었거니와 당대의 고승도 아니었고 심지어는 학승이었을 리도 없다. 그는 당취黨聚에 출신도 변변치 않았으며 떠돌이 객승이었음이 분명하기 때문이다. 그래서 그가 무시되어야 할 인물이라는 뜻은 아니다.

그렇기 때문의 그가 자생 풍수의 할아버지라고 필자는 주장하는 것이다. 그는 무명無名이다. 다만 철저한 백성 위주이다. 자생 풍수란 그런 것이다. 필자가 고려 태조 왕건의 능과, 중국 원나라의 볼모로 연경에 십수 년 살면서 중국 풍수를 익힌 공민왕의 능의 차이를 보면서 느낀 점이 바로 그것이다. 도선의 풍수는 자연스럽고 상식적이다. 필자가 그의 변변치 않은 기록을 가지고 그에 대한 평설을 시도하는 것도 바로 그 까닭이다.

도선 국사의 실기實記를 말하기 전에 그의 출생지인 전남 영암군 군서면 일대를 답사한 필자의 답사 기록부터 살펴본다.

전남 영암의 동구림리와 서구림리에 걸쳐 구림鳩林이라는 마을이 있다. 도 선 국사가 태어났다고 해서 유명해진 곳인데, 근처에 왕인 박사 유적지가 있어 두 인물의 설화가 뒤섞여 있다.

도선의 풍수를 이해하기 위해서는 그의 고향을 볼 필요가 있다. 그의 고향 풍토는 그 무엇보다 도선 풍수필자가 말하는 자생 풍수의 근원이다.에 큰 영향을 미쳤을 것이기 때문이다. 그러나 이 역시 기록이 거의 없는 상황인지라 대부분 필자의 현장 답사 경험에 비추어 추론해 보는 수밖에는 없다.

광주에서 강진 가는 국도를 따라가다 보면 기이한 산세가 앞을 막아선다. 너무나도 유명한 국립 공원 월출산이다. 산체山體가 크다고 할 수는 없으나 모 습에서는 거인의 풍모가 느껴진다. 그러면서도 이름은 미인美人의 것이니 얼핏 생각하기에는 모순되게 보인다. 미인인 거인, 이것이 1970년 월출산을 처음 본 필자의 느낌이었다.

『동국여지승람』에 따르면 월출산이 있는 영암군의 옛 지명이 월나군月奈郡이었다고 한다. '월나', 달을 낳는다는 뜻인가. 실제로 고려 때 이 산의 이름은 월생산月生山이었다. 물론 영암군에서 발행한 『마을 유래지』에는 월나와 영암이 반드시 동일한 범위의 지역은 아니었다고 지적되어 있지만 행정 지명으로서는 옳은 기록인 듯하다. 필자가 이 점을 지적하는 것은 산 이름에도 땅 이름에도 '달'이 들어 있다는 것을 강조하기 위해서다. 달이 주는 정서를 바로 미인이자 거인의 그것으로 받아들일 수 있다고 주장한다면 지나친 주관일까?

달을 은유 대상으로 삼는 것은 동서고금에 두루 있던 일이라 '달, 즉 미인' 구도는 구태여 설명할 필요도 없다. 그러면서 달은 어디에서나 보이고 온 누리를 비춘다. 그것은 바로 거인의 풍모가 아닐는지. 물론 달을 따땅의 어근으로 보는 사람도 있으나 이는 너무 건조한 느낌이 들어 썩 가슴에 와 닿지 않는다. 오히려 월출산을 우리나라 곳곳에 있는 달래산이라 이해한 주장[19]이 더 그럴듯해 보인다.

영암 기행은 도선을 찾기 위해 시작되었다. 그리고 이 답사에서 나는 도선을 만났다. 적어도 마음속에서는 그분을 뵌 것이다. 풍수를 말하는 사람치고 도선을 마음속에 품지 않은 사람은 없다. 그는 우리 풍수의 시조요, 나아가서는 우리 지리학의 비조라 불러도 손색이 없는 인물이다.

『신증동국여지승람』「영암군」고적 조에는 최씨원崔氏園을 다음과 같이 설명하고 있다.

최씨원은 군 서쪽 시오 리쯤에 있다. 세상에 전해지기를 신라 사람 최씨 집 뜰에 오이가 열매를 맺었는데 길이가 한 자 남짓 되어 식구들이 그것을 '매우 이상하게 생각했다. 마침 이 집 딸이 그 오이를 따 먹었더니 괴이하게도 임신이 되어 달이 차서 아들을 낳았다. 그녀의 부모는 이 아이가 아비도 없이 태어난 것을 미워하여 대숲竹林에 버리고 말았다. 여러 날 지난 뒤 그녀가 가서 보니, 비둘기와 독수리가 와서 아기를 날개로 덮어 지켜 주고 있는 것이 아닌가. 집으로 돌아와 그 얘기를 하니 부모도 이상히 여겨 데려다 기르게 되었다. 이 아이가 자라 머리를 깎고 스님이 되니, 이름이 도선이다. 그는 당나라에 들어가 일행 선사의 지리에 관한 이치를 배우고 돌아와, 산천을 돌아다니며 관찰함踏山觀水에 신험神驗을 내보였다고 한다. 훗날 그곳을 구림 또는 비취飛鷲라 했다고 한다. 최유청이 지은 광양 옥룡리에 있는 옥룡사비도선본비를 상고하건대 도선의 어머니는 강씨라 하였는데, 여기에는 최씨라 하였으니 누가 옳은지 모르겠다.

이 지명은 지금도 남아 있으니 영암군 군서면 구림리가 바로 그곳이다.[20] 탄생 설화는 이 외에도 여러 가지가 있다.

도선 국사는 신라 흥덕왕 2년 전라남도 영암군 김씨의 성을 가진 집안에서 태어났다. 국사는 신라 제29대 태종 무열왕의 서손庶孫이라는 말이 전해 오기는 하나 그의 윗대 계보와 부조父祖에 관한 자세한 기록은 없다.[21]

국사는 어머니 되는 최씨 부인이 어느 날 밤, 어떤 사람이 준 한 알의 밝은 구슬을 받아 삼킨 꿈을 꾼 뒤 잉태했다는 말이 전해 온다.[22]

영암문화원에서 발간한 『영암의 전설집』에는 이 얘기가 조금 다르게 소개되어 있다. 크게 보아 줄거리는 비슷하지만 예컨대 구슬을 집어서 먹은 것이 아니라 성기동성짓골에 빨래하러 갔다가 떠내려 오는 오이를 건져 먹은 것으로 되어 있는 식이다.[23] 처녀가 오이같이 길쭉한 과일이나 채소를 먹고 아이를 가졌다는 설화는 여러 곳에서 발견된다. 이것은 대체로 처녀가 혼전 정사를 했던 것이 전이되어 내려오는 얘기일 가능성이 높다. 말하자면 도선은 사생아였을지 모른다는 말이 되지만, 그것이 무슨 상관이란 말인가. 우리가 잘 몰라서 그렇지 옛날에, 특히 조선 시대 이전에는 첩의 자식, 사생아들 중에서 수많은 인물들이 배출되었음을 상기할 일이다.

문제는 그다음이다. 이 설화에서는 도선이 아비 없는 자식으로 놀림감이 되자 초수동 월암사[24]라는 절로 입산하였다가 당나라 최고의 고승이었던 일행 선사의 부름을 받아 당나라로 유학을 떠난 것으로 되어 있다. 또 일행이 도선을 중국으로 불러들인 것은 이 국토와 도선이라는 기인이 중국에 해가 될 것을 두려워해서라고 설명하고 있다. 중국은 이 나라의 산맥을 끊기 위하여 여러 가지 술책을 쓰지만, 도선이 백두산에 쇠 방아를 놓아 그것을 방지했다는 것이 전설의 개요다.

이 전설은 물론 사실이 아니다. 일행 선사의 생몰년이 683년과 727년인 데 반하여 도선 국사는 신라 흥덕왕 2년827에 나서 효공왕 2년898에 입적한 것으로 되어 있다. 그러므로 도선이 중국에 건너가 일행 문하에서 배웠다는 것은 말이 안 된다. 한 저명한 국사학자는 "도선이 당나라 지리학의 영향을 받아 체계를 세운 것"[25]이라고 하지만, 엄밀히 말하면 도선은 중국 풍수의 간접적인 영향을 받았을 뿐이라는 것이 보다 사실史實에 가까울 것이다. 그 내용은 전혀 다르다. 당시 중국이라면 당나라이고, 당나라 최고의 풍수지리 인물은 양균송楊筠松이다. 그러나 그는 그 시대 우리에게는 낯선 음택 풍수를 주로 언급했다. 중국 풍수의 조사祖師로 알려진 "양균송은 당나라 희종 때 활동했던 국사로 금자광록대부金紫光祿大夫의 벼슬에 이르렀던 인물이다. 황소黃巢의 난 때 궁궐로 숨어들어 『옥함비술玉函秘術』을 훔쳐 달아났는데, 그 책이 바로 세상에 널리 알려진 『감룡경撼龍經』이라 하나 전부 믿을 만한 것은 아니다."라고 『흠정사고전서欽定四庫全書』에서 밝히고 있다. 그는 세상 사람들에게 자손 번영의 터를 잡아 주어 가난을 구제했기 때문에 세상에 양구빈楊救貧이라 알려지기도 했고, 조선조에는 지리학이 과거 과목으로 채택되어 우리에게도 잘 알려진 사람이지만, 그의 풍수 논의는 도선의 풍수와는 달리 산소 자리 잡기에 집중되어 있으므로 도선에게 영향을 미칠 수 없었다고 보는 것이다.

그런데도 필자는 이 전설의 내용을 중시한다. 여기에서 필자가 주장하는 자생 풍수의 냄새를 강하게 맡을 수 있기 때문이다. 중국에 대한 자존 의식도 그러하고 그의 출생 배경이 당시 최고의 지위를 가진 집안이어야 가능했던 중국 유학승 출신이 아니라는 점도 그렇다. 그러나 보다 중요한 것은 정식 기록에도 도선의 풍수가 중국에서 수입된 풍수가 아닌 자생적인 풍수임을 짐작게 하는 대목이 있다는 점이다.

지금 학계에서 「도선비문」에 나오는 내용을 근거로 풍수의 중국 수입설을 주장하는 대목은 오히려 반대로 풍수 자생설의 근거로도 채택할 수 있다. 도선이 지리산 언저리에서 암자를 짓고 수도할 때, 한 이인異人이 나타나 풍수를 전수해 주는 장면은 우선 풍수를 선종에 비하여 작은 기예니 천한 술법이니 하여 낮추는 대목에서도 짐작할 수 있는 것처럼 우리 전래의 것을 중국 것에 비하여 낮추어 기록하는 예에 비견할 수 있다. 그러나 하필이면 지리산 이인이 풍수를 도선에게 가르친다는 것은 자생 풍수가 있었음을 증거하는 예라고 볼 수도 있다.

그런데 이인이라는 용어에는 다른 의미가 있다.

신라 화랑을 국선國仙이라 하고 그 교教를 풍류라 한 것은 대개 분면粉面에 주리珠履로 장식하고26 산수를 찾아 가악歌樂으로 즐긴 데서 생긴 이름이다. 선가仙家라고 하는 것은 『해동전도록海東傳道錄』에 의상, 도선이 다 선가 부류에 속하므로, 자세히 고구해 보면 그 연유를 알 수 있다.

우리나라 사람은 도술이 있는 사람을 보면 이인이라 하는데, 이인은 뜻이 좀 광범위하다. 의상과 도선은 세상에서 이승異僧이라고 한다. 의상이 지은 『청구비결靑丘秘訣』과 도선의 『옥룡비기玉龍秘記』는 다 풍수설로서 세간에 널리 숭신崇信되고 있다. 비결을 말하는 사람은 다 이인으로 일컫게 되고 또 방술을 하는 사람을 일러

선도仙道 하는 사람이라고 하였다.

고려는 건국 초부터 팔관회八關會가 행해졌는데 그 받드는 대상은 천제天帝, 용왕, 산과 물의 신이었다. 이 제사를 주관하는 사람을 선가仙家라고 한다.[27]

이에 따르면 도선의 자생 풍수는 넓게 보아 선가와 도교에 관련되어 있는 셈이다. 자생 풍수는 '땅에 관한 느낌感應地氣'을 중시하는데 선가와의 관련성을 주목하는 것은 상당한 근거가 있다.

도선이 태어난 곳이나 오래 머문 전남 광양 일대가 나주와 가까운 곳이므로 풍수 사상이 중국에서 곧바로 이곳에 전해졌을 것이라는 가설도 있으나, 나주와 광양은 그리 가깝지 않으며 광양 땅 백계사가 있던 곳은 지금도 오지에 속하므로 그런 가설은 설득력이 없다. 현장 답사를 중시하지 않는 실증주의의 한계랄 수 있을 것이다.[28] 또한 중국 문화가 유입되어 왕성王城보다 먼저 이런 오지로 들어왔다는 것은 지나친 억측이 아닐까 생각한다. 한편으로는 당시 영암의 바닷가, 특히 상대 또는 당나라와의 해상 교통의 요지였기 때문에 오히려 중국의 문물을 접하기 쉬웠을 수도 있다.

모래를 쌓아 산천 순역의 형세를 보여 주었다는 것이 바로 풍수의 신비성을 실감나게 표현하는 증거라고 생각하는 사람도 있는 모양이나, 당시의 사정을 이해하고 실제 답사를 통하여 풍수를 배운 적이 있는 사람이라면 오히려 다음과 같은 결론을 얻는 것이 더 상식에 가깝다. 즉 중국에서 유입된 수입 풍수라면 구태여 땅바닥에 모래를 쌓고 줄을 그어 설명하느니 직접 문서를 놓고 가르쳤을 것이며, 지금도 산에서 산세를 설명할 때에는 흔히 모래나 흙을 쌓거나 땅바닥에 그림을 그려 가르치는 방식을 취하는 것이 통례인 점을 알아야 한다. 현장 경험 없이 책상 위에서 추단할 수만은 없는 요소들이 많다는 점을 이해한다면 모래와 흙으로 지세를 설명한다는 표현이 신비화하기 위한 것이 아니라는 사실을 이해할 수 있을 것이다.

우리 풍수가 우리 자생의 것이 아니라 중국에서 수입된 것이라고 주장하는 학자 중에는 도선이 풍수를 배운 지리산 이인은 바로 그의 스승인 혜철이며 혜철은 중국 유학승 출신이므로 결국 우리나라 풍수의 시조로 알려진 도선의 풍수는 중국 것일 수밖에 없다는 논거를 대기도 한다. 그러나 그것은 조금만 깊이 생각하면 정반대로 해석할 수도 있다. 왜냐하면 혜철은 구산선문九山禪門의 하나인 동리산파桐裏山派의 개조쯤 되는 당대 고승이며 당시로서는 당당한 지식인인 중국 유학승 출신이다. 도선이 그런 혜철에게 풍수를 배웠다면 무엇이 부끄러워 풍수 스승의 이름을 밝히지 않고 지리산 이인이라 표현했겠는가. 이인은 혜철이 아니라 지리산 언저리에서 나름대로 풍수를 연마한 무명의 한 자생 풍수 학인이었을 것이다.

　그 이인이 도선이 중국 유학승 출신이자 당대 고승인 혜철의 제자라는 것을 알고는 자기가 익히던 자생 풍수를 '작은 기예'니, '천한 술법'이니 하며 낮추었던 것이라고 생각하는 것이 맞는 추측일 것이다. 물론 도선이 혜철에게서 중국 풍수까지 배워 익혔을 가능성은 있다. 그리고 자생 풍수와 중국 풍수를 함께 익힌 도선에 의하여 자생 풍수가 그 근본에 있어서는 중국 풍수와 다르지 않다는 것이 확인되고, 양자가 결부되어 그 후에 체계를 갖춘 우리식 풍수, 즉 고려 풍수와 조선 풍수의 출발이 된 것이 아니겠느냐 하는 것이 필자의 생각이다.

6장   도선의 출생지 영암

도선에 의하여 제대로 자리 잡은 우리 풍수는 몇 가지 점에서 중국 풍수와는 다른 특징을 갖는다. 그중 가장 중요한 것이 아마도 비보 관념일 것이다. 중국은 국토가 넓다. 명당을 찾다가 실패하면 다른 곳을 찾는다. 그러나 우리는 국토가 상대적으로 좁고, 게다가 '도처유명당'이라는 말과 같이 풍토가 좋아 명당을 찾는 데 급급할 필요가 없다. 그래서 조금 흠이 있는 땅은 비보를 하여 명당으로 만드는 특성을 갖게 된 것이라 짐작된다. 특이하게 비보책을 밀교적 변용으로 이해하여 "밀교가 지닌 모든 사상을 융합할 가능성의 장점과 밀교의 지령地靈 사상을 조화시켜 신라 말기 사회 실정에 알맞은 신앙 사상으로 승화시켜 제시한 것이 도선의 비보 사상이었다."[29]라는 주장은 타당성이 있다고 판단되어 기록해 둔다. 필자는 밀교를 알지 못한다. 당시의 밀교가 선무외善無畏, 일행, 혜철, 도선으로 이어지는 태장계胎藏界의 계통이라고 불교학계에서 정리된 이상, 이 문제는 비보 사상 연구에 반드시 고려해야 할 사상이기 때문이다.

참고로 도선 국사가 남방 기운을 북돋기 위하여 삼암사三巖寺를 세웠는데, 조계산 선암사仙巖寺, 영봉산 용암사龍巖寺, 월출산 운암사雲巖寺가 그 세 개의 비보사찰이라는 것이다.[30]

삼암사로 불리는 위의 세 사찰은 지리산을 정점으로 순천, 광양, 진주에서 세 솥발처럼 국토의 남방을 비보하게 된다. 13세기 중엽 박전지朴全之가 쓴『용암사 중창기』에 이르기를 "옛적에 개국 조사인 도선이 지리산주智異山主인 성모천왕聖母天王으로부터 만일 삼암사를 창건하면 삼한이 합하여 하나의 나라가 되고 전쟁이 저절로 그칠 것이라는 비밀스러운 부촉咐囑을 받았다. 이에 삼암사를 건립하였으니 그러므로 이 절이 나라에 큰 비보가 됨은 고금 사람들이 널리 아는 바다."라고 하였다.[31]

월출산을 보려면 북쪽에서 들어오는 것이 좋고 도선을 만나려면 해남 쪽에서 들어가는 것이 좋다. 월출의 북사면이 거인이자 미인인 그 모습을 제대로 드러내고 있다면, 해남에서 영암군 학산면을 지나 직접 구림리 지남 평야로 들어가는 길가의 모습은 우리 강산의 전형을 드러내기에 그렇다. 멀리 병풍을 둘러친 듯 월출산이 웅장하게 서 있고, 가까이에는 올망졸망한 둔덕들이 논밭의 두엄 더미처럼 웅크리고 있으며, 그 사이를 비집고 들어앉은 마을들은 마치 잔치 마당에 모여 있는 아낙들 품에 안긴 아기들처럼 안온하게 자리 잡고 있다. 이 길은 해남에서 나주로 가는 13번 국도를 타고 가다가 영암 읍내에 들어가기 전 강진군 성천면 영풍에서 꺾어 들어가면 된다.

이곳은 도선의 유적지뿐 아니라 일본에『논어』와『천자문』을 전하고 일본 비조飛鳥 문화의 초석이 되었다는 왕인 박사의 출생지이기도 하다. 그러나 현지에서는 두 사람에 관한 기록이나 설화가 혼합되어 있는 것이 사실이다.[32]

구림마을 조금 못 미쳐 성기동에는 왕인 박사 유적지가 깨끗하게 단장되어 있다. 입구인 백제문을 바라보며 오른쪽으로 돌아 조금만 오르면 작은 계류와 성천聖泉이 나온다. 월출산 지맥인 주지봉에서 흐르는 성천聖川이 이곳에서 평평한 반석과 샘을 이룬 것으로, 이곳에서도 역시 도선과 왕인의 설화가 뒤섞여 있다.

왕인 박사 얘기는 이 마을 고로古老들 대부분이 부인한다.

한 예로 현재까지 이름이 남아 있는 성기동, 구림마을, 국사암 등은 도선 국사 탄생 설화에 똑같이 명기되어 있을 정도로 신빙성 있는 사료임에도 1980년대 일본인을 겨냥한 관광 개발 차원에서 왕인의 유적지로 왜곡시켜 우리 국민은 물론 외국인에게까지 우리의 올바른 역사를 알려 주지 못한다면 이는 민족의 수치이자 인식이 깨어나지 못한 저개발 국가의 국민이라는 소리를 면하지 못할 일이다. 이에 대한 재규명이 하루빨리 이루어져야 하리라고 본다.[33]

이 성천의 물을 바로 밑에 있는 구시바우구유바위에 받아 두고 마셨다 하는데 음력 3월 삼짇날 이 물을 마시고 이 물로 목욕하면 왕인과 같은 성인을 낳는다는 전설이 전한다. 그런데 바로 그 구유처럼 생긴 구시바우 밑에는 계류가 소沼를 이루어 놓았기 때문에 좋은 목욕장 구실을 했다고 한다. 신라 말 도선의 어머니가 처녀 때 여기에서 빨래하다가 물에 떠내려 오는 푸른 오이를 먹고 임신하여 도선을 낳았다는 전설도 전해지니, 땅은 성현을 모두어 보내는 법인가. 지금도 샘에는 물이 고여 길손이 목을 축일 수 있다. 물맛이 일품이다.

영암에는 옥룡사지玉龍寺址가 있다. 『한국 사찰 전서』에 '도선암'이라 기록되어 있는 이 절은 주민들 사이에서는 두 이름이 혼용되고 있다. 이 절이 '옥룡암'이라는 이름으로 불린 연유를 알 수 있는 유일한 근거는 조선 인조 6년1628에 쓰인 현판문으로, "오래전에 훼철되고 파손되어 이 절의 소유인 전답을 당시 이 마을의 유지급인 김씨 댁으로 팔아넘긴다."라는 것이다. 그곳은 도갑사에서 4킬로미터 정도의 거리로, 월출산 전경이 한눈에 들어오며 풍광이 빼어난 곳이니 도선과 전혀 무관하지는 않을 것이다.

전남 장흥군 관산읍 옥당리 당동마을 천관산에도 옥룡사지玉龍寺址가 있다. 당나라 장수 설인귀薛仁貴가 신라 성덕왕 4년705 산세를 보고 지었다고 하는데, 도선의 고향과 가깝기는 하지만 시대가 맞지 않는다.

우리가 관심을 가져야 할 곳은 구례군 문척면 죽마리 각금마을 뒤 오산 정상 부근에 있는 사성암四聖庵이다. 『사성암 사적기』를 보면 원효, 의상, 도선, 선각 국사 등 네 고승이 여기에서 도를 닦았으며 아침저녁으로 화엄사 사리탑을 향해 배례하였다 하여 '배석대拜石臺'라는 이름을 붙였다고 한다. 『동국여지승람』에는 "세상에 전하기를 도선이 일찍이 이 산에 살면서 천하의 지리를 그렸다."라는 구절이 나온다. 도선이 지리산 구령이라는 곳에서 암자를 짓고 있을 때 어떤 이인에게 지리법을 배웠는데 바로 그곳이 사도촌沙圖村이라는 점과 일치한다.

7장   도선의 출현 배경

도선의 실재는 분명한 사실이다. 그러나 오늘날까지 전해진 도선에 관한 기록은 믿을 수 없고, 전설이나 설화가 오히려 도선을 추적하는 데 도움이 된다. 도선은 분명 고려 왕조, 특히 태조 왕건에 의하여 만들어진 인물이다. 그것도 거의 신비의 인물로 둔갑되었다. 게다가 앞서 밝힌 바와 같이 신라의 감간 팔원이 도선의 것과 같은 예언을 왕건의 조상인 강충에게 했다는 것 또한 도선에 관한 왜곡을 가중시킨다.

"영웅은 태어나는 것이 아니라 만들어지는 것"이라는 말이 있다. 예컨대 "'인간 이순신'은 '영웅 이순신'의 이미지를 오히려 세련되고 현실감 있게 재구성한 것은 아닐까? 한 인간이 영웅이 될 수 있는 것은 그 인간의 삶 전체가 실제로 영웅적 면모로 구성되어 있기 때문이 아니다. 그것은 그 인간에게서 발견되는 특정한 영웅적 면모를 제삼자가 탈맥락화시켜 그의 삶 전체를 영웅적 면모로 채워 넣으면서 재현하기 때문이다. 즉 영웅은 영웅으로서 그 자리에 존재한다고 해서 영웅이 되는 것이 아니라 타자들에 의해 끊임없이 영웅으로 추앙되고 이야기되어야만 영웅이 될 수 있는 것이다. 따라서 영웅 숭배를 가능하게 만드는 영웅 이야기는 분명 하나의 담론적 구성물이며, 영웅 만들기는 일종의 정치적 행위다. 영웅의 영웅성은 특정 시대의 시대상과 맞닿지 않는다면 퇴색되어 무의미해진다."[34] 도선이 바로 그런 경우다. 따라서 도선의 일대기를 밝히는 목적은 '거짓과 진실'의 판단이 아니라 그가 어떻게 만들어졌는지를 추적하는 것이다.

영웅이 인류 역사의 발전에 결정적인 역할을 하였다고 굳게 믿은 칼라일은 "혼미한 상황으로 궁극적인 멸망을 향해 무기력하게 치닫는 범용하고 나태한 시대. 이런 시대를 …… 하늘의 번개가 내려와 불살라 주기를 기다리고 있는 마른 장작더미와 같다."라며 이런 시대에 대해 "신에게서 직접 능력을 받아 내려오는 위인이 바로 그 번개"라고 영웅의 중요성을 강조하였다.[35] 신을 지리산의 한 이인으로 바꾸면 그대로 도선에게 적용될 말이다.

도선과 영웅은 많은 공통점을 가지고 있다. 그중 특기할 만한 공통점은 필자가 도선에 의하여 정리된 자생 풍수를 개벽 사상에 연결시키는 가장 큰 이유이기도 한데, 그의 사상이 신라 말이라는 난세에 등장하여 상당한 역할을 했음에 기인한다. 그가 '말 없는 말, 법 없는 법無說之說 無法之法'이라는, 문자에 얽매이지 않는 선禪의 경지를 추구한 것과 마찬가지로 그의 자생 풍수는 중국에서 수입된 이론 풍수와는 달리 풍토 적응성에 역점을 두기 때문에 지식층이 아닌 일반 대중들도 쉽게 접근할 수 있는 내용이었다. 게다가 그는 젊어서 15년간 두타행頭陀行이라 불리는 운수 행각雲水行脚을 벌이며 국토 곳곳을 직접 답사했다. 이 답사를 통하여 그는 민심의 동향과 우리나라 지형지세에 관한 세밀한 지식을 축적했다. 신라 말 이미 경주 중심의 국세國勢는 중부 지방 호족들에게 옮겨 가 있었고 민심 또한 한반도의 동남쪽 귀퉁이인 경주를 중심으로 생각하지 않게 되었다.

게다가 지형과 지세에 대한 파악은 군사·지리적으로 대단히 중요한 의미를 갖는다. 2차 세계 대전 말 일본의 소위 대본영은 미국과의 본토 대결전을 준비하면서 자신들이 유리한 첫 번째 조건으로 자기네 국토이기 때문에 지형을 숙지하고 있으므로 이길 수 있다는 점을 강조했다. 현대전이 그러할진대 옛날의 전쟁에서야 그 유리함이 어떠했으리라는 것은 충분히 짐작할 수 있다.

당시 도선은 오랜 국토 편력을 통해서 역사의 무대가 중앙 중심에서 지방 중심으로, 역사의 주인공이 중앙 귀족에서 지방 호족으로 바뀌고 있음을 실감하였다. 그는 장차 천명을 받아 특출한 자가 나올 것을 미리 알고 송악개성에 가서 왕건의 아버지인 용건의 집터를 잡아 주며 왕건의 출생과 고려의 건국을 예언하였고 왕건이 17세 되던 해에는 직접 송악에 가서 군을 통솔하고 진을 짜며 땅의 이치와 하늘의 계시를 알아내는 방법을 가르쳤다. 이러한 사실은 도선본비道詵本碑에 자세히 나와 있는데, 아마도 이는 그의 제자들의 행위였을 것으로 짐작된다. 혹은 그보다 이전에 신라 사람 팔원에 의해 이루어졌던 언행이 왕건에 의하여 도선으로 전이된 것으로 볼 수도 있다.

여하튼 도선은 그의 자생 풍수 사상을 바탕으로 새로운 세상의 도래를 준비한 것이며 결국 그의 제자들에 의해 고려 개국이라는 역사적 사건을 이룸으로써 일차적으로 이를 완수한다. 고려 개국에 결정적인 공헌을 한 사람들은 신숭겸, 홍유, 배현경, 복지겸 등의 무신武臣과 경보와 같은 승려들이다. 이들이 어떤 식으로든 도선과 연결되어 있다고 보는 것은 신라 말의 난세를 극복하고 개벽 세상을 맞으려 한 그의 염원과 개국 공신들의 뜻이 맥을 같이한다고 보기 때문이다.

평산 신씨인 신숭겸은 본래 전라남도 곡성에서 태어나 춘천으로 옮겨 터를 잡았다. 곡성은 태안사가 있는 곳으로 바로 도선 국사가 신라 구산선문 중 하나인 동리산파의 개조 혜철에게 구족계를 받은 곳이다. 연배로 보아 신숭겸은 도선의 제자쯤 되는 사람으로부터 영향을 받았을 가능성이 높다. 현재도 태안사 입구 왼쪽에는 신숭겸 장군의 기적비가 서 있다.

신숭겸의 무덤은 춘천시 방동리에 있는데 이 터 또한 도선이 왕건을 위하여 잡아 준 것이라 하지만 시기적으로 믿을 바는 못 된다. 다만 그곳이 임금이 묻힐 자리이고 땅 기운이 대략 2500년 정도 이어질 것이라든가, 임진왜란 때의 신립 장군, 신사임당, 해공 신익희, 국무총리를 지낸 신현확 씨 등이 평산 신씨라는 사실을 이 무덤의 소응昭應에 빗댄 소문은 필자의 관심 분야는 아니다. 어찌 사람의 행위를 땅 기운 덕이라고만 단정할 수 있겠는가. 그가 구림, 즉 오늘의 전남 영암군 구림리 출신이니 그 관련성은 충분하다고 볼 수 있겠다. 게다가 그는 도선이 35년이나 머물렀던 광양 옥룡사에도 있었고 그곳에 비문도 남아 있으니 관련성에 대한 것이 단지 추측만은 아닐 것이다.

이런 자생 풍수의 개벽 사상은 새로운 세상을 일으키는 데는 적절하지만 새 왕조의 기틀을 다지는 데는 오히려 방해가 될 뿐이다. 이미 새 세상이 되었는데 누군가가 또다시 개벽을 꿈꾼다면 그것은 새로운 왕조에 대한 반역이기 때문이다. 그래서 자생 풍수는 왕조가 기틀을 잡을 무렵이면 산간이나 오지로 숨어들어 간신히 명맥만 유지하다가 난세가 되면 다시 고개를 드는 특징을 가질 수밖에 없다.[36]

도선의 배경이 아무리 모호하고 신비롭게 포장되어 있다 해도 그 의미가 현격히 떨어지는 것은 아니다. 거짓은 진실을 은폐하지만, 역설적이게도 그것은 본래의 자리를 딛고 확립된다. 그러므로 왜곡과 은폐조차도 본연의 실체를 저층에 둔다고 본다.

중국 풍수가 언제 우리나라에 유입되었는지는 확실치 않다. 아마도 삼국 시대였을 것이고 신라 말에 호족들에 의하여 확산되었으리라 여겨진다. 만일 도선의 풍수가 중국 풍수라면 그의 것은 지형과 지세를 중시하는 강서법江西法이었을 테지만,[37] 필자는 이 견해에 동의하지 않는다. 그 이유는 이 책 여러 곳에서 설명하였다.

고대의 경험에 대한 일련의 비경험적 정보와 설명들에는 경험 주체의 기억이 의연히 거대한 뿌리를 내리고 있다. "완전한 허구처럼 달라진 전설이라 해도 그것은 역사성을 결코 벗어난 것이 아니며, 그것대로의 독자적인 역사성을 반영하고 있다." 거의 모든 비경험적 인식들은 "경험된 역사를 딛고 있는 것이다." 거기에는 당대인의 여망과 감성의 결이 스며 있다.[38] 그것이 필자가 사실史實이 아니라는 의심을 하면서도 이 책을 쓰는 한 가지 이유다.

좀 생뚱맞게 들릴지는 모르겠지만 여기에서 최치원을 거론하지 않을 수 없다. 도선이 조금 먼저 태어나기는 했지만 사실상 그와 동시대의 인물인 최치원은 도선과 여러모로 다른 배경을 지녔다. 그는 12세에 당에 유학하여 18세에 당나라 과거에 급제하여 벼슬까지 지냈지만 귀국해서는 별 대우를 받지 못했다. 어린 나이에 당나라로 유학을 떠났다는 것은 그가 유복했음을 말하고 역시 어린 나이에 당대 최대 제국에서 과거에 급제하여 벼슬까지 지냈다는 것은 그의 학식과 총명이 어떠했는지를 충분히 가늠하게 한다. 그 역시 도선 못지않게 고려에서 떠받들어졌다. 도선이 직접적으로 최치원의 영향을 받았다는 증거는 없으나 어떤 식으로든 그가 도선에게 영향을 끼친 바는 있었다고 보아야 한다. 어떤 면에서는 도선에게 최치원에 대한 열등감이 있었고, 그런 심리가 도선을 우리 고유의 것에 집착하도록 부추겼을 가능성이 높다. 도선 또한 똑똑하고 안목이 있으며 무엇보다 직관력이 뛰어난 인물이었던 만큼 그 열등감이 그의 소심小心에서 나온 것은 아닐지라도 다른 길을 통하여 그것을 만회하려는 노력이 있었으리라 예측하는 것은 이상한 일이 아니다. 마치 요즘 학계에서 유학파니 국내파니 하며 은근히 국내파를 괄시하는 경향을 보면 짐작할 수 있는 일이다.

『삼국사기』「열전」최치원 조에 의하면 그는 857년에 태어나 12세에 입당 유학하고 18세에 당나라 과거에 급제하여 관직에 임명되었다. 특히 그의「토황소격문討黃巢檄文」은 중국에서도 명문으로 알려져 있다. 그런 그가 28세 때 돌

연 귀국한다.『삼국사기』「신라 본기」진흥왕 37년 조에 남겨 있는 최치원의
「난랑비서鸞郎碑序」에 "나라에 현묘한 도가 있으니 일컬어 풍류라 한다國有玄妙
之道曰風流."라고 했고 그 자신이 그것에 매우 강하게 흡인되었음을 알 수 있다.[39]
최치원은 당대 최고의 석학이면서 우리 고유의 사상에도 큰 자취를 남긴 사람
이다. 도선으로서는 여러 가지로 그에게 열등감을 가질 수밖에 없었을 것이다.

최치원이 "옛날의 자그마한 세 나라가 이제는 장하게도 한집안이 되었다."[40]
라든가, 삼한과 삼국을 통일체로 언급한 것은 7세기 무열왕의 공적을 '삼국일
가三國一家', '삼한일가三韓一家', '일통삼한一統三韓'으로 규정한 것에서 그 논리적
당위성의 일단을 확인하게 된다.[41]

일통삼한, 그것은 당시의 시대정신이었을 것이다. 이미 그런 일통삼한의 기
둥 역할을 할 능력이 없는 것으로 판별 난 신라 외에 일통삼한을 할 새로운 세
력의 대두를 바라는 것이 민심이었을 것이다. 더구나 고구려 고토에 대한 민
중의 희구도 있었고 과거 신라에 패망한 백제 출신이라는 점도 작용하여 도선
은 마음속에 어떤 새로운 가능성을 품었다고 볼 수 있다. 당시 그런 것들을 만
족시키기 위해서는 신라의 수도인 경주에서 멀리 떨어져 있고 될 수 있는 대로
북쪽에 있으며 그런 대사를 성사시킬 능력을 겸비한 호족이 요구되었을 것은
쉽게 짐작이 된다. 타고난 직감과 총명함 그리고 시대정신 등이 도선의 통찰력
을 자극하여 결국 왕씨 가문과의 연결이 이루어지고 그 집안의 왕기王氣를 예
언하게 하는 원동력이 된다. 그것이 우연인지 필연인지는 알 수 없으나 왕씨는
결국 고려 건국이라는 성공을 거두고 도선은 신승神僧으로서의 지위를 확보하
게 된다. 그러나 그 지위를 얻은 것이 도선 당대가 아니라 고려 시대에 들어서
였음은 물론이다.

경주 황룡사 9층 목탑은 일본, 중화, 말갈, 예맥 등 신라 주위 9개국이 이 탑
의 건립을 통하여 신라에 복속된다는 믿음을 뒷받침하며 여기에 신라승 자장
慈藏의 역할과 삼한일통의 인과 관계가 강조되고 있다. 그러나 자장이 아니라

해동 명현 안홍安弘이 그 역할을 했음을 최치원은 크게 존숭하고 있다. 그러나 안홍과 자장의 실제 역할의 비중보다 최치원 등 하대下代의 안홍 인식 여하가 문제의 본질로 보인다. 더욱이 자장처럼 행적이 뚜렷한 경우보다는 안홍에게 저 신비한 참서류 예언의 분식粉飾이 한결 용이했을 것이라는 점도 염두에 두고 싶다. 사실 고려 시대에 일통의 권위가 부여되었던 도선의 위상은 자장보다 안홍에 근접하는 것이다.[42] 결국 최치원을 뛰어넘으려던 도선의 시도는 최치원의 그것을 따르는 측면이 있었음을 말해 주는 대목이다.

청오자라는 인물이 최초로 기록에 나타난 것은 『광운廣韻』 15권에서다. 『포박자抱朴子』에 그가 팽조彭祖의 제자로 100세가 넘도록 살다가 신선이 되었다는 말이 나오지만 믿을 수 없다. 우리나라에서는 신라 최치원이 쓴 「대숭복사비명大崇福寺碑銘」에 "청오자처럼 땅을 잘 고를 수만 있다면 어찌 절이 헐리는 것을 슬퍼하도록 하겠는가但得靑鳥善視 豈令白馬悲嘶."라는 구절이 있는 것으로 보아 이미 그 당시 우리나라에도 알려졌다고 여겨진다. 하지만 청靑에는 동쪽이란 뜻이 있고 오烏에는 오모烏帽라 하여 은사隱士가 쓰는 검은 두건의 뜻이 있으므로 최치원이 자신을 빗댄 말일 수도 있으니, 이 또한 확실하지 않다.

이 대목은 오늘의 학자들을 매우 혼란스럽게 한다. 동시대라고는 하지만 도선은 최치원보다 조금 앞선 시대의 인물이다. 도선보다 후대 사람이 쓴 비문에 청오자가 등장했다면 우리나라의 풍수 비조는 도선이 아니라 최치원이어야하고, 자생 풍수가 아닌 중국에서 수입된 것이라고 해야 하기 때문이다.

여기에 참고가 될 만한 지적이 있다.

성리학에서 중국의 이기론과 조선의 이기론은 차이가 있다. 중국 유학은 우주의 생성 변화를 이해하고 인간의 성정을 그 일부로서 설명한다. 그러나 조선의 유학은 애초부터 인간에게 초점을 맞췄다. 인간의 정신 작용을 설명하고, 그것에 따른 판단과 행위의 정당성과 필연성을 설명하는 데 초점을 맞춘 것이다.[43]

즉 중국의 한의학漢醫學이 형이상학에 기울어 있다면 우리나라의 한의학韓醫學은 실용에 초점을 맞추었다는 것인데, 풍수에서도 그런 특징이 나타난다. 우리나라의 풍수 전적은 중국 것을 들여온 것이 전부다. 물론 고려 시대까지는 우리의 자생 풍수 전적이 있었다는 근거가 고려 시대 과거 시험 풍수 과목에서 드러난다. 하지만 조선 시대에 이르면 그것들이 모두 자취를 감춘다. 그저 각 지방별로 산수도山水圖 같은 것이 명당을 지적하기 위하여 나와 있는 정도다. 이론서는 없고 실용서만 있다는 점이 그런 근거를 뒷받침한다.

풍수의 원칙은 "생기는 바람을 타면 흩어지고 물을 만나면 멈춘다氣乘風則散界水則止."라는 것이라, 움직일 수 없는 산형으로 기를 갈무리하고, 움직일 수밖에 없는 물을 멈춘 듯 보이게 하는 방법을 알아야 한다. 어려운 일이지만 본능과 직관에 의한다면 상식을 벗어나지 않는다. 일반인이라면 그 정도로 충분하지만, 전문가라면 "별 쓸모도 없을 것 같은 이론과 시간이 많이 걸리는 경험을 고루 갖추어야 한다."라는 정도正道를 따라야 한다. 일컬어 도안道眼의 경지라 할 수 있다.

세산勢山이 흘러와 형산形山으로 인하여 생기가 모인 곳에 장례를 치르면 부귀영화를 누린다. 이는 분명 음택 풍수의 동기감응론이다. 『금낭경』 곳곳에 이처럼 음택으로 결론을 내는 곳이 많다. 필자는 음택에 관심을 두지 않으나 공부하는 입장에서는 이를 무시할 수 없다. 이는 지금까지 마음속에서 갈피를 잡지 못한 까닭이기도 하다.

"산이 길게 이어져 굽이굽이 내려오다가 높이 솟은 산에서 고귀한 자태를 드러내며 주산을 만들고, 그 앞으로 큰 강이 둘러싸듯 명당을 감싸 안으며 흘러가는 강 끝이 꼬리를 감추듯 숨어 나가면 대부대귀지지大富大貴之地"라는 것이다. 서울이 이런 모습에 가깝다.

대부분의 현대인들이 풍수를 통하여 얻고자 하는 바는 바로 이 '대부대귀지지'임이 분명하다. 1990년대 중반 필자는 공주 명당골에서 70대 후반의 한 노인을 만났다. 이곳은 십승지十勝地 중 하나로 꼽히는 곳이다. 승지는 엄격하게 구분하자면 명당과는 다르다. 그러나 그 본질은 평온한 삶을 얻기 위함이니 크게 다르지는 않다. 그 어른은 황해도 구월산 자락에서 살다가 십승지를 찾아 경북 풍기로 이주했다. 여기에서 만족을 얻지 못하고 이곳저곳 십승지로 알려진 고장을 찾아 몇 년씩 살다가 지금의 공주시 유구면 명당골로 들어온 것이 1970년 초반이었다. 지금 그는 여기에서 지명조차 명당골인 승지로 믿는 터를 찾았다.

그러나 며칠 그곳에 머물며 마음을 튼 뒤에 들어 본 그의 속내는 예상 밖이었다. 그의 말은 대략 이랬다. "누가 이런 산골에서 살기를 바라겠소. 그저 자본이 없으니 어쩔 수 없이 이리 된 것일 뿐이오. 바라는 것은 자식들이 사는 대전에 나가 아파트에서 살아 보는 것이오." 평생 명당인 승지를 찾아다닌 노인의 결론이 편리한 대도시 아파트라니, 필자에게는 청천벽력이었다. 소심한 낭만주의자에 지나지 않았던 필자의 명당관이 무참히 깨지고 말았다.

승지는 본래 삼재가 들지 않는 곳이다. 전란, 역병, 흉년이 들지 않는 곳, 즉 이상향이다. 그리고 십승지로 알려진 명당들은 하나같이 산골이다. 산골이니 큰 비가 내려도 물이 금방 빠져나가 홍수가 지지 않는다. 가뭄이 들어도 물이 그리 귀하지 않으니 흉년은 면할 수 있다. 사람들의 왕래가 거의 없으니 전염병에서 대체로 안전하다. 다시 말해 역병을 피할 수 있다. 군대가 이곳을 쳐들어올 전술적 이유가 없고 전략적 이유가 없는 것도 물론이다. 전란을 피할 수 있는 이유다. 하지만 이런 곳에서의 삶이 부귀영화와 무슨 관련이 있겠는가. 다만 평온한 삶이 보장될 뿐이다.

명당골 할아버지가 평생 명당을 찾아다니며 얻은 결론이 아파트라니, 어찌 놀라지 않을 수 있겠는가. 필자도 대부분 단독 주택에서 살다가 2000년대 중반에 들어서야 아파트로 이사했다. 이사하고 보니 살기 편하다. 단독에 살 때 쓰레기 버리기, 연탄 들여놓기, 연탄재 버리기, 마당의 풀 깎기, 화초 가꾸기, 낡은 전선과 수도 등속 수리하기, 수시로 청소하기 등에 시달리던 생각을 하면 왜 진작 아파트로 오지 않았는지 후회가 될 지경이다. 지금 단독으로 가라면 자신이 없다. 이 편리한 생활을 버릴 생각이 없다는 말이다. 이게 인간적인 삶이라고는 생각지 않는다. 그래도 아파트의 삶을 버릴 엄두는 나지 않는다. 본래 속인이었는데 이제는 구제의 여지가 없는 속인이 되고 말았다. 게다가 되먹지 못한 배짱도 생겼다. 속인이면 어떤가, 이렇게 사는 것이 뭐 나쁜가, 누구에게 해를 입히는 것도 아니지 않은가, 이제는 늙어 가는 처를 고생시킬 필요가 어디 있는가, 시골이니 전원이니 하지만 거기에서 겪을 외로움과 어려움은 어찌 감당하려는가, 핑계는 끝이 없다. 그리고 지금도 아파트에서 이런 글을 쓰고 있다.

그렇다면 도선의 영향이 후백제에는 미치지 못했을까? 결론적으로 그러지 못했다. 그 이전 사상인 음양오행설은 이미 삼국 시대에 수용되어 여러 형태로 활용되었다. 한 예로 대무신왕은 부여에서 보낸 붉은 까마귀에 대해 "검은 것은 북방의 색인데 이제 변해 남방의 것이 되었으며, 또 붉은 까마귀는 상서로운 것인데 그대가 이를 얻고도 나에게 보냈으니, 우리 두 나라의 흥망을 알 수 없겠구나!"라고 하여 득의得意했던 부여 왕 대소를 당혹게 했다.

후백제의 전주 도성 구조에서 사령四靈 체계가 구현되었다는 실증은 풍수지리적 관점에 편향된 형태로, 고려뿐 아니라 후백제도 풍수에 큰 관심을 두었다는 것을 알 수 있다. 게다가 전주 동고산성東固山城 건물지에서 출토된 전주성명全州城銘 암막새의 봉황문鳳凰紋 모티프가 풍수의 사신사 가운데 하나인 남방 주작을 지칭한다는 점도 증거가 된다.

그렇다면 왜 도선은 멸망한 백제의 후손이자 옛 백제 땅 출신이면서 개성 왕씨 가문에 왕기王氣를 예언했을까가 문제인데, 두 가지 이유를 생각해 볼 수 있다. 하나는 도선 당시는 후삼국 정립 이전이기에 후백제니 고려니 하는 것을 염두에 둘 까닭이 없었고, 다른 하나는 역시 고구려 옛 영토에 대한 회구가 상당히 일반화된 사정에서 그가 가장 북쪽의 호족 세력인 왕씨에게 그럴 수밖에 없었을 것이라는 가정이다. 물론 당시는 호족이라는 개념이 성립하기 전이지만 개성에 기반을 두고 농본 사회에서는 특이하게 해상 무역으로 다른 세력과는 비교가 되지 않는 부를 쌓은 왕씨 세력을 통해 새로운 시대를 희망하게 되지 않았을까 하는 짐작이 가능하다.

8장 최유청의 「도선비문」에 나타난 도선

도선이 태어난 영암은 신라의 시각에서 보면 변방이다. 게다가 신라에 의해 망국의 비극을 당한 백제의 옛 땅이다. 더욱이 언어가 달랐을 개연성까지 있다. "한국은 정치적인 통일을 이룩한 676년 이전에 세 개의 왕국으로 분할되어 있었다. 현대 한국어는 이 중 삼국을 통일한 신라의 언어에서 유래한 것이지만, 한국의 초기 연대기를 보면 삼국은 서로 다른 언어를 사용했다. 신라에 복속된 고구려와 백제의 언어는 거의 알려지지 않았다. 삼국이 통일되기 전인 400년경 한반도의 언어는 보다 다양한 형태를 띠었을 것이다."[44] 이렇게 본다면 경주에서 보았을 때 영암은 변방을 넘어 미개한 다른 지방 정도로 인식되었을 가능성이 높다.

도선이 풍수를 터득한 곳이 지리산과 남쪽 바다라는 기록을 보면 그의 풍수 사상이 당시 옛 백제 지역을 근거지로 삼았던 견훤의 정치적 성향과 부합했을 가능성도 있다. 이렇게 본다면 그가 국토의 중심을 중부 지방인 송악개성으로 보았다는 주장은 힘을 잃는다. 이는 견훤이 오늘날 전라도 광주 지방에서 흥기하기 시작하던 때가 도선의 생애 말년과 겹친다는 점과 도선의 제자인 경보가 실제로 견훤의 후원을 받았다는 점 때문에 신빙성이 있다.[45] 하지만 이런 가설은 도선의 이후 자취와 경보가 견훤을 떠나 왕건에게 귀부歸附하게 된 역사적 과정을 살펴보면 그다지 중요한 주장이 아니다. 견훤에 관한 기록 어디에도 도선의 흔적이 없다는 것이 그 증거인 셈이다.

전 미륵사 주지 백운 스님[46]의 비문 풀이와 주註를 소개하는 것이 고려 의종 4년1146 최유청이 찬술한 「도선비문」의 요점을 잘 드러내 줄 것이다. 그 내용은 다음과 같다.

스님의 속성은 김씨金氏이고 신라 영암靈巖 사람이다.(여기에서 굳이 '신라'라고 밝힌 것은 통일신라 시대임을 암시한 것이다. 영암 땅은 통일 이전에는 백제의 영토였다. ─ 원주) 그 세계는 사전史傳에서 유실되었다. 혹은 태종 대왕(태종 대왕은 바로 백제를 무너뜨린 신라 제29대 무열왕이다. 무열왕의 공식 기록에는 본부인 외에 다른 처첩이 없지만 왕권 시대인지라 제2, 제3 부인이나 소실을 두는 것이 가능한 일이다. ─ 원주)의 얼손이라 이른다. 어머니는 강씨姜氏(다른 기록에 어머니를 최씨라 했는데 이는 잘못이다. 또 어머니가 개울에서 빨래를 하던 중 오이가 떠내려 오는 것을 먹었더니 잉태하게 되었다 운운하지만 이는 후인이 도선을 신격화하기 위해 지어낸 것이 분명하다. ─ 원주)[47]이다. 꿈에 신인神人이 나타나서 밝은 구슬을 주면서 삼키도록 했는데 그로 인하여 마침내 임신했다.

이미 젖 먹여 양육하니 범상한 아이들과는 매우 다른 점이 많았다. 나이 열다섯이 되자 영오穎悟[48]하고 숙성夙成하니 마침내 머리를 깎고 월유산(월유산은 곧 지리산이다. 화엄사에서 절의 서쪽을 월유봉月遊峰이라 하는데 달이 서산에 넘어가려고 할 때를 상징하여 달이 노니는 봉우리, 또는 달이 노니는 산이라 표현한 것이다. ─ 원주) 화엄사에 나아갔으며 대경大經을 읽고 익히는데 학도學徒 백천百千이 깜짝 놀라 따르며 신동이라고 일컬었다.

화엄사는 백제 성왕 22년544에 범승梵僧 연기 조사鳶起祖師가 개창한 화엄 종찰이니 이로써 백제는 신라보다 근 1세기나 먼저 화엄학을 받아들였다. 그러나 율학과 정토 사상에 깊이 젖은 백제는 지리산에 깃든 화엄 사상을 적극적으로 수용 발전시키지 못하고, 결국 나라마저 잃고 말았던 것이다. 뒷날 신라의 화엄 학승인 자장 법사, 원효 대사, 의상 조사 등이 줄을 이어 화엄사를 배방拜訪한 것은 순전히 백제의 화엄학을 배우고자 함이었다. 통일 신라 시대에는 나라에서 정한 계단戒壇인 관단官壇이 화엄사에 있었다. 그래서 호남 일원에서 출가한 행자는 화엄사 관단에서 수계하는 것이 원칙이었으므로 도선도 15세에 축발祝髮하고 바로 화엄사로 갔던 것이다. 이어 도선은 화엄사에서 대경, 즉 『화엄경』을 독습했다 했는데 이는 이력을 모두 화엄사에서 보았다는 뜻이기도 하다.

당 문종 개성開成 11년(당 문종 개성 11년은 무종 회창會昌 6년이 맞다. 굳이 문종의 연호를 사용한 것은 무종이 유불선 3교를 사태沙汰시킨 바 있으므로 폭군으로 낙인이 찍힌 흠을 감안하여 무종의 연호를 일부러 쓰지 않으려 했기 때문인 듯하다. ― 원주) 신라 문성왕 8년 병인에 나이가 20세가 되었다. 문득 스스로 생각하여 이르기를 "대장부로서 마땅히 법法, 대경 등 교학을 여의고 스스로 안정할 것이어늘 어찌 능히 올올히 문자간文字間만 지킬 것인가? 도선이 스스로 생각한 것은 사교입선捨敎入禪의 의지를 밝힌 것으로서 당시 납자衲子들은 교학敎學을 이수한 후에 반드시 참선의 문으로 나아가는 것이 일반화된 상례였다.

그때 혜철 대사께서 밀인密印을 서당지장선사西堂智藏禪師에게서 전수하여 동리산에서 개당開堂하셨다.(혜철 대사는 신라 원성왕 원년785에 태어나 경문왕 원년861에 입적했다. 속성은 박씨朴氏이고 자字는 체공體空이며 신라의 수도 서라벌이 고향이다. 15세에 중이 되었고 부석사浮石寺에서 『화엄경』을 수학하고 22세에 구족계를 받았다. 헌덕왕 6년 당나라로 유학, 방공산의 서당지장에게서 심인心印을 받았다. 서당 선사가 시적示寂하신 뒤 사방으로 다니다가 서주西州의 불사사不思寺에서 3년 동안 『화엄경』을 열람했다. 신무왕 원년839, 26년 만에 귀국하여 무주武州의 쌍봉난야雙峰蘭若에서 하안 거를 지내고 곡성 동리산 태안사太安寺에서 선문禪門을 광개廣開하니 납승들이 사방에 서 운집하여 대총림大叢林을 이루었다. 문성왕이 사신을 보내어 나라 다스리는 요도要 道를 물었다. 세수世壽 77세에 입적하니 나라에서 시호를 적인寂忍, 탑호를 조륜청정照 輪淸淨이라 내렸으며 구산선문 중 동리산파의 개조가 되었다. ─ 원주) 스님도선은 구 의청학摳衣請學 하니 무릇 이른바 무설無說의 법法을 허중虛中에서 주고받아 확연 히 초오超悟하였다. 나이 23세에 천도사穿道寺(천도사는 남원부南原府 운봉현雲峰縣 에 있는 절이다. 바로 뒷부분에 나오는 운봉산에 있는 듯하다. ─ 원주)에서 구족계를 받으니라. 혹은 운봉산 아래의 천동穿洞에서 안선安禪하고 혹은 태백암太白岩 아래 에서 띠집을 짓고 여름을 났으며 또 희양현(희양현은 지금의 광양이다. 스님이 옥룡 사에 정착한 것은 경문왕景文王 4년864, 스님의 나이 38세 때이다. ─ 원주) 백계산 옥 룡사로 옮겨 가서 그 유승幽勝함을 좋아하여 당우를 고쳐 짓고 여연濾然히 일생을 마칠 의지가 있었다.

연좌망언宴坐妄言를 하기를 35년, 헌강 대왕이 사신을 보내어 서울로 맞아들여서 금 중禁中에 머물게 하였으며 스님은 매양 현언묘도玄言妙道로써 임금의 마음을 개발 하였다. 오래지 않아서 경련京輦을 좋아하지 아니하여 산사로 돌아갈 것을 간청하 여 산사로 돌아왔다. 홀연히 하루는 제자를 불러 이르시되 "내 장차 가려 한다. 인 연을 타고 왔다가 인연이 다하면 가는 것이 이치의 떳떳함이거늘 어찌 족히 슬퍼 하고 상심할 것이랴?" 말씀을 마치고 가부좌하여 입적하시니 때는 당 소종 광화光 化 원년이요, 신라 효공왕 2년 무오 3월 10일이며 향년은 72세였다.(국사國師가 시 적示寂하신 해에 고려 태조의 나이는 31세고 이로부터 10년 뒤인 41세에 고려를 건국 하고 연호를 천수天授라 하였다. ─ 원주)

사부대중四部大衆이 슬피 울며 스님을 더욱 사모하는 한편 혹 살아 계시지 않으신 가 하고 의심하기도 하였다. 마침내 화욕火浴한 뒤에 탑을 북쪽 산등성에 세우니 이는 스님의 유명遺命을 좇은 것이다. 효공왕께서는 시호를 요공 선사了空禪師라 하고 탑호는 증성혜등證聖慧燈이라 내리셨다. 문인門人 홍적洪寂 등은 선사의 크신 행적이 후대에 전해지지 않을까 걱정하여 눈물을 흘리며 표表를 봉정奉呈하며 기술해 주시기를 빌었다. 왕께서는 이에 서서학사瑞書學士 박인범朴仁範에게 명하시어 비문을 만들게 하셨으나 종당에는 돌에 새기지 못했다.(국사의 비문이 명사名士에 의해 왕명으로 지어진 것을 무슨 연유로 돌에 새기지 못했는지 그 까닭이 매우 궁금하다. 나말의 정정政情이 어지러워서 왕명을 이행할 수 없었는지, 아니면 사중寺中에 비를 세울 만한 경제적인 형편이 안 되었는지도 모르겠다. 다른 한편으로는 국사께서 새 왕조고려의 출현을 도우셨다는 오해가 조정에 팽배하여 제신들의 반대가 있었는지도 모를 일이다. 아무튼 최유청 시대에까지 250여 년이 미루어진 데는 어떤 큰 사유가 있었을 것으로 사료된다. ― 원주)

처음 스님이 옥룡사에 복거하기 전에 지리산 구령甌嶺에 암자를 짓고 지식止息하였는데 어떤 이인이 와서 좌하에 배알하고는 말하기를 "제자가 물외청산物外靑山에 그윽이 깃들인 지가 근 수백 세歲나 됩니다. 적은 재주가 있음을 반연絆緣하여 가히 존사尊師께 봉정할까 합니다. 만일 천술賤術이라 낮춰 보지 않으신다면 다른 날 남해 정변南海汀邊에서 마땅히 가르쳐 드릴까 합니다. 이도 역시 대보살이 세상을 구하고 사람을 제도하는 방법이 될 것입니다."(지리산은 지혜로운 이인이 많이 계신다 하여 '지리산智異山'으로 표기하기도 하지만 그 음을 읽을 때에는 '지리산智利山'으로 읽는다. 그러므로 지리산은 한문으로 '지리산智利山'으로 적는 것이 바른 표기이니, 대지문수사리보살大智文殊師利菩薩의 이름 중에서 대지의 '지智' 자와 문수사리의 '리利' 자를 따서 붙인 이름이 바로 '지리산智利山'이다. 이는 지리산은 문수사리보살이 상주하시는 도량임을 명시한 것이요, 이인 역시 다른 사람이 아닌 문수대성文殊大聖인 것이다. 국사를 찾아온 이인은 바로 문수대성이시니 국사의 고매한 법력을 익히 아시고 중생 제도의 한 방편을 가르쳐 주시려는 것이었다. ― 원주) 말씀을 마치고는 홀연히 사라져 볼 수 없게 되자 스님은 기이하게 여겼다. 스님이 서로 약속한 처소에 찾아갔더니 과연 그 사람과 만날 수 있었다. 이인은 모래를 모아 산천의 순역의 형세를 만들어 보이는 것이었는데 이인을 돌아보면 이미 그 이인은 없었다. 그 땅은 지금 구례현 화엄사 아래에 있다. 스님은 밤에는 화엄사로 가서 자면서 낮에 보았던 모래의 형상을 날마다 등서謄書하고 비밀히 기록하였다. 토인土人들, 즉 지방인들은 그곳을 사도촌(사도촌은 현재 구례군 마산면 사도리다. 사도촌 밑에 섬진강이 흐르는데 이 강가의 모래밭이 바로 이인을 만난 자리다. 그 모래밭 바로 아래에는 용두소龍頭沼가 있는데 임진왜란 당시 왜선이 여기까지 항해하여 화엄사를 불태우고 사중寺中의 많은 보물을 약탈하여 실어 갔다 한다. 특히 장육전丈六殿 석벽경石壁經과 경주 봉덕사奉德寺 신종神鐘의 두 배도 더 되는 범종을 약탈해 가다가 범종이 너무 무거워서 배가 뒤집혀 용두소에 빠뜨렸다고 전해 온다. 이 소를 용두소라고 부르게 된 것은 화엄사 범종의 꼭대기에 있는 용두가 물속에서나마 드러나 보인 데서 연유한 것이라 한다. ── 원주)이라 하였다. 스님은 이로부터 활연豁然히 깨닫고 더욱 음양오행의 술術을 연구하였으니, 비록 금단옥급金壇玉笈의 유수幽隧한 비결일지라도 모두 다 가슴속에 인印 쳐 두었다.(도선 국사가 입당하여 일행 선사에게 천문, 지리, 음양오행의 술을 배웠다는 항간의 기록이 허위임이 이 대목에서 명백히 드러났다. 이 기록과 같이 지리산의 이인을 만나 배워서 스스로 더욱 연구하여 통달하였던 것이다. ── 원주)

구례읍의 남쪽 섬진강 건너의 산은 오산인데, 산정山頂에 사성암四聖庵이 있고 이 암자에서 산허리를 타고 약 2킬로미터 남쪽으로 가면 천연 동굴이 나온다. 이 동굴에는 선사 시대에 인류가 살았던 흔적이 있으며 이 굴에서 도선 스님은 천문, 지리를 연구했다고 한다. 산 아래 마을 사람들은 이 굴을 도선굴道詵窟이라 칭하며 도선 국사가 사셨다는 전설을 전해 준다.

이에 왕 태조王太祖가 성인과 기약한 것을 화원化元에서 열고 정定히 명命을 유수幽數에서 이루었으니 그 근원은 다 우리 스님으로부터 발發한 것이었다. 대개 그 공덕은 마땅히 기리기를 크게 하여 추숭할지로다. 그러므로 현종顯宗께서 대선사大禪師의 시호를 주시었고, 숙종께서 왕사王師의 시호를 더하시었으며, 인종께서 추봉하여 선각 국사라 하시었다. 의종께서는 또 명하사 비에 새겨 그 전함이 오래이게 하시었다. 저 국사와 태조께서는 그 해후하신 일이 심히 거룩하나니 대개 태조께서 강생降生하기 전에 먼저 아셨고 그 효험을 신몰한 뒤에까지 베푸셨으니 그 신기롭게 부합하고 가만히 계합함이 불가사의함이 있으셨도다. 아! 스님의 도가 그 지극함에 나아간 것은 장자방張子房(장자방은 중국 전한前漢의 건국 공신이니 한韓나라의 세족 출신이며 자방은 자이고 이름은 양良[49]이다. 한나라를 세운 유방의 모신으로 홍문鴻門의 회會에서 공을 세우고 초나라의 항우를 격파하여 통일 한나라를 이룬 뒤에 유후留候에 봉함을 받았으나 벼슬을 끝내 사절하고 적송자赤松子를 따라 선도仙道에 들어갔다. 소하蕭何,[50] 한신과 함께 한나라 창업의 삼걸이라 칭함. ― 원주)이 서책을 신인에게 받은 것과 같도다. 보지공 화상寶誌公和尙의 예언미조預言未兆와 일행선사의 정관술수精貫術數와 짝할 만하도다. 스님이 전하신 바 음양설 수편數篇이 세상에 많이 있어서 뒷날 지리를 말하는 이는 다 으뜸을 삼으니라. 그 명銘에 가로되

과거 제불에게 미묘법微妙法이 있나니
문자로 평전評詮함이 아니요,
사수思修로 섭攝함이 아니로다.
초연히 바로 가리키시니
일념이 천겁千劫이로다.
오직 우리 국사國師께서
그 영역에 침입하시어
잘 배우되 배움이 없고
참으로 공空하되 공空이 아니로다.
정법안正法眼을 갖추시니
사관四關과 육통六通이라
오직 그 서여緖餘는

술수 중에 붙여 있도다.

시서著筮[51]를 의지하지 않아도

현해懸解가 무궁하도다.

구방舊邦이 숙요俶擾[52]하매

신명新命을 아직 닫았도다.

마치기에 앞서 마칠 줄 알고

이르지 않아서 이를 줄 알도다.

글을 지어 미리 바치니

국조國祚가 비롯한 바로다.

주周나라 만들고 한漢나라 일으킴은

손바닥에 손가락이라

성인이 마침내 일어서니

미래기未來記를 받고 황도黃圖를 받았도다.

이에 주먹에 붙인 바를

발사發射한 것은 나로부터이네.

사람은 비록 세상과 막힌다 해도

일은 이제와 부합되도다.

자못 공功은 큰 공적이어서

산하山河와 더불어 함께하도다.

300년 세월은 지났지만

풍류는 예전처럼 있도다.

우러러 높이 뛰어서

하늘을 흔드니 헌걸차도다.

옛 사당에 비를 세워서

천재하千載下에 게시하노니

아! 산군山君이시여

수호함에 게을리 마시라.

보지공 선사418~514는 위진남북조 때의 스님이니 금릉金陵에서 태어났고 속성은
주씨朱氏다. 어려서 출가하여 강소성江蘇省 건강建康의 도림사道林寺에서 선정禪定
을 닦았다. 진시秦始, 465~471 초년에 불시不時에 일어나 일정한 거처를 정하지 않
고 일정한 시간에 먹지 않으며 때로는 머리를 길게 기르고 냄비를 손에 들고 다
니며 격외格外의 노래를 부르는 등 기행을 보였다. 502년경에 대승찬大乘讚 24수,
12시송時頌 등을 왕에게 바쳤다. 선사는 여러 가지 이적履跡을 나투어 대중을 교
화했는데 그 명성이 해외에까지 널리 나서 고구려의 왕도 선사를 흠모하여 은銀
모자를 봉정했다고 한다. 양무제梁武帝가 보리달마菩提達磨 조사를 몰라보자 선사
는 무제를 크게 꾸짖었으며, 선사가 읊은 가송歌頌이 격외선格外禪을 노래한 것이
어서 훗날 중국 조사선祖師禪의 선구자로 추앙을 받았다. 양梁의 천감天監 13년에
세수世壽 97세로 시적示寂하니 왕은 광제廣濟 대사라 시호를 내렸으며 후당後唐의
장종왕壯宗王은 묘각妙覺 대사라 시호를 내리고 도림진각보살道林眞覺菩薩 등의 시
호를 내리기도 했다.
일행 선사의 본명은 수칙遂則이고 속성은 장씨張氏이며, 하북성河北省 거주居住 출
신이다. 숭산嵩山의 보적普寂에게 출사하여 북종선北宗禪의 선지禪旨를 전수받았고
당양當陽에서 오진悟眞에게 율학律學을 배웠으며, 형주荊州 옥천사玉泉寺의 홍경弘
景에게 천태天台를 배웠다. 선사는 역상曆象, 음양오행, 천문, 지리 등에 능통했으며
선무외삼장善無畏三蔣에게 밀교를 배우고『대일경소大日經疏』를 지었다. 그리고 금
강지삼장金剛智三藏에게 다라니비인陀羅尼秘印을 공부했고 선무외삼장과 공동으로
『대비로사라성불신변가지경大毘盧舍那成佛神變持經』 7권 등 여러 경전을 번역했다.
선사는 칙령을 받아 집현전으로 들어갔고 뒤이어 흥당사興唐寺에 머물렀다. 개원
開元 15년에 세수 55세로 입적하니 나라에서 대혜大慧 선사라 시호를 내렸다. 저서

로는 『서씨계록釋氏系錄』 1권, 『개원대연력開元大衍曆』 52권, 『섭조복장攝調伏藏』 등
이 있다.[53]

도선비문 제목.

9장   최유청의 「도선비문」의 문제

현재 학계에서 도선 관련 자료 가운데 가장 신빙성 있다고 하는 「도선비문」은 정말 믿을 만한가. 도덕이 무성茂盛하고 고려 건국에도 공로가 많아 고려의 여러 왕들이 추증을 거듭했다는 도선 국사의 행적이 고려 의종 4년1150까지 기록으로 전해지지 않았다는 사실부터가 정상이 아니다. 게다가 최유청은 어떤 기록에 의거하여 도선에 관한 "상세한 사실"을 기록했는지 밝히지 않았다. 신라 효공왕 2년898 입적하자 왕은 제자들의 청을 받아 서서학사 박인범에게 비문을 지으라고 명했으나 결국 석각石刻되지 못했다. 현재의 삼국 불교 사료에서 이 사실을 입증할 만한 자료는 어디에도 보이지 않고 오직 최유청의 「도선비문」에만 전해지는 것이 사실이다.

당시 도선이 이와 같이 훌륭하고 널리 잘 알려진 인물이었다면 왜 도선이란 존재가 나말여초 선승들의 비문이나 『삼국유사』, 『삼국사기』 등 초기의 자료 어디에도 나타나지 않을까? 지극히 의문스러운 점이다.

도선이 문헌에 나타나는 것은 『고려사』와 최유청의 「도선비문」에서다. 도선이 동리산파의 개조 혜철의 법을 이었다고 전해짐에도, 같은 선문인 윤다允多, 864~945나 도선의 제자인 경보의 비문에도 도선은 나타나지 않는다. 박인범이 지은 도선의 비문이 있었음에도 최유청이 지은 비문에는 그런 내용이 등장하지 않는다. 최유청은 고려 왕조의 정당성을 입증하기 위하여 도선이 입적한 지 252년이나 지나 위작했을 가능성이 높다. 도선은 고려 개국에 결정적인 영향을 준 사람이었으므로 그를 높여야 할 이유는 많다.[54]

게다가 최유청의 「도선비문」은 다른 나말여초의 고승들의 비문과 비교해볼 때, 위대한 선승이며 국사인 인물의 생애와 업적을 훌륭하게 기록한 비문이라기보다는 지극히 일관성 없이 단편적인 이야기를 모아 놓은 듯한 인상이라는 지적까지 있다.[55] 그래도 학계에서는 최유청의 비문이 가장 신빙성이 높다고 평가한다. 도선은 최소한 역사적 사실 속의 인물이 아니라 정치적 고려에서 만들어진 신화에 가깝다고 볼 수밖에 없다.

다만 「도선비문」에서 유추할 수 있는 것은 도선은 당에 유학한 적이 없으며, 대당 교통의 중요한 관문이었던 전남 서남해안 지역에서 그 앞서부터 새로 유포되던 풍수지리설을 전수받고 나아가 이 풍수지리설에 신라 고대 사회의 해체기라는 당시의 시대상에 대한 인식과 불교 등을 결부시켜 지기쇠왕설地氣衰旺說이나 비보사탑설裨補寺塔說 같은 것을 내놓은 것이 아닐까[56] 하는 것이다. 그러나 필자가 지금까지 알아본 바로는 그가 중국 풍수 이론의 영향을 받은 흔적은 없다. 가장 기본적인 중국식 풍수 용어조차 사용한 적이 없고 당시 중국에서 풍수의 대표 격이라 할 수 있는 음택에 관한 언급 역시 전혀 없기 때문이다. 그 외에도 많은 이유가 있으나 이에 대해서는 이 책의 다른 부분에서 수시로 다루기에 생략하기로 한다.

「도선비문」에서 눈여겨볼 다른 내용은 "그의 어머니가 최씨라는 것은 잘못"이라 지적한 대목이다. 잘못이라 하더라도 최씨라는 설이 있었다는 것은 역시 도선과 최치원의 관계를 암시하는 것으로 볼 수 있다. 또한 "문자로 평전함이 아니요,/ 사수를 섭함이 아니로다./ 초연히 바로 가리키시니/ 일넘이 천겹이로다."라는 것은 도선 풍수가 직관과 주관에 의지하며 문자로 된 이론에 연연하지 않는다는 의미라고 본다.

10장   도선의 세계

도선의 세계世系는 당연히 알 수 없다. 산재한 기록에 의지하여 추측하는 것에 불과하다. 그의 영정은 현재 영암의 도갑사와 순천 선암사 두 곳에 있다. 그 제작 연대는 조선 시대 후기인 18~19세기로 추정된다.[57] 이 역시 제작 의도나 근거를 알 길은 없다.

도선의 생애

「도선비문」을 중심으로 그의 생애를 대개 5기로 나누어 추측할 수 있다. 1기는 출생에서 15세까지의 유년기, 2기는 15세부터 20세까지 화엄 수학기, 3기는 20세부터 23세까지 선종 수업기, 4기는 23세부터 38세까지의 방랑 수련기, 5기는 38세부터 72세로 입적하기까지의 옥룡사 주지기다.

도선의 세계에 대해서는 알려진 바가 없다. 다만 그의 속성이 최씨라는 항설도 있으나, 실은 김씨이고 영암 사람이었던 것은 확실하다고 한다.[58] 신라 하대부터 고려 초에 걸쳐 활약하던 22인의 선문 조사禪門祖師들의 비문과 『조당집祖堂集』 등 기타 승전류僧傳類에서 신분을 짐작할 수 있는 선승으로 30여 인을 들 수 있는데 이들의 가계를 살펴보면 이들 30여 인 가운데 15인이 진골 성인 김씨였다. 도선을 태종 무열왕의 서손庶孫이라 한 것은 무슨 까닭인가. 이에 대해 최병헌 교수는 이렇게 주장한다.

즉 태종 무열왕의 직계만이 집권하였던 신라 중대의 전제 왕권의 성장은 방계 귀족 세력을 도태하고 억압하는 과정 속에서 이루어진 것이므로 이때에 벌써 유락流落하는 분파가 생겼고 이들이 그 후의 하대 혼란기에 중앙과 유리되면서 본관을 달리하는 독립적인 친족 공동체의 세력으로 대두하게 되었던 것이다. 도선도 그의 속명이 김씨이고 태종 무열왕의 서손이었다는 것은 비록 그의 세계가 태종 무열왕에게 직결은 안 된다고 하더라도 중앙 진골 세력과의 관계를 시사하는 것임에는 틀림없다고 본다.

재미있는 것은 왕건이 몰아낸 궁예 역시 신라 왕실과 연결되어 있다는 점이다. 왕건은 궁예와 마찬가지로 신라의 왕족과 연결되었다고 추정되는 도선을 끌어들임으로써 궁예에 대한 열등감 혹은 배신으로 인한 심리적 죄책감에서 벗어나고자 했을 가능성도 충분히 가정할 수 있다.

더욱이 당시 도선의 출생지인 영암 지방에서는 그와 친족 집단에 속하였다고 생각되는 선승들이 여러 사람 보인다. 그 가운데서도 대표적인 사람은 도선의 사법嗣法 제자로서 도선의 뒤를 이어 옥룡사의 주지가 된 경보다. 광종光宗 9년958에 찬술된 김정언金廷彦의 「광양옥룡사동진대사보운탑비문光陽玉龍寺洞進大師寶雲塔碑文」에 따르면 경보는 도선과 같은 김씨며 영암 구림인鳩林人이었다. 이런 기록에서 다음과 같은 유추가 가능하다. 영암에는 일찍부터 태종 무열왕의 일파나 중앙 진골 귀족의 일파가 토착하여 친족 공동체를 이루고 있었으며, 그 것이 나말여초에 구산선문의 하나인 동리산파에서 분파하여 새로 옥룡사파玉 龍寺派를 개창하게 한 사회적 배경이 되었던 것이 아닌가 한다.

영암 지방은 경기도 남양만과 함께 삼국 통일 뒤 대당 교통의 관문으로서 당에 가는 사선使船이나 상선이 모두 이곳을 통하여 왕래했다. 특히 하대에 들어서는 도당 유학생이나 유학승들이 이곳을 통하여 귀국했던 점은 이곳을 당의 문화를 수입하는 문화적인 선진 지역으로 만들었고, 그러한 문화적 배경을 가지고 도선 계통의 친족 집단이 다시 역사 무대에 등장한 것이다.

유년 시절

가장 믿음직하다고 인정받는 최유청의 「도선비문」은 그의 출생을 다음과 같이 기록하고 있다. "속성은 김씨이고 신라국 영암인이다. 그 세계와 조상에 관한 기록은 역사에서 잃었다. 어떤 이는 태종 대왕의 서손이라고도 한다."

이 기록은 도선이 신라 왕실의 후예로서 태종 무열왕의 계보라고 보고 있다. 서울대학교 최병헌 교수에 따르면 신라 말기에 이르러 중앙 진골 귀족층 내부의 갈등이 심화되고 그 과정에서 밀려난 이들이 지방에 낙향하여 본관을 달리하면서[59] 토착 세력을 형성하게 된다. 즉 태종 무열왕의 직계손만이 집권하였던 신라 중기의 전제 왕권의 성장은 방계 귀족 세력을 억압하고 도태시킨다. 지방으로 밀려난 일부 귀족들은 중앙과 유리되면서 독자적인 친족 공동체의 세력으로 나타나게 된다. 도선의 속성이 김씨이고 당시의 시대 분위기가 그랬다면 일리가 있는 주장이기는 하다.

문제는 다른 기록이 있다는 점이다. 「도선비문」에는 "어머니 강씨가 꿈꾸기를 어떤 사람이 밝은 구슬 한 덩어리를 주워 먹게 하였더니 마침내 아이를 잉태했다."라고 되어 있다. 한편 『세종실록 지리지』나 『동국여지승람』, 「도갑사비문」에는 어머니인 최씨가 샘가에서 떠내려오던 외오이를 먹고 도선을 가졌다고 기록되어 있다. 필자의 현지 답사에서도 마을의 많은 원로들이 이런 얘기를 들려주었다. 이것은 왕인 박사의 탄생 설화와 뒤섞여 그 진위를 밝히는 데 더욱 어려움을 겪게 한다. 솔직히 말하면 진실을 밝혀 내는 것은 불가능하다고 여겨진다. 다만 아버지가 분명치 않고 구슬을 받아 먹었다든가 외를 주워 먹었다는 설화는 역사적 인물 중 사생아인 경우 흔히 볼 수 있는 것으로, 도선이 사생아였다는 점만은 사실일 것이다. 그러나 당시 시대상으로 볼 때 사생아라는 출신 배경을 훗날처럼 부정적으로만 볼 일은 아닐 수도 있다. 여하튼 도선의 출신은 번듯하다고 말하기 어렵다. 아울러 사생아라는 것이 신분상 문제될 것이 없다 하더라도 아버지가 없다는 것은 경제 형편에 부정적일 수밖에 없다는 점은 염두에 두어야 한다.

현지에서는 도선보다는 왕인을 앞세운다는 느낌을 강하게 받았다. 왕인은 일본 최고의 박사로 일본에 『논어』와 『천자문』을 전했다는 기록이 일본의 『고사기古事記』와 『일본서기日本書紀』에 비교적 자세히 남아 있고, 우리 측 기록에는 거의 눈에 들어오는 것이 없다. 왕인은 백제 근초고왕 28년373에 태어난 사람이다. 그러니까 도선과는 약 450년의 시차가 있는 셈이다. 왕인의 기록은 한치윤韓致奫이 그의 『해동역사海東繹史』에서 일본 기록을 옮겨 적은 정도에 지나지 않는다. 그러므로 전남 영암군 군서면 동구림리 성짓골聖起洞은 왕인보다는 도선의 출생지라는 것이 더 어울린다. 물론 일본인 관광객 유치를 위한 방편임을 모르지 않지만, 여기에서 사실은 밝혀 두고자 한다.[60]

어머니 강씨가 밝은 구슬明珠을 한 알 먹고 잉태했다는 것[61]은 도선의 아버지가 불확실하거나 밝히기 어려운 인물이었음을 드러낸다. 즉 사생아란 것인데, 이 문제에 관해서는 당시의 시대 상황을 이해할 필요가 있다. 주로 신라 왕실 자료에 근거한 것이기는 하지만 당시에는 처녀가 애를 낳는 것이 큰 흉이 아니었다. 왕실에서 그랬다면 그 이하 계층에서는 사생아를 낳았다는 것이 이상한 일은 아니었을 것이다. 어떤 이는 도선이 사생아라는 점 자체를 부정하는 가정도 한다.

도선 탄생 설화에는 다른 것도 있다. 도선의 어머니 최씨가 어느 겨울날 영암 성기동에 있는 '구시바위' 아래에서 빨래를 하고 있는데 청참외 한 덩이가 떠내려왔으므로 그것을 건져 먹게 되었다. 그 뒤 임신을 해 아들을 낳았는데 그때가 신라 경덕왕 말년이라는 것이다.

도선의 탄생 설화에는 '영웅 만들기'의 요소가 들어 있다. "영웅이란 어떤 사람을 지칭하는가? 학계의 의견에 따르면 영웅은 뭇사람들과 구분되는 몇 가지 자질을 갖는데, 그 가운데 무엇보다 중요한 것은 운명을 타고났다는 개념, 다시 말해 위대한 일을 하도록 신에 의해 점지되고 예정되었다는 개념이다. 영웅의 두 번째 면모는 그들의 존재로 인해 세상이 전적으로 바뀌었다는 것이다."[62] 도선은 이런 조건을 충족시킨다. 그가 영웅은 아니지만 그의 영향력은 고려 개국의 절대적 기반이었고, 이후 묘청, 신돈, 조선의 무학, 이의신, 홍경래, 전봉준에 이르기까지 연면連綿한 역사적 힘을 발휘한다. 그러니 그는 영웅으로 보아도 손색이 없다.

한데 사람의 도리가 없이 아이를 낳았으므로[63] 숲 속 반석 위에다 내다버렸다. 최씨 부인이 여러 날이 지나도 마음이 놓이지 않아 다시 그곳에 가 보았더니 비둘기 떼가 모여들어 날개로 아기를 덮어 보호하고 있었다. 부인은 그 신기한 광경에 예사롭지 않은 일이라 여기고 다시 집으로 안고 가 키웠다. 그런 연유로 지금도 마을 이름이 구림이라 전해지고 있으며, 아기를 버린 반석 이름을 국사암國師巖이라 부르게 되었다.[64]

도선의 고향 마을 아낙네들은 도선을 과瓜라고 불렀다. 어머니가 도선을 가져 입덧을 할 때 오이를 무척 밝혔기 때문이다. 오이가 눈에 띄면 염치없이 오이밭에 들어가 마구 따 먹곤 했다. 하루는 마을 개울에 떠내려오는 오이를 주워 먹어 마을 아낙네들의 입살에 오르기도 했다. 도선이 태종 무열왕의 후손이라는 것은 물론이고 아버지 이름이 김일창金日昌이며 왕권 경쟁에 뛰어들었다가 장보고의 청해진에 머물렀다는 것이다.[65]

사실 이런 유의 설화는 도선에 국한된 것은 아니다. 예컨대 도선과 같은 시대를 살았던 범일梵日, 헌덕왕 2년(810)~진성여왕 3년(889)도 신라에서 국사國師로 삼으려 했으나 사양한 고승으로, 그의 출생 설화가 도선과 유사하다.

여하튼 도선의 집안에서는 불경을 소지하고 염불을 하며 도선을 키웠고, 도선의 부모[66]는 도선이 법기法器임을 알아 도선의 출가를 기정사실로 받아들인 것 같다.

그런데 여기에 문제가 있다. 영암을 답사하다 보면 곳곳에 왕인 박사 유적지가 나타난다. '영암의 왕인'을 입증할 근대 이전의 문헌적 근거는 전무하다. 그것도 1930년대에 이르러 비로소 왕인의 영암 출생설이 나타난다. 문건은 두 가지가 있는데, 하나는 『조선환여승람朝鮮寰輿勝覽』 영암편이며, 다른 하나는 영산포 본원사本願寺의 주지로 와 있던 일본인 승려 아오키 게이쇼靑木惠昇가 왕인 박사의 동상을 건립하고자 쓴 취지문이다. 두 문헌 중 일본인 승려의 것이 먼저임이 임형택에 의하여 밝혀졌다. 왜 일본 승려가 왕인의 출생지가 영암이라고 근거가 없거나 희박한 주장을 내세웠을까? 한국 측에서 보자면 일본에 대한 문화적 우월 의식, 일본 측에서 보자면 내선일체의 한 본보기로 그렇게 했다는 것이다.[67]

학승 시기

고려 왕조는 민간 사이에 도선의 풍수지리설이 뿌리를 내리기 시작하자 뒤늦게 도선의 얘기를 거짓으로 끌어들여 왕조의 정당성을 강화하려고 한 흔적을 남겼다. 특히 도선은 같은 고향 출신 선각 국사 최형미가 왕건으로부터 탑비명을 받는 등 대접받는 데 견주어, 고려 초창기에 별로 대접을 받지 못하다가 「훈요십조」가 문제되기 시작한 현종 때에야 대선사가 되고 숙종 때 왕사가 되었으며 죽은 지 130년 이 지난 인조 때에야 국사로 추존된 점에 주의할 필요가 있다.[68]

이 주장은 왕인이 주목을 받던 시기에 알려진 것이라는 점에서 과장이 있을 것이라는 의심이 간다. 특히 선각 국사 최형미와 도선의 혼동 가능성을 시사한 것은 납득이 가지 않는다. 도선이 생존 당시에 크게 이름을 떨친 승려가 아니라는 점에는 공감이 간다. 그러나 고려 건국 가문인 왕씨들은 자신들이 배신한 궁예와의 관계도 있기에 궁예와 출신 설화가 비슷한 도선을 끌어들였을 것이고 그것을 고려 정통성의 근거로 삼았다는 것이 오히려 앞뒤 사정에 부합한다고 보는 것이 타당하다.

도선은 15세문성왕 3년(841)에 월유산 화엄사에 가서 불경을 공부했는데 1년도 되지 않아 문수의 미묘한 지혜와 보현의 그윽한 법문도 깊이 깨달았다. 즉 도선은 당시 관례에 따라『화엄경』을 익힌 것이 분명하다. 그의 스승인 혜철 역시 신라 화엄종의 본찰인 부석사浮石寺에서 출가하였으며 도선의 사법嗣法 제자였던 경보도 화엄종 사찰의 하나인 대구 부인사夫仁寺에서 출가하여 화엄사에서 구족계를 받았던 사실이 이를 방증한다.

『화엄경』이라 하면 5세기에 불태발타라佛駄跋陀羅가 번역한『대방광불화엄경大方廣佛華嚴經』60권을 가리키는데 그 모든 내용이 초기 대승大乘에 속하는 것은 아니다. 그것은『반야경般若經』과 함께 대승의 일대 경전으로서 후대에 큰 영향을 끼쳤다.[69] 『화엄경』은 부처님의 설법 초기에 나온 것이다. 그러나 그것이 여러 개의 경전으로 독립되었다가 하나로 편찬된 것은 오히려『법화경法華經』보다 훨씬 뒤의 일이다. 그나마 산스크리트어 원본은 산실散失되었다. 그중에서 입법계품은 가장 오래된 경전 성립으로 알려져 있다.

하지만『화엄경』은 실패작이기도 하다. 왜냐하면 이것은 당시 전통적인 불교 사회와는 상당한 거리가 있는 것이어서 사람들이 쉽사리 이해하지 못했기 때문이다. 이 경을 설한 뒤 부처님은 '이거 안 되겠구나.' 하고 『화엄경』의 내용과는 다른 경들을 설했던 것이다.

원시 불교의 교단에서 지도적인 제자들이었던 사리불이나 목련 등은 바로 이 경이 설해진 제타 숲에 함께 있었지만 "무명無明의 장애로 인해 청정한 눈을 가리고" 있었으니 이 경의 진리를 이해할 수 없었다. 그것을 뒤의 천태는 "귀머거리와 같고 벙어리와 같은 문장"이라고 말했다. 다시 말하면 듣는 자들이 귀머거리, 벙어리여서 이 경은 헛수고였던 것이다.

화엄華嚴이란 잡화엄식雜華嚴飾이다. 연화장蓮花藏이다. 갖가지 꽃으로 장식된 부처님의 세계를 뜻한다. 이 『화엄경』 입법계품이 바로 어린 선재의 구도이기도 하다. 그는 보리심을 일으켜 보살의 행을 구족하기 위하여 남인도 여행에 나서서 53인의 스승을 찾아다닌다. 그리하여 처음의 문수보살과 마지막 보현보살의 가르침으로 대단원을 이루어 그가 찾는바 궁극의 경지에 이르렀던 것이다.

『화엄경』에는 바다가 많이 나온다. 회교 경전 『코란』과도 밀접한 관계가 있다. 그만큼 인도 전체와 서역 일대, 중국까지 아우르는 경전의 세계이므로 그 경전이 이루어지는 과정이 퍽이나 국제적이었음을 알 수 있다.[70]

『화엄경』은 대승 불교의 경전이다. 원 이름은 크고 방정方正하고 넓은 이치를 깨달은 부처님의 꽃같이 장엄한 경전이라는 뜻으로 『대방광불화엄경』이다. 고래로 부처님의 깨달음의 내용을 나타낸 것으로서 부처님의 열 제자들도 이 경의 법문을 듣고 모두 벙어리, 귀머거리가 되었다는 전설이 전해지는 경이다. 이 경 속에 펼쳐진 세계관은 현상 세계를 상호 교섭 활동하여 무한한 연대관連帶觀을 갖는다는 사사무애법계私事無碍法界의 사상에 근거를 두고 있다. 사사무애법계는 4법계의 하나로 현상계 만유의 사물이 서로 장애되지 않고 무궁무진하게 서로 통하고, 낱낱 사물 가운데 우주의 무궁한 연기緣起, 연이어 되어서 결과를 일으킴를 표현하는 것을 보이는 법문이다. 4법계란 화엄 사상에서 말하는 중요한 교의敎義로서 그 첫째가 사법계事法界로 우주 만유가 낱낱 개별상이 있다는 것이다. 둘째는 이법계理法界로 우주 만유의 근본에 일관한 본체, 즉 평등한 세계를 말한다. 셋째는 이사무애법계理事無碍法界로 이理와 사事는 낱낱이 독립된 것이 아니고 사상 즉 본체, 본체 즉 사상이라고 본다. 넷째는 앞서 설명한 사사무애법계다. 귀가 좀 트이느냐?

도선의 대답이다. "말씀하신 사법계의 진리를 근본 바탕으로 할 때 삼라만상의 모든 것은 서로 연관되어 걸림이 없고, 또한 하나의 초목에도 온 세상이 반영되어 있고, 한순간 한 찰나에도 영원이 깃들어 있다는 말씀으로 사료되옵니다."

스님이 놀라서 말한다. "너의 깨우침은 어디서 나왔는가?" "『도덕경道德經』을 읽은 적이 있는데 자연과 인간의 우주관이 스님의『화엄경』설명과 유사한 점이 있다고 느꼈습니다."[71]

최유청의 「도선비문」에 의하면 도선은 문성왕 3년841부터 20세가 될 때까지 6년 동안 화엄을 공부한 것으로 되어 있다. 이로 미루어 보면 도선은 선종으로 개종하여 동리산과 혜철의 문하로 들어갈 때까지 상당 기간 관념적이고 현학적인 경전을 공부했다. 따라서 그가 단순한 선승일 뿐 아니라 학승으로서도 상당한 경지에 이르렀다는 것을 알 수 있다.[72] 다만 20세 무렵 교종의 한계를 인식하고 있었다는 것도 분명한 사실이다. 그러나 그가 불경 자체의 문제에만 국한하여 선종으로 개종했다고 보는 것은 너무 단순하다. 그는 일반 백성들이 접근할 수 없는 불교가 아니라 누구나 문자의 도움 없이도 부처의 가르침을 깨우칠 수 있는 방편을 찾아 선禪을 선택했을 가능성이 더 높다. 그가 신라 왕실의 난맥상과 장보고의 좌절, 자연재해와 전염병으로 인한 백성들의 고통을 보면서 실질적인 불타의 지혜를 전달하고픈 욕구를 자연스럽게 가진 것으로 보아야 한다고 생각한다.

물론 도선에 관한 대부분의 얘깃거리가 그렇듯이 여기에도 의문점은 남는다. 도선이 문성왕 3년 그의 나이 15세 때 월유산 화엄사에 가서 승려가 되어 불경을 공부하였는데 한 해도 못 되어 대의大義를 통달, 문수의 미묘한 지혜와 보현의 그윽한 법문도 모두 깊이 깨달았다는 점이다. 그가 천재적이라는 말은 되지만 학승으로서의 태도에서는 상식선을 넘는 부분이다. 점수漸修의 과정이 빠져 있다는 점에서 그렇다.

필자는 그런 해석에도 도선이 학승이라기보다는 직관이 뛰어난, 그러면서도 자유로운 사고를 했던 인물이라고 생각한다. 사물의 연결성을 보는 법을 배우는 방법은 기원전 500년대 불교의 창시자인 석가모니 부처에 의해 주창된, 알아차림mindfulness이라는 고대의 행법비파사나을 수행하는 것이다. 이 수행에서 당신은 자신의 감정으로 지각을 물들이지 않고, 잡다한 생각으로 자신을 산란시키지 않고, 내부와 외부에서 일어나는 일들을 순간순간 알아차려 의식한다.

당신은 주의를 오롯이 기울여 경청하고, 오감을 온통 기울여 실제로 무엇이 있는지를 살피고, 나날의 경험에서 자신의 지각을 물들이는 견해와 관념과 분별심을 제거하는 법을 배운다. 알아차림을 실천하고 있을 때, 당신은 생각에 파묻히거나 끄달리지 않는 가운데 자신이 생각하고 느끼는 그것을 알아차린다.[73] 이런 태도는 풍수에서 가장 중요한 지기를 알아차리는 데 매우 유용하다. 지기란 좋은 것만을 가리키는 것이 아니다. 나쁜 지기도 포함된다. 도선은 나쁜 지기, 즉 병든 어머니인 땅을 가려 그곳에 침과 뜸으로 치료하듯이 절이나 탑을 세웠다. 어떤 과정을 거쳤는지, 아니면 생득의 것인지는 모르지만 도선은 풍수의 요체를 체득했음이 분명하다. 그가 고승이냐 아니냐 하는 것은 필자에게 중요하지 않다. 중요한 것은 그가 풍수의 요체를 깨닫고 그것을 선하고 지혜롭게 사용했다는 점이다.

여기에서 도선을 이해하는 데 매우 중요한 대목이 있다. 그가 지리법, 즉 풍수를 배운 곳은 지리산 언저리의 남해 어딘가이고, 배움을 받은 사람은 이인이라는 점이다. 『새 우리말 큰 사전』[74]에 따르면 이인이란 "보통 사람과는 아주 다르게 재주나 아는 것이 아주 신통하게 뛰어난 기이한 사람"이다. 그것은 당연한 풀이이거니와 세간에서는 지금까지도 기인 또는 도인의 뜻으로 쓰인다. 가장 대표적인 예가 벽초 홍명희의 대하 역사 소설 『임꺽정』이다.

거기에 임꺽정 무리의 스승으로 정희량이 변성명變姓名하여 등장하는 대목이 있다. 정희량은 조선 연산군 때의 문관으로 호는 허암이다. 태어난 해는 예종 2년1469이나 죽은 해는 나와 있지 않다. 일찍 생원에 합격하고 연산군 1년1495 문과에 급제, 한림이 되어 소장訴狀을 지은 문제로 귀양 갔다가 연산군 3년1497 예문관대교로 보직되어 "임금이 마음을 바로잡고 경연에 근면하며, 간언을 받아들이며, 현사賢邪를 분별하며, 대신을 경대敬待하며, 환관을 억제하며, 학교를 숭상하며, 이단을 물리치며, 상벌을 공정히 하며, 재용財用을 절제할 것" 등의 소를 올린 일이 있다. 말하자면 임금의 교과서와 같은 글이다. 연산군 4년1498 무오사화 때 난언亂言을 범하고 난을 고하지 않았다는 혐의를 받고 의주에 귀양 갔다가 김해에 옮겨진 후 사면되었다. 모친상을 당하고 개풍군 풍덕에서 수묘守墓하다가 산책을 나간 후 다시 돌아오지 않았다. 성질이 장건하고 문장과 시에 능하며 음양학에 밝았으며, 영달에 마음이 없었다."[75]라고 한다. 이런 사람이 바로 이인이며, 소설 『임꺽정』에는 그에 관한 기이한 일화가 여럿 등장한다.

이인은 기이한 제주를 가진 사람, 특출한 재능을 지닌 사람, 범인이 상상 못할 미래에 대한 통찰을 지닌 사람 같은 것인데, 단지 사람을 놀라게 하는 정도가 아니라 뛰어난 직관력과 걸출한 판단력 등 도인의 풍모가 있어야 이인으로 취급되는 것은 말할 나위도 없다. 도선이 그런 사람으로부터 풍수를 배웠다는 것은, 그의 자생 풍수가 직관과 예지처럼 이인의 요소를 갖춘 사상이었음을 유추하게 한다.

두타행과 선종으로의 선회

도선이 『화엄경』을 수학하는 동안 학어농문學語弄文이 아닌 그 궁극의 이치를 획득하려는 피나는 정진이 시작된다. 그는 『화엄경』의 연기론적철학적 측면에 만족할 수 없었다. 그의 사유의 전환은 필연적인 것이요, 그 결과는 성기적性起的인 오입문悟入門에 도달한 것이다. 그로써 도선은 허중수수虛中授受 곽이 초오廓爾超悟 했다. 그리고 그의 두타행이 시작된다. 이렇게 23세에서 38세까지 15년간 일정한 처소 없이 그의 두타행이 계속된다. 때로는 뗏집에서 한 철을 나고는 했는데, 그때 신기한 일이 적지 않았다고 한다.

선禪 사상이 신라에 유입된 것은 일찍이 8세기로 올라가지만 하나의 시대사조를 형성한 것은 신라 하대인 9세기에 들어서다. 난해한 경전이나 현학적인 논리를 필요로 하지 않는 선 수행은 깨달음을 전제로 하여 왕실 등 기존 문화와의 단절이 가능하였다. 입당 유학승을 통해 마음으로 전해 온 데다口傳心受, 천하의 중심이 왕실이나 수도가 아니라 깨닫는 것이므로, 변혁의 이론이요, 자연히 각 지역의 정치 세력이었던 호족에게 각광을 받는 입장이 되었다.[76] 이런 면에서 도선이 굳이 선승이 아니었다고 주장하는 것도 무리가 있다.

여기에서 도선을 선승으로 평가하는 근거인 "무설지설 무법지법無說之說 無法之法"을 살펴보자. 놀랍게도 그것은 도선의 선禪 스승인 젊은 혜철의 입에서 나온 말이다. 놀랍다는 것은 그것이 혜철의 말이기 때문만이 아니다. 그의 어법이 그냥 무언, 무어, 무법이 아니고 "무설지설 무법지법"이기 때문이다.

무설은 아무 주장이 없는 것이다. 무설지설은 무설의 설, 즉 아무 주장이 없는데 주장이 있는 것이다. 무법지법은 무법의 법, 즉 아무 법이 없는데 법이 있는 것이다. 그 본질적 차이는 엄연하다. 하나가 부정이라면, 다른 하나는 재긍정이다. 법조法曹 서당西堂이 혜철에게 전하고 혜철은 도선에게 전하니, 도선은 곧 서당의 증손이다.[77]

도선이 세상 밖에 숨어 사는 이인을 만나 풍수를 전수받은 것은 그가 옥룡사에 주석하기 전 지리산 구령舊嶺에 머물 때고, 다음에 다시 만나서 풍수지리설을 전수받은 곳은 구례현의 경계인 남해변南海邊으로 되어 있다. 구甌 자에는 조그마한 토굴을 암시하는 측면이 있다. 따라서 구령은 사성암四聖庵과 일치한다고 할 수 있다. 『원감국사집圓鑑國師集』에는 오산鼇山과 관계되는 기록이 나오는데 "오산 꼭대기에 좌선암坐禪庵과 행도석行道石이 있는데 선각, 진각 두 국로國老가 편안히 앉아 수도하던 자취가 있으며 그 경치 또한 천하의 으뜸이라 하였다."라고 하였다. 현재 사성암에는 칠성각과 요사채가 함께 붙은 조그만 건물 한 동이 있으며 동쪽 약 50미터 절벽에는 고려 초기 것으로 보이는 음각 마애 여래 입상이 보존되어 있다. 또 사성암에서 정상을 향해 700미터쯤 떨어진 능선 우측에 한 평 남짓한 자연 석굴이 있는데 사적기에서는 이를 '도선굴'이라 했다.[78]

인근 구례군에는 사도리沙圖里라는 마을이 있다. 도선이 이인으로부터 모래를 쌓아 올려 지리법을 배웠다는 데서 유래한 지명이다. 본래 종이가 없거나 귀하던 시절, 풍수에서 제자에게 현장 수업을 하는 경우 흙과 모래를 쌓거나 땅바닥에 그림을 그려 주변 경관을 설명하는 것이 통례였다. 그래서 풍수에서는 산을 사沙로 표기한다. 그런데 「옥룡사비문」 음기陰記에 구례 삼국사三國寺라는 절이 등장한다. 바로 사도리 뒤편 산록山麓에 상은사라는 암자가 있으나, 현지 주민들은 대부분 이곳을 상곡사象谷寺로 알고 있다. 상사리와 하사리 중간쯤에 있는 저수지를 따라 약 300미터 떨어진 월령봉月유봉 산자락의 끝머리에 위치한다. 산세가 마치 여근곡 형국이라 우리 민속 원형이니 도선과의 관련성이 매우 짙다는 것은 분명하다. 상곡사는 삼국사와 발음이 비슷하다. 불교에서 코끼리를 존중하는 데서 상곡사로 바뀌었을 가능성도 생각해 봄 직하다. 절터에 고려 시대에 조성된 3층 석탑과 석조 여래 좌상이 있는 것도 도선을 떠올리게 하는 대목이다.

월유산 화엄사에서 공부하여 한 해도 채 못 되어 『화엄경』의 대의를 통달하여 문수의 미묘한 지혜와 보현의 법문도 모두 깊이 깨달으니, 여러 학도들이 놀라고 칭찬하여 신神과 같은 총명이라 하였다. 문성왕 8년 20세에 갑자기 생각하기를 "대장부가 마땅히 법을 떠나서 고요히 살아야 할 것인데 어찌 문자文字에만 부지런히 종사할까 보냐" 하고 동리산 태안사에 가서 혜철 대사의 법을 받았다. 이것이 바로 도선이 학승을 떠나 선禪을 깨치고 운수 행각, 두타행에 들어서는 과정이다.

그가 지리산 이인에게 묘술의 원천을 둔 것은 처음부터 중국 풍수와의 관련성을 부인하는 일임은 물론, 이인이 "풍수 역시 대보살이 세상을 구하고 사람을 건지는 법大菩薩救世濟人之法"이라고 한 것은 도선의 풍수술 역시 불교 수행과 관련지을 수 있는 대목이기는 하다.[79] 도선이 약속한 강변으로 나아가 이인으로부터 모래로 '산천 순역의 세력' 형성을 조성하는 묘술을 남김없이 전수받은 것은 그의 나이 30세 된 856년의 일이다.

이 과정을 필자는 이렇게 새겨 보았다. 즉 도선은 한미한 출신으로 아버지도 없이 어렵게 자라다가 어려서 절에 의탁하게 되었다. 그의 어머니는 당골巫堂로 아들이 승려가 되는 것에 관심조차 없었다. 도선은 그 후 『화엄경』이라는 교종의 지난한 경전을 공부하였으나 그에 뜻이 없어 당시 유행하기 시작한, 글 공부에 의지하지 않아도 되는 직지인심直旨人心, 견성성불見性成佛, 불립문자不立文字의 선종으로 바꾸고 나름대로 깨우침을 얻은 후 두타행을 벌이다가 지리산과 남해 언저리에서 지리산의 한 도인으로부터 풍수법을 배우게 되었다. 그러나 그 풍수법은 당나라에서 들어온 것이 아니라 지리산 이인이 우리 땅의 풍토와 산천의 기운을 좇아 정리한 자생 풍수였다. 게다가 승속僧俗을 따지지 않던 도인의 풍모대로 그는 세상 물정에도 관심을 보여 당시 신라의 퇴락을 감지하고 전국을 편력하다가 중부 지방의 무역상이자 호족이었던 고려 태조 왕건의 윗대를 만나 개국을 예언하게 되었다. 그로부터 막대한 시주를 받아 광양 땅 명당에 옥룡사를 짓고 중생을 제도하게 된 것이다. 다만 그 명당은 병든 어머니와 같이 문제 있는 땅, 즉 습지濕地로, 숯과 소금을 뿌린 후 절을 증축하였다. 그의 명성은 고려 개국의 예언과 왕건 가문과의 인연으로 말미암은 것이니, 여러 중요 기록에 그의 이름이 없고 기록이 있어도 상이한 부분이 많은 것은 그런 까닭이다.

고려가 건국될 당시에 불교계에서 가장 영향력 있던 종파가 선종이라는 것은 주지의 사실이다. 선종의 전래는 비교적 빠른 편인데, 북종선北宗禪의 도신道信에게서 전법한 법랑法朗이 신라 통일 직전에 선종을 이 땅에 전했다. 그러나 헌덕왕 13년821에 남종선南宗禪을 처음 가지고 온 도의道義가 신라 불교계에서 용인받지 못하고 마어魔語라는 비판을 받은 채 운둔한 사정을 보건대, 통일기에 전달된 선종은 한참 동안 신라에서 주요 종파로 정착하지 못하였던 것 같다. 도의 이후 많은 선승들이 중국에서 돌아오면서 신라 하대에 선종이 크게 융성하게 되었다.[80]

화엄종은 왕실과 진골의 중앙 중심으로 특화되어 신라 말의 시대상을 반영하지 못했다. 신라의 선승들이 초기에는 화엄종으로 출가했다가 선종으로 옮겨 간 것도 그런 까닭이다. 도선 역시 그러한 전철을 밟았다.

법의 전수에 따른 적서嫡庶 면에서는 혜철이 개창한 태안사계에 동리산문의 정통을 두어야 하지 않을까 한다. 그것은 윤다의 비문에 동리산문의 적통 관계가 명시되었을 뿐 아니라, 옥룡사계의 경우에는 도선의 비문에 사법嗣法 사실만 기술되어 있으며 경보의 비문에도 역시 사법 관계만 있기 때문이다.[81]

옥룡사 주석기

(1) 지리적 환경

옥룡사는 전남 동남부에 위치한 광양 백운산1217.8미터의 일지맥一支脈인 백계산505.8미터의 남단 계곡 하부에 자리를 잡고 있다. 북쪽으로 멀리 지리산 연봉連峰이 바라보인다. 그래서 흔히 지리산 자락이라 알려져 있으나 여암旅菴 신경준申景濬의 『산경표山經表』에 따르면 이곳은 지리산이 속한 백두 대간이 아니라 호남 정맥에 속한다. 실제로 지리산과 백운산은 섬진강에 의하여 지맥이 끊어져 있다. 풍수 원칙상 지기는 "바람을 타면 흩어지고 물을 만나면 멈춘다."라고 하였으니 맞는 말이기는 하다. 그러나 강은 단절만이 아니라 연결의 상징성도 갖고 있다. 게다가 백운산에서 바라본 지리산은 같은 형제라 불러도 손색이 없을 정도다. 위에 언급한 풍수 원칙은 중국의 이론 풍수에서 나온 말이다. 도선의 자생 풍수는 그와 크게 차이가 난다. 따라서 백계산 — 백운산 — 지리산의 흐름은 우리에게는 자연스럽다. 게다가 중국 풍수는 "물을 얻는 것이 먼저고 바람을 갈무리하는 것이 그다음得水爲上 藏風次之"이라고 하여 물이 산보다 더 중요하다고 하였으나 우리 자생 풍수에서는 산과 물의 중요성에 차등을 두지 않는다. 이는 아마도 중국 풍수의 진원지인 화북 지방이 강수량이 적은 반건조 기후인 데 비하여 우리는 그렇지 않은 풍토임이 반영된 것일 것이다.

광양 지방은 높은 백운산이 북쪽에 자리 잡고 있어 대부분 산간 협곡을 이루고 있다. 이런 자연환경 때문에 조선 시대까지의 불교 유적은 거의 산간벽지에 위치한다. 도선이 옥룡사에서 35년간이나 주석하였기 때문에 광양에 있던 대부분의 사찰들이 도선에 의해 창건되었다고 전해지며, 일설에는 도선이 광양 지방에 108사암寺庵을 세웠다고 한다.

도선은 옥룡사에서 비교적 젊은 38세에 자리를 잡아 72세에 입적할 때까지 35년간 주석하였다. 이 시기는 풍수지리에서 매우 중요하다. 도선의 불교 관련 기록에 미심未審함이 많고 상당 부분은 고려 왕실의 정치적 목적으로 왜곡, 와전되거나 심지어 날조되었다는 것이 학계의 주장인 데 반하여 그가 한국 풍수지리의 비조라는 점에 대해서는 이견이 전혀 없다.

이 점은 의미심장하다. 사실상 고승으로 보기에는 억지스러운 그가 어떻게 풍수지리필자는 이를 자생 풍수라 한다.에서는 비조로 추앙받을 수 있을까? 필자는 그 이유가 옥룡사 35년 주석 과정에 있다고 본다. 선승이 젊은 나이에 커다란 사찰에 주저앉는다는 것은 당시나 지금이나 정상이 아니다. 도대체 그는 여기에서 무엇을 했을까? 전해지는 기록은 미미하기 짝이 없다. 그러나 구전 설화 등 전해지는 이야기는 많다. "사실이라는 것은 없다. 오직 해석만 있을 뿐이다." 니체의 말이다. 필자는 그의 이러한 지적을 지지한다. 이를 바탕으로 도선이 옥룡사에서 그 오랜 세월 동안 무엇을 이루었는지 해석해 볼 것이다.

(2) 복합적 인간, 도선

고려 시대에는 여러 사상 체계가 공존하면서 상호 대립, 융화하기도 하고 서로 영향을 주고받았다는 게 큰 특징이다.[82] 도선은 옥룡사를 중건하기 전에 지리산 구령에서 암자를 짓고 있었는데, 한 이인이 도선 앞에 와서 뵙고 말하기를 "제가 세상 밖에 숨어 산 지 근 수백 년이 됩니다. 조그마한 술법이 있으므로 대사님에게 바치려 하니 천한 술법이라 여기지 않으신다면 뒷날 남해의 물가에서 드리겠습니다. 이것도 역시 대보살이 세상을 구제하고 인간을 제도하는 법입니다." 하고는 홀연 사라졌다. 대사가 기이하게 여기고 그가 말한 남해의 물가를 찾아갔더니 과연 그런 사람이 있었는데 모래를 쌓아 산천 순역의 형세를 보여 주었다. 돌아본즉 그 사람은 없어졌다. 그 땅은 지금 구례현의 경계인데 그곳 사람들이 사도촌이라 일컫는다. 대사가 이로부터 환하게 깨달아 음양오행의 술법을 더욱 연구하여 신선이 사는 곳이라는 금단金壇과 도교道敎의 비서를 감춘 상자인 옥급玉笈의 깊은 비결이라도 모두 가슴속에 새겨 두었다.[83]

이로 미루어 보면 도선은 불승일 뿐 아니라 음양오행, 방술, 신선술, 도교,

무격巫覡 등 당대 우리 고유의 사상을 골고루 섭취하였다는 것을 알 수 있다. 다만 그가 아무리 절정의 천재라 하더라도 그 모든 것을 혼자서 해낼 수는 없었을 것이다. 아마도 도선은 여러 사람의 업적을 그 이름으로 융합한 인물로 보아야 사리에 맞을 것이다. 결국 고려 개국의 예언이 그의 이름을 오늘날까지 전하게 된 가장 큰 이유일 것이다. 혹은 왕건과 고려의 여러 왕들이 그를 신비화한 것일 수도 있겠다.

그런데 도참이란 어디까지나 독립된 종교적 의례 제도를 갖지 않는 이른바 기층 신앙이다. 종교 교단이 아니라는 말이다. 그러므로 그것이 사회적인 영향력을 행사하기 위해서는 표층 신앙과 결부되는 특징을 보인다. 표층 신앙이 불교일 때는 불교적 전개를 보이고, 유교일 때는 유교적 전개를 가져온다. 고려 시대에 도참은 불교와 더불어 확산되며, 그 가운데 정리된 일련의 호국 원리를 비보사탑설이라 부른다. 고려 말의 고승으로 시詩에 능했던 굉연宏演이 있다. 그는 『고려 국사 도선전高麗國師道詵傳』을 남겼는데, 굉연은 고승 혜근惠勤, 즉 나옹懶翁: 1320~1376의 제자이므로 신유학新儒學인 성리학이 전래되어 신진 문사들을 중심으로 성리학적 처세관이 고조되던 시기에 살았던 인물이다. 척불숭유의 움직임이 고려의 조야朝野를 휩쓸던 시기에 비보사탑설을 응용하여 호불 운동이 일어나고, 고려 말 이후에 찬술된 각 사찰의 창건 연기緣起가 한결같이 도선이 점정한 터라고 강조하는 것과도 상통한다.[84]

굉연이 나옹의 제자이고 무학 또한 나옹의 제자임을 감안할 때, 굉연이 도선 국사에 관한 저술을 썼다는 것은 필자가 주장하는 한국 풍수사의 한 부분, 최소한 무학 대사에 관한 부분에서는 중요한 증거를 갖는 셈이다.[85]

도선은 고려 시대에 들어와서야 승려로서의 명예직으로 추대된다. 이규보는 "왕사王師는 한 임금이 본받는 것이요, 국사國師는 한 나라가 의지하는 것"이라고 했다. 또한 왕사나 국사를 국왕의 지위보다 위에 둔다는 상징성을 띠므로,[86] 도선에 대한 고려 왕실의 대접이 어떠했는지를 알 수 있다. 우리나라에서

풍수지리설이 각광을 받은 것은 군웅이 할거한 후삼국 시대였다. 지방에서 성
장해 세력을 떨친 호족 내지 장군들은 자신들의 근거지를 다른 지역과 구별되
는 신령한 지역으로 만들고 싶었다. 여기에 적합한 사상이 풍수였으니 그들은
다투어 그것을 끌어들여 이용하였다.[87]

당시 자생 풍수는 중국 풍수와는 달리 음택에 전혀 관심을 보이지 않았다.
게다가 전통적으로 내려오던 민간 신앙과 중국에서 수입된 유교, 불교, 도교
까지도 융합하였으며, 불교의 경우는 밀교를 포함하여 그 유파를 가리지 않을
정도로 개방적이었다. 도선의 풍수지리는 복합적이고 현실적이며 개방적이라
는 점을 염두에 두어야만 해석이 가능하다.

도선이 아무리 학승이고 화엄학을 수학했다고는 하지만 신라의 변방 출신
으로서 그 등급이 상급이라고 말하기는 어려울 것이다. 그가 접한 것은 애니
미즘이라 할 수 있는 토속 신앙의 거의 모든 것이었으리라 짐작된다. 에드워드
버넷 타일러가 1871년 저술한 『원시 문화*Primitive Culture*』에 나온 이 용어는 살
아 있는 것이건 생명이 없는 것이건 혼이나 영이 있다고 보는 개념이다. 즉 만
물에 정령이 깃들어 있다고 보는 것이다. 우리 민족은 고래로 산, 강, 샘, 우물,
오래된 나무, 돌, 특정한 장소 등에 정령이 깃들어 있다고 믿었다. 현재까지도
이 관념은 흔적을 남기고 있다. 1921년생으로 지금은 돌아가신 필자의 어머니
도 필자가 어릴 때 그런 대상에 기도를 드리는 것을 필자는 여러 번 목격했다.
아마도 50대 중반 이상의 세대라면 누구나 그럴 것이다.

도선이 태어난 영암의 월출산은 그 자태 자체가 신령스럽다. 도선이 그 산의
영향을 받았으리라는 점에는 의심의 여지가 없다. 거기에 그는 화엄과 풍수를
배웠다. 우리의 시원 민속에서부터 어려운 불경까지 섭렵했다면 그 자신의 풍
수지리를 확립하는 데 지장이 없었음에 틀림없다. 그가 운수 행각에 나선 것
은 그것이 당시 승려들의 통례였기 때문이다. 그 과정에 개성 지방을 돌다가
왕건의 조부나 부모를 만났다고 가정하는 것도 타당하다.

나중에 상술하겠지만 필자는 도선의 어머니가 '당굴표굴'이 아니었을까 생각한다. 도선이 그 영향을 받았으리라는 추측도 한다. 그들에게는 뛰어난 직관력이 있다. 그 직관력으로 산천을 살피는 것은 중요한 의미가 있다. 필자는 글을 쓸 때 소설을 많이 인용한다. 소설가들은 자신의 작품을 위해 끊임없는 노력을 기울이며 소재를 취재하고 직관력으로 그것을 해석하기 때문이다. 다음을 인용하는 것도 그런 연유에서다.

"뭘 그렇게 정신없이 봐요?"

재형이 고개를 들고 그녀를 봤다.

"이야기."

선문답 같은 대꾸였다. 그녀는 그의 옆으로 가서 주변을 살폈다. 소담스럽게 쌓인 눈 말고는 아무것도 없었다.

"눈 쌓인 새벽에 오면 밤사이에 쓰인 숲의 이야기를 읽을 수 있어요. 저건 토끼가 뛰쳐나간 발자국이고."

그가 랜턴을 비춘 곳에 신경 써서 보지 않으면 눈에 띄지 않을 동그란 자국이 남아 있었다.

"저 발자국은 밤새 울던 부엉이가 아침 식사거리를 마련했다는 표시이고. 지금쯤은 어디에선가 배를 두들기고 있을 거요."

그녀는 비로소 눈 위에 뿌려진 작은 핏자국들을 볼 수 있었다. 좀 전까지만 해도 새하얀 눈길로만 보였는데 시력의 문제는 아니었다. 시선의 차이였다. 그것은 한 인간이 속한 세계의 차이와도 같았다. 그의 세상에는 털 없는 원숭이 따위는 들어설 틈이 없는 듯했다. 그녀의 세계에서는 털 달린 동물 따위 아무래도 상관없었다. 태어나고, 싸우고, 사고 치고, 병들어 죽어 가는 털 없는 원숭이들이 주요 테마였다.

"나는 그걸 왜 못 읽지? 나도 산토끼나 부엉이가 사는 산골에서 자랐는데."

"인간은 본시 자기 앞의 구멍을 못 봐요. 시신경이 망막을 통해 뇌로 가기 때문에 망막에 맹점이 생기거든. 그저 거기에 그것이 있으리라는 추측이 그 구멍을 채우는 거지."[88]

자생 풍수에서 말하는 주관, 도선이 중시했던 직관이란 바로 그런 것이다. 그는 남들이 보지 못하는 것을 본 사람이다. 남들도 충분히 볼 수 있는 것들이지만, 그들의 맹점이 그것을 방해한 것이다. 이는 자생 풍수의 장점이자 단점이기도 하다. 범인의 눈에 보이지 않는 산천의 그 무엇을 본다는 것은 장점이고 그것은 실재하는 것이지만, 그것을 말로 설명할 수는 없는 것이다. 체계를 잡기도 어렵다. 현대 학문으로서는 치명적인 약점이다. 그렇다고 해서 도선이 신통력을 가진 신안神眼이라는 뜻은 아니다. 실재하는 것을 볼 뿐이니까 그렇다. 여기에 신비를 덧씌우면 비술이니 도술이니 하며 자칫 사기성 짙은 미신 풍수가 되어 버린다. 현대인들이, 아니, 과거의 사람들도 풍수를 미신으로 본 까닭이 바로 여기에 있다. 지금 이 자리에서 보고 느끼라. 설명하려고 애쓰지 말라. 누구나 볼 수 있고 알 수 있는 상식이니 그저 그들의 맹점을 알려 주는 것만으로 충분하다. 물론 쉽지는 않은 일이다. 그들의 아집이 상식을 뒤엎는 것에 온통 관심을 쏟기 때문이다.

왕건의 가문은 당시 무역을 하던 거상이었고, 거상들이 항용 그리하듯 사병을 거느렸을 것이다. 도선은 그 집에서 승려로서, 풍수 스승으로서 대접을 아주 잘 받았다. 더구나 그 가문의 규모와 당시 신라의 패망 조짐을 읽던 도선에게 그 집안에서 새로운 왕조를 예언하는 것은 당연한 수순일 수 있다. 그는 그렇게 했고 많은 재물도 얻었을 것이다. 그 돈으로 옥룡사를 크게 중창했고 여러 사찰도 지었으나, 가장 오래 주석한 곳은 옥룡사였다. 38세에 그곳에 터를 잡은 뒤 입적 때까지 35년간을 그곳에서 지냈다. 이는 일반적인 선승들의 생애와는 차이가 난다. 30대 중반이라는 나이에 한곳에 틀어박힌다는 것은 승려로서는 일탈 행위와 다름없다.

(3) 도선이 경험한 남해안

도선이 지리산 이인의 인도로 남해안에서 풍수를 배웠다는 것은 그가 중국 풍수가 아닌 당시 우리 고유의 지리학인 자생 풍수를 익혔다는 뜻이다. 그의 고향 영암에서 가장 오래 주석한 광양에 이르는 길에는 강진, 장흥, 보성, 순천과 근해의 도서 지방이 포함된다. 그가 이런 지방들에 자생하던 "땅의 이치, 즉 지리"를 경험했으리라는 것은 당연하다. 이곳은 남령산지南嶺山地[89]와 바다가 함께 있는 곳으로 지금도 다도해 해상 국립 공원으로 지정된 정도이니 명미明媚한 풍광의 땅이 분명하다. 게다가 기상의 변화에 따라 오묘하고 신비한 느낌을 주는 곳이기도 하다.

비약이기는 하지만 전통 풍수자생 풍수에서도 시간의 문제[90]는 중시되어 왔다. 이청준의 연작 소설『선학동 나그네』에서 선인무수형仙人舞袖形인 마을의 명당론이 개진된다.

"이 마을 앞 포구에 물이 차오르면 동네 주산인 관음봉은 한 마리 학의 모습으로 그림자를 만들어 물 위에 떠오릅니다. 물 위로 떠오르는 학의 그림자는 영락없이 날아오르는 학의 모습을 자아냅니다. 이때 선학동 마을은 바로 그러한 학의 품 안에 안기는 형국이 됩니다. 관음봉이 비상하는 학으로 변하는 것은 달이 뜨고 밀물이 포구에 밀려오는 때입니다. 또한 관음봉은 동네 뒷산으로 그저 거기에 서 있는 것이 아니라 마을 앞 물 위에 자신의 모습을 한 마리 학으로 비상합니다."[91]

그러니까 선학동은 언제나 명당인 것이 아니라 일정 시점에 조건이 만들어졌을 때 명당이 된다. 풍수는 고정된 시점이나 관점에서 보는 것이 아니라 시간의 차이, 시대의 변화에 따라 변용된다는 점을 드러내 주는 예라 할 수 있다.

(4)『도선비결道詵秘訣』[92]

고려 숙종 1년1096 당시 음양가 관료였던 김위제金謂磾는『도선기道詵記』를 인용하며 중경, 서경, 남경에 4개월씩 머무르면 36국이 조빙朝聘하여 올 것이라 하였고, 3경을 저울대에 빗대어 이 3경이 있어야만 평형을 이루어 국가가 번영할 것이라 주장했다. 그 외에도 도선의 이름으로 된 책으로는『답산가踏山歌』,『삼각산명당기三角山明堂記』,『신지비사神誌秘詞』등이 있었으며 예종睿宗 때에는 풍수지리에 대한 책으로 추정되는『해동비록海東秘錄』이 관 주도로 편찬되기까지 했다.[93]

옥룡자玉龍子가 당나라 일행 선사에게 물어 가로되 "삼한三韓의 산천이 어떻습니까?" 하니, 그가 대답하여 가로되 "간신이 나라에 가득 있고 이륙양신二六良臣이 명命도 아니고, 강 위의 군센 혼懿魂은 호수와 더불어 푸를 것이다. 임진壬辰에 섬 오랑캐가 나라를 좀먹으면 송백松柏[94]에 의지하고, 병자丙子[95]에 북쪽 오랑캐가 나라 안에 들끓으면 산에도 불리하고 물에도 불리하며 궁궁弓弓[96]에 이로울 것이다. 하나의 가지로 홀로 전해져 3대에 이어질 것이다. 양기陽氣 없는 임금이 어찌 어질 수가 있을 것이며 수염 많은 아우가 어떻게 운을 빼앗겠는가? 무신戊申에 이르러 들에 장수는 없는데 병사들만 있고 성안에는 임금이 고립되어 있다. 한 사람이 부질없이 말을 놀리면 세 고을이 놀란다. 임오년에는 부자父子의 은혜가 끊길 것이다. 빈 태虛胎를 가진 부인이 금빛 항아리金壺에 숨겨져 있다. 한 자짜리 베라도 나눌 수가 있으니 흰옷이 푸르게 될 것이다. 지혜로운 선비의 뜻이 이루어지지 않고 어리석은 지아비의 말이 어김없이 적중할 것이다. 여자 군주女主가 정사政事를 겸하니 갑의 죄를 을이 뒤집어쓰고 동쪽 이웃의 화를 서쪽 이웃이 당할 것이다. 후사가 없는 임금은 양면兩面에 지위를 맡기고 아들이 있는 장수는 한 고을에 한가로이 누워 있다. 만약 성년을 만나면 백학을 타고 우선 서쪽으로 가니 산도 아니고 들도 아니요, 푸른 옷을 입고 남쪽에서 오니 오랑캐도 아니요, 왜적도 아니다.

인묘寅卯를 당하여 남쪽과 북쪽이 솥의 발처럼 서는 형세가 될 것이다. 오얏나무를 붙들어 주고 형극荊棘, 가시나무을 베고 나서 비로소 나라 그릇이 정해질 것이다. 한 나라가 편안해지니 어느 누구의 공인가. 오로지 전읍奠邑이 총명하고 신기하며 예지叡智롭다. 군사를 서쪽 변방에서 일으키니 천자天子가 아름답게 여기도다. 세 이웃이 도우니 계룡산에 세 아들이 안전하게 도읍을 정할 것이다.

이는 모두 『정감록』에 포함시킬 수 있는 참위서讖緯書라는 점은 앞서 밝힌 바 있다. 한 연구에서는 이런 글들이 영조 15년1739 직전에 유포된 것이라 보고 있으나,[97] 이 글에서 그것은 문제가 되지 않는다.

필자는 이것이 도선과 아무런 관계가 없다는 것을 잘 안다. 그런데도 여기에 소개하는 까닭은 도선이 그만큼 유명했고, 영향력도 컸기 때문이다. 사실 그 내용은 『정감록』과 같다. 판본도 다양하고 내용도 일치하지 않지만 이 책에는 깊은 의미가 숨겨져 있다. 현생을 살아가는 사람들의 삶은 어느 시대나 신산스럽다. 그래서 그들은 어딘가 안온한 삶을 살 수 있는 장소, 그들을 이끌어 줄 신인神人을 기대한다. 요컨대 이것은 그런 바람이 담긴 책이다.[98]

(5) 실상사

여기에 자생 풍수와는 좀 다르지만 민족주의적 색채가 강한 실상사實相寺를 소개하는 것이 의미 있는 일이라 생각한다. 좀 다르다는 것은 어느 정도 자생 풍수의 맥락을 이었다는 뜻이다. 실상사가 있는 곳은 산간이면서도 평야다. 특이한 곳으로 방어, 특히 왜구로부터의 방어에 중요한 곳이다. 이곳에 승려를 상주시키는 것도 비보의 일환으로 볼 수 있다. 게다가 도선의 풍수 역시 당시 대제국이었던 당나라와 관계없이 이루어진 것이기에 실상사를 보는 것은 도선의 일면을 보는 것이기도 하다.

실상사뿐 아니라 지리산 들어가는 길은 언제나 즐겁다. 간혹 너무 좋아하다가 산 아래에서 올라가지도 못하고 술에 취하여 몸을 못 가누게 되는 탈은 있지만, 그래도 좋은 곳이 지리산이다. 우리나라의 5대 토산, 덕산德山, 육산肉山은 북으로부터 백두산, 묘향산, 오대산, 덕유산 그리고 지리산을 지칭하는데, 지리산은 말 그대로 매우 후덕한 산이다. 아니, 산이라기보다는 거대한 땅덩어리다. 속세의 취객이 무어라 말할 수 있는 산이 아니기에 옛사람의 글을 인용하기로 한다.

허백당虛白堂 성현成俔이 점필재 김종직의 「두류록頭流錄」 끝에 붙여 쓴 시인데 너무 길기 때문에 부분밖에 소개할 수 없다.

위아危峨롭고 높도다. 산이 둥글고 넓게 펴져 있음이여. 아래로 땅을 누르고 위로 하늘에 닿았네. 뿌리가 몇천백 리나 서리었는지 내 모르거니와 우뚝하게 하늘 동남쪽에 중진重鎭이로구나. 원기元氣가 발설되고 천기가 토했다 머금었다 하도다. …… 푸른 이끼가 길에 가득하니 속인의 발자취 없어지고 그윽한 바위 끊어진 벼랑에 붙어 감실龕室 열렸네. 고아한 절을 우러러 보니 찬란한 금벽金碧이 눈부셔라. 당번幢幡은 아득하게 비치고 종과 북소리 은은하게 들린다. 이 속에 마땅히 은군자隱君子 있어 검푸른 눈동자 푸른 머리털의 팽조彭祖 노수老聃 많으리라. …… 세상 사람은 무엇 때문에 부귀만 생각하고 술에 빠지는가. 그대는 거기에 돌아가 누웠으니 운림雲林은 본성이 달게 여기던 바이네. 내 지금 속세의 그물에 떨어졌으니 허덕거림이 어찌 부끄럽지 않으랴. 마음으로는 그대와 함께 소원대로 좋은 땅 복지卜地하여 모암茅庵 얽고 싶었네. ……

선계仙界의 절평絶評이 아닐 수 없다. 그러나 이보다 더한 유방선柳方善의 시구가 하나 있으니 "아마도 그 옛날 은자 살던 곳, 사람은 신선 되고 산은 비었는가疑是昔時隱者居 人或羽化山仍空."라는 대목이다. 무엇을 덧붙이랴. 그러나 안타까울 뿐이다. 근대화는 반풍수反風水를 부르고 반풍수는 신선을 불러내어 저

잣거리의 사주쟁이 도사를 만들어 버렸고, 산은 구취口臭와 쓰레기로 가득 차 버리고 말았으니. 그저께는 맑게 갠 하늘 아래 강원도 영월에서 보내고 어제는 억수같이 쏟아지는 빗속에 전라도 김제의 들판을 헤맨 뒤 진안 마이산 밑에서 자고 지금 지리산 아래 실상사 경내에서 노 스님의 말씀을 듣고 있으니, 이만 하면 부러움 없는 삶이라 할 수 있는 것인지. 이슬 신선이야 어림없는 소리지만 석유 도사는 된 셈인가. 자동차로 동에 번쩍 서에 번쩍 하는 자신에 쓴웃음이 지어진다.

남원에서 산내면 입석리의 실상사를 들어가는 길은 아직은 옛 풍모가 남아 있다. 그러나 휴일이나 휴가철에는 이 정도의 바람 냄새도 어려울 것이라는 짐작이 든다. 평일에 나다닐 수 있는 낙일거사落日居士가 유일하게 보람을 느낄 때이기도 하다. 멀리 보이는 지리산에 취하여 잡설이 너무나 분분하였음을 독자들께 사과드린다.

실상사는 신라 흥덕왕 3년828 증각證覺, 기록에 따라서는 '證角'이라고도 되어 있다. 대사가 개창한 절이다. 증각 대사는 흔히 홍척洪陟 선사로 알려져 있는데 당나라 지장에게서 법을 이어받고 귀국하여 이 절을 세웠다고 한다. 그리하여 2대 수철秀徹 화상을 거쳐 3대 편운片雲 대사에 이르러 크게 절을 중창하고 더욱 선풍을 떨치게 되었다. 그러나 세조 14년1468 화재를 입은 뒤로 근 200년 동안 폐사나 다름없이 근근이 사세를 이어 오다가 숙종 연간에 이르러서야 30여 동의 대가람을 이룰 수 있었다고 한다. 다시 고종 20년1883 대화재가 발생하여 50동이 소진되는 바람에 지금은 조그만 절이 되고 말았다. 지금의 주지인 혜광慧光 스님에 의하면 이 불은 인근 유생들과의 분쟁으로 인한 방화였다고 한다.

문제는 여기서부터인데, 혜광 스님은 이 절에 불이 나면 나라에 큰일이 일어난다고 주장한다. 더욱이 방심하여 들을 수 없는 것은 이 절이 잘되면 우리나라가 번창하고 일본이 쇠망하며, 이 절이 퇴락하면 일본이 잘되고 우리나라가 쇠한다는 말이다.

사실 실상사는 민족주의적 풍수 사고와 풍수 설화가 이미 오래전부터 잘 알려져 온 사찰이다. 그것을 오늘 주지 스님으로부터 직접 듣게 된 셈이다. 그 구체적인 내용은 대략 다음과 같은 사실들이다.

첫째, 약사전에 봉안되어 있는 철조 여래 좌상보물 제41호이다. 이 불상은 수철 화상이 4000근이나 되는 철을 들여 주조한 높이 2.7미터의 신라 시대 걸작이다. 여러 번의 화재를 겪었으나 훼손되지 않고 살아남은 까닭은 이것이 청동제가 아니라 철제이기 때문이란다. 육중한 규모의 이 무쇠로 만든 철불은 그러나 밑을 받치는 좌대가 없다. 그냥 맨땅에 그대로 세워져 있는 것이다. 일본을 겨냥한 풍수 때문이다.

이 무쇠 철불은 시선을 지리산의 주봉인 천왕봉에 두고 있다. 거기에서 그 시선을 직선으로 연장시키면 일본인들이 그들 민족의 성산聖山으로 받드는 후지산에 연결된다. 즉 실상사 철불 — 지리산 천왕봉 — 일본 후지산이 일직선으로 이어지는 셈이다. 대륙의 지령地靈 원기元氣는 곤륜산에서 발원하여 세 개의 가지를 뻗으며 동진東進한다. 그중 북쪽의 북룡北龍이 지기가 가장 좋은 것으로 평가받으며, 이 기맥이 흘러와 마루宗山를 만든 것이 바로 백두산이다. 그러니까 백두산의 자손인 한반도는 대륙 최고의 명당이 되는 것이다. 이 훌륭한 땅기운이 백두 대간을 관류하며 남으로 남으로 내려와 그 최후의 힘을 뭉친 절맥처節脈處가 바로 지리산이다. 여기에서 바다를 건너 대륙의 기맥이 일본으로 건너간다고 본 것이다.

그것을 막기 위하여 땅에 거대한 쇠침을 박았으니 그것이 바로 이 철불인 것이다. 철불이 쇠침 역할을 하기 위해서는 그대로 맨땅에 박혀야 하므로 좌대를 놓지 않은 것이다. 이것은 민족 이기적인 풍수 책략이 아니다. 유사 이래 우리는 일본 땅을 넘본 적이 없다. 고려 때의 동정東征은 원元나라의 강압에 의한 것이지 자의가 아니었다. 그러나 일본은 다르다. 국력이 조금만 펴지면 우리 땅에 욕심을 냈다. 그러니 우리 입장에서 그들의 국력 신장은 생존을 위협받는 일이 된다. 그래서 실상사 무쇠 철불과 같은 풍수 비방을 한 것이다.

한 가지 재미있는 사실은 이와 유사한 설화들이 정읍, 남원 등 지리산과 내장산 일대에 민속으로도 더 있다는 점이다. 필자가 직접 조사하지 못해 확언할 수는 없으나 이 일대 답사에서 수집한 얘기들에 따르면 지리산을 통하여 일본으로 들어가는 지기를 막기 위하여 숯가마를 설치한다거나 옹기가마를 설치한다는 식의 설화들이다. 지기의 일본행 통로인 기맥을 불로 지짐으로써 땅기운의 전달을 차단해 보겠다는 생각인 것이다. 참으로 눈물겨운 민족 풍수다.

풍수에는 "보지 않은 것은 말하지 말라."라는 금언이 있다. 현장 답사의 중요성을 뜻하는 말이다. 필자가 그 예외를 하나 만들겠다. 경북 비슬산의 한 봉우리인 대견봉 정상에 자리 잡고 있는 대견사大見寺가 그런 예다. 필자는 그곳에 가 본 적이 없다. 다만 믿을 만한 기자의 답사기이기에 옮긴다. 이 절 역시 당시의 고찰들처럼 당나라 황제와의 인연을 말하고 있다. 당 문종이 꿈에 본 곳을 찾다가 이곳이 그곳이라고 보았다는 것이다. 대견사는 일본 대마도를 바라보는 형국인데 절의 기운이 대마도를 빨아들이는 모양이라는 것이다. 즉 일본의 기운을 다스리는 중요한 혈처穴處라는 것이다. 이 절은 그래서인지 임진왜란과 일제 때 두 번 일본인에 의해 폐사된 적이 있다고 한다.[99]

다시 실상사로 돌아오자. 둘째, 대웅전에 해당되는 보광전에는 별로 크지 않은 범종이 하나 설치되어 있다. 이 종 표면에 일본 지도를 그려 놓고 그들의 중심부라 할 수 있는 간토 지방 부분을 매일 두들김으로써 역시 일본으로 흘러가는 지기를 교란시키고 일본인들을 흔들어 놓겠다는 의도다. 지금은 너무나 두들겨 그저 희미한 흔적밖에 남아 있지 않다. 역시 눈물겨운 배려가 아닐 수 없다. 몇 년 전만 하더라도 꽤 잘 알아볼 수 있었는데 이번에 가 보니 찾아보기가 쉽지 않았다. 스님들이 일본에 대한 경계심을 이즈음 들어 더욱 북돋우고 있다는 뜻인지도 모를 일이다.

셋째, 실상사가 잘되어야 일본이 크지 못하기 때문에 경내의 지기를 잘 간수할 필요가 있다. 사실 실상사는 우리나라 대부분의 대찰들과 달리 산록에 입지한 것이 아니라 산간 분지에 자리 잡고 있다. 그래서 산골인데도 매우 평탄한 들판이라는 느낌을 갖게 한다. 그러니 땅기운이 빠져나간다는 생각을 할 수 있으리라. 그래서 그 기운을 잡아 두기 위하여 조성한 것이 보물 제37호로 지정된 보광전 앞뜰의 삼층 석탑 두 기다. 이를 중심으로 기의 의지처를 마련하여 줌으로써 기의 방사를 막자는 의도인 것이다.

넷째, 실상사 전면으로는 커다란 내川가 허전한 분위기를 풍기며 흘러 나간다. 이 역시 기를 빼앗아 가는 역할을 하는 것으로 이해하여 방비를 했다는 것이다. 그것이 주지 스님이 말하는 두무소沼인데 찾을 수가 없었다. 다만 그 내를 따라 구시소, 배소, 서가소, 서당소, 아래서당소, 웃서당소 들이 있는 것으로 보아 그중 하나가 인공으로 조성한 비보의 소沼임을 짐작할 수 있을 뿐이었다.

원래 실상사를 포함한 절 앞 일대는 지리산과 덕유산의 거대 산계가 만나 장대한 기의 소용돌이를 일으키는 지점이다. 또한 그 두 산계의 만남을 거시적으로 살펴 매화낙지형梅花落地形의 길지라는 평도 자자했다. 그 대표적인 표현체가 극락전이다. 이곳은 옛날부터 워낙 좋은 음택지로 소문이 났던 터인지라 사람들의 암장暗葬이 끊이지 않았다. 지금 주지를 맡고 있는 혜광 스님이 이곳에 온 지 10년쯤 되는데 직접 그 암장한 유골들을 목격하였다고 한다. 어찌나 암장이 심했는지 극락전 밑에 콘크리트 바닥을 두껍게 하여 원천적으로 암장을 방지하는 시설을 할 정도였다.

세상 사람들의 명당에 대한 욕심이 이 지경에 이르렀던 것이다. 그러니 풍수가 타락하지 않을 수가 없었으리라는 짐작이 든다. 그러나 주의할 일이다. 이곳 극락전의 지기는 물론 지극히 좋은 최상의 것이기는 하지만 한 개인이 감당할 수 있는 지기가 아니다. 공연한 욕심을 내어 만에 하나라도 이곳에 묘를 쓴다면 그 땅의 기운 때문에 남은 후손들은 견딜 수 없는 고통을 겪게 될 것이니 말이다. 일종의 기혈奇穴 개념인데, 이런 자리는 소위 천장지비처天藏地秘處라 하늘이 내려 주는 사람만이 쓸 수 있다. 게다가 이제는 만천하에 공개된 장소가 아닌가. 천장지비처는커녕 삼척동자도 아는 터다. 땅에 대한 과도한 욕심은 그것이 풍수적이든 소유욕 때문이든 반드시 그 땅의 되돌려 줌을 받는 법이다.

이 글은 현지를 답사하며 적은 것이기 때문에 중복되는 부분이 여럿 있다. 그것을 제외할 생각도 해 보았으나 현장 기록이라는 글의 성격상 논리 전개에 문제가 생겨 부득이 그대로 두기로 한다. 양해를 바란다.

필자가 기성 학계에 쓴 도선 관련 글은 실증성을 중시한 것인데, 여기에 도선의 정사正史를 대신하여 그 요약을 싣는다.[100]

11장   왕건의 세계

　왕건의 아버지 왕륭은 일찍이 송악산 남쪽에 새집을 짓고 살았다. 어느 날 도선이 왕륭의 안내를 받아 곡령鵠嶺, 송악산의 한 마루에 올라가 산수의 맥을 두루 살피고 위로는 천문을 보고 아래로는 시수時數를 따져 보았다. 도선은 왕륭에게 이렇게 당부하였다고 전한다.

　"이곳의 맥은 임방壬方인 백두산으로부터 수水를 어미로, 목木을 줄기로 하여 말머리馬頭에 떨어진 명당을 일으킨 것이오. 그대는 수명水命에 따라 수의 대수大數인 6의 제곱수인 36구區의 집을 지으시오. 그러면 천지의 대수를 부응받아 명년에는 틀림없이 성스러운 아이를 낳을 것이오. 아이 이름을 꼭 왕건이라 지으시오."

　오행설에 따르면 '임방'은 물이고 북쪽에 해당한다. '목'은 동방에 해당하고, '말'은 남쪽을 나타내는 오방午方에 해당한다. 다시 말하면 송악산의 줄기는 백두산에서 시작하여 북쪽의 물天池을 뿌리로 하여 내려와 동쪽 나무를 줄기로 삼아 뻗어내려 정남쪽인 송악산의 명당에 떨어졌다는 것이다.

백두 대간이 마천령, 낭림산, 마식령 줄기로 뻗어내려 임진강 상류에 와
닿고, 서남쪽으로 예성강과 임진강이 두르고 있다. 북쪽의 국사봉은 높이가
760미터쯤 되고 송악산은 580미터 정도다. 개경은 사방이 낮은 산으로 둘러
싸여 있어 병풍을 둘러친 모습이다. 현장에서 보는 송악산은 높이에 비하여 오
히려 웅대한 모습을 가지고 개경의 진산 노릇을 톡톡히 한다. 그러나 물이 적
다는 것은 큰 흠이다. 그래서 우물을 많이 팠다. 그 수원水源을 확보하기 위하
여 주변 산의 나무를 보호하는 금산禁山 정책을 폈다. 이 점에서는 한강이 띠
로 두르고 있는 한양보다 조건이 나쁘다.(그러나 왕건이 고려를 일으키던 당시 정
세를 감안하면 불가피한 수도 입지 선택이었다. 왕건은 독자적으로 건국했다기보다는
여러 호족 연합 세력의 도움을 받았기 때문에 항상 반란을 염두에 둘 수밖에 없었을
것이고, 이런 점에서 개경에의 전도奠都는 적절했다고 볼 수 있다.)

왕건은 '나라와 임금을 보호해 주는 불교'를 받들라고 가르쳤다. 그는 유훈
으로 자손들에게 「훈요십조」를 남겨 꼭 지킬 것을 당부하였는데, 이 중에 세
조항이 불교와 관련된 것이다.

우리나라의 왕업王業은 어김없이 여러 부처가 보호해 주는 힘을 입었다. 선종, 교종
의 절을 창건하여 주지를 가려 보내 불업佛業을 닦게 하라. 뒷세상의 간신들이 청
탁에 따라 절을 경영하려고 다투어 빼앗는 것을 일절 금지하라.
도선이 터를 잡아 지정한 곳 외에 함부로 절을 지으면 지덕地德을 손상시켜 왕업이
길지 못할 것이다. 후세에 왕공과 후비들이 각각 원당願堂이라 하여 더 짓는다면
크게 근심되는 일이다. 신라 말기에 다투어 절을 지어 지덕을 손상시켜서 망하기
에 이르렀으니 경계하지 않을 수 없다.

도선이 정해 준 절터는 산수의 순역을 따진 곳이니 지덕에 힙입어 인간이

복록을 누리게 된다고 믿었다. 이러한 곳에 세운 절을 비보사찰이라 한다. 왕건은 자기의 사업 전부가 불타의 힘으로 된 것이라 하여 연산連山에다 개태사開泰寺를 지어 불타의 공덕에 보은하였고 도선이라는 중의 헌책을 받아들여 전국 3800처에 비보사찰이라는 많은 사찰을 건설하였다.[101]

도선이 실제 절터를 미리 잡아 주었을 가능성은 거의 없다. 도선이 왕릉을 만난 것은 왕건이 나라를 세우기 훨씬 전이었다. 또 왕건은 도선을 만난 적이 없다고도 한다. 도선이 앞날을 예견하고 왕릉을 통해 비기를 전해 주었을까? 심히 의심스럽다. 실제로 도선의 업적을 폄하한 학자도 있다. "도선은 신라 쇠망기에 혹성같이 나타나 참위 풍수설로써 고려의 건국을 예언하고 신라 산천의 순역을 말하여 신라 조정과 백성을 미혹게 한 자다."[102] 혹성이니 미혹이니 하는 단어 자체가 도선을 좋게 말한 표현이 아니다.

왕건은 풍수지리설에 빗대어 북방 진출 의지를 느러냈다. 그는 "짐이 삼한 산천 지리의 도움을 받아 큰 왕업을 이루었다."라고 전제하고 이렇게 일렀다. "서경평양은 수덕水德이 순조로워 우리나라 지맥의 근본이 된다. 역대 임금은 사철 석 달의 가운데 달에 서경에 행차하여 100일이 넘게 머물러 나라의 안녕을 도모하라."

이 조항에는 도선이 언급되지 않았다. 도선은 발해와 거란 사람들이 드나들고 도둑 떼가 횡행하여 무정부 상태에 놓인 평양이나 압록강, 두만강 등 북쪽 지방은 돌아보지 못했을 것이다. 그가 대동강 북쪽을 돌아보았다는 기록은 보이지 않는다. 그가 지정한 비보사찰이 거의 남쪽 지방에 있다는 사실로도 짐작할 수 있는 일이다. 대동강 이북 지방은 한 곳도 없다.

왕건의 세계世系는 다음과 같이 정리할 수 있다.

첫째, 시조는 성골장군 호경虎景으로 그는 고려 왕씨의 원조遠祖로 백두산에서부터 유력遊歷하다가 부소산 좌곡左谷에 자리 잡았다. 따라서 송악의 지기는 백두산으로부터 받았다는 주장이다.

둘째, 강충康忠은 호경의 아들로 예성강의 해상海商 세력으로 보이는 서강西江 영안촌永安村 부잣집 딸 구치의具置義와 혼인하여 오관산五冠山 마하갑摩訶岬[103]에 살았다. 이때 신라의 감간 팔원이라는 풍수에 능한 사람이 부소군에 이르렀다. 당시 군郡은 부소산 북쪽에 있었다. 팔원은 부소산이 형세는 뛰어나지만 나무가 없는 것을 보고 강충에게 만약 부소군을 산 남쪽으로 옮기고 소나무를 심어 암석이 드러나지 않게 하면 삼한을 통합하는 자가 나올 것이라고 말했다. 강충은 팔원의 말대로 하여 군명郡名을 송악군松嶽郡이라고 고쳤다. 강충은 송악군의 상사찬上士粲이 되어 송악군과 마하갑을 왕래하며 살았다.

셋째, 보육寶育은 강충의 둘째 아들로 출가하여 지리산에 들어가 수도修道[104]한 후, 평나산平那山 북쪽 기슭에 돌아와 살다가 다시 마하갑으로 이사했다. 보육의 형 이제건李帝建이 자기 딸 덕주德周를 주어 보육의 처로 삼게 했다. 보육은 두 딸을 두었다. 보육은 드디어 거사居士가 되어 마하갑에서 암자를 짓고 살았다. 신라의 술사術士가 와서 보고 여기서 살면 반드시 당나라 천자天子가 와서 사위가 될 것이라고 했다. 당의 숙종肅宗, 혹은 선종宣宗이라고도 한다. 황제가 드디어 송악군으로 와서 곡령에 올라 남쪽을 바라보고 이 땅은 도읍을 이룰 만한 곳이라 말하였다. 시종하는 자가 여기는 팔진선八眞仙이 사는 곳이라 하였다. 이들은 마하갑 양자동養子洞으로 와서 보육의 집에서 유숙하게 되었다. 숙종과 보육의 둘째 딸 사이에서 작제건作帝建이 태어났다.

넷째, 왕건의 할아버지인 작제건은 서해 용왕을 만나, 동방의 왕이 되려면 건建 자 붙은 이름으로 3대를 거쳐야 한다는 말을 들었다. 작제건의 처 용녀龍女가 처음 왔을 때에 개주開州 동북東北 산기슭에 가서 땅을 파고 은그릇으로 물을 떠 썼으니 지금 개성 대정大井이 바로 그곳이다. 영안성에서 산 지 1년이 지난 어느 날 돼지가 우리로 들어가지 않았다. 돼지에게 말하기를 "만일 이곳이 살 곳이 못 된다면 네가 가는 대로 따라가겠다."라고 하였더니, 이튿날 아침 돼지가 송악산 남쪽 기슭에 가 누웠다. 드디어 거기에 가서 새집을 짓고 살게 되었는데, 그곳은 바로 강충이 살던 터였다. 거기송악산 남쪽서 영안성으로 왕래하면서 산 것이 30년이었다. 작제건은 만년에 속리산 장갑사長岬寺에 살면서 항상 불경을 읽다가 죽었다.

다섯째 용건龍建, 즉 세조은 작제건의 맏아들이다. 송악산에서 영안성으로 가는 길에 한 여자를 만났는데 모습이 꿈에 보던 여자와 꼭 같았으므로 그와 혼인하였다. 송악산 옛집에 여러 해 살다가 또 새집을 그 남쪽에 건설하였는데 그 터는 곧 연경궁延慶宮 봉원전奉元殿 터다. 그때 동리산桐裏山 조사祖師 도선이 당나라에 들어가 일행의 지리법을 배워 돌아왔는데, 백두산에 올랐다가 곡령까지 와서 세조의 새집을 보고 말하길 "기장 심을 터에 어찌 삼을 심었는가?" 하고는 가 버렸다. 세조가 도선과 함께 곡령에 올라 산수지맥을 연구하며 위로는 천문天文을 보고 아래로는 시수時數를 살핀 다음 도선이 말했다. "이 땅의 지맥은 임방壬方 백두산 수모목간水母木幹으로부터 내려와서 마두명당馬頭明堂에 떨어졌는데 당신은 또한 수명水命이니 마땅히 수水의 대수大數를 좇아 6×6=36구區의 집을 지으면 천지天地의 대수에 부합하여 명년에는 반드시 성자聖者를 낳을 것이니 이름을 왕건이라 지을 것이다." 도선은 그 자리에서 봉서를 만들고 그 겉에 쓰기를 "삼가 글을 받들어서 백 번 절하면서 미래에 삼한을 통합할 대원군자 당신에게 드립니다謹封書百拜獻書于未來統合三韓之主大原君子足下."라고 하였으니 때는 당 희종 건부 3년 4월이었다. 도선의 말대로 집을 짓고 살았는데, 그 달부터 태기가 있어 태조를 낳았다.[105]

여섯째, 왕건태조의 나이 17세 되었을 때 도선이 다시 와서 만나기를 청하여 이렇게 말하였다. "당신은 백육지운百六之運에 상응하여 천부명허天府名墟에 태어났으니 삼계三界의 창생蒼生들은 당신이 구제하여 줄 것을 기다리고 있다." 그 자리에서 도선은 출사치진出師置陣 하는 법, 지리천시지법地理天時之法, 망질산천감통보우지리望秩山川感通保佑之理를 가르쳐 주었다.[106]

이상의 왕씨 세력의 성장 과정에는 그 단계마다 풍수지리설이 관련되었다.[107] 왕건은 일통 삼한 뒤 유교적 정치사상과 불교의 색채가 강한 풍수지리설을 융통성 있게 이용했다는 것을 최자崔滋의 『보한집補閑集』 권상卷上에 실린 왕건과 그의 정치 참모였던 최응崔凝과의 대화 내용에서 짐작해 볼 수 있다.[108] 왕건은 매우 정치적인 인물로 풍수지리설을 철저히 이용한 것은 분명하지만 풍수를 전적으로 믿지는 않은 듯하다. 그러나 민심을 위해 도선의 주체적이고 자생적인 풍수지리설을 적극적으로 활용하는 데는 전혀 거리낌이 없었던 듯하다.

왕건에 대해 말하기 전에 궁예라는 인물을 살펴볼 필요가 있다. 궁예의 출신은 『삼국사기』 「궁예전」과 『제왕운기』 「후고구려기」 두 곳에 수록된 탄생 설화를 통해 알 수 있다. 『삼국사기』에는 "궁예는 신라 사람이요, 성은 김씨다. 아버지는 47대 임금인 헌안왕재위 857~861 의정이요, 어머니는 헌안왕의 후궁이라고 하나 성씨는 전하지 않는다. 혹은 48대 임금인 경문왕재위 861~875 응렴의 아들이라고도 한다."라고 했고, 『제왕운기』에는 "신라 임금 경문왕이 서자를 낳았더니 이齒가 두 겹이라 목소리도 겹쳐졌네. 얼굴이 임금에게 해롭다고 내쫓으니 중으로 행세하며 몰래 돌아다녔네."라고 했다. 궁예가 어떤 식으로든 신라 왕실과 인연이 있었다는 것이다. 물론 여기에도 의문은 남는다. 당시 자신의 세계를 미화하기 위하여 신라 왕실과 연결시키는 사례가 있었기 때문이다. 예컨대 『삼국유사』에 견훤이 이씨임에도 신라 왕의 후예라고 했다는 것이 그러하다. 게다가 궁예가 5월 5일에 태어난 것을 중오일重五日로 불길하다고 했으나, 그날은 단오절로 신라 때부터 명절로 여겨진 날이다.[109]

역사는 승자의 기록이다. 『자치통감』에서는 "궁예의 성품이 잔인하여 해군 통수統帥 왕건이 그를 살해하고 자립하였다."라고 했다. 궁예가 철원에 궁궐 터를 잡은 전설이 현지에 남아 있다. 풍수가는 궁궐터를 잡으면서 궁예에게 지시가 있기 전까지는 납작 엎드려 있으라고 당부했다. 그런데 궁예는 찌는 듯한 더위와 이상한 소리를 참지 못하여 그만 허리를 일으켰다. 그 순간 학 세 마리가 획 날아올랐다. 순간 새밭 사이에서 지팡이로 경계를 긋던 풍수가는 일이 잘못되었음을 알고는 일갈했다.

"이곳은 300년 도읍터인데, 참지 못하고 일어나는 바람에 30년밖에 도읍터가 될 수 없다."

궁예는 역사의 패자로 전락하고 말았다. 역사 기록은 그를 축출한 왕건과 그 자손 임금들에 의해 이루어졌다. 그에 대해 철원 도성터를 지나가던 묵객이 이렇게 읊조렸다 한다. "노루와 사슴은 궁예의 한을 알지 못하고/ 석양의 강가에서 느리게 노니는구나." 궁예의 한, 그가 이루지 못한 꿈과 그 절절한 염원, 축출되는 과정의 진실은 깊이 묻혀 버리고 말았다. 홍유, 신숭겸, 복지겸 등이 찬탈을 권했을 때 왕건은 "나는 충순忠純한 것으로 자처하는데 지금 임금이 비록 난폭하다고 해도 감히 다른 마음을 먹을 수 없다."라고 사양했다고 한다.[110]

『고려사』에 다음과 같은 기록이 있다. "처음 태조왕건의 나이 30세 때 꿈을 꾸었는데, 구층 금탑金塔이 바다 가운데 서 있어 그 위에 올라가 보았다." 이것은 왕건이 일찍부터 치밀하게 역모를 준비했다는 것을 보여 주는 자료다. 학계나 일반인들 사이에서 궁예는 왕건이 아니더라도 어느 누군가에게 반드시 쫓겨나야 했을 인물로 각인되어 왔다. 그러나 위의 사료는 사실 왕건이 30세 때부터 왕이 되기 위하여 계획적으로 장기간 역모를 꾀했음을 전한다.

이는 궁예가 물러나야 할 정도로 막돼먹은 인간이 아니었다는 반증이다. 앞에서 지적한 것처럼 왕건이 궁예에게 심리적 부담감을 갖고 도선을 내세운 이유를 여기에서도 살필 수 있다.

궁예의 최후에 대한 기록은 더욱 기이하다. 첫째, 궁예는 고구려의 재생을 꿈꾸었고, 그가 고려 왕이라는 의미인 구례라고 불렸던 사실이다. 궁예는 고려의 동음이사일 가능성이 높다는 것이다. 둘째, 그가 보리 이삭을 훔쳐 먹다가 백성들에게 살해당한 것이 아니라 천명을 알고 순응하여 자결한 것으로 그려져 있다. 셋째, 궁예가 죽은 뒤에도 지역민들의 존경과 사랑을 받았다는 것이다. 이는 전설 속의 궁예는 백성들로부터 버림받은 폭군이 아니라 나중까지도 상당한 사랑을 받은 인물이었음을 방증하는 것일 수도 있다. 왕건은 자신의 뜻은 아니었지만 궁예에게 심복心腹했던 신하였음은 분명하다. 다만 궁예에게 버림 받을 것이 확실했던 고려의 개국 공신들에 의하여 고려의 개국조로 떠받들어진 인물이라는 뜻이다. 물론 이에 관해서는 앞에서도 언급한 바와 같이 왕건이 스스로 왕이 되기를 30세 때부터 꿈꾸어 왔다는 견해도 있다. 말하자면 왕건은 정치적으로 매우 노회한 인물이었음에 틀림없다. 미륵을 자칭한 궁예에 대하여 왕건이 도선을 끌어들이지 않을 수 없었던 이유가 여기에 있다고 보아도 무방하다. 도선을 폄하하는 것은 필자의 의도가 아니다. 다만 도선이 왜 그토록 고려 시대를 풍미할 수 있었는지를 밝히는 데 도움이 되기에 지적한 것이다.

『고려사』에는 왕건의 7대조로부터 왕건에 이르는 이야기가 실려 있는데, 이는 조선 세종 당시 집현전 대제학이었던 정인지가 편집한 글로, 고려 의종 때 인물인 김관의『편년통록』을 옮긴 것이다. 그러나 이 책은 신빙성이 거의 없는 것으로 밝혀진 데다 그 내용 또한 황당하나 그 내용을 요약하여 밝혀 둔다.

왕건의 6대조 호경虎景은 스스로 성골장군聖骨將軍이라 하고 백두산에서 내려왔다. 5대조는 강충康忠이고, 4대조는 시조원덕 대왕으로 본래 왕건이 3대조로 시호를 내린 인물인데 고려 의종재위 1146~1170 때 김관의가 쓴『편년통록』에 느닷없이 당나라 숙종이 3대조로 추가되는 바람에 4대조가 되었다. 그리고 그의 할아버지인 작제건과 아버지 왕릉王隆[111]이 등장하는데, 이미 작제건과 왕릉에 이르면 새로운 왕조를 계획하고 있었던 것 같다. 이재범 교수 같은 이는 왕릉을 신라 태종 무열왕을 임금으로 만든 김유신, 김우징金祐徵을 신무왕으로 옹립하는 데 결정적인 역할을 한 장보고와 함께 우리나라 최고의 킹 메이커로 부를 정도다.[112]

왕건은 신라 헌강왕 3년877 정월 송악에서 태어났다. 당시는 궁예가 이미 한반도 중부권을 장악했을 때고, 도선은 그로부터 22년 뒤 입적한다. 왕건은 918년 42세의 나이에 궁예를 몰아내고 고려를 세운다. 여러 미심쩍은 정황에도 불구하고 왕건과 도선의 만남은 충분히 가능한 일이었다.

승려로서 궁예와 도선의 유사점이 나타나는 대목을 『삼국사기』 기록에서 보면 다음과 같다. "궁예가 장성하게 되어서는 절의 규율에 구애받지 않고 건들건들하며 담기膽氣가 있었다." 궁예는 열심히 경을 외우는 모범적인 승려가 아니었으며, 성불成佛보다는 속세에 뜻을 둔 인물이었다. 따라서 궁예는 고급 승려라기보다는 수원승도隨院僧徒였을 것으로 추정할 수 있다. 송나라 사람 서긍徐兢이 쓴 『고려도경高麗圖經』에는 수원승도의 또 다른 표현인 재가화상在家和尙에 대해 다음과 같은 기록이 있다. "재가화상은 승복을 입지 않고 계율을 지키지 않으며, 거처할 집을 자신이 만들고 아내를 얻고 자식을 기른다. 자못 씩씩하고 용감하다. 이족夷族 사람들은 그들이 수염과 머리를 깎았다고 하여 화상이라고 이름한 것이다."

뒷날 궁예가 경經을 스무 권이나 지었다고 하여 식견 높은 승려 출신으로 보는 견해도 있으나, 사실 궁예가 지은 경은 정통 불교와 맥이 닿아 있다고 보기 어렵다. 그가 지은 경들은 불교와 관련된 것이라기보다는 자신만의 독특한 견해를 담은 것으로, 요즈음으로 말하면 신흥 종교의 교주들이 재래 종교 교리를 자기 나름대로 해석한 해석서를 만들어 포교할 때 사용하는 것과 유사한 형태로 보는 게 마땅할 것이다.[113]

필자가 이런 기록에 의지하여 궁예와 도선을 같은 부류로 보자는 것은 아니다. 다만 도선 역시 수원승도였음을 주장하고자 할 따름이다. 불교학자 중에는 도선 역시 고승으로 추앙하는 주장을 펴는 이도 있다. 그러나 어떤 기록으로 보아도, 고려 시대에 정치적 목적으로 쓰인 책을 제외하면 그가 학승이라거나 선승이라고 보기에는 무리가 있다는 점을 강조하고자 한 것이다.

여기 흥미로운 얘기가 있다.

사람들은 선인과 악인이 싸우는 얘기를 좋아한다. 악인이 선인을 이기면 무릎을
치며 안타까워하고 선인이 악인을 이기면 박수를 치며 좋아한다. 그러나 현실에서
선인과 악인이 싸우는 경우는 천에 한둘뿐이다. 대부분은 악인과 악인이 싸운다.
이긴 악인은 덜 나쁜 놈이 되고 진 악인은 더 나쁜 놈이 된다. 차악次惡과 극악極
惡의 대결을 선인과 악인의 대결로 간주하여 인기를 끄는 소설도 있지만, 그런 헛
소리를 정말 믿는 바보는 없다. 싸움꾼들을 무엇이라 부르든지 결론은 마찬가지다.
이기는 쪽이 악이다. 악인이 이긴다.[114]

필자는 왕건을 악이라 부르는 것이 아니다. 그는 선이 아니며 궁예 또한 역
사의 기록처럼 극악은 아니었다는 점을 지적하고 싶을 뿐이다.
　왕건의 조상 중에 영암이나 전라도와 연관이 있는 사람은 없다. 백두산-송
악-예성강, 용왕 등이 등장할 뿐이다. 이는 왕건의 가계가 고구려의 유민이며,
그들이 해상을 통한 무역상으로서 큰 업적을 이루었음을 보여 줄 뿐이다.

12장 개성과 서울 비교

1 비교의 의미

학자에 따라서는 도저히 용납할 수 없는 주장일지 모르지만 필자는 도선과 무학을 고승이라기보다는 술승術僧으로 본다. 두 사람이 모두 승려이고 개국에 직간접적으로 개입되어 있기 때문이다. 그저 학승이나 선승이라면 그런 커다란 정치 문제에 개입할 가능성이 낮지 않았겠는가 하는 것이 필자의 생각이다.

개성의 입지는 도선의 자생 풍수의 영향을 받은 것으로, 서울은 이미 중국 풍수가 유입된 후에 설치된 것으로 보아, 두 곳의 풍수적 입지 비교가 의미를 갖는다고 보았다. 물론 시대 상황의 차이가 있음을 부정하는 것은 아니다. 고려는 여러 호족과의 싸움에서 일으켜 세운 왕조이기에 항상 반역에 의한 내란을 염두에 두어야 했으므로 명당의 규국規局이 좁고 사방이 산으로 둘러싸인 개성이 수도로서 적지였을 것이고, 서울은 그런 염려가 없는 조선 왕조가 터를 잡은 곳이기에 다를 수밖에 없다는 점도 무시할 수는 없다.

게다가 도선과 무학은 고려와 조선이라는 두 왕조의 건립과 깊은 관계가 있다. 그런데 도선은 그 사실 여부가 불분명함에도 역사의 전면에 드러나 있고, 무학은 분명 태조 이성계의 복심腹心임에도 정사에서는 언급이 없다. 무학이 도선의 맥을 이은 자생 풍수 계통이라는 것이 필자의 생각이다. 다만 도선은 고려 개국 전에 입적했기 때문에 정쟁에 휘말릴 이유가 없었고 고려가 불교를 숭앙했기에 문제가 될 일도 없었다. 반면 무학은 태조와 시대를 같이한 데다 태종까지도 무학을 미워하면서도 아버지 태조의 뜻을 받들 수밖에 없는 처지였으므로 유교를 국시로 삼는 조선의 신료들은 그를 배척할 수밖에 없었을 것이다.

필자는 자생 풍수의 맥을 팩션fact+fiction 수준에서 도선 — 묘청 — 신돈 — 무학 — 이의신 — 홍경래 — 전봉준 등으로 이어졌다고 보는데 그 까닭은 다른 글에서 주장한 바 있기에 여기에서는 생략한다.[115] 그리고 개성은 그런 사람들에 의하여 이루어졌다고 보기에 예로 들기로 한다. 개성은 도선의 제자들에 의하여, 서울은 무학에 의하여 사실상 결정되었다고 주장했고 지금도 그 생각에는 별 변화가 없다.

개성은 왕건의 근거지였다. 그곳을 수도로 정한 것은 그의 뜻이었다. 이성계가 서울을 염두에 둔 것은 『조선왕조실록』의 기록을 보면 분명하다. 처음 계룡산에 전도한다며 공사까지 벌였으나 실은 공사에 힘을 쓰지 않았다. 주춧돌만 가져다 놓고 『실록』에는 기록이 전혀 나오지 않다가 1년도 못 되어 하륜의 반대 의사를 받아들여 수도를 서울로 정한다. 그리고 『실록』에 처음 수도로 거론된 곳도 계룡산이 아니라 서울이었다. 이는 주관적인 결정이었다.

완벽한 명당은 없듯이 개성도 완벽하지 않았다. 개성은 풍수에서 장풍국藏風局이라 이르는 분지 지형으로 명당 규모가 작았다. 게다가 주산인 송악산이 달아나려는 형국이라 오수부동격五獸不動格이라 하여 다섯 짐승이 서로 견제하여 개성을 떠나지 못하게 하는 방책을 세웠다. 쥐는 고양이를, 고양이는 개를, 개는 호랑이를, 호랑이는 코끼리를, 코끼리는 쥐를 두려워하니 이 다섯 짐승의 석상을 세워 안정을 도모했다. 다만 이 중 개는 석상이 아니라 일종의 지명 비보로 대신했다. 바로 선죽교 인근에 있는 좌견교다. 이 다리가 아직 남아 있고 글씨도 새겨져 있는 것을 필자가 현지에서 확인한 바 있다.

서울은 주산인 북악산이 서쪽으로 너무 치우쳐 있다. 게다가 인왕산과의 적격성 논란도 있었다. 그래서 정궁正宮, 대궐인 경복궁을 중앙이 아니라 서쪽에 가깝도록 배치했다. 둘 다 명백한 비보책을 썼다.

새로운 왕조는 천도를 필수 조건으로 삼았다. 천도는 기존의 정치적 기반을 와해시키는 아주 좋은 방법이므로 당연한 일이다. 또한 천도는 새로운 정치적 기반을 닦기에도 적합하니 마다할 이유가 없다.

개성과 서울은 천도 당시의 현실을 반영한다. 정치적인 효과와 함께, 지금 이곳에서 무엇이 필요한지를 판단하면 답은 간단하다. 우선은 새로운 왕조의 기반을 다지기 위해 천도를 해야 한다. 개국조가 아니면 일이 복잡해진다. 2, 3대만 지나도 성사되기 어렵다. 철저히 개국을 한 시점에 천도가 단행되어야 효과가 크다.

그런데 누군가 요즘 식으로 말해서 합리적이고 타당한 천도의 이유를 조목조목 따지고 들면 일이 복잡해진다. 그를 막기 위해 각종 신비스럽고 불분명한 이유들을 만들어 낸다. 불분명한 이유는 상징성을 띠면서 신왕조에 좋은 명분을 줄 수 있다. 그들이 이런 점을 놓칠 리 없다.

개성과 서울은 한반도의 중심이다. 육지부를 통합하기 쉬울 뿐 아니라 예성 강이나 한강을 통해서 수운水運도 확보할 수 있다. 편의성의 문제라면 이의가 있기 어렵다.

기득권층은 천도를 당연히 문제 삼을 것이다. 하지만 여론은 점차 신왕조편으로 돌아서기 마련이다. 백성들은 힘을 가진 세력, 그러니까 신왕조의 새로운 권력을 따를 개연성이 높다는 뜻이다. 일단 천도하면 얼마 지나지 않아 백성들뿐 아니라 지배층도 적응한다. 현실 적응력은 인간의 본성이기 때문이다.

여기에 스스로를 돌보기 위한, 즉 스스로의 이익을 위한 노력으로 새 수도는 그 지위를 확고히 한다. 이제 그 수도는 왕조가 존속하는 동안 변화 없이 유지될 수 있다. 물론 왕조 중간에 개성에서 평양으로, 한양에서 교하로 천도하려는 움직임이 있었다. 시기가 맞지 않는다면 천도는 이루어지지 않았다. 자기애는 현상 유지를 원하고 변화는 기본적으로 자기애에 반反한다. 그러니 수도는 왕조와 운명을 같이하게 된다.

그리고 완벽하지 못한 풍수적 조건은 우리 자생 풍수의 가장 큰 특징인 비보로 보완한다. 그리고 그런 방책은 백성들에게 잘 먹혀든다. 필자가 자생 풍수의 특성으로 제시한 주관성, 비보성, 정치성, 현재성, 불명성, 편의성, 개연성, 적응성, 자애성 등 아홉 가지는 사실 서로 긴밀히 연관된다. 서로를 보완하는 관계이니 상보성이 추가된다. 바로 상보성이다. 따라서 자생 풍수의 특성은 필자의 정리에 의하면 열 가지다.

2 무학의 역할

도선에 관한 글에서 무학을 언급하는 이유는 많다. 도선과 무학은 무려 500여 년의 시차를 두고 생존했던 사람들이다. 하지만 이 두 신비의 인물은 전해지는 설화부터 사상, 행적까지 매우 유사하여 때로 무학은 도선의 복사판인 듯한 느낌이 들기도 한다.

특히 탄생 설화가 그렇다. 변계량卞季良이 지은 비문에는 무학의 모친 고성 채씨가 아침 해가 품속에 들어오는 것을 보고 임신하여 낳았다고 되어 있지만, 아버지 없이 오이를 먹고 낳았다고도 하고, 아예 부모가 없었다고 나오기도 한다. 버려진 갓난아기 무학을 학들이 품어 살렸다는 설화도 도선의 비둘기 설화와 같다. 무학의 본래 이름은 무학舞學이라는 주장도 있다. 둘 다 한 왕조의 개국에 결정적인 역할을 했다는 것도 같은 맥락이다.[116]

한양 전도에 무학이 결정적인 역할을 하였다는 기록은 많다. 그 대표적인 것이 이중환의『택리지擇里志』에 나오는 다음 대목일 것이다. 이를 보면 한양 정도定都를 무학이 전적으로 혼자서 결정한 것처럼 묘사되어 있다.

조선이 고려에서 선양禪讓을 받은 뒤 중 무학을 시켜 도읍을 정하도록 하였다. 무학이 북한산 정상인 백운대에서 맥을 따라 만경대에 이르고, 다시 서남쪽으로 비봉에 갔다가 한 개의 비석을 보니 "무학이 맥을 잘못 찾아서 여기에 온다無學誤尋到此."[117]라는 여섯 글자가 크게 새겨져 있었다. 이는 전에 도선이 세운 것이다. 무학은 드디어 길을 바꿔 만경대에서 정남쪽 맥을 따라 바로 백악白嶽, 북악산 밑에 도착하였다. 세 곳 맥이 합쳐져 하나의 큰 들판으로 된 것을 보고 드디어 궁성터를 정하였다.[118]

이익의『성호사설』에는 이런 대목들이 나온다.

이극배李克培의 시에 "한북漢北의 산은 동으로 태모원太母原과 통했는데/ 시냇물은 사한천紗瀚川 호신촌護神村으로 흘러가네" 하였으니, 태모원이라는 것은 신덕왕후神德王后 강康씨의 정릉貞陵이요, 사한천은 정릉 동북쪽 산 밖에 있으니, 옛날에 선녀가 한양 북곡北谷에 살며 이곳에서 비단을 빨았다고 하는데, 비단을 빨았다는 말은 중僧 무학의 지리지地理志에서 나왔다고 한다.

지금 정릉동에 크고 작은 두 골짜기가 있는데 정릉은 그 두 골짜기 사이에 있고 그 왼쪽이 사한천을 막고 있으니 곧 지금의 삼청동 하류다. 멀리서 바라보면 역력

히 다 알 수 있다.[119]

조선 창업 초기에 자초상인自超上人 무학이 신도新都를 순시하고, 조운漕運이 불편하다 하고 버렸는데, 실상은 판국이 좁고 역량이 장원하지 못하며, 이곳으로부터 호남의 산수가 배주背走하여 옹호해 주는 뜻이 없기 때문이다.[120]

보제普濟가 연燕에 노닐 적에 묘엄존자 무학이 역시 연에 노닐어, 먼저 지공을 뵈어 허여許與함을 받았고, 또 나옹을 뵈어 함께 본국으로 돌아와 드디어 그 의발衣鉢을 전하였다. 고려 말엽에 임금의 부름을 받고도 가지 않았는데, 마침내 임신년壬申年, 조선이 건국되던 1392년에 이 태조李太祖와의 계우契遇가 있었다. 그래서 터를 가려 국도國都를 세우기 위하여 계룡산 신도新都에 다 호종扈從하였으며 마침내는 한양에 도읍을 정하였다. 그 학學의 전수가 비범하여 지금의 행각굴율行脚矻栗에 비할 바가 아니라 사람들이 곧잘 오염되는 것도 괴이할 것이 없다. 행각굴율이란 마을을 돌며 구걸하는 중을 말한다. 굴율은 곧 범어 '크리타Krita'의 음역으로 천자賤者 또는 노예를 가리키는 말이다.[121]

3 무학에 관한 폄훼

항간에 나도는 무학에 관한 훼절의 대표적인 사례를 한 가지만 더 소개한다.

태조 대왕 거동 보소/ 정삼봉鄭三峰을 분부하고/ 무학을 불러다가/ 왕도王都로 정할 적에/ 임진강 얼른 건너/ 삼각산 일지맥에/ 대궐 터를 잡아 놓으니/ 대궐 좌향 어찌할꼬/ 무학이는 해좌사향亥坐巳向[122]/ 정삼봉은 자좌오향子坐五向[123]/ 둘이 서로 다툴 적에/ 정삼봉 하난 말이/ 네 모른다, 이 중놈아/ 해좌사향 놓지 마라.[124]/ 유도

儒道는 간 데 없고/ 불도佛道만 흥성한다/ 무학이 하난 말이/ 여보시오, 서방님아/ 아는 체 너무 마오/ 자좌오향 놓아 보오/ 다섯 번 온 난리와/ 열두 번 놀랄 일을/ 무엇으로 막아 내리/ 잡말 말고 이리하오/ 정삼봉 하난 말이/ 미련하다, 이 무학아/ 막난 법法 여기 있소/ 진방辰方이 허하기로/ 그 두 가지 있을 줄은/ 말 안 해도 나도 안다/ 동대문 현판 쓸 때/ 날치 한 자 놓았으면/ 아무 걱정 없으리니/ 자좌오향 놓아 보자/ 무학이 분을 내어/ 동대문 밖 썩 나서서/ 왕십리 찾아가서/ 대궐터를 돌아보고/ 한 치 깊이 파고 보니/ 석함石函이 들었거늘/ 깨트리고 자세 보니/ 요망한 중 무학아/ 그릇 찾아 예 왔도다/ 무학이 자탄하여/ 그길로 달아나서/ 강원도라 금강산에/ 토굴을 묻어 놓고/ 불도를 숭상하고/ 세월을 보내더라.[125]

여기에서 무학이 당하는 수모는 무학 관련 설화의 대표적인 예다. 그러나 무학이 서울 도성과 궁궐을 정남향으로 주장했다는 것은 분명하지 않다. 오히려 유가 출신인 정도전이 중국이 천자天子의 나라로 정남향자좌오향을 하니, 우리는 방향을 조금 틀어 남남동해좌사향을 주장했다는 것이 사리에 맞는다. 무릇 설화라는 것이 사실보다는 관제 여론을 좇는 경향이 있기 때문에 그런 점을 감안하여 해석할 필요가 있다. 필자는 무학이 태조 이성계의 의사 결정에 큰 영향을 미친 것은 사실이지만 그가 세속에 나서는 것을 즐기지 않았고, 이미 유교를 국시로 삼은 조선 왕조의 입장에서는 억압받거나 무시되었을 것이라고 생각한다. 게다가 불교를 국교로 삼은 고려 왕조의 폐단을 기억하던 민중들도 그런 불교에 반하는 관제 여론을 따른 것으로 여겨진다.

무학의 실제 학문이나 불도와 관계없이 그는 조선 왕조의 창건을 이성계라는 인물을 통하여 예언한 것으로 알려져 있다. 따라서 그는 풍수뿐 아니라 참위, 도참에서 자유로울 수 없다. 이 점은 도선이 중국 풍수와는 다른 자생 풍수를 내세웠고, 무학이 그 맥을 이었다는 방증이기도 하다.

참위는 세운世運과 인사人事에 일정한 수數가 있다 하여 나라의 흥망성쇠라든가 왕의 운명에 관하여 미래를 예언하는 일을 말한다. 원래 참讖은 은어隱語 예언의 부류로서 미리 나라나 인사의 길흉화복 등을 예언하는 것을 말하며, 위緯는 경經에 대칭되는 말로, 육경六經에서 말한 바를 기설奇說로써 해석하여 경서 뒤에 숨은 신비를 밝히려 하는 것으로 육경의 지류支流라고도 할 수 있는 것이다. 참이나 위나 모두 음양오행설을 바탕으로 여기며 천인감응설天人感應 說, 부서설符瑞說, 복서卜筮, 귀신의 사상을 가미하여 천문, 지리, 재상災祥, 변이變 異 등을 현묘玄妙하게 설명하고자 하는 것이다. 참위설은 중국 주대周代에 일어 났다. 주의 말기 천하가 어지러워지고 인심이 흉흉해지자 미래의 운명을 미리 알고 흉변을 떠나 안락을 구하려는 현실 도피 사상이 일어났는데 이러한 시기 를 타고 신선술이라든가 음양오행설이 횡행하여 부서에 의하여 왕후王侯의 흥 망을 미리 알려는 참위설이 대두했다.

참위설이 먼저 학문적으로 발달한 것은 중국에서였지만 우리나라에서도 삼국 시대에 이미 참위설을 믿었던 것이 사상史上에 드러난다. 『삼국사기』에 의 자왕 20년에 귀신 하나가 궁중으로 들어와서 "백제는 망한다. 백제는 망한다." 라고 연호하고 지하로 들어가므로 임금이 그 자리를 파게 하였더니 3척이나 되는 거북이 한 마리가 있었는데 그 배면에 "백제는 둥근 달 같고 신라는 초승 달 같다百濟同月輪 新羅同新月."라는 참구讖句가 있었다 한다. 이와 같이 삼국 시대 에 이미 참위설을 신봉하였지만 이러한 참위설은 학문적으로 연구되었던 것 이 아니고, 이것이 학문적으로 연구된 것은 신라 시대에 당나라에 다녀오는 유학생을 통해 참위설이 수입된 이후다.[126]

김득황 박사는 참위 풍수설이라 칭하며 풍수가 조선 왕조에 상당한 영향을 끼쳤다고 보았다.

풍수설이 조선[127]에 들어와서도 성행한 것은 물론이다. 이 태조 자신이 참위 풍수 설에 기울어져 국도國都를 계룡산으로 정했다가 다시 한양으로 옮기었으며 역대의 왕들이 모두 참위 풍수설을 혹신惑信하여 왕가에서 궁궐을 짓거나 묘지를 선택하거나 행차하는 등 대사를 일일이 풍수사, 음양사에 의하지 않음이 없었고 중종 대에는 왕이 참위설을 혹신함을 이용하여 금원禁苑의 나뭇잎에 감즙甘汁으로 "주초위왕走肖爲王, 조趙씨가 왕이 된다."의 넉 자를 써서 나무 벌레로 하여금 먹게 함으로써 참설을 조작하여 기묘사화를 일으켜 정권 쟁취의 방법으로 악용하기까지 하였다. 또 풍수설은 조선조에 들어와서 민중에게 침투되어 종래 왕공 귀족의 독점물로 주로 양지陽地 풍수에 주력되던 것이 조선조에 들어와서는 음지陰地 풍수가 보편화되었다.[128]

조선의 역대 왕들이 참위 풍수설을 신봉한 것은 공식적인 것이 아니었다. 그러나 태조인 이성계 자신이 무학의 참위설과 풍수설에 경도되어 왕조를 일으킨 만큼 그 영향력은 대단하였다고 할 수 있다. 그 점은 무학의 영향력이라 할 수 있다.

그러나 기록에 따라서는 무학의 영향력을 뒷받침하는 신빙성 있는 증거들도 있다. 그 전에 무학의 진적이라고 착각했던 한 가지를 소개한다.

4 『무학비기』

1988~1989년경 필자는 서울대학교 규장각 서고를 뒤지고 있었다. 마침 그곳에 재직 중이라 가능한 일이었다. 필자가 찾고자 했던 것은 도선과 무학의 저술들이었다. 극히 일부라도 어딘가에 있으리라는 확신을 가졌지만, 아무것도 발견하지 못했다. 지금도 필자는 규장각 어딘가에 두 사람이 쓴 책이 있으리라 믿는다. 그러다가 깜짝 놀랄 자료를 하나 찾았다. 모두 다섯 장의 필사본이었는데, 그 표지에 『무학비기無學秘記』라 적혀 있고 밑에는 규장각 도서 분류

기호 13372, 규奎 1430/25라는 숫자들이 있었다. 안타깝게도 그 문서는 풍수서가 아니라 참위서였다.

그런데 둘째 페이지에 흥미로운 대목이 있었다. 그 페이지 위에는 "조선총독부 도서지인圖書之印"과 "서울대학교 도서"라는 붉은색 도장이 찍혀 있었다. 이런 것까지 기록하는 이유는 그때의 감격이 너무나 컸기 때문이다. 어쨌든 『무학비기』 아닌가. 첫 단락의 내용은 다음과 같다.

"무학은 고려 말의 고승인데 묘엄존자妙嚴尊者라, 삼가三嘉[129] 사람이다." 그다음 대목이 흥미롭다. "그는 도道가 높고 상위象緯와 감여堪輿에 두루 능통하였다. 이조李朝의 태조가 가장 존경하고 믿은 사람이다. 한양 정도는 사실상 무학이 정한 바에 따른 것이다. 그의 비碑는 양주 회암사에 있다."

규장각은 정조正祖 원년1776 창덕궁 금원禁苑 북쪽에 세워진 왕립 장서각이자 도서관이다. 1894년 갑오개혁 때 폐지되었지만 일부 장서는 지금 서울대학교 규장각 한국학연구원에 수장되어 있다. 따라서 이곳에는 조선 초기에 금서로 지정된 책들도 다수 있을 것으로 여겨진다. 그래서 위 내용이 중요한 것이 된다.

나중에 안 일이지만 필자는 『무학비기』 혹은 『무학비결』이 실려 있는 책을 두 권 발견했다. 하나는 일부 내용만 실린 것인데, 규장각에서 발견한 책의 서두만 실려 있었다.[130] 또 하나는 규장각본과 동일했다.[131] 개인적으로는 실망했지만 이런 책들이 항간에 떠돌아다닌다는 사실은 반가웠다.

내용은 다음과 같다.

지난 일로 길을 물어볼진대往事除之 도중에 서얼의 화禍와 적자의 변變이 일어나리라. 그 햇수를 헤아려 보면 병사兵事는 신申, 자子, 진년辰年에 있고, 형살刑殺은 사巳, 유酉, 축년丑年에 있으니 어인 일인가? 불火이 금金[132]을 이기기 때문이다. 금국金局의 산세[133]에 목맥木脈[134]이 백호에 있어 산꼭대기를 쳐드니 형살刑殺이 있고,

186

수국水局[135]의 산세에 도봉道峯이 청룡에 있으므로 설기洩氣가 된다. 그러므로 병란이 있으니, 이것은 그 이치로서 하찮은 술수와는 상관없는 일이다. 이로써 성현이 제때에 일어나지만 요절을 피하기 어렵고, 어진 신하가 무리지어 나오지만 모두 혹독한 화를 당하여 한결같이 신申, 자子, 진년辰年과 사巳, 유酉, 축년丑年을 넘기지 못하니 이야말로 소운小運의 액厄이 아니겠는가.

또 목성木姓이 모두 음덕蔭德을 입는 까닭은 수산水山에서 비롯하여 화산火山으로 매듭지으니, 수水는 6이요, 화火는 7인바, 차례대로 헤아리면 6×7이 42[136]라. 오직 조祖, 자子, 손孫이 상생하여 한 번도 그침이 없으니, 그동안의 화는 가히 알 만하다. 맏아들長子이 왕위를 계승하지 못하고 수백 리에 이르는 땅이 텅 비어空虛 위난 상태로 끝나니 이는 장차 소운이 망하려는 조짐小運將亡之兆也이다.

대운을 말하자면 400년 후에 백성이 번성하고 매년 풍년이 들어 이른바 부요해질 것이지만 무사武士가 양성되지 않아 서쪽 이웃으로부터 침략을 받을 것이다. 나라 안에 그만한 사람이 없으니 날이 갈수록 위난을 당하여 60년에 이르면 묘년卯年 출생의 중국 장수唐將가 10만 군사를 이끌고 압록강을 지키며 서북 땅을 집어삼킨 지 대략 10년 만에 임진臨津 서쪽과 철령鐵嶺 북쪽이 모두 그에게 먹힐 것이다. 신인神人이 두류산에서 도읍을 옮기는 계책을 세우고 200년의 국운을 연장시킬 것이다. 이때에 무武는 강하고 문文은 약하여 임금은 가히 임금이 아니요, 신하 또한 신하가 아니니, 슬프고도 슬프도다. 이는 곧 순자順字의 역수逆數이니 어찌 역리逆理의 도道가 없을쏜가. 대체로 이전 360년은 비록 어려운 일이 있으나 임금이 밝고 신하가 충성스러우며 예악禮樂이 갖추어져 빛을 발하므로 가히 볼만하니彬彬可觀 이는 곧 순자의 순수順數의 수다.

그 뒤의 56년은 물과 불이 서로 살려 주지 못하기 때문에賴水火相生 백성들은 난리를 깨닫지 못하고 재상은 쓸모없는 글만 숭상하니 가히 풍요롭고 태평하되, 방백과 수령은 위에서 도둑질하고 아전과 군교軍校는 아래에서 약탈을 일삼으니 백성들이 불안하여 들에 살지 못할 것이다. 우리 여러 백성有生들은 머리에 황건을 쓰고 명산대천 사이名山大川之間로 들어갈 일이다. 이에 시詩로써 이른다.

기사己巳[137]에는 쥐새끼 같은 도적을 면키 어렵고黃巳難免鼠竊寇

경오庚午[138]에는 슬피 우는 용龍吟哀을 볼 것이다.

술해戌亥에 많은 사람이 죽으며

자축子丑에 오히려 정하지를 못하며未定

인묘寅卯에 비로소 일을 안다.事方知.

진사辰巳에 성인聖人이 출현하니

오미午未에 즐거움이 당당하리라.

태조太祖의 수는 어디 있는가.

본래는 400년이니

400년 이후로는 북쪽 도적이 아주 가까워질 것이다.

갑을甲乙이 언제 이를 것인가.

1000척의 배가 남쪽 물가에 이를 것이다.

망망 창해 위에

하룻밤 사이에 1000척의 배가 이를 것이다.

무기戊己 진사辰巳 위에

어지러운 용亂龍이 합문閤門[139]에서 일어날 것이다.

삼전三奠 삼내고三乃古[140]가

내응하여 삼한을 멸할 것이다.

목자장군木子將軍[141]의 칼이요,

주초대부走肖大夫[142]의 붓이다.

산추山隹[143]가 한칼을 꾀하면

흘린 피로 삼춘三春[144]을 마치리라.

이와 같은 삼일객三一客이

188

능히 없애고 능히 정하여 그칠 것이다.

진사辰巳에 그대는 어디로 가는가.

오미午未에 즐거움이 당당하리라.

푸른 옷이 남쪽에서 오니,

중처럼 보이되 중이 아니로다似僧則非僧.

100가호百家戶가 소 한 마리를 함께 부리고

열 계집이 지아비 한 사람을 받들 것이다.

소승이 비록 불초하나,

소승의 말을 고치지 말지어다.

여기에 『오백론사五百論史』와 『오백론사비기五百論史秘記』가 이어진다. 솔직히 필자는 이런 글을 옮기는 일 자체에 깊은 회의를 느낀다. 다만 이런 글이 규장각 서고에서 발견되었기에 소개할 뿐이다. 이 두 글의 골자는 모름지기 『정감록』 「감결鑑訣」에서 말하는 십승지十勝地, 청림 같은 곳으로 도망가라는 것須從白兎走靑林이다. 당연한 얘기지만 이런 것이 무학의 글일 리 없다. 그저 규장각에서 이런 문서를 찾아낸 것이 당황스러울 뿐이다.

이것은 명백히 참위설에 입각한 기술이다. 이런 종류라면 도선에게도 있다. 순서가 바뀌었지만 참고로 소개한다. 비기라는 명칭은 『태조실록』 1년 7월 17일 기사에 처음 사용되었다. 매우 정치적 의도에서 나온 말이라는 것을 알 수 있다.

임금이 잠저潛邸에 있을 때, 꿈에 신인神人이 금척金尺을 가지고 하늘에서 내려와 주면서 말하기를 ⋯⋯ "목자木子, 이李가 돼지를 타고 내려와 다시 삼한의 강토를 바로잡을 것이다." 또 "비의非衣,[145] 주초走肖,[146] 삼전삼읍三奠三邑"[147] 등의 말이 있었다. 사람을 시켜 맞이해 들어오게 하니 이미 가 버렸으므로, 이를 찾아도 찾아내지 못하였다. 고려의 서운관書雲觀에 간직한 비기에 '건목득자建木得子'의 설이 있고, 또 "왕씨가 멸망하고 이씨가 일어난다."라는 말이 있는데 고려의 말년에 이르기까지 숨겨지고 발포發布되지 않았더니 이때에 이르러 세상에 나타나게 되었다. 또 조명早明이라는 말이 있는데 사람들이 그 뜻을 깨닫지 못했는데, 뒤에 국호를 조선이라 한 뒤에야 조명이 곧 조선을 이른 것인 줄을 알게 되었다.[148]

하늘에서 신인이 내려와 금척을 주며 이성계가 돼지를 타고 내려와 나라를 바로잡을 것이라는 내용이며, 배극렴, 조준, 정도전 등 세 사람의 등장도 그렇고, 이들이 결코 알 수 없었던 아기 예수 탄생과 동방박사 등장 대목이 떠오른다. 이런 부분이 바로 도참이나 참위 등의 본질이다.

5 한양 도성 쌓기 전설 속의 무학

한양의 도성은 북악산 — 인왕산 — 남산 — 낙산을 연결하는 17킬로미터 길이로 높이는 12미터에 4대문 4소문을 세웠으니 사통팔달을 의미한다. "외성外城, 이것은 앞서의 내성이 아니라 북한산 연맥을 두르는 성곽이다. 남쪽은 한강이라 외성이 없다.을 쌓으려 했으나 성의 둘레를 어떻게 할지 결정하지 못하고 있는데 어느 날 밤 큰 눈이 내렸다. 바깥쪽은 쌓였는데 안쪽은 곧 눈이 녹아 없어졌다. 이것을 보고 태조가 이상히 여겨 눈을 따라서 성을 쌓도록 했으니, 이것이 바로 지금의 성이다."[149] 공짜로 되는 일은 없다. 서울의 기초를 만들기 위해 준공 때까지 20여만 명의 장정이 동원되고 수천 명의 사상자가 나왔다.[150]

이 태조는 이러한 현상이 우연이 아니고 필시 하늘에서 계시를 내린 것天啓이라 보았다는 설명도 있다.[151] 참으로 정치적인 해석이다. 집권을 위해서는 종교도 가리지 않았다. 가히 유불선 삼도회통三道會通의 절묘한 술수다. 하기야 지금도 선거철에 후보들을 보면 자신의 종교와는 상관이 없는, 때로는 적대적인 종교도 찾아가 미소를 보낸다. 물론 당선되면 바뀌지만 말이다. 북한산에 눈이 내리면 능선의 남사면은 금방 눈이 녹고 북사면은 오래 눈이 남는다. 오늘날도 흔히 보이는 자연 현상이다. 이런 일을 두고 천계라 했으니, 높은 정치적 수법이다. 그런데 무학이 이런 전설과도 같은 얘기에 등장하지 않는 것은 이상하다. 그렇지 않은가. 모든 기이한 일에 등장하는 무학이 유독 조선 건국의 정통성을 말하는 대목에서는 정사에서건 야사에서건 빠져 있는 것이다. 생각해 보면 답이 없지도 않다. 조선의 개국 공신들은 모두 유학자이면서 고려의 신하들이었다. 유학은 충효를 처신의 근본으로 삼았는데 그들은 역모로 이를 어겼다. 그래서 천명天命 사상, 서양식으로는 왕권신수설을 차용하여 그들의 심리적 부담감을 덜려고 노력한 데 반하여, 무학은 불자佛者이니 그에 속박받지 않았다. 조선 건국 책략의 근본은 무학에게 있으나 그 완성은 유학자들에게 돌릴 수 있는 이유다.

서울 원경. 북악산과 인왕산이 보인다.

이 대목에서 필자는 이런 의심이 든다. 이것은 아마도 태조의 조선 건국을 바라고 건국 후 그 왕조의 건립이 천수天授임을 증명하기 위하여 무학이 일부러 만든 책이 아닐까 하는 것이다. 그렇게 본다면 그 후 여러 왕들이 이런 책들을 금서로 지정해 민간에 돌아다니지 못하도록 한 까닭까지 설명된다. 실제로 영조 9년1733, 영조 15년1739, 정조 6년1782 등의 역모 사건에 이런 비기들이 등장함을 볼 수 있다. 물론 무학이 직접 썼다는 증거는 없다. 그리고 필자는 무학이 직접 썼다기보다 그의 아이디어였을 가능성은 충분하다고 본다. 필자는 이미 그런 『정감록』 유의 술서들이 기본적으로 풍수 사상에 바탕을 둔다고 말한바 있다.[152] 따라서 비기와 자생 풍수는 정치적인 목적으로 연관되는 셈이다. 또한 필자는 자생 풍수의 특성 중 하나로 정치성을 들기도 했다.[153]

이런 천명天命 관념이 절정에 달한 글이 바로 세종의 명으로 지어진 『용비어천가』다.

> 태조 임금님께서 성문신무聖文神武의 자질과 제세안민濟世安民의 도략을 가지시고 고려의 말기를 당하시어 남정북벌南征北伐의 공적이 성대하시었으니, 천지의 귀신이 함께 그분을 돕고 구가謳歌와 송옥訟獄이 모두 그분을 바라본 것이다. 이에 대명大命에 따르고 나아가 하나의 집안 위에 하나의 나라를 세우시게 된 것이다.[154]

목자득국설이 있었다고 하여 아무나 왕조를 세울 수 있는 것은 아니다. 북한산 산세는 섬뜩할 만큼 돌올하다. 개성 만월대에서도 보일 정도다. 그래서 개성이 수도인 고려는 항상 이 산을 꺼렸다. 풍수에서 명당을 엿보는 듯한 기세의 산을 규봉窺峰이라 한다. 고려 때 인주지금의 인천 이씨들의 실권자였던 이자연李子淵의 성명에는 목木 자와 함께 자子 자가 두 개나 들어 있다. 이자연의 사위이기도 한 제11대 문종은 결국 한양을 남경南京으로 승격시킨다. 그 손자가 1172년 반역을 일으킨 이자겸李資謙이다. 이자겸의 난은 평양을 기반으로

하는 서경파西京派들에게 제압되었고 80년 동안 권세를 누린 인주 이씨들은 하루아침에 몰락한다.[155]

본관 얘기가 나와서 하는 말인데 우리나라의 지운地運은 공평한 데가 있다. 신라가 경주에, 고려가 개성에, 그리고 조선이 서울에 도읍을 정한다. 하지만 이성계의 본관은 전주다. 후백제의 땅이던 곳이다. 신라, 후고구려, 후백제에 번갈아 나라를 준 셈이다. 그래서 공평하다고 본 것이다.

이 태조는 무학 자초無學自超를 존신尊信하여 무학을 왕사王師로 봉하고 사례師禮로써 자초를 대하였다고 한다. 태조와 무학은 잠룡潛龍 시절부터 인연이 있었다고 한다. 태조가 아직 40대의 무장武將으로 공민왕 밑에서 벼슬하고 있을 때인 공민왕 9년에 아버지 항조恒祖[156]가 세상을 떠나 장지를 파고 있었는데 그때 노약老若 두 승이 장지 옆을 지나가다가 노승이 젊은 승에게 "지금 잡은 혈穴은 장상將相 밖에 낳지 못하겠지만 상국上局은 왕후王侯를 낳을 혈이다."라고 말했다. 옆에서 이 말을 들은 초동樵童이 이성계에게 달려가 노승의 말을 전하였더니 그는 바로 두 승려의 뒤를 쫓아가 그 혈 자리를 가르쳐 줄 것을 부탁하여 매장 처소를 옮겼다고 한다. 이때의 노승은 성명을 일세一世에 날리던 나옹 혜근懶翁慧勤이고 약승若僧은 무학 자초였다고 한다.

그 후에도 이성계와 무학은 인연을 끊지 않았던 모양으로 『지봉유설芝峯類說』 권19에 의하면 역시 이 태조가 잠룡 시에 안변安邊 검봉산劍峰山 토굴에 있던 자초를 찾아가 해몽을 구하였다. 첫째로 꿈에 파옥破屋에서 서까래 세 개를 지고 나왔는데 무슨 일인가 하고 물었더니 석가래 세 개를 진 것은 왕王 자니 타일他日 왕이 되는 징조라고 말하였고, 둘째로 꽃이 떨어지고 거울이 떨어지니 무슨 일인가라고 물었더니 꽃이 떨어지면 열매가 맺을 것이고 거울이 떨어지는데 어찌 소리가 나지 않겠는가라고 해석하였다. 이에 이성계가 기뻐하여 여기에 큰 절을 짓고 이름을 석왕사釋王寺라 하였다고 한다. 사실 석왕사는 그 전부터 있었다고도 한다.[157]

같은 내용이 『택리지』에도 나온다.[158] 그 책에는 이어서 "석왕사에 수륙도량水陸道場을 크게 열었더니 이틀 만에 오백 나한羅漢[159]이 공중에 모습을 나타냈다."라고 덧붙였다.

위 내용이 사실인지 아닌지 알 방법은 없다. 그러나 의미는 있다. 이미 그런 설화와 같은 얘기가 사람들에게 회자되고 있다면 거기에는 충분한 이유가 있을 것이기 때문이다. 이처럼 무학은 설화상으로는 상당한 지위를 누린 반면 『실록』의 기록에서는 별로 대접을 받지 못한 이중적인 측면이 있다. 김득황 박사의 기록은 계속된다.

태조가 즉위하자 자초를 불러 그의 생신인 10월 11일을 기하여 왕사로 봉하고 '대조계종사 선교도총섭 전불심인 변지무의 부종수교 홍리보제 도대선사 묘엄존자大曹溪宗師 禪敎都摠攝 傳佛心印 辯智無礙 扶宗樹敎 洪利普濟 都大禪師 妙嚴尊者'라는 길고도 복잡한 직함을 제수하고 고승 200명을 궁중으로 초대하여 재齋를 베풀고 자초로 하여금 높은 자리에 올라앉게 하여 선禪에 관하여 설교를 하게 하고 태조와 현비顯妃가 이것을 들었다.

또 새로운 국도國都의 후보지를 물색하려고 태조가 정도전, 남은南誾 등과 더불어 남행南行할 때에도 자초로 하여금 호종하게 하였으며 태조가 조신들의 건의로 계룡산에 전도하기로 작정하고 도성의 수축 공사를 시작한 지 5개월 만에 태조 2년 12월 신도新都의 역역役을 중지할 때에도 다시 자초의 권고를 채택하여 한양에 전도하기로 하였다. 자초는 태조에게 한양의 인왕산으로서 진鎭[160]을 삼고 백악과 남산으로서 좌우의 청룡, 백호로 삼으라고 말하여 태조가 한양에 도읍하기로 결의하고 태조 3년 9월부터 전국의 장정을 징발하여 신도 건설 공사에 착수하였다.

태조가 태종을 미워하여 함흥에 퇴거하였을 때에도 자초가 회가回駕의 설득에 성공하였다. 태조에게는 아들 여덟이 있어 위로 여섯은 전비前妃 한씨韓氏의 소생이고 아래 둘은 계비 강씨康氏의 소생인데 태조가 막내인 방석方碩을 세자로 봉하자 왕위 계승을 둘러싸고 분란이 생겨 다섯째 방원方遠이 계비 소생의 방번方蕃과 세자 방석을 죽이고 건국 원훈元勳인 정도전, 남은 등을 죽이매 태조는 방원의 폭거에 크게 불만을 품고 자리를 둘째 방과方果에게 전하고 함흥으로 퇴거하여 상왕上王이라 칭하였다. 그 뒤 방원은 방과인 정종定宗에게도 압력을 가하여 2년 만에 왕위를 물려받았다. 방원이 즉위하여 누차 사자를 함흥에 보내어 문안토록 하였으나 상왕은 이를 완강히 거절하고 오히려 활을 당기어 사자들을 대하였다. 이에 태종은 자초에게 청하여 상왕에 대한 회가 설득을 부탁하여 자초가 함흥으로 가서 노예怒猊. 성난 사자 같은 상왕에게 알謁하고 설득시켜 환경還京을 실현시켰다고 한다. 이렇게 태조의 창업을 전후하여 그의 배후에서 큰 역할을 한 자초는 임제종臨濟宗 혜근慧勤의 법사法嗣다.[161]

이토록 태조와 가깝고 그의 사부이자 친구였으며 영향력이 컸던 무학이 왜 그토록 조롱을 당한 것일까? 그가 새로운 왕조의 국도 입지 선정에 결정적 영향을 미쳤고 사랑하는 세자 막내와 일곱째 아들을 죽인 다섯째 방원 태종을 미워하여 함흥으로 물러나 태종의 얼굴도 보기 싫어하던 태조를 설득하여 대면을 성사시키고 태조의 만년을 지킨 공이 가려진 것은 무슨 까닭일까?

6 무학이 가려지는 이유

두 가지를 생각해 볼 수 있다. 첫째는 정치적인 이유다.

태조는 전습적으로 불교 신앙을 가진 사람이었고 그 왕후도 독실한 불교 신자였으므로 불교에 대하여 내심 비호 정책을 쓰며 왕실에서는 간간이 불사를 거행하면서도 그 교정敎政에 있어서는 외면적으로 미온적이기는 하였지만 척불 정책을 쓰고 유교를 두호斗護하려는 방침을 썼다. 이것은 고려 말에 불폐佛弊가 지나치게 컸고 이 반동으로 유신儒臣 세력이 너무 커져서 그 사상적 대세에 눌렸던 까닭이다. 물론 태조 자신이 불교의 본질에 관하여 반대하는 것이 아니었지만 불교가 지나치게 부패하여 이 타락면墮落面을 제거하지 않고서는 창업에 큰 지장이 있을 것이므로 적어도 불교의 부패 요인을 막자는 것이므로 자연히 불교를 억제하는 방향으로 나아갔을 것이다. 또 태조 주위에는 그와 생사를 같이하여 창업을 도운 신진 유신들이 많았으며 이 신흥 유신 세력을 최대한 활용하지 않으면 건국의 대업을 완수할 수 없을 것을 태조도 잘 알고 있었다. 한편 유생들로서는 고려 말부터 불교를 배척하고 이에 대신하여 유학을 교정의 대방침으로 할 것을 주장하여 왔는데 태조가 유자儒者의 기반을 토대로 하여 혁명에 성공한 이상 이 기회에 불교에 타격을 가하려는 것은 당연한 일이고 태조로서도 이 기운을 저지할 수 없었다.

태조 때에 올올한 척불론에 대하여 당시의 불교인은 묵묵히 침묵을 지켰을 뿐 자초自超, 득통得通, 조구祖丘 등 대덕大德이 있었는데도 유교에 반격을 가하지 못하였다. 송宋 대에 구양수歐陽修, 정명도程明道, 정이천程伊川 등의 강경한 척불론에 대하여 호불론護佛論을 내걸고 통렬한 반격을 가한 장상영張尚英 같은 이가 한 사람도 없었던 것이 유감이다.[162]

둘째는 자초 무학의 성품과 그의 임제종 가르침 때문이었다. 무학은 『실록』에 나온 기록으로 미루어 보건대 자신을 드러내는 사람이 아니었다. 그는 자신의 의견을 내지 않고 "중의衆意에 좇으소서."라는 미지근한 의견만 낼 뿐이었다. 그러나 그는 태조와의 개인적인 자리에서는 그의 생각을 가감 없이 전했을 것으로 추정된다. 게다가 그는 타고난 불제자로 현실 정치에 관심이 없었다. 임제종은 선을 무소주無所住의 마음, 무소유의 마음, 무착無着의 마음, 무심, 무념, 일심一心 등으로 본다. 보는 것과 보이는 것, 주관과 객관, 주主와 빈賓이 있다고 보는 현실의 견해는 일반적으로 대개 갖고 있다. 왜냐하면 인간 세계는 합리성에 의해 다시 만들어져 있어서 거기에는 항상 사물이 대립하여 이 대립에 의해 사람은 생각하고 그 생각이 거꾸로 다시 투사되어 일체의 경험계가 이루어지고 따라서 양단된 이 세계는 무한으로 배가해 가기 때문이다. 이에 반해 견성見性은 이러한 사고방식과는 반대다. 즉 일체의 이원론을 종결토록 만드는 것이다. 이것은 실로 우리의 경험을 근저로부터 개조하는 것을 의미한다.[163] 이런 세계관을 가진 무학이 현실 정치에 적극 개입할 까닭이 없다.

사실 『실록』에 기록되어 있는 무학의 말은 지극히 간략하다. 계룡산 신도내에 관해서는 태조의 질문에 "능히 알 수 없습니다."[164]라며 한심한 답변을 한다. 한양에 관해서는 답변이 좀 길다. "여기는 사면이 높고 아름답고 중앙이 평평하니, 성을 쌓아 도읍을 정할 만합니다. 그러나 여러 사람의 의견을 따라서 결정하소서."[165] 길기는 하지만 간결하기는 마찬가지다. 무학은 내공이 깊은 도사풍의 승려였다. 그는 성격상 정치의 전면에 나설 인물이 아니다. 그 점은 『실록』의 기록만 보아도 알 수 있다. 게다가 무학에 관한 실학자들의 언급이 왜 호의적이었겠는가. 정도전은 유교의 기본 원칙인 자신을 닦고 더 나아가 사람을 다스리는 것修己治人을 철저히 받아들였다. 그리고 역적이 되어 죽었다. 만약 무학에게 정치적 야심이 있었다면 그도 제명에 죽지 못했을 것이다.

무학은 인간의 심리와 본성에 정통한 사람이었다. 더구나 승려였다. 세속의 일에 얽매이지 않을 수 있었다는 뜻이다. 도선은 시대가 맞지 않아 정치의 전면에 나서지는 못했지만 그의 제자들은 후삼국의 쟁패爭覇 시대에 전면에 나섰고 고려는 성공했다. 도선이 그 시대 인물이었다면 그도 무학과 같은 역할을 했을 것이다. 자생 풍수의 맥이 도선으로부터 무학에게 이어진다는 필자의 주장은 그런 인간 본성과 심리를 감안하여 내놓은 것이다.

도선이 했건 무학이 했건 여러 국가적 비보는 그런 자생 풍수의 환경 심리적 요소와 인간의 본성에 관한 통찰에서 나온 것이다. 리처드 도킨스는 '이기

양주 회암사 무학 대사 부도와 석등.

적 유전자'라는 개념으로 유명하지만 『이타적 유전자』라는 책도 있다.[166] 이는 이분법적 발상에서 나온 표현이고 사실 이기와 이타는 동전의 양면이다. 자신의 유전자를 남기기 위하여 자신을 희생하는 유전자가 있다면 이는 이기적인가, 이타적인가. 생물은 그저 본능에 따를 뿐이다. 의도적인 악행이 아니라면 인간의 행동에는 그럴 만한 합리적인 이유가 있다. 미신도 마찬가지다. 어떤 면에서 미신이지만 어떤 측면에서는 심리 치료법일 수 있다. 비보는 합리적인 설명이 불가능한 경우가 많지만, 그 속을 살펴보면 그럴 만한 충분한 이유가 있다.

3 부

도선과 고려 왕가

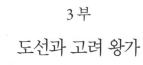

1장　고려 태조 왕건릉의 풍수 답사

개성의 공민왕릉玄陵을 떠나 고려 태조 왕건릉顯陵을 향한다. 거기에서 조금 떨어진 곳이지만 행정 지명은 역시 개성시 개풍군 해선리에 있는데 그것이 풍수설에 의하여 이루어진 것임은 북한에서 발간된 자료들에도 기록되어 있다.

가는 길에 좀 자세하게 송악산을 바라본다. 첫눈에 송악산의 모습은 마치 송추나 일영 쪽에서 북한산을 바라보는 느낌 같았다. 그러나 이 문제는 후에 다시 자세히 거론할 것이다.

왕건릉에는 중국 풍수 이론에서 가장 중시하는 주산이 보이지 않는다. 왕건릉의 능호는 현릉顯陵이다. 기록에 따르면 송악산 서쪽 파지동巴只洞 남쪽에 있다고 하였는데 이 능이 세 번 이장되었기 때문에 이곳이 바로 그 파지동인지 확언하기는 어렵다. 그러나 그 위치로 보나 태조릉이라는 고려조의 상징성으로 보나 비록 전란 때문에 이장을 했다 하더라도 다시 원위치로 돌아왔을 공산이 크다는 것이 나와 리정남 선생[1]의 공통된 의견이었다.

물론 풍수 원칙에 "이미 썼던 땅破舊을 쓰지 말라."라는 것이 있어 이곳이 원래 자리냐 하는 데 대해서는 반론을 제기할 수도 있겠지만, 당시는 그런 원칙에 구애되던 조선 시대가 아니라 자생 풍수가 힘을 쓰던 고려 시대임을 감안한다면 원위치일 것이라는 가정이 설득력 있다.

능은 왕건과 그의 본부인 신혜왕후 류씨의 단봉 합장릉으로 좌향은 약간 서쪽으로 틀어진 남향을 취하고 있다. 광중壙中은 돌칸 흙무덤, 그러니까 무덤 내부가 석실로 조성되어 있다. 능이 송악산 지맥인 만수산의 나지막한 등성이 위에 자리 잡았기 때문에 능의 주산은 말이 주산이지 실제 보면 능 뒤가 허전하게 보일 정도로 낮다. 따라서 주산의 개념에 따라 능 터를 잡았다기보다는 만수산 등성이 안부鞍部에 편안한 터를 골랐다고 평하는 것이 바르지 않을까 여겨진다. 좌향 또한 그 개념에서 벗어나지 않는다.

구태여 내룡來龍의 맥세를 따지지 않은 것은 자생 풍수의 영향이라 짐작한다. 무덤 뒤가 허전할 정도로 낮은 경우이니 주산은 거의 없는 듯 낮다고 해도 지나치지 않다. 그런 유형은 고분에서나 볼 수 있는 것으로 중국 풍수의 영향 아래 든 이후로는 찾아볼 수 없는 형식이다. 멀리 능 입구에서 보면 뒤에 산이 없다고 느껴질 정도니 말해 무엇하랴.

주위 사신사도 모두 낮은 둔덕에 잔솔밭이며 평탄하고 평범한 것이 특징이라면 특징이다. 요즈음의 지관들이 보면 이해할 수 없는 좋지 못한 산소 자리로 평가할지 모르겠다. 아니나 다를까 리 선생이 이런 얘기를 한다. "이곳이 고려를 개국한 태조 왕건의 무덤인데 어떻게 이토록 땅이 좁고 규모가 작은 곳을 택했는지 이해할 수 없다는 얘기들을 했다."라는 것이다.

그러나 나는 이곳의 그런 성격이 바로 우리식 풍수의 전형이라고 말해 주었다. 마치 고향의 어머니 같은 산으로 둘러싸인 곳. 어머니는 결코 잘나거나 드러나는 분이 아니다. 이곳의 산세뿐 아니라 땅의 성격 또한 평범한 우리네 어머니를 닮았으니 자생 풍수의 입장에서 보면 탁월한 터 잡기라고 설명하니 리 선생은 대번에 동감을 표시한다.

이 점은 다른 일행들도 마찬가지였던 모양이다. 왕건 태조의 능이 이 정도 산세밖에 되지 않을까 하는 의구심을 갖고 있던 차에 어머니 같은 땅이라는 자생 풍수적 설명이 그대로 정서에 공감을 일으키는 모양이었다. 그렇다, 그게 바로 우리네 정서의 바탕이다. 여기에서 사신사를 관찰하고 좌향을 따지고 수국水局을 고르며 명당이냐 아니냐를 따지는 것은 무의미하다.

왕건릉에 오기 전에 공민왕릉을 먼저 보았다. 보고 난 시간이 12시 20분, 평양에서 싸 온 곽밥도시락을 먹기에 마침한 때였다. 그런데 굳이 왕건릉을 보고 나서 점심을 먹자는 것이었다. 필자는 그 이유를 알지 못했다. 그런데 왕건릉을 보고 나니 그들이 왜 공민왕릉이 아니라 왕건릉에서 점심을 먹자고 했는지 이해할 수 있었다.

공민왕릉은 중국의 이론 풍수로 보자면 탁월하다고 평가하기에도 미안할 정도로 아름다운 명당이다. 주산은 봉명산鳳鳴山이고 백호는 주산의 맥을 그대로 이어받은 본신용호本身龍虎며 청룡은 무선봉舞仙峰인데 모두 수려하기 이를 데가 없다. 안산案山은 아차봉인데, 여기에는 공민왕릉이 왜 중국의 이론 풍수에 잘 맞는지를 짐작하게 하는 설화가 전해진다. 그가 사랑하던 노국대장공주가 죽자 그는 그녀를 명당에 모시기 위하여 광분 상태에 이른다. 그가 10년쯤 원나라의 수도 연경에서 살았고, 이때 풍수를 접한 것은 사실일 것이다. 그가 명당이 맞으면 붉은 수건을 들고 마음에 들지 않으면 흰 수건을 들겠다고 했는데, 실수로 반대 행동을 하여 노 풍수老風水가 죽임을 당한 데서 아차봉이라는 이름이 붙었다는 내용이다.[2] 즉 공민왕릉이 뛰어난 미인이라면 왕건릉은 전형적인 어머니와 같다. 미인 앞에서 먹는 점심밥이 어머니 앞에서 먹는 것과 비교가 되겠는가.

원나라에서 10년 넘게 살았으며 풍수에 해박했고 먼저 세상을 떠난 사랑하던 왕비 노국대장공주 능을 스스로 고르고 후에 거기에 합장된 공민왕. 공민왕릉같이 예쁜 여자땅는 처음에 사람을 미혹시키지만 시간이 지날수록 부담이 가게 마련이다. 거기에 성격까지 나쁘다면 그런 여자땅를 고른 사람의 고생은 말할 필요도 없을 것이다. 수더분하고 모나지 않으며 있어도 있는 표가 나지 않는 사람은 시간이 지날수록 상대방의 마음을 편하게 해 준다. 그것이 바로 자생 풍수가 명당으로 꼽는 어머니 같은 땅이다. 그래서인지는 모르지만 우리 일행은 능 아래서 모두 정겹게 술을 곁들여 곽밥으로 점심을 들었다.

무덤 내부 석실은 동쪽 벽에 참대와 매화와 청룡이, 서쪽 벽에는 노송과 백호가 그려져 있다. 다만 북쪽 벽면에 있어야 할 벽화는 도굴로 파괴되어 무엇이 그려져 있었는지 알 수 없고 남쪽은 출구이니 말할 것이 없다. 청룡, 백호 따위는 고구려 때부터의 전통이니 이상할 것이 없지만 참대와 매화와 노송은 특이한 경우에 속한다. 아마도 왕건이 얻었던 스물아홉 명의 부인들의 집안을 상징하는 문장이거나 그 집안이 있던 고장의 특징적인 자생 수종들일지 모른다는 생각이 든다.

석실 안에는 커다란 판석으로 된 판대가 놓여 있고 거기에 관곽棺槨이 놓였을 것이라 한다. 다행히 도굴꾼들이 미처 챙겨 가지 못한 국화 무늬박이 청자잔, 옥띠 고리, 놋 주전자와 몇 가지 금동 장식품이 발견되어 무덤 내부의 호사스러운 치장을 짐작게 해 준다.

무덤무지봉분 둘레에는 12각으로 둘레석을 세웠고 사이에는 난간석을 얹었는데 본래 있던 것에도 십이지 신상이 새겨져 있을 것으로 추정된다. 지금 둘레석은 1993년 개건 당시 화강암으로 다시 새겨 놓은 것이라 옛 맛을 찾을 수는 없다.

정자각은 한국 전쟁 당시 파괴되었으나 1954년 복구하였다고 하는데 태조의 영정과 능행도, 서경 순주도 등이 그려져 있어 왕건의 일생을 형상화한 것으로 생각된다.

능을 바라보며 왼쪽 등성이를 오른다. 시야가 확 트이며 오른쪽으로는 송악산이 보이고 왼쪽으로는 이곳보다는 험한 산세에 고분이 여럿 눈에 뜨인다. 바로 7릉떼七陵群다. 무덤의 주인은 알 수 없으나 대체로 고려 후기의 왕이나 왕족의 무덤으로 추정한다는데, 내가 보기에는 풍수적으로도 그런 것 같았다. 왜냐하면 그곳에 있는 무덤들은 분명한 주산에 의지하여 내룡을 짐작게 하는 입지를 취하고 있기 때문이다. 중국 풍수의 영향을 어느 정도 받은 것이 분명하다. 아쉽게도 능 하나하나를 답사할 시간은 없었지만 아마도 그런 추정이 맞을 것이라는 생각이 든다.

2장 개성의 풍수

　왕건릉을 떠난 버스가 어린 소나무들이 듬성듬성한 야산들을 멀리하고 수삼나무 가로수 길을 따라 개성 시내로 접어든다. 북안동의 남대문은 단출하고 소박한 아름다움이 있다는 느낌인데 생각했던 것보다는 규모가 작은 편이다. 남대문은 본래 개성 내성內城의 남문이다. 개성의 성곽은 궁성과 황성을 핵심으로 그 오른쪽동쪽을 지탱해 주는 내성과 송악산이다. 개성 시내에서 본 송악산은 가까이서 보면 북한산을 닮았으나 시내에서는 평범하게 보인다. 송악산을 정점으로 서쪽의 제비산, 남쪽의 용수산, 동쪽의 덕암봉과 부흥산을 거쳐 다시 송악산으로 연결되는 도성인 나성羅城으로 구성되어 있다. 따라서 나성은 개성분지 전역을 둘러싸는 성곽이 되는 셈이다.

　만월대滿月臺는 그중 궁성과 황성을 통칭하는 말이다. 이 터 안에 '망월대'라 불리던 궁전이 있었는데 어느 때부터인가 사람들이 궁궐 전체를 만월대라 부르게 되었고 그로부터 만월대는 개성의 상징물이 된 것이다. 개성은 고려 왕조

개성 선죽교.

500년의 도읍지로 비 오는 날에도 개경에서 예성강까지 처마 밑으로 비를 맞지 않고 갈 수 있을 만큼 번창했다지만, 그날 나는 만월대의 그야말로 추초秋草 아닌 동초冬草로 덮인 폐허를 만나는 것으로 수인사를 해야 했다.

개성은 그 자체로 하나의 커다란 분지 지세다. 커다랗다고 했지만 그것은 지형적 의미로 그렇다는 것이고 한 나라의 수도로서는 협소하다고 할 수밖에 없는 편이다. 풍수에서는 이와 같이 사방이 산으로 둘러싸인 지세를 장풍국이라 한다. 반면 예컨대 서울이나 평양처럼 일면 또는 양면이 큰 강에 접한 경우는 득수국得水局이라 한다. 개성은 대표적인 장풍국의 땅이다. 나중에 개성 시내를 소개할 때 다시 언급하겠지만, 그래서인가 개성 시가지가 좀 우중충하게 보이는 것이 사실이었다. 분지라 매연물질이 잘 빠져나가지 못하기 때문이다.

장풍국이기 때문에 개성의 주산은 진산과 일치한다. 송악산이 바로 그것인데 해발 489미터로, 바다에 인접한 개성과 같은 지세에서는 상당히 높은 산이

개성 만월대 옛터.

다. 실제로 개성 시내는 해발 20~30미터에 지나지 않으며 만월대의 정궁인 회
경전 터가 해발 50미터다. 그러니 송악산의 상대적 높이가 훨씬 높아 보일 수
밖에 없는 것이다. 서울의 경우는 북악산이 342미터지만 남쪽이 한강에 감싸
인 넓은 터이기 때문에 상대적으로 더 낮아 보일 수밖에 없다. 그래서 북악산
을 주산으로 삼았지만 그를 보완하기 위하여 그 뒤에 있는 837미터의 북한산
을 진산으로 두게 된 것이다. 그래야 조산인 632미터의 관악산을 압도할 수 있
는 까닭이다.

  주산 현무에 이어지는 나머지 사신사는 나성 성곽과 거의 일치하니, 백호
는 제비산이 산이 지네산이라 불리는 오공산이다. ― 야미산 줄기가 되고 청룡은 부흥
산 ― 덕암봉 연맥이 되며 시내 가운데 있는 자남산과 남쪽 끝 용수산 ― 진봉
산 ― 덕적산 줄기가 안산과 조산이 되어 완벽한 사신사의 장풍국을 이루는
형세가 된다.

다시 그 내룡의 맥세를 보면 당연히 백두산을 조산祖山으로 오관산을 종산宗山으로 삼아 송악을 일으키니 이것이 바로 개성의 주산인 것이다. 내룡은 서북서 방향이를 풍수 24방위에서는 해방亥方이라 한다.에서 들어와이를 풍수에서는 입수入首라고 한다. 정남향子坐午向[3]으로 만월대 혈을 만들었으니 이것이 개성 풍수의 개략이다. 정남향은 중국의 황제가 차지한다고 생각했다. 그래서 모화 사상慕華思想에 깊이 침잠한 조선 왕국의 정궁인 경복궁의 남문 광화문은 정남향을 취하지 못했다. 그런데 고려는 정남향을 취했다. 즉 고려 때는 자생 풍수가 터를 잡을 수 있는 기반이 고려의 황궁皇宮부터 깊이 뿌리를 내리고 있었다.

술가術家는 이를 평하여 청룡과 백호가 좌우를 겹겹이 감싸고龍虎幾重 앞산이 중첩되게 명당을 호위하며對朝重疊 사방 산신은 혈을 철저히 옹위하는四君護衛 산속에 우묵하게 숨겨진 좋은 고을 터山陰洞府藏風局라 극찬하였다. 당시 고려의 국내 정세는 후삼국을 통일한 위에 아직 지방 호족들의 발호나 반란 가능성을 배제할 수 없는 상황이었으므로 방어에 허점이 드러날 수밖에 없는 평지의 땅平陽龍勢이나 득수국의 땅보다는 이런 지세가 유리했을 것이다. 오죽하면 태조 왕건이 호족 세력을 인척으로 삼아 잡아 두기 위해 각 호족의 딸들을 스물아홉 명이나 왕비로 삼았겠는가. 그러니 당시 정세로는 잘 잡은 수도 입지라는 것이다.

개성 궁성의 정문 격인 남문은 주작문이고 황성의 남문은 승평문이지만 흔적이 없다. 크게 네 번의 화재를 당한 만월대가 최후를 맞은 것은 공민왕 10년 1361 홍건적이 불을 지른 때였다. 그 후 오늘까지 만월대는 폐허의 비장감과 고적감만 보일 뿐 그 미려하고 장쾌했던 화사함은 찾을 길이 없어졌다.

만월대 폐허에서 제일 먼저 만나는 유지遺址는 신봉문神鳳門 터로, 문루의 주춧돌과 문지방돌 20여 기만 땅에 박혀 있을 뿐이다. 여기에서 만월대 안내판을 처음 접하게 되는데 현재 국보유적 제122호로 지정되어 있음을 알리고 있다. 신봉문을 지나면 약간 오른쪽으로 길이 굽으면서 창합문閶闔門 터가 나온다. 여기에서도 만날 수 있는 것은 주춧돌과 계단 난간석뿐이다. 여기 서면 이제 만월대를 대표하는 그 유명한 회경전會慶殿 터의 앞 계단을 만나게 된다. 모두 두 쌍 네 개의 계단인데 하나의 계단이 서른세 개의 돌 층계로 구성되어 있다. 불교 국가여서 삼십삼천三十三天을 표상한 서른세 개의 계단이 아닌가 추측해 보지만 알 수 없다는 대답이다.

수직 높이 약 7.2미터, 멀리서 보면 그저 그런 계단처럼 보이지만 막상 바로 앞에 서면 무척 위압적이고 압도하는 느낌을 준다. 오르면 경사도 보기보다 훨씬 급하다는 것을 알 수 있다. 이는 원지형을 가급적 깎아 내지 않고 자연 지세를 손상하지 않으려는 의도로 보인다. 왜냐하면 계단 위에 올라 회경전 뜰을 보면 그 터를 조금 더 깎는 일이 당시에도 별 큰일이 아니었으리라는 사실을 금방 알 수 있기 때문이다.

불편함을 참고 자연 훼손을 삼가던 고려인의 땅에 대한 외경심이 바로 우리 자생 풍수 사상의 요체라 보는 것이지만, 한편으로는 그렇게 함으로써 계단 아래 선 사람들에게 권위주의적인 공간 배치를 실감하게 하는 실익도 있었으리라는 짐작도 든다.

3장　도선 자생 풍수의 표본, 만월대

만월대의 가장 큰 풍수적 특징은 인위적으로 균형을 잡아 건물을 배치하지 않고 자연 지세의 흐름을 따르려 했다는 점이다. 낮은 곳은 축대를 높이 쌓고 높은 곳은 깎아 내지 않은 채 계단을 쌓아 올리는 식이다. 계단이 매우 높아 걷기 힘들 정도다. 그 위 경사면에 궁궐을 지어 놓았다. 더구나 창합문을 지나면 바로 나타나는 만월대 앞쪽의 회경전會慶殿과 송악산 쪽으로 조금 올라가서 자리 잡은 장화전長和殿은 만월대의 중심이 되는 2대 궁궐이며 서로 이어진 건물임에도 일직선상에 놓여 있지 않다.

앞서 입구인 신봉문에서 창합문으로 올라가는 대궐 진입로도 조금 틀어져 있다고 지적했다시피 회경전과 장화전을 서로 다른 평면상에, 그것도 서로 다른 좌향으로 건축했다는 것은 매우 중요한 의미를 가진다. 당시 그들이 중국의 풍수술이나 건축술을 그대로 받아들인 상태였다면 당연히 동일 직선상에 동일 좌향을 취했을 것이다. 그것은 중국의 영향을 강하게 받은 뒤 건축된 조선 시대 건물들의 터 잡기와 배치가 기하학적 균형을 갖춘 것과 비교하면 분명해 진다.

이것을 나는 자생 풍수의 증거로 보는 것이다. 중국 이론 풍수가 체계화된 이론에 입각하여 터를 잡는 데 반하여 자생 풍수는 자연 지세를 그대로 의지 한다는 특징으로 요약된다. 따라서 중국 풍수가 어디에서나 통용될 수 있는 일반 이론적 측면이 강하다면 자생 풍수는 풍토 적응성은 뛰어나지만 체계화 나 이론화가 매우 어렵다는 단점을 갖는다. 땅에는 땅 나름대로의 고집과 질서 가 있는 법이다. 그렇기 때문에 지리학은 그 땅에서 집적된 지혜의 소산이 아 니면 땅에 무리를 가하게 될 수도 있다.

조선 시대 여러 유적지에서 필자는 풍수 이론상으로는 문제가 없음에도 뭔 가 부자연스럽고 경우에 따라서는 땅에 상당한 무리를 가해 가며 구조물을 축조했다는 혐의를 가졌다. 그 이유가 바로 중국 이론 풍수에 탐닉한 조선 시 대 양반들의 틀에 박힌 터 잡기와 건축물 배치라 생각한다. 만월대에서는 비 록 그것이 덜 세련되기는 했지만 훨씬 자연스럽고 주위 산천 형세에 어울린다 는 느낌을 강하게 받았다.

여기에는 또 이런 얘기도 전해진다. 우리 풍수의 시조인 도선 국사가 그의 『유기留記』에서 이르기를 "송악산 아래 궁궐을 지을 때는 소나무현재 송악산은 소 나무가 있기는커녕 거의 벌거숭이다.를 많이 심고 절대로 흙을 파헤치지 말 것이며 오히 려 토석土石을 돋우어 세우라."라고 했다는 것이다. 앞서 지적한 자생 풍수의 사 고와 다를 바가 전혀 없는 유언이다.

만월대 뒤로 철벽을 두른 듯한 송악산은 그 모습이 서울의 북한산과 너무 도 닮았음에 놀랐다. 나뿐 아니라 내 얘기를 들은 우리 일행은 모두 그에 수긍 하였으니 나의 주관적 안목만은 아니었다고 믿는다. 만약 개성이 고향인 실향 민들이 당장 고향의 상징인 송악산을 보고 싶다면 송추나 일영 쪽에 가서 북 한산과 도봉산 연맥을 바라보면 아쉬운 대로 망향의 쓰라림을 조금은 쓰다듬을 수 있으리라 생각한다. 이런 얘기를 하는 나 자신이 송구스러울 따름이고 일이 이렇게 된 데 대해서는 우리 모두가 참괴스러움을 감추지 못할 것이다.

그렇다면 어떻게 해서 송악산과 북한산이 닮는 일이 벌어졌을까? 나의 짐작은 이렇다. 조선 태조 이성계는 개성의 산천을 수도의 전형적 형상으로 심상心想에 새겼을 가능성이 있다. 또한 그의 성격이 송악산 같은 산을 선호했을 가능성도 배제할 수 없다. 나는 오래전 양주 회암사를 답사했을 때 이런 감회를 기록에 남겼는데 오늘 그것을 다시 들추어 냄으로써 이 의문에 대한 대답을 대신하고자 한다.

양주 회암사는 무학 대사와 이성계의 인연이 깊게 닿아 있는 절이다. 절 뒤쪽 칠봉산으로 올라가는 등산로를 따라 중턱에 올라 주변 형세를 관망해 본다. 문득 이성계의 성격에 생각이 미친다. 사람들은 자기 성격에 어울리는 터를 찾는 습성이 있다. 진취적이고 자신을 내세우기 좋아하는 사람은 툭 터진 산등성이를 좋아한다. 내성적이고 온화한 사람은 안온하게 사방이 산으로 닫힌 전형적인 명당 터를 즐긴다. 이로써 역사상 인물에 대한 환경 심리학적인 성격 추정이 가능하리라 보지만, 아직 학문적으로 정립된 바는 없다.

풍수를 하는 입장에서 이성계가 선호한 터들을 살피다 보면 그의 성격이 어느 정도 떠오른다. 회암사 터 역시 그의 성격을 그대로 반영하는 듯하여 흥미롭다. 그가 좋아한 땅들은 역사에 분명히 기록된 곳으로만 따져 함흥 일대, 서울의 북한산, 북악산, 인왕산, 계룡산 그리고 천보산 일대다. 함흥은 본 일이 없어 알 수 없으나 북한, 북악, 인왕, 천보, 계룡은 모두 곳곳에 암석 쇄설물들이 깔려 있고 깎아지른 듯한 암벽이 정상을 압도하는 풍광의 산들이다. 좀 심하게 말하면 덕 있는 산들은 아니라는 뜻이다.

어떤 면에서는 냉랭한 살기가 산 전반에 내비치고, 강골强骨, 척박瘠薄의 기맥이 있음을 부인하기 어렵다. 그렇다고 무식한 천박성이 드러난 것은 아니니, 좋은 의미에서 전형적인 무골武骨이라 표현할 수 있는 성격의 산들인 것이다.

그런 산들의 계곡 사이사이에는 의외로 비옥한 토양이 산재하여 수목을 울창하게 하니, 실로 절묘한 풍운아적 풍모라 하지 않을 수 없다. 쿠데타를 하는 사람들에게 흔히 있기 마련인 단순성과 강직성, 무모함 따위가 산의 성격에도 배어 있다니 실로 감탄스러운 자연의 조홧속이다. 더욱 절묘한 것은 이런 산들이 지금도 군부대와 관련이 있다는 점이다. 북악과 인왕은 청와대 경호 때문에 대부분의 지역이 군 주둔지로 일반인의 출입을 통제하고, 계룡대에는 삼군三軍 본부가 자리 잡고 있으며, 회암사 뒷산도 군 훈련장으로 민간인 출입이 금지되어 있다. 우연의 일치라기보다는 그 산들의 성격을 잘 파악하여 그에 맞는 의지가 이루어지고 있는 것이라 보아야 할 것이다.

게다가 개성은 이성계에 의하여 피로 물든 곳이다. 아무리 그의 성격에 송악산이 맞고 그의 심상에 수도 주산으로서 송악산이 차지하는 비중이 엄중하다 하더라도 송악산을 그대로 쓸 수는 없었을 것이다. 그는 무슨 수단을 써서라도 개성을 떠나고 싶었으리라. 고려를 폐하고 왕에 오른 뒤 아직 나라 이름을 짓기도 전에 서울부터 먼저 옮길 것을 명령한 것에서도 알 수 있다.

다시 만월대로 얘기를 돌린다. 자세히 살펴보니 송악산의 형세와는 달리 그 지기지세가 만월대 쪽으로 휘어져 있음이 확인된다. 만월대가 기하학적인 직선 구조를 유지하지 못한 이유를 여기에서도 알겠다. 주변 둔덕에는 일반인들의 것으로 보이는 여러 무덤이 눈에 띈다. 개성이 오랜 도시임을 말해 주는 예일 것이다. 또 그 주위에는 과수원이 꽤 많다.

과수원은 대부분 과일나무의 특성상 기온이 따뜻한 곳에 있기 마련이다. 여기에 과수원이 많다는 것은 이곳이 주변 지역보다 상대적으로 기온이 높다는 의미일 터인데 과연 그럴까? 개성시 문화유적관리소에서 나온 깡마르고 점잖은 풍모의 안내원 노인이 바로 그렇다고 대답한다. 앞서 지적한 것처럼 이곳은 송악산 연맥으로 둘러싸인 분지 지형이다. 다른 곳보다 따뜻한 것은 당연한 이치다. 그분의 얘기로는 송악산 북쪽인 박연폭포 쪽 마을과 이곳은 겨울이면 평균 기온이 5~6도 정도 차이가 난다고 한다. 나중에 확인한 일이지만 박연폭포는 이상 난동暖冬임에도 추위 때문에 있기가 거북할 정도였다.

이제 잠깐 숨을 고르고 풍수 술법에서 말하는 몇 가지 황당한 도참적 예언과 그와는 달리 합리성이 감춰져 있는 풍수 비보책에 관하여 말해 보자. 먼저 왕건의 가계를 알아야 하는데, 간단히 정리하면 처음 개성에 이주한 왕씨의 원조遠祖가 호경이고 그의 아들이 강충이다. 강충의 둘째 아들이 읍호술인데 그는 나중에 이름을 보육으로 고친다. 보육의 딸 진의가 당나라 숙종『동국여지승람』에는 선종으로 되어 있다.과 관계하여 아들을 낳으니 그가 왕건의 할아버지인 작제건이고 작제건의 아들이 용건후에 용건으로 개명이며 그의 아들이 왕건이다.

이미 신라 말 최치원이 "계림황엽 곡령청송鷄林黃葉 鵠嶺靑松"이라는 참구讖句를 남겼다고 하는데 계림은 경주요, 곡령은 개성이니 신라는 망하고 개성에 새 기운이 일어난다는 뜻일 것이다. 여하튼 이때부터 소나무가 등장한다는 것은 유의할 만하다.

대표적인 소나무 얘기는 신라의 풍수 술사 감간 팔원이 강충을 찾아와 삶터를 부소갑의 남쪽으로 옮기고 헐벗은 송악산에 소나무를 심으면 삼한을 통일할 인물이 태어날 것이라고 예언한 것이다. 지금도 송악산은 화강암이 몸체를 그대로 드러낸 동산童山, 나무가 자라지 않는 산에 가깝다. 소나무는 악지惡地에서도 잘 자라는 수종이므로 이는 적절한 지적이다. 게다가 늘 푸른 나무이고 그 잎이 한 구멍에서 반드시 두 개만 나기 때문에4 음양이 조화를 이루는 상징으로 크게 숭상하는 것이다.

또 하나는 소나무 껍질이 거북이의 등과 같이 생겼기 때문에 사신사 중 북쪽 현무에 해당한다 하여 지금도 무덤이나 능의 북쪽 면에는 병풍을 둘러치듯 소나무를 심는 관습이 있다. 그러나 이런 도참류의 얘기는 너무 많거니와 예컨대 '금돼지가 쉬는 곳金豚墟'과 같이 내용이 황당하여 설화적 가치는 있을지 모르나 풍수적 의미는 없다고 할 수 있다.

예를 들면 개성의 백호세가 강하고 청룡세가 약하여 무신의 난이 자주 발생하고 훌륭한 문신이 나지 않는다거나 여자들이 너무 설쳐 나라를 어지럽히게 된다는 따위의 얘기도 있다. 청룡은 해 뜨는 동쪽으로 남자, 주인, 임금, 명예 등을 표상하고 백호는 해 지는 서쪽으로 여자, 손님, 신하, 재물을 표상한다고 풀이하기 때문에 그런 얘기가 나온 것이지만 중요한 것은 사람이지 단지 무대에 지나지 않는 땅에 책임을 미룰 일이 아니다. 자생 풍수에서 관심을 갖는 것은 합리적 의미가 숨겨진 비보인데 그 내용 중 중요한 것은 이런 것이다.

만월대에서 개성 시내를 내려다보면 남동쪽으로 시내 가운데 자남산子南山이 있다. 현재 김 주석의 동상이 거기에 세워져 있는 것으로도 짐작할 수 있는 일이지만 이곳은 개성 시내의 중심이자 안산이다. 마치 서울의 남산 같은 역할을 하는 산이라는 뜻이다. 본래 만월대의 풍수적 형국은 늙은 쥐가 밭에 내려온 격老鼠下田形이다. 그런데 자남산이 그 늙은 쥐의 아들 쥐에 해당한다는 것이 문제의 출발이다. 자子는 섭이지의 쥐이고 아들이라는 의미도 있지 않은가.

이 아들 쥐가 부모 품을 떠나려 한다면 부모의 마음이 편안할 수가 없다. 그래서 아들 쥐를 편안하게 해 주어 어딘가로 떠나는 것을 방지하기 위한 계책을 세웠으니 그것이 바로 풍수에서 말하는 오수부동격五獸不動格의 비보책이다. 먼저 자남산 앞에 고양이를 세워 쥐를 움직이지 못하게 한다. 그러나 고양이 앞에 쥐라고 하듯 그렇게 되면 아들 쥐가 불안해할 것이다. 따라서 그 고양이를 견제할 개를 만들고 개를 제압할 수 있는 호랑이를 세우며 호랑이가 마음 놓고 날뛰지 못하도록 코끼리를 만드는 것이다. 한데 묘하게도 코끼리는 쥐를 무서워한다.[5] 이렇게 하여 다섯 짐승이 서로를 견제함으로써 서로가 안정을 취하고 궁극적으로는 자남산을 안정시키는 목적을 달성하게 된다.

이것이 무슨 의미일까? 시내 한가운데 있는 자남산은 산이라 부르기도 쑥스러운 작은 둔덕에 지나지 않는다. 그러나 그것을 빙 둘러싸고 있는 송악산, 진봉산, 용수산, 오공산, 부흥산 등은 험악한 형상의 높은 산들이다. 개성 시내 거주민들이 위압감을 느끼기에 충분한 위용을 갖춘 산이라는 뜻이다. 자신들 거주지의 지표 상징물landmark인 자남산이 주위에 압도당하는 형세라면 환경 심리적으로 위축되리라는 것은 합리적인 추론일 수밖에 없다. 그를 풍수적으로 완화시켜 주는 역할을 하는 것이 바로 오수부동격의 풍수 비보책인 것이다. 개성 시내에 있는 고양이우물猫井, 개바위狗岩, 코끼리바위象岩, 호랑이샘虎泉, 쥐산子南山 등의 지명이 바로 그 흔적인 셈이다. 만월대를 안내하던 노인은 코끼리바위와 개바위를 알고 있었다.

만월대에서 야은 길재의 시조 "500년 도읍지를 필마로 돌아드니/ 산천은 의구하되 인걸은 간데없네./ 어즈버 태평연월이 꿈이런가 하노라."를 떠올리지 않을 수 없었다. 처음 대하는 송악산인지라 그것이 옛날 그대로인지는 알 수 없으나 아마도 산천이 크게 변하지는 않았을 테니 맞는 말일 것이다.

필자가 방문한 1997년 당시 개성 시내 인구만 10만이고 개성시 판문군, 개풍군, 장풍군을 합친 인구는 30만 정도라 했다. 개성을 직접 답사하기 전에 개성을 대도시로 생각했던 것과 비교하면 너무 적은 숫자이기는 하다. 하지만 그 명당의 규모가 크지 않기 때문에 이런 인구는 당연한 것인지도 모른다. 나는 통일 후 임시 수도를 개성에 두고 20~30년쯤 시간을 갖고 파주시 교하면 일대에 새로운 통일 수도를 건설하자고 제안한 적이 있는데 막상 개성을 가서 보니 임시 수도로서도 부족함이 있지 않나 하는 느낌이 들었다. 하지만 주마간산으로 본 것이기에 확신을 갖고 말할 형편은 아니다.

개성 시가지가 나오기 직전 '옛날 기와집 보존 지역'이라는 곳을 거쳤다. 성오천변에서 남대문에 이르는 구간의 이 옛집들은 고색창연하지는 않다. 다만 이곳이 고향인 사람들은 이 광경만으로도 감회가 깊을 것이다. 기와는 보통의 흑색 기와와 동기와가 있었는데, 의외로 청석 기와도 눈에 많이 띄었다. 멀리서 볼 때는 마치 강원도의 너와를 보는 것 같았는데 자세히 보니 청석이다. 튼튼하고 보기도 좋으니 앞으로도 한옥의 기와로는 쓰임새가 많겠다는 예감이 들었다.

개성이 고향인 사람 얘기가 나와서 하는 말인데, 만월대에서 만난 당시 56세의 안내원에게 '싱아'를 아느냐고 물으니 물론 잘 안다며 오히려 나를 보고 그걸 어떻게 아느냐고 되묻는다. 남쪽의 유명한 여류 소설가로 박완서라는 분이 있는데 그분의 고향이 개성이고 그녀의 소설에서 싱아라는 식물 얘기를 읽었다고 했더니 자기도 개성이 고향이라면서 갑자기 눈시울이 붉어지는 듯했다. 그가 줄기를 벗겨 먹는 싱아 얘기를 한참 해 주었다. 지금도 5~6월에 들이나 산에 자라며 많이들 벗겨 먹는다고 했다.

시내로 들어가 북안동에 닿으면 개성 남대문이 나타난다. 남대문은 개성성 내성의 정남문으로 무지개형의 문길을 낸 축대 위에 정면 세 칸, 측면 두 칸의 문루를 얹은 전형적인 성문 형식이다. 문루에 우리나라 5대 명종名鐘 가운데 하나인 연복사종이 걸려 있는 것이 독특하다. 고려 충목왕 2년1346에 만들어졌으나 조선 명종 18년1563 연복사가 불에 타는 바람에 이리로 옮겨진 것이다. 연복사는 본래 이름이 보제사普濟寺로 비보사찰 중의 하나임은 잘 알려진 사실이다. 그래서 절 안에 세 못과 아홉 우물三池九井을 파고 그 남쪽에 오층탑을 세워 풍수에 응하게 했다는 기록이 태조 2년1393 권근이 지은 「연복사비문」에 나와 있다. 어떤 영문인지는 모르겠지만 이 비석은 서울 용산 철도회관 앞에 있다고 하는데 확인하지는 못했다. 종의 겉면 장식들이 우아 장중함은 물론 종소리가 아름답고 맑아 그 여운이 100여 리에 뻗칠 정도였다고 하는데 물론 들을 기회는 없었다. 무게는 14톤 정도라 한다.

오후 2시 50분 방직동에 있는 고려 성균관에 도착했다. 높이 32미터, 둘레 7미터의 1000년 된 느티나무와 은행나무가 이곳이 유서 깊은 고적임을 실감하게 한다. 넓게는 송악산 줄기인 부흥산이 하늘 선에 걸려 있고 가까이는 나지막한 둔덕이 명당을 감싸는 이중 용호二重龍虎 형태다. 고려 성종成宗 11년992 국자감으로 시작된 이곳은 충렬왕忠烈王 24년1298 성균감으로 되었다가 같은 왕 34년1308 성균관이라는 이름으로 바뀌어 오늘에 이른다.

건물은 엄격한 유교적 질서에 따라 남북 중심축을 기준으로 대칭되게 배치되어 있다. 정문 격인 바깥 삼문을 들어서면 아름드리 나무들 사이로 정면 다섯 칸, 측면 세 칸의 명륜당이 나타난다. 단순 소박하지만 장중한 맛이 있는 맞배집으로 당에 오르는 세 개의 돌층계는 마치 만월대의 그것을 축소한 듯한 모양이다. 그 양옆으로는 두 칸짜리 향실과 존경각이 자리했고 뜰 양옆으로는 학생들의 숙소로 쓰였던 동재와 서재가 마주 보고 서 있다.

그 뒤를 돌아가면 안 삼문内三門이 나오고 삼문을 들어서면 역시 정면 다섯 칸, 측면 세 칸의 대성전이 나오는데 팔작지붕이라 명륜당보다 보기는 더 아름다우나 장중한 맛은 떨어지는 편이다. 그 앞뜰 좌우에는 이름난 유학자들을 제사 지내던 동무와 서무 건물이 마주하고 있다. 왕건릉에서 출토된 유물들이 이곳 성균관에 보관 전시되고 있다는 것은 좀 이상한 일이었지만 묻지는 않았다. 개성 왕씨 족보라든가 쌀알, 좁쌀알도 전시되어 있었고 11~12세기에 주조된 것으로 추정된다는 세계 최초의 금속 활자도 있었으며 만월대와 수창궁에서 출토된 룡대가리龍머리 조각은 대성전 양옆으로 오른쪽에는 수놈, 왼쪽에는 암놈을 배치해 놓았는데 그것이 신기하게 여겨지지 않은 것은 아마도 그런 유물들이 거기 있는 이유를 이해하지 못했기 때문일 것이다.

명륜당 옆 존경각 뒤로 돌아 나가면 문이 하나 나 있고 그 문을 빠져나가면 독립된 부속 건물이 있다. 그 뜰에는 불일사 오층 석탑이 우뚝 솟아 있어 이 역시 기이한 느낌을 준다. 원래 개성시 판문군 보봉산 남쪽 기슭 불일사 터에 있던 것을 1960년 이곳으로 옮겼다고 하는데 역시 이유는 알 수 없었다. 지정고적 제252호로 마치 경주 감은사탑을 대하는 듯한 고졸한 맛이 있는 탑인데 성균관 뒤에 있는 것이 아무래도 마음에 걸렸다.

탑을 보고 있는데 저쪽 둔덕 아래에서 웬 여인이 아이 둘을 데리고 물을 긷는 모습이 눈에 들어온다. 다가가 물 한 잔을 청하니 어린이가 얼른 한 바가지를 권하는데 감로수가 따로 없을 정도로 물맛이 달고 시원하다.

개성이 고향이라는 여성 안내원 리 선생은 무척 유머 감각이 풍부한 듯했다. 대체로 평양 사람들에 비해서 활달하달까, 자유롭달까 하는 감상을 가졌는데 나만의 주관적 평가일 수도 있을 것이다. 여하튼 이 안내원에게서 재미있는 얘기를 많이 들었다. 개성의 장대함을 설명하기 위하여 고려 때는 국제적 무역항인 '례성강' 가 벽란도에서 개성 시내까지 행랑채의 처마 밑을 이용하면 비가 와도 젖지 않고 다닐 수 있었다는 것은 이미 들은 바가 있으니 그렇다 치더라도 송악산을 옥녀가 누워서 머리를 풀어 헤치고 해를 바라보는 형국이기에 '여성의 산'이라고 한다는 대목에서는 놀라지 않을 수 없었다. 송악산을 옥녀산발형玉女散髮形으로 보았다는 사실은 차치하고 그런 얘기를 기억하고 있다는 것이 무척 신기했다.

그렇다면 좌견교를 아느냐고 물으니 지금도 있는데 확장하여 자동차가 다니는 다리가 되었다고 한다. 재미있는 안내원 선생을 만나 흥미롭기도 했지만 풍수가 전공인 나로서는 의외의 수확을 올린 셈이다.

우리가 서울서 왔다는 말을 들은 안내원이 미소를 띠며 이런 말을 한다. "개성 깍쟁이라는 말이 있지요. 그런데 그건 서울 깍쟁이라는 말과는 뜻이 다릅니다. 개성 상인이 유명하다는 것은 천하 공지의 사실인데 상인을 개성에서는 옛날에 가게쟁이라 했답니다. 그게 각쟁이가 되고 된발음으로 바뀌어 깍쟁이로 되었으니 결국 개성 깍쟁이란 개성 상인을 일컫는룹말에 지나지 않습니다." 고향 사랑이 애틋한 진짜 개성 깍쟁이 안내원 선생을 만난 덕에 북녘에 가서 처음으로 파안대소할 수 있었다.

풍수에서는 규봉窺峯이라는 용어를 쓴다. 명당 바깥쪽에서 명당 안을 엿보

는 듯한 봉우리가 있을 때 이를 엿볼 규 자를 써서 규봉이라 한다. 명당의 혈
장에 섰을 때 주위 산 너머로 그 형체가 완전히 드러나지는 않으면서 마치 혈
장을 몰래 기웃거리듯 보이는 산체를 말하는 것이다. 누군가가 담장 밖에 숨
어 뜰 안을 보는 듯한 느낌을 주는 봉우리이므로 주인에게 심리적인 불안감을
주게 마련이다. 당연히 풍수에서는 규봉을 꺼리며 원칙적으로 이를 금기시한
다. 예컨대 주산 바깥쪽에 규봉이 있으면 멸문지화를 당한다거나 청룡 바깥쪽
에 규봉이 있으면 자손이 융성하지 못한다거나 백호 바깥쪽에 규봉이 있으면
집안에 맹인이나 음탕한 사람이 나온다는 식이다. 그런 술법은 관심의 대상이
아니나 다만 도읍 풍수에서 규봉은 그 거주자에게 환경 심리학적 불안감을 조
성할 수 있다는 개연성 때문에 좋다고 말할 수 없다.

개성의 주산인 송악산에서는 서울의 북한산과 도봉산이 보인다. 북한산에
서 송악산을 본 적은 없지만 관악산에서 송악산을 본 적은 있다. 날씨만 좋다
면 북한산에서 송악산이 보이는 것은 당연하다. 물론 송악산에서도 북한산이
보였다. 그런데 이것이 바로 개성의 규봉이 된다는 데 문제가 있다. 전설에 따
르면 도선 국사가 개성 터를 보던 날 마침 날씨가 흐려 미처 북한산 규봉을 보
지 못한 채 이곳을 천년 왕업의 터라고 지정하였다고 한다. 나중에야 이를 확
인하고 그것을 누르기 위한 비보의 대책을 세웠으니 그것이 바로 좌견교와 상
명등常明燈이다. 규봉은 집안을 엿보는 도둑의 형상이므로 그 도둑을 막기 위
하여 불을 밝히고 개를 세워 둔다는 개념이다. 과거 청교면 덕암리의 등경암燈
擎岩이 상명등에 해당하는 것인데 똑똑한 안내원도 그것은 몰랐다. 아마도 개
성 나성 동쪽 선기문 옆 덕암봉이 그것이 아닐까 추정해 보았지만 확실한 것
은 아니다.

쇠로 열두 마리의 개를 주조하여 개성의 동남쪽에 배치함으로써 북한산의
규봉을 억압했다고 하는데 이 또한 아는 이가 없었다. 그것도 모자라 선죽교
남쪽 오천烏川에 다리를 놓아 개가 쭈그리고 앉아 도성을 지킨다는 뜻으로 다

리 이름을 좌견교라 하였는데, 이에 대해서는 앞서 그 실재함을 언급했다.

본래 개성은 수덕水德이 불순하다는 풍수적 평가를 받던 땅이다. 수덕 불순을 이론적으로 말하는 것은 매우 어려운 일이다. 송나라 때의 풍수가인 호순신胡舜申의 『지리신법地理新法』에 나오는 '수파장생 쇠패립지水破長生 衰敗立至'를 설명해야 하는데 매우 어려운 대목이므로 그 문제를 이해하고자 하는 독자들은 졸저 『한국의 풍수 사상』이나 이병도 저 『고려 시대의 연구』를 일독하기를 권한다.

실제로도 개성은 해마다 수해를 입었다는 기록이 있을 정도니 수덕 불순은 술법상의 얘기만은 아닌 듯하다. 그래서 왜정 때 동대문 터 부근의 얕은 맥을 끊고 중앙 한곳에 모이는 물을 모두 이곳으로 유인하여 내성 밖 선죽교 방면으로 보내 오천과 합류시켰다고 한다. 이 물은 나성의 보정문長霸門 아래 수구문水口門을 통하여 성 밖으로 배출되는데 현재 수구문은 장패문 수문이라 불린다.

개성의 풍수적 결함을 한 가지만 더 추가하자. 박연폭포는 개성 북쪽에 위치한다. 성거산, 천마산 연맥을 이어 대흥산성을 만들고 그 북문 바로 밑에 박연폭포가 있는데, 천마산은 오관산을 거쳐 송악산에 연결된다. 그래서 어떤 기록에는 개성의 진산을 오관산, 주산을 송악산이라 구분하기도 한다. 바로 그 천마산 남쪽, 오관산 옆에 아기를 업고 있는 모습의 500미터쯤 되는 부아봉負兒峯이라는 산이 있다. 서쪽에서 이를 보면 영락없는 절벽같이 생겼는데 흙 한 점 보이지 않고 창을 박아 놓은 것과 같은 형태를 취하고 있다. 그래서 극암戟岩이다. 이에 태조 왕건은 이곳을 세 가지 재앙이 터져 나올 터三災發作之地라 하여 돌기둥石幢을 세우는 한편 만월대를 향하여 창을 품고 달려드는 듯한 기세의 능선에는 불을 밝혀 성등聖燈이라 하고 이를 지키는 암자를 성등암聖燈庵이라 했다고 하나 직접 답사하지는 못했다.

고려 성균관을 나서면 바로 선죽교를 만난다. 『고려사』에 따르면 고려 고종

高宗 3년1216 이전에 건설되었다고 하며 당시 이름은 선지교였다. 고려 말 정몽주가 충신의 절개를 지켜 이 다리에서 조영규 무리에게 피살된 후 그 자리에 참죽이 나 자라자 그의 절개를 기려 선죽교로 이름을 고친 것인데 다리 한 부분을 가리키며 저 핏자국을 보라는 안내원의 설명이 있었지만 그저 흐릿한 얼룩 외에는 특이하게 보이는 것이 없었다.

한데 정작 선죽교는 난간을 세워 통행을 막아 놓았고 그 바로 옆에 난간도 없는 돌다리를 놓아 그곳으로 사람들이 건너다니게 해 놓았다. 정조 4년1780 정몽주의 후손들이 사람이 다니지 못하도록 난간을 세운 뒤 다시 그 옆에 다리를 놓은 것이라 한다. 선죽교 옆에는 '선죽교善竹橋'라고 쓴 석비가 서 있는데 명필 추사 김정희의 글씨라 한다. 길이 8.35미터, 너비 3.36미터의 조그마한 다리이지만 개성의 상징처럼 되었으니 이는 돌다리의 아름다움 때문이 아니라 역사의 흔적이 새겨져 있기 때문일 것이다.

4부

천도론

1장   천도 혹은 전도의 상징성

수도의 이전은 심각한 과제다. 천도는 오늘날의 용어로 표현하면 표준 변경에 해당한다. 표준은 일종의 권력이기 때문에 표준 변경은 곧 권력 교체이며 따라서 수도 이전이 아무 저항 없이 이루어진 예는 별로 없다. 주로 전쟁이나 정변에 의해 이루어졌다.[1]

본래 풍수는 정치적 도구로 많이 쓰였다. 자생 풍수의 시조인 도선 국사가 천명한 한반도 중부 지방 중심설이 그렇고, 무학 대사의 한양 천도 주장 또한 그 대표적인 예다. 계룡산 신도안은 근래까지도 도읍지 물망에 올랐던 곳인데, 이곳은 이미 조선 초부터 수도 후보지에 올랐다. 심지어는 인조 때인 1629년 윤4월 훈련도감 포수 김경사金景思 등이 붙잡혀 처형되었는데, 그 공초供招에서는 "한양의 지기가 이미 쇠했으므로 연산논산시 연산면의 신도新都로 도읍을 옮겨야 한다."라는 주장까지 나올 정도였다.[2]

효종 승하 후 이런 논란이 있었다.

효종 대왕을 영릉寧陵에 장례하였다. 그 전에 윤선도尹善道가 수원부水原府 자리가 내룡으로 해서도 최상이요, 풍수로서도 대단히 큰 천재일우의 자리라고 하여 새 능을 수원에다 모시기로 결정하고 이미 석물 일까지 시작했는데, 이경석李景奭, 송시열宋時烈 등 모두가, 수원은 바로 경기의 관문이요, 요충지인 데다 고을과 마을을 옮겨야 하는 폐단이 있고 또 장래 오환五患³의 염려도 있는 곳인 반면 건원릉健元陵 왼편 산등성이 건좌乾坐는 바로 태조가 신승神僧인 무학과 함께 직접 정한 자리로서 명明나라 만세산처럼 꾸미려고 했던 자리이기 때문에 바닥이 우선 너무 좋고 일하기에도 편리하다고 하면서 혹은 차자箚子 혹은 상소로 계속 쟁집爭執하였다. 그리하여 상이 드디어 경석 등의 건의를 받아들여 건원릉 왼편 산등성이에다 새 능 자리를 정했던 것이다.⁴

무학은 태조 이성계의 친구이자 스승이었다. 그런데도 실록에는 그에 관한 기록이 지나칠 정도로 적다. 이상한 것은 그의 입적에 대한 『태종실록』의 기록이다. 임금이 국사 추존 의견을 내자 조정 대신들이 장문의 상소를 올려 그 일을 극구 반대한다. 무학이 정말 무지몽매한 인물이었다면 대신들이 그를, 더구나 죽은 그를 그토록 깎아내릴 필요는 없었을 것이다. 그의 영향력이 어느 정도였는지를 짐작하게 하는 대목이다. 그는 국가 대사와 관련해 태조에게 막강한 영향력을 가지고 있었다. 그가 만약 정치적 야심을 가졌다면 큰 세력을 형성했을 테지만 그는 그렇게 하지 않았다. 하지만 유신儒臣들 입장에서는 자신들의 강력한 적대 세력이 될 가능성이 높았기 때문에 그토록 폄훼할 수밖에 없었다. 이는 풍수가 정치적 도구였다는 증거다.

조선의 임금들은 기회가 있을 때마다 풍수에 의한 천장遷葬을 금하는 명령을 내렸다. 특히 그 자리가 대단한 명당이라는 소문만 돌면 집요하게 그 자리를 빼앗았다. 정치적으로 왕권에 대한 도전으로 받아들였기 때문이다.

사실 정치인에 대한 인식은 그리 좋지 않다. 풍수 지관에 대한 인식과 마찬가지다. 정치인들에 대해 정치를 잘하는 것은 논외이고 그저 솔직하기만을 바라기까지 한다. 무참하지만 현실이다. 나 자신도 무식하기는 하지만 다음과 같은 정도로 무작정 솔직한 사람이 그립기는 하다. 작고한 소설가 이병주의 『산하』에서, 진정한 항일 투사가 국회 의원에 출마하며 유세장에서 이런 의미의 말을 했다고 한다. "내 나이가 들어 노동판에 들어가기에는 부족하고, 그렇다고 방구들 신세를 지기에는 아직 이르다고 생각한다. 그래서 가만히 살펴보니 국회가 내가 있을 마땅한 자리인지라 출마한 것이외다." 국회 의원에 대한 민심을 잘 짚어 낸 표현이다.

2장   현대의 천도, 세종시

천도는 현대에도 중대한 상징성을 띤다. 그러니 그 결정에는 신중에 신중을 기해야 마땅하다. 그러지 못하면 아니함만 못한 정도가 아니라 훗날까지 화근이 될 수 있다. 노무현 전 대통령은 천진무구한 인물로 필자도 그의 인간성을 존경한다. 그는 대통령에 당선된 뒤 대통령을 제외한 수도 기능을 충남 권역으로 옮기겠다는 약속에 대해 "그 일로 재미를 좀 봤습니다."라고 말했다. 요컨대 꼭 천도를 하겠다는 것이 아니라 선거 전략상 꺼낸 공약인데 이것이 효과를 봤다는 의미로 해석된다. 우여곡절을 겪고 나서 세종시가 들어섰다. 필자는 이것이 불가함을 공개적으로 주장한 바 있지만[5] 여론 형성에는 당연히 역부족이었다. 당시 신문들도 이 글을 소개하였지만 필자에게 돌아온 것은 밤낮을 가리지 않는 비난 전화였다. 이유는 조금 달라졌지만 필자는 여전히 세종시로 대부분의 행정부 관서를 옮긴 건 잘못된 정책이었다고 믿는다. 다음은 그 글의 전문이다.

청와대 뜰에서 바라본 북악산의 자태는 자못 위용을 떨친다는 표현에 걸맞은 듯하다. 홀로 우뚝 솟은 화강암괴의 위엄을 지닌 거만스러운 모습도 그렇고 나름대로의 권위를 갖춘 산의 성격 또한 돋보이는 것이 사실이다. 게다가 아름답기까지 하다. 하지만 거기서 조금 떨어진 광화문 네거리에서 본 북악산의 형편은 어떨까? 전혀 그렇게 보이지 않는다. 인왕산이 가진 중후함이나 관용에 비할 바 못 되고 단순한 크기에 있어서도 그것을 따르지 못한다.

나는 그런 점을 바라보면서 이런 느낌에 빠져들었다. 북악에 의지하고 있는 청와대의 주인들이 바로 그 산을 닮지는 않았나 하는. 물론 주인이란 이 나라의 대통령이다. 왕조 시대의 관념이기는 하지만 풍수적으로는 엄연히 청와대의 주인은 대통령이다. 그렇기 때문에 대통령의 자질과 능력은 우리나라 모든 부문에서 막강한 영향을 미칠 수밖에 없다. 그리고 현실이 그렇지 않은가? 그런데 멀리서 보면 우물 안 개구리가 독불장군처럼 행세하는 형세의 북악이, 그 안에 들어가 가까이 다가서면 나 홀로 우뚝하다는 자신감과 고집을 부추기는 형상이다.

지금까지 청와대 주인들의 운명은 어땠을까? 중국 속담에 "위인偉人은 세상의 불행"이라는 말이 있다. 현대 한국 정계의 소위 위대한 인물은 최종적으로 청와대를 지향한다. 한데 우연치고는 괴이하게도 과거 일제 정계와 군부 거물들의 지향점도 청와대였다. 물론 당시에는 총독 관저였지만. 1945년 일본 패망 후 이곳은 미국 군정 장관의 관저였고 1948년 정부 수립 뒤 경무대로 되었다가 4·19 나던 해에 청와대라는 이름으로 대통령의 공간적 상징성을 확보하게 된다. 청와대가 지어진 것은 1927년 3대 총독이었던 사이토 마코토 때였다. 그의 서울 도착은 강우규 열사에 의해 피로써 막을 연다. 조선 총독을 한 번 더 한 그는 1932년 일본 총리대신 자리에 오르지만, 1936년 2·26 사건으로 자신보다 더 파쇼적인 젊은 장교들에 의하여 살해당한다. 청와대의 첫 거주자가 피로 시작하여 피로 끝났다는 사실이 시사하는 바는 무얼까?

대한민국 수립 후 청와대 주인들은 대부분 비극적 삶을 살았다. 이승만은 객사했고, 윤보선은 어쩐 일인지 국립 현충원에 묻히기를 거부했지만 사실 그는 실권자가 아니었으니 청와대의 집주인이라기보다 세입자라 해야 할 것이다. 박정희는 부하에게 죽임을 당했고, 전두환은 백담사 '유배'에 이어 노태우와 마찬가지로 영어圖圖의 몸이 되었다. 김영삼은 재임 중에 무능을 의심받은 것 말고도 그의 아들이 수감되었다. 김대중 역시 두 아들이 구속되는 참담함을 느껴야 했다. 노무현 대통령은 이유야 어떠하든 자살로 생을 마감했다. 이명박 대통령은 아직 평가하기에는 이른 감이 있어 제외했지만 꼭 무탈한 것만은 아니다.(필자는 북악의 지기가 양기 탱천하여 그 기운을 음으로 다스리기 위해서는 여자 대통령이 요구된다고 주장한 바 있다. 박근혜 대통령은 현직이므로 평가가 불가능하지만, 여론은 별로 신통치 못하다. 그런 강한 양기를 누르기 위해서는 시간이 필요하다. 기다려 볼 일이다.) 한 신문의 칼럼 내용을 부언해 둔다. "김영삼 아들 현철은 은행 계좌, 김대중 아들 홍업은 아파트 베란다, 노무현 가족은 라면 상자에서 돈이 나왔다. 이명박의 형 이상득은 장롱이었다. 형의 친구와 보좌관, 대통령의 친구, 대통령 부인의 사촌 오빠도 감옥에 갔다."[6]

풍수적 해결책은 무엇일까? 먼저 왜 그런 지경의 터를 잡은 것일까? 서울의 주산인 북악의 좌우로는 낙산과 인왕산이 용靑龍과 호랑이白虎가 되어 도성을 감싸고 그 앞으로는 남산이라는 책상案山을 사이에 두고 조산인 관악과 대좌를 한다. 북악 앞으로 품을 열어 사람을 맞을 준비를 마쳤으니 이곳이 바로 서울의 명당이 된다. 풍수에서 명당 주산은 결코 사람이 건드려서는 안 되는 것으로 여겨진다. 그런데 그것을 이런저런 이유로 심하게 건드려 놓았으니 문제라는 것이다. 특히 일제는 조선 백성의 자존심을 건드리기 위해 의도적으로 그런 곳에 총독 관저를 세웠으니 그들의 옹졸한 처사야 언급할 가치도 없다.

『조선왕조실록』에 보면 북악산의 기맥을 보호하기 위한 수많은 지시들이 내려졌음을 알 수 있다. 세종은 공용으로라도 북악에서 돌을 캐지 말라고 하였고, 문종이나 선조도 북악에서 돌이나 흙을 채취하지 말라는 지시를 내렸으며, 중종 같은 임금은 농작물의 경작까지 금지시켰다. 성종 때 좌의정 윤필상尹弼商은 임금에게 이런 글을 올렸다. "경복궁의 주산은 산세가 약하다고 하여 나무를 가꾸어 지맥을 배양하였습니다. 그런 까닭에 여러 번 전교를 받아 산등성이 안팎에다가 보호 표지禁標를 세웠습니다. 그런데 지금 무식한 무리들이 간혹 집을 짓거나 담장을 뒤로 물려 쌓으며, 혹은 나무를 베고 밭을 개간하며 못을 만들고 우물을 파서 산의 맥을 손상시키니 마땅히 그 죄를 묻게 하소서. 그리고 그들이 산등성이를 침범하여 점유한 곳은 모두 철거시키고 나무를 심도록 하여야 할 것입니다." 하니 임금이 그대로 따랐다는 것이다. 윤필상의 지적은 마치 오늘의 청와대를 지목하여 말하는 듯한 착각을 일으킬 정도로 비슷한 데가 있다. 청와대 터는 경복궁의 내맥이 내려오는 길목으로서 풍수상 반드시 땅을 훼손하지 말고 보호해야만 하는 곳이다. 그런 성격을 지닌 땅에 일본인들이 식민 통치를 하면서 의도적으로 총독 관저를 지어 조선에 모욕을 가한 것이다.

풍수에서는 국토를 사람에 비유한다. 북악에서 경복궁을 거쳐 광화문에 이르기까지는 백두산 정기를 서울에 불어넣는 용의 목과 머리에 해당한다. 일본인들은 근정전 바로 앞에 총독 집무처구 중앙청, 후에 국립 박물관를 지어 입을 틀어막고 총독 관저현 청와대를 지어 목줄을 눌러 놓았다. 특히 청와대 터는 북악산에서 청와대를 거쳐 경복궁 근정전과 광화문을 연결하는 용의 맥세 중심 통로의 출발점으로, 기氣를 모아 명당에 공급하는 수문 역할을 맡는 곳이다. 따라서 그곳에 대형 건물을 축조하는 것은 서울의 목을 조르는 행위나 다름없다는 말이다.

풍수 사상을 받아들일 수 없는 사람이라면 이렇게 이해할 수도 있다. 즉 원래 경복궁 터는 주산인 북악산과 남대문 그리고 동대문과 서대문을 잇는 도로가 교차하는 지점 바로 북쪽에 높게 건축함으로써, 또한 다른 건물들은 절대로 그보다 높게 짓지 못하도록 규제함으로써 절대적 권위를 지닌 장소가 되도록 인위적으로 배려한 공간이다. 경복궁 북쪽 문인 신무문과 청와대 정문 사이에 난 도로를 경계로 하여 그 아래는 사람들의 거주처가 되고 그 위쪽은 신령의 강림지가 된다. 다른 말로 아래는 사람의 공간이고 위는 죽음의 공간이랄 수 있다.

풍수에서는 땅이 아니라 사람을 진정으로 중시한다. 아니, 그렇게 받아들인다. 땅은 그저 무대일 뿐이다. 그 위에서 이루어지는 역사는 각본일 터이고 그 위에서 일을 꾸려 나가는 사람은 배우이다. 무대도 중요하다. 그러나 그 무대가 좋다고 해서 엉터리 배우들이 비윤리적 각본을 가지고 공연을 한들 좋은 연극이 될 리 없다. 반대로 훌륭한 배우들이 인간적인 각본을 가지고 연기를 한다면 비록 무대의 품격은 좀 떨어진다 하더라도 크게 비난받을 연극이 나오지는 않을 것이다. 그렇다면 풍수가 무슨 소용이냐는 힐문이 가능하다. 아무리 사람이 중요하다고 하여도 명배우는 무대에 신경을 쓰고, 대목大木은 항상 자신의 도구를 제 몸처럼 아낀다. 그러니 무대가 중요하지 않다는 것이 아니다. 사람이 보다 중요하다는 뜻이다.

우리는 좋은 무대를 갖기 위하여 터를 고르지만, 시답지 않은 배우가 나쁜 각본을 가지고 좋은 무대를 차지했더라도 결코 좋은 연극이 나오지 않는다는 것을 안다. 아니, 그래야만 한다. 중요한 것은 그 땅 위에서 살아가는 사람들이 취하는 행위와 역사의식일 것이다. 예컨대 삼풍 백화점의 참사는 땅의 잘못이 아니다. 터가 나빠서 그렇게 된 것이 절대로 아니라는 뜻이다. 부실 공사라는 명백한 사람의 잘못을 터에 뒤집어씌우는 것은 전혀 합리적이지 않거니와 결코 풍수적일 수도 없다. 망월동의 한과 5·18의 죄인들은 사람들이 풀어 주고 단죄해야 할 어떤 것이지 망월동을 옮기거나 성역화하고 전직 대통령들의 연희동 집과 그들의 선산을 옮기는 등의 풍수적 제스처, 다시 말해서 무대일 뿐인 땅이 풀어 줄 성질의 것이 아니라는 말이다.

청와대의 터 잡기는 처음부터 나쁜 의도로 시행된 것이고 풍수 논리로도 잘못된 것임이 분명하다. 그러나 우리의 자생 풍수에서는 그런 것을 고칠 방법을 여러 가지 제시하고 있다. 가장 흔히 쓰이는 방법은 '고침治癒의 지리학'이른바 비보 풍수이다. 천하 만물의 기氣 중에 사람의 기가 가장 귀한 것이기 때문이다. 땅의 기운에 휘둘리면 그 역시 역대 청와대 주인들이 걸어온 운명을 되풀이할 수밖에 없다. 진실한 마음을 지니고 낮은 곳으로 내려와야 한다. 사람이 주변 환경의 영향을 받는다는 것은 동서고금을 막론하고 모든 사람이 인정하는 일이다. 지리학에서는 이를 환경 결정론이라 부르고 이와 대비되는 관점을 환경 가능론이라 하여 구별하지만 별 의미 있는 논쟁거리는 못 된다.

세상에 결정적이라는 것은 있을 수 없고 더구나 자연환경이 사람의 운명을 결정한다는 것은 상식에 어긋나는 주장이다. 그렇다 하더라도 환경이 주변 사람들에게 어떤 식으로든 영향을 미친다는 사실은 누구도 부정할 수 없다. 우리는 흔히 사막의 유목민적 기질이니 몬순 지대의 정착 농경민적 기질이니 하는 말들을 한다. 확실히 그런 특징이 남아 있는 것은 분명하다. 문제는 그것이 결정적인 것이라 하여 그들 모두를 같은 부류로 취급하는 데 있다. 유목민이건 농경민이건 어떤 기질상의 경향성을 보이는 것은 분명하지만, 그들 각자의 문제에 눈을 돌리면 나름대로의 개성을 지니고 있음을 알게 된다. 그들은 사막의 사람들 혹은 정착 농경민들로 대변되는 동류성을 지니고 있지만 한 사람 한 사람 뜯어보면 모두가 나름대로의 개성과 자유 의지를 지닌 사람들이란 얘기다.

우리나라의 대통령들은 예외 없이 미국에 의존함을 숨기지 않았다. 그러면서도 자신은 민족주의자임을 주저 없이 내세웠다. 단순하게 판단하면 이것은 명백히 이중적이고 기만적인 행태다. 위선적이라거나 허위의식에 젖었다고 말해도 과언이 아닐 정도다. 정치가 본래 국내용과 외교적 용도를 적절히 섞어 씀으로써 성립하는 것이라는 점을 모르는 바 아니지만 그걸 안다고 해서 씁쓰름한 마음까지 밝아지는 것은 아니다.

지금은 어떨까? 자주국방이니 자주적 통일 방안이니 하며 자주라는 말을 곧잘 쓴 것을 보면 역대 대통령들은 자신이 민족주의자임을 드러낸 셈이다. 그러면서도 이라크 파병 결정에서 보듯 미국의 눈 밖에 나지 않으려는 노력은 눈물겨울 정도다. 정치가 위선적이라는 것을 인정한다면, 예컨대 정치인이 국가와 민족을 위해 정치를 한다고 할 때 당선되려고 애를 쓰는구나 하고 여기듯이, 자주와 대미 의존은 교묘하게 배합하여 실리를 차려야 할 사안이다.

줄 것 다 주면서 귀여움을 받기는커녕 은근히 책망만 받게 된다면 큰 문제다. 만일 청와대의 주인이 "그렇다면 나보고 어쩌라는 말이냐?"라고 역정을 낸다면 그것이 야말로 심각한 일이다. 그 자리는 국민들이 억지로 떠맡긴 게 아니라 스스로 그 위치에 서겠다고 혼신의 힘을 다하여 차지한 곳이다. 그러니 그 방법을 일반 국민에게 물어서는 안 된다. 참모들의 의견을 듣든, 다른 방법을 쓰든 스스로 해답을 찾아야 한다. 당연히 외롭겠지만 자신이 원한 일 아닌가.

가장 높은 위치에 서 있는 사람이 외로움을 호소하고 어렵다고 칭얼대는 모습은 보기 민망하다. 그런 고난을 이기고 정말 어려운 처지에 있는 보통 사람들을 이끌어야 할 자리가 바로 그곳이 아닌가. 게다가 국내 사정 또한 외교 못지않게 힘든 것이 사실이다. 이른바 정치, 경제를 이끌던 수많은 사람들이 불안에 떨고 있다. '사람을 다스리는 최선의 방법은 그들에게 두려움을 주는 것'이라는 시대착오적인 생각은 하지 말아야 한다.

이곳저곳 떠돌며 답사를 업으로 삼는 나 같은 사람도 지금 우리의 형편은 도시건 농어촌이건 말이 아니라는 것을 안다. 그런데도 저 높은 곳에서 들려오는 소리는 자기 편을 만들기 위한 말이라고 추측할 수밖에 없는 황당한 것들뿐이다. 그러니 어떻게 하라는 말이냐고? 나는 모른다. 나는 그런 문제를 해결하겠다고 나선 적이 없다. 청와대의 주인은 바로 그런 것을 해결해 주겠다고 나선 사람이다. 누구에게 기대를 하겠는가?

수도 서울의 임자 산主山이자 그러므로 우리나라의 가장 상징적인 역할을 할 수밖에 없는 위상을 지닌 북악을 다시 바라본다. 멀리서 보면 그저 혼자 잘난 듯이 버티고 서 있는 게 왜소하기 그지없어 보이는데 이상하게도 가까이 다가가서 보면 완벽하고 고고하면서 아름답기까지 한 산이다. 자기만족과 자기 연민에 빠진 아주 복잡한 성격을 가진 산. 그 산 밑에서 살며 거기서 자고 매일 그 산을 바라보아야 하는 사람, 청와대의 주인. 하지만 그이는 결코 그 산을 닮아서는 안 된다. 북악이 보이는 뒤 창문, 만약 그런 것이 있다면 문을 모두 가리고, 뜰에 나와서도 의도적으로 그 산을 바라보지 않고 자신의 뜻으로, 사람의 의지로 이 우물을 박차고 나가 저 산의 왜소한 그림자에 눌리지 않겠다는 강한 뜻을 새긴다면 문제를 해결하지 못하라는 법도 없다.

최근 행정 수도 이전 문제를 둘러싸고 뒤늦게 청와대와 한나라당당시, 일부 언론 사이에 뜨거운 공방이 벌어졌다. 한나라당과 이들 언론은 이미 국회에서 통과된 신행정수도건설특별법과 관계없이 국민 투표를 실시해야 한다는 주장을 하는가 하면, 대통령은 방송 시사 토론 프로그램에 직접 출연해 행정 수도 이전의 정당성에 관해 토론을 벌일 예정이어서 비상한 관심을 모으고 있다. 국가적 현안으로 떠오른 행정 수도 이전에 관해 위의 논리와 관련하여 내 의견을 정리해 본다.

첫째, 행정 수도 이전이란 말장난일 뿐이다. 행정부만 옮기면 견제 기능이 없으니 그것을 수행할 입법·사법 기관도 같이 옮겨야 된다는 논리를 펴고 있는데, 그렇다면 그게 어찌 행정 수도인가? 명백한 천도에 해당한다. 명칭이 분명해야 명분도 사는 법인데 이는 시작부터 이름값을 하지 못하고 있다는 증거다.

둘째, 역대 어느 정권보다 민족의 동질성 회복과 통일을 지향하며 외세의 간섭을 꺼리는 집권 세력이 어떻게 북측의 의구심과 반대를 불러일으킬 것이 뻔한 남쪽으로의 천도를 추구하는 것인가? 북한의 장사포 사정거리를 벗어난다는 전술적 측면도 그들로서는 그 의도를 궁금해할 터인데, 하물며 통일을 앞두고 한반도의 남쪽으로 수도를 옮기겠다면 이는 필시 통일 후 주도권을 남측이 확고히 가지겠다는 의도라고 생각하지 않겠는가. 게다가 미군 기지까지 남쪽으로 간다지 않는가. 그렇다면 북측 입장에서는 의구심을 넘어 배신감까지 느낄 염려가 있는 중대한 사안인 셈이다.

셋째, 우리나라에는 왕조가 많지 않아서 예를 들 것이 별로 없지만 고구려와 백제가 남천을 거듭하다가 망국의 한을 남겼다는 사실이 무엇을 의미하는지 곱씹어 볼 일이다. 게다가 이미 바다와의 인접성이 수도 입지에서 매우 중요한 고려 사항이 되었음에도 내륙으로 가겠다는 절실한 이유가 무엇인지 납득이 되지 않는다.

넷째, 수도뿐 아니라 도시를 건설함에 있어서는 무엇보다 용수 공급이 어떨지가 최우선 고려 요소다. 충청권에 수도를 지탱할 만한 큰 강이 있는가? 금강이 있지만 이 강은 지금도 주변 사람들이 목을 축이기에도 부족한 형편이다. 게다가 수질도 악화 일로에 있다. 그렇다면 대규모 댐 건설을 피할 수 없을 터인데 환경 파괴에 대한 책임은 누가 질 것인가.

다섯째, 역사가 증명하듯이 천도에는 정치적 고려가 반드시 끼어들기 마련이다. 그 한 예로 광해군 때의 교하 천도론을 떠올릴 필요가 있다. 그는 왕위에 오를 때부터 여러 가지 약점을 지녔던 데다 왕위에 오르고 나서도 왕권 확립에 전전긍긍할 수밖에 없었던 인물이다. 그런 위기 상황을 일거에 타파할 수단으로 천도론을 들고 나왔지만 현실주의자들의 반대로 결국 그 주창자인 이의신은 목숨을 잃을 지경에까지 이른다. 명분이야 임진왜란을 겪은 뒤 퇴락한 왕조의 권위 확보와 민심 수습이라는 것이었지만 기실 광해군의 정치적 도박이었다는 것이 필자의 평가다. 명분은 뒷전이고 자신과 추종 세력의 안위만을 목적으로 하는 계책은 책략에 머물고 만다. 결국 그는 요즘 식으로 말하면 탄핵을 당하고 유배된다. 책략 필패의 역사적 교훈이다.

여섯째, 자금 조달은 어찌할 것인가? 이 문제는 필자가 잘 알지 못하는 것이기 때문에 여기서 말할 계제는 아니지만 이미 많은 전문가들이 그 비현실성과 실현 불가능성을 피력하지 않았는가. 한 가지 덧붙이고 싶은 것은 현재 우리나라의 체제상 대기업들은 그 본사를 대통령과 가까이 둘 수밖에 없다는 점이다. 그렇다고 인구 50만의 도시에 세계적 기업들이 본사를 둘 수 있겠는가? 결국 서울과 신수도 두 곳에서 두 집 살림을 꾸려 갈 수밖에 없다. 이 비용은 아마 전혀 고려해 보지 않았을 것이다.

일곱째, 신수도가 수도권과 근접한 곳들이라는 점이다. 게다가 고속 철도와 고속 도로가 바로 그 부근을 지난다. 어지간한 고위 관료와 기업 임원들은 서울을 본가로 삼아 출퇴근을 할 것이 자명하다. 이때 들어갈 교통 비용과 교통 문제는 어찌할 것인가? 이렇게 되면 신수도는 낮에는 그런대로 도시 모습을 유지할 수 있겠지만 밤에는 필시 유령 도시처럼 될 것이다.(본래 이 구상의 목적은 수도권 억제와 국토의 균형 개발이었다. 그런데 지금 서울과 세종시는 통근 열차와 버스를 운용하고 있으며, 주거 시설 및 교육 여건 또한 미비한 상태다. 원래 목적과는 상이한 정책들이다.)

여덟째, 풍수적으로 좋다는 말을 하는 사람들도 있는 모양인데, 그것은 풍수에도 규모에 따라 고려 요소가 다르다는 점을 모르고 하는 주장이다. 후보지를 폄하할 생각은 전혀 없다. 나는 땅을 어머니로서 모시고 받들어야 할 대상으로 인식하는 사람이다. 어머니를 깎아내린다는 것은 있을 수 없는 일이다. 다만 어머니도 어머니의 품성에 따라 다른 자식을 기를 수 있다는 사실은 밝혀 두어야겠다. 그곳은 도시가 될 수 없는 성격의 땅이었기에 지금까지 다른 용도로 사람들이 의지해 왔던 곳이다. 좋고 나쁨의 문제가 아니라 어떤 용도에 맞느냐 맞지 않느냐의 문제라는 것을 강조하기 위해서 하는 말이다. 혹자는 조선이 한양에 천도할 때 한양도 그저 그런 농촌이 아니었냐고 지적할지도 모르겠다. 하지만 그렇지 않다. 한양은 이미 삼국 시대부터 국토의 요충지로서 중요성이 충분히 인식된 데다 고려 시대에는 남경으로서 이미 준서울의 자격을 지녔던 곳이다.

아홉째, 천도의 가장 중요한 이유로 국토의 균형 발전과 수도권의 과도한 집중 방지를 꼽지만 서울 인근에 50만 도시를 건설한다고 해서 국토가 넓지 않은 나라에서 소기의 목적을 달성할 수 있다고 본다면 너무나 안이한 판단이다. 미국의 예를 들며 워싱턴은 50만의 인구로 수도 역할을 잘하고 있고 뉴욕

이 세계적 패권 국가인 미국의 실질적인 중심이 아니냐고 말하는 사람들이 있다. 그런 분들은 잠깐 세계 지도를 꺼내 미국과 우리나라를 비교해 보기 바란다. 미국 처지에서 워싱턴과 뉴욕 사이의 물리적 거리는 상당할지 모르지만 미국인들의 마음속에 깔린 인식 지도mental map상의 거리는 지척이다. 또한 미국과 우리의 사회적·경제적·정치적·문화적 인프라의 차이가 얼마나 되는지를 따져 본다면 이 비교가 얼마나 억지스러운지를 알 수 있을 것이다.

이렇듯 분명한 천도 불가 주장이 있음에도 이를 계속 추진해 나간다면 이는 새만금 건설에 의한 혼란과 자금 낭비에 비할 수 없는 막대한 후회 요인을 머지않은 장래에 남기는 셈이 된다. 왜 이런 국가적 사업이 정부의 명운과 진퇴를 걸고 반드시 성사시켜야 될 일인지 백면서생에 지나지 않는 필자의 상식으로는 도저히 납득이 되지 않는다.

풍수를 공부한 사람으로서 왜 이런 일이 생겼는지를 고민해 보니 이런 그림이 떠오른다. 어떻게 괜찮던 사람도 청와대에만 들어가면 이해하기 어려운 인물로 바뀌어 버리는 것일까? 청와대 터는 일제 총독이 조선의 자존심을 근본적으로 밟아 버리기 위해 선정한 곳이다. 그곳은 조선 정궁인 경복궁 위쪽에 해당한다. 영국이 중국의 일부 식민지 경략經略에서 쓰던 수법을 더욱 발전시킨 전형적인 식민 통치 수법으로 세워진 곳이 바로 청와대다.

거듭 강조하지만 청와대 바로 뒤에 있는 북악산은 청와대 경내에서 보면 매우 아름답고 권위도 있는 서울의 주산이다. 그러나 광화문 네거리에만 나와서 봐도 그것이 얼마나 왜소하고 인왕산 같은 주변 산세에 미치지 못하는지를 금방 알 수 있다. 대통령은 외로운 자리일 것이다. 그 자리는 특히 환경 심리학적 요인에 의하여 영향을 받을 소지가 크다. 청와대 안에서는 자신이 가장 아름답고 권위도 있으며 항상 옳다고 믿게 되겠지만 멀리서 보는 사람에게는 그렇지 못한 것이 탈이다. 더욱이 경내에서 남쪽을 향해 보면 시내가 환히 보이고 남산이 가까이 다가서 있기에 이 세상 형편을 다 아는 것 같고 남산이라는 걸림돌이 있다고 치더라도 그리 어렵지 않게 넘을 수 있는 장애물로 보일 것이다. 멀리 관악이라는 큰 산이 있기는 하지만 너무 멀리 떨어져 있다. 그러니 조금의 어려움은 있지만 모든 문제를 쉽게 넘을 수 있다는 오산에 빠질 공산이 커지는 것이다. 역대 대통령들이 독선에 빠져 수많은 실수를 저지른 것이 이와 무관하지 않을 것이라는 게 풍수를, 요즘 말로 환경 심리학을 공부한 필자 같은 사람의 유추다.

이런 이유로 나는 기회 있을 때마다 청와대, 즉 대통령 관저의 이전을 주장해 왔다. 그 주장이 힘을 가지려면 실현 가능한 대안을 제시해야 한다. 나는 어느 전직 대통령이 현직에서 물러난 뒤 상왕 노릇을 하기 위해 조성한 일해재단 터를 대통령 관저로 제시한 바 있다. 큰돈 들이지 않고 할 수 있는 일이다. 다만 그것을 주장한 1990년대 초에는 대통령 관저의 한강 이남 이전이 국민에게 불안감을 줄 수 있다는 이유로 무시당한 것이 사실이다. 하지만 지금은 그게 이유가 되지 않는 시대가 아닌가. 어느 기자가 지적한 대로 낙향 거사에 지나지 않는 필자 같은 사람이 밤잠을 이루지 못하고 천도 문제를 걱정하는 까닭을 천도론자들이 눈여겨봐 주시기를 간절히 바란다.

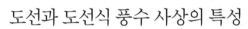

5 부

도선과 도선식 풍수 사상의 특성

1장   도선의 상징성

풍수지리설의 기원에 관한 논의에 관계없이 일반적으로 우리나라 풍수 사상의 조종으로 도선 국사를 꼽는 데는 이견이 없는 듯하다. 물론 일부 학자는 신라 원성왕재위 785~798의 화장과 능묘에 관한 유명遺命을 기록한 경주 숭복사의 비문 내용을 근거로 하여, 신라 통일 이후 당과의 문화 교류가 잦아짐에 따라 풍수 사상이 들어왔다고 본다.[1] 도선에 의하여 처음으로 전래된 것은 아니므로 엄밀히 말하면 도선이 우리나라 풍수설의 원조가 될 수는 없고 다만 풍수 이론을 실험에 옮겨 때에 맞추어 고려 왕실의 개국자 일족에게 예언하여 존숭을 받았던 것에 지나지 않는다는 것이다. 그럼에도 불구하고 도선을 한국 풍수의 종조宗祖로 받드는 일반인들의 관행이 달라지지는 않으며, 사실 도선이 풍수에 미친 영향을 보면 그런 정도의 대접을 받기에 전혀 손색이 없다고 해도 과언이 아니다.[2]

이 점에서는 최치원도 『고려사』에서 비슷한 대접을 받는다. 필자는 이 책에서 몇 가지 중요한 가설을 세웠다. 그중 하나가 도선이 최치원을 자신의 라이벌로 여겼을 것이라는 점이다. 객관적으로는 도선과 최치원은 라이벌 관계가 될 수 없었다. 학벌이나 관록, 출신 배경에서도 도선은 도저히 최치원의 적수가 되지 못했다. 가끔 사람들은 자신의 객관적 위치를 망각하고 누군가를 두고 '내가 그만 못한 것이 무엇인가?'라는 엉뚱한 생각을 품는다. 대체로 바보 같은 짓이지만 때로는 그런 생각이 그 사람을 크게 만드는 경우가 있다. 각설하고 그런 예를 살펴보자.

고려 왕실에서는 승려로서 도선을 내세우고 도교에서는 최치원을 내세워 고려 왕실의 운명적 도정을 예언적으로 입증했다. 이러한 사실은 최치원의 상서장上書莊과 관련해 잘 알려졌는데,『신증동국여지승람』에 이렇게 기록되어 있다.

상서장, 금오산 북쪽에 있다. 고려 태조가 일어나자 신라의 최치원이 그가 반드시 천명을 받을 것을 알고 글을 올렸는데, "계림은 누른 잎이요, 곡령은 푸른 솔이로 다鷄林黃葉 鵠嶺靑松."라는 말이었다. 신라의 임금이 이 말을 듣고 최치원을 미워하니 가족을 데리고 가야산 해인사에 들어가 은거하였다. 그의 감식鑑識의 밝음을 신라 사람들이 탄복하여 그가 살던 곳을 상서장이라고 불렀다.

최치원의 상서가 역사적인 사실인지 후대에 만들어진 전설적인 이야기인지 확실히 구명할 근거는 없지만 아마도 후대에 고려 왕실에서 도선을 등장시켜 왕건의 출생과 고려 창업을 정당화한 것과 마찬가지로 고려 왕실에서 주장한 이야기가 아닌가 생각된다.[3]

도선에 대한 현창顯彰 운동이 본격화된 것은 인종 6년1128 이후였다.『고려사』 가운데 충렬왕 8년1282과 충선왕 원년1309 때 기록을 보면 이미 그때는 도선이 최치원과 어깨를 나란히 했다는 점을 짐작할 수 있다.『고려사』 33권에

"지리국사地理國師 도선과 유종儒宗인 홍유후弘儒侯 설총, 문창후文昌侯 최치원에게는 함께 마땅히 호號를 가加할 것이다."라고 하였다. 이는 세 사람이 죽은 지 오랜 뒤의 기록으로 그들이 진정으로 고려와 왕건에 관한 신화를 예언했다고 보기는 어렵다.

한편 고려 조정의 형편을 보면 좀 이상한 부분이 있다. 고려 귀족 문화의 극성기인 인종재위 1122~1146과 의종재위 1146~1170 시대에 반란이 연속하여 일어났다. 그 대표적인 예가 이자겸의 난이었는데, 이때 묘청, 백수한白壽翰, 정지상鄭知常 등 서경西京, 평양 인물들이 이자겸의 난으로 궁성이 불탄 개경을 버리고 서경으로 천도할 것을 주장한다. 개경파는 물론 서경파도 도선의 풍수지리설을 근거로 삼았다는 것이 이상한 부분이라는 것이다. 물론 이는 개경파이자 유학파이고 사대파였던 김부식金富軾 일파에 의해 실패한다.[4] 서경파, 풍수지리설파, 배외파로 지목된 묘청이나 그 반대에 섰던 김부식이 도선을 다시 끄집어낸 것은 아이러니이기는 하지만 이해 못 할 바도 아니다. 김부식은 왕건의 정통성을 도선에게서 얻고자 했고, 묘청 또한 서경으로의 천도 명분을 도선에게서 얻고자 했으니 좀 괴이하다고 할 수는 있지만 있을 수 있는 일이다. 여하튼 도선은 이로써 우리의 자생 풍수의 확고한 조종으로 자리 잡는다.

도선의 생애에 대해서는 이설이 많은데 대개 신라 흥덕왕 2년827에 태어나서 효공왕 2년898까지 살았다고 전해진다. 또한 그의 풍수지리술 습득에 대해서는, 고려 의종 4년 왕명으로 최유청이 찬한 「도선비문」에 따르면 지리산 자락에서 어떤 이인으로부터 배웠다고 되어 있으며, 비슷한 시기에 편찬된 김관의의 『편년통록』에 의하면 도선이 당에 유학하여 일행의 지리법을 얻어 귀국한 것으로 되어 있다. 여기에서 도선이 일행으로부터 직접 풍수설을 전수받았다는 것은 사실이 아니다. 도선이 중국에 다녀왔는지 여부도 불확실할 뿐 아니라 신라 말의 도선과 당 현종玄宗, 재위 712~756 때의 인물인 일행 사이에는 100여

년의 시차가 있기 때문이다.

밀교 계통의 승려인 일행은 역상曆象 음양오행설에 정진하였던 사람이다. 당 개원開元 16년728에 현종의 칙명으로 연국공 장열燕國公 張說 및 승 홍사僧泓師와 함께 동진 시대 곽박郭璞의 『금낭경』의 주석을 시도할 때에 지세의 설명에 실제의 사례를 드는 실증법을 사용함으로써 이후 풍수지리설이 광범위하게 유포되는 하나의 계기를 마련하였다. 그뿐 아니라 당 개원 12년724에 역시 칙명으로 남쪽은 교주交州로부터 북쪽은 철륵鐵勒에 이르기까지 각 지역의 위도를 측량하여 『구당서舊唐書』「율력지律曆志」에 편입된 『대연력大衍曆』을 저술하였다. 또 『신당서新唐書』「천문지天文志」를 보면 당나라 전체를 지세에 따라 양자강 유역을 화식지지貨殖之地, 황하 중하류 지역을 용문지지用文之地, 사천四川, 감숙甘肅, 섬서陝西 산남山南 지방을 용무지지用武之地 등의 셋으로 크게 구분하여 자연환경을 관찰하였던 극히 과학적인 사람이다.[5]

이와 같은 일행의 지리 법술이 당나라에 유학했던 도선의 스승 혜철이나 당시의 다른 선승들에 의해 도선에게 간접적으로 전해졌을 가능성은 충분히 있다. 왜냐하면 나말여초에는 선승들이 본국에서 선법을 전수한 다음에도 당나라에 가서 그곳의 선승으로부터 다시 인가를 받아 오는 것이 일반적인 풍조였으며, 선종에서는 교종에서와 같은 소의경전所衣經典이 없는 대신 면수面授를 중시하여 그 법통의 계보를 더욱 엄하게 따졌기 때문에 대개 전기에서 사자상승師資相承 관계 사실을 빠뜨리는 예가 거의 없는데 도선의 전기에는 당에 갔던 기록이 없기 때문이다.

그렇다면 과연 중국의 풍수술을 간접적으로 습득한 도선을 한국 풍수 사상의 비조로 볼 수 있겠느냐는 문제 제기가 일견 타당성이 있는 것처럼 보인다. 그러나 단순히 중국으로부터 풍수 전적을 들여온 사람을 한국 풍수의 비조로 삼는 것이 더 무리인 것 같다.

도선이 비록 간접적으로 중국 풍수 이론을 배웠다 할지라도 그는 한반도 전역, 보다 엄밀하게 말하면 대동강 이남을 답사한 경험을 통하여 국토에 관한 각종 비기와 답산가踏山歌를 남겼다. 그의 풍수 사상의 중요성은 한반도 산천의 형세를 유기적으로 파악하였다는 데 있다. 단순한 이론의 습득이 아닌 국토 공간에 대한 이 같은 경험적 풍수 이론의 적용이 도선을 우리나라 풍수 사상의 원조로 삼을 근거가 되는 셈이다. 어쨌든 중국으로부터 풍수지리 관련 서적이 전래된 이래 고대 한국의 많은 선승들이 사찰이나 부도의 입지와 관련하여 풍수 술법을 익혔던 것은 틀림없기 때문에 도선을 우리나라 풍수 사상의 원조로 인정하느냐 인정하지 않느냐 하는 문제는 그가 한반도 전역을 답사하고 내놓은 비보염승裨補厭勝 풍수론6을 어느 정도로 평가하느냐에 달려 있다고 생각한다.

　　오늘날 남아 있는 도선에 관한 자료는 양적으로는 상당하나 그 대부분이 후세에 윤색되거나 가작된 것이어서 사료로서의 가치는 적다. 예컨대 고려 태조의 「훈요십조」, 최응청崔應淸의 「옥룡사왕사도선가봉선각국사교서급관고玉龍寺王師道詵加封先覺國師教書及官誥」, 김관의의 『편년통록』, 민지閔漬의 『본조편년강목本朝編年綱目』 및 『용비어천가』, 『세종실록 지리지世宗實錄地理志』 등의 내용은 모두 고려 왕실과의 관계나 풍수지리설의 전래에 관한 것일 뿐이며, 기타 『동국여지승람』이나 『조선사찰사료朝鮮寺刹史料』 등에 실린 도선 관련 기사는 그대로 신빙하기 어려운 허황된 기록뿐으로 사료적 가치가 매우 적다. 이러한 자료 가운데에서 가장 상세하고 종합적이며 사료적 가치가 높은 것이 최유청의 「도선비문」이다.[7] 이에 관해서는 학계에 이견이 없는 것으로 보인다. 그런데 현재 「도선비문」의 비석은 남아 있지 않고 비문의 내용만이 『동문선東文選』 117권에 전해지고 있는데, 1930년대에 일본 학자 이마니시 류今西龍가 『고려사 연구高麗史

研究』라는 논문집에 수록된 논문에서 「도선비문」 전문과 비음기碑陰記 전문을 발견하여 수록함으로써 내용이 알려졌다. 그러나 정성본 교수 같은 이들은 "지극히 일관성이 없는 단편적인 이야기를 모아 놓은 듯한 인상"이라거나 "고려 태조 왕건의 출생 예언을 입증하기 위한 역사적인 사실을 기록하기 위해 만들어진 비문"이라 평한다는 점을 유의해야 한다. 필자도 그런 견해에 동의한다.[8]

최유청의 「도선비문」은 사실 고려 태조 왕건을 위한 기록이라는 지적 외에도 중요한 지적이 나온다. "최응청의 「옥룡사왕사도선가봉선각국사교서급관고」는 고려 왕실이 도선에 대한 보은의 표시로 만든 선각 국사의 명예로운 봉증封贈이다. 그러나 사실 이 두 자료는 한 사람의 작품이라고 볼 수 있는데 도선을 위한 비문과 선각 국사라는 봉증보다는 신비로운 술법을 지닌 도선이라는 신승神僧을 등장시켜 태조 왕건의 출생과 고려 창업의 천명과 신비성을 한층 더 부각하고 현창하기 위한 의도로, 필요에 의해 고려 왕실에서 만든 조작된 비문이며 기록이라고 보고 싶다."[9]

왕건의 조부의 이름 작제건作帝建이나 부친의 이름 왕륭王隆, 본인의 이름인 왕건王建 또한 너무나 작위적이라 웃음이 나올 정도다. 제왕을 만든 사람, 제왕이 나올 정도로 집안을 융성하게 한 사람 그리고 드디어 제왕에 오른 사람이라는 뜻이라 그렇다는 말이다.

이런 자료들에 의존하여 도선의 풍수 사상의 특징을 정리하는 것은 매우 어려운 일이 아닐 수 없다. 그러나 도선의 풍수는 한국 풍수의 초창기의 것이고 이후의 풍수 사상에 결정적인 영향을 미쳤음은 물론, 크게는 한국 풍수 사상의 전반적인 특성을 규정짓는 것으로 생각된다.

우선 도선의 풍수 사상은 생활에 바탕을 둔 경험 지리학이다. 민지의 『본조편년강목』에 이르기를 "태조 나이 열일곱에 도선이 다시 뵙기를 청하여 '족하가 백육지운百六之運에 응하여 천부명허天府名墟에 태어났으니 삼계三戒의 창생

蒼生이 그대의 넓은 구제를 기다린다.'라고 말하면서, 인하여 출사出師, 치진置陣, 지리, 천시天時의 법과 산천에 망질望秩하여 감통보우感通保佑 하는 이치를 가르쳐 주었다."라고 하였다. 출사, 치진의 방법은 신라 말의 혼란한 사회 상황에서 일족일촌一族一村의 생멸에 관계되는 중대사이기 때문에 그것이 단순한 미신적 유희였을 수는 없을 것이다. 나아가 지리와 천시의 법은 말 그대로 땅의 이치를 파악하여 원하는 입지를 최적의 장소로 삼고, 천후天候를 살피고 예견하여 가장 적절한 때를 선택할 수 있는 방법으로서, 이 또한 경험 과학적이지 않을 수 없는 것이다.

그의 경험 지리학적 특성은 개성의 지세 설명과 국토 전반에 대한 지리적 특성을 요약한 대목에서도 읽을 수 있다. 오관산으로부터 송악에 이어져 개경開京의 양기陽基를 연다고 설명하면서 수모목간水母木幹이라는 표현을 하였는데, 우리 국토의 골격인 산맥이 북쪽 백두산에서 발원하여 동쪽을 등마루로 한다는 것을 수모목간 혹은 수근목간水根木幹이라 표현한 것으로 짐작된다. 이것은 오행에서 수水가 북北, 목木이 동東을 나타내는 것으로 미루어 북고남저, 동고서저의 한반도 지체 구조를 지모상地貌上으로 파악했음을 뜻한다. 한반도를 포함한 동아시아는 경동지괴傾動地塊로, 대체로 서울—원산을 연결하는 추가령 구조곡을 경계로 하여 앞서 말한 북고남저, 동고서저의 지형인 것이 사실이다.

어떤 면에서 수와 목을 훈독 그대로 이해해 물과 나무를 근간처럼 중시하라는 경구로 받아들일 수도 있다. 개경은 그 후 여러 술사와 지리가地理家 부류가 모든 풍수적 조건이 완비된 땅이라고 했지만, 물의 부족은 숨길 수 없는 게 사실이고 물의 함양과 땔감 확보를 위하여 소나무를 심고 가꾸라는 도선의 지적[10]이 그렇게 표현된 것으로 볼 수도 있다는 뜻이다. 당시에는 풍수지리설에 자생 풍수의 경험적 전통이 그대로 남아 있고 중국 풍수 유입의 초기였기에 가능한 일이었다. 따라서 도선이 말한 수모목간을 말 그대로 물과 나무로 인식하는 것은 매우 타당하다.

환경 문제는 무엇보다도 물과 숲나무의 이용과 관련하여 정치적인 주제가 되었다. 고위 정치 기관들은 물과 숲의 이용권을 관할했을 뿐 아니라 때로는 처음으로 고안해 내기도 했다. 물과 숲의 보호는 일찍부터 정부의 관할 사항이었다. 이 영역에서 환경은 최초로 개인의 사적 이용권을 제한하며 보호해야 할 공동 재산이 되었다. 물은 그 유동적 본질 때문에 사유 재산으로 만들기가 어려웠다.

근동부터 중국까지 그리고 이집트에서 페루까지, 대부분의 고대 문명들은 관개 농업을 기반으로 했지만 중서부 유럽은 삼림 감독이 국가 형성의 토대가 되었다. 숲과 물을 둘러싼 이해관계는 세계 어디에서나 가정 경제를 넘어서는 규제 형식들을 만들어 냈다. 생태적 필연성이 권력 형성의 기회와 합세하는 경우도 적지 않았다. 수리 시설 공사에는 많은 것들이 서로 연결되어 있어서 상부에서 간섭할 수 있는 계기들이 많아진다. 숲의 경우, 나무가 성장하기 위해서는 오랜 기간이 필요하다는 점이 늘 상부의 권력이 개입할 수 있는 근거를 마련했고 정부의 권력은 미래 세대를 보호하기 위해 국지적 이기주의를 꺾어야 한다고 주장했다.[11]

이와 같은 합리성은 국토 공간의 중심적 위치를 한반도 동남단의 경주에서 중부 지방으로 옮기고자 했던 신라 말 선승들의 주장에 가장 잘 나타난다. 그들은 중국의 일행이 행한 지리적 경험을 도입하여 자생 풍수에 접목·보강시킴으로써 당시의 혼란한 정치·사회적 풍토를 정리하고자 노력했던 만큼, 객관성이나 합리성을 지녔으리라는 점은 쉽게 생각할 수 있다.

3 장   『도선답산가』[12]와 『옥룡자유세비록』[13]

『도선답산가道詵踏山歌』는 풍수 논리라는 측면에서 볼 때 매우 초보적이고 간략하기도 하지만 내용 자체도 지나치게 단순하고 소박한 면이 있다. 그것이 오히려 초기 자생 풍수의 일단을 엿볼 수 있는 근거가 된다는 점에서는 확실히 의미가 있다. 더구나 이런 기초적이고 단순한 내용의 풍수 이론이 도선이라는 풍수 비조를 앞세워 지금까지 유통될 수 있었다는 것은, 이 자료가 나름대로 가치를 지니고 있기 때문이 아닌가 생각된다. 물론 필자가 이 책을 도선의 진본眞本으로 믿는 것은 아니다. 다만 그의 맥을 이었다고 자부하는 어떤 사람의 작품일 터인데, 그래도 의미가 있다는 정도로만 생각하고 있다.

『도선답산가』에서는 크게 형세와 방위, 특히 형세에 관련된 형국론形局論을 중점적으로 다루고 있다. 형세에 있어서는 청룡, 백호, 주작, 현무 등 사신사의 모양새를 주로 언급하고 있는바, 공간[14] 인식을 상징성의 지각知覺 구조 아래서 다룬다는 특징이 나타난다.

경험에 의하여 인지되는 세계란 형태와 색조 등에 의하여 체험되는 세계, 다시 말하여 우리의 시야에 가시적으로 확인되어 그 해독을 기다리는 경관이다. 그런데 이러한 경험, 더 정확히는 일상생활의 경험이란 개인적인 것이며 따라서 주관적이다.

이는 매우 중요한 대목이다. 지금까지도 풍수의 가장 중요한 대목은 바로 터에 대한 선호가 주관적이라는 점이었다. 누구는 분지 지형을 좋아하고 누구는 산지에서 평온함을 느낀다면 명당의 객관적 조건을 세우기는 매우 어려워진다. 이 점이 풍수를 현대 학문의 반열에 올리지 못하는 이유이기도 하다. 결국 명당은 자신이 찾거나 만들어야 한다는 논리가 된다. 이 점은 결론에서 정리하기로 한다.

그런데 경관이나 장소가 개인에 따라 다른 의미로 받아들여진다는 점은 그것을 텍스트 자체로 설정할 수 있게 한다. 이렇게 볼 때 경관이 가진 개념적인 의미보다 경관을 어떤 문맥으로 접근하는가의 문제가 더욱 중요한 방법론적 전환을 하게 하리라는 것을 알 수 있다.

즉 경관을 텍스트로 설정할 때 그것은 어떤 특정한 부호라는 형태로 해독자에게 전달되며, 그 해독자는 그것을 해독하는 문화적 맥락을 이해할 것을 요구받게 된다. 해독한다는 것은 읽는 사람이 어떠한 문화·사회·역사적 배경의 의미를 텍스트로서의 경관에서 만들어 낸다는 뜻이므로 이것은 경험적 세계를 이해한다는 방법론과도 부합한다.[15]

위의 관점에서 볼 때 풍수는 당시 사람들의 땅에 대한 인식을 가늠할 수 있는 가장 좋은 지표일 수 있으며 『도선답산가』에 나타나는 형국에 대한 기술도 그러한 맥락에서 중요성을 이해해 볼 수 있다. 그러나 이 글에서 해독성의 문제가 그렇게 간단하지는 않다는 어려움은 그대로 남는다. 예컨대 '건감입수乾坎入首', '계축산하癸丑山下' 등의 구절은 그 자체가 매우 세련된 용어라는 점 이외에도, 그것이 구체적으로 어떤 장소를 대상으로 하는지가 선결되지 않는 한 깊이 있게 말하기가 무척 어려운 내용이다. 따라서 이 글에서는 형세에 관련된 형국만을 살펴볼 수밖에 없다.

『도선답산가』에서 제시하는 명당 주변 국면의 형세는 크게 두 가지로 분류된다. 그 하나는 전반前半의 전체에 대한 국세局勢 설명이고, 다른 하나는 후반後半의 세부 지세에 대한 상황 인식이다.

전체 국면에 대해서는 필자가 『한국의 풍수 사상』[16]에서 설명한 바 있는데 그와 거의 같다. 즉 "산수상보山水相補한 조화, 균형의 땅에 사람의 마음을 지각상知覺上 포근히 감싸 줄 수 있는 유정有情한 곳, 그러나 속된 기가 흐르지 않는 성소"로 정리된다. 특히 사신사와 그것들에 둘러싸인 명당에 관한 대목은 풍수의 일반 원칙을 그대로 받아들였다. 게다가 당시 풍수가 개인의 발복을 추구하는 이기적인 잡술로서의 음택 풍수 위주가 아니라 '명당가득용만마明堂可得容萬馬'[17] 따위의 구절에서 누차 드러나는 것처럼 삶터 잡기인 양기陽基 풍수에 중점을 두었음도 잘 나타난다.

또 하나 『도선답산가』의 특징은 유물적인 지세 해석을 취한다는 점이다. 예컨대 "흉한 돌은 도병刀兵"이라든가, "층층이 봉우리를 이루니 대대로 등과登科하겠구나." 따위가 그런 것인데 본문의 상당 부분이 그런 식이다. 유물적 지세 해석 방식은 풍수 형국론에 직결되며 이는 한국 풍수의 한 가지 큰 특징이기도 하다.

처음에 도선이 송경松京에 도읍을 정할 때에 산천을 두루 돌아보고 나서 "이곳이 앞으로 800년 동안 이 나라의 운수를 지탱할 곳이니 축하할 일이로다."라고 말하였으나, 조금 있다가 동남쪽에 안개가 걷히면서 한양의 삼각산이 우뚝하게 넘어다보였다.[18] 이를 바라보며 도선이 탄식하여 말하기를 "저 삼각산 봉우리가 진방辰方에 있어서 마치 도둑놈의 깃발처럼 되었으니 400년이 지나면 이 나라의 큰 운수는 저 산 밑으로 옮겨 갈 것이로다."라고 하고, 일흔다섯 마리의 석견石犬을 만들어 진방을 향해 세워서 마치 도둑놈을 지키는 형용을 만들어 놓았다. 그 뒤에 고려는 과연 475년 만에 망해 버렸다.

앞의 인용문에서도 도선식의 유물적 지세 해석을 읽을 수 있다. 특히 이것
은 이러한 유물적 해석이 그의 비보 풍수로 이행되어 가는 과정을 보여 준다
는 점에서 흥미롭다.

지형과 지세를 있는 그대로 둔 채 그 영향을 직접 받아들인다고 보았던 서
양 지리 사상의 오랜 전통인 환경 결정론에 비해서는 훨씬 가능론적 입장에
가깝다. 경관을 주체적으로 본다는 점에서도 그러하고, "소위 신이 할 바를 빼
앗고 천명을 바꾼다脫神工 改天命."라는 풍수의 적극성에 있어서도 흥미로운 부
분이다. 좀 억지스럽기는 하지만 도선 풍수의 한 특징으로 주체적 적극성을 꼽
을 수 있는 대목이기도 하다.

『옥룡자유세비록玉龍子遊世秘錄』에서는 다음과 같은 도선 풍수의 특성을 찾
아볼 수 있다.

첫째로 도참식 표현 방법을 자주 원용했다는 점이다. 대표적인 예로 "주인
을 찾자 하니 목복성木卜姓의 땅이로다." "주인봉主人峰 자세히 보니 목자천년木子
千年 분명하다."에서와 같이 박씨朴氏를 목복성木卜姓, 이씨李氏를 목자木子로 표현
하는 것과 같은 파자 양식은 도참의 전형이다.

한자가 만들어지면서부터 이미 각각의 뜻을 가진 여러 글자로 분리되고 결합할 수
있는 특징이 있었다. 일찍이 주周나라 때부터 이 특징을 이용하여, 한자를 분리 또
는 결합, 개인의 길흉이나 운명은 물론 국가의 중대한 일이나 운명까지도 추리하고
유추하여 판단하는 방법이 있었다.

한자를 분리하는 것은 파자 또는 탁자라고 하며 한자를 결합하거나 추리하고 유
추하는 것을 측자 또는 상자相字라고 한다.[19]

또 "벽송사碧松寺 전후국前後局은 병화불입兵禍不入 하리로다.""산고곡심山高谷深 하여 병화불입 허다하다."라는 구절들은 대표적 도참서인 『정감록』 「감결」에서 보신지지保身之地에 해당한다. 도참의 본령은 말세에 새로운 인물, 새로운 시대의 출현과 도래를 예고하는 동시에 그럴 때의 보신책을 가르치는 것이기 때문에, 도선의 풍수 사상에 도참이 깊이 내포되어 있었을 것으로 추단하는 것은 상당한 합리성을 갖는다.

둘째로 윤리성을 꼽을 수 있다. 수많은 사례들이 등장하는데, 한마디로 『주역』이 가르치는바 "적선지가 필유여경積善之家 必有餘慶"임을 강조하는 내용들이다. 그러나 풍수의 윤리성을 해석하는 일은 결코 단순하지 않다. 물론 풍수의 윤리성 강조는 우리나라와 같이 풍수에 대한 믿음이 신앙의 차원에까지 달한 곳에서는 그 순기능에 대해 굳이 강조할 필요도 없을 것이다. 나쁜 짓을 하면 아무리 명지관名地官을 동원해도 좋은 땅을 얻지 못하며, 적선적덕積善積德을 하면 어느 곳에 몸을 뉘어도 그곳이 길지라는 풍수 윤리는 사람들에게 매우 강렬한 규범이 되었을 것이기 때문이다.

그럼에도 풍수의 존립 기반을 그 윤리성이 위협한다는 것은 역설적이면서도 문제를 내포한다. 인성의 선악이 명당, 길지 선정의 기준이라고 한다면 좋은 땅은 천리天理에 의해 주어질 텐데 지리가 무슨 소용에 닿겠느냐는 뜻이다.

만일 선함으로 인생을 일이관지一以貫之할 수 있다면 풍수는 필요 없다. 그러나 인간이 그럴 수 없다는 것은 부인할 수 없는 사실이다. 그러므로 선업을 쌓으라는 의도성과 '개천명 탈신공改天命奪神工'할 수 있다는 적극성 그리고 모자라는 선덕善德을 지기로 보완할 수 있다는 천지인天地人 조화관이 그러한 문제에 대한 대답의 일단이 될 수 있다고 생각한다.

셋째는 풍수가 지니는 음양오행설을 중시한다는 특성이다. 음양오행설은 천지인 상관론에 입각한 전형적인 동양적 조화 사상으로 보아도 무방한 사고 관념이다. 그러면서도 이것이 우리나라에 들어와서는 수비학적數水秘學的이고 비술적秘術的인 변용을 많이 거쳤다. 내용에 있어서는 주로 오행의 상생 관계와 음양의 조화 관계를 직접적으로 묘사한 대목이 많이 나온다. 특히 와窩, 겸鉗, 유乳, 돌突 등 혈형 사대격穴形四大格의 사용 빈도가 아주 높은 편이다.

음陰 중에 양陽이 있고 양 중에 음이 있기 때문에 태양太陽, 소양少陽, 태음太陰, 소음少陰의 사상四象이 생기는데, 그 형체가 혈형에서는 와, 겸, 유, 돌의 혈형 사대격이 되는 것이다. 이것이 다시 36형形, 365체體, 389상象 등의 변태變態를 파생하지만 결국 혈형 사대격에 기본을 두고 있는 것인 만큼 와, 겸, 유, 돌의 혈형 사대격만 이해해도 혈형의 대략을 파악할 수 있다.

혈형은 음양의 원리를 기본으로 삼으므로 실제 상지相地 시에는 지형의 요철에 의하여 음양을 구분하게 된다. 용맥龍脈이 도톰하게 철형凸形으로 튀어나온 손바닥을 엎은 모양覆掌形을 양이라 하고, 오목하게 요형凹形으로 들어간 모양仰掌形을 음이라 한다.

사격 중 와와 겸은 그 훈訓에서 나타나는 대로 '감춘다', '목 사슬' 등과 같이 요형이므로 음혈陽穴이 되고, 유와 돌은 철형이 된다. 따라서 음맥이 오는 아래에 와, 겸의 음혈이 있어야 하고 양맥이 오는 아래에 유, 돌의 양혈이 생기는 것이니, 이는 '양래음수 음래양수陽來陰受陰來陽受' 하는 이치이다.

이것은 음양론상의 설명이나, 실제 상지에 있어서 지모地貌의 이와 같은 형세는 조화의 관념에서 비롯된 것임을 쉽게 알 수 있다. 즉 높은 산지에서는 오목하게 들어간 곳이라야 아늑하고, 평야에서는 좀 튀어나온 곳이라야 답답하지 않다. 또 명당이 와나 겸인 곳에서 혈처는 유나 돌이 되어야 하는데 그렇지 못하면 비가 많이 올 때 명당이 요지凹地이기 때문에 침수를 면하기 어렵다. 이것이 바로 음양의 조화다.

따라서 도선 풍수가 음양을 강조하는 것은 고답적인 논리의 강변이 아니라 경험에서 우러나온 합리적 판단의 결과로 해석하는 것이 타당하다. 이와 같이 풍수는 사실 합리적 지리학 이론인데 그 표현에 있어서 비술적 용어를 많이 사용해 현대인이 접근하기 어렵고 망설이게 하는 일이 부지기수다. 그러므로 풍수에서는 그 용어가 포함하는 본질적 의미를 간취할 필요가 있다.

넷째로 그 적극성을 꼽을 수 있다. "혈중穴中에 물 있거든 보토補土하고 장사 葬事하소서."에서와 같이 '혈중생수穴中生水'는 풍수에서 가장 피하는 금기지만 다른 조건이 갖추어졌다면 보토해서라도 사용할 수 있다는 주장은 상당한 적극성의 발로다. 이는 넓게 보면 비보와 유사한 점이다. 이와 함께 풍수의 상지 점혈相地占穴이 후손에 결정적인 영향을 미친다는 표현도 자주 나온다. 따라서 그 적극성은 분명하지만 논리성의 부족은 문제다. 그러나 이런 경우에는 그야 말로 하늘이 낸 사람인 공자나 요순을 거론함으로써 배반적 논리를 호도하는 재주를 부릴 뿐, 적극성이라는 특성에는 변함이 없다.

끝으로 엄밀성과 중용성中庸性인데, 혈처의 깊이를 말하는 대목 같은 데서 침구 법술鍼灸法術에 있어 침을 어느 깊이까지 찔러야 되는지에 관한 문제에 이를 비유하는 내용이 엄밀성에 관련된다고 볼 수는 있지만, 상당히 교활한 측면이 있음을 부인하기 어렵다. 또한 풍수를 공부하는 태도와 방법에 있어서도 자주 엄밀성을 추구하는 내용이 나온다. 그리고 이론과 답사를 겸전하라는 가르침에서는 중요성을 읽을 수 있거니와, '언적묵적言敵默敵, 말이 많아서도 안 되고 말이 없어서도 안 된다는 뜻'이라는 표현에서도 그것을 감지할 수 있다.[20] 그러나 무엇보다 중요한 것은 자생 풍수가 지닌 비보성이다. 그것은 자연에 대한 인간의 적극적인 개입이다. 이는 사랑을 바탕으로 한 것이어야 함은 물론이다.

4장   도선 풍수 보론

1 뜻

고래로 우리나라에서 풍수라 함은 곧 오늘날의 지리학이다. 다른 점은 엄밀하게 말해 풍수가 학문은 아니라는 것이다. 국토와 풍토에 대한 당시 거주민들의 지혜가 집적된 것이 체계를 갖추면서 자생 풍수가 된 것이라고 보는 것이다. 자생 풍수는 도선을 조종으로 삼는다. 도선이 지리산 이인에게서 풍수를 배웠고, 그에게는 음택과 관련된 어떠한 흔적도 없으며, 도선의 영향을 크게 받았음이 분명한 고려 태조 왕건의 능이 풍수 이론에서 보면 하등 보잘것없는 곳이라는 점 등에서 그렇다. 필자가 도선의 풍수를 자생 풍수라 칭하는 것은 그런 이유에서이다.

따라서 이것을 이제 고답적 의미의 학문으로 접근하거나 풍수라는 용어 자체에 집착하여 당시 기록에 풍수라는 말이 없었다고 주장하면 할 말이 없다.

필자가 말하는 자생 풍수란 우리 민족이 지녔던 지리 지혜라는 것이고, 따라서 용어에 큰 의미를 두지는 않는다. 도선 풍수도 좋고 우리 풍수도 좋고 조선 풍수라 해도 좋다. 다만 있는 것을 그대로 받아들이면 될 것이다. 만약 풍수라는 용어를 쓴 사례가 없기 때문에 자생 풍수를 받아들일 수 없다고 한다면, 과학이나 생태, 환경 같은 용어들은 근대에 만들어진 것이므로 우리에게 그런 관념은 없었다고 주장하는 것과 마찬가지다.

학자가 도선에 대해 얘기할 때는 기록의 정황을 깊이 관찰해야 한다. 이미 선배 학자들이 가짜고 날조라고 강조한 대목에는 관심을 두지 않고 부분적인 기록만 가지고 삼국 통일을 예언했다는 따위의 논설은 삼가야 한다. 무설득도 無說得道의 도선이 고향 사람들에게 원망받을 왕건 통일에 대한 언설을 했다는 따위 설화는 선승인 도선에 대한 모독이며 논리의 모순이다. 오히려 21세기를 맞는 오늘날 비보론을 자연 보호와 환경 적응 이론에 접목하는 신토불이의 도선 사상이 바람직하다. 역사란 과거의 학문이면서 미래를 위한 학문이어야 하기 때문이다.[21]

2 용어가 나온 연유

이에 대해서는 필자의 풍수 편력을 소개하는 것으로 충분할 것이다. 필자는 대부분의 사람들과 마찬가지로 음택 위주의 발복 풍수로 시작했다. 그것이 바로 풍수라고 당연히 받아들였고 관심도 갔다. 재미도 있었다. 이론이 현장에서 확인될 때는 기쁨까지 느꼈다. 하지만 차차 음택에 대한 관심은 사라졌다. 아마도 많은 주검과 대면하면서 인간의 신체가 죽으면 어떻게 되는가를 눈으로 확인하고 그런 곳에서 발복을 기대한다는 것에 회의를 느꼈기 때문일 것이다. 확인이라는 것도 다분히 내 입맛에 맞게 견강부회한 측면이 많았다는 점도 한몫했을 것이다. 내게 유리한 증거들만 확인 작업에 끼워 넣었다는 뜻이다. 고의는 아니지만 사람들은 이런 습관을 흔히 가진다. 하지만 후회했다. 그것이 아니었다.

이어 필자는 성격 탓도 있었지만 당시의 정치적 변수도 작용하여 낭만적이고 현실 도피적인 도참적 풍수에 빠지고 말았다. 있지도 않은, 앞으로도 영원히 없을 유토피아를 찾았던 것이다. 당연히 거기에서도 현실적 대안을 찾지 못했다. 대학을 사직하고 나와 주로 생계를 위해 시작한 신문 연재는 마구잡이식의 주제와 소재를 가진 엄청난 답사였다. 소득은 많았다. 현장엔 풍수 전적에는 없지만 우리나라에는 있는 부분들이 있더라는 것이다. 이론이 현장에 부합하는 것은 너무 엄격한 잣대를 들이대는 것이기는 하지만, 결코 이론이 현장과 딱 맞아떨어질 수 없다는 점을 깨달았다. 책과 이론이 일치하리라는 생각 자체가 유치한 발상이었다. 이론이란 지극히 추상적인 것인데 그것을 실제에 적용하려 했으니 될 일이 아니었다. 고백하자면 혼란에 빠진 것이다.

많은 현지 주민들과 대화하면서 느낀 것은 풍수를 철석같이 믿는 사람들조차도 현실에 순응하며 각자 사는 곳을 명당으로 인식하고 있다는 점이다. 단적인 예가 공주 명당골에서 만난 정감록파 노인의 술회였다. "누군들 이런 궁벽한 산골에서 살기를 원하겠소. 자본만 있다면 도시에 나가 안락하게 살고 싶지요. 하지만 자본이 없으니 어찌하겠소? 이곳이 바로 명당이라 여기며 지금까지 살아온 것이지."

두 가지가 드러났다. 명당은 마음속에 있다는 것과 자본이 명당이라는 것이다. 하지만 이것은 전통의 풍수 사고와는 거리가 먼 얘기였다. 그것은 마음 공부가 즉 풍수 공부라는 말이니 풍수 자체가 없어질 논리이고, 자본이 명당이라면 돈이 곧 명당을 만들 수 있다는 것 아닌가?

그래서 나는 이런 경험을 종합하여 풍수의 현대적 변용으로서의 자생 풍수를 찾아내자고 생각했다. 그리고 삶의 현장, 도시에서의 명당 만들기라는 입장

으로 돌아섰다. 풍수에서 어떤 '정보'가 아니라 '변용'을 생각하기 시작한 것이
다. 그리고 그런 사례는 우리나라 곳곳에 산재해 있었다. 그것이 자생 풍수라
는 용어를 쓰게 된 연유다.

3 사례 세 가지[22]

황해북도 사리원시 광성리 정방산 성불사[23]

정방산 성불사는 글자 그대로 사각형 모양의 산지에 둘러싸인 분지 중앙에
위치해 있다. 도선 국사가 창건898했다고 하나 진위는 알 수 없다. 그해는 도선
이 입적한 때다. 그러나 그런 내용이 지금까지 전해진 것을 보면 이 절이 분명
자생 풍수 계열의 승려에 의해 세워진 것은 확실하다. 문제는 입지 조건을 이
해할 수 없다는 것이다. 정방산에서 내려오는 물은 모두 이곳 성불사로 모이게

정방산성 남문.

정방산 성불사 원경.

되어 있다. 실제로 정방산성 남문 옆에는 수문水門, 물구멍이 뚫려 있다.

방어가 목적인 산성에 물이 나갈 길을 훤히 뚫어 놓는다는 것은 있을 수 없는 일인데도 그리했다는 것은 그만큼 절 경내가 침수에 약하다는 뜻이다. 정방산은 기봉산 혹은 깃대봉현지에서는 그렇게 부르나 기록에는 천성봉이라 되어 있다.을 정상으로 하여 모자산, 노적봉, 대각산이 합쳐져 정사각형 모양을 하고 있다. 산으로 둘러싸인 분지 가운데 성불사가 자리한다.

당연히 비만 오면 성불사 부근이 물에 잠긴다. 현지 관리인은 지금도 장마철에는 법당 마당까지 물이 찬다고 했다. 도선이나 그의 제자들이 바보가 아니라면 이런 곳에 절을 입지시킬 수 없다. 이유는 두 가지로, 하나는 상주하는 스님들을 홍수에 대비한 상비 노동력으로 쓰기 위한 것이고, 다른 하나는 땅을 어머니로 보는 기본적인 사람들의 속성이다.

좋은 어머니명당는 그 자체로 완벽 지향적이고 따라서 이상형이다. 현실에 완벽이나 이상이란 없다. 어떤 어머니라도 문제는 있다. 피곤할 수도 있고 병이 들 수도 있고 성질이 고약할 수도 있다. 그런 어머니에게까지 정을 주고 효도하라는 것이 이 절 입지의 교훈이다. 좋은 사람에게 잘해 주는 것이야 누가 못 하겠는가. 이것이 자생 풍수의 땅에 대한 사랑이다.

고려 태조 왕건릉과 공민왕릉 비교

태조는 고려의 개국자이다. 그리고 공민왕은 사실상 고려의 마지막 임금이다. 한데 태조릉顯陵은 평범하기 짝이 없고, 공민왕릉玄陵은 풍수 이론상 거의 완벽에 가깝다. 태조 당시는 중국의 이론 풍수가 제대로 전해지기 전이다. 자생 풍수가 지리학으로 여겨지던 때이다. 이는 고려 과거 시험 과목에서 알 수 있는 사실이다. 반면 공민왕은 10년 넘게 북경에 머물면서 원나라 공주와 혼인을 했고 이름도 바얀 테무르였다. 게다가 그가 중국식 풍수에 밝았고 거기에 심하게 집착했다는 것은 여러 정황상 확실하다. 문제는 태조릉 터가 너무 풍

왕건릉 원경.

왕건릉 전경.

왕건릉 뒤쪽 주산 자리의 주산이 보이지 않을 정도로 낮다.

수 이론에 맞지 않는다는 것이다. 주산은 좌우 산들보다 오히려 낮고 주변도 우리 시골 어디서나 볼 수 있는 그저 그런 경관이다. 내세울 것 없고 무지스럽다는 험담까지 들으며 살아온 우리 어머니와 같은 풍경이다.

공민왕릉은 다르다. 사신사를 제대로 갖추었고 수국水局도 나무랄 데 없는 교과서적 명당이다. 남한의 풍수 전문가가 답사한다면 누구라도 천하 명당으로 꼽을 것이다. 하지만 느낌은 다르다. 단적인 예를 한 가지 들겠다. 북한에서의 일정은 틀에 박힌 것이었다. 그런데 12시 조금 넘어서 공민왕릉 답사가 끝났고, 당연히 거기서 도시락을 먹어야 하는데 굳이 왕건릉으로 가자는 것이었다. 왕건릉을 보고 나니 오후 2시였고, 그때 점심을 먹었다. 왜 그랬느냐고 물으니 그냥 그랬다는 대답이 돌아왔다.

내 생각은 달랐다. 공민왕릉은 빼어나게 아름다운 자태라 보기에는 좋을지 몰라도 편히 쉬기에는 부적당하다. 왕건릉은 마음을 편안하게 해 준다. 북한 안내원들은 느낌으로는 그것을 알고 있었지만 말로 표현하지 못한 것이다. 이런 내 의견을 듣고 모두들 수긍했다. 거기서 "봉건 도배들의 터 잡기 잡술"로 정의되던 풍수가 돌연 "민족 지형학"으로 둔갑했다. 북한 고고학자 리정남의 표현이다.

비보 사례의 풍성함

이에 관한 연구는 충분하다.[24] 비보는 중국 풍수 이론서에는 잘 나오지 않는 부분이다. 그 의도 역시 땅에서 득을 보겠다기보다는, 땅을 고치고 다듬어 우리가 의지하기 편안한 곳으로 바꾸자는 것이다. 땅으로부터 빼앗기만 하는 것이 아니라 서로 돕는 공생 관계를 의도한 방법이다.

우리가 땅을 어머니라고 했을 때, 그 어머니는 마냥 인자하기만 한 분인가? 부모에게 자식은 축복인 동시에 고난이다. 당연히 땅은 부모이고 자식은 인간이다. 인간이 있음으로 해서 땅은 의미를 갖게 되었다. 축복이다. 자식을 키워

공민왕릉 원경.

공민왕릉 근경. 그 옆이 노국대장공주릉이다.

본 부모들은 잘 알겠지만 출산의 기쁨은 잠깐이고 그 뒤는 간간이 끼어드는 행복을 빼고는 고난의 연속이다. 양육, 교육, 독립 보조, 이어지는 근심은 모두 견디기 힘든 고난이다.

그러니 우리가 땅에서 그 이상의 무엇을 바란다는 것은 마치 중환자실에 누워 계신 부모에게 손을 벌리는 것 같은 파렴치한 짓이다. 이제는 늙고 병든 부모를 모셔야 할 때다. 그저 방치하는 것은 효도가 아니다. 많은 환경 보호 주장 속에는 은연중 그런 함의가 있다. 제한적이고 계획적이며 자생 풍수적인 개발 주장에는 적극적 효도 관념이 담긴다. 무조건적인 개발 반대는 현실적이지도 않고 자생 풍수적이지도 않다.

앞의 세 가지 사례는 남한에도 부지기수다. 그저 편의상 세 가지를 뽑았을 뿐이다. 사실 도선이 직접 말했다고 전해지는 비보는 그의 『유기留記』에 등장한다. 고려의 만월대는 우러러보면 큰 언덕을 마주 대하는 것 같다. 도선의 『유기』에 "흙을 헐지 말고 흙과 돌을 돋우어 궁전을 지을 것"이라고 했다. 그래서 고려 태조는 돌을 다듬어 층계를 쌓아 산기슭을 그대로 보존하면서 그 위에 궁궐을 세웠다는 것이다.[25] 도선의 점정占定 혹은 그에 의해 건립되었다는 비보소神補所는 『조선사찰사료』에 보면 전국에 걸쳐 나타난다.[26] 게다가 이 책의 자료는 성립 연대가 대부분 조선 후기이기 때문에 믿기가 더욱 어렵다.

만월대는 특히 그의 땅 사랑에 기인한다는 그럴듯한 해석이 가능한 대목이다. 그러나 도선은 현실적인 사람이었다. 그렇게 한 데에는 반드시 그럴 만한 이유가 있을 것이다. 현장에서 본 만월대의 옛터에는 층계가 그대로 남은 곳이 많았다. 필자가 층계를 올라 보니 168센티미터의 신장에 보통 길이의 다리를 가진 필자로서도 한 칸 한 칸 오르기가 벅찰 정도로 계단이 높았다. 원지형을 깎지 않고 돌을 놓은 것이 분명했다. 왜 그랬을까? 당시의 토목 기술로 땅을 깎아 내는 정도의 공사는 큰일이 아니었을 것이다. 그런데도 불편을 감수하며 그렇게 한 까닭은 주변의 산세를 보면 바로 짐작이 된다. 이곳은 산세가 급한 산록 경사면이라 만일 깎아 내고 헐어 큰 집을 짓는다면 산사태나 낙석의 위험이 큰 곳이다. 그래도 그런 곳에 입지한 것은 당시 상황에서 방어를 고려한 까닭일 것이다. 도선 풍수의 실용성을 확인하는 원초적인 실례인 셈이다.

사실 우리나라의 고을이나 마을에서 가장 흔히 볼 수 있는 비보 사례는 행주형行舟形이다. 터 잡기가 물 위를 흘러가는 배 모양이라는 뜻이다. 큰 고을만 하더라도 평양, 청주, 경주, 공주 안동 등이 여기에 속한다. 이 가운데 북한 평양의 경우를 보자.

평양 금수산 최고봉인 최승대나 을밀대 또는 모란봉에서 평양 시내를 조망하면 대동강과 보통강에 둘러싸인 평양시의 지모가 '배 떠나가는 형국行舟形'임을 누구나 느낄 수 있다.

이미 『택리지』에도 지적되어 있는 얘기인 만큼 꽤 오래전부터 알려져 온 평양의 풍수 형국론이다. 술법상으로는 행주형에 해당하는 고을이나 마을에는 그 배를 묶어 놓을 닻이 필요하다고 하는 경우도 있고, 그 배가 잘 나가도록 돛이 필요하다고 말하는 경우도 있다. 평양의 경우는 닻이 필요하다고 생각하는 경우로, 그 닻을 연광정 밑 덕바위 아래 대동강 물속에 넣어 두었다는 것이 풍수 비보설의 골자다.

실제로 1923년 연광정 밑에서 이 닻을 건져 올린 일이 있다. 물론 북한 사람들은 이 얘기를 듣고 금시초문이라고 했다. 당시 풍수는 일제에 의해 조선의 대표적인 미신으로 꼽혔던 만큼, 이 닻은 다시 내려지지 않고 주변에 방치되었다. 그런데 바로 그해에 평양에 대홍수가 발생하여 온 평양 시가지가 침수되는 천재를 만나게 된다. 홍수가 닻을 건져 올린 탓이라 여긴 시민들이 원래의 장소에 다시 닻을 내려놓음으로써 평양의 진호鎭護, 난리를 평정하고 나라를 지킴로 삼았다고 한다. 문제는 평양 시내에 우물을 파면 화재가 많이 나기 때문에 메워 버렸다는 『택리지』의 기록이다.

그렇다면 평양 행주형의 풍수 설화는 단순한 미신에 불과할까? 일본인뿐 아니라 서양인도 풍수를 미신으로 취급하는 데 이견이 없을 정도다. 하지만 그렇게만 볼 일은 아니다. 우리 조상들이 모두 바보라는 말인가. 뭔가 이유가 있기에 행주형이라는 이름을 붙이고 그에 따른 대비를 해 온 것은 아닐까. 이제 그 문제를 따져 보자.

평양은 대동강이 거의 90도로 방향을 크게 바꾸며 만곡灣曲하는 물길의 공격사면攻擊斜面 쪽부터 도시가 시작된다. 다행히 그것을 능라도와 금수산 줄기가 가로막아 완화시켜 주지만 일단 큰물이 쏟아져 들어오는 경우에는 막을 방법이 없다. 그뿐 아니다. 보통강 또한 금수산의 옆구리를 치며 만수대 쪽을 공격하는 형세이기 때문에 홍수 때 양쪽에서 물이 밀려오면 속수무책인 지세다. 게다가 시내 남쪽은 창광산과 서기산지금은 해방산이라 부른다.이 가로막아 시내로 들어온 물의 배수까지 막고 있는 형편이다. 당연히 대비하지 않을 수 없다. 그것이 바로 행주형 풍수 설화이며 사람들은 그것을 통하여 평양의 수재水災에 항상 대비하는 마음을 갖게 된 것이다.

얼마 전 유홍준 교수가 평양의 행주형 풍수 문제에 대한 의견을 물었을 때 "대동강과 보통강의 퇴적층으로 말미암아 생길지도 모르는 물의 장기瘴氣, 축축하고 더러운 땅에서 일어나는 독기를 방지하기 위한 선조들의 지혜가 아니겠느냐?"라고 답변한 적이 있다. 일부는 맞는 말이지만 전부 그런 것은 아니었다.

평양의 퇴적층은 그리 넓지 않다. 평양의 평천 구역, 쑥섬, 두루섬 일대가 퇴적층이고 나머지는 아니었다. 풍수 금언 중 "보지 않은 것은 말하지 말라."와 "산을 넘고 물을 건너는 수고登涉之勞를 마다하지 말라."의 의미를 평양에서 실감한 셈이다. 여하튼 풍수가 우리 선조들의 풍토에 관한 지혜를 담고 있음은 분명했다. 장기란 요즘 말로 하면 장티푸스와 같은 전염병이다. 퇴적층에서는 우물을 파도 강물을 거른 정도밖에 되지 않는다. 그것을 평양은 행주형이라 성내에 우물을 파면 배가 가라앉으니 큰일이라고 비유한 것이다. 그 대신 대동

평양 연광정.

주체탑에서 바라본 대동강과 평양 시가지. 앞이 필자, 뒤가 리정남 교수다.

김일성 광장. 앞이 대동강이고 강 건너에 주체탑이 보인다.

강의 정해진 장소에서 물을 길어다 먹으라고 했는데, 최소한 물을 끓여 먹으라고 주의를 줄 만한 여건은 마련된 것이다.

1997년 북한 방문 당시 동행했던 리정남 교수에게 그런 얘기를 해 주었더니 깜짝 놀라면서 "그렇다면 풍수는 '민족 지형학' 아닙니까?" 하는 답이 돌아왔다. 필자의 대답도 그에 화답하는 정도였다. "풍수는 물론 봉건 도배들의 터 잡기 잡술 같은 측면도 있지만 전반적으로는 조상들의 지혜의 소산인 경우도 많습니다."라고 말이다.

어떻게 해야 하나

자생 풍수에 대한 비판에는 여러 갈래가 있다. 필자가 제안한 "자생 풍수, 자연과의 조화, 대동적 공동체라는 매력적인 표현들 속에 자리 잡고 있는 땅에 대한 중심 논리는 결국 본능, 직관, 사랑이라는 것밖에는 없다.""지금 우리들이 알아들을 수 있는 합리적인 언어로 재정립해야 한다." "최대 약점은 땅의 질서와 논리에 대한 천착을 생략하고 풍수를 형이상학적인 마음의 차원으로 가져갔다는 것이다." "신념의 대상으로서는 어찌 되었든 간에 학설로서의 논증이 결여되어 있다."라는 것이 대표적인 비판의 골자일 것이다.

옳은 지적이다. 필자도 그런 점들을 극복하기 위해 노력하고 있지만 결실은 아직 신통치 않다. 그래서 지금까지 침묵으로 대응해 왔다. 그러나 여기에서 변명 겸 반론을 얘기해야겠다.

그 지적 중에는 나의 변화된 생각에 무관심해서 나온 것도 있다. 나는 형이상학을 모른다. 그러니 그런 주장을 펼 계제도 못 되는 사람이다. 게다가 현장 답사 위주의 글로 거의 일관해 왔고 이론적인 논문은 대학을 그만둔 후 발표한 것이 거의 없다. 신념 문제는 더욱 그렇다. 나는 과학자가 아니다. 인문학자로 불러 주면 고마운 정도다. 이 점은 20세기 지성의 거인이라 일컫는 자크 바전의 인문학에 대한 오해를 소개하는 것으로 충분하리라 본다.

인문학의 위기는 인문학자가 초래했다. '과학'과 겨루면서 자신도 과학의 반열에 오르고 말겠다는 의욕을 앞세우다가 인문학은 자기 무덤을 파고 말았다. 대학생에게 지엽 말단적 사실을 추구하는 방법을 주입시키는 과정에서 인문학은 교양학문 본연의 미덕과 내용을 크게 잃어버렸다. 대학에서 인문학이 설 자리를 잃으면서 더욱 '연구'라는 말에 현혹되어 인문학자는 자신이 선택한 주제 안으로 파고들지 않고 주제에 대한 사실들만을 캐내는 데 주력했다.

말하자면 과학이 아니면서 과학 흉내를 내다가 인문학의 특성인, 균형 갖춘 시각과 총괄적인 입장 정리의 자세를 잃게 되었다는 것이다. 풍수는 당대에는 과학이었지만 지금은 진정한 사이언스가 아니라는 점을 사람들은 잊고 있다. 풍수는 인문학이다. 여기에 본능, 직관, 사랑이 들어가지 않는다면 그게 오히려 비정상이다. 에리히 프롬이 "art of loving"이라 했을 때 아트를 기술로 번역한 것은 잘못이다. 예술도 아니지만 "사랑을 하기 위한 그 무엇" 정도로 번역하는 것이 저자의 의도에 근접한 것이 아닐까. '그 무엇'이라는 것은 논리적 사고나 정연한 학적 체계를 갖추기에는 어려운 점이 많다. 당연히 자생 풍수는 그런 의미에서 사이언스가 아니라 아트에 가깝다. 명징한 언어로 당신의 주장을 내놓으라는 요구는 지나치다.

하지만 도선의 자생 풍수가 지닌 인문적인 방법론을 제시하는 건 가능하다. 인문적 방법론이란 경험과 자기 성찰 그리고 직관을 비롯하여 동원 가능한 모든 인간적 본능들을 밑바탕으로 구체적이지는 않으나 각 부문에 방향과 아이디어 혹은 영감을 줄 수 있는 것을 뜻한다. 그 골자는 "땅을 사람 대하듯 하라."이다. 사람이란 무엇인가? 이 질문은 인류 출현 때부터 지금까지 모든 분야에서 관심을 기울이며 추구해 온 일종의 만국, 아니, 온 인류 역사를 통해 지속된 공동 관심사다. 수많은 주장이 제기되었으나 아직 그에 대해 모두를 만족시킬 만한 답안은 나오지 않았다. 그 답을 가장 근접하게 제시할 수 있는 가능성은 인문학에 달려 있다. 우리는 인간이란 무엇인지를 느낌으로는 안다. 그에 의지하여 땅과 사람의 관계에서 사람을 평안하게 하고 인간적으로 살게 하는 '삶터 잡기'가 가능해질 것이다.

우리가 사람을 대할 때 어떤 기준으로 그를 평가할까? 예컨대 맞선 볼 때를 생각해 보자. 우선 당사자는 상대방을 이른바 객관적 기준으로 판단할 수 있다. 가족 관계, 학벌, 장래성, 건강, 성품, 외모 같은 것들이 고려 대상의 예다. 이런 것은 판단하기 어렵지 않다. 어려움은 이러한 조건들이 만족스러운데도 "무엇 때문에 그러는지는 모르겠지만 그 사람에게 끌리지 않는다."라는 문제 때문에 발생한다. "왜?"라는 주위의 질문에 당사자는 조리 있게 알아들을 수 있는 말로 표현하지 못하는 경우가 많다. 이 '왜'가 바로 자생 풍수에서 터를 고르는 요체다. 말로 표현하지는 못하지만 분명한 느낌이 있다. 우리는 살아가면서 그런 경우를 수없이 만난다. 표현이 안 된다고 해서 엄연히 있는 것이 없는 것으로 되지는 않는다. 자생 풍수의 구체적 방법론을 얘기해 달라는 사람들에게는 답답한 노릇이겠지만, 사실이 그런 걸 어쩌겠는가?

자생 풍수는 매우 주관적이고 직관적으로 판단할 수밖에 없다. 그러니 객관성이나 논리적 체계화는 애초에 불가능에 가까운 일이다. 하지만 그렇기 때문에 자생 풍수의 풍토 적응성이나 인간에의 천착은 탁월하다. 만약 논리 체계를 갖추려 한다면 결국 자생 풍수를 포기하고 잘 알려진 풍수의 기본 논리 체계로 돌아가면 된다. 수없이 많은 풍수 서적들이 그 문제의 해답을 내놓고 있다. 나 역시 그 책들을 통하여 이론을 배웠다. 그것들도 책상에 앉아 공부할 때에는 매우 중요하다. 하지만 현장에 나가 보면 그것이 얼마나 허망한 것인지를 금방 알 수 있다. "책이란 그저 먼지로 돌아갈 뿐이지만, 인생은 그렇지 않다." 파우스트의 독백이다. "인생은 애매모호하면서도 단순하다." 보는 관점의 차이만 있을 뿐이다. 인생을 아주 단순하게 살아가는 사람이 있는가 하면 매우 복잡다단하게 사는 사람도 많다.

필자는 답사를 통하여 도시의 재래시장이나 시골의 오일장에 관하여 잘 안다고 믿었다. 대학을 사직하고 구경꾼으로서가 아니라 거기서 장사를 하여 생계 수단으로 삼을 목적으로 시장을 돌아다니며, 나는 내가 얼마나 시장의 가장 중요한 것들과 거기서 살아가는 사람들에 대하여 무지했던가를 뼈저리게 느꼈다. 구경꾼은 본질을 모른다. 현장을 답사한다고 해결되지도 않는다. 오직 실전 경험만이 그 문제를 풀 유일한 방법이다.

필자는 학문의 가치와 책의 가치를 극히 존중한다. 그런 유한有閑한 분위기 속에서 중요한 전기를 마련할 근거들이 나오기 때문이다. 그렇다 해도 공허감이 사라지는 것은 아니다. 오직 책임과 의무를 짊어지고 현실 속으로 들어갔을 때 비로소 '그 무엇'인가를 알 수 있게 된다. '그 무엇'을 알 때 자생 풍수를 어떻게 해야 할지가 자명해진다.

자생 풍수의 이해

필자가 제안한 자생 풍수는 아직 학문이 아니다. 필자가 자생 풍수를 학문으로 인정해 달라고 한 적도 없다. 그러나 과학이 아닌 인문학으로서는 자격을 갖추었다고 믿는다.

사실 풍수는 역사 속에서 우려먹을 대로 우려먹은 지리학이다. 한번 써먹은 것을 재탕, 삼탕 하는 것은 아무런 의미가 없다. 현실에 적용해야 하고 현재를 사는 사람에 부합해야 한다. 그 점에서 풍수의 한 갈래로 자생 풍수를 무리한 줄 알면서 주장하는 것이다.

땅은 관람석에 앉아 편안히 전문 해설가의 멘트나 들으면서 즐길 대상이 아니다. 여기서 해설가란 물론 풍수 전문가를 지칭한다. 그런데 많은 사람들이 이 해설자가 객관적인 입장에서 불편부당하게 경기를 해설할 수 있도록 선수 출신이 아닐 것을 요구한다. 실전 경험은 독선과 편협을 낳는다고 지레짐작한다. 그래서 전문 해설가가 등장한다. 그들은 실제 뛰어 본 경험이 없기 때문에, 우리가 보면 그냥 알 수 있는 것을 어려운 이론과 난해한 용어를 사용하여 진부하게 만들기 때문에 듣는 사람을 짜증 나게 한다. 먼저 뛰어 보고 남을 평가해야 현실 감각이 살아 있는 재미있고 유익한 해설이 나올 수 있는 것이다.

실제로 우리나라의 축구, 농구, 야구 해설자 대부분은 비록 유명하지는 않았더라도 선수 출신들이다. 심지어 현역 유명 프로 선수가 해설자가 되어 인기를 끌기도 한다. 배움의 세계에서 인기나 재미는 거의 금기시되고 있다. 과연 그럴 필요가 있을까? 이론이 어려울수록, 용어가 난해할수록, 그 저변을 살펴보면 그것들은 바로 그런 이론이나 용어를 사용하는 사람 자신이 경기를 이해하지 못했기 때문에 동원한 지적 사기일 가능성이 높다.

나는 자생 풍수를 이해하려면 현장에 나가, 이해관계가 얽힌 입장에서 직접 경험해 보기를 권한다. 현장에는 자생 풍수 이론이 무수히 널려 있다. 마을 답사에서 흔히 느끼는 일이지만 주민들이 명당으로 주장하는 거주지도 풍수 이론상 도저히 명당일 수 없는 곳이 많다. 자생 풍수의 입장에서 해석하면 그들이 그런 입지 조건을 왜 명당이라고 했는지를 금방 알 수 있다.

게다가 자생 풍수는 필시 도선 국사 혼자 천재성을 발휘하여 어느 날 갑자기 만들어 낸 독창적 지리 이론이 아닐 것이다. 그것은 이 땅에서 살았던 사람들의 경험이 집적되어 만들어진 지혜의 산물이다. 필자는 그 결실이 도선 국사라는 상징 인물로 특칭돼 나타난 것임에 틀림없다고 생각한다.

4 도선의 스승 혜철의 동리산 태안사 답사기

도선의 스승인 혜철은 해동 화엄의 총본산인 부석사에서 화엄학을 연구한 승려로서, 육조 혜능638~731의 남종선南宗禪이 임제?~867에게 이어지고 다시 임제선풍臨濟禪風이 서당지장西堂地藏에게 전수되고 서당을 통해 혜철에게 상전相傳된 선맥을 이룬 사문으로 알려져 있다. 그는 신라 헌덕왕 6년814 당에 들어갔다가 신무왕 원년839에 귀국한다. 처음에는 쌍봉란약雙峰蘭若에 있다가 드디어 전남 곡성 동리산 태안사太安寺, 현재는 태안사泰安寺로 쓴다.에 주석하여 동리산문을 개창한 것이 문성왕 4년842이다. 도선이 혜철을 찾아간 것이 그 4년 뒤인 문성왕 8년846으로, 만 3년 동안 그곳에 머문 셈이다. 그렇기 때문에 도선 풍수의 실체나 방법론에 관한 기록이 남아 있지 않은 상황에서 태안사 입지는 그의 풍수 방법론을 유추해 볼 수 있는 좋은 예가 될 수 있다. 그러나 도선이 태안사 풍수에 관하여 남겨 놓은 기록은 아무것도 없다. 부득이 현장에서 조그만 실마리라도 끄집어내는 수밖에 없기 때문에, 아래에 태안사 답사에서 얻은 심회를 두서없이 제시해 보기로 한다.

사찰 입지 경향을 풍수의 전개 선상에 놓고 볼 때, 대체로 세 단계의 구분이 가능하다. 그 첫 번째는 불적佛迹이 출현하거나 불교와 인연이 있는 이른바 신령스러운 터에 입지하는 경우이고, 두 번째는 간자簡子, 대나무 조각로 점을 쳐서 입지를 정하는 경향의 출현이다. 두 가지 모두 인위적인 입지가 아니라는 데 공통점이 있지만 간자로 택지하는 경우는 신과 인간이 간자라는 매개물을 통한다는 점에서 인문적으로 한 단계 발전한 형태로 본다.

이후 처음 땅에 대한 경험과 지혜가 축적되어 자생적 풍수 사상이 정리되는 동시에, 마침 중국에서 이론 풍수가 유입되어 실지實地에 적용되기 시작함으로써 세 번째 단계인 풍수적 사찰 입지가 이루어진다. 이 단계에서는 이전에 입지한 사찰에도 풍수적 상징성이나 의미를 부여하게 된다. 일종의 입지성에 대한 변용 또는 가치 부가인 셈인데, 이제부터 살펴보고자 하는 태안사는 세 번째 단계에 해당하는 절로, 우리나라 초기 풍수사에서 주목할 만한 사찰 중 하나다.

어떤 사찰이건 식수원을 가지고 있음은 물론이다. 도선이 잡은 절터는 그 식수원이 과도하여 침수 위험에 놓인 곳이 많다는 것이 특징인데, 이에 대해서는 구체적으로 황해도 정방산 성불사의 사례를 살펴보았다. 간혹 절터 중에 '빈대 절터'라는 이름이 붙은 곳이 있다. 이에 관해서는 그 절의 승려가 무도하거나 어떤 계기로 빈대가 들끓어 폐사되었다는 전설이 전해 온다.[27]

서울역에서 전라선을 타고 구례구역에서 내려 섬진강 상류를 거슬러 올라가다가 석곡 쪽으로 돌아들면 태안사 진입로가 나온다. 봉황의 머리 산이라는 이름의 봉두산 계곡의 초입에 들어서서 좁은 계곡을 반 리쯤 들어가다 보면 문득 하늘과 땅이 열리는 곳이 나타난다. 바로 그곳에 태안사가 자리하고 있다. 전남 곡성군 죽곡면 원달리에 위치한 봉두산은 태안사의 주산인 어미산, 즉 엄뫼에 해당한다. 엄밀히 말하자면 진산이지만 일단 주산으로 보아도 큰 무리는 없다.[28]

하지만 기록이니까 사실을 남겨 두겠다. 태안사의 진산은 명백히 봉두산이다. 이 산이 태안사 인근에서 가장 높다. 태안사는 봉두산에서 봉황의 기세가 날아드는 곳에 자리 잡고 있으며, 날개를 막 접고 있는 그 품속 바로 위에 동리산이 있고 그것이 주산에 해당한다. 즉 봉황의 머리가 봉두산이고 진산이라면 그 둥지에 해당하는 동리산이 주산이라는 얘기다. 이렇게 되면 그 형국은 비봉귀소형飛鳳歸巢形이 아닐 수 없다.

태안사의 풍수적 사실을 푸는 실마리는 혜철이 남달리 풍수와 인연이 있었다는 데서 출발한다. 혜철의 자는 체공體空이고 성은 박씨로 신라 원성왕 1년785 경주에서 태어났다. 814년 중국에 유학하여 서당지장에게서 선종의 법맥을 전수받고 쉰다섯 살 되던 839년에 귀국하는데, 그는 26년간의 유학 과정에서 강서江西 지역에 유포되던 양균송楊筠松의 풍수법을 접한 것으로 보인다.

또 우리나라 풍수의 시조로 일컬어지는 도선은 스무 살인 846년에 혜철을 찾아가 제자가 되고, 이후 풍수지리와 음양오행을 연구한 다음 서른여덟 살 되던 해 태안사의 말사인 옥룡사에 주석하였다.[29]

중국에서 귀국한 혜철은, 아마도 머물며 교화할 절을 물색했을 것이다. 당연히 풍수적 안목은 그가 사찰 입지를 결정하는 데 중요한 기준이 되었을 것이다. 태안사 경내에 있는 「대안사적인국사조륜청정탑비문大安寺寂忍國師照輪淸淨塔碑文」에 있는 내용이 바로 그의 풍수 안목을 살필 수 있는 좋은 자료다.

먼저 생각해 보아야 할 것은 태안사가 깃들어 있는 봉두산 및 동리산이라는 산 이름이다. 엄밀히 말하면 동리산271미터은 봉두산753미터이 태안사 쪽으로 뻗은 지맥이다. 즉 봉두산이 태안사의 진산이라면 동리산은 태안사를 품에 안은 주산이다. 그러나 절에서는 봉두산을 동리산이라고도 부르니, 두 산의 이름이 혼용되는 듯하다. 개인적인 견해이지만 두 산 이름은 개창조인 혜철이 풍수적 안목으로 지은 것이 계속 남아 있거나 비슷한 시기에 풍수가 널리 알려진 영향을 받아 새로이 개명된 것이 아닌가 한다.

전자의 경우로 본다면 풍수를 배운 혜철은 태안사가 자리한 진산을 봉황의 머리 모양으로 보고 절이 자리할 터를 봉황의 둥지로 보았을 것이라 판단된다.

그러면 그는 왜 봉두산을 한편으로는 동리산이라고 불렀을까? 동리산은 오동나무의 속이라는 뜻인데, 오동나무는 중국 전설에서 신령스러운 나무靈木, 군락을 지어 서식하는 상서롭고 아름다운 나무群瑞嘉木로 등장하며, 봉황은 오동나무가 아니면 머물지 않는다는 얘기가 있다. 그래서 봉황을 오동나무의 품 안에 머물게 하려고 그런 이름을 지은 것이 아닌가 한다.

그러나 여기에는 단순히 의식적인 고려뿐 아니라 혜철의 사려 깊은 지세 해석이 반영되어 있음을 현장에서 느낄 수 있었다. 태안사 명당은 형국으로 볼 때, 봉황이 하늘에서 내려와 날개를 안으로 휘감아 바람을 막고 막 땅에 발을 딛는 순간의 기운으로, 비봉귀소형이다. 절은 봉황의 둥지에 해당하는 곳에 입지했다. 그런데 기세로 볼 때 봉황이 하강하는 관성에 의하여 약간 앞으로 쏠리는 경향이 있다. 좀 전문적이기는 하지만 이것은 봉황포란형鳳凰抱卵形 혹은 봉소포란형鳳巢抱卵形과는 그 기운에 차이가 있다. 다시 말하면 봉황포란형이나 봉소포란형의 땅은 봉황이 알을 품듯이 편안하고 온화한 기를 띠나 기세가 약한 반면 비봉귀소형의 땅은 생동성은 있지만 상대적으로 안정감이 부족하다.

개창조 혜철은 당연히 이러한 기운을 감지한 듯하다. 그래서 그는 봉두산을 동리산이라 불러 봉두산의 기세를 오동나무 안으로 오롯이 담으려 한 것이 아닐까? 이른바 땅의 기운을 안정시키기 위한 지명 비보인 셈이다. 이름만 붙인 게 아니라 태안사 스님의 말씀으로는 실제 절터의 곳곳에 오동나무가 많았다고 하니, 흘러내리려는 땅 기운을 오동나무로 붙들어 머물게 하려고 한 것이 아니었나 하는 생각도 든다.

오동나무와 관련하여 비봉귀소형에 관한 민속 풍수에는 한 가지 속설이 있어 덧붙여 둔다. 즉 명당의 사방에는 일정하게 갖춰야 할 것이 있는데, 동쪽으로는 흐르는 물이, 남쪽에는 연못이, 서쪽에는 큰길이, 북쪽에는 높은 산이 있어야 명당이라는 것이다. 그런데 만약 동쪽에 흐르는 물이 없으면 버드나무

아홉 그루를 심고, 남쪽에 연못이 없으면 오동나무 일곱 그루를 심는다. 그러면 봉황이 와서 살기 때문에 재난이 없고 행복이 온다는 것이다.

게다가 절 이름인 태안泰安, 태안大安이라고도 하며 크게 편안하다는 뜻에도 지세를 잘 감안하여 봉황이 아주 편안하게 깃드는 절이라는 풍수적 의미가 담겨 있다. 1941년에 작성된 『태안사 사적』에서는 절 이름의 유래에 관해 "절의 위치가 길에서 멀리 떨어져 속인 및 승려가 드물게 이르고 골짜기가 깊고 그윽하여 승려들이 고요하게 머무는 까닭"이라고, 다분히 앞서 인용한 비문에 근거한 해석을 하고 있다.

봉황과 관련된 지리적 해석을 추가하면 봉황은 대나무 열매가 아니면 먹지 않는다고 한다. 그래서 봉두산 주변 마을에 지명 비보를 한 흔적이 보인다. 즉 면의 이름은 죽곡竹谷이고 절의 동남쪽으로 죽래리竹來里가 있다. 태안사 주위에 자생 대나무山竹가 많이 보이는 까닭도 이 이치와 관련이 있다. 그 외에도 절 동쪽의 승주군 황전면 봉덕리鳳德里, 서북쪽의 동계리桐溪里 같은 지명도 지명 비보의 일환으로 보인다.

앞으로 쏠리는 기운을 막은 또 하나의 흔적은 절 입구의 양편, 그러니까 수구막이처럼 조성되어 있는 돌무더기조산造山 또는 조탑造塔이라 부름와 절 앞뜰의 연못이다. 시기적으로는 돌무더기를 먼저 쌓고 연못은 근래에 조성한 듯하다. 돌무더기로는 빠지려는 기운을 누르고 연못으로는 기를 머물게 하려는 의도가 아니었을까? 『금낭경』에 이르기를 "기는 바람을 타면 흩어져 버리고 물을 만나면 머문다."라고 하였으니 그 이치에 마땅함이 있다. 혹은 돌무더기는 봉황의 알卵도이고 연못은 그 위에 놓인 물 대접이라는 설명도 가능하다. 게다가 연못 위에 불탑까지 조성하여 불력佛力을 빌려 전방의 허결한 지세를 보완하려 하였는데 의도는 좋았으나 조경에서 좀 어색한 느낌이 들었다. 끝으로 명당 안마당에 든든하게 둘러친 울타리 역시 땅 기운을 가두어 모으는 것이라는 해석이 가능하다.

신라 말에서 고려 초까지 태안사는 송광사, 화엄사 등 전라남도에 있는 대부분의 사찰을 말사로 둘 정도로 번성했으나, 고려 중기에 이르러 송광사가 수선修禪의 본사本寺로 독립됨에 따라 사세가 축소되었다. 조선 시대에는 배불 정책에 밀려 더욱 쇠퇴하다가, 6·25 전쟁 당시 격전지가 되어 대웅전을 비롯한 열다섯 채의 건물이 불타는 시련을 겪은 후 조촐한 선 수행 사찰로 오늘에 이르렀다. 얼마 전까지만 해도 교통이 불편하여 찾는 이가 드물고 한적했으나 근래에 도로가 포장되어 사람들의 발걸음도 잦아졌다. 그러나 그것이 절에 꼭 좋은 일인지는 알 수 없다.

태안사 봉황문을 나서며 이런 상념이 떠올랐다. '아득한 태고의 신비에 젖어 꿈꾸는 듯한 처녀의 몸이었던 태안사 터여! 그대가 비로소 혜철을 만나 불법을 잉태한 성스러운 어머니가 되었구나. 그리고 드디어 우리 풍수의 비조 도선 국사를 배출했구나. 어언 천수백여 년 고난에 시달리는 중생을 가슴에 안고 대자대비의 보살도菩薩道를 온몸으로 행하였으니, 그 어머니는 다름 아닌 관음보살이며 지장보살이었구나. 오! 관음이여, 지장이여, 어머니인 땅이여.'

그런데 한 가지 신기한 것은 태안사 아래에 있는 성기암이다. 도선의 출생지인 영암군 군서면 구림리에도 성기동이 있지 않았던가. 어떤 연관이 있는 것인지 아니면 우연인지 알 수는 없으나 도선이 양자 사이의 고리 역할을 한다는 생각은 떨칠 수가 없었다.

그렇다면 도선이 일찍이 태안사 혜철의 품을 떠난 것은 무슨 까닭인가? 도선은 출생 배경부터 이력에 이르기까지 학승과는 거리가 멀다. 어쩌면 그에게는 그런 배경에 대한 심리적 열등감이 있었는지도 모른다. 이 점은 그가 최치원을 상대로 품었던 심리와도 일치한다.

5 전남 화순군 도암면 운주사

최범서의 『소설 도선비기』에서는 도선이 도반인 도승[30]을 만날 곳에서 동자를 만난다. 그는 곧 조사釣士가 되고 서공 스님으로 바뀐다. 운주사 건립에 대한 일은 그를 통해 듣는 것으로 되어 있다.[31] 그다음 내용은 필자의 운주사 답사기[32]의 다음 기록과 같다.

운암사雲巖寺는 옥룡사와 더불어 광양 백계산에 있던 사찰로서 신라 경문왕 9년 805에 도선이 창건한 것으로[33] 고려 당시 전해져 내려왔고, 대대로 그의 법손法孫들이 주지를 맡은 곳이었다. 하지만 현재 위치는 미상이다.

이 외에 도선본비에 도선이 창건했다고 기록되어 있는 사찰은 운암사와 옥룡사 외에 세 곳이 더 있으니 하나가 구례 지리산 구령에 있던 미우사요, 둘이 구례현에 있던 도선사요, 셋이 구례현 사도촌에 있던 삼국사니, 모두 합해서 다섯 군데였다. 그러나 훗날 도선에 가탁하여 사찰의 연기 설화를 만들어 가진 곳은 수를 헤아릴 수 없을 정도로 많은 것이 사실이다.[34]

이런 사찰 중 특이한 곳이 전남 화순군 도암면에 있는 운주사다. 도선은 우리 국토를 '행주형배 떠나가는 모양'으로 보아 그 균형을 바로잡기 위하여 이곳에 천불천탑을 세웠다고 한다. 이곳 정상 가까이에 있는 와불이 뱃사공이므로 그가 벌떡 일어나 사공 역할을 제대로 하면 국운이 크게 흥기할 것이라는 설화도 이 부근에 떠돈다.

『도선국사실록』에 전하는 운주사의 비보 내용은 다음과 같다.

우리나라는 지형이 배 떠나가는 형국이다. 태백산, 금강산이 그 뱃머리이고 월출산, 영주산이 배 꼬리이며 부안의 변산이 키이다. 영남의 지리산은 배의 노이며 능주의 운주산이 선복船腹이다. 배가 물에 뜨는 것은 물건이 있어 배의 머리와 꼬리, 등과 배를 눌러 주기 때문이며, 키와 노가 있어 그 가는 곳을 다스린 후에야 표류하여 가라앉는 것을 면하고 돌아올 수 있다. 이에 사탑을 세워 누르고 불상으로 진압해야 한다. 특히 운주산 밑은 지세가 꿈틀거리듯 일어나는 곳이므로 천불천탑을 따로 세워 그 등과 배를 실實하게 하여야 한다.

소설의 설명이 더 쉽고 자세하다.

운주사는 배의 복부, 즉 사람의 단전에 해당한다. 산맥의 동쪽과 북쪽은 지대가 무거운 데 반해 서쪽과 남쪽은 평야가 많아 가볍다. 따라서 배가 동쪽으로 기울 수밖에 없다. 배의 항해는 뱃머리와 고물 그리고 복배腹背의 안정에 있다. 운주사는 배의 허리 부분이니 그곳에 1000개의 불탑을 세우면 배를 안정시킬 수 있다. 그러면 국태민안을 가져올 수 있다.[35]

필자는 현장에서 와불을 보고 이런 느낌을 강하게 받았다. 도선과 관련된 사찰들은 이곳뿐 아니라 산이라 할 만한 곳은 어디라도 소위 명산名山이나 영산靈山이라고 할 만한 곳은 아니었다. 오히려 평범하기 이를 데 없는 마을 뒷산 같은 산자락, 어디서나 놀라지 않고 만날 수 있는 우리 어머니, 할머니, 아주머니같이 생긴 산들이라는 것이 대체적인 느낌이었다. 이곳 또한 다르지 않아서 운주사는 둥그스름한 곡선을 결코 위압하지 않겠다는 듯이 누워 있었다. 그것은 주위 산세와 풍토에 순응·조화하려는 의도적인 인공이 아니었을지 모르겠다. 마치 "명산에 명당 없다."라는 우리 풍수 원칙을 잘 지킨 것과도 같다.

도선의 풍수 마음을 읽을 수 있는 다른 한곳이 그가 이인으로부터 풍수를 배웠다는 구례 사도촌이다. 옥룡사 옛터에서도 마찬가지지만 도선이 잡은 터들은 결코 좋다고 말할 수 없는, 다시 말해서 명당, 길지라고 말할 수 없는 곳이라는 특징을 가지고 있다. 그래서 옥룡사를 지을 때도 습기를 제거하기 위하여 마을 사람들로부터 숯가루를 얻지 않았던가. 사도촌 역시 별반 다르지 않다. 명당, 길지이기는커녕 매우 위험하고 병든 땅이라고 보아야 할 곳이다.

사도촌은 거시적으로는 섬진강 본류와 서시천이 합류하는 합수머리 앞쪽에 해당한다. 합수머리란 두 물길이 합치는 안쪽에 해당하므로 지형학상 포인트바point-bar에 속한다. 이런 곳은 홍수에도 침수 위험이 별로 없다. 지금은 이곳에 구례읍이 자리하고 있다. 하지만 사도촌만 미시적으로 보면 그 앞쪽, 즉 물길의 공격사면에 속하기 때문에 작은 물에도 침수의 위험이 높다. 결코 좋은 땅이 아니다. 즉 병든 땅인 것이다. 아픈 어머니를 고쳐 드린다는 자생 풍수의 목적에 걸맞은 적절한 입지 선정이다.

이것은 도선의 자생 풍수 이해에 매우 중요한 시사를 던져 준다. 도선쯤 되는 도안道眼의 풍수 스승이 그 정도의 침수 위험 여부를 몰랐을 리가 없다. 그는 일부러 문제가 있는 터를 잡은 것이 아닐까? 말하자면 피곤한 어머니, 병든 어머니의 품을 찾아 고치고 달래 드리는 것이 결국 그의 비보 풍수론이 아니었겠는가 하는 것이다.

명당은 그냥 두어도 명당이다. 좋은 어머니는 그냥 있어도 좋은 어머니일 수밖에 없다. 그러나 모두가 좋은 어머니, 좋은 터일 수는 없다. 도선은 그렇게 문제가 되는 어머니, 명당 아닌 터를 골라 침을 놓고 뜸을 떠서 고치고자 했던 것은 아닐까. 그것이 바로 그의 선지禪智 아니었을까? 만약 그렇다면 그의 풍수는 중생제도衆生濟度라는 그의 불교 신앙과 조금도 괴리가 없다.

일명 도선암이라고도 알려진 영암군 서호면 청룡리 옥룡암지玉龍庵址도 40~50미터 되는 높은 암벽 꼭대기에 자리 잡고 있다. 이미 17세기 초에 폐사되었다고 하는데, 이 역시 길지라기보다는 흉지에 가까우며 명당이라기보다는 암당暗堂이라 해야 맞을 자리다.

그런데 이런 사례가 비일비재하다는 데 주장의 요체가 있다. 실은 도갑사도 일대의 산세와 수맥이 음란수라는 얘기가 있으며, 지하 물줄기의 흐름을 입증하듯 도갑사 대웅전 앞뜰에서는 지금도 비만 오면 지하에서 물이 솟아난다고 한다. 그래서 앞뜰을 돋우고 잔디를 입혔지만 물줄기를 막을 수는 없더라는 것이 사찰 관계자의 말이다.

전북 남원시 왕정동의 만복사지萬福寺址도 기록에 따라서는 도선이 창건하였다고 한다. 『동국여지승람』에서는 고려 문종文宗 때라 하였고, 『용성지龍城志』에서는 신라 말 도선에 의하여 창건되었다고 하였다.[36] 정유재란 때 소실되기 전까지는 상당히 큰 규모의 사찰이었다고 하는데 이곳 역시 폐사되고 말았다. 그 입지 또한 문제로, 좌우에는 토성土城이 있는 낮은 구릉과 하천이 자리 잡고 있다. 사지寺址 뒤편에 있는 기린산 남쪽 사면에는 크게 볼 때 두 개의 계곡이 있어 각각 사지의 동과 서로 이어져 내린다. 이 때문에 사지 전체의 배수가 시원치 못했음이 발굴단에 의해 밝혀질 정도로 터에 문제가 있었다.

이제 문제는 오히려 간단해진다. 도선과 관련된 대표적 입지처인 도갑사, 옥룡사, 성불사, 사도촌이 모두 명당이랄 수 없는 터이며 간접적 관련성이 있는 옥룡암지, 도선암지, 만복사지 등도 길지 개념의 터는 아니다. 앞서도 지적한 바와 같이 이 사례들은 바로 도선 풍수의 큰 특징인 무정하고 불편한 어머니의 품인 명당을 고치고 달래서 그 품에 안기고자 하는 적극성을 보여 주는 사례이기에 매우 중요하다.

마치 도탄에 빠진 민중을 구하듯 풍수로써 병든 삼한 땅의 독성을 제거하고자 했던 노력의 결실처럼 보인다. 도선의 비보사찰들은 이른바 명산대찰들이 아니다. 뭇 생명들의 자행이타自行利他의 진맥점診脈點 위에 세워졌다는 특징이 있다. 고름 잡힌 터에 살신성인의 터 잡기를 이루었으니 그것이 바로 도선 풍수의 큰 특징이 아닐는지. 그래서인지 지금 도선 관련 사찰들은 대부분 폐찰廢刹 상태다.[37]

이것과는 별개로 신기한 일이 있다. 훗날 당대 최고의 길지라는 곳을 차지한 사람들의 이름이 도선 관련 사찰에 남아 있는 경우가 있다는 점이다. 예컨 대 태안사 입구 오른편에는 신숭겸 장군의 기적비가 서 있다. 신숭겸은 고려의 건국 공신이자 태조의 생명을 구한 은인이다. 태조 왕건은 자신이 묻힐 자리를 택할 때 도선에게 부탁했다. 도선이 한강을 거슬러 올라가 지금 춘천의 의암댐 근처에 이르러 명당이 있을 만하여 비둘기를 날려 보내니 춘천시 서면 방동리 에 내려앉았는데 알고 보니 '군왕가장지지郡王可葬之地'였다. 태조는 이 터를 신 숭겸에게 내렸다. 이곳이 바로 조선 팔대 명당 중 하나라는 신숭겸의 묘소다.[38]

그런 예는 「도갑사비문」에서도 발견된다. 비 후면 음기陰記의 시주자 명단 밑 으로 개간改刊하여 청음淸陰 김상헌金尙憲과 신독재愼獨齋 김집金集이 추가되어 있다. 신독재의 무덤은 논산군 벌곡면 양산리에 있는데 조산은 신선이 무리 지어 있다는 '군선작대群仙作隊'요, 전체 형국은 '선인방학형仙人放鶴形'이다. 그야 말로 도사道士가 묻힐 자리로 운명 지어진 터다.

무등산 동남쪽 장불재 넘어 화순군 이서면 영평리에 위치한 규봉사圭峰寺는 도선이 좌대座臺에 앉아 송광사 산세를 본 다음 절을 창건했다고 하는 곳이다. 여기에서 석불암石佛庵으로 가는 중간 지점에 도선이 참선을 했다는 굴이 하나 있다.[39] 지금 이곳에서는 무당이 수도를 하고 있다고 한다. 무당과 자생 풍수, 화랑도와 신선도, 이와 같은 우리 고유의 산악 숭배 관련 신앙들은 상호 밀접 하게 관련되어 있다는 느낌도 든다. 하기야 지금도 산마다 기도처가 있는 것이 우리의 정서 아닌가.

6 경기도 포천 왕궁리 오층 석탑

석탑은 사찰과 함께 조성되어 불교의 상징 역할을 해 왔다. 석탑이 홀로 존 재하는 것은 대부분 사찰이 폐허가 되었기 때문이다. 그러나 사찰이 세워지지 않았던 곳에 탑이 존재하는 경우도 있다. 이러한 경우 대부분 풍수적 차원이나 민간 신앙의 차원에서 조성되었을 것으로 보인다. 『백운산 내원사內院寺 사적事迹』의 기록이 풍수적 차원에서 조성된 경우를 증명해 준다.

백운산 내원사는 현재 경기도 포천군 이동면 도평리에 있다. 도선 국사가 창건하였다고 전해지나 고증할 방법은 없고 내원사, 백운사, 흑룡사黑龍寺 등으로 절의 이름이 바뀌었다가 1900년 이후 흑룡사로 불린다. 『백운산 내원사 사적』은 1911년 발간된 『조선사찰사료』에 수록되어 있다. 현재의 흑룡사는 6·25 전쟁 이후에 지어진 것으로서 사적기 작성 당시의 비보 풍수 흔적은 아무것도 남아 있지 않다.

『조선사찰사료』에 나오는 『백운산 내원사 사적』은 글 마지막에 "강희 45년 1706 병술년 모월 모일 이전 사적이 파손되어 다시 고쳐서 책을 만든다."라는 기록으로 보아 1706년 훨씬 이전에 작성된 것이 파손되어 재작성한 것으로 보인다. 『백운산 내원사 사적』에는 비보 풍수의 원칙이 부분적으로 제시되어 있는데 그 원리와 방법을 적시한 곳을 인용하면 다음과 같다.

중국의 땅은 평탄하여 요임금 당시 홍수가 재앙이 되거늘, 우임금이 이를 다스려 각각 그 지리의 마땅함을 바르게 하였습니다. 그러니 어찌 흉한 일이나 허물이 있겠습니까. 그러나 우리나라의 경우 그렇지 않아, 뭇 산들은 그 험함을 서로 경쟁하고, 여러 물들은 그 빠름을 경쟁하고, 때로는 마치 용이나 호랑이가 서로 싸우는 듯한 것이 있는가 하면, 때로는 날짐승이나 들짐승이 날아가거나 달아나는 형세가 있는가 하면, 혹은 멀리 지나쳐 제압하기 어려운 것도 있고, 때로는 짧게 끊어져 미치지 못하는 것도 있는 등, 이와 같은 모습들을 모두 기술하기가 어렵습니다. 동쪽 군에 이로우면 서쪽 고을에 해가 되고 남쪽 읍에 길하면 북쪽 현에 흉할 수 있습니다. 우뚝 솟은 산을 바꿀 수는 없습니다. 분방하게 흐르는 물을 멈추게 할 수도 없습니다. 비유컨대 우리나라 땅은 병이 많은 사람과 같습니다.

그러므로 인물의 태어남은 이러한 산천의 기에 감응되는 것인데, 인심과 산천의 형세는 서로 닮지 않을 수 없습니다. 인심이 통일되지 않으므로 구역에 따라 나뉘어 혹은 아홉 나라로 혹은 세 나라로 분열되어 서로 침략하여 전쟁이 끊이지 않고, 도적이 횡행하여 억제하기 불가능한 것은 스스로 유래한 것입니다.

전하께서는 부처의 도를 약쑥으로 삼아 산천의 병든 땅을 치유하도록 하십시오. 산천에 결함이 있는 곳은 절을 지어 보충하고, 산천이 기세가 지나친 곳은 불상으로 억제하며, 산천의 기운이 달아나는 곳은 탑을 세워 멈추게 하고, 배역하는 산천은 당간을 세워 불러들이고, 해치려 드는 것은 방지하고, 다투려 드는 것은 금하며, 좋은 것은 북돋아 세우고, 길한 것은 선양케 하면, 비로소 천지가 태평하고 부처의 가르침이 저절로 행해질 것입니다.[40]

백운산 내원사 사적비에는 포천군에 도선의 부도가 있다고 나온다. 내원사는 도선 소점의 사찰들이 으레 그렇듯 폐사지로 현재는 흥룡사가 있다.

현재 남아 있는 많은 유적 중에 이와 유사한 대표적인 예가 전북 익산시에 있는 왕궁리 오층 석탑일 것이다. 이 왕궁리 석탑을 보면 한 가지 의문이 든다. 발굴 조사 결과 이 주변 왕궁 평성이 백제의 궁궐터로 밝혀졌는데, 이런 석탑이 있었던 큰 사찰이 어째서 이름도 전해지지 못하고 겨우 마을 이름을 붙여 '왕궁리 오층 석탑'으로 불리고 있느냐 하는 점이다. 흔히 백제 때 조성된 탑이라고 주장하는 설도 있으나 "탑 양식으로 볼 때 고려 전기나 중기에 조성된 백제식 탑이 분명하다."라는 역사 민속학자 송화섭 박사의 주장이 더 우세하다. 진홍섭 역시 이 탑을 백제의 고토故土에서 백제의 석탑 양식을 모방하여 10세기 초에 건립한 것으로 본다.[41]

이 탑의 기능이나 목적에 대해서는 정확하게 연구된 바가 없다. 그러나 고려 왕조에서 비보 풍수가 성행하였고, 왕궁리 오층 석탑이 있는 이곳의 지세를 살펴보면 비보의 흔적들이 발견된다.

왕궁이 있었다고 전해지는 금마면 소재지를 혈장穴場으로 볼 때, 왕궁 탑이 자리한 산 능선은 좌청룡에 해당한다. 그런데 좌청룡이 혈장을 감싸지 않고 일직선으로 곧바로 달려간다. 산 능선이 일직선으로 달려가면 그 능선을 따라 산천의 기운도 달아난다는 것이 풍수의 논리다. 산이 일직선으로 달려가는 것은 수구가 벌어져 있다는 것이며 이는 청룡과 백호가 감싸 주지 못하는 지형을 의미한다. 이 경우 불어오는 바람을 막을 수 없으며, 기氣도 머무르지 못한다. 양택의 경우 이런 지형 안에 사는 사람들은 심리적으로 불안감을 느낀다. 모든 것이 외부에 노출된 형국이라 그 안에 사는 사람들의 영역성領域性이 모호해지는 결과를 가져오는 것이다. 이런 경우 『백운산 내원사 사적』에는 "흘러가는 기운은 탑으로써 억제해 준다走者以塔止之."라고 기록되어 있다. 탑을 통해 기가 흘러가는 것을 방지하고 이를 통해 심리적으로 안정감을 찾게 해 주는 것이 비보의 실용적인 측면이다.[42]

7 도선이 이름 지었다는 백마산

경기도 광주에는 백마산448미터이 있다. 도선 국사가 지나다가 이 산을 보고 "고려를 세운 왕건 장군이 천하를 다스릴 때 타게 될 백마와 같다."라고 해서 붙여진 이름이라 한다. 또한 이 부근에는 말과 관련된 지명이 많은데 모두 도선과 연관돼 있다. 물론 이것은 역사적 사실이 아니다. 도선은 왕건 시대의 사람이 아니다.

이중환의 『택리지』에는 "조선 2대 정종이 왕위에 오르기 전에 이 산에서 무예를 익혔다."라는 기록이 있다. 왕건에게 창업 의지를 고취시켜 고려를 세우게 한 도선 국사와 이성계를 부추긴 무학 대사는 마치 복사판처럼 유사한 면이 한두 가지가 아니다. 무학이 도선을 새로운 왕조 창업 보좌 역의 사표로 삼았을 가능성은 충분하다.

『용비어천가』제15장에는 이런 내용이 있다.

양자강楊子江 남南을 꺼리사 사자使者를 보내신들
칠대지왕七大之王을 누가 막으리이까.
공주강남公州江南을 저어하사 자손子孫을 가르치신들
구변지국九變之局이 사람 뜻이리이까.[43]

『용비어천가』는 태조의 4대조인 목조穆祖부터 조선 3대 태종太宗에 이르는 이성계의 직계를 칭송한 글인데, 중국의 사적을 앞에 인용하여 비유하는 형식을 취하고 있다.

진秦의 시황제에게 한 풍수사가 "금릉金陵, 지금의 난징南京에 천자天子의 기운이 있습니다."라고 아뢰었다. 그러자 시황제는 주의朱衣, 죄수들에게 입혔던 붉은 옷에서 비롯된 말로 죄수를 뜻한다.를 시켜 산을 뚫고 물을 들여 땅의 기맥을 끊었다. 지명도 말릉秣陵으로 바꿨다. 그러나 후에 오吳, 진晉, 송宋, 제齊, 양梁, 진陳, 명明 등 일곱 나라가 이곳에 도읍을 정했다는 고사를 인용한 것이다.

구변지국이란 우리나라 역대 도읍지가 아홉 번 변한다는 뜻으로 단군 시대의 신지神誌가 예언했다는 내용이다.[44] 신지라는 인물에 대해서는 『용비어천가』제16장 소주小註에 "단군 때 사람으로 세상에서는 그를 선인仙人이라 불렀다."라는 설명이 있다. 그는 『신지비사』라는 책을 통하여 수차례 등장하는 인물이다. 재야 사학계에서는 이를 실사實事라 하여 중시한다. 그에 따르면 "『신지비사』는 단군 달문達門 때의 사람 신지 발리發理가 지은 것이다." 또한 그가 최초로 우리의 문자를 만든 사람이라고도 한다.[45] 그러나 이홍직 편 『국사 대사전』에서는 "신지는 단군 때에 기록을 맡아 보았다는 사람이다. 평양 법수교法首橋 밑에서 발굴된 세 개로 조각난 비석에서 그 소속을 알 수 없어 읽을 수 없는 글이 나타났는데 이를 단군 때 쓰던 신지문神誌文이라 보는 이도 있으나 그 사실 여부는 아직 미상이다."라고 하여 정사로 편입할 수 없다는 뜻을 밝혔다. 필자에겐 그 사실史實 여부를 판가름할 능력이 없다. 다만 자생 풍수의 맥을 잇는 많은 사람들 혹은 땡추들이 이 책을 많이 인용한다는 측면에서 의미가 있다고 본다.

이병도 박사는 그의 저서에서 다음과 같이 술회했다.

고려 시대는 500년간 음양지리 사상과 도참 사상이 일관하여 정치, 경제, 사회, 법 속法俗에 큰 교섭을 가지고 있던 만큼, 고려사를 읽는 사람은 누구나 여기에 주의 를 주지 않는 이가 없지만, 이 사상은 실로 고려의 흥망성쇠와 큰 관계를 가지고 있다. 즉 고려는 흥성할 때나 쇠망할 때나 항시 이 사상이 위정자 내지 민중 지도 자를 자극하고 충동하여 수많은 굴곡을 일으켰던 것이다. 말하자면 고려조는 지 리 도참이라는 관념의 유희에 의하여 흥하고 성하고 또 그것으로 말미암아 쇠하고 망하였다고 하여도 과언이 아니다. 그러므로 고려사 연구에 있어 이 방면에 관한 사상의 고찰은 자못 중요성을 띠고 있는 것이다. 만일 이를 전연 무시하고 고려사 를 해명할 수 있다면 그것은 바랄 수 없는 일이다.[46]

그러나 풍수 연구는 무시되었다. 918년 고려가 건국되고 936년 후삼국이 통일되었으니 20년 동안 국토가 유례없이 긴 전란에 시달렸다. 개벽의 염원은 필지必至의 사실이었다.

이 과정에는 통일 신라가 쇠퇴하여 각 지방에서 호족 세력이 성장하고 이것 이 진성여왕 때에 이르러 전국적인 반란으로 폭발되고 이 중 견훤과 궁예가 후 백제와 태봉泰封 정권을 수립함으로써 후삼국 시대가 성립된 후 궁예의 난정亂 政을 틈타 왕건이 궁예를 몰아내고 고려를 건국하였으며 이어서 견훤과 자웅 을 겨루다 마침내 재통일을 이루었다.

이러한 일련의 과정에 많은 승려가 관련되어 있으며 특히 고려 태조인 왕건이 고려를 건국하고 후삼국을 통일하는 데 많은 승려가 협조하였던 것이니 자료에 나타나는 것만 해도 절중, 행적, 형미, 여엄, 경유, 이엄, 충담, 심희, 탄문, 찬유, 현휘, 긍양, 경보, 개청, 윤다 등 열다섯 명에 이른다.

5 장   도선의 정착과 입적: 광양 옥룡사

옥룡사가 있는 전남 광양시 옥룡면은 이름 그대로 우리나라에서 일조량이 가장 많은 곳이라고 한다. 이곳에 광양 제철소가 있는 것도 그런 까닭이라는 얘기가 있다. 광양읍에서 옥룡사로 가기 위해 백운산 자락에 이르면 흥룡興龍이라는 마을이 나온다. 마을에 이런 얘기가 전해 온다. "신라 때 풍수설에 능통한 도인이 백운산에서 산맥을 타고 내려오다가 이 마을 뒷산이 용이 하늘로 올라가는 형국이라 하여 붙인 지명이다. 당대인들은 도선 국사에게 거부감을 느꼈다. 그래서 옥룡사 터는 지금 초라한 터로 남고 말았지만 재기의 여지는 있다." 도선이 지리산 이인으로부터 풍수를 배웠다는 사실과 부합하는 설화다.

옥룡사는 신라 경문왕 4년864 때 도선이 창건하였다고 하지만 그것은 사실이 아니다. 도선이 가기 전에 옥룡사가 있었기 때문이다. 그것이 언제 누구에 의해, 무슨 목적으로 창건되었는지에 대해서는 문헌 기록이 없어 확실히 알 수 없다. 다만 늦어도 도선이 옥룡사에 머무르는 38세 이전인 9세기 초반에 창건된 것으로 보인다.[47] 헌강왕이 그의 명성을 듣고 사람을 보내 궁중으로 모셔 가니 그는 헌강왕에게 여러 가지 정신적인 영향을 미쳤다. 훗날 이곳에서 열반 하였는데, 특히 고려 때 큰 영향을 미친 『도선비기』를 찬술하였다. 이 책의 이 름은 『태조실록』에도 등장하는데 이후 종적이 없다. 도선의 풍수설에는 개벽 사상이 들어 있다. 개벽은 한 왕조를 일으켜 세우는 데는 적합하지만 왕조를 유지하는 데는 위험한 사상이다. 필자는 그런 이유로 조선 왕조가 이 책을 없 앴을 것이라 생각한다.

그의 제자들이 스승을 추모하여 탑을 세우고 증성혜등證聖慧燈이라 하였다. 고려 광종 9년958에 세운 동진 대사비洞眞大師碑와 의종 4년1150에 세운 도선 국 사비道詵國師碑도 있다. 불행히도 도선 국사비는 1930년 무렵 돌의 질이 좋다는 이유로 파괴하여 섬돌, 주춧돌 등으로 사용하였다.

고려 인종은 "원효, 의상, 도선은 모두 옛날 고승이니 마땅히 일을 맡을 관 리로 하여금 봉증케 하라."라고 했는데, 도선을 원효나 의상의 반열에 올린 것 은 이상하다. 하지만 이것은 필자가 국사에서 배운 바와 상충되기 때문인지도 모르겠다. 이후 옥룡사는 발굴 조사 결과 조선 성종 7년1476 기와를 바꾸는 등 중창되었다가 정유재란1597 당시 왜군에 의하여 소실되었고, 역시 발굴 결과 숙종 38년1712에 만든 기와가 발견된 것으로 보아 재건되었음을 알 수 있다. 그 리고 1925년 간행된 『광양군지光陽郡誌』에 따르면 1878년 불에 타 폐사지가 되 었다고 한다. 현재 옥룡사라는 절이 있지만 그곳은 도선의 옥룡사가 아니다.

여기 필자의 현장 답사기를 제시함으로써 그 느낌을 전하고자 한다.[48]

도선의 자취를 찾는 것은 우리 지리학의 연원을 찾는 길이다. 그런 점을 처음 지 적한 것은 지리학 전공자로서는 안타깝게도 서울대학교 국사학과 한영우 교수였 다. 1987년 4월 대한지리학회가 주최한 「국학으로서의 지리학」 심포지엄에서 그는 "고려 시대에도 조선 시대에도 지리학을 얘기할 때는 학문의 시조 혹은 비조를 으레 듭니다. 그래서 떠오르는 사람이 도선 아닙니까. 신라 말에 살았던 도선이라는 승려는 우리나라 지리학의 비조로서 고려는 물론 조선 시대 실학자들도 그에 관한 관심이 대단했습니다. 우리나라 지리학은 도선부터 시작되었다 할 수 있습니다. 말하자면 학문의 계통을 말할 때 중국에 연결하지 않고 우리 지리학이 도선으로부터 시작되었다고 인식해 온 사실이 이미 우리 지리학이 가지고 있는 민족 지리학으로서의 전통을 말해 주는 것이라 할 수 있습니다. 제가 개인적으로 농담 삼아 지리학 하시는 분들이 먼저 하셔야 할 일이 도선비道詵碑를 세우는 것이라고 말한 적이 있습니다."라는 얘기를 제1주제 토론에서 발언하였다.

참으로 고맙고도 적절한 지적이지만 누구도 그 말에 관심을 기울이지 않았다. 지리학이라는 학문 자체가 땅을 떠나서는 성립될 수 없는 것이기에, 사실 우리 고유의 혹은 우리 자생의 전통이 가장 강한 학문 분야를 꼽아 보라면 별 어려움 없이 지리학을 꼽을 수 있다고 생각한다. 그런데 도선 국사는 지금 어디 가서 무엇을 하고 계신가. 이기적인 잡술 풍수 지관들 사이에서 또는 여관 골목 점술가들 사이에서 수모를 당하고 계신 것은 아닌지 모르겠다.

도선의 출생지인 영암을 떠난 발길은 자연스럽게 그가 지리산 이인으로부터 자생 풍수를 배우고 만년을 보내고 열반에 든 광양 백계산 옥룡사로 이어졌다. 그가 '옥룡자玉龍子'라는 도호道號로 불리는 것도 결코 우연이 아니다. 현재의 광양시 추산리 외산 마을에 옥룡사라는 암자가 있으나 이는 근래에 지어진 것이고 순천대 박물관 지표 조사팀의 보고서에 의하면 본래의 사지寺址는 이 부근 일대였을 것으로 추정된다고 한다. 도선은 좋은 땅을 명당으로 보지 않았다. 병든 어머니 같은 땅을 명당이라 칭하고 그것에 침을 놓고 뜸을 뜨듯 사탑을 세워 고치려는 게 그의 의도였다. 그러니 도선이 정하여 세운 절은 남아 있을 가능성이 거의 없다. 분지 가운데 침수가 되는 땅, 절벽 아래 사태沙汰가 날 수 있는 땅 등 위험한 땅에 절을 세웠으니 남아 있을 수가 없을 것이다.

옥룡면은 서울에서 먼 길이다. 벌써 날이 저문다. 어떤 인연이 있어 오늘은 지리산

자락 백운산 중턱에서 자기로 한다. 해안에서 멀지 않은데도 해발 1200미터가 넘으니 대단한 산이다. 눈발이 흩날리면서도 하늘 군데군데 별이 돋는다. 눈도 보고 별도 보는 희한한 산길이다. 하지만 눈은 더 내릴 생각이 없는 모양이다. 이내 구름 한 점 없는 현묘玄妙한 하늘에 별만 새파랗다.

산속에서 보는 별들은 참 이상하다. 꼭 아기 주먹만 한 별들이 빈틈없이 하늘을 빼곡히 채우고 있다. 알다시피 지금 서울에서는 별을 보기가 참 어렵다. 필자가 어릴 때만 해도 선명한 그림자를 만드는 보름달과 초롱초롱한 별들을 볼 수 있었다. 달빛에 생기는 내 그림자와 간혹 나타나는 전깃불에 비치는 그림자를 보고 한 사람에게 두 개의 그림자가 생기면 귀신이라고 놀리기도 했는데, 그게 대체 몇 년 전 일이라고 이렇게 아득하게만 생각되나, 왜 이 지경으로 변했을까. 그래도 이런 걸 일컬어 발전이라고 하니 도무지 모를 일이다.

달과 별 그리고 밤은 사람들에게 꿈과 상상력을 심어 준다. 지금은 그런 것들이 없어진 세상이다. 달도 별도 심지어는 밤까지도 빼앗아 버린 것이 오늘날 도시적 삶터의 실상 아닌가. 백운산에서 보는 겨울밤의 별빛은 그 꿈의 원형으로의 회귀를 인도하는 길이며, 나뭇잎을 스치는 스산한 바람 소리는 삶의 신산스러움과 덧없음을 알려 주는 가르침의 소리처럼 들린다.

광양을 잘 아는 시인 민후립의 안내로 근 20년 만에 옥룡사를 다시 찾으니 옛길이 떠오를 만도 한데 별로 기억이 없다. 그저 아늑하고 편안하기만 한데 좀 좁아졌다는 느낌이 든다. 주위에 나무들이 자랐고, 나 또한 나이가 더 먹어서 그렇게 느껴지는 것일 게다. 하지만 절터의 당국堂局이 좁은 것은 사실이다. 옥룡사 사역寺域이 비좁아 몰려드는 승려들을 수용할 수 없게 되자 가까운 곳에 운암사를 창건했을 것이라는 순천대학교 조사 팀의 추정은 그래서 근거가 있다.

절을 올라가는 길가 풍경은 그대로 우리 농촌 마을의 전형이다. 위로는 둥그스름한 산들이 어깨를 겯고 있고 아래로는 고만고만한 논밭들이 평평하게 자리를 잡았다. 『황제내경黃帝內經』에 나오는 "하늘이 둥그니 인간의 머리가 둥글고 땅이 평평하니 인간의 발바닥이 평평하다."라는 말마따나 어찌 그리도 땅 모습이 사람을 닮았는지, 아니, 사람이 땅을 닮았는지. 하기야 도선 국사와 관련된 사찰 입지는 하나같이 평범하다는 특징 아닌 특징이 있다. 도갑사가 그렇고 화순 운주사가 그러하며 곡성 태안사 역시 마찬가지다. 도선의 영향을 받았을 고려 태조 왕건릉 또한 그러하다. 중국 풍수의 영향을 받은 통일 신라 이후의 큰 가람처럼 웅장하면서 주위를 압도하는 거대한 산자락에 터를 잡는 방식이 아니다. 그저 큰댁 가는 길처럼, 고향 가는 길처럼 둔덕 같은 산들과 여기저기 박혀 있는 들판을 따라 걷다 보면 수줍은 듯 들어앉아 있는 절들이 바로 도선의 절들이다. 어디에서나 대할 수 있는 우리 땅의 전형이다.

옥룡사지를 감싸고 있는 중앙의 산이 백계산506미터이고 거기서 가장 멀리 있는 산이 백운산1218미터이다. 여기에서 백계산은 금계포란형金鷄抱卵形이고 백운산이 금화심형金花心形이다. 이것이 항간에 알려진 옥룡사의 형국 이름이다. 그러나 중요한 점은 그것이 아니다.

지리산 벽송사의 종화 스님은 이곳을 청학동에 대비시켜 백학동白鶴洞이라 하였다는데, 이 역시 도가의 냄새가 물씬 풍기는 청학보다는 훨씬 더 우리 정서에 가까운 듯하여 감탄을 자아낸다. 절터 아래 빼곡하게 들어서 있는 지방 문화재 백계산 동백나무 숲의 나무도 결코 좌중을 짓누르지 않는다. 그냥 사람 키만 하게 자라는 친근한 수종이다. 거기에 세월의 풍상이 더해져 주름이 잡혔으니 우리 할머니, 할아버지 같은 분위기를 풍긴다. 그렇기 때문에 이곳에 옥룡사를 복원한다 하더라도 결코 산을 잘라 내고 우람한 사찰을 세우는 일은 삼가야 할 것이다.

도선이 직접 심었을 것 같지는 않지만 절 입구 동백나무 숲은 중국 풍수 이론과도 잘 맞는다. 음택의 발복론에 관하여서는 중국 풍수와 다르지만 삶터에 관해서라면 자생 풍수라 해도 크게 다를 바가 없다. 흔히 '마을 숲'이라 불리는 비보림裨補林은 형국 보완, 장풍, 화기 방어, 흉상凶相 차폐 등의 기능을 한다. 비보 숲을 대표하는 수구막이는 보통 마을 앞 수구의 합수처에 띠 모양으로 길게 조성되는데, 이를 '수대樹帶 친다'고 한다. 여기에는 수구를 막아 바람을 갈무리하면藏風 다산, 풍요, 번영 등 마을의 상서로운 기운이 상하지 않고, 물이 고이게 하면得水 상서로운 기운이 빠져나가지 않는다는 장풍과 득수의 비보 원리가 반영되어 있다.[49]

이런 얘기가 전해 온다. 우리 국토가 호랑이 형상인데 이곳은 바로 그 호랑이의 엉덩짝, 그중에서도 똥구멍에 해당하는 곳이라는 설화인데, 고려대학교 박물관에 소장되어 있는 「근역강산 맹호기상도槿域江山猛虎氣像圖」를 보면 우리 국토를 마치 대륙을 향하여 웅크리고 있는 호랑이처럼 그려 놓았다. 한데 이 호랑이가 아직은 그저 네 발을 구부리고 웅크리고 있을 뿐 어떤 움직임의 조짐은 보이지 않는다. 옥룡사는 바로 그 호랑이의 똥구멍을 찔러 대륙으로 웅비하라는 위치의 절터라는 생각이 스친다. 아니, 그것은 당위인지도 모른다.

논자김두규 교수는 자신이 글을 쓴 까닭을 이렇게 밝혀 놓았다.

이 논문은 단군 조선 때 지어졌다는 『신지비사』 가운데 고려의 풍수 관료日官 김위제金謂磾가 인용한 10구句를 그 논의의 출발점으로 한다. 그런데 논자가 『신지비사』에 주목한 것은 김위제가 인용하였기 때문이라기보다는 그로부터 근 1000년 뒤 단재 신채호가 다시 『신지비사』를 높이 평가하였기 때문이다.

신지란 단군 조선 때 기록을 맡아 보았다는 사람으로, 당시 사람들이 신지 선인仙人이라 불렀다 하며 그의 저술을 『신지비사』라 한다. 평양 법수교法首橋 밑에서 발굴된 세 개로 조각난 비석에서 그 소속을 알 수 없어 읽을 수 없는 글이 나타났는데 이를 단군 때 쓰던 신지문神誌文이라 보는 사람도 있으나, 그 사실 여부는 아직 미상이다. 고려 숙종 때 김위제가 천도를 주장하는 상소문에 신지의『비사』를 인용하였다는 기록이『고려사』에 보이며, 단군의 가르침을 적은『삼일신고三—神誥』도 신지가 썼다고 한다.[51]

단재는 "우리 민족이 한자의 음이나 뜻을 빌려 이두문을 만들었는데, 적어도 3000여 년 전기원전 10세기경에 만들어진 우리 고대의 국문國文"으로,『신지비사』역시 이 이두문으로 기록되었을 것으로 추정한다. 여기에서 논자는 풍수라는 중국의 용어에 집착하지 말 것을 주문한다. 대신 '터 잡기'라는 말을 채용한다. 여기에서 "터란 지리, 기후 등으로 채워지고 표현되는 단순한 공간이 아니고 생태계, 인간의 거주 형태, 국가 등의 정치 체제, 역사와 문화 등이 모두 포함된 총체적인 환경이다."[52] 터를 잡음으로써 그 위에 건물무덤. 집. 공공 기관이 들어서고, 공간적으로는 사회가 들어서며, 시간적으로는 역사가 이뤄진다. 김두규 교수가 '터 잡기'라는 용어를 제안한 까닭은 단순히 '우리 것'에 대한 강박 관념 때문이 아니다. 현재 중국은 한漢 문화의 정신 자산으로서 '펑쉐이風水'를 유네스코 세계문화유산으로 등재하기 위해 준비 중이다. 김 교수는 문화재청 파견으로 2012년 중국 현지에 가서 그들의 준비 상황을 살폈다. 중국의 뜻대로 될 경우 우리 고유의 풍수는 설 자리를 잃게 된다.

의외겠지만 풍수라는 용어가 우리 사이에서 쓰인 것은 그리 오래된 일이 아니다. 풍수라는 용어가 우리나라에 들어온 것은 조선 왕조 때였다.『고려사』에 소개된 과거 시험 지리업地理業 가운데 풍수가 들어간 과목은 전무하다. 조선에서는 풍수를 '지리학'이라 하였는데, 지리학 과목 가운데『청오경靑鳥經』과『장서葬書』를 제외하면 풍수라는 용어가 등장하지 않는다. 그런데『고려사』와 달리『조선왕조실록』에 간간이 '풍수 학인' 혹은 '풍수'라는 용어가 등장하는 것으로 보아 풍수라는 용어가 이때에는 '지리', '지술地術', '감여堪輿', '상지相地', '음양陰陽' 등과 혼용되기 시작한 것으로 보인다. 풍수라는 용어가 빈번하게 쓰인 것은 1945년 광복 이후의 일이다.

논자의 주장이 맞다면 필자가 '자생 풍수'라고 주장하는 것도 우리말 '터 잡기'로 쓰는 것이 옳지 않은지를 고민할 필요가 생긴다. 여하튼 풍수라는 말이 우리말은 아니기 때문이다. 그런데도 풍수의 중국 유입설을 주장하는 측에서 가장 확실한 증거로 내세우는 것은 최치원의 「대숭복사비문大崇福寺碑文」이다. 그들은 여기에 중국 풍수의 전문 용어들이 등장하기 때문에 이는 당나라 유학생들에 의해 풍수가 당나라에서 신라로 전래되었음을 보여 주는 뚜렷한 증거라고 주장한다.[53] 그러나『삼국사기』와『삼국유사』에 나타나는 고구려 시조 주몽과 백제 시조 온조왕이 도읍을 정하는 장면, 석탈해가 재치로 집을 빼앗는 장면은 자생 풍수가 있었다는 사실을 보여 주는 기록이다.

고려 과거 시험의 지리업 과목은『신집지리경新集地理經』,『유씨서劉氏書』,『지리결경地理訣經』,『경위령經緯令』,『지경경地鏡經』,『구시결口示決』,『태장경胎藏經』,『가결訶決』,『소씨서簫氏書』등 아홉 가지이다. 유감스럽게도 이 책들은 현전하지 않는 데다 중국의 풍수 문헌에도 언급되지 않았다. 그러나 이 가운데『유씨서』는 유안劉安의『회남자淮南子』이고『소씨서』는 수나라 소길蘇吉의『오행대의五行大義』로 추정된다. 왜냐하면『회남자』와『오행대의』내용 가운데 풍수지리와 중첩하는 내용이 많기 때문이다.

그러나 고려의 경우 지리업 과목 이외에도『도선기道詵記』,『도선밀기道詵密記』,『옥룡기玉龍記』,『삼각산명당기三角山明堂記』,『삼한회토기三韓會土記』,『해동비록海東秘錄』등이『고려사』에 종종 인용되는데, 이들이 중국 풍수서가 아님은 의심의 여지가 없다. 하지만 역시 현재 전해지지 않아 그 내용을 알 수 없다. 따라서 고려의 풍수는 도선의 자생 풍수와 중국에서 유입된 것이 혼재된 것이라는 추정이 설득력 있다. 그럼에도 필자가 직접 답사한 고려의 왕궁 터나 왕과 왕비의 능들은 중국의 풍수 이론에 맞지 않았다. 그 대표적인 예는 앞서 설명한 개성 만월대와 고려 태조 왕건의 현릉이다.

위에 열거한『도선기』,『옥룡기』등이 모두 도선의 저작일 수는 없다. 아마도 상당수는 도선의 이름에 가탁한 것일 가능성이 높다. 여기 흥미로운 주장이 있다.

고려 시대 풍수지리설의 대가로서 그것을 정치에 반영시키는 데 절대적인 역할을 한 사람으로 숙종 때의 김위제, 인종 때의 묘청 등 두 사람을 들 수 있는데, 이들은 모두 도선의 저술로 전하여 오던 비기류에 의거하거나 도선 계통의 인물임을 자처했다.

그 가운데 김위제는 『고려사』 권122에 의하면, 숙종 원년에 위위동정衛尉同正으로서 상서上書하여 목멱양木覓壤, 즉 한양에 남경을 건립하고 순주巡駐 이어移御 할 것을 건의하여 실행하게 한 사람인데, 그가 인용한 비기류는 바로 도선에 가탁한 『도선기』, 『도선답산가』, 『삼각산명당기』, 『신지비사』 등이었다.

그리고 묘청은 인종 때 서경으로 천도 운동을 일으켰다가 실패하자 마침내 반란을 일으킨 술승術僧으로서 유명하거니와, 그는 인종 10년 개경 궁궐의 중창 시에 그 개기식開基式에서 태일옥장보법太─玉帳步法이라는 비술을 농弄하면서 말하기를 "이 태일옥장보법은 선사 도선이 강정화康靖和에게 전하고 강정화가 그것을 나에게 전한 것이다. 나는 이제 늙어 그것을 백수한白壽翰에게 전한다."라고 하였다.[54] 그러나 최병헌 교수는 그 주장을 조작된 것에 불과하다고 볼 수밖에 없다고 했다. 하지만 필자는 그것을 전혀 근거 없는 것으로 보지 않는다. 묘청이 어떤 식으로든 도선의 영향을 받았을 것이기 때문이다. 또한 최병헌 교수는 신라 말의 사회상에 비추어 볼 때 당시 풍수 도참설은 국토 공간의 중심적 위치를 동남쪽에 위치한 경주에서 중부 지방의 송악으로 옮기고자 했던 국토 재계획안적인 성격을 가졌다고 보았다.[55] 필자도 탁견이라 생각하지만, 당시 호족 세력들이 그런 안목을 지녔다는 것은 현대의 시각에서 볼 때 그렇다는 뜻이다. 인터넷을 검색해 보니 "태일옥장보법이란 불교와 무관한 것으로 사물과 사람의 기운을 일치시킨 어떤 사물을 멀리 옮겨다 놓으면 그 사물과 함께 사람의 위치도 저절로 옮겨지는 선교仙敎의 전통적 술법 가운데 하나"라는 설명이 나온다. 필자가 아는 풍수의 범위 안에서 태일옥장보법이라는 용어느 본 적도 들은 적도 없다. 따라서 이에 관해서 필자는 의견이 없다. 다만 축지법이 지표에 주름을 잡아 속도를 높이는 것이라는 주장이 황당한 것처럼, 태일옥장보법이라는 것도 황당하기는 마찬가지다. 그렇다고 해서 그런 것이 없었다는 뜻은 아니다. 당시엔 사람들이 알던 것일 수도 있기 때문이다. 이 문제 역시 칼 세이건이 말한 것처럼 "증거의 부재가 부재의 증거일 수는 없다."라는 논리를 따르고 싶다.

중국의 풍수 기원에 대해서는 여러 주장이 있으나 위진남북조 시대를 거쳐 당나라 때 그 대체적인 틀이 완성되었다는 것이 한·중 학자들의 공통 견해다. 그렇다면 삼국 시대 초기에 이미 중국 풍수가 유입되었다는 주장은 말이 되지 않는다. 그렇다면 앞서 살펴본 주몽이나 온조, 석탈해 등의 풍수 관념은 자생적인 것일 수밖에 없다. 그것이 도선이 그런 자생 풍수를 지리산의 한 이인으로부터 배웠다고 보는 이유 중 하나다. 거듭 강조하거니와 도선의 불법 스승은 당대의 고승이자 구산선문의 하나인 동리산파의 개조 혜철이다. 혜철 역시 도당 유학승이다. 그가 당나라의 풍수를 알았음은 의심의 여지가 없다. 그런데도 군이 도선은 지리산의 한 이민이 자신의 풍수 스승이라고 했다. 그러니 도선 풍수는 자생 풍수일 수밖에 없는 것이다.

조선의 풍수와 중국의 풍수에 차이가 있듯 조선의 풍수와 일본의 국역國域 풍수에도 차이가 있다. 고려 왕조 때와 달리 조선이 건국되면서 중국의 유학儒學 풍수특히 묘지 풍수 이론이 대거 유입되어 조선 풍수에 많은 변화가 온다. 가장 큰 변화는 사방의 산四山을 사신四神으로 상정한 것이다. 예컨대 한양의 경우 현무를 북악산, 청룡을 인왕산, 주작을 남산으로 상정하였는데, 이렇게 되면 폐쇄적 공간관을 갖는다. 반면 일본에서는 전통적으로 청룡을 흐르는 강, 백호를 큰길, 현무를 작은 언덕으로 본다. 이렇게 사신을 상정할 경우 주작인 큰 호수만灣을 지칭함는 다시 바다로 연결된다. 바다에서 들어온 큰 배가 호수에 정박하여 물건을 내리면 청룡인 강을 따라 수레들이 움직이면서 활발한 물류가 이루어진다. 즉 개방적 공간관이 형성된다. 폐쇄적 공간관과 개방적 공간관은 두 나라의 운명에 각기 다른 영향을 끼쳤다.[56]

『고려사』에 따르면 김위제는 도선의 풍수술을 사숙하였고 묘청 역시 도선의 법맥이 강정화 — 묘청 — 백수한으로 이어진다고 하였다.

단재는『신지비사』에서 다음 세 가지를 주목한다. 첫째, 김위제가 말한 삼경三京, 송도, 한양, 평양은 잘못된 것이고 대단군大檀君의 삼경이 옳다는 것이다. 단재는 하얼빈, 안시성, 평양을 그것으로 보았다.[57] 둘째, 김위제가 인용한『신지비사』10구句는 원래 이두문이었는데, 삼국 시대 말엽에 한문으로 번역된 것으로 보았다. 셋째,『신지비사』가 전해지지 않는 이유는 고구려와 백제가 멸망할 때 왕궁에 비장된 것이 타 버렸고, 고려에도 한 벌이 있었고 조선에 와서도 서운관書雲觀에 비장돼 있었으나 임진왜란 병화에 불타 버렸기 때문이라고 한다.

중요한 것은 김위제든 묘청이든 도선을 추앙했다는 점이다. 기록이 남아 있지 않을 뿐 도선의 영향력은 막강했음을 알 수 있다. 그렇다면『신지비사』에서 드러난 자생 풍수와 중국 풍수의 차이점은 무엇인가?

첫째,『신지비사』라는 용어와 그 내용이 중국의 풍수 문헌에 전혀 나타나지 않는 점으로 보아 이는 고구려 혹은 그 이전 우리 민족의 기록이 분명하다. 둘째, 중국 풍수에서는 삼경을 저울과 같은 사물에 비유하는 화법을 형국론이라고 한다. 그런데 저울에 비유하는 형국론이 중국 풍수에서는 나타나지 않는다. 셋째, 조선 왕조에 들어와 왕경한양 중심주의가 정착하기 이전 고려 왕조에서는 다경제多京制 논의가 빈번하였는데, 이러한 다경제는『신지비사』의 삼경제와 같은 맥락으로, 중국에서는 볼 수 없는 현상이다.

넷째, "삼경 가운데 하나라도 없앨 경우 왕업이 쇠할 것"이라는 문장은 일종의 지기쇠왕설의 표현이다. 이 용어는 조선의 지리학 과목에는 등장하지 않으나『고려사』에 빈번히 등장한다. 고려 태조의「훈요십조」, 문종 때의 이경離京과 이궁異宮 건설, 숙종 때의 남경한양 천도론, 신종 때의 산천비보도감山川神補都監 설치, 인종 때의 서경평양 천도설, 고종과 원종 때의 강화도 이궁 및 가궐 조성, 공민왕과 우왕 때의 천도론 등이 그런 예들이다. 마지막 임금인 공양왕은 『도선비기』에서 말하였다는 지기쇠왕설을 믿고 한양 천도를 단행했다. 이러한 천도론은 『해동비록』, 『도선비기』들을 근거로 한다. 따라서 이것들은 우리 민족 고유의 '터 잡기' 흔적으로 보아야 한다.[58]

다섯째, 저울대 ― 저울추 ― 저울판으로 비유되는 삼경의 흔적은 현재 한국 민간 풍수에서 전해지는 삼수부동격三獸不動格, 삼녀동좌격三女同坐格, 오수부동격五獸不動格 등과 맥을 같이한다. 삼수부동격이란 세 마리 짐승닭, 수리, 개 혹은 개, 닭, 지네 등이 서로를 노리고 있는데, 이 가운데 어느 한 짐승이 동작을 취하면 다른 한쪽이 공격할까 봐 서로 긴장 상태를 유지한다는 논리다. 오수부동격에 관해서는 개성 답사기에서 상세히 밝혔다. 이렇게 긴장 속에 균형을 이룬 곳은 길지가 되지만, 만약 그 가운데 하나만 없어도 망지亡地가 된다는 관념은 중국 풍수에 나타나지 않는 우리 자생 풍수의 특징이다.

『신지비사』에는 저울 비유가 들어 있다. "성스러운 주인님聖主이 신경新京에 나아가심은/ 마치 저울대, 저울추, 저울 그릇과 같아" 결국 국토의 머리와 꼬리가 평형을 이루어 나란히 있게 되니 태평을 이루리라는 내용이다.[59]

아마도 그런 전통을 확실히 이어받은 책이 『정감록』일 것이다. 이에 관해서는 필자가 다른 책에서 언급하였기에 여기에서는 생략한다.[60] 그리고 뜻밖에 『택리지』에도 그런 내용이 들어 있다. 이 책의 많은 부분에 사대부들이 살 만한 곳과 병화를 피할 수 있는 곳들이 언급되어 있다.

7장 도선의 제자들

필자는 도선과 같은 인물이 제자를 두었다고는 상상할 수 없다. 그는 물론 승려이면서 선인이었고 기인, 이인, 도인이었다. 그러니 스스로 제자임을 칭하는 이들이 있을 수는 있지만, 도선이 자신의 학통을 이을 사람을 관리했다고 보기는 어렵다. 그러나 믿을 수 있든 없든 기록에는 제자들이 등장한다. 그들에 관한 사전의 설명은 다음과 같다.[61]

절중折中, 흥덕왕 1년(826)~효공왕 4년(900)의 시호는 징효澄曉 대사로 선당先幢의 아들이다. 일곱 살에 중이 되고 열다섯에 부석사에서 『화엄경』을 배웠다. 헌강왕 8년 882 왕명으로 곡산사谷山寺에 있다가 석운釋雲의 청으로 여러 학자와 사귀어 명성이 높았으며 진성여왕이 국사로 봉하려 하였으나 사퇴하였다. 탑호는 보인寶印이고 고려 혜종 때 비가 세워졌다.[63]

행적行寂, 흥덕왕 7년(832)~선덕왕 5년(916)은 낭공朗空 대사로 효공왕과 선덕왕 대에 국사였다. 속성은 김씨다. 일찍이 불경에 뜻을 두어 가야산 해인사에서 불도를 닦았으며, 경문왕 11년871에 당나라에 건너가 15년 동안 명산을 돌아다니며 수도하고 본국에 돌아오자 효공왕의 존숭을 받고 석남산사石南山寺에 주지로 있다가 입적하였다. 그 후 고려 광종 6년955에 봉화군 명호면에 있는 태자사太子寺에 백월서운白月栖雲이라는 탑을 세웠으며, 또 비를 세우고 승려 단목端木과 김생金生의 글씨를 모아 비문을 만들었다. 지금 비는 경복궁 안으로 옮겨져 있다.[63]

형미逈微, 경문왕 4년(864)~효공왕 2년(898)는 자세한 기록을 찾지 못하였다. 다만 그가 왕사로서 전남 순천시 선암사와 관계가 있는 것은 분명하다. 광주光州 출신으로 성은 최씨다. 원래 월출산 남쪽 무위사에 있다가 그곳을 공격하러 온 궁예를 만나 그와 함께 후고구려의 수도 철원으로 이주하였다. 후에 역모를 의심받고 궁예에게 처형당했다.

여엄麗嚴, 신라 경문왕 2년(862)~고려 태조 12년(930)은 속성이 김씨이며 시호는 대경大鏡 대사로 남포藍浦 사람이다. 9세에 무량수사無量壽寺에서 승려가 되어 주종 법사住宗法師의 지도를 받았다. 헌강왕 4년878 구족계를 받았으나 교종을 버리고 숭엄산에 들어가 광종廣宗 대사에게 선禪을 배웠다. 대사가 입적하자 영각산에 가서 심광深光 화상을 시종하며 공부한 뒤에 당나라에 가서 운거雲居 대사의 심인心印을 받고 효공왕 13년909 무주武州 승평昇平, 순천으로 돌아왔다. 때마침 전란이 심하여 월옥月獄, 미봉彌峯 등지로 난을 피했다가 소백산에 숨었더니 지기주 제군사知基州 諸軍事, 사령관 강훤康萱이 여엄의 감화로 깊이 불도를 믿게 되어 이러한 사실을 보고하니 고려 태조는 즉시로 그를 맞아들여 보리사菩提寺에 있게 하고 극진히 대접했다. 그가 입적하자 태조는 매우 애통해하며 시호를 대경 대사로 하고 탑호塔號를 현기玄機라 하였다. 10년 후 태조의 명령으로 최세휘崔世撝가 비문을 지어 비를

세운바, 비는 지금도 경기도 양평군 용문면 보리사 옛 절터에 있다.[64]

경유慶猷, 경문왕 11년(871)~고려 태조 4년이자 신라 경명왕 5년(921)는 속성이 장張씨로 시호는 법경法鏡, 원조遠祖는 한漢나라의 종기宗技로서 어머니는 맹孟씨였다고 한다. 15세 때 훈종訓宗에 의하여 승려가 되고 진성여왕 2년888 당나라에 가서 운거도웅雲居道鷹의 가르침을 받고 효공왕 2년898에 귀국, 신덕왕 3년914에 왕건이 후백제를 치기 위하여 전라도 나주로 출진했을 때 경유와 친분을 맺었다고 한다. 왕건이 고려 태조로 즉위한 뒤 그를 왕사王師로 섬겼다. 법호는 보조혜광普照慧光, 비는 개성 영남면 용암산의 오룡사五龍寺 터에 있다.[65]

이엄利嚴, 경문왕 6년(866)~태조 15년(932)은 계림 사람으로 속성은 김씨며 시호는 진철眞徹 대사다. 12세에 가야산 덕량德良에서 출가하여 도견道堅 율사에게 구족계를 받았다. 896년 당나라에 건너가 경유와 마찬가지로 운거도웅에게 선종의 참懺을 받고 돌아와 김해부 송광산에 절을 짓고 4년 동안 있으면서 선종을 전파하였다. 915년 고려 태조가 해주 수미산에 광조사廣照寺를 짓고 초청하매 그곳에 가서 경보 등 10여 명과 더불어 극진한 예우를 받았으며, 선풍禪風을 선양하여 신라 가지산 보림사寶林寺를 비롯한 선문구산禪門九山이 완성되었다. 세상 인연이 다함을 알고 태조에게 이별을 고하려고 개성에 들어갔다가 오룡사에 이르러 입적하였다. 탑호는 보월승공寶月乘空이고 광조사에 태조 20년937에 세운 비碑가 있다.[66]

충담忠湛, 경문왕 9년(869)~고려 태조 23년(940)의 속성은 김씨이고 시호는 진공眞空이며 신라 귀족 출신으로 알려져 있다. 일찍이 고아가 되어 장순長純을 따라 출가하여 21세 때 무주 영선사靈禪寺에서 구족계를 받았고 당나라에 유학, 907년 귀국하여 신라와 고려의 왕사가 되었다. 입적 후 탑이 원주 영봉산 흥법사興法寺에 세워지고 고려 태조가 비문을 짓고 당나라 태종 문황제文皇帝가 쓴 글씨를 모아 새겼으

며 그 비가 현재 국립중앙박물관에 있다.[67]

심희審希, 문성왕 17년(855)~경명왕 7년(923)의 시호는 진경眞鏡 대사, 탑호는 보월능공
寶月凌空, 속성은 김씨인데 그의 선조는 임나任那의 왕족이었다고 한다. 9세에 혜목
산 원감圓鑒 대사에게 도道를 배우고 19세에 구족계를 받고 진성여왕 2년888 송계
松溪에서 포교하였다. 진성왕眞聖王이 불렀으나 사양하고 진례성進禮城에 봉림사鳳
林寺를 세우고 도를 말하니 효공왕이 사신을 보내 법력法力을 빌려 기원하였다. 뒤
에 봉림산에서 불도에 정진하다가 918년 경명왕景明王의 청으로 왕궁에 들어가 법
응法膺 대사의 호를 받았다. 923년 봉림사에서 세수歲首 70세로 입적하였다. 경질
景質 선사 등 500명의 제자가 있었다. 지금 창원 봉림사 터에 집사시랑執事侍郎 최
인연崔仁渷이 찬하여 세운 비가 있다.[68]

탄문坦文, 효공왕 4년(900)~고려 광종 26년(975)은 자는 대오大悟, 호는 성사미聖沙彌,
시호는 법인法印, 속성은 고高씨, 경기도 광주 고봉高峯 사람으로 능能의 아들이다.
5세에 출가할 뜻을 두었으며 시골 절에서 중이 되고 향성산의 원효元曉 대사의 옛
터에 암자를 짓고 수년 동안 공부하였다. 이어 장의산사莊義山寺의 신엄 대덕信嚴
大德에게 나아가 배우고, 15세에 구족계를 받으니 계행戒行이 더욱 높아 명성이 나
타났다. 고려 태조가 이 소문을 듣고 이상하게 여겨 별화상別和尙이라 칭하였으며,
황후 유劉씨가 잉태하여 태조가 그의 법력을 빌려 광종을 낳으니 특별히 대우하였
다. 후에 구룡산사九龍山寺에서 『화엄경』을 강론할 때에 뭇 새가 날아들고 범이 뜰
에 와서 엎드리는 등의 이적異蹟이 있었으며, 별대덕別大德에 특진하여 후진을 가
르치고 인도하는 데 게으르지 않았다. 태조 25년942 염주鹽州와 백주白州에 메뚜기
가 곡식을 해치므로 『대반야경』을 읽으매 벌레가 없어져 풍년이 들었다 한다. 광
종 때에 왕사가 되어 귀법사歸法寺에 있었으며 광종 25년974 혜거惠居가 죽으매 대
신하여 국사가 되었고, 가야산에 나아갈 때 왕이 왕후와 백관을 데리고 전송하였
으며, 어의를 보내어 간호하였으나 성약이 없다고 말하고 승도들에게 "사람의 노소

는 있어도 법法의 선후는 없다."라는 유훈을 남기고 입적하니 탑을 보래寶來라 이름하고 한림학사翰林學士 김언정金彦廷이 비문을 지어 비를 세웠는데 지금 충남 가야산 보원사普願寺 터에 있다.[69]

찬유瓚幽, 경문왕 9년(869)~고려 광종 9년(958)의 자는 도광道光, 속성은 김씨, 시호는 원종元宗 대사로 계림 하남 출신이다. 13세에 상주尙州 공산公山 삼랑사三郎寺 융제融諸 선사에게 법을 받고 승려가 되었다가 다시 혜목산에 있는 진경眞鏡 대사를 섬기면서 전심수양專心修養 하여 묘리에 통달했다. 22세 때 양주 삼각산 장의사莊義寺에서 구족계를 받고 광주光州의 송계선원松溪禪院에서 계속 도를 닦았다. 진성여왕 6년892 당나라에 가서 여러 곳으로 명승과 고적을 찾아다니던 중 서주 동성현 적주산에서 투자投子 화상을 만나 밀전密傳을 받고 경명왕 5년921에 귀국했다. 고려가 건국하자 태조를 만나 보고 광주廣州 천왕사天王寺에 머물다가 혜목산으로 옮기니 사방에서 학자들이 구름같이 모여들었고, 광종 때 증진證眞 대사의 호를 받고 국사가 되었다. 혜목산에서 입적했으며 거기에 혜진惠眞이라는 탑을 세웠다. 한림학사 김정언이 찬각撰刻한 비석도 세웠는데 광주 혜목산 고달사高達寺 옛터에 있었으나 지금은 여주 군청 뜰에 옮겨져 있다.[70]

현휘玄暉, 신라 헌강왕 5년(879)~고려 태조 24년(941)의 시호는 법경法鏡 대사, 본관은 남원이고 이덕순李德順의 아들이다. 나면서부터 거룩한 자태가 있고 보통 아이들 놀이는 전혀 안 하고 모래 위에 돌을 모아 불탑을 쌓아 올리는 놀이를 즐겼다. 부모에게 출가를 고하고 영각산사靈覺山寺에 들어가 심광深光 대사를 만나고 효공왕 2년898 해인사海印寺에 들어가 구족계를 받았다. 그 후 동지 10여 명과 무주로 갔는데 절에 도적이 침입해 칼로 동지를 다 죽이고 현휘에게 이름을 묻는데, 그는 신색이 변하기는커녕 눈빛이 더욱 빛나며 조금도 두려워하지 않으니 도적이 엎드려 절하고 스승으로 섬기기를 원하였다. 효공왕 10년906 당나라에 건너가 구봉산에 이르러 도건道乾 대사를 만나 참선한 지 한 달 만에 심요心要를 전해 받고 10년 동안 널리 성지를 순례하여 사명四明까지 이르렀다. 고려가 건국되고 사회 질서가 잡혔다는 소식을 듣고 돌아오니 태조가 국사의 예우로 맞이하였다. 뒤에 중주中州의 정토사淨土寺에 있으면서 사방에서 모여드는 승도를 지도하여 종지를 선양하니 조정과 지방의 이름난 사람들이 많이 찾아왔다. 문인들에게 유계를 주고 죽으니 태조가 탑을 쌓아 자등慈燈이라 이름하고 문신 최언휘崔彦撝로 하여금 비문을 찬수케 하여 비를 세웠는데 중원군 동량면에 있다.[71]

긍양兢讓, 헌강왕 4년(878)~고려 광종 7년(956)은 일명 백암伯巖 화상, 시호는 정진靜眞 대사, 탑호塔號는 원오圓悟로 본관이 공주인 왕양길王亮吉의 아들이다. 효공왕 3년 899 당나라에 가서 진성眞性을 연구하고 귀국 후에는 광주廣州 백암사伯巖寺 주지로 있었다. 경애왕이 봉종奉宗 대사의 호를 주었으며 고려 태조가 법요法要를 물었고 광종도 자주 불러 정도政道를 물었으며, 광종 2년951에 사나선원舍那禪院에 옮겨 살게 하고 증공證空 대사의 존호를 더하였다. 그가 입적하자 왕이 시호와 탑호를 추증하고 이몽유李夢遊로 하여금 비문을 찬하게 했다.[72]

개청開淸, 흥덕왕 10년(835)~경순왕 4년(930)의 속성은 김씨, 낭원郎圓 대사로 경주 출신이다. 화엄사에서 승려가 되고 강주 엄천사嚴川寺에서 구족계를 받고 본사에서 경전을 연구하였다. 오대산 통효通曉를 섬겨 심인心印을 전해 받았고, 경애왕은 사신을 보내어 국사國師의 예를 표했다. 보현사에서 세수 96세로 입적하였다. 태조 23년940에 세운 비가 지금 강릉 개청사開淸寺 터에 있다.[73]

윤다允多, 경문왕 4년(864)~고려 혜종 2년(945)의 자는 법신法信, 시호는 광자廣慈 대사, 경주 사람이다. 8세에 승려가 되어 사방을 떠돌아다니다가 동리산 상방上方 화상에게 수도하고, 가야갑사迦耶岬寺에서 구족계를 받았으며 후에 묘지妙旨를 깨닫고 현기玄機를 통달하였다. 본래 적인혜철寂忍惠哲이 당나라 서당지장西堂智藏의 법을 받아 선사인 여如에게 전하고 여가 윤다에게 전하였다. 신라의 효공왕이 조서를 보내어 맞아들였고 신라가 망하고 고려 태조가 왕위에 오르자 사신을 보내 개경으로 맞아 빈례賓禮로 대접하였으며, 혜종 1년944 동리산 옛터에 돌아가 이듬해 입적하였다. 그때 세운 광자 대사비가 지금도 전남 곡성군 죽곡면 봉안사奉安寺에 있다.[74]

이들은 대부분 어린 시절 절에 들어갔고, 고려 태조와 광종 때에 이르는 고려 초에 증시贈諡를 받는 등의 공통점을 지니고 있다. 그러나 어디에도 도선과의 연결을 찾을 데가 없다. 다만 "인간에게 노소는 있으나 법에 선후는 없다."라는 말이 도선의 미묘한 기운을 느끼게 하는 것임은 분명하다.

경보는 도선의 제자 중 대표적인 인물이며 비문이 남아 있어 행적을 찾기가 쉽다. 특이한 인물이기에 따로 그의 행장을 정리해 둔다.

경보는 속성은 김씨이고 자는 광종光宗, 구림 출신인 도선과 동향이다. 시호는 동진洞眞 대사, 탑호는 보운寶雲이다. 일찍이 당나라에서 유학하고 경명왕 5년921에 돌아왔다. 후백제 견훤의 요청으로 남복선원南福禪院과 옥룡사에 있었으니 도선의 직계라 할 수 있다. 그 후 고려의 태조, 혜종, 정종의 스승이 되었다. 뒤에 비를 세운 것이 지금 광양 옥룡사 터에 있다.[75] 최범서의 『소설 도선비기』에는 이런 장면이 나온다.

앞으로 견훤의 수중에 있는 희양산 옥룡사의 경보 스님이 너를 도울 것이다. 경보가 돌아오거든 내 말을 전하거라. 도선을 이해했거든 왕건을 돕는 일이 백성을 부처님 앞으로 이끄는 일이라고.[76]

스스로 도선의 제자가 된 후 진성왕 6년₈₉₂ 당나라로 유학을 떠났다가 경명왕 6년₉₂₂ 전주 임피군에서 견훤을 만나 그에게 의탁했으나 결국 왕건에게 귀부歸附하게 된다. 그가 어떤 경로로 견훤에서 왕건에게 옮겨 가게 되었는지는 밝혀진 바가 없다. 아마도 견훤이 아들과의 불화로 금산사에 유폐되었다가 왕건에게 복속하는 과정과 같았으리라고 짐작된다.

경보 외의 다른 제자들이 어떻게 도선과 관련되는지는 확실치 않다. 그에 대해서는 이병도 박사의 연구를 소개하는 것으로 대신하기로 한다.

김관의의 『편년통록』과 도선의 비문최유청의 찬 중에 나타나는 고려 태조 탄생에 관한 예언이라든지, 민지의 『본조편년강목』에 있는 도선의 17세 때의 태조 방문설 같은 것에는 물론 그대로 신용을 둘 수 없으나, 태조가 도선과 사상상의 관계를 밀접하게 했다고 생각되는 중요한 사실이 있었던 것을 잊어서는 아니 된다. 그 중요한 사실이라는 것이 무엇이냐 하면 도선의 사후 10여 년을 지나, 즉 신라 효공왕 15년 이래 태조[77]는 전왕 궁예의 곤수왕비가 거처하는 곳로서, 종종 도선의 연고 깊은 땅인 지금 전남 지방에 출정하여 나주도선의 생향 영암은 그곳의 바로 남쪽 방면을 중심으로 군대를 머물게 하며 후백제의 땅을 침략하고, 그간 장화왕후 나주 오씨를 목포에서 취하고 무위갑사無爲甲寺의 승僧 형미逈微, 선각先覺를 강진에서 맞이하여 북귀北歸한 일이 있었다. 또 즉위 후에도 이 전남 지방으로부터 최지몽신라 효공왕 11년~고려 성종 6년(987)과 같은 학자와, 광자 대사 윤다, 동진 대사 경보와 같은 명승을 맞아서 우우優遇하였다.

그중에도 최지몽과 경보는 도선의 생향인 영암인경보는 영암 구림에서 출생함.으로 지몽은 『고려사』 「열전」에 "崔知夢 初名聰進 南海靈岩郡人 …… 博涉經史 尤精於天文卜筮 年十八太祖 7년 太祖聞其名 召使占夢 得吉兆曰必將統御三韓 太祖喜 改今名 賜錦衣 授控奉職 常從征伐 不離左右 統合之後 侍禁中備顧問"이라고 함과 같이 천문 복서에 더욱 자세하여 늘 태조의 고문이 된 사람이었다.[78]

경보는 도선과 생향을 같이했을 뿐 아니라, 바로 도선의 종언지인 백계산 옥룡사의 승이었다. 고려 광종조의 신 김정언金廷彦이 봉찬한 「동진대사보운탑비문」[79]을 보면 그는 일찍 동사옥룡사에 가서 도승 화상에게 배운 일이 있으니 이 도승Do-sung이야말로 도선Do-sun일 것은 이미 선학들이 인정하는 바이다. …… 그러므로 도승이 도선인 것은 의심할 수 없고 도승의 제자로 사師의 사후, 같은 옥룡사의 승이었던 동진 대사 경보가 태조에게 영접되어 개경에 갔을 때 그의 선사에 관한 사적과 유저遺著, 『산수비기山水秘記』는 보다 상세하게 태조가 아는 바가 되었을 것이다. 아니, 그러한 일은 동군의 사람인 최지몽의 내경來京으로도 가능하며, 또 그보다 먼저 (즉위 전의) 태조가 서남해 방면으로 출정한 시절에도 이미 도선에 관하여 얻은 지식은 자못 풍부했을 것이 틀림없다.[80]

위 기록도 도선의 일면을 이해하는 데 도움이 된다. 그러나 역시 확실하다고 보기에는 미진한 구석이 없지 않다. 결국 경보든 최지몽이든 도선과 관련이 있다는 점을 전제로 해야 의미가 살아나는 인물들이다. 도선의 미스터리가 더욱 어려워지는 대목이다.

9장   통맥 풍수

필자는 통맥 풍수에 관하여 아는 바가 없다. 마침 관련 학위 논문이 나와 이를 소개하는 것으로 대신한다.[81]

『고려사』에는 『도선비기』를 근거로 하여 중국과 한국은 산천이 달라 풍수 지법이 다르게 적용되어야 한다는 내용이 나오며, 『조선왕조실록』에는 정구鄭逑, 1543~1620의 상소문에 호순신의 『오행서』 등을 멸만경滅蠻經이라 하여 중국에서 전래된 풍수 이론서를 불신하는 내용이 있다. 한국의 독자적인 풍수 이론에 관한 문헌으로는 1931년 조선총독부에서 발간한 『조선의 풍수』에서 민간의 풍수서를 설명하며 통맥법의 내용을 소개하고 있다. 또한 이규경李圭景, 1788~1856의 『오주연문장전산고五洲衍文長箋散稿』에는 "황도행룡 72절에는 천자와 대성인이 나온다."라고 통맥법의 내용이 기록되어 있다.

통맥법은 간룡법看龍法으로 용법을 이기화理氣化한 것으로 용을 분석하여 혈의 발복을 계산하는 발복추산법을 적용한다는 특징을 가지고 있다. 이는 중국의 풍수와는 차별되는 이론으로 한국 고유의 전통 풍수라 할 수 있다.

고려 충렬왕 때 왕이 중국식 고루高樓를 건축하려고 할 때 관후서觀候署에서 상봉하기를 "『도선비기』에 따르면 산이 없는 곳에 고루를 짓고 산이 많은 곳에는 평옥平屋입니다. 산이 많은 곳은 양이고 산이 없는 곳은 음이며, 우리나라는 산이 많으므로 만약 높은 집을 지으면 반드시 쇠손衰損을 초래합니다."[82]라고 하여 임금이 그대로 따랐다고 하는데, 이는 자생 풍수의 존재 근거다.

무학 대사가 저술한 『정음정양서淨陰淨陽書』에는 다음과 같은 기록이 있다.

지리라고 하는 것은 음양의 이치요, 음양은 기후의 변화. 그러므로 조산祖山은 기氣가 되고 골절骨節은 후候가 되니 72골절이 한 번 기복하면 1후候가 되니 1후는 오성五星이다. 1후는 1기년紀年의 화복에 응하니, 가령 기복이 길성이면 12년간 응복應福하고 흉성이면 12년간 재앙을 받는다. 그러므로 3기년36년의 산천은 일대의 자손에게 응하니 합해서 셈하면 역대 화복의 장단을 알 수 있다.

이진삼은 지리산에서 도선에게 풍수법을 전수한 이인이 유리자琉璃子라고 추정하나 자료가 없다고 말한다.[83] 이는 자생 풍수의 존재를 알리는 연구로, 필자는 기껍지만 통맥 풍수에 관하여 아는 것이 없어 아쉽다.

도선의 제자임을 분명히 밝힌 사람이 있다. 한참 후대 사람이지만 김위제가 그이다. 그는 매우 재미있는 말을 남겼는데, 한영우 교수는 이렇게 말한다.

우리나라 풍수지리학의 창도자인 도선의 후계자임을 자처하던 김위제는 한양으로 도읍을 옮기면 사해四海의 신령한 물고기들이 한강으로 모여들고 한강의 어룡魚龍

들이 사해로 뻗어 나가며, 나라 안팎의 상인들이 보배를 갖다 바치는 세계의 중심 국가가 된다고 주장했다.[84]

10장   고려 시대의 풍수 사상과 국도 풍수

고려는 풍수지리설을 지배 이념으로 도입하고 그에 걸맞게 풍수를 신봉했으므로 고려 시대의 풍수 사상을 운위하기 위해서는 사실상 고려 시대사 전체를 기술해야만 하는 번거로움이 있기 때문에 생략하기로 하고, 여기에서는 특징적인 몇 가지 흐름을 살펴보기로 한다. 고려 풍수를 논할 때는 도선이 빠질 수 없다.

왕건의 통일이 정권적 의미에서 볼 때는 대립되는 정권의 소멸 정도에에지나지 않는 것이었기 때문에 그것을 보완·강화할 목적으로 풍수를 끌어들였다는 점은 앞서 지적했고, 여러 반란과 소요를 진압하고 즉위한 정종은 연약한 정권을 확고히 하기 위하여 서경으로 천도하려 했다. 여기에는 태조가 「훈요십조」에서 강조한 풍수지리설에 대한 신앙심도 작용했다. 그러나 그 이면에는 개경을 중심으로 세력을 뻗던 개국 공신들의 포위망에서 탈출하려는 의도가 강했던 것으로 생각된다. 여하튼 고려 왕권의 안정은 광종의 개혁 이후에야 비로소 새로운 전망이 섰지만, 풍수 사상은 이때부터 타락의 길로 접어들었다.

고이면 썩는 것이 천지의 상도常道이자 인간 역사의 이치인지라 선종과 풍수도 고려 개국 후 점차 타락의 길을 걷는다. 선종은 한때 정혜결사를 설립하는 등 부흥하였으나 그 뒤부터 승행僧行이 타락하면서 차차 쇠퇴하기 시작했다. 풍수 역시 개국 당시의 신분 타파나 국토 재편성과 같은 바람직한 경향성을 잃은 채 왕실과 귀족 가문의 번성을 위한 터 잡기 잡술로 변질되었다. 그러한 역사적 사실 중에 지배 계층의 정략과 결부되어 반복적으로 풍수가 전면에 부각된 사건은 역시 서경 천도 운동일 것이다.

풍수 사상가들이 수도를 정할 때는 철저히 당시의 사회·경제적인 조건과 국토·지리적인 배려를 종합한 끝에 결정하는 것이지, 결코 교조적인 풍수 이론에만 치우치는 게 아니라는 점을 간과해서는 안 된다.

삼국 시대에 고구려와 백제는 천도한 적이 있지만 신라는 그런 일이 없었다. 신라가 삼국을 통일했느냐에 대해서는 논란의 여지가 있지만 여하튼 신라가 가장 오래 살아남은 것은 사실이다. 고구려와 백제는 또한 남쪽으로 점점 내려오면서 천도했다는 공통점을 갖는다.

전에 행정 수도 얘기가 항간에 떠돌 때도 바로 그런 사례를 떠올리면서 충청 지방으로의 수도 남천을 반대하는 사람들이 있었다. 실제로 행정 수도라는 이름의 남천은 사실상 반영구 분단을 전제로 한 남북국 시대의 등장이기 때문에 수도권 집중 해소라는 실리가 있음에도 대국적인 국가 경영책은 아니라는 것이 많은 사람들의 걱정이었다.

사실 삼국의 수도들은 지역 국가라는 특성상 한반도의 중앙을 점할 수 없었다. 그런데 문제가 그렇게 간단치 않은 것이 백제의 초기 수도가 오늘날의 서울 주변으로 중앙이기는 했지만 그곳을 고수하며 버틸 수 없었다. 아마도 백제의 국력이나 당시의 전술과 전략, 병기 수준으로는 방어가 어려웠을 것이기 때문이다. 그 후 신라는 알려진 대로 수도인 경주가 너무 동남쪽에 치우쳐 있어 국토 전체를 통치하는 데 실패하고 계속되는 반란과 지방 호족들의 발호에 시달려야만 했다.

당연히 그다음 왕조인 고려는 중부 지방인 개성에 자리를 잡았는데, 이 개성 입지의 선정부터는 철저히 풍수 사상에 기반을 두었다. 그 이론적 논의는 풍수였지만 결정은 극히 현실적이었다는 데 풍수의 묘미가 있다. 이를테면 개성은 전형적인 장풍국藏風局의 땅이다.

장풍국이란 주산과 좌우의 용호龍虎 그리고 주작사朱雀砂에 의하여 빈틈없이 둘러싸인 일종의 산간 분지 지형을 말한다. 그렇기 때문에 방어에는 어느 정도 유리하지만 명당의 규모가 작고 물과 연료가 부족하며 더 이상의 발전이 제한될 수밖에 없다는 한계를 지닌다. 그러나 그 시대의 정치·경제·사회적 배경을 살펴보면 오히려 그러한 위치가 넓은 들판이나 해안에 비해 우월하다는 점을 인정하지 않을 수 없다. 그러나 그렇다고 문제가 없어지는 것은 아니니, 그 뒤로 여러 차례에 걸쳐 천도 논의가 이어진다. 평양, 한양, 연백, 장단 등 여러 후보지가 거론되고 어떤 곳은 구체적인 계획에 들어간 적도 있으나 실천에 이르지는 못하였다.

이것은 매우 중요한 시사를 던져 준다. 수도의 이전에는 한 왕조의 멸망을 전제로 하지 않고서는 성공할 수 없다는 풍수 사상의 논리가 깔려 있다. 이것은 고려 풍수의 큰 특징 중 하나인 지덕쇠왕설로 정착한다. 지덕쇠왕설이란 지기는 일정 기간이 지나면 그 기운이 쇠하고 또 일정 기간이 지나면 쇠했던 기운이 되살아난다는 관념이다.

개성의 지기가 쇠하였으니 수도를 옮겨야 한다는 것인데, 여기에는 피할 수 없는 논리의 허점이 있다. 즉 개성의 지기가 쇠하였다고 주장하려면 결국 왕씨들의 고려 왕조가 쇠하였다는 전제가 필요하다. 따라서 그런 문제점을 단지 수도만 옮김으로써 해소하고자 한 것은 뿌리를 놓아 두고 줄기만 잘라 나무를 이식하고자 하는 사고와 같기 때문이다. 그런데도 묘청이 생각한 북방 진출로써 고토故土를 회복하고자 했던 명분은 적어도 비판의 대상은 아니라 할 수 있을 것이다.

이 외에도 많은 천도 논의가 있었으나 대개가 왕실의 연장을 획책한 소극적이고 이기적인 것이기 때문에 오늘에 그 문제를 되살릴 정도는 되지 않는다는 것이 필자의 생각이다.

풍수 사상의 타락은 음택 풍수의 일반화에서도 찾아볼 수 있는데,『고려사』에는 이에 관계된 수많은 사건 기록들이 수록되어 있다. 과거 시험에 있어서도 침鍼, 구灸, 뜸, 경맥脈經은 물론『명당경明堂經』,『신집지리경』,『지리결경』,『지경경』등 각종 풍수지리서가 등장하는 것을 보면 이 역시 풍수의 일반화를 엿볼 수 있는 좋은 증거라는 생각이 든다. 그러나 중국에서 풍수의 경전이라고 생각하는『청오경』,『금낭경』,『지리신법』,『설심부』등의 책들이 끼어 있지 않은 것을 보면 당시까지는 수입된 중국의 풍수지리가 아닌 우리 고유의 풍수지리가 주를 이루지 않았나 하는 짐작이 들기도 한다.

이 시기에는 수많은 풍수사들이 있고 전문 풍수사도 있었으나 이에 대해서는 생략한다. 특히 이 시기에는 중국의 풍수에 대항하여 순수한 우리의 풍수를 확립하고자 하는 노력들이 있었던 것으로 판단된다. 그 대표적인 예가 우리 풍수서의 저술인데 현종 때 나온『삼한회토기三韓會土記』, 문종 때 나온『송악명당기松岳明堂記』, 숙종 때 나온『도선기』와『도선답산가』와『삼각산명당기』와『신지비사』, 예종 때 나온『해동비록』, 충렬왕 때 나온『도선밀기』, 공민왕 때 나온『옥룡기』등이다. 이것이 진적眞籍인지 아니면 후세인들이 고려 시대의 유명한 풍수 학인들의 이름을 도용한 위작인지는 분명치 않지만, 여하튼 자생 풍수와 중국의 이론 풍수가 결합했다는 점에서 주목할 만한 저작들이다. 다만 이 가운데 거의 전부가 오늘에 전하지 않으므로 그 내용을 알 수 없어 안타깝다. 그중 일부는 진적으로 믿기는 어려우나 현전하는데, 이에 대해서는 필자가 다른 글에서 발표했기 때문에 생략한다.

당시 중국의 당나라는 무종과 선종 연간이다. 도교를 숭상한 무종은 불교를 탄압했다. 그래서 사찰 4만여 곳을 부수고, 승려 26만 명을 환속시키는 극단적인 조치를 내렸다. 이후 선종이 즉위하여 폐사를 복구하고 안정을 되찾으려 했으나, 곳곳에서 반란이 일어나 국정이 혼란에 빠졌다.

신라 49대 헌강왕 초기에는 신흥 세력의 모반과 불길한 일이 일어났지만 헌강왕 재위 11년 동안 천재지변에 의한 흉년이 발생하지 않아 백성들은 궁핍을 면하고 오랜만의 태평성대를 구가하게 되었다. "경주 도성 안 민가에서는 짚이 아닌 기와로 지붕을 덮고 나무가 아닌 숯으로 밥을 짓는다."라고 할 정도였다. 비슷한 얘기가 『삼국유사』에 실려 있다.

제49대 헌강대왕 시대에는 서울경주로부터 동해 어구에 이르기까지 집들이 총총히 늘어섰지만 단 한 채도 초가집을 볼 수 없었고, 길거리에서는 음악 소리가 그치지 않았으며, 사철의 비바람마저 순조로웠다.

당시 당나라는 황소의 난을 겪으며 이미 몰락 지경에 이르니 수많은 신라인이 귀국하는 계기가 되었다. 그 대표적인 인물이 최치원이다. 도선이 당나라에 유학을 가지 않은 것이 이런 이유일 가능성도 배제할 수 없다.[85]

신라의 풍속은 매우 특이하다. 이복 남매끼리 결혼한 것은 물론이고, 아버지가 다른 이성異姓 남매의 결혼, 자매가 한 남자에게 시집가는 일, 형제가 한 여자를 공유하는 일이나 한 여자가 여러 남자를 거느리는 일, 전왕의 후비나 왕비조차 다음 왕과 관계하는 일, 심지어 자기 아내를 다른 남자에게 양보하는 일도 신라 사회에선 드문 일이 아니었다.

화랑도가 철저하게 성적性的으로 얽힌 집단이라는 사실 또한 이채롭다. 또성을 서로 나누는 행위를 전혀 추잡하게 여기지 않은 당시 사람들의 가치관, 정치에 여성들의 입김이 직접적으로 작용한 것이나 태후나 유력한 왕실의 여인들이 왕을 갈아 치운 일도 신라사에서만 발견할 수 있는 독특한 역사다.[86]

    이것을 밝혀 두는 것은 도선이 사생아였다는 사실이 그의 인생에 그리 영향을 미치지 못했으리라는 점을 지적하기 위한 것이다.

6부

도선의 신이한 이야기

1장

신비 속의 도선

도선의 신비화는 조선 후기까지 이어진다. "민영호가 황해도 연백에 고을 살이를 갔다가 유명한 지관 지학장을 만나 문둥병에 걸린 청년을 고쳐 주었다. 후에 지학장에게 부탁해 삼각산 왕위지지王位之地를 잡았는데, 오시午時에 하관 하려는데 일꾼들이 피를 토하고 죽었다. 조선 500년의 운이 있는지라 도선이 그 무덤에 패철을 대니 동신 셋이 들어서 그 잔등이를 내리치니 왕이 아닌 민 중전명성황후을 낳았다."[1]라는 것이다. 이런 종류의 설화는 우리나라 곳곳에 수 도 없이 많다. 그만큼 도선의 영향이 크다는 증거일 것이다.

"역사는 과학적 또는 학문적 용어가 될 수 없고, 결국 정서적 용어가 될 수 밖에 없다."[2] 역사학, 심리학, 천문학은 의심의 여지가 없는 학문이다. 인문, 사 회, 자연이라는 접두사가 붙어 있지만 모두 과학임에는 틀림없다. 풍수에서는 "보지 않은 것은 말하지 말라."라는 금언이 있다. 그런 풍수가의 관점에서 보면 답사로 현장 확인이 불가능한 것을 과학이라 부르는 게 이상하다.

도선에 관한 실증적 문헌상의 기록으로는 우리가 지금 알고 있는 것들을 그대로 받아들이기 어렵다. 그에 관한 문헌이나 금석문의 기록은 그가 열반에 들고 상당 기간 후에 나온 것들인 데다 그의 사상을 왕조의 창업 이념으로 삼은 고려 시대의 것들이라 신빙성에 의심의 여지가 너무나 많다. 그런데도 그의 업적은 긍정적인 것이 압도적으로 많다. 특히 그가 풍수지리설의 비조라는 점은 현재의 국사 교과서들에도 수록되어 있을 정도다. 선종은 요컨대 호족의 종교로 성장하였다. 선종의 개인주의적 경향은 중앙 집권적인 체제에 반항하여 일어나는 호족들에게 그들이 독립할 수 있는 사상적 근거를 제공하였다고 할 수 있다.

풍수지리설 역시 호족들의 대두와 함께 널리 퍼진 사상이다. 풍수지리설을 크게 선양한 것은 도선이었는데, 그는 불교의 선근공덕善根功德 사상에 음양오행설 등을 결합해 이를 펼쳤다. 이에 입각해서 각지의 호족들은 저마다 자기네의 근거지를 명당으로 생각하고, 자기 존재를 정당화하려고 하였던 것 같다.[3]

하지만 그에 대해 이의를 제기하는 논문들도 있으며, 그것을 뒷받침하는 논리 또한 있음이 사실이다. 도선은 우리 민족에게 커다란 영향을 미쳤고, 사실 지금까지도 그의 영향력은 훼손되지 않았다고 보이지만, 그는 많은 논란을 불러일으켰으며 의문점도 수없이 남겼다. 그를 더듬어 보는 일은 미궁을 헤매는 일이나 다름없다.

특히 『삼국사기』나 『삼국유사』에 도선에 관한 기록이 없다는 것은 매우 이상한 일이다. 『삼국사기』는 유가인 김부식이 썼으니 그럴 수도 있다고 하겠지만, 승 일연이 쓴 『삼국유사』에도 그 이름이 오르지 못했다는 것은 참으로 납득이 가지 않는다. 구태여 도선을 기피할 이유가 없음에도 그렇다는 것은 도선의 존재 자체가 허구이거나 존재감이 미미했음을 반증하는 것일 수도 있다. 그런 그가 어떻게 현대의 국사 교과서에 실릴 정도의 유명인이 되었을까? 이에 관해서는 몇 편의 논문에 자세히 설명되어 있다.

후세인들에 의해 많이 꾸며진 것이어서 역사적 자료로서의 가치는 적지만 그중 중요한 기록들을 보면 다음과 같다.

- 고려 태조 26년943 태조가 자손에게 내린 「훈요십조」.[4]
- 고려 인종재위 1123~1146 때 왕명에 따라 최응청崔應淸이 찬술한 글.[5]
- 고려 의종 4년1150 최유청이 왕명에 따라 찬술한 글.[6]
- 고려 의종재위 1147~1170 때 김관의가 편집한 『편년통록』.[7]
- 고려 충숙왕 때 민지가 찬술한 『본조편년강목』.[8]
- 조선 세종 27년1445에 저작된 『용비어천가』.
- 『세종실록 지리지』 전라도 영암군 조.
- 『동국여지승람』 전라도 영암군 조 및 강진현康津縣 조, 광양현光陽縣 조.
- 조선총독부에서 편집한 『조선사찰사료』에 수록된 여러 기록.[9]

이 외에도 전남 영암 월출산 도갑사에 전하는 조선 선조재위 1567~1608 이후의 기록으로 굉연宏然 스님이 쓴 「고려국사도선전」, 효종 4년1653 이경석李景奭이 쓴 「월출산도갑사도선국사수미대사비명병서」, 현종 4년1663 도갑사에서 간행한 『영암지도갑사사적』, 숙종 23년1697에 나온 『지리산화엄사사적智異山華嚴寺事績』 등이 있는데, 이들 자료 가운데 고려 태조의 「훈요십조」, 최응청의 「옥룡사왕사도선가봉선각국사교서급관고」, 김관의의 『편년통록』, 민지의 『본조편년강목』, 『용비어천가』, 『세종실록 지리지』 등은 대체로 풍수지리설의 전래 관계를 밝혔을 뿐이고, 『동국여지승람』이나 『조선사찰사료』 등에 실린 것은 믿기에 허황한 것이며, 최유청의 「백계산옥룡사증시선각국사비명병서」「도선비문」가 가장 자세하고 비교적 사료 가치가 높다.[10] 이 부분에 대해서는 아직까지 이견이 없다. 그 내용은 이 책 앞 부분에서 비교적 상세히 다루었다.

「도선비문」의 비음기碑陰記에 따르면 최유청이 비문을 짓고, 그의 처남인 정서鄭敍가 글씨를 썼다고 한다. 그러나 사정이 생겨 비석이 광양 옥룡사에 세워진 것은 명종 2년1172에 이르러서였다.

더욱이 도선의 존재는 문헌 가운데『고려사』와「도선비문」에 최초로 등장하며, 동리산 선문의 혜철 국사의 법을 이었다고 주장함에도 동리산 선문의 선승인 윤다나 여러 학자들이 한결같이 도선의 법을 계승하였다고 하는 제자 경보의 비문에도 도선의 이름은 물론 존재의 흔적조차 보이지 않는다. 그러니까 도선은 정사正史랄 수 있는 전적에서까지 신비를 벗지 않고 있는 것이다.

우리나라에서 이인 혹은 기인으로 꼽히는 사람은 의외로 많다. 그만큼 민중적 영웅이 많다는 뜻일 것이다. 예컨대 토정 이지함은『토정비결土亭秘訣』로 현재까지 영향을 미치고 있다. 그는 목은 이색의 후손으로 형인 이지번에게 배운 뒤, 그 또한 기인인 화담 서경덕에게 배웠다. 어느 날 그는 형에게 "처가에는 길한 기운이 다하여 떠나지 않으면 장차 화가 미치겠습니다."라고 했는데, 다음 해 과연 그의 처가에 화가 터졌다. 화담에게 학문을 배울 때 여색을 멀리하는 의연한 행동으로 칭찬을 받았고, 괴이한 거동을 잘했으며 기지, 예언, 술수에 통효通曉하지 않은 바가 없었다. 바닷길도 평지처럼 여겨 일엽편주의 네 귀퉁이에 박을 매단 것만으로 세 번이나 제주도를 왕래했으나 풍파의 근심이 없었다. 그는 쇠로 만든 갓을 쓰고 대지팡이 하나를 든 채 산천 주유를 즐겼다. 이는 과거 풍수 지관의 행장과 같다. 지관들은 패철佩鐵을 지니고 다니며 방향을 가늠하고, 쇠갓을 머리에 이고 다니며 햇빛과 빗발을 피했으며 요기할 때는 솥 대신 사용했다. 그리고 대나무 지팡이는 비유하자면 의사가 청진기를 사용하듯 땅을 진찰하는 데 썼다. 그가 풍수를 몰랐을 까닭이 없다. 이를 뒷받침하는 이런 얘기도 전해 온다.

토정이 부모의 묏자리를 구하였다. 자손 중 정승 둘이 날 명당이었으나 계자季子, 막내아들, 즉 토정에겐 불길한 자리였다. 그러나 그는 형들에게 우겨서 그 자

리에 묘를 썼다. 그 묏바람인지 그의 조카인 이산해李山海는 벼슬이 영의정에
이르렀고, 다른 조카인 이산보李山甫는 대사간과 이조판서 등을 지냈다. 그러
나 토정의 아들 네 형제의 삶은 매우 험악했다. 둘은 요절하고 한 아들은 호식
虎食을 당했다.[11]

  필자가 수많은 이인 중에 특히 토정을 예거한 이유는 그가 자생 풍수의 영
향을 받았음이 분명하고 그의 행위가 이기적이 아니기 때문이다. 풍수를 발복
의 수단으로 아는 현대인들에게 이를 알려 주기 위함이다.

2장 　 토속 신앙과 불교

왕건은 풍수설을 정치적으로 이용하였으나 자신이 풍수설을 맹신한 것 같 지는 않다. 그는 여러모로 풍수설을 이용하고 전파하였으나 불교와 모순을 빚 거나 마찰을 일으키지는 않았다. 불교는 원래 민간 신앙과 타협하고 결합하는 속성과 전통을 가지고 있기 때문이다. 유학자들도 인간적 실천을 중시하였지 만 풍수설을 거부하지 않았다. 도교는 오히려 산신 신앙과 함께 풍수설과 밀 접한 연관을 가졌다.

고려 초기부터 풍수설은 전국적으로 널리 퍼졌고 여러 방면에 적용되었다. 이런 분위기에 따라 중국의 풍수설이 소개되었으며, 후기에는 음택무덤 자리을 잡는 풍조로 변했다. 민간에서는 지배 세력에 비해 늦게 받아들였으나 집터나 무덤 자리를 잡는 데 풍수지리설을 근거로 삼았다. 풍수지리설은 신앙의 형태 를 띠어 이를 잘 따르면 후손들이 발복한다고 믿었다.

선사 시대부터 이어져 온 토속 신앙의 생명력은 대단히 끈질겼다. 자연신 계통으로는 해와 달, 산과 길, 물과 불, 바람과 나무와 돌에도 신이 있다고 여겼다. 인신人神 계통으로는 왕과 왕비, 장군과 대감, 부인과 처녀, 조상을 신으로 받들었다. 가옥에는 성주, 부엌에는 조왕竈王이 있다고 믿었다. 가신家神 가운데서는 성주를 최고신으로 받들었다. 성주는 모든 길흉화복을 결정한다고 하여 집의 중앙 대들보 아래 모셨다.

마을 입구에는 천하대장군天下大將軍, 지하여장군地下女將軍이라는 장승을 세워 동신洞神으로 받들었다. 장승은 본래 절의 경계 표시로 세우기 시작했는데 마을 경계 표시나 이정표 구실도 하였다. 또 마을마다 수목신인 당신堂神에게 마을의 안녕을 빌었다.

이런 주장도 있다. 수렵 생활에서는 힘이 제일이었으며 또 힘이 있어야 무리를 지배할 수 있었다. 그 후 국가가 형성된 뒤에는 지도자인 임금을 따랐는데, 임금을 신앙처럼 믿었다. 임금의 존재가 신격화되었기 때문에 임금과 그에게 충성하는 자들의 사당과 능묘를 세우고 그곳에서 복을 빌었으니, 그런 까닭에 우리나라 상고 때에는 풍수설이 있을 수 없고 명당이 따로 있을 수 없었다.

3세기 말에 삼국에 불교가 들어오고 6세기까지 유교, 도교 등의 종교가 도입되었다. 그러나 삼국은 각기 임금이 종교를 도입하고 믿었기 때문에 종교를 믿는 것보다는 임금을 믿는 편이 오히려 현실적이었다. 신라 말기에 사회가 혼란해지고 궁예, 견훤 등이 각기 나라를 세운 후삼국 시대에는 임금에 대한 믿음을 잃게 되었다. 이때 고려 태조가 통치 방법의 하나로 풍수 도참설을 대두시킨 것이다. 물론 그 이전에도 선종의 승려들은 명산인 구산선문을 중심으로 불교 활동을 했는데, 그것도 원인은 될 것이다.[12]

도선은 우리나라 지형을 행주형行舟形으로 보았다. 나라의 기틀을 든든하게 하며 백성을 안전하게 하는 비보에 몰두하였는데 금강산, 태백산을 배의 머리로 보고 월출산, 영주산을 배의 꼬리, 부안의 변산을 배의 키로 보고, 영남의 지리산이 노가 되고 능주의 운주산이 배복腹가 된다고 보았다. 그런데 배를 물

위에 띄우기 위해서는 선체가 흔들리지 않고 가라앉지 않도록 균형을 잡아야 하니 사탑과 불상을 세워서 위험한 곳을 진압했다. 특히 영구산靈龜山 아래 완연규기蜿蜒糾起 하는 곳인 전남 화순군 도암면 대초리 골짜기에는 천불천탑을 세워 배의 등배背腹를 실하게 하고 금강산과 월출산에 탑을 건조하여 정성을 기울이니 이 두 산이 행주行舟의 수미首尾가 되어 가장 중요하다고 했다. 월출산을 소금강이라 하는 것은 이 때문이다.

이와 같이 진압을 끝낸 도선은 전국을 돌아다니며 절을 둘 만한 곳이 아니면 부도를 세우고 탑을 세울 곳이 아니면 불상을 세우고 결함이 있는 곳은 보충하고 비뚤어진 곳은 바로 세웠다. 또한 월출산 천왕봉 아래에 보제단普濟壇을 설치하여 매년 5월 5일에 제사를 지내면서 복을 기원하고 재앙을 물리쳤다. 운주사 인근에는 돛대봉이란 산도 있다. 그 가까이에는 불탑을 만들 때 해가 넘어가지 않도록 해를 묶어 놓고 일을 했다는 일봉암日封岩이 있다.[13]

비보 염승厭勝은 자생 풍수의 가장 큰 특성이다. 도선 이전부터 비보가 등장하는 것을 보면 도선 당시는 특히 남해안 일대에 잘 알려져 있었다고 보인다. 『삼국유사』에 의하면 이미 48년에 가야 허황후許皇后에 유래하여 세워진 파사석탑이 있는데, 이는 김수로왕金首露王의 왕비인 허황옥이 바다의 파도신波濤神을 제압하기 위하여 아유타국에서 싣고 온 것이라 한다. 그 외에도 필자는 그 탑이 이웃한 임호산臨虎山이 호랑이 머리 모양 같고 입을 벌린 모양이 너무 흉악하여 그것을 염승하기 위한 비보탑일 것이라는 생각이 들었다.

고려 명종 10년1180에 창건되었다고 하는 밀양 만어산 만어사萬魚寺에 대해 『삼국유사』 어산불영魚山佛影 조에 다음과 같이 기록되어 있다.

가야의 경내에 옥지玉池가 자리 잡고 있는데 그 못 속에 독룡毒龍이 살고 있었다. 만어산에 다섯 나찰녀가 있어 그 독룡과 서로 왕래 교통하여, 번개와 비를 때때로 내림으로써 4년 동안이나 오곡이 제대로 여물지 않았다. 이 사실을 안 수로왕은 독룡과 나찰녀를 진압하기 위하여 주술로 이를 금하려 하였으나 능히 제압하지 못하여 머리를 조아려 부처님께 빌었는데, 부처님이 설법한 후에야 나찰녀가 오계五戒를 받아 그 뒤에는 재해가 없어졌다.

실제로 만어산에는 너덜겅너덜바위이 넓게 퍼져 있어 보기에 흉물스러운 것이 사실이다. 이를 덮어 주민들의 심성을 순화시키기 위하여 환경 심리학적 배려로 만어사를 세운 것이라 볼 수도 있다.

도선이 당나라 밀교 승려 일행의 영향을 받았으리라는 주장은 지금까지 꾸준히 있어 왔다. 필자는 그 가능성이 매우 낮다고 본다. 하지만 밀교의 택지법擇地法에 대해서는 알아볼 필요가 있다. 밀교에서는 여러 가지 의식을 수행할 때 장소를 매우 존중한다고 한다. 여러 불보살佛菩薩과 선신善神이 수호해 수행의 성취가 가능한 곳을 승지나 길지라고 할 수 있는데, 이를 선택하는 방법을 밀교의 택지법이라 한다. 이에는 세 가지가 있는데, 그 하나가 관지상법觀地相法이고 둘이 관지질법觀地質法, 셋이 치지법治地法이라고 한다. 이 책의 내용과는 별 관계가 없는 것이라 생략한다.[14]

서윤길 교수는 도선이 훌륭한 선승이었다고 결론지으면서, 일행이 선무외의 제자로서 태장계 계통의 밀교승이면서 선에 관심이 많은 분이었기에 도선은 일행의 사상에 간접적으로 영향을 받았다고 판단한다. 즉 도선은 비보 사상을 국가화시켜 당시의 시대적 요청과 국민 사상에 부응하여 불교의 세력을 부흥시키려 했던 것이다. 다시 말하면 도선이 내세운 밀교적 법용法用으로서의 비보 사상은 불교 세력의 부흥을 위해서는 필연적인 방법이요, 호국을 위한 당연한 법용이었다 할 수 있다고 했다.[15]

3장   도선의 생사관

사람은 "천사로 태어나 악마로 살다가 바보로 죽는다."라는 말이 있다. 생의 축복, 삶의 신산辛酸, 죽음의 허망함을 드러낸 지적이다. 태어남은 자의가 아니니 할 말이 없다. 그러나 삶의 어려움과 죽음의 허망함은 그것을 어떻게 극복하여 의미 있는 것으로 만드느냐에 따라서 사람마다 천차만별이 된다. "삶도 모르는데 죽음을 어찌 말하겠는가." 하는 공자의 말씀은 지나치게 허위적이다. 삶이 없으면 죽음이 있을 수 없고 죽음이 없다면 삶이 존재할 수 없다.

지금까지 얼마나 많은 사람들이 이 땅 위에서 살았을까? 필자가 품은 궁금증 중 하나다. 이에 대한 한 가지 답변이 있다.

태초의 인류로부터 지금까지, 800억 명이 넘는 사람들이 우리보다 앞서 삶을 영위하고, 도시를 세우고, 책을 쓰고 음악을 지었다. 현대를 살아가는 인류는 60억 명에 불과하다. 그러니까 조상들이 우리보다 열네 배나 많은 셈이다. 인류의 조상들은 우리의 발아래, 우리의 머릿속에서 부패하고 분해된다. 그들은 우리가 사는 땅과 우리가 먹는 음식을 향기롭게 한다. "옛 사람의 무덤 위에서 지금 사람들은 농사를 짓고 있다古人塚上 今人耕." 이미 죽은 이들로부터 우리는 삶을 이어 가고 있는 것이다. 그런데도 죽은 이들로부터 무엇인가를 더 얻어 내려 한다면 이게 어디 사람이 할 짓인가.

죽은 이들, 그중에는 많은 그리운 이들도 있다.[16]

놀랍기도 하고 별로 놀라운 숫자가 아닌 것 같기도 하다. 하지만 인간의 생몰이 그렇게 끊임없이 이어져 왔다는 것은 놀라운 일이다. 우리는 살다가 죽어 간 이들을 어떻게 인식하고 있을까? 그것이 바로 생사관이다.

사실 죽음이나 주검은 가까이 있었다. 필자가 초등학교를 다니던 1950년대 우리나라 사람들의 평균 수명은 38세였던 것으로 기억한다. 전쟁 직후였으니 수명이 짧은 것이 필연적이라 할 수도 있겠지만 반드시 그런 것은 아니다. 18세기 유럽의 경우 세 살 미만의 영아 사망률이 무려 90퍼센트였다. 게다가 버려지는 영아도 많았다. 역시 필자의 기억으로는 서울 용두동 집에서 정릉천을 건너 학교로 갈 때 자주 천변에 버려진 갓난아기의 시체를 본 기억이 있다. 그러니 도선 시대에는 그 참상이 필자의 어린 시절보다 훨씬 심했을 것이다. 분명 시신 보는 일도 잦았을 것이다. 그런 생활 환경 속에서는 지금의 생사관과 다른 생사관이 만들어졌을 것은 필지의 사실이다. 그렇다고 해서 죽음의 양태가 바뀌는 것은 아니다. 그저 보다 익숙했을 것이라는 유추가 가능할 뿐이다.

"덧없는 인생이란 예로부터 으레 이런 것이었다浮生自古然矣." 고려 태조 왕건이 945년 5월 세상을 떠나며 남긴 유언이다.[17]

신라 천년 왕국이 석양에 물들던 난세를 살다 간 도선의 생사관은 일반인의 그것과 크게 다르지 않았지만 깊이는 남달랐다. 승려가 된 것만으로도 그렇다고 할 수 있다. 하늘은 찬란하고 신비롭고 아득하고 오묘하며 때로는 격렬

하다. 사람이 어찌해 볼 도리가 없다. 천상은 그래서 살아 있을 때가 아니라 죽은 후의 세상에 어울린다.

땅은 기기묘묘, 변화막측 하지만 삶의 의지처이자 생명의 원천인 음식을 대준다. 죽으면 땅에 묻힌다. 지하는 땅 아래라는 뜻이지 꼭 땅속을 가리키는 것은 아니다. 살아서나 죽어서나 땅은 인생의 기반이다. 땅에서 살다가 죽어 땅에 묻히지만 그 혼령은 어디로 갈까? 혼령이라는 게 있기는 한 걸까?

도선은 사생아였다. 출생 또한 죽음 못지않게 그를 뒤흔드는 과제였다. 생로병사를 겪는 인생에다 그 뒤를 모르는 혼란과 두려움, 고해다. 당시로서는 유물론자가 될 길이 없었다. 모두가 범신론자였으니 도선으로서도 한계가 있었다. 죽음에 대한 두려움처럼 설명하기 어려운 일도 드물다. 죽은 뒤에 어떻게 될지도 모르면서 무얼 무서워하는가? 내가 죽었는데 무슨 고통이나 근심이 있으랴? 그의 이런 생사관은 중으로서도 온당한 것이 아니었다. 윤회? 극락과 지옥? 고해를 헤엄치기도 어렵고 바쁜데 죽은 뒤의 문제까지 걱정할 필요가 어디 있는가. 그렇다고 이것을 놓을 수도 없다. 생사 문제를 놓는 것은 해탈이나 하다못해 득도의 경지에 이르러야 가능하다. 아니면 제정신이 아니든가.

그런데 왜 나의 삶과 죽음에 관한 상념은 언제 어디냐에 따라 달라지는가? 나의 실체는 그대로인데, 생각은 변화무쌍하다. 김제[18]의 갯벌을 볼 때, 전주[19]에서 운장산 곰티재를 넘어 진안[20] 고원 지대를 가르며 나타나는 마이산을 볼 때, 동래[21]의 바닷가에서 모래밭과 광활한 바다를 볼 때, 황해도 안악에서 들판을 바라볼 때, 금강산 아래에서 아름답다는 표현만 쓰고 말기엔 아까운 풍광을 바라볼 때, 덕유와 지리의 장엄한 산 능선을 바라볼 때, 게다가 눈에 덮인 겨울이냐, 꽃피는 봄이냐, 단풍 지는 가을이냐에 따라서도 모두 다르게 여겨지니 이는 무슨 까닭이냐?

사실 도선은 그 후를 아무도 알지 못할 죽음보다는 당장의 현실인 삶이 훨썬 더 중요하다는 것을 알았다. 그러나 죽음에 관한 관념은 사고의 깊이를 더해 주고 삶의 의미를 이해하는 데 도움이 되기에 결코 무시하지 않았다. 이상한 것은 그리도 오리무중인 죽음이 실은 주변에서 일상적이고, 삶에 대해 알아내기가 더 어렵다는 점이다. 죽음이 임박함을 알았을 때 사람들은 더 열심히 정성껏 살았어야 하는 게 아니었을까 하는 후회를 떠올린다.[22] 모두가 죽는다는 것을 알지만 죽음 때문에 후회하지 않을 삶을 살아야 한다는 것은 모순이면서 진실이다. 사람들의 생각이 비뚤어지고 허황된 야망이 피곤하게 만들 때, 죽음에 관한 상념은 삶과 죽음 모두에서 깨달음을 줄 수 있다.[23] 어차피 죽을 인생 지금 죽어 버리자고 모두가 결심한다면 그것이 종말이다. 그런 허망함은 인생에 도움이 되지 않는다. 심지어 비겁하다.

도선의 생사관 역시 그가 익힌 불법이나 풍수처럼 "말 없는 말, 법 없는 법無說之說 無法之法"으로 요약된다. 역설적으로 말한다면 이렇다. "나도 모르겠소. 그러니 당신이 알아서 하시오." 또는 "내가 아는 것은 말로 표현되는 게 아니오. 논리 체계를 갖출 수도 없소. 그러니 당신이 스스로 깨우치구려." 인생이란 그런 것이다. 누가 감히 삶과 죽음에 대해 이러쿵저러쿵할 수 있겠는가.

죽음은 보편적이고 절박한 것임에도 우리는 여전히 죽음에 관하여 많은 것을 모른다. 생물학적 죽음을 논외로 한다면, 우리는 일회적인 나의 삶과 더불어 나의 죽음을 체계적인 탐구의 대상으로 삼을 수 없다. 반복이 불가능하며 밖으로부터의 관찰이 가능하지 않기 때문이다. 우리가 평소에 경험하는 것은 다른 사람들의 죽음이며, 그것을 우리 자신의 문제로 내면화하여 그 의미를 헤아려 보고 허무감을 느낄 뿐이다. 보다 본질적인 문제는, 그것에 관하여 아직 아무 말도 할 수 없는 나 자신에게 다가올 죽음인 것이다.

이러한 난점에도 우리는 죽음에 대하여 어떤 표상을 갖고 있으며 그것과의 관계 속에서 살아간다. 그리고 우리의 삶에 대한 이해는 죽음에 대한 이해에 따라서 달라진다. 바로 그 때문에 사람들은 예로부터 거듭 죽음이 무엇이며

그것을 어떻게 맞이해야 하는가, 그리고 그것이 지니고 있는 현실적 의미는 무엇인가를 물어 왔다.[24]

불교에서는 죽음을 단순한 물리적 현상으로 파악하지 않는다. 불교에서 죽음에 대한 해명은 "체온과 의식이 육체로부터 사라질 때 수명이 파괴된 것"이라는 정의로부터 출발하듯이, 물리적 현상이라 하더라도 거기에는 가장 중요한 역할을 담당하는 의식이 개재된다는 입장에서 그 문제에 접근한다. 예를 들면 죽음에 직면하여 절박하게 죽음의 의미를 묻는 한 젊은이는 결국 "삶은 의식이 있는 죽음을 의미하고 죽음은 의식이 없는 삶을 의미한다."라는 결론에 도달하여 '생즉사 사즉생生卽死 死卽生'의 논리를 수긍하게 된다.[25] 그래서 단적으로 말하면 죽음의 문제는 마음의 문제로 귀결되고, 그 해결도 마음의 자세를 통해 이루어진다.

만일 죽음에 대한 고찰이나 인식이 물리적 현상의 측면에만 머물면, 죽음은 무無를 의미하는 것으로 이해될 것이고, 이것의 극복을 위한 무심 역시 의식의 무화無化를 추구하는 것으로 이해될 것이다. 죽어서 산다는 것은 대개의 종교들이 설해 온 입장이다. 그런데 종교학자의 지적에 따르면, 이때 삶의 방면이 아닌 죽음의 방면에 중점을 둘 경우, 죽음의 방향은 인격이나 정신, 혼 또는 생명을 통해 무생물로 귀착하게 될 것이라 한다. "거기서는 모든 것이 물질성에 기초한 것, 물질성으로 환원된 것으로 보인다. 그리고 과학의 사고방식은 근본적으로 그러한 방향 위에서 성립한다. 또한 그와 같은 방향 위에서 역시 하나의 비약으로서 모든 사물의 근저, 삶 그 자체의 근저에 무의미함과 허무가 열리며, 그런 자각으로부터 허무주의가 성립한다."

대승 불교는 항상 허무주의에 대항하여 왔다고 한다. 그 근본 원리는 공空의 사상이었다. 공의 사상은 무를 주장하는 것이 아니다. 연기緣起의 본래 모습으로 있는 세계, 이런 현실 세계의 모습을 달리 표현한 것이 공이다. 연기의 세계에서는 저 혼자 존재할 수 있는 것은 아무것도 없고, 언어에 대응하는 개개의 실체가 있다고 생각하는 것은 잘못이다. 이런 의미에서도 '생즉사 사즉생'은 연기 또는 공으로 표현되는 진실상의 다른 표현이다.[26] 이런 점에서 도선의 죽음에 대한 상념은 불교를 떠난 것이 아니라 불교의 근본에 접속된 것이라 할 수 있다.

우리는 죽음을 낯설어 하지 말아야 한다. 죽음은 참 이상한 사건이다. 하지만 낯설어 할 까닭은 없다. 그것은 삶 속에 있는 일상이다. 그러므로 우리는 사랑을 함부로 다루지 않듯이 죽음도 함부로 다루지 말아야 한다. 사랑의 의미와 그것이 지니는 알 수 없는 신비를 한껏 귀하게 여기듯 죽음도 귀하게 여겨야 한다. 사랑을 그렇게 대할 때 비로소 사랑 자체가 우리에게 긍정적인 현실로 안길 수 있었다. 성숙한 사랑은 그렇게 평범하고 자연스럽게 사물이나 사람이 지닌 신비를 품에 지닌다. 우리는 그렇게 사랑한다. 우리는 이미 그러한 경험을 가지고 있다. 사랑한다고 하면서 그 신비에 놀라기보다 흥분하거나 호들갑을 떤다면, 그리고 일상을 보지 않고 둥둥 떠다니듯 살아간다면, 혹 처음 자리에서는 그럴 수 있지만 내내 그렇게 사랑을 경험한다면, 아직 그 사랑은 충분히 성숙한 것이 아니다. 죽음도 다르지 않다. 죽음이 참으로 신비스러운 것이라는 터득이 내 속에서 일면, 우리는 죽음을 사랑할 수 있다. 어쩌면 죽음을 사랑하면 그 신비가 현실화된다고 말하는 것이 더 나을지도 모른다.

삶을 초조해하지 않는 사람은 죽음을 초조해하지 않는다. 삶을 두려워하지 않는 사람은 죽음을 두려워하지 않는다. 삶에 감사하는 사람은 죽음에 감사한다. 그리고 삶을 사랑하는 사람은 죽음을 사랑한다. 이것이 우리의 마지막 이야기가 될 수밖에 없다.[27]

우리가 죽음을 말할 때, 그것은 언제나 인간의 죽음에 관한 얘기다. 왜냐하면 다른 생물이나 동물의 경우 죽음은 곧 소멸이라서 그 이상 아무것도 얘기할 게 없기 때문이다. 죽음이 곧 인간의 죽음이라는 얘기는 단단히 또 똑똑히 강조되어야 한다. 그 강조와 더불어 인간의 죽음, 생물이 누리는 유일한 죽음에 관한 얘기가 비롯되기 때문이다. 다른 생물은 죽지 않는다. 다만 없어질 뿐이다. 잘해야 생명이 사라지는 것일 뿐이다. 그 이상의 것이 못 된다. 인간만이 오직 죽음을 경험한다.[28]

도선의 사생관이 뚜렷하게 나타난 기록은 없다. 다만 그는 승려, 그중에서도 화엄학을 공부한 학승이자 선승으로 알려져 있다. 그런 그가 중생 제도의 방편으로 풍수를 사용했다는 것은 그가 현실주의자임을 추정하게 한다. 현실이란 '지금, 여기서'라는 의미이다. 필자는 "순간은 순식간에 지나가지만 인생은 그것이 쌓여 이루어진다. 찰나의 적분이 삶이며 인생의 미분이 삶이다. 죽음은 그 과정이 어떠하든 순식간에 벌어진다."라고 생각한다. 도선이 등장하는 설화에서는 그런 증거들이 여럿 발견된다.

어찌 되었거나 도선은 죽음 후의 일에는 관심을 보이지 않았음이 분명하다. "죽은 사람은 눈에 보이지 않을 뿐이지 사라진 것은 아니다."라는 성 아우구스티누스의 말에 필자는 동의하지 않는데, 도선 역시 마찬가지였을 것이다. 그의 행적이나 언행 어디에도 죽음 뒤의 세계라든가 무덤에 관한 관심은 보이지 않는다. 음택에 대해 어떤 흔적도 남기지 않은 것 역시 필자가 도선을 중국 풍수와 다른 자생 풍수의 시조로 보는 이유다.

4 장 도선에 대한 오해 혹은 와전

어떠한 인물이든 그에 관한 민담이나 설화는 다양하기도 하거니와 시대에 따라 변화를 겪는다. 그것을 연구한 이준곤 교수에 따르면 도선의 출생 설화부터 문헌 설화 자료와 구비 설화 자료 사이에 차이가 난다고 한다. 식자층에서는 그를 고귀한 혈통으로 보려 하였고, 순수한 구전 계층의 서민들은 그를 미천한 출신으로 보려 하였다. 중국과 연결하려는 식자층의 시도는 당나라 승려 일행과의 관련성이 끊기면서 기반을 잃었으나 시도는 꾸준히 있었던 것으로 파악된다. 특히 조선 후기에 와서는 풍수 전체가 음택 위주로 변이하면서 그에 관한 설화도 그 추세를 따른 것으로 나타났다.[29] 결국 도선의 생애와 업적을 사실 그대로 추적하는 것은 불가능한 일로 판명된 셈이다. 시대에 따라, 목적에 따라 도선에 대한 이야기는 변이를 거듭했다.

불교계나 불교학자들은 도선을 선승으로서 추앙하고픈 모양이다. 도선이 사문沙門으로서 약여躍如했던 모습은 너무도 소홀히 했던 것이 아닌가 생각된다. 오히려 후대의 위찬偏撰들이 도선의 모습으로 부각되고 심지어는 「도선비문」의 뒷부분까지도 신빙할 수 없듯 사람들의 인위적 부회附會가 없지 않음을 살필 수 있다. 선승으로서의 도선의 참모습이 밝혀지면 우리 정신 문화의 묻혀 있던 광맥이 새로이 방광放光될 것이라 믿는 것으로 여겨진다.

혹자는 고려 왕실과 유착된 이른바 도선 국사라는 측면과 풍수지리의 비조로서 신승神僧 도선을 염두에 둘 수도 있다. 그것은 무리한 일이 아니다. 너무도 오랫동안 사문으로서의 도선보다는 오히려 권승權僧 혹은 신승으로서의 이미지가 더 깊이 민중 속에 뿌리내리고 회자되었기 때문이다.

고려 태조의 「훈요십조」를 보면 도선이 점정한 곳 이외에 사찰을 창건하면 지덕이 손박하게 될 것이라는 내용이 보인다. 이는 통일 신라 말 무절제한 사찰의 조영을 막아 보자는 태조의 의지가 담긴 것이라기보다는 오히려 도선 국사를 훗날 정치적으로 이용하여 철저한 자기 합리화의 수단으로 삼을 의도였을 것이라는 견해가 지배적이다. 한편 엄밀한 의미에서 국사의 생존 시와 관련한 유적을 지칭한다면 과연 몇 군데나 될 것인가 하는 데는 의문을 제기하지 않을 수 없다.[30] 즉 도선에 관한 많은 사적들이 과장되거나 왜곡되어 있음을 말하는 것이다. 필자도 이 의견에 동의한다. 특히 도선을 고매한 선승으로 칭송하는 것은 아무래도 지나치다고 생각한다. 과연 도선은 고승이었을까?

그렇지 않다. 도선의 법손法孫 지문志文이 말했듯이 도선이 운수 행각을 마치고 백계산 옥룡사에 주석한 뒤로 "연좌망언 삼십오년宴座妄言三十五年"이었다는 사실 하나만 보더라도 "선승 도선의 진면목은 약여함"임을 알 수 있다.[31] 이런 주장은 분명 도선을 풍수와 가급적 분리하여 선가禪家의 고승으로 평가하려는 의도가 있는 것으로 보인다.

이 점은 여러 가지 면에서 필자가 고민하던 바다. 도선을 존숭하는 마음이 여전한 필자가 도선이 지닌 선승으로서의 약여한 모습을 수긍하지 못하기 때문이다. 당대 최고의 선승들인 도선의 스승이나 제자들의 비문에 그의 흔적이 없고, 『삼국사기』는 물론 『삼국유사』에도 도선의 이름이 없다. 여러 정황으로 보아 그가 당시 이름을 날린 선종의 고승이었을 가능성은 희박하다.

앞서 밝힌 것처럼 오늘날 학계에서 가장 신빙성 있는 도선에 관한 자료로는 최유청의 「도선비문」이 꼽힌다. 그런데 신라 효공왕이 도선에게 시호와 탑호를 하사하고, 박인범에게 도선의 비문을 찬술하도록 명령을 내렸다는 사실은 최유청의 「도선비문」에서만 주장된다. 나말여초의 그 어떤 역사서나 문헌에서도 이 사실을 확인할 수 있는 기록은 찾아볼 수 없다. 물론 『삼국유사』나 『삼국사기』에서도 찾아볼 수 없다. 이는 처음부터 도선의 존재와 그에 관해 기록된 문헌 자료가 전혀 없었다는 뜻일지 모른다. 다시 말해 최유청이 도선의 비문을 찬술할 당시에 의종의 말을 인용해 밝히고 있는 것처럼, 도선에 대한 자료는 일절 없었음을 알 수 있다. 그런데도 도선의 비문을 남겼다는 것은 고려 태조의 출생 예언, 고려의 건국, 고려라는 왕국의 역사적 사실에 대한 뒷받침 자료이며 배경이 되기 때문이다.[32] 물론 정성본 교수는 도선이 실재하였다는 사실과 그의 왕건 세계世系에 대한 사실을 전면적으로 부정하지는 않는다.

옥룡사도 도선이 창건했다고 알려져 있으나 이 역시 믿기 어렵다는 주장에 필자는 동의한다. 오히려 「도선비문」보다 약 200년 전인 광종光宗 9년958에 김정언金廷彦이 비문을 찬술한 경보의 비가 백계산 옥룡사에 세워져 있다. 지금까지 거의 모든 학자들은 경보가 도선의 법맥을 이은 제자이며 옥룡사 선문의 후계자라고 여기고 있다. 이 또한 의심의 여지가 많다. 「경보비문」에는 그의 속성은 김씨, 영암 구림인이라고 기록되어 있다. 최유청이 찬한 「도선비문」을 믿는다고 할 때 경보와 도선은 출신지가 같고, 출가 본사本寺 혹은 수학처월유산 화엄사 및 교화처옥룡사도 똑같다. 그러나 기록으로서의 자료 성립과 사료史料로서의 가치에서 보면 경보의 비문이 도선의 비문보다 약 200년 앞서 찬술된 점을 잊어서는 안 된다. 지나친 억설일지 모르나 도선과 경보의 내력이 거의 대부분 일치한다는 점 등을 고려할 때, 최유청이 근거 자료가 전혀 없는 도선의 생애와 전기를 기록할 때 이미 옥룡사에 있는 「경보비문」을 참조한 것이 아닌가 생각한다. 즉 최유청은 도선의 생애와 전기를 어떤 전래된 근거 자료에 의해 찬술하기보다는 고승들의 비문 형식을 빌려 전연 알 수 없는 도선의 생애를 적당히 간략하게 언급했다는 것이다. 게다가 도선의 스승으로 알려진 혜철의 비문과도 모친의 임신과 태몽, 어릴 때 놀던 모습과 성향 등 표현 방법이나 내용이 너무나 비슷하다. 이 점도 최유청이 혜철의 비문을 참조해 도선의 비문을 기술한 것이 아니겠는가 하는 추론을 가능하게 한다. 혜철이 동리산 선문을 개창한 것은 그의 나이 63세 때였다. 혜철은 물론 동리산 선문을 계승한 윤다의 비문이나 도선의 법문을 계승한 것으로 일반화된 경보의 비문 등에도 도선의 흔적이 전혀 없다. 도선이 혜철의 법문을 이은 선승이라는 주장은 도선의 입적 후 252년이나 지난 뒤에 제기된 것이며, 혜철, 윤다, 경보 등의 비문보다 약 200년이나 후에 만들어진 최유청의 「도선비문」에서만 유일하게 주장되었다. 아니, 도선의 존재 자체도 최유청의 비문에서야 나타난다.[33]

도선에 대한 고려 왕조의 신비화가 지나치다는 의견에 필자도 수긍한다. 이미 전술한 바와 같이 도선의 신비를 벗김으로써 오히려 그를 상식선에 놓겠다는 것이 필자의 의도다. 그렇게 하면 자연히 풍수의 신비성을 푸는 데도 도움이 된다고 본다. 풍수가 자연을 대상으로 하는 지혜고 자연을 과학이 아니라 삶의 동반자로 보자는 것인데, 그것을 어렵게 하고 신비화하여 오늘날 우리를 난처하게 만들고 풍수 자체도 미신으로 몰아가는 몰상식은 피해 보고자 하는 것이다.

최유청은 「도선비문」에서 선승으로서의 도선은 지극히 간단하게 언급하거나 아예 전하지도 않는 것에 반하여, 풍수지리 대가로서의 도선은 상당히 자세히 기록하였다. 사실 최유청의 비문은 바로 이 점을 강조하기 위해 만들어진 것이라 할 수 있다.

당연한 말이지만 자생 풍수가 도선에 의해 어느 날 갑자기 출현한 것은 아니다. 아마 당시 흘러 다니던 풍수 관련 얘기들이 도선을 중심으로 정리되었고, 그를 고려 개국의 정통성 확립에 이용하면서 그가 세상에 널리 알려졌을 것이다. 이에 관해서는 비슷한 주장을 한 학자들이 있으나 그 내용이 자세하지 않아 인용은 생략한다.[34]

도선의 명성에 의존하여 창건되었다고 기록된 사찰들이 명당에 입지하고 있다는 주장이나 그것들이 선종 포교를 위한 방편이었다는 주장에 필자는 동의할 수 없다.[35] 더구나 그의 비보사탑설을 인정하면서, 그것도 그것을 도선 풍수의 가장 큰 특징으로 인정하면서, 그가 창건했거나 창건했다고 전해지는 사찰들을 좋은 땅이라 칭송하는 것은 그 자체로 모순이다. 비보란 본래 좋지 못한 땅을 고치는 방법이니 그런 곳이 명당일 수는 없지 않은가.

그러나 문제는 그렇게 간단하지 않다. 필자는 도선 풍수의 "마음이 중요하다."라는 주관성과 "비논리의 논리, 논리 뛰어넘기"라는 불명성不明性 그리고 "그럴듯하게 보인다."라는 개연성을 특징들로 본다. 이에 관해서는 뒤에 상술하겠지만, 요는 도선 연기 사찰들이 명당에 입지하고 있다는 주장들에 대해 반론하기가 쉽지 않다는 점이다. 주장하는 그들의 주관 또한 중요한 것이고, 그로 인하여 대중이 그 주장을 믿고 의지한다면 굳이 그 땅의 병病을 밝히는 의미가 없기에 그렇다는 것이다.

우선 도선의 출생지에 있는 월출산 도갑사는 신라 헌강왕 6년880 도선 국사가 창건하였다고 한다. "도갑사는 산세가 빼어나고 풍광이 아름다워 예로부터 '호남의 소금강'이라 불리는 월출산, 호랑이가 앞발을 들고 포효하는 형상이라는 산자락 아래 자리 잡고 있다."[36] 맹호출림형猛虎出林形의 명당이라는 뜻이다. 그의 고향 사찰부터 도선의 뜻에 부합하는지 의문이다. 게다가 도선에 관한 기록 중 가장 신빙성이 있다고 여겨지는 「도선비문」에 도갑사에 대한 내용이 전혀 보이지 않는다.

도선의 스승인 혜철이 개창한 전남 곡성의 동리산 태안사는 봉황귀소형이고, 도선이 35년간 주석하다가 입적한 전남 광양의 옥룡사 역시 봉황과 그 먹이가 가득한 명당이며, 경남 창원의 봉림사 역시 명당이란다. 이런 주장의 요체를 최원석이 잘 정리해 두었다.

역사에 알려진 도선 국사, 그가 선불교와 풍수를 결합하여 새로이 창안한 사상은 국토선國土禪이었고 그 실천 방안은 사탑 비보였다. 그것은 겨레와 더불어 국토의 총체적인 성불과 산천만다라山川曼茶羅를 의도한 것이었다. 그것은 겨레와 국토 환경의 상생과 조화로운 관계를 모색하는 문화 생태 사상이었고, 국토 전체의 균형적인 발전을 이루려는 국토 계획론이었다.[37]

이에 따르면 도선은 선승 혹은 도인을 넘어 가히 신인神人의 경지에 이른 사람일 것이다. 그런 주장 역시 최원석의 도선에 관한 주관이니 소개해 두었다. 벽담 스님은 이렇게 풀이하였다.

새해를 맞이하여 우순풍조雨順風調와 시화연풍時和年豊을 비는 갖가지 동화제洞火祭, 장승제, 대보름 두레놀이, 줄다리기, 차전놀이, 기세배, 놋다리밟기, 고싸움, 쇠

머리대기 등 우리 전통적 사고방식의 한 표현인 이 같은 '복福 사상' 즉 민간 신앙은 대지신大地神의 축복 속에서 갖가지 재난이나 횡액을 멀리하고 행복한 삶을 구하는 이른바 피화구복避禍求福의 소박한 기복 신앙이 되어 있습니다.

우리 이러한 사상은 지장 신앙에서 보는 지신地神 숭배와 깊은 관련이 있다고 해도 지나친 말은 아닙니다.[38]

이로써 도선이 지장 신앙과 관련 있는 승려임은 어디로 미루어 보더라도 분명한 사실이라 하겠으나, 짐짓 학승들 같지는 않았다는 점도 드러나는 셈이다.

1997년 봄 옥룡사지에서 인골이 출토된 적이 있다. 도선의 유해일 수는 없다. 도선의 경우 아마도 화장했을 것이고, 조선 시대 양반들이 절터를 명당으로 알고 암장하거나 늑장했을 가능성이 큰 까닭이다. 도선의 부도는 옥룡사지뿐 아니라 지리산 연곡사에 두 기가 있어 도선과 그 어머니의 것이라는 얘기가 있고 포천의 백운산 내원사현 흑룡사에도 하나가 있다. 이는 이상한 일이 아니다. 고승의 사리는 여러 곳에 안치하는 예가 많다. 미수眉叟 허목許穆, 1595~1682은 아마도 그의 아버지 허교許喬가 포천 현감일 때 이곳을 다녀간 모양인데, 그가 이런 글을 남겼다. "옛날 견적사見跡寺가 있었으나 지금은 빈터에 밭을 일구었으며 밭가에는 도선의 불탑이 있는데, 조각해 놓은 물상物像들은 온갖 기궤한 모양을 하였으나 1000년에 가까운 고적으로 돌이 닳아서 알아볼 수가 없었다." 아마도 도선의 부도가 색다른 모양이었던 까닭일 것이다. 도선이 정로正路의 선승이 아니었음을 여기에서도 짐작해 볼 수 있다.

도선을 통해 지리적으로 불교 사상에 접근해 보면 지장地藏 사상에 통하는 것이 많다. 지장은 '땅의 자궁'이라는 뜻으로, 만물을 포태胞胎하고 길러 내는 땅의 덕성을 표현하고 있다. 지장은 대승 불교의 창출 과정에서 고대의 지모신地母神 관념을 융합한 것으로 본다. 한편 밀교에는 태장계胎藏界 만다라 개념이 있다. 태장은 지장과 같은 뜻이고, 만다라는 깨달음을 공간적으로 표상表象 또는 도상圖像한 것이다. 즉 땅의 성불도成佛圖로 볼 수 있는 것이다.

전남 순천시 승주읍 선암사仙巖寺는 그 이름부터가 예사롭지 않다. 사찰에 신선 선仙 자를 붙인 것이 그렇다. 선암사 입구에는 삼인당이라는 연못이 있다. 선암사를 중창한 도선 국사가 만든 연못이라 한다. 선암사 대웅전 앞마당에는 삼층 석탑이 두 기 서 있다. "이 탑은 선각왕사 형미가 선암사를 다시 정돈할 때 완성한 것"이 아니냐는 질문에 그 절 스님이 이렇게 대답했다. "글쎄올시다. 도선 국사가 남방 기운을 북돋는 삼암사三巖寺, 조계산 선암사, 영봉산 운암사, 월출산 운암사의 하나로 조성할 때 완성하였을지도 모르지요."[39] 신라 헌강왕 5년879 도선 국사가 이 절을 창건했다는 얘기가 전해 온다.

7부

도선 사상의 뿌리

도선 사상의 뿌리를 캐는 일은 사실상 우리 고대의 사회, 문화, 관습, 종교 등 사고 체계 전반에 대한 정리와 일치한다고 본다. 앞서 여러 차례에 걸쳐 강조한 바와 같이 도선은 당나라 유학생 출신이 아니고 풍수 또한 지리산의 한 기인에게서 배웠다고 한다. 그에게는 무격 신앙巫覡信仰을 비롯한 고대 우리 민족의 여러 가지 정신적인 편력이 들어 있다. 불교는 물론이고 그의 일맥인 미륵 신앙과 밀교, 무속, 침구술, 신선 사상, 넓은 의미의 '한' 사상, 단군 숭배 등 우리가 생각할 수 있는 모든 것을 융화시킨 것이 도선의 뿌리를 이루고 있다고 미루어 짐작하는 것이 크게 망발은 아니지 싶다. 나중에 결론에서 다시 언급하겠지만, 도선의 풍수 사상에는 땅에 관한 내용뿐 아니라 인간의 삶과 죽음에 관한 관념들, 그러니까 인생에 관한 그의 생각이 광범위하게 포함되어 있다고 필자는 판단한다. 그래서 그의 지리학은 주관적이고 인간론이니, 현대인들이 도선의 풍수뿐 아니라 풍수 전반을 비과학적이고 더 나아가서 미신이라 여기게 되었다. 사실 사람에 대해 말하는 것이 얼마나 주관적인가? 우연이 다반사이고 예측 불허에다 자신조차도 자신을 모른다. 게다가 그 존재 증명이 불가능한 신을 믿는다. 이 문제는 종교학의 영역이지만 필자는 이런 부분도 간단히 정리해 볼 것이다.

고대 세계는 속적俗的, profane인 행위에 대하여 전혀 아는 바가 없었다고 할 수 있다. 그러므로 고대 세계의 분명한 목적을 추구하는 책임 있는 행위, 즉 사냥, 어로, 농경, 유희, 투쟁, 성행위 등은 모두가 하나의 제의라고 말할 수 있다.[1] 도선 이전의 시대가 여기에서 벗어났다고 추정할 근거는 없다. 아마도 이것은 애니미즘과 유사할 것이다.

김기홍 교수는 우리나라 고대 신앙을 조상신 신앙, 천신天神 신앙, 산천신山川神 신앙, 샤머니즘으로 정리했다.[2] 그리고 불교와 도교의 영향을 덧붙였다. 이들 신앙은 용어 자체에 이미 그 의미가 들어 있기 때문에 구태여 설명을 덧붙일 필요는 없을 것이다. 그 이전에 토테미즘이 있었다는 내용도 있으나, 이 역시 광범위한 한국 고대 신앙에 흡수된 것으로 본다.

도선의 사상은 근본적으로 땅을 유기체로 본다. 과연 땅은 살아 있는가? 도선이 살던 시대의 사람들은 땅이 살아 있다고 믿고 살았다. 땅은 삶의 기본 토대였고, 따라서 가족과 같은 대상이었을 것이다. 그렇다면 과연 땅은 진실로 살아 있는가?

생물학적 의미에서라면 단연코 땅에는 생명이 없다. 즉 땅은 그 안에 헤아릴 수 없이 많은 미생물을 포함하고 있지만 생명체 그 자체일 수는 없다. 그런데 모든 생명체는 땅을 바탕으로 한다. 강이나 바다 같은 물도 있지 않느냐고 할지 모르지만, 거기에 사는 생명체도 결국 땅에서 흘러드는 먹이가 없다면 생명 부지가 안 되는 것은 물론이고 그 물 밑 역시 땅이라는 것을 생각해 보면 생명체가 땅을 바탕으로 한다는 것은 억지가 아니다. 여기에서 땅 자체를 생명체로 오인할 소지가 생겨난다. 오인일까? 오인이면 어떤가? 이 세상에 진정으로 오인 아닌 현상이 있을까?

나는 땅을 사람에 견주어 판단하는 버릇이 들었다. 그렇다면 나는 분명 땅을 생명체로 여기는 셈이다. 사람은 항상 무언가를 생각하며 산다. 이 생각의 대부분이 오인이리라. 분명한 것은 아무것도 없다. 종교는 믿지 않지만 그 필요는 느낀다. 식민지 인도를 경영하던 영국인들은 팔이 여덟 개나 달린 토착민들의 신을 어리석은 미신의 소산이라고 믿어 의심치 않았다. 당연히 경멸을 담아서말이다. 그런 토착민이 예수의 어머니 마리아 얘기를 듣고는 황당하다는 반응을 보였다. 어떻게 처녀가 애를 낳을 수 있는가? 물 위를 걷는 것 정도야 인도인들에게는 별로 신기한 일이 아니지만 이 문제만은 불가사의였다고 한다.

땅을 생명으로 보아야 도선을 이해할 수 있다. 그것이 사실이냐 아니냐는 중요하지 않다.

1장   단군 관련 신앙 [3]

먼저 단군에 관한 강력한 주장부터 소개하겠다. 우리 민족의 고유 신앙이 삼신三神 신앙이라는 것, 그 삼신은 개국조 단군 임금으로 일컬어진다는 것에 대해 이 나라 사람들은 의심이 없다. 공부를 했거나 말았거나, 혹 더 알거나 덜 알거나 간에 그것은 정도의 차이겠고 그 외의 다른 소리를 끌어 댈 줄 모르는 데 대해서는 너나없이 한가지다.[4] 물론 이런 주장은 과장이다. 많은 학자들과 기독교 신자들은 그것을 신화 정도로만 취급한다.

우리 민족의 고대 신앙을 신교神敎라고도 하며 혹은 선교仙敎라고도 한다. 이는 원시 종교로 애니미즘이라 볼 수 있는데, 애니미즘이란 모든 물체에는 생명이 있고 정령도 있다는 것이다. 인간은 물론이고 일월성신이나 산천 목석에도 정령이 있다고 믿는다. 인간 생활에 길흉화복을 가져오는 모든 정령, 즉 귀신류에 제사를 드리거나 기도를 드림으로써 안심과 환희의 생활을 하고 무병장수할 수 있다고 보아, 이러한 정령에 대한 신앙도 어떤 방술을 이용하여 그 효과를 기대하였는데 이 방술을 '굿'이라 하고 그 방술을 행하는 사람을 신인神人, 선인仙人, 박수, 무당, 샤먼 등으로 불렀다.

단군 신화는 당시 사회에서 일종의 정치 이데올로기적 성격을 지녔으며, 정치적·사회적 통합 기능을 수행했다. 단군 신화와 같은 천손강신天孫降神 신화는 주몽 신화, 혁거세 신화, 수로왕 신화 및 일본 고대 신화 등 동북아 지역 고대 국가들의 건국 신화 유형으로 널리 분포한다. 특히 짐승과 결합하여 한 나라의 신성한 시조가 태어났다고 하는 것은 지극히 고대적인 관념의 반영이며, 고려 시대와 같은 후대에 만들어졌다고[5] 보기는 어렵다.

단군 신화에서는 환웅 등의 천신이 거주하는 신계神界와 곰이나 호랑이로 대표되는 자연계 그리고 인간계가 서로 교류하여 이상적인 조화의 세계를 추구하며, 여러 세계와의 교류에 산太白山과 우주목인 신단수 같은 매개체가 등장하는 등 전형적인 샤머니즘 문화와 세계관을 보여 준다. 이 역시 단군 신화가 고조선 당대의 산물임을 방증하는 한 근거가 된다.[6]

단군은 신교의 성자聖者다. 일찍이 최남선은 단군의 어원이 호남 지방 말로 무당을 가리키는 '당굴'이고, 또 단굴은 무사巫師를 가리키며, 몽골어에서 '하늘'을 뜻하는 '텡그리Tengri'와 연관 지을 수도 있다고 했다.[7] 그 외에 '박달임금'이라는 설, 곰을 시조로 하는 퉁구스족 영웅의 이름에서 유래했다는 설, 원나라 때 라마교 사원의 최고 성직명인 단주壇主에서 비롯되었다는 주장도 있다.[8] 결국 서영대 교수는 단군을 무당으로 보았다.

우리나라 고조선의 시조 단군은 단군선인 또는 단군신인이라 하여 역사상 처음으로 나타난 신교의 조종이다. 환웅이 태백산의 신단수하에 하강하여 이곳을 신시神市라 하였다는데 이 태백산에 대하여는 백두산설, 묘향산설, 마니산설, 구월산설 등 여러 가지가 있지만 신단수라는 것은 오늘날 서낭당의 신수神樹 같은 것이고 신단수하를 신시라 한 것은 신단수가 바로 선인 환웅이 살던 신역神域으로 환웅, 환검이 무제巫祭를 지낼 때에 신인 혹은 선인들이 많이 모였으므로 신시라 하였다고 본다.[9] 필자도 이 의견에 동의한다. 단군은 역시 어떤 특정의 개인을 지칭하는 것이 아니라 제정일치 시대의 족장 또는 지배자를 가리킨다고 보는 것이 타당할 것이다.

단군 신화는 세계적 보편성보다는 민족적 고유성이 그 본질이다. 그리고 우리 민족 체험의 특성상 다양한 사상적 보편성이 단군을 매개로 하는 체험 속에 함께 녹아들었다고 보아야 하고, 앞으로도 문화적 전환을 통하여 계속 그렇게 되어 갈 수 있다는 사실을 인정받을 수도 있을 것이다.[10]

1 단군 신화의 변모

풍수지리설이 천문 사상이나 방위 사상, 음양오행 사상, 도참 사상 등과 불가분의 관계를 가지고 태동, 전개, 변화해 왔다는 것은 주지의 사실이다.[11] 도선의 풍수 사상이 중국의 풍수 사상과 다른 것은 땅에 관한 그의 사고 체계 자체가 우리 풍토에 뿌리를 둔 광범위한 고대 이론들을 집대성한 것이기 때문이다. 풍토가 다른 곳에 같은 풍토론이 설 수 없는 것은 당연한 일이 아니겠는가. 그래서 우리 민족의 시조인 단군을 살펴보자는 것이다.

사실 도선을 추적하다 보면 그의 행적은 전형적인 풍수사의 그것과는 차이가 많이 난다. 특히 도참의 기운이 강성하다는 것과 음택에 관해 일언반구도 없다는 점에서 그렇다. 도선이 무덤을 도외시했으리라고 단정하는 것은 아니다. 그는 승려이므로 죽음의 문제를 생각하지 않을 수 없었으리라는 추측이 가능하다. 다만 그가 조상의 유골이 받은 지기가 후손에게 전해진다는 동기감응론에 대하여 어떠한 관심도 보이지 않았다는 점을 지적한 것이다.

한국 풍수의 원조는 이론의 여지 없이 도선이다. 그러나 일부 학자는 신라 원성왕의 화장과 능묘에 대한 유명遺命을 기록한 경주 숭복사의 비문 내용을 근거로 도선이 한국 풍수의 원조가 아니며 단지 고려 개국자의 풍수 이론 활용에 도움을 주었을 뿐이라고 주장한다.[12] 그러나 그것은 사리에 맞지 않는다. 그 정도의 역할을 한 사람이라면 다른 이도 얼마든지 있는데, 왜 도선만 1000년이 훨씬 지난 지금까지 남아 있느냐에 대한 설명이 되지 않는다.[13]

환국桓國은 환웅의 신시 개천開天 이전에 우리 민족이 세운 최초의 나라라고 한다. 지금부터 9000여 년 전에 파내류산즉 파밀 고원 아래에 있던 환인씨의 나라이다. 후에 그 중심지를 천해天海, 즉 바이칼호 근처로 옮긴 듯하며, 열두 개의 소국小國을 가지고 있었고 캄차카 반도에서 파밀 고원까지가 영토로 되어 있다.

여기에서 『환단고기桓檀古記』에 나오는 땅과 관련된 모든 내용을 간추려 보아도 풍수의 근원을 찾기가 어렵다. "무진 원년기원전 2333 대시大始 신시神市의 세世에 사방에서 온 백성이 산곡山谷에 널리 퍼져 살았다." "정사 50년기원전 2284 홍수가 범람하여 백성이 쉬지 못하였다. 제帝는 풍백風伯 팽우에게 치수治水를 명하여 높은 산과 큰 내를 정하고 백성이 편안히 살게 하였다. 우수주牛首州에 비碑가 있다." 그 주에 이르기를 『규원사화』에 "도읍을 태백산 서남쪽 우수하牛首河 언덕에 세우고 임검성이라 하였다. 지금 만주 길림 땅에 소밀성蘇密城이 있고, 동말강凍末江 남쪽에 땅이 있는데 바로 그곳을 이른다. 속말강은 또 소밀하라고도 하니 이는 예전의 속말수다. 대개 소밀蘇密, 동말凍末, 율말栗末은 모두 소머리란 뜻이다. 지금 춘천 청평산 남쪽으로 10여 리 떨어진 소양강과 신연강이 합치는 곳에 우두대촌牛頭大村이 있으니 이곳이 옛 맥국의 도읍지다. 맥국 역시 단군 때에 나왔으니 도읍을 세우는 데 그 이름을 이어받은 것은 당연한 이치다."라고 하였다고 했다. 「단군세기」에도 비슷한 얘기가 나와 있다. 즉 사람들이 물을 구하기 쉬운 골짜기에 살다가 홍수 피해를 두려워하여 소머리처럼 생긴 둔덕으로 거처를 옮긴 것으로 이해된다.

여기에서 제주도 곽지리의 거욱대가 연상되는 데는 이유가 있다. 물은 인간

제주도 시흥리 영등하르방.

의 생활에 절대적으로 필요하다. 그러나 홍수를 겪고 나면 물에 대한 공포는 상상을 초월한다. 제주도는 화산 지형으로 지질 구조가 독특한 섬이다. 이곳 에는 자생 풍수의 흔적이 많다. 필자가 다룬 제주도의 여러 자생 풍수의 예 중 하나가 바로 거욱대이다. 화산 지대의 특성상 제주도에는 물이 귀하다. 그러나 한번 쏟아지면 지표면을 휩쓸고 해안을 덮치는 물살은 그대로 재앙이 된다. 그 래서 곽지리 마을에는 그 방책으로 마을 위쪽 중산간 지대가 해안과 만나는 곳에 거욱대라는 비보의 솟대를 세운 것이다. 고대인들의 물에 관한 이중적 심 리 구조가 그런 상황을 잘 말해 준다.

한 가지 재미있는 사실은 제주에 관한 기록인 『영주지瀛洲誌』와 『영조실록』 에 나오는 다음과 같은 내용이다. "아득한 옛날 세 신인神人 양을나良乙那, 고을 나高乙那, 부을나夫乙那가 정립한 지 900년 만에 인심人心이 하나로 돌아가서 고 씨高氏가 국주國主가 되었다."[14]라는 것인데 이는 바로 단군의 삼일신관三一神觀

을 답습한 것으로 보인다. 즉 우리나라는 백두산에서 제주도, 한라산에 이르기까지 단군으로 통칭되는 천지인天地人 사고가 있었던 것으로 보아도 무방할 것이다.

여기에서 중요한 개념이 떠오른다. 수비학적數秘學的 의미를 가진 3이라는 숫자다. 우리는 수에 관한 여러 가지 비합리적 관념을 가지고 있다. 4를 피한다거나 3 혹은 7을 좋아하는 것이다. 서양인들은 사실 우리보다 더 수에 집착하는 것 같다. 이에 대해서는 필자의 역서 『서양의 고대 풍수학*The Ancient Science of Geomancy*』에 자세히 언급되어 있다. 인간은 삶 속에 수많은 의미와 상징성을 부여한다. 숫자는 그중에서도 가장 흔히 사용되는 대상이다. 수는 합리적이고 논리적이며, 따라서 특정한 의미나 상징을 부여하기에 별로 부담스럽지 않다. 그래서 수를 흔히 신비와 결부시킨다.

특히 3의 상징은 단군 신화에서 출발한다. 그러니까 3은 태고 이래의 신성한 수인 셈이다. 환인이 인간 세상인 삼위태백을 내려다보았고, 천부인天符印 세 개를 가지고 다스렸으며, 환웅이 3000명을 거느리고 태백산에 내려와 인간의 300여 사事를 맡은 일, 곰이 삼칠일 만에 사람이 된 것 등이 그러하다.[15]

환인, 환웅, 단군은 셋이면서 하나요, 하나면서 셋이라는 삼일신三一神 사상인데, 이들 삼신은 각각 독립된 개체처럼 파악되기를 거부한다. 다만 그 임무가 달라서 환인은 조화造化의 주主요, 환웅은 교화敎化의 주며, 단군은 치화治化의 주다. 또한 이에서 파생된 것이 분명한 삼칠 사상은 민속 전반에 걸쳐 지금까지 명맥을 유지하고 있다. 아기를 낳으면 삼칠일까지 밥과 국을 마련하여 삼신할머니에게 정성을 올리고, 그동안 대문에 금줄을 쳐서 다른 사람들의 출입을 금지한다. 단군 신화에서도 곰이 100일이 채 못 된 삼칠일 안에 능히 인간이 될 수 있었다는 것은 삼칠일이 부정을 쫓고 소원을 성취시키는 주술적 효과를 나타냄을 암시하는 것이며, 삼칠일이 신성을 요하는 기간의 단위로 단군 이래 오늘날까지 전승되어 온 것이다.

민속학자 임동권은 환웅이 곰과 범에게 쑥 한 줌과 마늘 스무 개를 준 것을, 한은 일一이니 이는 '하나, 많다, 크다, 높다, 거대하다' 등의 뜻으로 그저 한 줌이 아니라 짐승이 먹어서 인간으로 변할 수 있는 영초靈草로서의 효능을 발휘하기에 충분한 양이라고 보았다. 또한 마늘 스무 개는 손가락, 발가락을 합하여 스무 개가 되니 이는 바로 원시 사회에서 사람 한 명을 만드는 몫이라는 것이다. 그렇다면 3의 궁극적 상징은 무엇인가?

우선 1은 하나의 숫자를 나타내지만 최초의 단위이며 1에서 모든 사물이 생겨난다는 의미를 지닌다. 2는 하나가 아닌 최초의 단위이자 최초의 음수짝수며 순음純陰의 수다. 음과 양, 하늘과 땅, 남과 여 등과 같이 둘이 짝하여 하나가 된다는 대립과 화합의 변증법적 상징성을 대변한다.

드디어 3은 양수의 시작인 순양 1과 음수의 시작인 순음 2가 최초로 결합하여 생겨난 변화수다. 즉 음양의 조화가 비로소 완벽하게 이루어진 수다. 따라서 3은 음양의 대립에 하나를 더 보탬으로써 완성, 조화, 변화를 상징한다. 짝수인 2처럼 둘로 갈라지지 않고 원수原數인 1의 신성함을 파괴하지 않은 채 변화하여 '완성'이라는 의미를 나타내는 것이다. 그러므로 3이라는 숫자는 세 개로 나누어져 있지만 전체로서는 '완성된 하나'라는 강력한 상징성을 띠게 된다.[16] 도선의 풍수 사상을 풍토와 사람의 조화라는 큰 틀에서 이해할 수 있는 근거이기도 하다. 풍이 하늘이고 수가 땅임은 물론이다. 하늘과 땅과 사람의 조화로 평온을 유지할 수 있는 땅이 바로 도선이 바란 명당이다.

삼三은 솥 정鼎을 표현하는 글자다. 정鼎이란 중국 고대 국가를 상징한 보기寶器다. 솥의 다리가 네 개이면 평면이 조금만 뒤틀려도 안정이 안 된다. 천지인은 삼재三才이고 환인, 환웅, 단군은 삼신三神이다. 이들 삼신이 셋이면서 하나로 일체를 이룬다는 삼일신三一神 인식은 '3은 곧 완성된 하나'임을 강하게 시사한다. 도선 풍수에서 풍수란 당연히 땅을 주축으로 하는 자연, 즉 천지를 의미한다. 그런데 도선 풍수에서는 사람의 중요성을 강조한다. 누구에게 명당인가가 판단의 필수 요건이다. 송악은 왕건의 명당이라는 식이다. 게다가 불교에서도 불법승佛法僧 삼보三寶이고 죽은 이의 상장례도 삼년상이다.

단군 신화에서 웅녀에 관한 해석은 부족 사회의 토템으로서 보는 것이 통설이다. 한편 나티라는 입장도 염두에 둘 필요가 있다. 나티란 짐승의 허깨비, 즉 혼령으로 들짐승, 날짐승, 물짐승 할 것 없이 인간과 같은 지능을 가지고 있다는 견해인데,[17] 이에 따르면 곰이 단순한 토템 이상의 의미를 갖게 된다. 즉 인간은 자신의 한계를 넘어서는 짐승들의 능력을 흠모하여 그것을 신성시하게 될 수도 있다는 뜻이다.

단군에 대해서는 우리나라는 물론 북한 정권도 떠받들고 있다. 우리나라는 개천절을 국경일로 기념하고 있으나 그 실체는 미약하다. 그저 민족 정체성 확립의 한 상징으로서 기능하고 있을 뿐이다. 북한은 전혀 다르다. 뒤에 단군릉 답사기에서 살펴보겠지만, 그들은 단군과 그 안해아내의 완전에 가까운 유해를 갖고 있을 뿐 아니라 거대한 피라미드 단군릉까지 조성해 놓았다. 단군의 출생지는 한반도 북쪽의 명산이라면 찾아보기 어렵지 않다. 예컨대 이런 식이다. 단군과는 별 관련이 없을 것 같은 묘향산에도 단군 출생지가 있다. "주팔이가 묘향산 만세루萬歲樓에 올라앉아 천주암天柱岩이 높이 솟은 탁기봉卓旗峰을 바라보기도 하고 단군대檀君臺를 올라가서 조선 시조 단군님이 나셨다는 단군굴을 들여다보기도 하였다."[18] 필자의 생각으로는 단군이 어떤 한 인물을 지칭하는 것이 아니라, 고대 제정일치 사회에서 부족의 종교적·정치적 지도자를 통칭하는 용어가 아니었을까 한다.

다시 앞서 얘기로 돌아가서 필자 같은 문외한이 보고 듣기에도 황당한 일이지만 사실이 그렇다. 단군에 관한 그들의 논문집[19]의 내용을 요약하면 대략 이렇다. 단군은 평양 일대에서 태어났고 환웅단군의 아버지이 하늘에서 땅 위에 처음 내려온 태백산은 묘향산이며 단군이 죽어서 묻힌 곳도 평양 일대였으며 현재 평양시 강동군 강동읍 근처다. 그 무덤에서 두 사람분의 뼈가 발견되었는데 이 유골이 남아 있는 까닭은 가용성 광물질이 용해되어 있는 석회암 지대이기 때문이다. 그가 단군인 이유는 유골이 170센티미터 이상의 장대한 늙은이이기 때문이다. 유해의 연대 측정에 의하면 그가 태어난 것은 지금으로부터 5011±267년 전이었다. 수도는 당연히 머나먼 요동 지방이 아니라 평양이다.

답사기를 쓸 당시1998년에는 북한과의 관계를 고려하여 차마 하지 못한 얘기가 있다. 한마디로 그것이 날조라는 것이다. 아마도 그들은 『환단고기』라는 책을 아직 접하지 못했던 것 같다. 만약 알았다면 조선고조선의 영토가 캄차카 반도에서 카스피해까지라는 주장도 서슴지 않았을 것이다. 한편으로는 의도적으로 『환단고기』를 무시했을 가능성도 있다. 그토록 영토가 넓었다면 평양이 고조선의 수도였고 단군의 고향이 평양이라는 주장이 지나치게 무리하다는 것을 인정할 수밖에 없었을 것이기 때문이다. 문제는 더욱 까다로워지는데, 종교는 마약과 같다는 공산주의자들의 일반적인 생각과 달리 '조국 통일 연구원 참사 교수 박사'라는 긴 직함을 가진 최태진의 '논문'에는 "친애하는 지도자 김정일 동지께서는 다음과 같이 교시하시었다. '종교에는 나쁜 점만 있는 것이 아니라 좋은 점도 있습니다.'"라고 하면서 "대종교는 1909년 일제의 침략을 반대하는 우리 인민의 민족 자주 의식의 발현으로 발생하였다. …… 모든 사실은 대종교가 단군을 실재한 건국 시조로 간주하고 단군의 정치 도덕 이념인 홍익인간 사상을 실천 강령으로 삼으면서 갈라진 민족의 통일을 바라보고 있는 토착 민족 종교라는 것을 말해 준다."라고 하였다. 북한은 단군을 신앙으로까지 승화한 것이다.

필자의 짐작으로 그들은 평양을 우리 민족 최초의 국가를 세운 단군의 고향이자 최초 국가인 고조선의 수도이며 따라서 민족의 수도로서 정통성을 갖는 곳이라고 주장하고자 그렇게 호도한 듯싶다.

근세에 일어난 민족 중심의 종교로는 동학 사상과 단군 숭배에서 연원하여 분화된 것들이 있는데, 그중에서도 나철羅喆, 1864~1916의 대종교大倧敎라는 건

전한 종파가 있는 반면, 극히 기복적이고 은둔적인 방향으로 전락한 광명대도
光明大道, 아아신궁亞亞神宮 등 17여 종파의 신흥 종교가 형성되어 있다.[20]

2 단군릉 답사기[21]

북한의 여성들은 텔레비전의 출연자뿐 아니라 평양이나 개성이나 황해도에
사는 일반 여성들도 하나같이 말투가 곱고 정감이 간다. 남쪽 말이 귀에 젖은
내게는 간혹 어색한 감이 있지만 마치 1950년대 한국 영화 대사를 듣는 듯하
여 추억에 잠길 때가 있다. 예컨대 「사랑방 손님과 어머니」에서 아역 전영선의
말투 같은 것 말이다. 흘러간 것은 모두 아름다운 것인가, 아니면 그때의 사람
들이 착하고 고왔던 까닭인가.

밤에는 평양역 쪽에서 기적 소리와 열차의 덜커덩거리는 소리가 들려온다.
이 또한 추억의 밤을 만들기에 충분한 음향 효과다. 새벽이 되면 고려호텔 대
각선 건너편 '지짐집빈대떡집' 건물 앞에서 밴드가 행진곡을 연주하는데 그 소
리가 마치 고등학교 시절 학교 조회 시간 밴드부원들의 관악 연주 소리 같다.
불빛이 없고 차량 소통이 끊어진 새벽의 평양 거리는 그래서 더욱 새벽녘 운
치가 있다. 사실 평양 거리 풍경은 어느 소설의 한 장면과 흡사하다. "베를린
장벽을 넘어서 알게 된 게 고작 그것뿐이에요? 음식은 형편없고, 옷은 합성
섬유 재질이고, 건물이 잿빛이라는 것?"[22] 음식은 거의 호텔에서 해결한 덕에
괜찮았지만 잿빛이라는 표현은 평양이건 개성이건 사리원이건 동감할 수밖에
없다.

12월 19일 금요일 9시 조금 넘어 바로 단군릉을 향하여 출발한다. 차는 곧
평양의 실질적 진산인 대성산옛 기록에는 '대성산大城山'인데 현재 북한에서는 '대성산大聖山'
이라 쓴다. 자락을 지난다. 『동국여지승람』에는 금수산이 평양의 진산이라 하였

지만 현지에서의 판단으로는 대성산이 진산임이 분명해 보인다. 금수산은 주산이다. 본래 구룡산 혹은 노양산이라고도 하며 산마루에 아흔아홉 개의 못이 있어 날이 가물 때 이곳에서 기우제를 지내면 영험이 있다는 전설이 있다고 한다. 길가에서 보이는 대성산의 가장 높은 봉우리는 소문봉이지만 실제 최고봉은 장수봉으로 길에서는 보이지 않는다. 연개소문을 기려 그런 이름을 붙인 꼭대기에는 '소문봉 정각'이라는 정자가 아련히 보인다. 얼핏 보기에는 밋밋한 토성土로의 산체이지만 나중에 현지에서 자세히 관찰하니 물뱀이 물을 가르며 헤엄치는 수성水로임에 분명하다.

주변은 역시 질펀한 벌방벌판이며 길가에는 2~3층의 연립 주택들이 주종을 이루지만 안쪽으로는 단층집들도 여럿 보인다. 대성산을 제외한다면 산은 거의 없지만 있는 것도 낮은 둔덕에 잔솔밭이 덮인, 우리나라 어디에서나 볼 수 있는 농촌의 그것 그대로다. 다락밭계단식 개간지이 간혹 눈에 띄고 토양은 짙은 적색으로 비옥해 보이는데 실제로 그리 비옥하지 않다는 얘기를 나중에 들었다. 밭은 과수원으로 많이 이용되는 듯하다. 배, 복숭아, 사과를 주로 심는다. 그래서인지 호텔 방 냉장고에는 언제나 '배 단물'과 '배 사이다'가 들어 있었다. 둔덕 여기저기 재래식 무덤들도 눈에 띄고 길은 조그만 야산인데도 터널을 뚫은 곳이 몇 군데 있다.

이른바 낙랑준평원樂浪準平原이라 알려졌던 이곳 벌방에서 묘청이 떠올랐다. 도선의 맥을 이었다는 그는 왜 이곳으로의 천도를 주장하다가 반역에까지 이르게 되었을까? 외롭고 허망한 느낌을 주는 이런 벌판에서는 허무주의자나 혁명가가 되는 것이 아닌가 하는 짐작이 든다. 그들은 이곳에서 인생의 허무를 이겨 내고자 했는지도 모르겠다.

대동강에는 모두 여섯 개의 갑문이 건설되어 있는데 차가 그중 중류인 평양시 삼석 구역과 강동군을 연결하는 봉화 갑문을 지난다. 현재 북한에는 면面 제도가 없기 때문에 강을 건너면 바로 강동군 봉화리다. 봉화리는 본래 향교가 있어 향교리였지만 김일성 주석의 아버지 김형직이 가르치던 명신학교가 있기 때문에 지명이 봉화리로 바뀌고 혁명 사적지가 되었다.

그 부근에서 재미있는 얘기를 들었다. 전쟁 후 농촌의 현대화를 위하여 벌방 가운데 3층짜리 '집체식 주택공통 주택'을 지어 주었는데 싫어하더라는 것이다. 뚜렷한 이유를 대지도 못하며 무작정 싫다고 하니 답답한 노릇이었는데 나중에 따져 본 결과 그들이 산자락에 의지하여 살던 버릇 때문에 그렇다는 것을 알게 되었고 결국 그들이 원하던 산자락으로 집을 이동시켜 주니 정을 붙이고 살더라는 얘기다.

이런 얘기는 남한에도 여러 사례가 있다. 가장 대표적인 것이 계화도 간척지의 경우인데 지금도 그곳 사람들은 생산성을 생각하여 들판 가운데, 그러니까 농경지 가까이 마을을 조성하는 것이 아니라 본래 육지였던, 둔덕이나마 명색이 산이랄 수 있는 곳에 기댈 수 있는 터를 찾아 살아간다.

이것은 남북 간 민족 동질성 회복을 위하여 매우 중요한 시사를 던져 주는 현상이라 생각한다. 인위적인 동질성 회복이 아니라 우리가 본래 지니고 있던 동일한 토대에 바탕을 둔 민족 정서를 되살린다면 아주 쉽게 그 목적을 달성할 수 있기 때문이다. 물론 어느 한 가지 전통적 관습을 가지고 말하는 것이 아니다. 그런 것들을 하나씩 찾아내어 밝혀 간다면 쌓이고 쌓여 결국 우리는 하나의 민족이라는 당연한 결과에 쉽사리 도달할 수 있지 않겠느냐는 것이다.

풍수도 그렇다. 북한 어디를 가나 안내원들은 필자가 묻기도 전에 "풍수는 봉건 도배들의 터 잡기 잡술 아닙니까?" 했지만, 필자가 부모 혹은 조부모의 산소 얘기를 물으면 하나같이 "명당에 모셨습니다."라는 답이 돌아왔다. 의식 저 밑에는 풍수 의식이 남아 있다는 증례다.

사실 이번 북한 땅 몇 곳을 여행하며 느낀 것은 우리가 너무나 상대방을 모르고 있다는 것이었다. 아니, 더 정확히 말하면 서로 간에 오해가 심화되어 그것을 푸는 데만도 오랜 시간과 노력이 필요하겠다는 생각이 들었다.

개건한 단군릉 원경.

단군릉은 평양시 강동군 문흥리에 있다. 봉화리에서 조금만 가면 문흥리에 닿을 수 있고 거기 가면 어디서나 웅대하다고 할 수밖에 없는 단군릉이 보인다. 현재의 단군릉은 본디 위치에서 5킬로미터쯤 이동된 것이라 한다. 그렇다면 지금의 단군릉 입지의 진위 여부를 불문하고 풍수로 판단한다는 것은 불가능하다. 원래 자리는 끝내 가 보지 못했으나 그곳 역시 대박산 자락이고 골짜기 아래쪽이라는 설명은 들었다. 만약 단군이 아니라 하더라도 그와 비슷한 시대의 어떤 인물이 그런 곳에 터를 잡았다면 분명 물가이면서 침수를 피할 수 있는 곳을 택했을 것이다.

이곳 지모에 대해서는 북한 자료에 이런 설명이 있어 참고가 된다. "북쪽에 병풍처럼 둘러 있는 대박산 줄기, 그 가운데 안긴 벌거숭이 홍산단군이 무술을 연마하던 곳이라 한다. 남쪽에 흐르는 맑은 수정천, 푸르고 깊은 소沼가 있는 림경대."[23] 대체로 지금도 우리가 마음속에 간직한 풍광과 별로 다를 바 없다.

완공 연대가 1994년이라서 1994개의 화강암으로 쌓았다는 피라미드는 다문 입을 닫지 못할 정도로 어마어마해서 황당하다는 느낌을 지울 수 없었다. 게다가 평양에 돌아와 조선중앙력사박물관이라는 곳에서 본 단군과 그 안해의 유골 설명은 "단군의 유골은 70세 된 남자 노인의 것으로 키는 170센티미터 정도의 기골이 장대한 사람의 것이고 그 안해의 유골은 노동을 모르고 자란 귀족 출신으로 30세가량의 젊은 여성"이라고 되어 있었다.

이런 수비학적 강박증은 평양에 있는 주체탑에서 그 정점을 이룬다. 김일성의 70회 생일을 맞아 세운 것이기 때문에 70년의 날짜 수$_{70 \times 365}$에 해당하는 2만 5550개의 화강암으로 축조했다는 것이며, 그 앞 기념탑에 새겨진 시 또한 김일성의 출생 연도인 1912년을 기념하여 12연으로 되어 있다.[24]

그곳에도 우리나라 명산이라면 대개 들을 수 있는 마고할미 전설이 있었다. 전설의 내용은 가지가지지만 일종의 여성 산신山神으로 보면 될 것인데 이는 정적인 산을 음陰으로 유동적인 물을 양陽으로 보는 풍수적 관점을 그대로 따른 것이다. 그 마고할미가 단군과 화해했다는 전설이 강동군 남쪽 구빈마을에 남아 있었다.

단군이 거느리는 박달족이 인근 마고성에서 마고할미가 족장으로서 다스리는 마고족을 공격한다. 전투에 진 마고할미는 달아나 박달족과 단군 족장의 동태를 살피는데 알고 보니 자기 부족에게 아주 잘해 주는 것이 아닌가. 그래서 마고할미는 단군에게 심복心腹하게 되었고 단군이 마고할미의 신하인 아홉 장수를 귀한 손님으로 맞이하여 대접한 곳을 구빈九賓마을이라 하고 마고할미가 단군에게 복속되어 마고성으로 되돌아온 고개를 왕림枉臨고개라고 한다는 전설이다.

단군과 마고는 둘 다 자생의 우리 민족 고유의 신이다. 하나는 남성이고 다른 하나는 여성이라는 차이점만 있을 뿐, 우리 민족이 만들어 낸 신이라는 특성 때문에 명산이나 영산으로 존숭받는 산의 산신이 되었으리라. 단군 신화가 전하는 메시지는 산이 우리의 심신 양면의 원형이라는 것이다.

이에 대해 필자는 허황하게 생각하는 바이지만, 학계의 의견도 비슷한 듯하다. 단군릉까지 조성하면 국조로서 단군의 의미를 부각할 수는 있으나, 단군 신화를 통해 밝힐 수 있는 민족의 수많은 전승 문화를 무의미하게 만든다. 왜냐하면 그러한 문화 요소는 민족 문화가 상징적으로 응축되어 『단군고기』에 집약되어 나타난 것이 아니라, 단군 개인의 행적에 따른 구체적인 사실을 가리키기 때문이다.[25]

더욱 나아가 이기동 교수는 단군릉 조성을 "그야말로 파천황破天荒의 기괴한 것"이라 하면서 연대 측정의 정확도에 난점이 많은 뼈를 시료로 하여 대략 10만 년 전의 구석기 시대 유적의 경우에나 시험적으로 응용되기 시작한 ESR 측정법을 적용한 것은 기술 방법상 문제가 아닐 수 없다고 했다.[26]

3 마니산의 단군

단군 하면 백두산을 떠올리는 사람이 많다. 백두산은 우리 풍수에서도 종조로 받드는 성산이니 당연한 일이다. 여기에서는 좀 특이한 터에 자리 잡은 단군을 만나 보기로 하자.

강화도 화도면에 있는 마니산은 본래 고가도古加島라는 섬이었는데, 가릉포와 선두포를 잇는 둑을 쌓은 뒤로 육지가 되었고, 마리산, 머리산, 마이산이라고도 불린다. 강화도에 있는데, 흥미로운 것은 강화도 외포리와 황청리 경계에 백두산도 있고 길상면에는 마귀내도 있다는 사실이다. 마니산 꼭대기에 있는 참성단塹城壇은 천제天祭를 모시는 곳으로, 하늘과 땅의 모양을 따서 아래는 둥글고 위는 모지게 하여 높이 10자, 사방이 6자 6치, 밑층이 사방 15자로 조성돼 있다. 단군 51년기원전 2282에 이 단을 모으고 하늘에 제사 지냈다 하며, 고구려 2대 유리왕 19년기원전 1에 사슴과 돼지를 제물로 재사 지내고, 백제 11대 비류왕比流王 19년313에 왕이 현지에 와서 여기에서 천제를 올렸고 한다. 그 후 신라, 고려, 조선 왕조 때에도 봄가을에 제사를 지냈다. 지금은 전국 체육 대회 때마다 군수가 제주가 되어 제사를 지낸 뒤 7선녀가 태양열을 받아 향로에 불을 붙여 체육 대회장 성화대까지 전달하며 음력 정월 15일과 10월 3일에 제사를 지내고 있다.

이런 주장도 있다. 강화江華라는 지명은 "강물이 합류하는 빛나는 자리"라는 뜻이고 그곳은 "태양과 달의 인력이 가장 강하여 하늘과 땅이 위아래로 통한다."라는 것이다. 심지어 1969년 7월 20일 처음으로 달에 발을 딛은 루이 암스트롱이 지구를 바라보니 그 가운데 이상한 선과 네모진 도장 같은 것이 보였다는데, 선은 만리장성이고 도장 같은 것은 참성단이더라는 주장도 있다. 이는 빌리 그레이엄 목사가 여의도 광장에서 수백만의 기독교도 앞에서 말한 것이라는 주장이다.[27] 또한 '마니'는 "천지에서 가장 높은 어머니라는 뜻"이라 하였는데, '마'는 마님, 마음, 마루, 마을 등에서 보이는 것처럼 으뜸이라는 뜻이고 '니'는 어머니, 할머니, 언니 등에서와 같이 여자에 대한 높임말이라는 것이다.[28]

마니산에서 백두산과 한라산의 거리가 같다는 것도 특이한 점이다. 부근 전등사에는 조선 태조에서 철종에 이르는 25대 472년의 역사를 기록한 『조선왕조실록』 중 무참한 역사 속에서 지켜 낸 정족산 사고본1181년의 책이 유일하게 남아 있었는데, 지금은 서울대 규장각에 보관되어 있다. 참성단 입구에는 "잡인 출입 금지"라는 표시가 자연암에 새겨 있고 광개토왕, 을지문덕 장군 등이 천제를 올렸다는 설화가 전해진다. 1924년에는 대종교 사교司敎 나철 선생이 이곳에서 기도를 드렸다고 한다. 단군 숭배 단체로는 단단학회, 한얼교, 경신회, 숭조회 등이 매년 행사를 갖고 있다.[29]

마니산에 관해서는 이능화의 연구가 좋은 참고가 된다. 그는 '마리산摩利山'

이라 호칭하며 이곳은 『고려사』에 보면 "단군이 제천祭天하던 곳"이라 하고, 또 "강화 전등사에 있는 삼랑성은 세전世傳하기를 단군이 아들 세 사람을 시켜 성을 쌓았으므로 생긴 이름"이라고 하였다.

권근의 『양촌집陽村集』과 『동문선』에 실린 변계량의 삼청청사三淸靑詞, 『동국여지승람』의 기록에도 모두 이곳 참성단에서 별 또는 옥황상제에게 제사를 올렸다고 나온다. 정조가 명하여 편찬한 『문원보불文苑黼黻』의 「마리산참성초례청사摩利山塹城醮禮靑詞」는 "산이 바다 위에 떠 있으니 멀리 진세塵世와 격하였나이다. 단이 구름 위에 높이 솟아 있으니 선관 행차하시기에 적합하옵니다."라는 표현이 있다. 단군, 옥황상제, 성좌에 대한 초례醮禮가 뒤섞인 가운데, 그런 장소로 어디가 적합한지를 짐작하게 하는 대목이다.[30]

참고로 한국의 고인돌은 유네스코 세계문화유산으로 지정되어 있다. 전 세계 고인돌의 절반 이상이 한반도에 집중되어 있고, 섬인 강화도에도 고인돌이 많다. 이는 단군 시대에 이미 강력한 국가가 한반도에 있었다는 고고학적 증거다.

4 태백산 일출 참관기

한밝달, 태백산은 악의가 없다. 그래서 살기도 없다. 등성이稜線는 온통 여자의 허리와 엉덩이 같은 산으로 둘려 있으니 태곳적 우리의 할머니 모습이 바로 그런 것이 아니었을까 싶다. 말하자면 여성적인 음산이라는 뜻인데, 그러면서도 드러내는 기운은 밝으니 음양 조화를 이루었다고 해도 괜찮은 산이다.

백두 대간의 중요한 중추요, 한강, 낙동강, 오십천 등 삼수三水의 발원처, 따라서 기호, 관동, 영남 지방의 젖줄의 근원이다. 실제로 태백산 문수봉은 여자의 풍만한 젖가슴 모양이기 때문에 젖봉乳峯이라고도 부른다. 한편 백두 대간은 이곳에서 방향을 틀어 소백, 덕유, 지리산을 지나 한라산에서 맥을 닫으니, 또한 호남, 호서, 제주의 등뼈脊椎 구실도 한다. 무릇 사람이건 산이건 그 모양이 빼어나면 장엄함이 미치지 못하고, 그 기세가 장쾌하면 아름다움이 떨어지는 법인데 태백산은 수려하면서도 장엄하다亦秀亦莊. 나만 잘났다고 남을 업신여기는 못난 산이 아니라 모두를 아우르는 산, 품는 산, 생명의 산, 어머니인 산이다. 흔히 말하는 명산이 아니라 영산이다.

태백산은 우리 고유의 사상이 남아 있는 곳으로, 이상하게도 이 산에는 큰 절大刹이 없다. 우리나라의 어떤 고을이나 마을도 그 주민들이 의지하고 존숭하는 특정의 산이 없는 곳은 없다. 초등학교건 중고등학교건 교가에 "무슨 산정기 받아……"라는 구절이 거의 빠짐없이 들어 있는 것도 그런 까닭이다. 태백산 주변의 마을과 고을에서도 이 산이 그렇게 떠받들어짐은 물론이다. 그러면서도 이 산의 판이한 특징은 민족 자존심의 마지막 보루 중 하나로서의 기능을 충실히 하고 있다는 것이다.

우리나라의 세 영산三靈山은 백두산, 태백산, 한라산이다. 그래서인가, 이 세 영산에는 가장 오래된 외래 종교, 그러니까 거의 우리 자생의 종교와 비슷한 불교의 대찰이 없다. 우리 민족에게는 삼신삼교三神三敎가 중요한데 백두와 태백과 한라가 만나야 그것이 완성된다. 특히 태백은 밝음으로 오르는 사다리, 밝은 자리배꼽, 밝음의 우두머리로 삼신三神 중에서도 으뜸이니 중요하다는 것이다.

받들어 모심에 있어서는 홀로 외로이 조화造化를 부릴 수는 없는 것孤陽不生孤陰不成이니 그를 위하여 태백산은 어머니가 되고 함백산은 아버지가 되었다. 무릇 조화는 새 생명을 창조함에 그 목적이 있는 것으로 그러자면 샘굿子宮이 있어야 하는데 태백시에 황지潢池가 있으므로 태백산이 어머니가 된다는 주장이다.

반면 도원지桃源池가 자궁이므로 함백산이 어머니가 된다는 주장도 있다.

젖 먹이는 어머니 함백산을 아버지인 태백산이 기웃이 내려다보는 모습이란다. 어찌 되었거나 새해 첫날의 해돋이는 태백산 정상에서 보는 것이 관례다. 그런데 태백의 가장 높은 봉우리인 장군봉1567미터에서가 아니라 가까이 있는 천제단1560.8미터에서 새해를 맞는다. 아마도 이곳에 흰빛이 엉기어 있으므로 신령이 그곳에 있다 하여 그리된 것이 아닐까 짐작해 본다. 어느 해 그 일출을 보려고 양력 새해 첫날 새벽 그곳을 찾았다. 좀 과장하자면 인산인해를 이루고 있었다. 영산에 대한 우리 민족의 이끌림에는 변함이 없는 듯하다.

5 경기도 가평 화악산

화악산은 해발 1648미터로 경기도에서 가장 높은 산이다. 그뿐만 아니라 아직도 이곳 정상 신선봉은 입산 금지 구역으로 가히 인적미답의 산지임에도 불구하고 화악리에는 고인돌이 있다. 왜 선사 시대인들이 이런 곳까지 와서 삶터를 구했을까? 인근 가평읍 마장리와 북면 이곡리에서는 석기, 토기와 함께 철기도 발굴되었고 수혈식竪穴式 주거지도 있었던 것으로 확인되었다. 이곳은 선사 시대 사람들이 살아가기에 적당한 곳이 전혀 아닌데, 아마도 산신령에 대한 본능적인 이끌림 때문이었을지 모르겠다.

가평읍 승안리 용추계곡의 절경 속으로 들어가는 것이 첫걸음이다. 그곳에서 우리는 산신령과 선경仙境과 특히 단군을 만나게 된다. 그를 만나려면 먼저 계량내桂良川를 지나야 한다. 읍사무소가 있는 승안리의 으뜸 되는 마을인 이곳은 앞 냇물이 맑아 보름달이 뜨면 계수나무가 비친다고 하니 도인의 풍모가 비치는 명당임에 틀림없다. 또 우무동 북쪽에 있는 조록절照玉洞에도 인사를 올려야 하는데 냇물이 맑아 돌들이 옥처럼 빛난다고 한다. 맑은 물, 옥 같은 돌은 귀한 땅의 조건이니 이 또한 단군을 뵙는 예다.

단군에게는 중국의 천자인 친형과 용녀, 웅녀라는 두 부인이 있었다. 천자가 수려하고 풍성한 우리 땅을 넘보자 용녀가 홍수로 혼을 내어 다시는 이 땅을 넘보지 못하도록 하였다. 그런데 그 홍수 때문에 단군과 용녀도 돌로 만든 배를 타고 평양을 떠나 춘천으로 피난을 갔다. 그런데 신하들이 하나둘 병과 굶주림으로 죽어 갔다. 그래서 다시 피난을 간 곳이 승안리 용추계곡 미륵바위인데 비는 마침내 그쳤지만 그동안 단군과 가족은 모두 죽고 말았다. 그리고 돌배에 싣고 간 소, 쥐, 닭 등 십이지신의 짐승들은 모두 석상으로 변해 버렸다. 단군이 묻힌 승안리가 바로 한반도의 가장 중심이라고 한다. 박 모라는 여인이 이곳 용추계곡에서 천일 기도를 드리고 석상을 찾아냈으나 공사 중의 불찰로 지금은 미륵바위, 쥐子바위, 소丑바위 세 개만 남았다는 것이 설화의 내용이다.

사실 화악산이 한반도의 정중앙이라는 지적은 지리적으로 거의 옳은 말이다. 왜냐하면 화악산은 북위 38도, 동경 127도 30분에 위치하기 때문이다. 그런 까닭일까, 이곳은 『정감록』에도 「화악노정기華嶽路程記」라 하여 그 위치를 상술한 후 가로되 "가평 북쪽 40리에 홍적리가 있는데 낭천狼川의 넓은 언덕 수구에서 남쪽으로 15리 가서 산 정상이 머리를 돌이켜 바라보는 듯한 형상을 가진 곳山上回頭處에서 손씨 6형제가 살며 임진왜란을 피했다."라고 되어 있다. 그곳은 지금도 위홍적마을과 아래홍적마을로 남아 있다. 화악산 능선 여우대란 곳이 있는데 그곳이 「화악노정기」에서 말한 낭천의 수원지일 가능성이 높다. 게다가 이리狼는 뒤를 잘 돌아보는 짐승이라서 거기에서 머리를 돌려 뒤를 돌아보는 형상의 산 모습을 찾아볼 수 있다.

그런데 연대 미상의 자칭 금강어부 현병주가 집찬한 『비난정감록진본批難鄭鑑錄眞本』에는 이를 두고 총비摠批라 하여 그 내용을 비웃고 있어 흥미롭다. 본문은 다음과 같다.

남북동서에 화륜火輪이 교치交馳하고 회황흑백灰黃黑白이 전선電線으로 통화하니 1000리가 지척이요, 사해四海가 인리隣理라. 남들은 북빙양北氷洋의 탐험대를 조직하는데, 남들은 화성계火星界의 교통을 희망하는데, 우리는 오히려 「화악노정기」를 본다 하면 그 정도는 운니雲泥의 차이가 아닌가. 그렇지만 어떤 도로 공사에 다기망양多岐亡羊이 되었을 것이다.맞춤법만 현대식으로 고쳤다.

다기망양이란 『열자列子』 「설부편說符篇」에 나오는 비유로, 달아난 양을 찾는 사람이 여러 갈림길에서 마침내 양을 잃고 말았다는 뜻으로, 결국 아무리 좋은 땅이 있었다 하더라도 큰길을 내는 바람에 그곳을 찾지 못하게 되었으니 그런 생각을 그만두라는 뜻인 듯하다. 기차가 다니고 화성 탐사에 나서는 세상에 『정감록』이라니 하는 한탄이다. 대저 단군에 관한 설화도 이런 이성적 해석에 이르면 힘을 잃게 되지만, 세상살이가 어찌 이성에만 의지하겠는가.

6 황해도 구월산의 단군[31]

현재 북한의 행정 구역으로는 황해남도 은률군과 안악군 경계에 구월산954 미터이 있다. 황해도는 비교적 넓은 들판이 펼쳐진 땅이다. 서해에서 시작한 저평低平은 은률과 남포를 거쳐 갑자기 우뚝 솟은 평지돌출의 구월산을 만난다. 들판은 곡창으로, 지배층을 상징한다. 평지돌출의 구월산은 지배층에 대한 저항의 상징이다. 민중은 저항의 선봉인 구월에 들어가지도 못하고 당연히 지배층의 터전인 들판 가운데 서지도 못하고 구월산과 평야가 만나는 점이 지대에 의지하게 된다. 이것이 우리나라 마을 입지의 풍수적 공간을 이루는 배산임수다. 보수로 대변되는 들판에 대하여 돌출하여 저항하는 산, 그 사이에 끼어 부대끼는 민중들의 삶터라는 뜻이다.

그들에게는 정당한 저항이겠지만 반대로 보수적 지배 계층의 입장에서 보자면 반역이 될 수밖에 없는 구월산. 세상의 변화를 바라는 사람들이 그런 평지돌출의 성격을 가진 산의 품에 안겨 혁명과 개벽을 꿈꾸는 것은 마침내 산과 사람이 상생의 궁합을 이루었음을 보여 준다. 간혹 어떤 사람들은 더 나아가 그런 산에 깊이 파묻혀 신선이 되기를 꿈꾸기도 한다. 그러나 그것은 현실 도피이며 또 다른 이기심의 발로에 지나지 않는다. 그래서 우리 도선 풍수자생 풍수는 양생수기養生修己의 소박한 자연주의를 별로 존중하지 않는 것이다. 구월산에는 저항의 맥이 흐르는 한편 단군 신화가 곳곳에 스며 있는 기묘한 민족주의적 특성이 살아 숨 쉰다. 1997년 12월 12일, 그곳을 찾아갔다.

이미 임꺽정이나 장길산을 통하여 구월산의 저항성은 익히 알려져 있으나 판소리 「변강쇠 타령」의 사설에조차 그런 말이 나오기에 그것을 인용해 본다.

동 금강金剛 석산이라 나무 없어 살 수 없고, 북 향산묘향산 찬 곳이라 눈 쌓여 살 수 없고, 서 구월九月 좋다 하나 적굴도적 소굴이라 살 수 있나, 남 지리지리산 토후土厚하여 생리生利가 좋다 하니 그리로 살러 가세.

예로부터 구월산은 도적의 소굴이었던 모양이다.

황해남도 안악군 월정리에 접어드니 구월산의 전모가 확연하게 드러난다. 불꽃 같은 석봉들이 능선에 즐비한데 최고봉이라야 956미터임에도 그 위용이 대단하다. 아마도 평지돌출의 산이기에 더욱 그러할 것이다. 산은 마치 안악군을 휘감듯 둘러쳐져 안악安岳이라는 지명이 구월산 안자락임을 유추할 수 있게 한다. 아낙네란 말도 여기서 유래되었다는 설화가 있을 정도이니 풍토가 지명을 만들었다는 가정은 그리 생소한 것이 아니다.

구월산 자체가 서해의 바닷바람을 막아 주기 위한 방풍의 긴 성城처럼 안악, 신천, 재령 일대를 감싸 주는 형세는 그것이 꼭 단군과 결부되지 않았더라도 주민들의 존숭 대상이 되었을 것이다. 아니면 그런 형세가 단군 신화를 불러들인 것인지도 모른다. 이런 풍토에 관한 유전자는 언제 시작되었는지 모르지만 도선 시대에도 있었을 것이다.

옛날 어떤 안악 군수가 마누라 등쌀에 군정을 자기 마음대로 하지 못하고 그녀의 치마폭에 싸여 떨었다는 데서 '안악네'가 나왔고, 그것이 아낙네가 되었다는 얘기인데 그보다는 구월산의 품 안이란 뜻으로 '안악'이 되었다는 것이 훨씬 그럴듯하다. 실제 현장을 보면 그렇겠구나 하는 생각이 절로 든다. 게다가 구월산九月山의 구九는 우리말로 아홉이고 월月은 달이니 아달산, 즉 아사달산에서 이름이 나오지 않았겠느냐는 추측이 가능한데 이에 대해서는 이곳의 단군 설화가 그것을 뒷받침한다. 1994년 북한 문학예술종합출판사에서 발간한 『구월산 전설』 1을 보면 "구월산은 원래 아사달이라 일컬어졌다고 고기는 밝히고 있다. 아사는 아침이라는 이두 말이고 달은 산이라는 뜻이니 아사달이 바로 구월산"이라는 내용이 들어 있다. 그건 그렇고 구월산 하면 서산 대사 휴정休廷의 산에 관한 유명한 품평을 빼놓을 수 없다. 우리나라의 고승 대덕들은 도선 이전부터 근대에 이르기까지 자생적인 사상, 철학, 종교, 관례慣例 등에 익숙했고 이들을 수행에 융화시켰다고 생각했다. 따라서 휴정의 품평은 단순히 그의 독창적 평가라기보다는 이미 있어 온 사고방식이었을 것이다. 그는 우리나라 4대 명산을 일컬어 가로되 "금강산은 빼어나되 웅장하지 못하고, 지리산은 웅장하되 빼어나지 못하다. 구월산은 빼어나지도 못하고 웅장하지도 못한데, 묘향산은 빼어나기도 하고 웅장하기도 하구나金剛秀而不壯 智異壯而不秀 九月不秀不壯 妙香亦秀亦壯."라고 하였는데, 구월산이 4대 명산 중 하나라는 것은 분명하지만 필자의 눈에도 서산 대사의 품평은 정곡을 찌른 것이라 여겨졌다. 특히 석골이 드러난 악산인 것은 분명하다.

『동국여지승람』이나 『택리지』의 구월산 소개도 들어 둘 만한데 그런 것들을 아우른 글이 육당 최남선의 것이 아닌가 하여 여기에서는 그의 강연집에

382

나오는 구월산 소개를 정리해 보기로 한다.

단군이 맨 처음 하늘에서 내려온 곳은 묘향산이다. 조선을 세우면서 도읍을 평양에 두었다가 나중에 도읍을 다시 구월산 아래 당장平唐莊坪, 「여지승람」에는 '당장경唐莊京'으로 나오고 현지에서는 '장장평莊莊坪'이라 한다.으로 옮겨 모두 1500년 동안 인간을 다스리신 후 마지막으로 구월산에 들어가 신령이 되셨다는 데서, 단군을 모시는 산도 묘향산에서 점차 신선이 된 구월산으로 옮겼을 것이다.

신천, 안악을 거쳐 구월산에 다가가 보라. 멀리서는 정다워 보이고 가까이 가면 은근하고 전체로 보면 듬직하고 부분으로 보면 상큼하니, 빼어나지 못하다고 했지만 옥으로 깎은 연꽃 봉오리 같은 아사봉이 있고 웅장하지 못하다고 했지만 일출봉, 광봉, 주토봉 등이 여기저기 주먹을 부르쥐고 천만인이라도 덤벼라 하는 기개가 시퍼렇게 살아 있는 산이 구월산이다.

육당의 표현에 덧붙일 말이 없다. 구월산은 정말 그렇다.

정상인 사황봉思皇峯은 모종의 북한군 시설물이 있는 듯하여 오르지 못했지만 그 근처까지는 가 보았다. 등성이에 구월산성이 있었고 그 위에 올라섰으니 대략 해발 950미터쯤은 올라갔던 모양이다. 동쪽과 남쪽으로는 끝을 알 수 없는 들판이 펼쳐지고 서쪽으로는 날씨 때문인가 서해가 바라보이며 북쪽으로는 서해 갑문으로 호수가 된 대동강 하구예전에는 이를 제량바다라 했다 한다.를 바라볼 수 있으니 그 장쾌함은 필자가 본 어떤 산에도 뒤지지 않았다.

2장   고대 사상 저변으로서의 단군

한국의 종교적 바탕 또는 정신적 바탕은 근본적으로 샤머니즘에 있어 왔다. 단군 신화에 대한 해석은 구구하지만 단군이 무당이라는 최남선의 주장이 대체로 받아들여지고 있다. 단군은 지금까지도 무당을 이르는 말로 사용되는 '단굴'의 사음寫音이다. 이것은 몽골어 '텡그리'와 공통되는 말이며 천天 또는 배천자拜天者, 곧 무당의 뜻을 가지고 있다. 즉 단군은 제정일치 시대의 정치적 군장君長인 동시에 종교적 사제司祭로서의 무당Shaman이었던 것이다.[32] 샤머니즘에는 분명히 민중의 삶을 지탱하는 일정한 힘이 있다. 따라서 거기에 어떤 조직화된 사회적 요인이 개재하고 뒷받침해 줄 때에는 문화를 꽃피울 가능성이 있다. 예컨대 신라의 화랑도나 고려의 팔관회가 그런 예다. 그 외에도 고신도古神道, 선도仙道, 풍류도風流道 등도 그에 속한다.

무교적巫敎的 단군론이 신화적 형태로 다루어질 때는 다음과 같은 의미가 있다. 첫째, 상제천설上帝天說로 이는 단군이라는 무격이 신인교감神人交感의 경지를 벗어나 하느님이라는 권좌에 앉게 되었음을 의미한다. 이는 단군 신화가 만일 기독교 신관神觀으로부터 유래한 것이라면 단군 신화가 동방교회의 전파를 받아들인 것이라고 보아야 한다는 데까지 이른다. 둘째, 단군 신화에서 신神은 삼신三神, 즉 환인, 환웅, 환검桓檢으로 되어 있거니와 이들의 위격은 부父, 자子, 손孫의 수직 관계로 말했을 뿐 다른 시사는 없다. 다만 후세인들이 이 삼신을 삼일신三一神으로 간주하여 마치 기독교의 삼위일체설과 방불한 것으로 보기도 하지만, 그것은 억측이다.

본시 삼수三數는 이른바 신성수로서 동서 간에 널리 전파되어 있다. 환인, 환웅, 환검의 삼환三桓뿐 아니라 삼위태백과 풍백, 운사, 우사의 삼신三臣과 천부인天符印 세 개와 인간사 360여 사에 뿌리박혀 있다. 그렇다면 삼신은 어떻게 삼일신이 되는가? 중국에는 천지인天地人 삼재론三才論이 있다. 이를 굳이 단군 신화에 원용한다면 환인天, 환웅人, 환검地으로 설명된다. 어찌 되었든 삼수는 결국 성수聖數로서 논리적 처리를 떠나 존재한다는 데 문제가 있다. 그것은 어디까지나 삼三이 아닌 일一의 존재이기 때문이다.

육당이 "진일지도眞一之道라 한 것은 그 상문上文에 삼일三一이라고도 한 천지인 최고 진리를 가리킨 것으로서 바로 삼일지도라 쓴 것이다."라고 한 것을 보면 그도 이미 삼신을 삼일신으로 이해했던 것이 분명하다. 이에 단군을 교조教祖로 하는 단군교의 교전을 『삼일신고三一神誥』라고 한 것을 보면 이미 삼일신은 단군 신화의 기본적인 신격이 된 것이다. 이는 중국에서의 삼황三皇이 천지인의 삼황이지만 끝내 합일체로서 존재하지 못하고 오제五帝로 이어지는 것과는 달리, 단군 신화에서는 따로 오제의 개념은 존재하지 않고 단군만이 영원한 삼일신의 표상으로 존재한다는 점에서 크게 다르다. 여기에 대해서는 박종홍 박사와 같은 반대 입장도 물론 있다.[33]

필자도 이 견해에 동의한다. 사실 종교를 포함한 우리 고대 사상은 단군을 정점으로 연결할 수 있다. 이때 단군이 실재했던 인물일 필요는 없다. 도선 한 사람의 노력에 의하여 자생 풍수가 만들어진 것이 아니듯, 단군에 의하여 고대 사상 전반이 이루어진 것은 아니다. 단군이나 도선은 그런 사상의 아이콘인 셈이다. 아이콘으로서의 단군 이미지는 그대로 도선 풍수에 겹친다. 그것을 고려 왕실이 정치적으로 이용했고, 그들이 만든 기록이 도선의 사실화를 완성시켰다. 필자의 이런 가설이 도선의 중요성을 떨어뜨리지는 않을 것이다. 왜냐하면 도선이 풍수의 아이콘이 된 데는 그만한 이유가 있을 것이기 때문이다. 아무리 고려 시대 도선에 관한 기록이 왜곡되었다 해도 거기에는 필시 저본이 있었을 것이다. 하다못해 전해지는 설화라도 있었을 것이 아닌가. 설화의 신빙성은 당시 사람들의 신뢰 정도에 따라 달라진다. 신뢰성이 높아야 설화의 수명이 길어진다.

이러한 단군 신화의 맥이 도선의 풍수에 닿음을 보여 주는 예를 두 가지 들수 있다. 하나는 처음 골짜기 물가에 자리를 잡았다가 홍수의 위협에 산록으로 주거 입지를 이동했다는 점인데, 이는 지금까지도 풍수의 커다란 특징으로 꼽는 배산임수를 나타낸다. 다른 하나는 삼일신 신앙으로 천지인이 하나로 묶인다는 사고방식이다. 이는 땅의 이치地理가 하늘의 도天道, 사람의 삶人事과 병렬된 상태로, 결국 풍수란 천지 자연과 인간의 삶이 같이 운위되어야 한다는 말이다. 요즘 필자는 풍수를 하는 사람이 왜 엉뚱한 얘기를 하느냐는 비난을 받는 일이 많다. 이에 대해서는 도선의 자생 풍수의 영향 때문에 풍수를 말하면서 삶을 말하지 않을 수 없다는 점을 강조하고자 한다.

1 무격 신앙

단군 신화에서는 박달나무樺를 매우 중시하였다. 우리나라뿐이 아니다. 북동 시베리아 여러 부족, 예컨대 셀쿱족, 부랴트족도 신성한 박달나무를 섬긴다. 그들의 시조인 보로이 바바이이칭으로 코리도이라고도 한다.는 사냥꾼이었는데, 세 마리의 백조가 미녀로 화하여 호수에서 목욕하는 장면을 목격하고 그중 하나의 천의天衣를 숨겨 아내로 삼아 열한 명의 아들과 두 명의 딸을 둔다. 그녀는 아들들을 모두 장가보낸 뒤 남편에게서 천의를 돌려받아 승천하고 남편도 승천한다. 문제는 두 딸인데, 일단 죽게 만든 뒤에 그녀들에게 두 마리의 천마를 내려 '무성한 하얀 박달나무'를 통로로 하여 승천하게 한다.

기랴크족의 언어에서는 '독수리'와 '샤먼'이 아예 하나의 단어였다. 사실 무격이 조류로 둔갑하여 주술적 행위를 하는 것은 천신 이념과 일치하는 것으로 이는 고대 한민족의 습속과 거의 일치한다.[34] 필자는 답사와 전승 설화 연구를 통해 도선의 삶에 그러한 내용이 여럿 삽입되어 있음을 알았다. 이는 도선의 어머니가 당골무당이었다고 전제하면 쉽게 이해할 수 있는 부분이다. 도선의 고향인 전남 영암 도갑사 부근에서 만난 많은 주민들은 도선을 승려보다는 도인이나 이인으로 생각하여 그에게 출산, 재물, 치병治病 등 여러 가지를 기구祈求하고 있었다.

한국 무巫의 성격 문제를 놓고 엑스터시가 있는 강신무降神巫는 북방 시베리아 계통의 샤먼이고, 엑스터시가 없는 호남의 세습무世襲巫 단골은 남방의 주술사 계통이라는 견해, 한국의 무는 샤먼이 아니라는 견해, 제주도의 심방은 시베리아의 샤먼이나 본토의 무당과 다르다는 견해가 있다.[35] 여기서 무巫는 다음의 네 가지 기능을 전제로 한다.

첫째, 무는 성무成巫 과정의 시초에 신의 초월적인 영력靈力을 체득하는 신병 과정[36]을 거쳐 신권화神權化한 자라야 한다. 평범하던 한 인간이 신병을 통해 비로소 신과 만나는 체험으로부터 신의 영력을 얻어 비범한 인간으로 신권화하여 신과 교통할 수 있게 된다. 그래서 신병을 체험한 강신무는 신병 자체를 신의 소명에 의한 종교 현상으로 인식한다. 이와 같은 신병은 영통靈通의 인격 전환 계기가 되는 것으로, 엘리아데M. Eliade는 이를 샤먼의 이니시에이션에서 체험하는 엑스터시 현상과 동질적인 종교 체험으로 본다.

둘째, 무는 신병을 통해 획득한 영통력을 가지고 신과 만나는 종교적 제의로 굿을 주관할 수 있는 자라야 한다. 굿이란 제액초복除厄招福의 목적으로 신에게 제물을 바치고 가무를 표현하는 무巫의 전형적인 제의다. 굿에는 무에 정통한 종교적 표현의 행위적 현상이라는 단서가 붙는다. 그 이유는 신병을 체험하여 영통력을 획득한 자라도 그 종교적 표현인 제의를 독경식讀經式이나 불교식에 의존한다면 무 본래의 제의인 굿과는 이질적인 결과를 가져오기 때문이다.

셋째, 무는 위 두 가지 조건을 기반으로 민간인의 종교적 욕구를 충족시켜서 민간층의 종교적 지지를 받아 민간층의 종교적 지도자 위치에 있어야 한다. 이는 무가 영통하여 비범한 신권자로 민간인의 종교적 욕구를 충족시켜야 한다는 것이다.

넷째, 무의 신앙 대상신信仰對象神이 누구냐, 즉 성무成巫 초기에 어떤 신을 어떻게 체험하여 그 신을 어찌 신앙하느냐의 문제가 있다.[37] 이들 중 지신地神 계통으로는 지신地神, 터주신, 터대감신, 후토지신後土之神, 후토부인신後土婦人神, 토신土神, 골매기신, 토지신土地神, 동신洞神, 동구신洞口神, 동경도사신洞境都事神, 주산토지지신主山土地之神, 당산토지지신堂山土地之神, 본향신本鄕神, 토주신土主神, 창신閶神, 이사지신里事之神, 이보신里輔神 등이 있고 그 외에 산신山神 계통으로 서낭신,[38] 할미신노고老姑堂, 산대감신, 산천장군신, 박대감성황신朴大監城隍神 등이 있다.[39] 이 중 단군신은 당연히 천신 계통에 속한다.

우리 민족은 고대 초부터 신시神市를 두고 교문敎門을 삼았다. 신시란 상고 시대의 신정 사회에서 맨 처음에 이루어졌다는 도시다. 제신諸神의 집회지이며, 민족의 영장靈場으로 환웅천왕이 태백산 신단수 아래 1000명을 거느리고 하강한 도시다. 환웅과 단군왕검을 하늘에서 내려온 신이라고도 하고, 신격을 가진 인간이라고도 하였다. 옛날에는 무당이 하늘에 제사 지내고 신을 섬김으로써 사람들에게 존경을 받았다. 그러므로 신라에서는 왕의 칭호가 되었고 [40] 고구려에는 사무師巫[41]라는 칭호가 있었다. 이와 같이 마한의 천군天君,[42] 예濊의 무천舞天,[43] 가락駕洛의 계락楔洛,[44] 백제의 소도蘇塗,[45] 부여의 영고迎鼓,[46] 고구려의 동맹東盟[47]에 이르기까지 모두 단군신교檀君神敎의 유풍과 여속이 아닌 것이 없으며, 이것은 곧 무축신사巫祝神事를 말하는 것이다. 후대로 내려오면서 인문人文이 진화하고, 유·불·도교가 잇따라 들어왔다. 유가에는 길흉의 예禮가 있고, 불가에는 분수焚修[48]의 법이 있고 도가에는 초제醮祭[49]의 의식이 있다. 그 외래의 종교가 우리 고유의 풍속과 섞이면서 세간에서 높이 받들게 되어 다투어 종문宗門을 세움으로써 근세로부터 새로운 교문敎門을 세운 이들은 모두 유불선을 합치한 교敎라 하는데 가소로운 일이다. 우리의 고유한 풍속은 사회에서 배척받아 동렬에 나란히 서지 못하게 되었다. 오늘날에 이르러 조선 고대 신교神敎의 연원과 우리 민족의 신앙 사상 및 조선우리나라 사회의 변천 상태를 연구하려면 무속에 착안하여 관찰하지 않을 수 없다.[50]

제사란 초월적인 신령과의 교제 절차다. 제사를 지내기 위해서는 사람들이 이 세상에 매인 속된 자아로부터 벗어나야 하며, 거룩한 신령이 이 세상으로 강림해야 된다고 믿었다. 그러므로 신령을 불러들이기 위해 노래를 부르고 춤을 추었고 자아로부터 벗어나기 위해 술을 마셨다. 음주와 가무는 상승 작용을 하여 사람들을 일상적인 자아로부터 벗어나는 망아경忘我境으로 이끌고, 여기에서 사람들은 입신入神 체험 또는 강신 체험을 하였다. 그리하여 신과 인간이 하나가 되어 서로 교제하는 가운데 신령의 힘을 빌려 소원을 성취하려는 제사가 이루어졌던 것이다. 이것이 고대 한국인들의 제사 양식이었고, 여기에 한국 샤머니즘의 출발이 있다.[51]

비슷한 예로 성황신이 있다. 성황신은 마을이나 고을의 가장 중요한 수호신으로, 이 신령은 주민들을 귀신과 마귀로부터 지켜 주는 역할을 맡는다.[52] 우리나라에서는 성황신이 거하는 성황당, 즉 서낭당을 무당이 지키는 것이 관례다.

앞의 논리를 따르다 보면 도선의 어머니는 무당이었을 가능성이 있고 도선 또한 세습무 교육을 받았을 수 있다. 도선을 승려로만 보면 이해가 안 되는 부분이 많으나 그가 승려이면서 무당이기도 했다고 가정한다면 여러 가지 의문이 풀리기 때문이다. 도선의 자생 풍수가 이론이 아닌 직관과 주관에 중점을 둔다는 것이 이를 뒷받침한다. 이는 다음의 신선 사상과도 관련되어 그가 풍수를 왜 지리산 이인에게서 배웠다고 했는지도 가늠하게 한다.

2 신선 사상과 도교

이능화는 도선이 선도仙道 하는 사람이었다고 단정 짓는다.

신라를 논하는 사람은 그 정체가 무위자연의 교無爲自然之敎와 같다 하지만, 오직 그뿐이 아니라 신라 일대—代에 모든 사람이 산수에 소요하고 풍월을 음영했던 것은 다 선仙 사상에 연유한 것이다. 그래서 명구승지名區勝地에는 신선의 자취가 많다고 한다.

신라 화랑을 국선이라 하고 그 교를 풍류라 한 것은 대개 분면粉面에 주리珠履로 장식하고 산수를 찾아 가악歌樂으로 즐긴 데서 생긴 이름이다. 선가仙家의 경우 『해동전도록海東傳道錄』에 의상, 도선이 다 선가 부류에 속한다 했으므로, 자세히 고구해 보면 그 연유를 알 수 있다.

우리나라 사람은 도술이 있는 사람을 보면 이인이라 하는데, 이인은 뜻이 좀 광범하다. 의상과 도선은 세상에서 이승이라고 한다. 의상이 지은 『청구비결』과 도선의 『옥룡비기』는 다 풍수설로서 세간에서 널리 숭신되고 있다. 비결을 말하는 사람은 다 이인으로 일컫고 또 방술을 하는 사람을 일러 선도 하는 사람이라고 하였다.[53]

신선 사상의 발생은 산악 신앙과 일정한 관계가 있다. 산악으로 뒤덮인 우리 땅에서 퍽 일찍부터 신선 사상이 싹텄으리라는 것은 넉넉히 짐작할 수 있다. 『삼국유사』 등에 나오는 단군 설화는 이러한 산악 신앙과 신선 사상이 얽혀 있는 예로 볼 수 있다. 우선 환웅이 도중徒衆을 거느리고 강림한 곳은 우리 땅의 진산인 태백산의 산정으로 상고인上古人에게는 천상 세계와 지상 세계를 연결하는 경역境域이라고 여겨질 수 있었던 곳이라 하겠다. 환웅이 이곳에 건설한 것을 신시라는 명칭으로 불렀다. 신神 자를 쓴 것은 천상 세계에서 파견된 환웅을 수령으로 하는 일단의 도중에 의해 신성하다는 뜻으로서 붙여진 것이라고 이해될 수 있다. 그러나 환웅과 그 도중이 지상의 범골凡骨들과는 다른 신선이라는 관념에서 그들이 건설한 지역을 신시라는 명칭으로 부른 것이라고 볼 수도 있다.

태백산정에 신시를 건설한 환웅을 서자로 둔 환인은 천상 세계의 통치자로 이해되는데, 이 한자로 전사轉寫된 환인의 우리 상고의 원음原音 내지 원명原名이 '하느님' 혹은 '수릿님'일 것으로 추측되나, 지금으로서는 명확히 알 길이 없다. 그렇기는 하나 천상 통치자의 칭위稱謂가 중국의 제帝 또는 상제上帝로 불린 것과는 판이한 우리 고유의 것이었다는 점은 그 자면字面만 가지고도 확언할 수 있다. 우리 땅의 치리자와 혈연관계를 가진 천상의 통치자는 우리 선민先民들에 의해, 이를테면 서자까지 두고도 친근해질 수 있는 인간성을 갖춘 존재로 믿어졌으며 절대적인 권능을 지녔으면서도 '홍익인간'으로 표현되었듯이 어디까지나 그것을 인간 복지를 위해 선의의 방향으로 작용시키는 존재로 생각되었다.

환인이 하느님의 음사音寫인가의 여부를 과학적으로 구명하지 않더라도 우리는 환인이 우리 고래의 하느님 관념과 흡사함을 느낄 수 있다. 우리 겨레의 마음속 깊이 지켜져 내려온 이러한 환인 내지는 하느님 관념을 통해 외래 종교에서의 최고신을 이해하고, 피차간에 다소의 수정은 없을 수 없었겠지만, 그것과 거의 합치시킬 수 있었던 것이다.

우리나라 신선 사상은 조선조 명종, 선조 때의 선가仙家 조여적趙汝籍의 찬술로 전해지는 『청학집靑鶴集』에 등장하는 고기록古記錄에 나오는 것처럼 중국에서 연유한 것이 아니다. 이렇게 된 이유는 사대주의적 사고방식 때문이었겠지만, 우리 내부에도 원인이 있다. 천상 세계의 통치자에 대한 관념은 후세의 선가仙家 내지 도교에서 이용한 자가설自家說을 부회附會하기에 퍽 편리했기 때문이다. 실제로 환인은 천제天帝라고 주명注明되어 있듯이 도교의 최고신인 원시천존元始天尊과 비슷하다. 이러한 것은 전적으로 후세 선가들이 견강부회한 설이기는 하나, 단군 설화가 도교의 신선술과 방불한 면을 지니고 있어 선가들이 동방 선맥東方仙脈의 계보를 만들어 서슴지 않고 끌어넣었던 것이라 하겠다.[54]

단군 설화처럼 갖추어진 것은 아니나 고대의 여러 소국小國의 건국 설화에도 시조가 천제天帝 내지는 상제上帝와 혈연을 가진 것으로 나타나는 사례들이 보인다. 『삼국유사』에 열거된 70여 개의 고국古國들 가운데에서 특히 북방 계열에 속하는 북부여, 동부여 및 고구려의 건국 설화에 그러한 사례가 보이는 부분이 주목을 끈다. 북부여 조에 원용된 『고기古記』에는 천제 자신이 흘승골성訖升骨城에 내려와 도읍을 정하고 왕을 칭하며 해모수解慕漱라는 이름을 썼다고 되어 있다. 그러나 고구려 조에는 해모수가 천제의 아들이라고 가칭하고 하백녀와 사통해서 시조 주몽을 낳았다고 되어 있다.

한편 도교와 도술은 중국 역사에서 처음에는 '성인의 도에 대한 가르침', '도를 설하는 가르침' 및 '도를 밝히는 술, 방법 또는 경술經術'과 상통하는 의미였다. 도술은 경술 즉 유술儒術로서, 유가에서도 사용되었음은 물론 제자諸子, 특히 도가에서 사용되었다. 그 도가는 전한前漢 초에 이미 황노지술黃老之術을 배경으로 노자老子의 철학 사상에 신선도新僊道의 영향 및 음양가, 유가, 묵가, 명가名家, 법가의 각종 요소를 혼합한 것이었다. 여기에 전한 대에는 별개의 것이었던 방선도와 방술 및 의방술이 후한後漢 대에 이르러 서로 합쳐졌고, 신선,

의방 등에 민간 신앙과 접촉하는 역할을 맡았던 무의술巫醫術, 주술, 귀도술鬼道術도 포함되었다. 이렇게 해서 후한대의 '방술즉도술方術卽道術'의 내용에는 참위 사상의 영향이 첨부되었고 도가, 음양가, 방기方伎, 의醫, 방중房中, 신선神僊, 무축巫祝의 주법呪法 등이 모인 종합적인 것이 됐다.[55] 게다가 도교는 그 내용이 매우 어렵다. 도교는 중국 고대의 정령 신앙적인 여러 가지 신앙을 기반으로 하고 그 위에 다른 많은 학설을 받아들인 복합체이기 때문에 유불 양교를 포함한 다방면의 지식과 소양이 없으면 그 내용을 올바르게 가르치기가 대단히 어렵다. 또한 그 분석에는 종교학적 지식도 필요하다.[56] 게다가 초기에는 유불도 도교로 불렸을 정도이니 그 혼잡은 이루 말할 수 없을 정도다.

이을호는 이남영의 글을 인용하여 "단군 신화가 갖는 신화적 사고에는 고대 한민족의 세계관이 드러나고 있음을 본다. 이 세계관의 내면에는 또한 그들의 독특한 가치관과 생활 정조情調의 시적詩的 직관의 요소도 개재하고 있음을 본다."[57]라고 하였다. 우리 민족에게는 고래로 직관을 중시하는 경향이 있음을 내비친 지적이다.

내관內觀에 의하여 관계를 맺는 신神은 몸 안에 사는 3만 6000의 신들이 아니라 도道다. 도에서 모든 신이 생겼으므로 도와 일체가 되는 것은 모든 현상과 일체가 되는 것이다. 도와 일체가 되기 위해서는 무위여야 한다. 무위라 함은 마음이 완전히 공허하고 무아無我인 것이다. 또한 그럼으로써 최고의 실재인 도가 자기에게 발현하는 것을 볼 수 있는 것이다. 이것을 좌망坐忘이라 한다. 이는 마치 불교의 선禪을 말하는 듯하다. 필자는 도교가 고구려와 신라에 수입되었음을 알지만 그것이 도선에게 영향을 주었다고는 생각하지 않는다. 너무나 복잡한 데다 도선의 취향과도 맞지 않기 때문이다.

따라서 필자는 도교는 제외시키고 주로 신선 사상을 살펴보겠다. 참고로 우리 땅에 도교를 국가 종교의 하나로 들여온 것은 고구려 보장왕 때 권신權臣 연개소문의 건의에 의해서였다. 불교와의 관계도 흥미롭다. 이규경李圭景의 『오주연문장전산고五洲衍文長箋散稿』「원효의상변증설元曉義湘辨證說」에 인용된『해동전도록』에 의하면 신라의 최승우崔承祐, 김가기金可紀, 승자혜勝磁惠. 후의 의상 대사가 당에 유학했을 때 종리권鍾離權 등으로부터 도서道書와 구결口訣을 전수받아 그것에 따라 수련에 성공하여 단丹을 이룩하였고, 그 후 신라로 돌아와 두루 도요道要를 전해 수련을 위주로 하는 도교의 도맥道脈을 세우게 되었다. 그 도맥을 확실하고 힘 있게 계승한 인물로 최치원을 내세우고 그가 당에 가서 역시 환반지학環反之學이라는 수련법을 배워 왔다고 하여 그를 해동단학海東丹學의 비조로까지 꼽는다. 필자는 도선이 최치원을 라이벌로 생각했다는 가설을 제시했는데 이는 이런 유의 신선 사상이 얼마든지 불교와 습합習合할 수 있음을 보여 주는 사례다.

본성적인 단학丹學을 받드는 도교가 신라에서 도맥을 형성하게 되는데, 거기에서는 최치원이 관건이다. 김가기가 죽은 연대보다 훨씬 뒤에 최치원이 당에 유학했는데도, 전해지기로는 김가기가 유학 온 최치원과 함께 이청李淸에게 구결을 전수했다고 한다. 최승우는 신라에 돌아와 태위太尉 벼슬까지 지냈는데 역시 귀국한 최치원과 이청에게 구결을 전수하고 93세까지 장수를 누렸다. 승자혜는 의상 대사와 동일인으로 보는데, 귀국한 후 오대산에 들어가 승 명법明法에게 도요道要를 전수하고 145세까지 드물게 장수하고 태백산에서 입적했다. 말하자면 환인 이래의 이 땅 고유의 도맥 이외에 유당학인留唐學人을 통해 수련적인 도교가 유입하여 새로운 도맥을 이어 나가게 된 것이다.[58] 이를 보더라도 도선이 신선 사상의 영향을 받았음은 분명하다. 다만 최치원아 도교에 더 가까웠다면, 도선은 고유의 신선 사상에 더 가까웠을 것이다.

3 선유도 단상

신선놀음은 현대인의 꿈이다. 아니, 예로부터 우리 민족의 바람이었다. 그런 놀이를 할 수 있는 곳이 어디일까? 신선도神仙道나 도가들의 명당이다. 불로장생하며 일하지 않고 근심 걱정 없이 살아갈 수 있다면 더 바랄 일이 없다. 당연히 도시는 아닐 테고, 대체로 명승지일 것이다. 여기에 하나 더 붙이자면 사람들과 부대끼는 데 넌덜머리가 난 이들이 고요한 휴식을 취할 수 있는 어딘가 격리된 곳이 떠오른다. 신선들의 명당이란 일단 속세의 현실을 떠날 수 있는 곳이다. 그곳에서 사람들은 각성이나 마비 상태를 맞는다. 이럴 때 한때나마 강한 해방감과 통렬한 절정을 맛보는 것이다. 그 때문에 우리는 선유동을 찾는다.

도선이 이런 선유仙遊에 크게 관심을 두었다는 흔적은 없다. 다만 그가 인생 후반에 오랫동안 옥룡사에 머물며 흔적을 남기지 않은 것으로 미루어 보면 도선 역시 선유의 꿈을 꾸지 않았을까 여겨진다.

문제는 이런 상태나 이런 장소가 길게 이어지는 것을 사람들이 견디지 못한다는 점이다. 일 없이 격리되어 사는 것도 길어야 일주일이 고작이다. 놀아 본 경험이 있다면 잘 알겠지만 노는 것도 쉽지 않다. 그러니 신선이란 그저 사람들이 마음속에 품고 있는 허상일 수밖에 없다. 정말 신선이라면 모든 면에서 무애無涯일 것이니 언제 어느 곳이나 그들의 놀이터가 될 수 있다.

현실은 그렇지 못하다는 것을 우리는 잘 안다. 그래서 그저 잠깐이라도 비슷한 것을 꿈을 꾸며 그런 곳을 찾는다. 그곳이 바로 선유다. 선유도, 선유동, 선유계곡. 가장 먼저 떠오르는 곳은 군산의 선유도다. 서울이라면 한강 양화대교 옆에 선유도가 있다. 무녀도, 신시도 등으로 이루어진 군산 선유도를 나는 1980년대에 몇 번 가 봤다. 특히 수평선 이내嵐氣 위로 떠 있듯 드러나던 망주봉은 왜 이곳이 신선과 결부되는지를 뚜렷이 보여 주었다. 게다가 무당무녀도까지 바로 연상되는 진안 마이산의 기괴함과도 통했다. 술에 취했을 때는 무릉도원에 들어간 어부와 같은 마음이었다고 추억된다. 서울의 선유도는 이런저런 공사, 특히 양화 대교 공사로 본모습을 잃었지만 사진으로 본 옛 자태는 역시 군산의 선유도와 비슷한 점이 있다. 하지만 보지 않은 것은 말하지 않는다는 풍수 원칙상 확신할 수는 없다. 그렇다면 본모습을 잃은 지금은 선유도가 아닌가? 그렇지는 않다. 신비는 잃었지만 접근성과 편리함이라는 새로운 특성을 얻어 신선놀음을 즐길 수 있는 선유도 시민 공원으로 바뀌었기 때문이다. 이를 누가 부인할 수 있겠는가. 그 좋았던 옛날은 있지도 않거니와 있을 수도 없다. 선유도는 지금도 선유도다.

선유동은 물론 이외에도 많다. 앞의 두 곳 외에 좀 알려진 문경과 괴산 사이의 선유동이나 경남 고성 영오면에 있는 선유산 역시 비슷한 향취를 갖고 있다. 그러나 모양은 다르다. 느낌이 그렇다는 것뿐이다. 그러나 이런 곳들을 드러낼 마음은 없다. 나를 비롯해 이른바 전문가라는 사람들이 어떤 곳이 좋다고 하면 머지않아 그곳은 관광객이 몰려들어 난장판이 되고 만다. '아는 것'이 그 좋은 곳의 불행이 되어 버리는 꼴이다.

사실 풍수에서는 한반도 자체를 신선이라고 보는 견해仙人練鍛形도 있다. 신선이 흔히 쓰는 솥 위에 우리나라가 놓여 있다는 뜻이다. 이때 솥의 세 발은 울릉, 제주, 강화도라 한다. 그렇게 되면 우리는 모두 선유동에 사는 셈이다. 그리고 이 세 섬은 우리의 기둥이니 새삼 우러러볼 필요가 생긴다. 여기에 한 가지 문제가 있다. 선유는 신선이 한 군데서 논다는 뜻이라기보다는 여기저기 유람을 다닌다는 뜻이다. 그러니 선유동을 특정할 필요는 없다는 말이다. 수많은 신선놀음 터가 있어도 이상할 게 없다.

게다가 우리나라에서 신선 사상은 중국의 도교와 같은 체계를 갖추지 못했다. 풍수, 도참,『정감록』, 도가, 불교, 무가, 전통 신앙이 골고루 섞여 신선이라는 개념을 만들었다. 이능화는『조선 도교사』에서 우리 풍수의 시조인 도선 국사를 선가 부류로 본다. 『청학집』에는 우리나라 신선의 조상인 물계자를 도선이 만나는 대목이 있다. 풍수의 시조가 신선의 조상이 된 셈이다. 이런 식으로 여러 종파와 사상들이 융합하여 신선을 만들었으니, 이 나라에 선유동이 많은 것은 조금도 이상한 일이 아니다.

또 선녀는 옥녀로 표현되기도 하는데, 풍수 형국론에는 무수히 많은 옥녀 관련 명당이 등장한다. 당연히 옥녀는 신선이면서 모성을 상징하고 어머니의 품속과 같은 평안과 안온을 가리키기도 한다. 여기에 신선은 무릉도원과도 궤를 같이한다. 풍수에서 명당은 근심 걱정 없이 살아갈 수 있는 장소다. 역시 어머니의 품 안이다. 이미 세상에 잘 알려진 경남 하동군 청암면 중이리 칠성봉 아래 논골은 『정감록』에서 지적한 삼은삼점三隱三點의 피난처 중 하나다. 삼은은 고은동, 심은동, 노은동논골이고 삼점은 풍점리, 먹점리, 미점리라고 한다. 예컨대 논골은 6·25나 지리산 빨치산 준동 때 다친 사람 하나 없었던 곳이라 한다. 그 가까이 묵계리에 청학동으로 알려진 곳이 현존한다. 이인로李仁老는 『파한집』에서 "꽉 막힌 골짜기 안에 들어 있는 넓은 별천지로 곡식을 심을 양전옥토가 있는 곳"을 청학동이라 하였다. 논골은 이 기준에 잘 맞는다. 노는 게 본분인 신선도 먹는 일은 신경이 쓰이는 모양이다.

여기서 분명히 해야 할 일이 있다. 신선도 결국 사람이라면 신선에게도 인격이 있다. 사람처럼 생각해야 할 필요가 인정된다. 사람들이 누군가를, 무엇인가를 좋아한다는 것은 지극히 주관적인 일이다. 내가 좋다고 다른 사람들까지 좋아할지는 모르는 일이다. 나는 유연한 능선을 가진 투박한 지리산이나 덕유산을 좋아하지만 많은 사람들이 절벽과 암반이 두드러지는 절세미인 금강산, 설악산을 좋아한다. 능선을 좋아하는 이가 있는가 하면 골짜기를 좋아하는 이도 있다. 실은 이런 주관성이 풍수 명당론, 여기에서는 선유동 입지 조건을 헷갈리게 하는 본질적인 이유다. 자신이 좋아한다면 풍광이 명미하지 않아도 선유동이 될 수 있다. 반대로 천하 절승이라도 자기 마음에 들지 않으면 선유동이 될 수 없다. 거지가 멀리서 보기에 그럴듯하여 동냥을 얻으러 들어가 보니 속은 텅 비었더라는 여주시 북내면 석우리 '거지혜탕골'이 사기당한 선유동이라면, 개인적으로 종로구 북촌 골목길은 나만의 선유동이다. 내 학창 시절 가슴 저미는 그리움을 주었던 그 골목길에 가면, 첫눈 내리던 그때 만났던 여학생을 지금도 선녀로 회상한다. 오해 마시라. 선녀와 결혼할 수는 없으니까. 그러니 그곳이야말로 내 선유동이다. 모름지기 감성의 기반을 뒤흔들 수 있는 장소가 바로 선유동이라는 말이다.

우리는 자연법칙에 의하여 세상에 태어났다. 자연법칙에 의하여 태어난 이상 자연법칙에 따라 사는 게 당연한 의무고 당연한 권리이기도 하다. 자연법칙이란 무엇인가? 한마디로 말한다면 조화다. 조화란 사랑의 행사다. 사랑은 자연 만물 일체의 자각에서 생긴다. 만물 일체는 신아神我의 발현으로 얻어진다. 우리 각자는 신아를 발현하여 신아 의식을 간직하며 살아가면 족한 것이다. 그것이 이상향을 현실화하는 유일한 방법이다.[59]

3장 중국 풍수의 영향

학자에 따라서는 도선에 대한 평가에 심한 거부감을 보이기도 한다. "심지어 어떤 사람은 도선을 한반도 국토 재계획자라고 비약해 미화하는 경우까지 있다."[60]라고까지 했다. 신라 말이라는 당시의 시대상을 감안한다면 경주가 아닌 다른 곳에서 새로운 왕기王氣가 일어난다는 주장은 그리 황당한 게 아니었을 것이다. 그것은 국토의 재편성이라는 전제가 깔려 있는 것이며, 더구나 당나라도 심한 혼란에 빠져 있었다는 사실까지 더하면 충분히 일어날 수 있는 일인데 굳이 그것을 비약, 미화라고까지 할 필요가 있는지 의문이다.

이런 관점에서 보면 도선이 신화까지는 아니더라도 전설의 인물이 된 것만은 확실하다.

한 인물이나 사실이 과장되거나 신비화되어 전설적 전환이 이루어지면 하나의 이야기가 형성된다. 객관적 사실의 신빙성에 바탕을 둔 역사학에서는 그와 같은 사실에 사료적 가치를 부여하려 하지 않으나, 설화 문학의 연구에서는 전설의 내용과 구조 속에 내재한 진실성이 중요시된다.

설화 가운데서 전설은 신화와 민담에 비해 공간과 시간의 특정한 제한을 더 받기 때문에 역사성을 띤다. 인물 전설일 경우에는 그 인물에 대한 시각이 장소와 시대의 변화에 따라 더욱 다양하게 변이한다. 한 인물이 역사서에 기록된 평가와 전설 속에 이야기되는 모습이 일치하지 않는 경우가 많다. 인물 전설 연구는 이야기 속에 등장하는 한 인물이 다양하게 변이하는 양상을 고찰함으로써 그 인물의 진실한 모습을 드러냄은 물론이고 나아가서는 화자가 갖는 의식까지 드러내는 데에 그 목적이 있다.[61]

어쨌든 도선이 당나라 승려 일행에게 직접 배웠다는 것은 우선 시간상으로도 어불성설이다. 그러나 『편년통록』이 아무리 두찬杜撰이라 하더라도 터무니없이 도선의 지리설을 당승唐僧 일행의 그것과 관계 지었다고는 믿어지지 않기에 그 비술을 이해하는 실마리를 잡기 위한 일행의 지리법은 정리할 필요가 있다는 주장이 있다.[62]

일행은 밀교 계통의 당나라 승려로 683년에 출생하여 개원開元 15년727 45세에 입적한 본성本姓 장張씨인 사람이었다. 당연히 도선과의 직접적인 관계는 전혀 없다. 다만 당시 영암이 당나라와의 무역으로 알려진 곳인 만큼 그에 관한 얘기를 도선이 전혀 몰랐다고 단정할 수도 없다. 그는 『대연력大衍曆』이라는 저서로 유명한데, 이 책에 담긴 천문 관측은 매우 정밀한 것으로 알려져 있다. 생트 주느비에브Sainte Genevieve 사원의 측벽에 새겨져 있는 뉴튼 등 세계 학술에 공헌한 석학의 이름 가운데 동양에서는 오로지 일행만 들어 있는 터라, 공연히 일행을 끌어들이는 것은 풍수의 과학성을 보증하기 위한 불필요한 노력이라고 생각한다. 필자가 이 책에서 계속 언급한 것처럼 도선은 지혜와 직관은 뛰어나지만 학벌이나 문벌, 가문은 한미하기 짝이 없는 인물이다. 일행을 가탁하기보다는 도선의 독창성을 찾는 것이 오히려 도선에 더 다가가는 일이라고 본다.

그러나 간과할 수 없는 사실이 있다. 도선의 스승 혜철이 일찍이 당나라에 들어가 서당지장西堂智藏에게 밀인密印을 전해받았다는 점이다. 서당지장은 선승이면서 오히려 밀교에 더 깊은 관심을 가져 밀교승으로 널리 알려진 인물이다. 그러니 지장—혜철—도선으로 이어지는 법계法系를 볼 때 일행과 밀교를 그저 무시할 수는 없는 노릇이다.

중국에서 밀교적으로 변용된 약사藥師 신앙의 제반 의례는 신라 시대부터 우리나라에 전래되었다. 신라의 유명한 밀교 스님이었던 밀본密本 법사는 『약사경』을 독송하여 선덕여왕의 병을 치유하는 등의 역할을 한다.[63] 따라서 도선은 선禪의 법계를 이어 밀교적 활동을 전개한 스님이며, 그의 산천 비보는 전체 국토를 하나의 만다라로 본 정법正法을 지키고 보호하려 한 대도량법大道場法이라고 보인다.

도선으로부터 시작된 밀교 사상의 현실적 응용인 비보 사상을 풍수 도참과 혼동하여 초인적인 신앙의 가호력加護力이나 밀교의 신비적인 형태는 모두 도참으로 생각하였고 이러한 혼동으로 인해 고려와 도참승에 관한 갖가지 억측이 나오게 되었다.[64]

필자가 일행과 밀교에 관심을 가져야 한다고 지적한 것은 도선을 종합적으로 이해하고자 한 것이지 도선이 밀교의 택지법과 그 의도까지 받아들였다는 의미는 아니었다. 그렇다면 밀교의 택지법이란 무엇인가? 필자는 이에 대해 아는 바가 없다. 서윤길 교수의 논문을 소개하는 것으로 대신하겠다.[65]

필자가 도선과 중국 풍수를 무관한 것으로 보는 견해에는 변함이 없으나 그냥 지나칠 수 없는 부분이 있어 그것을 소개하기로 한다. 최병헌 교수의 주장인데, 비록 필자는 그의 견해에 동의하지 않지만 매우 설득력 있는 탁견이라 생각한다. 우선 최 교수는 "원래 중국에서 선종과 풍수지리설의 관계는 일찍이 이능화도 지적한 바와 같이 선종의 초기부터 밀접하게 맺어져 있었다."라고 지적한다. 이능화의 정리에 따르면, 중국 선종의 사실상의 창립자인 육조六祖 혜능慧能이 조계산曹溪山에서 남종선문南宗禪門을 개창할 때에 진아선陳亞仙이라는 사람의 풍수지리설을 좇아서 보림사寶林寺 자리를 선정했으며, 혜능의 4대 법손이며 서당지장과 사형제간인 백장회해白丈懷海도 사마두타司馬頭陀라는 풍수지리사와 소주처所住處로서 위산溈山에 대하여 논의했던 것이 그 대표적 예다.[66] 필자는 선종에 대해 아는 바가 거의 없다. 따라서 이 논설에 대해서는 의견이 없다.

또 하나는 도선과 거의 동시대인인 당나라 양균송楊筠松에 의하여 집성된 강서법江西法이 등장했다는 점이다. 중국 풍수의 조사祖師로 알려진 양균송은 당나라 희종僖宗 때 활동하였던 국사로서 금자광록대부金紫光祿大夫의 벼슬에 이르렀다. "황소의 난 때 궁궐로 숨어들어 옥함비술玉函秘術을 훔쳐 달아났다. 그 책이 바로 세상에 유명해진 『감룡경』이라고 하나 전부 믿을 만한 것은 아니다."라고 『흠정사고전서欽定四庫全書』「제요提要」에서 밝히고 있다. 『의룡경』 역시 그의 저술이다. 그런데 정작 『당서唐書』에는 그의 이름이 없고 『송사宋史』「예문지」에 양구빈楊救貧만 언급될 뿐이다. 이는 모든 사람에게 자손 번영의 터를 잡아 주어 가난을 구제해 준 때문이라고 한다. 그가 강서 사람이고 그의 풍수는 형세론을 위주로 한다. 『감룡경』의 가장 큰 특징은 천문 사상, 즉 자미紫薇, 태미太薇, 천원天元 등의 반영이다. 그를 나타내는 단적인 문장이 "하늘의 별이 땅에 비치면 그 별의 기운에 상응하여 산의 모습이 이루어진다星辰下照山成形."이다. 그러나 이 책을 양균송의 독자적인 저술로 보기는 어렵다. 초기 그의 작품에 후세인들이 계속적으로 문장을 덧붙였음은 여러 판본의 주석자들이 가진 공통된 의견이다. 대부분의 풍수가들과 마찬가지로 양균송의 정확한 생몰 연대나 저서 등에 관하여 고증된 것은 없다.[67] 다만 당 희종의 재위 기간이 9세기 후반인 것으로 미루어 볼 때 도선이 양균송의 영향을 받았을 가능성을 전면 부정하기는 어렵다.

그러나 첫째 이유나 둘째 이유나 도선의 가문, 학벌, 인맥. 등이 변변치 못했음을 감안한다면 아무래도 필자는 선뜻 동의할 수가 없다. 도선이 그토록 빨리 양균송을 접했을 가능성도 희박하고, 당당한 선맥을 이었다는 것도 믿기 어려우며, 더구나 양균송의 『감룡경』 자체가 당시에 출간되었다고 보기도 어렵기 때문이다.

필자가 이 책 곳곳에서 도선에게 엘리트적인 요소가 많지 않다고 보는 이유는 알려진 그의 생애가 그렇지 않기도 하거니와, 우리의 자생 풍수가 결코 비술적인 사술邪術이 아니라 매우 현실적이고 경험적이며 상식에 근거한다는 점을 강조하기 위한 것이다. 도선의 직관력과 지혜가 당대 최고임을 믿는 데는 변함이 없다. 또한 『감룡경』의 내용 중 오성五星과 구요九曜에 관한 이론[68]은 그 자체가 매우 어려운 데다 현장에서 적용하기도 쉽지 않다. 도선처럼 경험과 현장 답사를 중시하는 사람에게는 별 소용이 닿지 않는다.

8부

한국 자생 풍수와 도선

1장   이 장을 쓰는 까닭[1]

짐작건대 나보다는 조금 아래 세대인 명성이 쟁쟁한 두 학자의 글[2]을 읽다가 불현듯 풍수에 대해 이렇게 쓰면 어떨까 하는 생각이 들었다. 재기 발랄하고 아는 것 많으며 비상한 두뇌로 일반인을 낙담시키는 그들과 비슷하게 해낼 수는 없겠지만 시도야 못 하겠는가? 거기에 나이 든 사람들의 뻔뻔함까지 거드니 이런 글을 쓸 엄두를 내게 되었다. 많이 미안한, 그래서 이래도 될까 하는 망설임을 품고 일단 써 본다.

처음부터 그럴 생각은 아니었지만 하다 보니 남의 얘기를 인용하는 것으로 내 생각을 전하게 된 데에 나 자신도 놀랐다. 내 생각은 이미 남들이 예전에 다 얘기했더라는 것인데, 그렇다면 난 지금까지 무엇을 해 왔나 하는 자괴의 마음이 든다. 책들을 읽으면 읽을수록 책을 쓰는 것에 자신이 없어진다.

게다가 지금까지 풍수를 업고 헛소리를 한 게 한두 번이 아니다.[3] 그러면서 왜 쓰게 될까? 허망하다는 것을 알면서도 나 자신을 위해서 쓴다고 느낀다. 읽기만 하면 왠지 모르게 불안하다. 그래서 수시로 생각을 메모하고 글로 쓴다. 쓰다 보면 어디선가 읽은 것이 많다. 확인해 보면 분명 그렇다. 그래서 망상이라는 말까지 집어넣었다. 결단코 겸손이 아니다. 확신도 없고 독창성도 없으며 논리도 떨어지니 천생 망상록이다. 명색이 풍수를 공부한 사람이니 땅 얘기가 주로 망상으로 드러나는 것은 어쩔 수 없는 일이다.

우리나라 사람들은 땅과 관련된 일, 그러니까 집을 산다든가, 산소 자리를 잡는다든가, 수도나 도청을 옮겨야 한다든가, 사업이 잘 안되는데 그 이유가 사옥의 터 탓이라든가 하는 따위의 일들이라면 거의 어김없이 풍수를 등장시킨다. 이는 마치 "여자들이 세일 때 물건을 사는 이유는 남자들이 산에 올라가는 이유랑 똑같아. 그게 거기 있으니까."[4]처럼 그저 그런 이유 때문이다. 아니, 이유랄 것도 없다. 그냥 버릇이다. 아주 오래된 습관일 뿐이다. 이유가 없다고 무시할 수는 없다. 그러면 어딘가 께름칙하다. 그래서 부지불식간에 풍수를 떠올리는 것이다.

"꼭 기억해 두세요. 중요한 것은 장소예요. 장소를 찾아 그곳으로 가면 돼요. 바른 장소를 선택하면 사람은 반드시 바른 행동을 하게 되죠." 오키나와의 무당인 미요의 말이다.[5] 장소 곧 땅, 자신에게 의미 있는 땅, 많은 사람에게 상징성을 갖는 땅은 중요하다. 사실 민족성이라는 것도 그들이 사는 풍토에 대한 반응이지, 사람 그 자체의 흐름에는 큰 차이가 없다. 그러니까 장소를 중시하는 게 당연하다. 우리에게는 풍수라는 관념이 있다. 그것은 과학도 아니고 지식도 아니다. 물론 그런 면도 있지만 본질적으로 풍수는 지혜이자 관념이다.

풍수 공부를 하면서 나 스스로 무언가를 떠올리고는 그 생각에 감탄한 적이 많다. 비단 풍수뿐이 아니다. 그런데 독서를 하다 보면 대부분 이미 다른 사람들이 생각했던 것들이다. 하늘 아래 새로운 것은 없는가? 특히 인문학 분야에서는 말이다. 아마도 그런 것 같다. 아주 좋은 생각을 했다고 느끼고 얼마 후 책에서 누군가 그런 생각을 이미 했다는 것을 알면 난처하다. 그래서 망상이라는 단어를 떠올린 것이다. 왜냐하면 독창성이 없는 생각은 별로 필요치 않기에 그렇다.

그러나 주의할 일이 있다. 독서를 하면서 내게 필요한 부분만 눈에 들어왔을 가능성도 있다는 점이다. "어떻게 책을 읽느냐에 따라 창의력 향상에 끼치는 영향이 다르다. 2006년 《한국문헌정보학회지》에 실린 연구 논문에 따르면 정독, 음독, 다독, 묵독순으로 창의력에 긍정적인 영향을 미쳤다. 반면 필요 부분만을 읽는 발췌독은 부정적인 영향을 주었다."[6]

자생 풍수가 갑자기 최창조라는 사람에 의해 만들어진 것은 아니다. 그건 오래전부터 있었다. 사람들이 잊고 있었을 뿐이다. 많은 논란이 있었다. 논쟁도 많았다. 사실 이런 식의 논쟁은 필자로선 아주 지긋지긋하다. 대학에서 월급을 받을 때부터 그런 일이 있었으니 결코 과장이 아니다. 그것은 마치 "완벽 양 대 난 다 알아 군"의 싸움 같은 것"[7]이었다. 당시 내 태도는 "어떤 경우에나 훌륭한 해명보다는 자신이 보고 들은 것을 더 믿는다."[8]와 비슷했다. 지금 생각하면 유치하고 부끄럽다. 그러고는 서울대학교에 사직서를 내고 말았으니, 물론 지금도 그 일에 관한 한 일말의 후회도 없지만, 유치함을 넘어 참담한 행위였다고 고백해야겠다.

근래 풍수에 관심을 갖는 사람이 많이 늘었다. 하기야 우리나라에서 언제는 그런 사람이 많지 않았을까마는 21세기도 15년을 넘어가는 시점에 그렇다는 것이 정상은 아니다. 이유와 명분을 어찌 대든 간에 결국은 땅의 덕 좀 보자는 이른바 발복과 발음發蔭이 목적이다. 이런 현상은 자신감의 결여와 현실이나 미래를 예측할 수 없다는 불안감에 크게 기인한다. "프랑스 분자생물학자이자 노벨상 수상자인 자크 모노는 1970년, 인간을 '자연이 주관한 복권에 당첨되었으나 결국 패배를 인정할 수밖에 없는' 존재로 묘사했다. '인간은 희망과 고통과 범죄에 무심하고, 자신의 소리를 듣지 못하는 우주의 가장자리에 놓인 집시 같은 존재'다."[9] 그래서 이견 없이 우리나라 풍수의 비조인 도선을 통하여 사람들이 땅을 어떻게 보면 되는지, 즉 풍수란 무엇인지를 알게 하는 것이 중요한 목표다. 물론 대체로 망상이기는 하지만 말이다.

풍수에는 어떤 이유에서든, 우리 풍토에 관한 과거 조상들의 지혜가 담겨 있다. "과거는 지혜를 축적하며, 그것을 사용하지 않는 것은 어리석다."[10] 지리학의 연구 대상은 당연히 지표 현상이다. 촌락, 도시, 인구, 산업, 사회, 경제, 기후 등 실로 학문의 잡동사니다. 가만 살펴보면 모두 세상살이에, 그러니까 삶과 관계되는 것이다. 그런데도 지리학은 사람을 떼어 놓고 지표 현상을 객체로 하여 진행한다. 이상하다. 사람의 지리학이어야 되는 것 아닌가? 나는 이 책에서 줄곧 주장한 대로 도선 풍수, 곧 자생 풍수의 체계를 잡아 볼 생각이다. 하지만 그것에는 논리가 매우 심각하게 결핍되어 있다. 도선은 그 핵심이다.

지적인 논쟁은 행동으로 꽃피우지 않는 한 행동주의로 가는 대기실일 뿐이지만, 글쓰기도 일종의 행동주의임에는 틀림없다. 그동안 많이 이야기되었듯이 어쨌든 펜은 칼보다 강하니까 말이다.[11]

풍수 자체에 주관이 깊이 개입되어 있고, 그 안에 논리랄 게 별로 없기에 당연한 일인지도 모르겠다. 아니, 바로 그렇다. 앞으로 주관과 망상과, 때로는 아주 드물겠지만 지혜와 혜안을 가지고 현대에 있어서 도선의 자생 풍수가 무엇을 하자는 것인지, 그 존재 의미는 무엇이며 가치는 있는 것인지를 살펴보겠다. 어떤 학문이든 그것을 공부하는 사람의 인생관이나 세계관, 가치관이 반영되기 마련이다. 그저 하다 보니 그렇게 되었다고 보이는 경우도 마찬가지다. 의식은 그리 믿을지 모르지만, 이유 없는 결과는 없다. 우연이라는 것도 있기는 하다. 그런데 아무 목적의식 없이 우연이 이루어질 수 있을까? 의식 없이 우연은 일어나지 않는다. 필자에게 풍수 공부는 그냥 우연히 그리된 일이 아니다. 상당 기간, 그러니까 대략 40대 후반까지는 그렇게 믿었다. 그 후 그게 아니라는 사실을 깨달았다. 그래서 이제부터라도 필자의 인생의 일부를 파헤쳐 볼 필요가 생겼다.

> 신이 우주를 디자인했다는 지적知的 설계론자들뿐 아니라 과학적 사실을 통해 그
> 것들을 논박하려는 리처드 도킨스나 크리스토퍼 히친스 등 과학주의자들 역시 신
> 과 종교에 대하여 크게 오해하고 있다. 그런 무신론자들의 비판에 타당한 부분도
> 있지만 자신들의 생각을 그렇게 과격하게 표현하는 것은 유감스러운 일이다. 내가
> 깨달은 것 중 하나는 종교에 관한 말다툼이 역효과를 낳을 뿐 사람들의 깨우침에
> 는 도움이 되지 않는다는 점이다.
> 인간 경험의 절반을 차지하던 뮈토스신비의 영역이 근대 이후 로고스이성에 의해
> 파괴되었다. 오늘날 종교적·세속적 교조주의가 넘쳐 나고 있기는 하지만 '모름'의
> 가치를 인식하는 사람들도 점차 늘고 있다. 자기 존재의 가장 심오한 차원과 일치
> 하는 삶의 초월적 측면을 발견하는 것이 종교와 신앙의 본질이다. 종교는 우리 마
> 음의 새로운 능력을 가르치는 실천적인 수련이다.[12]

풍수는 신비와 이성을 같이 지니고 있다. 그래서 혼잡스럽다. 풍수가 비합리적이라는 지적은 어제오늘 있어 온 것이 아니다. 옛사람들도 그런 지적을 많이 했다. 그렇다고 그런 지적이 불필요한가? 위 인용문은 그에 대한 답 중 하나다.

여기서 변명을 좀 해야겠다. 어떤 주장도 그 근거를 고금의 문헌에서 찾아낼 수 있다. 그 주장과 상반되는 의견도 마찬가지다. 지금까지 독서를 하며 뼈저리게 느낀 감상이다. 이는 다행이기도 하고 불행이기도 하다. 나의 주장을 논리적으로 합리화하는 데는 유리하다. 그런데 그 반대의 경우도 마찬가지다. 누군가 나의 주장을 반박하고자 한다면 얼마든지 각종 문헌을 이용하여 그 타당성을 입증할 수 있다. 게다가 이런 식이라면 진리는, 아니, 차마 그런 용어를 쓰기는 구차스럽고, 사실은 멀어지기 때문이다.

또 한 번, 인용을 많이 하는 이유는 간단하다. 그것이 안전하기 때문이다.

> 상식이 풍부한 사람으로 인정받기 위해서 책에 온통 인용구들을 채워 넣는 것만
> 보아도 아마추어 작가임을 금방 알 수 있다. ── 베르트랑 푸아로델페시, 《르몽드》[13]

언제부턴가 답사를 나가 현지 주민과 얘기하다 보면 나는 도저히 땅에 관한 이들의 이해를 따라가지 못하겠구나 하는 느낌이 들곤 했다. 그런데 이런 내 감상조차 이미 누가 표현해 놓았다.

> 내가 아는 어떤 정신과 의사가 이런 말을 한 적이 있다. "난 정신과 의사 경력이
> 이제 5년인데, 환자는 정신과 환자 경력 30년이야." 그러면서 힘든 사람들이 짓는
> 미소를 지었다.[14]

어떤 잡지사 기자가 보내온 질문에 대한 나의 답변이 도움을 줄지 모르겠다. '자식 사랑은 이타적인가?'라는 주제다.

첫 설문, 땅에 대한 사랑이란? 사랑이 무엇이냐에 따라 무수한 답이 나올 수 있다. 부모님, 아내, 첫사랑 같은 진부한 내용을 포함해서 나는 이루 다 기억할 수 없을 만큼 많은 사랑을 받아 왔다. 증오가 없으면 사랑이 있을 수 없기 때문에 사랑에 관한 추억은 자연스럽게 증오에 대해서도 마음을 쓰게 한다. 그렇게 본다면 지금까지의 인생 자체가 모두 사랑이었다. 나이에 따라 달랐다. 그러니 구체적인 사례를 들기는 불가능하다.

그러므로 당신이 나를 구제 불능의 무감한 사람이라고 생각한다면 그야말로 오해다. 언제나라고 한다면 과장이지만 거의 대부분의 세월을 사랑 속에 살아왔다. 그런데 그것은 남을 감동시킬 만한 사랑과는 거리가 멀었다. 사랑의 영향도 그저 무덤덤하다. 내가 사랑으로부터 영향을 받았다면 인생은 그저 무

덤덤한 것이라는 사실이다. 불행히도.

사랑은 확실히 내 인생에 영향을 미쳤다. 한편 증오도 영향이 있었다. 사랑과 원수는 상반되지만 인생에 미치는 영향력은 엇비슷하다. 훗날 자신의 일생을 반추할 때 그 의미가 일이 벌어지던 당시에 비하여 현격히 달라졌다는 것을 알게 된다면 후회막급일 터이다. 그러니 사랑이 소중하다면 원수도 어쩔 수 없는 존재임을 자각하는 것이 내 속을 편하게 하는 길이 아닐까 한다.

속은 어린아이인 채로 어른이 되는 현상을 '유형幼形 성숙'이라 부른다. 내가 바로 그런 경우이리라.

둘째 설문, 실제 경험은? 초등학교 때 예쁘고 부자인 여자애를 좋아했다. 혼자서. 이런 것도 사랑이라면 짝사랑이자 첫사랑이다. 중학교 2학년 때는 갓 대학을 졸업하고 부임한 영어 선생님을 흠모했다. 역시 짝사랑. 대학원 때 좋아한 여자는 몇 번 만나기는 했다. 무척 쫓아다녔지만 아니나 다를까 짝사랑으로 끝났다. 그런데 이 경우엔 좀 문제였다. 잊히지를 않았다. 답사를 가서 황혼 녘 휴식을 취하노라면 느닷없이 그리움이 밀려왔다. 성적性的 대상으로 생각한 것은 전혀 아니었고 그저 막연한 그리움의 대상이었다. 진실로 사랑하던 아내에게는 너무 미안해서 얘기를 해 버렸다. 실수였다. 그런 건 모르는 편이 더 좋았을 터인데. 마흔을 넘어가며 그런 그리움이 씻은 듯 사라졌다. 나는 "이제 내 청춘은 끝났다."라고 감상을 다듬었다. 그때 오직 아내만이 내 사랑임을 절감했다.

이게 바로 진정한 사랑이다. 변함없이 지속적인 것. 어느 날 내 청춘이 끝났다고 느꼈을 때, 진정한 사랑을 알게 된 것이다. 그러니 사랑은 세월을 필요로 한다. 젊은이들의 사랑은 진정한 사랑이 아니다. 그러니 지금 사랑에 빠졌다고 생각하는 젊은이들은 심사숙고할 일이다.

세 번째 설문, 개인의 경험이 그렇게 중요한가? 나는 공개적인 강연이나 글에서 나 자신을 가족주의자라 칭했다. 나는 국가와 민족보다 가족이 더 소중하다고 생각한다. 지금도 변함이 없다. 먼저 자신의 수양을 도모하고 가족을 돌본 뒤에야 나라도 다스리고 세계 평화도 꾀할 수 있다修身齊家然後治國平天下. 그런데 문제는 가족에 대한 사랑이다. 대부분 이기적인 발상에서 가족에 대한 사랑을 의식한다. 즉 내가 이만큼 자식들에게 해 주었으니 너희가 갚아야 한다는 식으로. 틀린 생각이다. 내가 그들을 돌본 것은 스스로를 위해서였다. 자식들이 잘되어야 내 마음이 편하다. 그래서 사랑한 것이다. 이렇게 생각하면 배신이라는 게 들어올 여지가 아예 없다. 자신을 위해 한 일인데 무슨 배신이 있겠는가? 나를 희생하며 너희를 위해 너희만을 사랑하며 살아왔다는 것이 거짓이었음을 알게 된 것은 50년 세월을 훨씬 더 살고 나서였다. 내 주위 사람들 대부분은 자주 자식들의 불효를 한탄한다. "어떻게 키웠는데." 만약 돌려받기 위해 자식을 사랑했다면 그건 사랑이 아니다. 조건을 따지지 않고 내 마음의 평안을 위하여 그렇게 했다고 느끼는 순간, 진정한 사랑을 깨닫는 셈이다.

네 번째 설문, 그렇다면 사랑이란? 사랑에 관해서라면 국립중앙도서관을 꽉 채우고도 남을 만한 연구가 있다. 에리히 프롬의 『사랑의 기술The Art of Loving』도 좋고, 토머스 루이스 등의 『사랑을 위한 과학A General Theory of Loving』도 좋다. 내 의견은 간단하다. 자신을 아끼는 일이다. 최근 유명 인사들의 자살 소식이 끊이지 않는다. 자신에 대한 사랑의 부족이 원인이라고 보면 망발일까? 정통 종교에서는 자살을 죄악으로 규정한다. 그런데 이상하게도 유명 인사들의 죽음은 알게 모르게 미화된 측면이 있다. 종교계에서 당연히 꾸짖음이 있어야 함에도 거의 없었다. 사랑은 거듭 강조하거니와, 자신을 아끼는 데서 시작된다.

다섯 번째 설문, 사랑은 어려운 것 같다. 사랑은 항상 필요하다. 끊임없이 느껴야 한다. 모두들 그럴 것이다. 사랑이 많은 사회가 되기 위해서는 사랑을 쉬운 것으로 바꾸어야 한다. 사랑이라고 하면 흔히 섹스를 연상한다. 그래서 나는 개인적으로 정情이라는 말을 더 좋아하지만, 단어에 구애될 필요는 없다. 쉬운 사랑이 방종한 성을 뜻하지 않는 것은 물론이다. 사랑을 형이상학적 용어로 강화시키지 말자는 의도다. 순애보도 좋다. 순애보라고 하면 흔히 희생의 극치, 모든 것을 상대를 위해 바치는 일로 오해하곤 한다. 자기가 죽고 나면 상대방이 무슨 사랑을 느낄 수 있을까? 그래서 자기 존중을 강조한 것이다. 내가 좋으므로 너에게 사랑을 준다는 생각이 반드시 필요하다. 내가 싫으면? 입 다물고 있으면 된다. 공연히 상대에게 증오를 불러일으킬 필요는 없다. 공연히 작위적이거나 위선적인 태도를 보이는 것은 모두에게 바람직하지 않다. 국가와 민족을 위하는 것도 결국 자신과 자신의 가족이 그로 인해 행복을 얻을 수 있기 때문이라고 정리하면 사랑은 훨씬 쉬워진다. 이웃에 원수처럼 지내는 자가 있다고 치자. 그런 일상은 자신을 먼저 피폐하게 만든다. 자신을 위하여, 내 마음의 평화를 위하여 먼저 용서하면 된다. 즉 먼저 사랑을 주는 것이다.

사랑이 없으면 외롭다. 한발 더 나아가면 두려움까지 생긴다.

숨이 턱턱 막힐 정도로 무더웠던 그날 해질 무렵, 그 멋진 해변에 있는 사람들은 모두 두려움에 사로잡혀 있었다. 홀로 남게 되지 않을까 하는 두려움, 상상을 악마로 가득 채워 버리는 어둠에 대한 두려움, 예의에 어긋나는 일을 저지르지 않을까 하는 두려움, 신의 심판에 대한 두려움, 타인의 비난에 대한 두려움, 아주 작은 잘못도 용서하지 않는 법률에 대한 두려움, 위험과 패배에 대한 두려움, 시기의 대상이 되지 않을까 하는 두려움, 사랑을 잃지 않을까 하는 두려움, 봉급 인상을 요구한 뒤의 두려움, 초대를 받고 느끼는 두려움, 미지의 세계에 대한 두려움, 외국어를 틀리게 말하지 않을까 하는 두려움, 남들에게 좋은 인상을 심어 주지 못하면 어쩌나 하는 두려움, 노쇠에 대한 두려움, 죽음에 대한 두려움, 결점이 남의 눈에 드러나면 어쩌나 하는 두려움, 장점이 드러나지 않으면 어쩌나 하는 두려움, 결점도 장점도 드러나지 않으면 어쩌나 하는 두려움.

두려움, 두려움, 두려움, 삶은 두려움의 연속, 교수대로 올라가는 계단이었다.[15]

출생을 암 발병에 비유한 소설을 읽었다. 감탄스러운 것은 아니지만 조금 놀랐다.

인간은 원래 암으로 태어난다. 여자는 난자를 한두 개 혹은 수 개 생산하고 남자는 정자를 수억 개 정도 만들어 낸다.

둘이 수정하여 수정란을 만드는데, 이 수정란이 자궁벽에 착상하여 태반을 통하여 모체로부터 암세포처럼 영양분을 착취해서 자란다. 그 후 성장은 일반 세포와는 달리 고속 증식 방법을 쓴다. 이것이 곧 암세포와 동일하다는 뜻이다.[16]

"자식은 암세포"라는 비유를 쓰기까지 한다.

풍수를 공부해 온 나의 삶에서 특히 기억에 남는 것들이 있다. 델포이 신전에는 이런 글귀가 새겨져 있다고 한다. "너 자신을 알라. 그러면 너는 우주와 신들을 알게 될 것이다."[17]

중세 유럽에 페스트가 만연했을 때 CLT라는 세 가지 부사로 된 유명한 구절이 있었다고 한다.

실제로 페스트에 관한 모든 문헌에서는 그걸 최고의 충고로 인용하고 있지요. 치토 론게 푸게아스 에트 타르데 레데아스Cito longe fugeas et tarde redeas, 다시 말해서 "빨리 떠나라, 그리고 오래 머물다가 늦게 돌아오라."입니다. 이것이 바로 그 유명한 부사 세 개로 이루어진 치료제랍니다. '빨리, 오래, 늦게' 라틴어로는 '치토, 론게, 타르데' 곧 CLT인 겁니다.[18]

72세가 되면 될 수 있는 한 빨리 떠나 오래 머물다가 인연이 되면 늦게, 아주 늦게 돌아오면 되는 일이다. 못 돌아오면 그만이고. 그거면 충분하다고 생각한다. 그 뒤는 주위에 폐나 끼치게 될 것이 뻔하다. 노망이 들거나 노욕에 물들거나 심지어 치매에 걸릴 수도 있다. 고집은 세지고 젊은이를 탓하고 세상이 비정하다고 여기면서 구차하고 외롭게 살 가능성이 높다고 보았다. 그런 사례는 주위에 얼마든지 있다. 그렇다고 가족에 문제가 있는 것은 아니다. 오히려 없으면 못 살 것 같은 아내와, 잘 살아가고 있는 아들 내외와 열심히 살아가는 딸과 사위를 보면 남이 부러워할 정도다. 그러니 이는 순전히 나의 인생관의 변화 탓이다.

나는 아기들을 무척 좋아한다. 그런 아기들을 바라보다가 문득 그들의 인생 역정이 떠오르며 아득한 미래가 다가 올 때가 있다. 부처가 아니어도 인생이 고해라는 것은 다 안다. 살다 보면 더욱 실감한다. 어떤 글에선가 "아기와 강아지를 좋아하는 사람은 진정한 인간관계를 맺을 수 없다."라는 대목을 읽은 기억이 있다. 나는 아기뿐 아니라 강아지도 좋아한다. 처음에는 그럴 리가 없다고 생각했다. 잠시 후 그 말이 진실에 가깝다는 것을 깨달았다. 아무 대답도 못하는 상대와는 인간관계를 맺을 수 없기 때문이다.

얘기를 좀 돌려 보자. 대체로 모든 것이 돌고 돌아 결국 하나가 된다.

어린 왕자는 주정뱅이별에 내렸다. "아저씨는 왜 술을 마셔요?" "부끄러워서." "뭐가 부끄러운데요?" "술 마시는 게."

고대 이집트에는 이런 얘기가 있었다고 한다. "왜 그렇게 마시나?" "잊으려고." "뭘 잊고 싶나?" "…… 잊어버렸어, 그런 건."[19]

결코 해결될 수 없는 '숙명적 알코올 중독 순환 시스템' 얘기지만 새겨 둘 필요가 있는 단면이다.

오랜 기간 한 가지 일에 종사해 온 사람들은 자신이 다루어 온 대상을 관찰하는 방식으로 다른 일이나 사물도 판단하게 된다. 나 역시 마찬가지다. 지금까지 나는 "땅을 사람 보듯 하면 된다."라고 주장해 왔다. 그것이 버릇이 되어 '사람 보기를 땅처럼 하는 습관'이 생겼다. 조금 과장하면 모든 일을 풍수적으로 판단하게 되었다는 뜻이다. 이것이 다음의 글을 쓰려는 데 대한 나의 변명이다.

어른이 되고 나서는 늘 혼자 있고 싶어 하고, 사랑이든 갈등이든 다른 사람과의 감정적 접촉을 피하여, 세상과의 단절을 원하는 신경증적 요구를 갖게 된다. 이러한 유형은 자신만의 영역을 침범당하지 않는 한, 다른 사람과 겉으로는 잘 지낸다. 그러나 다른 사람으로 인해 자기 자신에 대한 통제력을 잃는 일이 없도록 단조로운 삶을 살아간다. 이들이 '근사한 고독'을 즐길 수 있는 밑바탕에는 타인에 대한 우월감과 자신에 대한 믿음이 자리하고 있다. 어떤 단체에 속하거나, 여러 사람과 만나거나, 파티에서 이야기를 해야 하는 상황에 놓이는 것은 이들이 가장 혐오하는 것이다.[20]

상당 부분 공감이 간다. 나 역시 그런 경향이 있었다. 게다가 생활에는 더없이 편한 직업이었지만 사회성에 문제가 생길 수 있는 직업을 가진 것이 그런 경향을 더욱 부채질했는지도 모른다. "아버지는 교수들을 일컬어 '자신이 제일 뛰어나다고 생각하는 원숭이 나라의 대장 원숭이'라고 말하곤 했다.'"[21] 나 역시 그런 부류가 아니었는지 모르겠다. 아마도 필자는 타고난 허무주의자인지도 모르겠다. 피라미드가 제아무리 웅장하다 해도 단지 한 사람의 무덤에 지나지 않는다. 이런 생각에 빠지면 갈 데 없는 허무주의자가 된다. 그게 나 자신의 얘기라고 해도 이상하지 않다. 나는 인간이 이기적인 동물이라고 보기에 그렇다. 이기심이 꼭 나쁜 것만은 아닌 모양이다. 경제학에서 그런 부분을 꿔봤다.

경제학의 이기심

탐욕은 경제 발전의 박차 역할을 한다. 여러 경제학자들의 이론을 공부하는 사람이라면 이 사실을 모르지 않을 것이다. 애덤 스미스는 스코틀랜드인다운 예리함을 발휘하여 우리가 매일 빵을 먹을 수 있는 것은 빵 굽는 사람의 '선의' 때문이 아니라 빵을 구워서 팔려는 '이기심' 때문이라고 주장했다. 사람이 스스로 이타적인 행동을 선택할 수 있지만, 어느 누구도 타인에게 이타심을 강요할 수는 없다.[22]

나는 《녹색평론》이라는 잡지를 좋아한다. 예전에는 내 생각과 비슷한 글들이 실려 있어서, 그리고 지금은 내 생각과 다른 글들이 실려 있어서다. 《녹색평론》의 논조가 달라진 것 같지는 않다. 내 생각이 크게 바뀌었기에 좋아하는 이유가 달라진 셈인데, 여하튼 애정을 가지고 읽고 있다는 점에는 변화가 없다.

'물질 중독', '일 중독'이야말로 현대 문명의 본질이다. 여기서 일은 물질을 쟁취하기 위한 수단이므로 결국 두 가지는 같은 말이다. 그렇다면 현대적 조건에서 아니마 문디anima mundi; soul of the world, '세계의 영혼'쯤 되는 말이라 한다.를 회복할 수 있는 길은 하나밖에 없다는 결론에 이른다. 물질 추구의 포기, 즉 가난해지는 것이다. '가난'이라는 말도 물질세계의 관점에서 보았을 때의 이야기지 아니마 문디의 관점에서 보면 별 의미가 없다. 엉클 분미가 병든 몸으로 아니마 문디의 세계를 꿈꿀 때 그에게 가난 따위는 전혀 문제가 되지 않았다. 순록 떼를 따라 이동하는 시베리아 유목민을 보고 가난하다고 말하는 것은 마치 들판에 뛰어노는 사슴을 보고 가난하다고 말하는 것과 같다. 그러나 그들을 순록 떼로부터 떼어 내 도시에 가두는 순간 그들은 가난해지고 만다. 우리는 지난 세기 이래 가난에서 벗어나기 위해 강박적으로 물질세계를 추구해 왔지만 이제부터는 가난해지기 위해 아니마 문디를 회복해야 한다.[23]

경제학과는 상반된 의견이고 비현실적이라 여겨지지만, 무시할 수 없는 뭔가가 있다. 그 뭔가란 아마도 인간의 근원에 속하는 문제일 것이다. 들판의 야생 짐승을 보고 가난하다고 말할 수는 없지 않은가.

가난이 인간의 이기적 속성 때문이라고 한다면, 내가 아무리 인간은 이기적 동물이라고 우겨도 세상에는 그렇지 않다고 주장하는 사람도 많을 것이다. 나는 이에 대해서 이런 주장을 옮긴다. 인간이 선해질 가능성은 있는가?

인생이 짧고 힘들다는 사실을 사람들이 일단 받아들이기만 하면 서로에게 더 못되게 구는 것이 아니라 오히려 더 상냥해질 가능성이 그래도 조금은 있다고 생각한다.[24]

2장   도선(자생) 풍수의 근본 원리

1 사람과 땅 사이의 상생 조화

땅이 좋아야 뛰어난 인재가 태어난다는 뜻의 "인걸人傑은 지령地靈"이라는 말은 3세기 중국 동진 시대의 곽박이 쓴 교과서적 풍수서 『금낭경』에 처음 나온다. 따라서 풍수에서는 본래부터 자연환경이 사람에게 영향을 미친다고 보았다. 이것은 서양에도 있었던 지리 사상이다. 그러니까 풍수건 서양 지리학이건 자연과 인간의 관련성에 의심을 품은 쪽은 없다. 동서양을 불문하고 위인 전기에는 그가 산천이 빼어난 곳에서 태어났음을 첫머리에 붙이지 않는가.

다만 서양 지리학이 환경 결정론적 시각에 매달려 왔다면 물론 이것은 예컨대 열등한 환경이 열등한 민족을 배출했다는 식으로 제국주의에 악용된 측면이 있지만 풍수는 오히려 자연과 인간의 상호 교감에 중점을 두어 왔다.

따라서 풍수 사상은 풍수, 즉 자연 풍토가 인간에게 영향을 미친다는 것은 분명 인정하지만 어느 한쪽의 주도를 인정하지 않고 어떤 경우, 어떤 사람에게 서로가 맞느냐 맞지 않느냐 하는 문제에 주로 관심을 쏟는다. 엄밀히 말해 풍수에 좋고 나쁜 땅이 있는 것이 아니라, 맞느냐 맞지 않느냐의 문제만 있다는 것은 이런 논리에서 나온 말이다.

풍수는 왜 이렇게 끈질기게 우리를 놓지 않는가? 조선 중기 한 유자儒者의 일기에 이런 글이 있다. 그리고 그는 음양 풍수설도 일리가 있다고 생각한다고 도 했다.

우연히 지가설地家說이 눈에 띄어 열람해 보았다. 별들이 일정한 경위經緯를 따라 총총 빛나고 있고, 산과 물 사이로 뭍과 평야가 펼쳐져 있으며, 음양의 기운이 모이고 기후가 변천하는 속에서 사람과 만물이 나서 자라고 있고 귀신도 그곳에 의지해 있는데, 거기에 성쇠와 소식消息, 길흉과 재상災祥의 변천이 왜 없을 것인가? 그렇다면 어두운 쪽과 밝은 쪽, 이쪽과 저쪽이 감응하는 과정에서 산천이 수려하면 그곳에 인물도 풍성하고, 조고祖考, 조상가 편안하면 조손祖孫들도 편안하게 된다는 그 말이 전혀 근거가 없는 말은 아닐 것이다.[25]

사람들은 흔히 풍수를 좋은 땅을 잘 골라 그 음덕 좀 보자는 술법 정도로 이해한다. 그런 측면이 분명히 있는 것은 사실이다. 그러나 우리나라 지리학은 그런 것이 아니다.

그렇다면 도선 풍수, 즉 자생 풍수란 무엇인가. 그것은 한마디로 땅에 대한 사랑이다. 사랑은 홀로 되는 것이 아니며 훌륭한 것, 좋은 것만을 상대하는 일도 아니다. 훌륭하고 좋은 것이라면 내가 아니라도 사랑해 줄 사람은 얼마든지 있을 것이다. 오히려 지고지선한 사랑이란 다른 것에 비해 떨어지는 것, 문제가 있는 것, 좋지 않은 것에 대해서일 때 의미가 있다. 도선 풍수에서의 땅사랑은 그런 근본적인 인식에서 출발한다. 명당이니, 승지니, 발복의 길지니

하는 것은 도선 풍수의 본질과는 너무나 멀리 떨어진 개념들이다.

결함이 있는 땅에 대한 사랑이 바로 도선 풍수가 가고자 하는 목표이며 그 것이 바로 비보 풍수다. 앞에서 몇 가지 사례를 들었지만 구체적으로는 두 개의 큰물이 모이는 합수 지점으로 홍수 때 침수 위험이 상존하는 곳, 낭떠러지 밑이나 바로 위어서 산사태의 위험이 있는 땅을 골라 절을 세워 비보를 하는 식이다. 절에 상주하는 스님으로 하여금 경계와 유사시 노동력 역할을 맡게 하 자는 의도다. 마치 병든 어머니께 침을 놓아 드리는 듯한, 땅에 대한 지극한 사 랑이다.

'풍수무전미風水無全美'라는 말이 있다. 완전한 땅은 없다는 뜻이다. 사람이 건 땅이건 결함이 없는 것은 없다. 결함 없는 곳을 취함은 사랑이 아니다. 일부 러 결함을 취하여 그것을 고치고자 함이 도선 풍수의 근본이다. 그래서 도선 풍수는 우리 민족 고유의 '고침의 지리학', '치유의 지리학'이 되는 셈이다.

풍수는 기본적으로 사람과 땅, 즉 인간과 자연 사이의 상생 조화에 관심을 갖기 때문에 풍수에서 경제적 측면이 어느 정도 간과되는 것은 사실이다. 경 제 개발에 대하여 반감을 가질 수밖에 없는 것이 풍수라는 뜻이다. 그럼에도 불구하고 오늘날 풍수가 현대의 국토 문제에 관여할 수 있는 까닭은 그것이 지 닌 건전한 지리관, 토지관, 자연관 때문이다.

풍수는 땅을 어머니 혹은 생명체로 여기기 때문에 그것을 단순한 물질로 생각하지 못한다. 따라서 땅은 소유나 이용의 대상이 될 수 없다. 누가 감히 어 머니땅를 이용할 수 있으며 누가 어머니자연를 소유하는 패륜을 저지를 수 있 겠는가. 풍수가 국토 재편에 어떤 기여를 할 수 있다면 그것은 풍수의 공도적 公道的 자연관에 있다고 본다. 개발을 어머니에게 의지한다고 생각하고 자연 보 전을 어머니에 대한 효도의 관념으로 바꾸어 생각하는 지혜를 오늘의 사람들 에게 전할 수 있다고 여긴다는 뜻이다. 의지하는 것과 이용하는 것은 본질적 으로 다른 개념이다. 의지는 신세를 지는 일이며 은혜를 입는 일이다. 그런 사고방식이라면 누가 감히 땅을 함부로 대하고 많이 소유하려 할 수 있겠는가.

풍수가 현대인들을 소박한 자연주의로 몰아갈 우려는 있다. 그러나 그것은 도선 풍수가 가진 자연과의 조화, 대동적 공동체 관념에 배치되는 일이다. 도선은 적극적으로 어머니인 국토의 병통을 고치기 위하여 비보의 방법을 고안한 사람이다. 그의 지리 철학을 오늘의 관점에서 재해석하자면 앞에서 언급한 '치유의 지리학'이 되는 것이고, 이는 바로 살아 있는 땅으로 재생시키자는 운동 원리가 된다.

자연의 길自然之道을 방해하지 말라. 자연의 흐름에 순응하라. 아마도 이것이 오늘의 우리에게 풍수가 해 줄 수 있는 말일 것이다. 국토 재편은 이 지리 철학을 벗어나서는 안 된다. 그것이 생존을 위한 싸움터로서의 국토가 아닌 삶터로서의 국토를 가지게 되는 길이기 때문이다.

우리는 삶 속에서 우리를 둘러싼 자연이 우리에게 어떤 영향을 미치는지를 알게 모르게 느낀다. 다만 그것을 분명하고도 합리적인 언어로 표현하지 못할 뿐이다. 나는 개인적으로 청주에 살 때와 전주에 살 때, 관악산 아래 봉천동에서 살 때와 지금 구로동 도림천변에서 살 때의 사고방식이 다름을 느낀다. 세월의 변화에 의한 나이 탓도 있겠지만 그것 말고도 말로는 표현하기 어려운 성격의 변화를 느낀다는 뜻이다. 청주 시절에는 무심천변에 살았다. 길게 뻗은 둑길을 보며 언제나 저 길이 끝나는 곳까지 가 봐야겠다고 생각했다. 전주에 살 때는 조경단 부근 숲에서 살며 세상으로부터 가려진 어떤 것을 추구했다. 봉천동에 살 때 관악산의 바위 봉우리를 보면서는 쓸모도 없는 투쟁심에 젖어 몸과 마음을 상한 적이 있다. 지금 사는 구로동에서는 도림천과 이어진 안양천변을 따라 걸으면서 새와 풀과 나무와 물을 보며 평온함을 느낀다.

대륙의 벌판에서 느끼는 마음은 허망함과 고적감이다. 히말라야 설산을 보며 느끼는 감상을 간접적으로 경험하는 일은 삶에는 도움이 되지 않는 신비에의 동경을 품게 한다. 그래서 대륙인들은 사람과 땅의 관계보다는 인간관계에 더 집착하는 것인지도 모른다. 유교에 자연관이 없는 것은 아니지만 그것이 주장하는 바의 요체는 인간관계에 대한 규정이다. 설산을 보며 살아가는 티베트인들은 그러한 신비감을 종교적 성취욕으로 풀어 가려 한다. 누구나 산을 보면 그 너머에 있는 땅을 그린다. 하지만 실제로 넘어가 보면 그곳에도 별게 없다는 것을 체감한다. 허망과 고적과 신비는 그렇게 쌓여 간다. 삶의 본질과 실체를 잃어 가는 것이다.

오늘날 한반도에서 사는 우리도 점차 그들을 닮아 가고 있다. 자연을 잃고 인간관계에 집착하며 있지도 않은 신비를 찾아 나선다. 그래서 자연이 파괴되고 사람들은 이해관계에 얽혀서만 누군가를 사귀고 광신적 종교에 휘말리는 것이다.

자연은 본래 있는 그대로의 것을 받아들이는 데 뜻이 있다. 나이를 먹어 가며 허망과 고적과 신비를 넘어 자연을 온몸으로 맞게 되었을 때, 나는 그것을 풍수적 삶에 도달했다고 말한다. 그런 길고 복잡한 과정을 경험하지 않고는 자연을 맞았다고 말할 수 없다. 풍수적 삶이라는 것도 대가를 요구하기 때문이다.

2 자생 풍수에서 터 잡는 방법이란?

여기에서 좀 구체적으로 자생 풍수의 터 잡기 방법을 정리하고 얘기를 풀어 나가기로 하자. 그래야 독자들이 왜 내가 그런 식으로 땅을 바라보는지 이해할 수 있을 것이기 때문이다.

우리의 고유한 자생 풍수는 앞서 말한 대로 '어머니인 땅'이라는 개념을 출발점으로 삼는다. 그것으로 모든 것이 해결될 수는 없겠지만 이해를 도울 수 있기 때문이다. 우리나라의 경우 어떤 터基地가 있을 때 그 터는 당연히 산에서 비롯된다. 그 주된 산, 즉 주산이 바로 어머니다. 우리나라의 가장 위대한 어머니인 백두산부터 엄뫼까지 이어지는 내룡 맥세가 진짜인지 가짜인지眞假, 순리대로 흘러왔는지 흐름을 거슬렀는지順逆, 평안하게 내려왔는지 불안감을 주지는 않았는지安否, 심지어는 죽었는지 살았는지生死 등을 살피는 일로 터 잡기가 시작된다. 풍수 용어로 소위 간룡법看龍法에 해당하는 부분이다. 말하자면 어머니의 가계를 살피는 일인데, 온화 유순하고 조화 안정을 이루면서도 변화와 생기를 아울러 갖춘 맥세를 좋은 것으로 삼는다.

그러고 나서 그 어머니가 품을 벌린다. 어머니의 품 안이 유정하고 온순하며 생기 어린 곳인지를 판단하는 일이 다음에 이루어지는데 중국 풍수식으로 말하면 좌청룡, 우백호, 남주작, 북현무를 가려 밝혀 내는 장풍법藏風法이 바로 이에 해당한다. 어머니의 품 안이라고 모두 명당은 아니다. 아무리 어머니라 하더라도 피곤할 때도 있고 짜증이 날 때도 있다. 물론 병환이 드시는 경우도 있다. 그런 품 안은 고되고 무정하기 때문에 모양새가 어머니 품 안처럼 생겼더라도 명당은 아니다. 정신이 바르지 못한 어머니라면 그 품 안에 살기가 들 수도 있다. 당연히 그런 품 안은 피해야 한다.

한 가지 재미있는 것은 우리 자생 풍수에는 그런 무정한 어머니를 달래거나 고쳐 드리고 나서 품에 안기는 이른바 비보의 방법이 있다는 점이다. 어머니의 품 안이 그 생김새뿐 아니라 실질적으로도 어머니다운 유정함으로 가득 찼다면 그곳은 명당이다. 이제 그 품 안에서도 어머니의 젖을 찾는 일이 중요하다. 젖을 빨아야 직접 생기를 취할 수 있기 때문이다. 소위 정혈법定穴法 또는 점혈법占穴法에 해당하는 부분이다. 이때 젖무덤을 혈장穴場, 젖꼭지를 혈처라 하는데, 사실 명당을 찾기는 그리 어렵지 않지만 정혈은 쉽지가 않다. 어머니의 품 안에서 젖꼭지를 찾는 일이 바로 구체적인 터 잡기인 셈이다.

다음으로 어머니의 품 안에서 물과 바람의 유동을 살핀다. 우리 풍수에서는 이 문제에 그리 크게 관심을 두지 않는다. 그러나 중국 풍수에서는 이른바 득수법得水法과 좌향론坐向論이라 하여 대단히 어려운 기술을 필요로 하는 부분이다. 중국은 반건조 지역이 많으므로 중국 풍수에서의 물은 그것이 실질적인 소용에도 닿지만 부富의 과시 수단이 될 수도 있기 때문에 술법화術法化되는 것이고, 그들 풍토의 상대적 악조건 때문에 미세한 방위 차이에도 큰 영향을 받을 수 있으므로 좌향에 깊이 신경을 쓰는 것이다. 하지만 우리나라의 풍토는 중국과 다르다. 우리의 경우는 심지어 북향도 지역에 따라서는 마다할 까닭이 없는 수도 있다.

그러고 나서 최종적으로 이 터가 무엇을 닮았는지를 판별한다. 물론 어머니의 품 안이라는 것이 달라지지는 않지만 우리가 어머니를 보고 공작 같은 기품이니 순한 양과 같은 온순함이니 하고 얘기하는 것처럼 땅, 즉 품에 안긴 터에 대해서도 그 형국을 말할 수 있는 것이다. 이것은 터를 잡은 당사자와 그 후손들에게 환경 심리학적 확신을 심어 주기 위해서도 필요한 작업이다. 내가 사는 땅이 좋은 곳이라 여기며 살아가는 것과 그러지 않는 경우는 큰 차이가 날 수밖에 없다. 형국론은 그런 환경 심리의 작용을 응용한 것으로 이해하면 될 것이다.

누문樓門과 봉문蓬門 사이로 하늘 높이 우뚝 치솟은 쌍탑이 희미하게 보인다. 탑 높이의 3분의 1을 차지하는 꼭대기의 송곳 모양 그리고 상륜相輪은 흡사 두 개의 커다란 창처럼 소주성 동편을 단단히 제압하고 있다. 예로부터 문풍文風이 극성하여 역대로 장원이 끊이지 않고 문사들이 들끓은 것도 다름 아닌 문구함처럼 생긴 소주성의 형상과 꼭 두 자루 붓처럼 생긴 쌍탑에 기인한다고 했다. 근자에 와서 태평군太平天國의 군대 형제들은 하늘을 가리키는 창 모양의 이 쌍탑을 하느님께서 요마妖魔를 물리치도록 내려 주신 신통한 기물로 여겼다.[26]

장강長江, 양쯔 강의 옛 이름은 장사長蛇로서, 호북은 그 머리고, 안휘는 허리에 해당하며, 강남은 꼬리가 됩니다. 꼬리에 거하면 방향을 틀기가 힘들고, 허리에 거하면 부

러지기 쉬우니, 머리에 거해야 비로소 움직일 수 있습니다.[27]

중국의 예이기는 하지만 말하자면 이런 것이 형국론이다.

여기에서 좀 더 현실적이고 구체적인 도선의 풍수 방법론, 즉 중국 풍수와 다른 우리 자생 풍수에 대해 정리해 보기로 하자. 도대체 우리 자생 풍수의 기본 자세는 무엇인가? 자생 풍수는 땅을 살아 있는 생명체로 대하는 것을 출발점으로 삼는다. 더 나아가 땅을 곧 어머니로 대한다는 것은 이미 앞에서 강조했다.

땅을 살아 꿈틀거리는 용으로 혹은 어머니의 인자한 품으로 보기 시작해야 풍수를 말할 수 있다. 도선은 흔히 도안道眼의 단계에 이른 풍수 학인이라 일컬어지지만, 그 역시 땅과 사람에 대한 지극한 정성과 사랑을 통해 도안에 닿을 수 있었다. 도안에 이르면 그 전까지는 그저 단순한 돌과 흙무더기 정도로밖에 보이지 않던 산이 지기를 품은 삶의 몸체유기체로 보이기 시작한다.

설악산 한계령에서 점봉산, 가칠봉에 이르는 일대는 다양한 수종과 식물이 남한에서 가장 풍성하게 자라는 곳으로 알려져 있다. 그러나 이곳의 자연 지세는 토양 조건, 경사도, 기반암, 국지 기후 등에서 열악하기 짝이 없다. 그런데 어떻게 나무들이 그토록 잘 자랄 수 있을까? 자생 풍수에서는 그곳의 식생이 땅과 상생 조화를 이루었기 때문이라고 이해한다. 여기에서 나무 대신 사람을 대입시키면 바로 우리 풍수의 정의가 나온다. 결국 좋은 땅이란 없는 셈이다. 만약 있다면 땅과 사람이 상생의 조화를 이루었느냐 그러지 못했느냐의 문제만 남을 뿐이다. 좋은 땅, 나쁜 땅을 가리는 것이 자생 풍수가 아니라 어떤 사람에게 맞는 땅, 맞지 않는 땅을 가려낸 우리 선조들의 지혜가 바로 풍수라는 것은 이런 뜻이다.

땅과 생명체특히 인간가 서로 맞는, 조화를 이룰 수 있는 터를 구하고자 하는 경험이 오랜 세월을 거치며 지혜가 돼 풍수로 이루어졌다고 말할 수 있다. 발복을 바라는 이기적 음택 풍수는 논리적으로 후대 사람들의 욕심이 만들어 낸 잡술일 뿐이다. 이 점이 심리에 끼치는 긍정적인 영향이 있기 때문에 나는 예전처럼 음택 풍수를 반대만 하지는 못하겠다.

풍수는 어떻게 시작되었을까? 안온한 삶, 즉 근심 걱정 없는 안정 희구에서 출발했다고 볼 수 있다. 터를 잘 잡는다는 것은 땅과 생명체가 기를 상통할 수 있는 자리를 잡는다는 것이다. 잘 잡힌 터에 뿌리를 내린 생명들은 보기에도 조화로운 감정과 안정을 선사한다. 그런 곳에서 느끼는 평안함이 모든 사람이 바라는 마음의 지향성이다.

특히 현대 도시 생활이 비인간적인 잡답雜踏 속에서 이루어지기 때문에 사람들은 언제나 그런 평안을 추구한다. 바로 그런 곳, 다시 말해 산, 나무, 개울, 옛집, 돌, 사람까지도 서로가 제자리를 잡고 제구실을 하는 곳. 풍수는 그런 곳을 찾아 나선다. 그곳이 바로 어머니의 품속과 같은 땅이다. 이것이 자생 풍수에서 터 잡기의 기초다.

그래서 땅이나 산을 마음으로 받아들일 수 있는 눈을 가진 사람은 어머니의 품 안과 같은 명당을 찾아낼 수 있다. 구태여 풍수의 논리나 이론을 개입시킬 필요가 없다. 지금까지의 자생 풍수 연구가 드러내 보여 준 우리 풍수의 방법론적 본질은 본능과 직관과 사랑, 바로 이 세 가지로 요약할 수 있다.

순수한 인간적 본능에 의지하여 땅을 바라보면 거기에 어머니의 품속 같은 따스함을 추구하는 마음이 스며들지 않을 수 없다. 그걸 좇으면 된다. 성적 본능에 의한 터 잡기도 자생 풍수는 마다하지 않는다. 본래 성적 본능 자체가 종족 보존의 본능 아닌가. 거기에 음탕과 지배 욕망이 끼어든 것은 본능이 아니라 부자연의 발로일 뿐이다. 그래서 자생 풍수의 명당 지명 중에는 좆대봉이니 자지골이니 보지골 같은 것들이 심심찮게 있는 것이다.

직관은 순수를 찾아가는 일이다. 이성과 지식, 따짐과 헤아림 따위가 직관의 순수를 마비시키는데 지금 우리는 오히려 그런 것들을 따르고 있다. 직관은 그저 문학적 상상력이나 시적 이미지의 범주에서나 찾으려 한다. 하지만 풍수에서 땅을 보는 눈은 다르다. 결코 이성에 의지해서는 안 된다. 본능의 부름에 따라 직관의 판단을 따르는 것이 절대로 필요하다. 하지만 이 직관은 결코 무엇에도 물들지 않은 직관이어야 한다.

> 융은 『심리적 유형』에서 인간이 세상을 바라보는 시각에는 두 가지가 있다고 주장했다. 오감五感에 의하여 세상을 바라보는 사람감각적 유형이 있는가 하면, 무의식에 의존하여 진실이나 본질에 내면적 확신이 들 때까지 기다리는 사람직관적 유형도 있다.
> 감각적 유형의 사람은 주변 상황에 초점을 맞추어 사실을 인지하며, 복잡한 사고나 추상적 개념에는 관심을 덜 기울인다. 반면에 직관적 유형의 사람들은 사고나 가능성 같은 보이지 않는 세상에 더욱 관심을 두며, 물리적 현실을 신뢰하지 않는다. 어떤 방식을 취하고 신뢰하든지 간에 모든 사람은 대개 어릴 때부터 각자의 방식을 취해 이를 평생에 걸쳐 발전시킨다. — 이사벨 브릭스 마이어스·피터 브릭스 마이어스[28]

직감에 대해 무슨 말을 할 수 있을까? 사랑에 관한 얘기와 비슷할까? 아마도 그럴 수 있다. 이렇게 말해 보자.

사랑. 이는 땅에 대해서뿐 아니라 그에 의지해서 살아가야 하는 사람들에 대한 것까지 포함한다. 나중에 실제 사례에서 말하겠지만 도선 국사가 찾아나섰던 땅들이 모두 병든 터였다는 점을 상기할 필요가 있다. 괴로운 어머니에 대한 효성이 참된 사랑이 될 수 있는 것처럼 땅도 좋은 것만 찾을 일이 아니다. 그저 어머니이기만 하면 된다. 특히 이제 늙고 병들어 자식에게 줄 것이 하나도 남지 않은 어머니의 품을 찾는 것이 풍수라는 뜻이다. 어른이 된 뒤에도 어머니를 떠올리면 고향 같은 포근함이 뭉게구름 일 듯 일어나는 것은 어머니가 우리에게 무언가를 주어서가 아니다. 그냥 어머니이기 때문이다.

하지만 병들어 힘들어하는 어머니를 그냥 방치해도 된다는 뜻은 아니다. 앞서 잠깐 언급한 것처럼 우리 풍수에서는 그런 어머니를 고치고 달래기 위한 비보책이 있다. 우리나라 어느 마을을 가더라도 만날 수 있는 조산造山 또는 조탑造塔이라 불리는 돌무더기가 그런 비보책의 대표적인 예다. 마치 병든 이에게 침이나 뜸을 시술하는 것과 같은 이치를 땅에 적용한 것이 자생 풍수의 비보책이다.

땅에 대한 풍수의 의미는 마치 병든 사람에 대한 의사의 역할과도 같다. 땅의 건강을 살피고, 건강이 좋지 않으면 그 이유를 찾고, 이유를 알아내면 치료를 한다. 이를 일컬어 의지법醫地法, 구지법救地法이라 한다.

이는 분명 풍수를 공부하면서 느낀 나의 주관이다. 결코 진리일 수 없는 나의 가설이다. 이 점이 불분명하면 나 역시 술사術士 부류가 된다. 그래서 이것은 주관적 가설임을 강조하고자 한다. 그리고 가설은 역시 주관에 의해 보강된다. 어떤 때는 스스로 보강하기도 한다.

> 사람이 일단 가설을 가지게 되면, 가설은 모든 것을 적당한 양분으로 삼아 동화시키는 성질이 있다. 당신이 가설을 품는 순간부터 당신이 보거나 듣거나 읽거나 이해하는 모든 것에 의해 더 강력한 가설이 자라난다.[29]

이 책에서는 앞에서 말한 도선 풍수를 총칭하는 개념으로 자생 풍수라는 용어를 썼다. 신라 말의 승려 도선 국사가 정리했기 때문에 도선 풍수라는 용어도 섞어 쓰겠지만, 우리의 자생 풍수는 그의 독창적인 지리관만은 아니다. 그래서 일반적으로 통용될 수 있는 '자생 풍수'라는 용어를 앞으로 관용어로 정착시키고자 하는 의도로 이를 주로 쓰겠다.

3장 　자생 풍수 사상 연구의 현대적 의의

풍수의 기본은 역시 기氣다.

기氣-생태주의는 인간인 우리가 생명 존중의 태도를 취할 때, 자연이 어떤 특정적 가치를 지닌다고 본다. 필자는 이것을 온 가치Onn value라 명명하였다.[30]

기-생태주의는 생물종의 다양성과 개체 수의 풍부함이 구현되는 생태계일수록 생기가 가득 조성된다고 보고, 이런 곳에 유난히 '온 가치'가 많다고 여긴다. 그래서 기-생태주의는 풍수학과 연루된 생태계 복합성과 생물종의 다양성을 보전하는 데 탁월한 통찰을 제공해 줄 수 있다.

그뿐만 아니라 풍수학의 명당 언저리는 동식물만이 아니라 인간 공동체에도 가장 좋은 생활의 터전이 된다. 명당에 터전을 마련한 인간 문화의 생활 양식이 생기 조성과 순환을 원활히 이루어지도록 하는 범위 안에서 지속되는 것이 얼마든지 가능하다. 대간大幹과 정맥正脈의 영향 속에서 산과 물로 이루어진 생태·문화적 공동체는 자체적으로 자립적이고 고유한 문화를 조성한다. 남한은 백두 대간을 기준으로 동서로 갈린다. 그런데 상대적으로 산세가 길고 낙동강이 굽이치는 동해 쪽 영남에서는 동적인 춤이 특징적으로 발달했고, 평야 지대가 많은 호남에서는 정적인 판소리가 두드러진다. 호남에서도 백두 대간과 호남 정맥으로 둘러싸인 섬진강 유역권에서는 지리산과 섬진강 지형의 영향을 받아 창법이 웅건하면서 청담하고 발성초가 신중하며 구절의 끝마침이 분명한 동편제가 등장했다. 반면 호남 정맥을 넘어 서해 쪽 호남에서는 소리제의 특징이 부드러우면서 구성지고 애절하며, 꼬리 달듯이 소리가 길게 이어지는 서편제로 특성화되었다.[31]

이처럼 환경 관련 학자 중에는 풍수에 관심을 두고 그로부터 어떤 해결의 실마리를 찾고자 하는 경우가 의외로 많다. 이럴 때 나는 고마움과 함께 당혹감을 느낀다. 풍수 가운데 음택이나 양택의 구체적 자리 잡기에는 사실상 쓸모도 없는 이론들이 산더미처럼 쌓여 있지만, 즉 풍수의 어떤 부분은 매우 구체적인 이론 체계를 갖추고 있으나, 현대 환경학이 요구하는 부분에서는 한심할 정도로 내용이 없다. 더구나 현장에서 직접 제공할 수 있는 엔지니어링 방면은 전무한 게 현실이다. 풍수의 현재 위상은 아이디어 차원, 좀 과장하면 사상적 측면에서는 도움이 되지만, 실제 현장에서 어떻게 이용할 것이냐의 문제에는 전혀 소용이 닿지 않는다.

기의 정의를 내리는 것은 불가능에 가깝다. 고래로 기를 설명, 정의, 해석하고자 하는 노력은 정통파건 위학僞學 계통이건 무수히 많았지만, 아직도 이것이 바로 기의 정의라고 할 만한 것은 나오지 않았다. 한의학에서 기를 다루는 것은 매우 중요하거니와 우리 자신을 대상으로 하기 때문에 비교적 이해하기가 쉽다.

인체의 기의 근원은 하나의 기로서, 그러한 대기大氣의 폐의 호흡 작용과 비위脾胃의 음식물, 소화 작용으로 생긴 합성 작용으로 이루어지는 것이다. 그러므로 폐의 호흡 작용에 의해 코로부터 후喉를 통하여 체내로 받아들여 만들어진 것을 '천天의 기'라 하고, 음식물로서 입으로부터 인咽을 통하여 체내에 받아들여 위胃와 비肥의 소화 흡수 작용을 거쳐 만들어진 것을 '지地의 기'라고 한다. 이 천의 기와 지의 기가 합체된 것을 진기眞氣 또는 원기元氣라고 하고, 이것이 모든 것에 생명 활동을 부여하는 에너지 일원一源이 된다.[32]

기에 관해서는 북한 학자 김봉한의 '산알'이라는 독특한 개념을 비롯하여 다른 책에서 언급한 적이 있으므로 여기에서는 이쯤 해 둔다.[33] 양洋의 동서와 시대의 고금을 불문하고 지리학자들은 항상 이중적인 난처한 입장에 빠지는 경우가 많다. 그것은 크게 두 가지 이유 때문인데, 하나는 자연과 인문을 모두 다루어야 한다는 점이고, 다른 하나는 땅이 지니는 합리성과 신비성을 함께 유념해야 한다는 점이다.

기를 설명하기는 참으로 난감하다. 두 가지 예를 들겠다. 나는 네 잎 클로버를 잘 찾는다. 딸아이가 어떻게 그렇게 잘 찾느냐고 묻지만 나는 설명할 수가 없다. 만약 설명할 수 있다면 아끼고 사랑하는 딸에게 가르쳐 주지 못할 까닭이 없으련만 나는 막막하여 이렇게 말할 뿐이다. "그냥 보여." 딸 또한 막막하기는 마찬가지다.

이외수의 소설에 이런 에피소드가 있다. 산골에 한 소년이 있는데 겨울잠을 자는 개구리를 귀신같이 찾아낸다. 개구리는 산골의 최고 겨울 보양식이다. 선생님이 그 방법을 묻자 소년은 이렇게 대답한다. "저기 있잖아요." 당연히 이건 방법을 알려 주는 게 아니다.[34]

현대의 과학적 지리학은 매우 불투명하고 불명료한 해결책을 제시할 뿐이다. 원래 땅보다 엄밀하게는 삶터의 의미를 해석한다는 것은 개인이 지니는 땅의 주관적 의미를 풀이하는 것인데, 그 개인은 지역에서 개조되고 변화에 대응하는 사람이다. 그럼에도 과학적이라고 명명된 서양 지리학은 주관주의적인 부드러운 요소를 배제한다. 완전한 객관성의 보지保持와 대상으로부터의 초연함이란 사실상 망상에 지나지 않는데도, 그들은 그것이 가능하다고 전제하고 지리학을 전개하였다.

이런 조류의 결정판이 아마도 논리 실증주의적 지리학의 입장이 아닐까 한다. 그것은 물론 그것대로의 장점과 업적을 남긴 것이 사실이고, 아직까지도 지리학의 가장 중요한 방법론적 기반으로 기능하고 있다. 그러나 그런 지리학의 경향성이 결국 인간과 자연의 관계를 설정하는 철학적 정당성과 지역적 접근 방법의 인간미를 빼앗았음을 간과할 수 없다.

여기에 대한 반동으로 1960년대 이후 서양에서 제안된 지리 사상이 휴머니스트 지리학이다. 그들은 당시 서양 사회를 풍미하던 실존주의, 구조주의, 현상학, 마르크시스트 휴머니즘, 역사 해석학 등을 빌려 비인간화된 땅의 논리를 극복하고자 하였으나, 성공을 거두었다는 뚜렷한 징조는 아직 보이지 않는다. 이들 휴머니스트 지리학자들은 지식에 관하여 역사적인 입장과 시각을 지닌다. 문제는 그들에게 주어진 주관적인 의미에서의 삶터를 해석하는 일이 명백히 개인적인 경험들에서 암시된 연습 문제 정도가 아니라는 점이다. 그들은 단지 관찰자의 경험에 의하여 고수되는 편협한 개인적 시각을 가능한 한 크게 초월해야 한다는 의무를 지닌다.

주지하다시피 우리나라의 지리학은 서양의 것을 그대로 받아들이는 동시에 그들의 고민까지도 남김없이 수입하는 우를 범했다. 땅이 다르면 거기에 얹혀사는 사람들의 삶과 그들이 이루어 놓은 공간 구조도 달라야 할 텐데, 맹목적인 객관성의 추구와 일반적 법칙의 적용이라는 공간 논리는 그것을 인정할 아량을 갖추지 못했다.

현재 대학의 지리학 연구는 이런 문제점을 깊이 인식하며 다양한 대안을 모색하는바, 풍수 사상은 그중 매우 중요한 대안으로 기능한다. 이는 물론 우리 나라만의 사정이지만 점차 일반적인 동의가 이루어지고 있다는 것도 부인할 수 없는 사실이다.

그런데 풍수 사상에는 극단적인 두 가지 평가가 병존한다. 전통적 지리관의 가장 중요한 지혜 중 하나라는 평가가 있는가 하면, 나라가 망하는 원인이 될 미신이라는 평가 또한 엄존한다. 필자는 여기에서 이러한 논쟁 가운데 한쪽을 지지하며 시간을 끌 생각은 없다. 그 논쟁 자체가 무의미해서가 아니라, 워낙 중대하기 때문에 상당한 연구 업적이 쌓인 다음에야 가능할 것이라고 믿기 때문이다.

여하튼 오늘 우리의 삶터는 일부 민감한 사람들은 절망을 느낄 정도로 막바지에 달한 것이 분명하다. 이를 치료할 기술로서 풍수를 오늘에 되살릴 것이 아니라 풍수가 그렇게 되도록 만든 사람들의 지리적 사고 구조, 다시 말해 지리 사상의 혁신적 대안으로서 오늘에 기능할 수 있을지를 따져 봐야 할 것이다.

의식과 무의식의 가교 역할을 하는 '직관'은 인간이 계발할 수 있는 유형의 지혜로서, 가빈 드 베커는 『범죄 신호』라는 책에서 직관에 대한 오싹한 이야기들을 전했다. 베커는 다양한 사례를 들어 삶과 죽음의 기로에 선 결정적인 순간에 본능적으로 삶을 찾아가는 인간의 능력을 설명했다. 물론 이를 활용하려면 자기 내면의 목소리를 알아듣고 그것에 반응할 준비가 되어 있어야 한다.

맬컴 글래드웰의 『블링크』 역시 '생각할 겨를도 없이 생각하는 능력'을 강조하며, 다른 사람이나 상황에 대한 즉각적인 평가가 오랜 시간 숙고한 평가만큼이나 정확할 수 있다고 말한다. 논리와 이성도 중요하지만 지혜로운 사람은 모든 차원의 정신세계에 문을 열어 놓으며, 비록 근원을 알 수 없는 느낌일지라도 자신의 느낌을 굳게 신뢰한다는 것이다.[35]

그러나 직관에 의존해 판단하는 데는 위험이 따른다. 직관적 판단을 강하게 비판하는 사람도 많다.

미래 전문가에게는 먼저 어떤 사회 변동 이론을 쓰는지 물어야 한다. 만약 "설명하기가 너무 복잡하다."라거나 "그건 기업 비밀."이라고 답한다면 다른 사람을 찾아보는 게 낫다. 이론적인 근거 없이 경험이나 직관으로만 이야기를 지어낸다는 점을 암시하기 때문이다.[36]

이제 그들의 생각을 천착해 보자. 임마누엘 칸트가 이미 강조한 바와 같이 "직관 없는 개념은 공허하고, 개념 없는 직관은 맹목적이다."[37] 비슷한 예를 인용해 보겠다.

미국의 사회 생물학자인 트라이버스R. L. Trivers는 『상호 이타주의』1971라는 저서에 '상호 이타주의'의 개념을 도입함으로써 인척 관계가 없는 생물체들에게까지 혈족 관계 이론을 확대 적용하고 있다. '자아'는 큰 위험을 무릅쓰지 않고서 어려운 상황에 처한 타인을 도와줌으로써 그의 신임을 얻게 된다. 그리고 도움을 받은 타인은 거꾸로 자아가 위험에 처했을 때 그를 도와준다. 자아는 이렇게 하여 자신의 고유한 선택 가치를 증대하고, 이런 유형의 행동을 활성화하는 유전자의 빈도가 증가할 것이다.[38]

이는 사단칠정론四端七情論에서 측은지심惻隱之心을 떠올리게 한다.

이 책에서 내가 다루는 주제는, 공격적이며 동시에 이타적이기도 한 인간의 행동은 발생학적 적응 과정에서 형성된 것이며, 그러므로 인간의 윤리적 행동에는 이미 규정된 규범이 존재한다는 것이다. 내 생각으로는, 인간의 공격적인 충동은 이것과 똑같이 뿌리가 깊은 사회성과 대립하면서도 균형을 이루고 있다. 인간을 선하게 하는 것은 단지 어떤 조건이 갖추어져 있을 때만이 아니다. 인간은 천성적으로도 선할 수 있다. 만일 이것을 증명할 수 있다면 선은 이차적인 문화 상부 구조일 뿐이라는 전제는 폐기된다.[39]

나는 답사를 통하여 도시의 재래시장이나 시골의 정기 시장에 관하여 잘 안다고 믿었다. 대학을 사직하고 구경꾼으로서가 아니라 거기서 장사를 하여 생계 수단으로 삼으려고 시장을 돌아다니며, 나는 내가 얼마나 시장의 가장 중요한 것들과 거기서 살아가는 사람들에 대하여 무지했던가를 뼈저리게 느꼈다. 구경꾼은 본질을 모른다. 답사를 해서 현장을 본다고 그 문제가 해결되지도 않는다. 오직 실전 경험만이 이를 해결할 유일한 방법이다. 결국 현장에서 본능에 따라 직관적으로 판단해야 한다는 게 요점이다.

나는 학문의 가치와 책의 가치를 극히 존중한다. 그런 유한有閑한 분위기 속에서 중요한 전기를 마련할 근거들이 나오기 때문이다. 그렇다고 공허감이 없어지는 것은 아니다. 오직 책임과 의무를 짊어지고 현실 속으로 들어갔을 때 비로소 '그 무엇'인가를 알 수 있게 된다. '그 무엇'을 알면 자생 풍수를 어떻게 해야 할지가 자명해진다.

남사고가 정했다는 십승지十勝地는 바로 사화士禍를 피해 은신처를 찾던 16세기 선비들을 위한 것이었다. 그보다 한참 뒤인 18세기에 이중환은 『택리지』를 저술해 선비들의 퇴거지退去地를 정해 놓았는데, 양자 간에는 큰 차이가 있다. 『택리지』에서 여러 세대에 걸쳐 오래 한곳에 머물며 살기를 원했다면, 십승지는 다만 몇 년 동안만 난리를 피해 살 곳이었다. …… 실은 남사고뿐만 아니라 조선 시대의 지관들은 누구나 전국적 길지를 논했다. 태백산 이남에 길지가 많다는 것이 그들의 공통된 의견이었다. 특히 소백산, 작성산, 황장산, 주흘산, 희양산, 청화산, 속리산, 황악산,

덕유산, 지리산으로 이어지는 백두 대간 남쪽에 길지가 많다고 했다.[40]

그들은 왜 그런 곳을 찾았을까? 그게 바로 자생 풍수적 사고다.

4 장   결국 땅을 어떻게 판단하는 것이 풍수인가?

거듭 강조하거니와 땅 보기토지 평가는 사람 보기인물 판단와 같다. 우리가 사람을 볼 때 이 사람은 어떠하다는 판단을 내린다. 예를 들어 면접을 보려면 그 사람을 판단해야 한다. 맞선 볼 때도 마찬가지다. 그저 우연히 한자리에 앉게 된 사람도 첫인상이라 하여 나름대로 판단을 한다. 그런 판단에 기준이 있을까? 이성은 그렇다고 답한다. 하지만 그 이성이란 게 믿을 만한가? 이성은 객관성을 담보해야 하는데, 사람에 대한 판단에 정말 객관성이 작용할 수 있을까? 나는 그 문제에 대하여 무척 회의적이다.

간단한 예로 "나 저 사람 참 마음에 든다."라고 했을 때 다른 사람도 같은 생각이라는 보장이 있나? 상당수는 "글쎄, 잘 모르겠는데."라고 말할 것이다. 이성에 입각한 판단이리라고 지레 짐작하는 것은 오산이다. 어떤 사람에 대한 판단은 현실에서라면 주관적일 수밖에 없다. 자신의 호오에 따라 여러 층위의 평가가 나오는 것은 지극히 당연하다. 땅도 마찬가지다. 누구에게는 좋아 보이는 땅이 다른 누군가에게는 싫은 땅이 될 수 있다. 명당이란 좋은 땅일 텐데 왜 누구에게는 그렇지 않은가? 그렇다면 명당의 기준을 세울 수 없는 게 아닌가?

이 물음에 대한 나의 견해는 "그렇다, 세울 수 없다."이다. 사람에 따라 좋아하는 땅이 서로 다르다는 것은 경험을 통해 알 수 있다. 등산할 때 누구는 분지를 좋아하고 누구는 능선이나 정상을 선호한다. 분지 혹은 능선이 각자의 명당이 된다. 당연히 그들 각자는 타당하다고 생각하는 자신만의 논거를 가지고 그런 곳이 명당이라고 주장한다. 가끔은 "그냥 좋아서."라는 애매모호한 대답도 있다. 핵심은 사람에 따라 명당이 다르다는 것이다. 리비아 국가 원수인 무아마르 카다피는 외국에 국빈 방문을 가서도 유목민의 천막을 친다고 한다. 종교적인 이유 때문만은 아닐 것이다. 정치적인 목적도 있겠지만, 그에게는 그런 잠자리가 편해서일 가능성이 가장 높다. 땅은 아니지만 자신이 좋아하는 장소성에 기울어진 선택이리라. 그런 곳이 그의 명당이라는 뜻이다.

내가 흔히 드는 두 가지 사례를 더 보자. 내 어머니는 객관적으로 볼 때 조건이 훨씬 좋은 막내아들 집보다 지금까지 살아오신 큰아들 집의 '내 방'만을 고집하신다. 형님 내외분이 어른 모시기에 너무 힘들까 봐 여러 수단을 동원하여 내 집에 모시려 하지만 아흔이 넘으시면서 한사코 '내 방'만을 고집하며 막내 집을 회피하신다. 그렇다고 막내를 미워하느냐 하면 그 반대이다. 그런데도 '내 방' 고집은 꺾지 않으신다.

"기찻길 옆 오막살이 아기 아기 잘도 잔다. 칙폭 칙칙폭폭…… 기차 소리 요란해도 우리 아기 잘도 잔다." 하는 동요가 있다. 기찻길 옆은 말하자면 최악의 주거 입지 조건이다. 게다가 오막살이 역시 최악의 주거 환경이다. 그런데 아기는 잘도 잔다. 즉 그곳이 그 아기에게는 명당이다. 좀 지겨운 이야기를 하자면 이렇다.

세상의 모든 등대가 각자의 독특한 신호를 가지고 있듯 모든 마음은 특유의 방식으로 신호를 보낸다. 어떤 마음은 변함없이 신호를 보내고 어떤 마음은 변덕스럽게 신호를 보낸다. 어떤 마음은 미적지근하고 어떤 마음은 뜨겁다. 어떤 마음은 이글거리고 어떤 마음은 거의 존재를 알리지 않는다. 어떤 마음은 퀘이사처럼 주변부에 자리 잡고 있다. 내 경우 동물과 인간은 각각의 등급과 색과 다른 중력을 가진 별과 같다.[41]

이제 자신의 명당을 고르는 방법을 생각해 보자. 기준은 주관적이다. 그러니 자신에게 맞는 곳을 스스로 찾으면, 그곳이 바로 명당이다. 하지만 문제가 그리 간단치는 않다. 가진 돈과 그 땅의 값이 엇비슷해야 가능하다. 돈이 변수라는 얘기다. "말이 난 김에 하는 말인데, 돈도 '내면 공간' 가운데 하나이다. 돈은 자신의 가치를 매기는 방법이다."[42]라는 것이다.

　　나도 땅을 가지고 싶다.
　　내가 좋아하는 민병하 선생님도
　　수원 근처에 오천 평이나 가졌는데……

　　싼 땅이라도 좋으니
　　한 평이라도 땅을 가지고 싶다.
　　땅을 가졌다는 것은 얼마나 좋으랴……

　　땅을 가지고 싶지만
　　돈이 있어야 한다.
　　돈을 많이 벌어야겠다.

땅을 가지고 있으면,

초목 가꾸고,

꽃을 심겠다.[43]

순진무구했던 시인 천상병의 시 「땅」의 전문이다. 첨언이 필요한가?
그렇다면 비꼬는 표현일까? 아닌 것 같다.

돈이란 게 자식이랑 또 같은 거 같아요. 공들일 때는 얼마나 마음이 뿌듯한데요.
하지만 한순간에 다 날아가죠. 그나마 돈은 어떻게든 다시 벌면 되니 자식보단 돈
이 나을 수도 있겠네요.[44]

누가 나에게 집을 사 주지 않겠는가? 하늘을 우러러 목 터지게 외친다. 들려 다오,
세계가 끝날 때까지……. 나는 결혼식을 몇 주 전에 마쳤으니 어찌 이렇게 부르짖지
못하겠는가? 천상의 하나님은 미소로 들을 게다. 불란서의 아르튀르 랭보 시인은
영국의 런던에서 짤막한 신문 광고를 냈다. 누가 나를 남쪽 나라로 데려가지 않겠
는가. 어떤 선장이 이것을 보고, 쾌히 상선에 실어 남쪽 나라로 실어 주었다. 그러니
거인처럼 부르짖는다. 집은 보물이다. 전 세계가 허물어져도 내 집은 남겠다.[45]

천상병 시인의 「내 집」이라는 시다. 그의 시는 누군가를, 무언가를 비꼬는
투가 아니다. 진솔한 심경의 피력이다. 가진 돈과 바라는 땅이 맞지 않는다면
포기해야 한다. 자신의 명당이 아니라고 여겨야 한다. 꼭 그곳이라야 한다면
천 시인처럼 돈을 벌 때까지 기다리는 수밖에 없다. 안타깝지만 그것이 현실이
며, 풍수는 현실에서 싹을 틔운 지혜다. 풍수를 인정하고 명당을 원한다면 그
렇게 하는 수밖에 없다. 풍수 전문가가 아닌 일반인들이 풍수 이론에 깊이 천
착하는 것은 바람직하지 않다. 땅을 보면서 느끼며 익힐 수 있는데 무슨 이론

이 필요하겠는가. "우리는 배우기 위해 결혼을 했는데, 젊은 사람들은 결혼을 하기 위해 모든 걸 배운다."[46]

자생 풍수를 설명하려면 필자가 걸어온 길을 일부 소개할 필요가 있다. 이미 앞에서 말한 내용과 중복되는 부분이 있음에 양해를 구한다.

'자서전'은 내가 연구하고 노력하여 얻은 빛에 비추어 살펴본 나의 생애입니다. 이 둘은 하나입니다. 그러므로 나의 사상을 알지 못하거나 이해하지 못하는 사람들로서는 이 책을 읽는 것이 힘들 것입니다. 나의 생애는 어떤 의미에서는 내가 글로 써 온 내용의 정수이며 그 반대가 아닙니다. 내가 어떻게 존재하느냐와 내가 어떻게 글을 쓰느냐 하는 것은 서로 다른 것이 아닙니다. 나의 모든 생각과 나의 모든 노력은 바로 나 자신입니다. 그러므로 '자서전'은 단지 소문자 i의 점, 즉 전체를 완성하는 최후의 한 점에 해당하는 셈입니다.[47]

나는 어머니보다는 아버지에게 의지해 왔다. 아버지는 자생 풍수에서 한 가지 상징이다. 그저 품에 안기만 하는 어머니의 상징과는 달리 아버지의 상징은 삶을 이어 갈 수 있는 다소 엄격한 교훈을 가르치기도 한다. 사람들, 특히 요즘 사람들은 어머니인 땅이라며 너무 어리광을 피웠다. 그 결과가 개발의 대가인 오염과 훼손이다. 땅을 어머니라고 한다면 어머니는 지금 심각한 병에 걸리셨다. 지나치게 과장하여 말하면 지금의 보존은 방치이며, 잘 관리하며 행하는 개발은 치료다. 치료를 거부하는 것은 죄악이다. 치료 과정은 몹시 괴롭지만 반드시 필요하다. 치료하지 않으면 죽음이 기다릴 것이며 죽음은 땅만이 아니라 인간의 파멸을 뜻하기도 한다.

필자의 삶 일부: 청량리에서 구로동까지, 그저 그런 동네에서 별로 벗어나지 못한 인생

내 나이 환갑이 넘었다. 게다가 아버님이 돌아가신 지 30년 가까이 되었다. 그런데도 아버지의 존재감은 변함이 없다. 언제나 어려울 때면 어김없이 그리워지는 아버님. 누구나 그런 걸까? 아닌 것 같다. 주위 친구들을 보면 알 수 있다. 그런데 왜 나는 자꾸 아버님을 그리워하는 걸까? 아직도 철이 들지 않아서? 그럴지도 모른다. 마음이 여려서? 그럴 수도 있다. 아니, 인간의 본성 때문일 것이다. 누구나 마음을 의지할 곳을 찾는다. 신앙이 그 대상일 수 있고, 내 경우는 아버님이 그런 대상이다.

이미 돌아가셨지만 아마도 아버님이 모종의 개념으로 내 마음속에 남아 있는 까닭이리라. 미켈란젤로는 이렇게 썼다. "최고의 조각가는 어떤 개념을 가지고 있지 않다. 너무나 커서 경계를 정할 수 없는 대리석이 있을 뿐이다. 조각가는 지성에 복종한 손이 만들어 내는 것을 만들 뿐이다."[48] 아버님의 개념은 미켈란젤로식으로 표현하면 존재하지 않는 개념 정도 될까. 내 자만심을 표현한 것처럼 들리는 구절이다. 이것이 내 개인사를 소개하려는 한 가지 이유다. "무릇 모든 글은, 각자가 객관성이라는 막 뒤에 아무리 숨으려 애써도 자전적인 암시를 포함할 수밖에 없다."[49]라는 구절 또한 자전적 이야기를 쓰는 이유다.

그런 성격이기에 마치 대사회기피증에 걸린 듯 살고 싶었다. 그러지는 못했지만 나름대로 세상을 어느 정도 피하며 살아오기는 한 것 같다. "비교적 세상에 순응했으며 자유로운 네덜란드에서 사는 편이 현명하다고 생각한 데카르트조차 자신의 묘비에 다음과 같이 새겨 달라고 말했다. '잘 숨고, 잘 살았던 사람.'"[50] "'졸업하는 것'과 '버리고 떠나는 것'과 '도망쳐 버리는 것'은 다르다."[51] 나는 대략 버리고 떠나는 쪽이다.

이 글은 풍수를 공부해 온 필자의 삶에서 특히 기억에 남는 것들에 대한 것이다. 나는 40대까지는 인간의 본성은 선하다고 믿었다. 사실 그때까지가 삶에서 가장 어려운 시기였는데도 그랬다. 50대부터 생활에 여유가 생기면서 생각이 바뀌었다. 이유는 잘 모르겠다. 아마 여유가 인간사를 보다 폭넓게 성찰할 기회를 준 것이 아닐까 짐작할 뿐이다.

2009년에 환갑을 맞았으니 인생을 말하기에는 쑥스러운 나이임에 틀림없다. 나에게는 일흔둘에 돌아가신 아버님처럼 72세까지 살 거라는 막연한 확신이 있다. 천명을 스스로 말하다니, 외람되고 어불성설이다. 다만 필자의 아버님은 평생을 농사에 몰입하다가 전쟁이 나자 가족을 위해 행상을 마다하지 않았고, 일흔둘이 되던 해에 지금의 용두동 형님 댁을 개축하고 어느 날 밤 홀연 떠나셨다.

그 정도면 충분하다고 생각한다. 그 뒤에는 주위에 폐나 끼치게 될 것이 뻔하다. 노망이 들거나 노욕에 물들거나 심지어 치매에 걸릴 수도 있다. 고집은 세지고 젊은이를 탓하고 세상이 비정하다고 여기면서 구차하고 외롭게 살게 될 가능성이 높다. 그런 사례는 주위에서 얼마든지 찾아볼 수 있었다. 그렇다고 가족에게 문제가 있는 것은 아니다. 오히려 없으면 못 살 것 같은 아내와 잘 살아가고 있는 아들 내외와 열심히 살아가는 딸을 보면 남이 부러워할 정도다. 그러니 이는 순전히 나의 인생관 변화 탓이다. "늙어 가는 사람은 미신과 희망 없이는 살 수 없다."[52] 맞는 말이다. 그리고 음택 풍수가 연면히 이어지는 것도 이와 무관하지 않다.

나에게는 취미가 없다. 그 흔한 바둑조차 둘 줄 모른다. 골프 역시 아는 바 없다. 그렇다고 내 주관으로 취미가 없다는 얘기는 아니다. 나도 즐기는 것은 있다. 골프에 대한 내 생각은 대충 이랬다. "저 넓은 초지에 외국산 잔디를 심고 가꾸며 하는 짓이 고작 막대기 휘두르는 것인가. 낭비. 거기에 보리를 심으면 소출이 얼마나 날 터인데 바보 같은 짓을 하나." 요즘은 생각이 달라지기는 했다. 저것도 삶의 낙 중 하나라고 말이다.

오랜 기간 한 가지 일에 종사한 사람들은 자신이 다루어 온 대상을 관찰하는 방식으로 다른 일이나 사물도 판단하게 된다. 나 역시 마찬가지다. 지금까지 나는 "땅을 사람 보듯 하면 된다."라고 주장해 왔다. 그것이 버릇이 되어 '사람 보기를 땅처럼 하는 습관'이 생겼다. 과장하면 모든 일을 풍수적으로 판단하게 되었다. 이것이 이 글을 쓰는 데 대한 나의 변명이다.

9 부

자생 풍수의 특성

1장   주관성: 마음이 중요하다

자생 풍수의 첫째 특성은 주관성이다. 어떤 곳이 명당인가 아닌가는 사람에 따라 다르다는 전제로 시작하는 것이다. 누구에게는 좋은 곳인데 누구에게는 혐오스러울 수도 있다. 누군 지리산을 좋아하는데 누군 설악산을 좋아한다면 여기에 옳고 그름을 판별할 기준은 없다. 하지만 동네 야산과 명산을 놓고 우열을 가릴 수는 있다. 그렇다고 반드시 모든 장소에 이 기준이 적용되는 것도 아니다. 나만 해도 늘 그렇진 않지만 소란스러운 국립 공원보다는 이름도 모르는 그저 그런 시골 야산에 더 끌린다. 그러니 주관성을 첫째로 꼽지 않을 수 없다. 게다가 풍수가 가장 중시해야 할 현장은 현실을 반영하는데, 현장과 현실을 받아들이는 일에 온전히 객관적일 수는 없다. "세상에 완전히 객관적인 텍스트는 없다. 현실 세계에서 일어나는 것을 글로 기록할 때 객관성이란 정말 허무한 것이다."[1]

풍수의 논리 체계는 지나치게 많고 불필요하게 복잡하다. 더 정확하게 말하면 아무 쓸모없는 것들이라고 해야 할 것이다. 그러나 풍수 전공자, 즉 전문가는 그런 쓸모없는 논리 체계도 반드시 알아 둘 필요가 있다. 잘 알지 못하면서 그렇게 장담할 수는 없다. 알고 보니 그렇더라는 정도는 되어야 한다. 다른 말로 하면 일반인에게는 논리 체계가 필요 없다는 뜻이다. 이때 논리 체계를 이론으로 받아들이면 안 된다. 이론이란 검증 가능하고 반복적인 현상으로 밝혀져야 하는데, 풍수 논리 체계에서는 그런 것이 불가능하기 때문이다. 풍수가 잡술과 미신의 악습에 지나지 않는다는 비판을 받을 수밖에 없는 이유가 여기에 있다.

논리 체계라는 용어를 쓰기는 했지만 엄밀히 말하면 풍수는 논리가 아니다. 그래서 주관적이 될 가능성이 크다. 음산한 숲 속을 좋아할 사람은 많지 않다. 하지만 간혹 그런 사람도 있다. 주관의 문제이기 때문이다.

유키는 햇살이 비치는 밝디밝은 정상보다 지라프와 모울과 함께 들어갔던 산딸기가 무성한 숲이나 그보다 어둡게 그늘진 숲 속에 더 큰 매력을 느꼈다.[2]

그런 까닭에 피할 수 없이 실수가 나올 수 있다. 사실 풍수를 공부하다 보면 수많은 실수를 하게 된다. 감히 20세기 물리학의 대가 닐스 보어의 말을 인용하자면 이렇다.

전문가란 그 분야에서 자신이 저지를 수 있는 모든 실수를 다 해 본 사람이다.[3]

현대 물리학의 불확정성 원리에 비추어 볼 때 확실히 그럴 것이다. 언감생심 풍수를 첨단 과학에 비유하기가 무척 어색하지만 나의 현재 마음가짐은 그와 같다. 40년의 세월이 흐르는 동안, 그러니까 풍수라는 것을 알게 된 후 얼마나 많은 시행착오와 실수를 해 왔을지 되돌아보면 식은땀이 흐른다. 게다가 풍수에 대한 내 생각은 또 얼마나 많이 바뀌어 왔던가.

인간은 자신이 제어하지 않거나 부분적으로만 지배하는 일종의 심적 과정이다. 그러므로 인간은 자기 자신과 생애에 대하여 최종적인 판단을 내릴 수 없다. 그런 판단을 내릴 수 있다면 인간은 자신에 대해 모든 것을 알 수 있을 터이나, 기껏 해봤자 그런 것을 상상만 할 수 있을 뿐이다. 사실 인간은 모든 것이 어떻게 일어나는지를 결코 알지 못한다. 한 생애의 이야기는 어떤 지점, 즉 그 사람이 기억해 내는 바로 그 지점에서 시작하는데, 이미 너무나 복잡하게 얽혀 있다. 인간은 일생이 어떻게 되어 갈지 모른다. 그러므로 생애의 이야기는 시작이 없으며, 그 목표 지점도 단지 막연하게만 제시될 뿐이다.

인간의 생애는 일종의 애매한 실험이다. 그것은 숫자상으로만 보면 거창한 현상이다. 인생은 허무하기 짝이 없고 너무나 불충분하여, 어떤 것이 존재하고 발전할 수 있다는 사실이 기적 그 자체라 할 만하다. 내가 젊은 의대생이었을 때 이러한 사실을 이미 깊이 느꼈는데, 내가 그 시기 이전에 파멸되지 않았다는 사실이 기적처럼 느껴졌다.[4]

모호하기 짝이 없는 인생과 주관적일 수밖에 없는 자생 풍수 사이에 어떤 연관성이 보인다.

『포박자』에 들어 있다는 말이다. "최상급의 선비는 전쟁터에서 도를 얻고, 중류의 선비는 도시에서 도를 얻고, 하류의 선비는 산림 속에서 도를 얻는다."

이 대목을 읽다 보니 이미 오래전에 돌아가신 큰아버지의 이야기가 떠오른다. "신선들도 지상이 좋다고 한참을 여기서 놀다가 천상에 올라간단다. 천상은 희로애락을 초월한 신기한 곳이지만 그게 좋기만 한 건 아니다. 왜냐하면 지상에는 괴로움도 있고 슬픔도 있지만 그렇기 때문에 고통을 벗어나고 희망을 이루고 기쁨을 되찾을 수도 있으니까 말이다."[5]

자생 풍수를 공부하다 보니 인생을 이런 측면에서 보게 되었다. 더구나 전통 풍수가 자연 속에서 활약하는 반면, 자생 풍수는 도시와 마을이라는 항간에서도 유용할 수 있다.

도시는 반反풍수적 장소라는 것이 통념이다. 하지만 꼭 그렇지는 않다. 미국의 유명한 소설가 에인 랜드는 『아틀라스』라는 소설에 이런 표현을 담았다. 책 표지에 "미국인들이 성경 다음으로 많이 읽는 책"이라는 광고문이 붙은 이 소설에서 에인 랜드는 주인공의 입을 빌려 이렇게 썼다.

지난 3주일 동안 자동차 보닛을 스쳐 가는 시골 풍경을 볼 때면 간혹 왠지 모르게 불편해지곤 했다. 그녀는 미소를 지었다. 그녀의 눈앞에서 자동차 보닛은 움직이지 않는 중심축이고 땅은 계속 흘러가는 것처럼 묘하게 느껴졌기 때문이다.[6]

그래서 시골로 이사를 와 사는 인간은 싫다고 생각했다. 본래 있던 자연을 보고 단련되는 사이에 비정함까지 익힌 것이다.[7]

자연을 비정하다고 보는 사람들도 많다.

농업이 세계의 각기 다른 예닐곱 지역에서 출현했다는 사실은 진화적 결정론을 시사한다. 그로부터 몇 천 년 후 생겨난 도시들에 대해서도 동일한 추론이 적용된다.[8]

이 말은 도시도 인류 진화의 산물이라는 뜻과 같다. 도시에서는 사람을 접할 기회가 시골에서와 비교할 수 없이 많다.

인간관계는 에너지를 더해 줄 수도 있지만 앗아 갈 수도 있다. 우리가 지닌 에너지의 양은 우리가 어떤 사람을 만나느냐에 따라 달라질 수 있기 때문이다. 언제 당신이 '충전'된 느낌이 들고, 언제 '소진'된 느낌이 드는지 한번 관찰해 보라. 당신의 상태와 당신이 만난 친구, 친척, 동료들 사이에서 어떤 상관관계를 발견하게 될 것이다. 우리에게 에너지를 주는 사람, 모범이 되는 사람, 우리를 성장시켜 주는 사람은 '숫돌'과 같은 존재다. 그들은 우리가 '보석'이 되도록 우리를 다듬어 준다. 그러나 우리의 에너지를 앗아 가는 사람, 우리를 '끌어내리는' 사람은 '맷돌'에 비유할 수 있다. 숫돌과 맷돌을 가려내기 위해서는 주의 깊게 평가하고 검토해야 한다. 같은 사람이라도 어떤 사람에게는 더할 나위 없이 좋은 대화 상대지만, 다른 사람에게는 아주 좋지 않은 대화 상대가 될 수 있기 때문이다. 그것은 각자의 느낌에 따라 판단하는 수밖에 없다.[9]

이 인용문은 도시의 인간관계에 대한 조언이고, 인간관계 역시 주관적이라는 내용이 포함된다. 또한 땅 보기를 사람 보듯 하면 된다는 것이 필자의 지론인지라 이 인용문은 매우 적절하다.

극단적인 예이기는 하지만 조정래의 소설 『불놀이』에서 서른여덟 명을 학살한 대장장이 부역자 배점수는 도망을 다니면서 생각한다.

점수는 어렸을 때부터 대처에 대한 욕심이 남모르게 많았다. 조그만 읍내, 다 아는 얼굴, 그래서 상하가 돌담을 치듯 분명해져 버린 곳에서 평생을 산다는 것이 진저리가 나게 싫었다. 모르는 사람이 많은 넓은 곳에서 사는 것이 꿈이었다.[10]

"혼자 사는 게 살벌할 때도 있지만 가족에게 둘러싸였는데도 고독한 건 더 살벌해요."[11]라는 표현도 있다. 미국 소설가의 『페이튼 플레이스』라는 소설도 이와 비슷하다.

아마도 주관성에 관한 극단적인 예는 이런 것이리라.

일본에서 경영의 신으로 추앙받는 마쓰시타 고노스케가 생전에 사원들에게 이런 말을 했다고 합니다. "감옥과 수도원은 둘 다 세상에서 고립돼 있지만 죄수들은 불평하고, 수사들은 감사한다." 자신이 일하는 직장을 수도원으로 승화시키느냐, 감옥으로 전락시키느냐는 본인의 자유 의지에 달렸습니다. 스스로 감사할 수 있다면 감옥도 수도원이 될 수 있다는 거죠.[12]

이 말은 잘 따져 보면 억지다. 말을 한 주체가 최고 경영자이기 때문이다. 그 위치라면 고난을 기회로 삼을 수 있겠지만 같은 일도 말단 직원에게는 그저 억울한 일일 수밖에 없다. 그래도 그런 사고가 가능한 부류도 있다는 예로서는 적당하다. 아들이 군대 갈 때 "시작이 반이라고, 이제 군대 생활도 반밖에 안 남았구나."라고 위로해 준 적이 있지만, 실은 나 자신도 헛소리임을 알고 한 말이다.

"아름다움에 매혹된 자들. 우리 모두는 자신의 주관 속에서 절대적인 아름다움을 찾아 헤매는 자들이 아닌가."[13]라는 말도 있다. 우리 삶에 주관이 얼마나 흔히 개입하는지 말해 주는 대목이다.

모든 사람의 의견이 같을 순 없는 거다. 그 전제 위에서 토론을 해야지, 너희는 가만 보니 편을 지레 갈라 버리더구나. 저 사람은 우리 편, 이 사람은 적 하는 따위로. 그것까진 좋은데 일단 적이라고 규정해 놓으면 그 사람의 말은 전연 듣지 않으려는 폐단이 있더란 말이다. 언제나 자기 편 말만 들어 갖고서야 무슨 진보가 있겠어. 우리가 인식의 차원을 넓히려면 반대파의 의견을 더 신중하게 들어야 해. 이 편의 의견을 강화하기 위해서도 말이다. 래디컬한 사람들이 지적 영양실조가 되어 교조적으로 타락하는 이유가 이런 데 있어. 상대방에 대해 설득력을 얻자면 상대

방의 의견을 잘 들어야 할 것 아닌가.[14]

이와 같이 주관은 조금만 어긋나면 상대를 용납하지 못하는 잘못을 저지를 수 있다. 그러니 항상 주의해야 한다. 풍수에 관한 이견들도 함부로 폄훼해서는 안 된다는 것이 이즈음의 내 생각이다. 그들이 왜 그런 주장을 하는지 제대로 알기 위해서는 그들의 말뿐 아니라 내면적인 본질을 파악해야 한다.

'의醫 심리학적' 접근 방법은 표면적인 것에서부터 내면적인 본질을 파악하는 것이 중요하며, 이러한 사상들은 『내경內經』의 '인인제의人因制宜'[15] 변증 사상에 영향을 미치고 있음을 미루어 알 수 있게 된다.[16]

어찌하다 보니 하찮은 허명虛名을 좀 얻게 되었다. 그것에 우쭐해져 풍수가 본업을 잊고 사람들을 심하게 공박한 면이 있었다. 그 대가가 심하지 않고, 그로써 사람들이 평온을 얻을 수 있다면 그들의 일도 충분히 가치가 있다고 본다. 예전의 궁합 보기는 상당한 지혜의 발로일 때가 있었다. 예컨대 도저히 응낙하기 어려운 집안에서 혼담이 들어왔을 경우 그것을 거부하기는 매우 어려웠을 것이다. 그럴 때 가장 무난한 방법이 "우리로서야 영광이지만 궁합이 나쁘다니……." 하면서 점잖게 물리치는 것이었을 테니 아무리 궁합이 미신이라 하여도 하나의 지혜로 봐야 한다. 박완서의 소설에도 이를 나타내는 부분이 있다. "예로부터 궁합이란 원치 않는 청혼을 거절하기 위한 방편으로 생겨났다."[17]

성서에 나오는 요나는 중대한 사명을 지우려고 그를 찾는 신의 부르심에 겁을 먹고 도망치려 한 소심한 상인이다. 따라서 요나 콤플렉스란 '위대해지는 것에 대한 두려움' 또는 자신의 진정한 운명이나 사명을 피하려 드는 인간의 성향을 뜻한다.[18]

자신보다 격이 높은 집안의 혼담을 받아들일 수 없는 데는 그만한 까닭이 있겠지만, 일반적으로 그런 예는 흔하지 않다. 그러나 조금만 더 삶의 진정성을 가지고 들여다보면, 격차가 크게 나는 혼인은 실패할 확률이 높은 것이 사실이다. 그러니 마음 편하게 살자면 격을 생각해 보는 것이 좋겠다.

2010년 2월 24일 아침, 나는 산책을 하고 동네 음식점에서 해장국을 먹고 있었다. 텔레비전에서는 밴쿠버 동계 올림픽 경기를 중계하고 있었는데, 마침 그때 이승훈 선수가 빙속 경기에서 극적인 역전승으로 금메달을 확정 짓는 장면이 나왔다. 주인아주머니가 힘차게 "대한민국 만세!"라고 외쳤다. 조선족 동포 아주머니도 "코리아 파이팅!"이라고 소리 높여 부르짖었다. 손님들의 환호가 뒤를 이었다.

나는 스포츠에 전혀 관심이 없었다. 젊어서는 그것이 이해되지 않았다. 월드컵 때에는 그런 현상이 나름대로 이해는 되었다. 그러나 감동은 별로 없었다. 그런데 그날 식당에서 그들이 환호작약하는 모습을 보면서 갑자기 울컥하며 눈물이 나왔다. 이런 것이구나, 이해를 넘어 체감하는 순간이었다.

하지만 스포츠를 좋아하게 된 것은 아니었다. 그들과 같은 기분을 느낄 수 있었던 것이다. 왜 사람들은 스포츠에 그토록 열광하는 것일까? 그 이유를 제대로 설명하기는 매우 어렵다. 애국심? 그것만은 아닐 테고, 아마도 자신의 주관적 통쾌감 때문이리라. 하지만 주의하자. 모든 일을 그런 식으로 이해하는 것은 자칫 삶을 궁핍하게 만드는 원인이 될 수 있다. 굳이 월드컵 축구 때 광장을 메운 사람들의 환호는 애국심이 아니었다고 분석할 일이 아니다. 그럴 때는 그저 따라 하면 된다.

주관성은 주체성의 확보라는 점과도 통한다. 지하철을 한가한 시간대에 타 보면 사람들이 제일 먼저 출입문 옆자리, 즉 한쪽이 비고 출입이 간편한 곳을 차지한다. 공적 공간인 지하철에서, 그래도 사적 공간이 어느 정도 확보되는 공간을 차지하려는 현상이다. 주어진 악조건의 상황 속에서도 눈곱만큼이라도 더 안락하고 사적인 영토를 만들려는 본능, 이것은 공간 문화의 생리인지도 모른다.[19]

그렇다면 직관은 언제나 믿을 만한가? 이런 주장이 있다.

우리가 의지해야 하는 믿음직한 원천은 따로 있다. 바로 우리의 직관 또는 육감이다. 대부분 인간은 위험한 인물이나 상황을 인식하는 데 필요한 정보를 충분히 갖고 있다. 다른 동물과 마찬가지로 인간에게도 위험에 대한 선천적 경보 체계가 존재한다. 개들의 직관이 뛰어나다고? 인간에게는 개의 것보다 훨씬 더 뛰어난 직관이 있다. 문제는 인간이 자신의 직관을 신뢰하지 못한다는 것이다. ─ 드 베커 Garvin de Becker[20]

그런 한편으로 이런 주장도 있다.

인간의 능력 가운데 가장 높게 평가받는 것 중 하나가 직관이다. …… 그런데 실제로 직관은 너무 엉성하기 때문에 인간이 직관적 판단을 내릴 때 사용했던 것과 동일한 데이터를 형식 수학 분석에 맡겨서 얻어 낸 판단이 사람의 판단보다 일관되게 더 낫다.[21]

정반대의 주장이 계속된다.

직관이 뛰어나다고 하는 사람이 있다면 그 사람이 누구든지 의심해 보라.[22]

이쯤 되면 우리는 혼란에 빠질 수밖에 없다. 그래서 직관을 주관으로 대체하여 설명하는 일도 있다.

결국 좀 점잖게 말하면 이런 이론을 채용하는 것도 한 방법이다.

가드너Howard Gardner는 다중 지능 이론을 통해 아이큐 검사의 신뢰성에 의문을 제기한 것이 아니라, 인간의 지능을 굳이 객관적으로 검사할 필요가 있느냐고 묻는다. 인간에게는 각자 나름의 독특한 능력이 있고, 이 능력을 발휘할 수 있는 분야가 따로 있다고 믿기 때문이다. 가드너는 이를 가리켜 "각자의 환경에서 문제를 해결하는 능력"이라고 말했다.[23]

그것이 병적 상태가 아닌 한 주관의 우열을 가리는 것은 위험하다. 누가 더 낫다고 어떻게 판단할 수 있겠는가?

사람들이 선호하는 거주지는 반쯤 닫힌 곳에 있다. 사람들은 이렇게 안전한 위치에서 넓게 트인 이상적인 지세를 내려다보기를 좋아한다. 자유롭게 선택할 수 있다면 이들은 피난처로서 안전하고 쉽게 식량을 구할 수 있도록 조망이 좋은 곳을 집이자 거주 환경으로 선택한다. 물론 성性에 따라 작은 차이는 있다. 서양의 풍경화가들을 대상으로 한 조사에 따르면, 여성은 조망 공간이 좁은 피난처를 선호하고 남성은 조망 공간이 넓은 곳을 선호한다고 한다. 여성은 또한 그림의 등장인물을 이러한 피난처 안이나 근처에 위치시키려 하고, 남성은 일관되게 열린 공간을 뒤에 두려고 하는 경향이 있다.
조경사와 부동산 중개업자는 이상적인 자연 서식처를 직관적으로 이해한다. 아무런 실제적인 가치가 없을 경우라도 환경에는 비교적 높은 가격이 매겨지며 도시 근처에 위치하면 최고 가격에 도달한다. …… 인간의 거주지 선호도가 유전적 근거를 갖는다는 증거는 아직 없지만 북아메리카, 유럽, 한국 및 나이지리아를 포함하는 모든 문화에서 일관성 있게 나타나는 사실로 보아 그 존재는 추정할 수 있다.[24]

장소에 관한 의식에도 주관이 작동한다.

니시다 기타로의 위대한 업적의 하나는 "장소는 나다."라는 것을 발견했다는 것이다. 나는 '나' 또한 공간적인 존재가 아니라 그 본질은 생성과 소멸을 동적으로 반복하는 역사적이고 특이한, 다종다양한 관계의 결합체라고 생각한다. 장소와 '나'는 서로 이어져 장소, 즉 자기로서 하나의 전체를 형성하는 것이고, 관계적으로는 이 둘을 서로 나눠서 이해하는 것은 불가능하다. 이것은 "장소와 나는 본질적으로 자타 비분리非分離다."라는 의미다.[25]

니시다 기타로는 인간의 주체적인 의식이 발현하는 곳을 '장소'라 불렀다. 우리가 장소라 생각하는 것은 자기의 의식의 장에 비친 장소인 것이다. 그리고 그 장소 속에 존재하는 한 개체로서 자기를 취한다. 자기는 장소에 있어서 자기를 취한다. 이것이 자기의 자각 행태이다. 의미적인 구속 조건이 '장소' 속에서 생성한다는 것은 결국 자기의 의식 속에서 생성한다는 것이다. '장소'는 관계자 집단에도 존재한다. 그것은 서로의 장소가 서로를 비춰 자기 경계를 넘어 서로 이어지기 때문이고, 여기에서 '우리' 의식이 생겨나는 것이다. 생명 시스템은 '자기'에 있는 '내부 장소'장場와 환경으로서의 '외부 장소'실제 장소의 양측과 관계하고 있다. 그리고 이 두 종류의 '장소'의 상태가 정합적이 되도록 내부 장소의 상태를 바꿔 간다. 그리고 그것이 의식의 존재 방식을 변화시키는 것이다. 그 변화에 따라서 장소적 구속 조건이 변화해 간다.[26]

주관은 사람에 대한 호불호에도 적용된다.

어떤 사람에게 아주 돋보이는 좋은 특성이 하나 있다면 그 사람의 다른 특성들도 실제보다 좋게 보일 가능성이 높다. 이것을 후광 효과halo effect라고 한다. 반대로 악마 효과devil effect도 있다. 어떤 사람이 아주 이기적이라든가 하는 두드러지게 안 좋은 특성 때문에 다른 특성들도 실제보다 더 나쁜 평가를 받는 것이다.[27]

이것은 물론 피그말리온 효과나 스티그마 효과와 관련이 있다. 알베르 자카르에 따르면 이렇다.

남이 나를 칭찬하고 긍정적으로 보면 그에 따라 긍정적인 방향으로 바뀌려고 노력하는 것을 심리학에서는 '피그말리온 효과'라고 한다. 반대로 남들이 무시하고 부정적인 평가를 하면 그에 따라 자신도 부정적인 행동을 하게 되는 것을 가리켜 '스티그마 효과'라고 한다.[28]

장소에 대해서도 비슷한 효과가 나타난다. 나는 내가 살 집을 선택할 때 먼저 그 집과 터에 정을 주자고 마음먹는다. 정이라는 게 먼저 주어야 돌아오는 것이라고 믿기 때문이다. 이럴 경우 이론상 명당이냐 아니냐 하는 것은 별 소용이 없어진다. 정을 주고 명당을 마음속에서 만드는 데 풍수 논리가 적용될 까닭이 없다.

과학의 발달이 미신이라 여겨지던 것을 사실로 확인해 주는 일도 많이 일어난다. 조상의 유골이 좋은 땅 기운에 노출되면 후손이 복을 받는다는 동기감응론도 다음의 발견을 보면 황당무계한 것만은 아니구나 싶다.

포포닌과 가리아예프는 우리 세계를 이루고 있는 '물질'인 광양자에 DNA가 미치는 영향을 보여 줄 선구자적 실험을 했다. …… 과학자들은 인간의 DNA 샘플을 광양자만 들어 있는 밀폐된 튜브 안에 삽입했다. DNA가 나타나자 광양자는 전혀 뜻밖의 행동을 보였다. 처음처럼 흩어져 있는 것이 아니라, 살아 있는 물질의 출현에 반응해 자기들 스스로 배열을 새로이 했던 것이다. DNA가 광양자에 직접적 영향을 주는 것이 분명했다. 보이지 않는 힘을 통해 광양자들을 일정한 패턴으로 배열하게 만드는 듯했다. 이것이 중요한 까닭은, 전통적 물리학에서는 이러한 현상을 설명할 방법이 전혀 없었기 때문이다. 하지만 이 실험 결과 우리 인간을 이루는 물질인 DNA가 우리 세계를 이루는 물질인 양자에 직접적 영향을 주는 것이 관찰되고 기록된 것이다.[29]

인간의 DNA가 물질에 직접적 영향을 준다면, 생각이 제각각인 사람들이 주관적으로 물질에 영향을 준다면 어떻게 될까? 직관과 주관은 자생 풍수에서 가장 큰 비중을 차지한다. 그래도 미심쩍기는 마찬가지다. 정말 그렇다면 어떻게 물질이 일정한 상태를 유지할 수 있을까? 그렇다고 해서 주관을 방치할 수만은 없다. 세상은 주관에 의해서 나아가지만 객관에 의해 나아가기를 바라기에 그렇다.

우리에게 필요한 것은 직관에 의한 순환 논리로부터의 비약이다. 어떻게 해서 이러한 직관적 이해를 얻을 수 있는가. 그 비약의 방향을 주는 것은 무엇인가. '생명 감각'이라고 부를 수밖에 없는 감각에 의해 생명 시스템의 깊은 이해에 달하기 위한 비약을 획득할 수 있다고 가정하는 것 이외에는 방법이 없다고 생각한다. …… 복잡한 것을 완전하게 이해하는 일반적이고 객관적인 방법은 없다. 그러나 이 완전성을 일단 포기하면 거기에 '의미에 따른 특징 추출의 방법'이라고도 명명될 수 있는 일종의 존재론적 방법이 있다는 가능성을 깨닫게 된다. …… 이것은 예컨대 지인의 '안색'으로 그 심리 상태를 적확하게 알 수 있듯이, 인간에게는 언어에 의해서는 구체적으로 표현할 수 없는 인지 능력이 있다는 것을 주장한다. 이런 종류의 인지를 통시적인 정보 표현 수단인 언어로 잘 표현할 수 없는 이유는 무엇일까? 아마도 그것이 의미에 따라 공시적인 병렬 정보 표현에 의해 행해지기에 언어적인 정보로의 등가적인 변환이 불가능하기 때문일 것이다.

우리는 개*의 행동으로 그 심리를 파악하거나 한 세포 속의 여러 기관의 변화에 대해서 그 기능이나 의미를 파악할 수 있다. 요컨대 공시적인 병렬 처리 논리에 서서 의미적 처리를 행하면 복잡한 생명 시스템을 어느 정도 올바르게 인식할 가능성이 있다. 이것을 '주관적'으로 말하는 것만으로 끝낼 수는 없다. 오히려 이것은 우리의 암묵적 전제이고, 이러한 의미적 처리를 실행에 옮기는 '객관적'인 이론적 방법을 제시하는 것이 우리의 목적이다. 그럼 어떻게 하면 이 목적을 달성할 수 있는가. 내가 생각해 온 방법은 다음과 같다.

우선 공시적인 병렬 처리를 의미 차원에서 행하는 인지 모델을 만든다. 이 모델이 일정 범위에서 인간이나 동물의 경우와 본질적으로 같은 자율적인 정보 처리를 하는 것을 확인한 뒤에, 그 인지 모델의 복잡한 시스템을 제시해서 '주관적으로' 그 특징을 인식시킨다. 그 공시적인 정보 처리 과정의 본질essence을 되도록 일반화 가능한 형태로 가려내어 그것을 기초로 해서 복잡한 시스템을 인식하는 새로운 이론을 만들려고 하는 것이다.

말하자면 '주관적 인식의 객관화'이다. 이것을 존재론적 접근이라 부를 수 있을 것이다. 공시적인 병렬 처리에 의해 표현된 정보를 통시적 논리에 의해 표현할 수 없는 이유의 하나는 병렬 처리 과정에서 일어나는 (동조에 의해 형성된 전일적 고리를 동반하는) '정보의 통합적 압축'에 의해 논리적 인과성이 애매해지기 때문이다. 따라서 이 통합적 압축이 일어나는 단계까지 거슬러 올라가 거기에서 공시적인 병렬 처리 과정의 전모를 파악하고 객관화 가능한 논리를 발견할 필요가 있다.[30]

이렇게 생각한다면 주관의 객관화가 가능해질까? 이론상으로는 그렇다. 하지만 잘 납득되지는 않는다. 그래도 경험상 생활 속에서 이런 현상이 벌어질 수 있다는 것을 우리는 안다. 요즈음 '~이 맞다'라는 표현이 많이 쓰인다. 특히 정치인들이 많이 쓴다. 이 표현은 '~이 옳다고 생각한다'의 최신판인 모양이다. 맞다, 틀리다는 객관성이 강한 표현이다. 반면 옳다, 그르다는 주관성이 더 큰 표현이다. '~이 맞다'는 어떤 정치인이 어떤 사안에 관하여 자기 생각을 나타낼 때, '주관적 인식의 객관화'가 필요해서 지어 낸 말이라 본다. 그런 표현은 억지스럽고, 자신의 주장이 마치 여론인 양 꾸미는 것과 마찬가지다.

또 하나, '자리매김하다'라는 표현도 많이들 쓴다. 이는 '위치를 차지하다'라는 말의 다른 표현인 모양이다. 이 역시 앞의 '맞다'보다는 훨씬 약하지만 객관성을 강조하려는 의도는 보인다. 아마도 주관은 "당신 생각이고." 하는 비난을 받을 것 같고, 객관은 공통의 생각이라는 흐름을 좇은 결과로 보인다.

여기에서 지적해 두고 싶은 것은 소비자가 시장 속에서 하나의 옷을 선택하는 행위는 실용적인 의미에서 복장을 선택하는 것을 의미하는 것만이 아니라 그 복장에 덧붙이는 정보의미를 선택하고 있다는 점이다. 몸에 걸치고 있는 옷은 주위 사람들에게 의미적인 정보를 발신한다. 그 의미를 알기 위해서는 복장에 대한 해석이 필요하지만, 복장의 의미는 이 옷을 사는 소비자의 해석만으로는 정해지지 않는다. 정보 수신자 측의 해석에 의해 결정된다. 즉 유행하는 패션을 생각하기 위해서는 사회 속에서 유사한 스타일의 복장이 한 패션으로서 받아들여져 그것을 사회 불특정 다수의 사람들이 어떻게 생각하는가 하는 것이 중요하다. 즉 사회가 그 패션에 어떠한 의미를 부여하는가, 사회라는 배경 속에서 부여되는 '전체의 의미'가 무엇인가가 중요하다. 이것은 이미 시장 속에서만 결정되는 문제가 아니라 그밖으로 열린 사회적인 문제인 것이다.

이렇게 되면 옷을 사는 개개의 소비자도 사회의 해석에 맞춘 해석을 복장에 부여하게 된다. 또 다른 한편 사회 측의 해석이 어떻게 결정되는지를 생각해 보면, 옷을 입는 각각의 사람이 어떤 의미로 그 옷을 입는가에 의존한다는 것은 명백해진다. 이 양자의 해석이 짝이 맞지 않으면 사람들이 특정 복장을 의미로서 선택하는 행위는 없을 것이다. 이것은 옷을 사는 소비자는 정보의 발신뿐 아니라 수신도 의식하기 때문이다.

이 소통communication으로서의 복장이라는 것이 없으면 사람들은 그저 따뜻하기 때문에 혹은 쌀쌀하기 때문에 하는 식으로, 단지 옷의 기능적 측면에서만 선택하게 된다. 이것은 소비 측에서 보면 부가 가치가 낮은 옷을 사는 것이 된다. 이것만으로는 패션이 생겨나지 않는다. 소비자와 사회의 의미 해석의 조리가 맞는다는 것은 정보의 발신자와 수신자의 의미에서 조리가 맞는다는 것이고, 이것이 유행의 중요한 조건이 되는 것이다.[31]

이 인용문에서 정보의미라는 것은 땅에도 그대로 적용할 수 있는 내용이다. 여기에 상징성이 추가된다. 이곳이 명당이라는 누군가의 생각이 전파되어 많은 사람들이 그런 의식을 공유하게 되면 객관에 이르기도 한다. 이른바 명당 관념의 보편화 과정이다. 이런 보편화는 의미와 상징성이라는, 다분히 주관적인 가치가 개입될 수밖에 없는 요소가 부가되어 문제를 복잡하게 만든다. 그런 점을 잘 알고 대처하면 삶에 윤택함을 더할 수도 있으나, 명당의 발복에만 관심을 집중하면 사람에게 부정적인 영향을 끼치게 된다. 바로 그 점을 주의해야 한다. 명당관 자체는 나쁜 것이 아니지만 그 과정을 무시하고 결과에만 집착하면 해롭다는 뜻이다. 내가 사는 이곳이 바로 명당이라는 주관은 남에게 해를 끼치지 않으면서 자신에게는 평온한 심리를 준다. 그러니 그 자체가 나쁜 것은 아니다.

중국의 지리적 점술占術, 즉 풍수에 대하여 모리스 프리드먼Maurice Freedman은 1968년출판은 1969년 영국 왕립 인류학회장 연설에서 그 체계를 이렇게 설명했다. 건물 한 채가 경관을 바꾸어 놓으며, 그래서 복합적인 힘의 균형을 흐트러뜨린다. 경관은 체계의 일부이고, 한 요소의 형태 변화가 다른 여소의 결정 요인이 될 수 있기 때문에 풍수가의 임무는 전체로서의 마을 경관이 되었든 그 안의 어느 개인 구성원이 되었든 그의 단골을 위한 최적의 관계를 점쳐 주는 것이다. 경관은 용龍, 글씨 쓰는 붓과 같은 특정한 상징을 암시한다.

"벽의 함몰이나 도로의 절단은 가장 흔한 예를 들면 용의 동맥動脈이나 힘줄을 절단하는 것과 마찬가지고 가난, 병마, 불임을 부르는 무시무시한 횡액의 힘을 내뿜는다. 작선으로 내 집에 도달하는 길은 하나의 화살인데, 고생을 하거나 때에 따라서는 큰 대가를 치른 후에야 화살로부터 나 자신을 보호할 수 있을 것이다. …… 장소의 일반적 속성과 그곳을 차지한 사람의 연결은 천문天文에 나타나 있다. …… 풍수가는 특정한 단골에게 단골이 자기 입장에서 가능한 최선의 미래를 일구어 내는데, 기회가 제한된 세계에서 가능한 최대의 권리를 화보하는 데 전념할 수 있도록 자리를 찾고 사용하게 해 주는 임무를 맡고 있다. 복과 번영은 무제한적이지 않기 때문이다. 그것들은 사람들 각자가 남의 희생을 딛고 자신을 위한 최대치를 뽑아내야 하는 고정된 종잣돈을 형성한다."[32]

이는 분명 명당이 주관적인 개념이란 점을 잘 설명해 주는 대목이다. 물론 이것은 우리의 자생 풍수가 아니라 중국 풍수에 관한 것이지만, 양자 사이에는 공통점도 많다는 점을 이해한다면 쉽게 납득되는 일일 것이다.

우리는 이런 양상을 종교로도 확대해 볼 수 있다. 사실 명당이란 주관이 만들어 낸 축복이고, 악지惡地는 저주라 할 수 있지 않겠는가. 독신瀆神의 뜻은 전혀 없다. 본질적인 측면에서 보자면 풍수는 신앙과 전연 관계가 없다. 풍수는 우리가 살면서 쌓아 온 자연에 관한 지혜일 뿐이다. 물론 간혹 지혜가 아니라 독소로 작용하는 일도 많다. "인간은 다른 사람을 축복해 주고 싶어서 신을 만들었고, 다른 사람을 저주하고 싶어서 악마를 만들어 냈어. 내 말이 틀려?" 일본 소설 『그레이브 디거』에서 주인공인 악당 야가미가 형사 후루데라에게 한 말이다.[33]

좀 특이한 경우지만, 상식적 판단으로도 주관을 억제할 수 없는 예가 있다. 한때 유행했고 지금도 일부 사람들이 관심을 가지는 '인테리어 풍수'는 홍콩 출신 중국계 미국인이 만들었다. 꽤 재미있고 받아들일 만한 부분도 있다. 이를 본격적으로 서양에 알린 사람은 미국인 인류학자였다.[34] 그것이 일본으로, 우리나라로 역수입되었다. 이 책은 필자도 번역본을 낸 바 있다.[35] 나는 이 번역서 머리말에서 이런 것이 풍수일 수는 없지만 풍수의 현대적 변용으로서는 훌륭하며, 풍수 현대화의 한 방편일 수 있겠다고 썼다.

그 뒤 여러 유사한 책이 출간되었다. 매리 램버트는 아예 책 표지에 '풍수風水'라는 한자를 넣고 제목에 '잡동사니 정리하기'[36]라는 말을 넣었다. 정리는 실생활에서 위생상으로도 매우 좋은 일이다. 하지만 사람에 따라서는 어질러져 있어야 일이 잘된다는 경우도 있다. 내 아들 녀석이 그렇다. 딸은 정리하는 쪽이다. 대형 광고 대행 회사에 가 보니 사무실이 끔찍할 정도로 어질러져 있었다. 그 회사 대표의 말을 들으니 직원 대다수가 그런 환경을 좋아해서 그냥 둔다고 했다. 정리는 초등학교 『바른 생활』 교과서부터 가르치는 덕목이다. 그런 것에도 주관이 개입한다. 덕목이지만 개개인의 주관을 무시할 수는 없다. 그것이 자생 풍수의 제일 조건으로 주관성을 제시한 이유이다.

2장   비보성: 고침의 지리학

___

프로이트Sigmund Freud가 쾌락이나 성을 향한 인간의 본능적 욕구를 말하고, 아들러Alfred Adler가 권력을 향한 인간의 본능적 욕구를 이야기했다면, 프랑클Viktor Frankl은 의미를 향한 의지가 지금 인간의 모습을 창출해 낸 힘이라고 말한다. 그는 우리가 욕구와 의미에 휘둘리고 생물학이나 환경의 영향을 받는다는 점을 부인하지는 않았지만, 인간이 특정한 가치나 진로를 선택하고 어려운 상황에서도 존엄성을 유지하도록 해 주는 '자유 의지'를 잊어서는 안 된다고 강조했다.[37]

인간은 그 의지에 의해 환경을 변화시킬 수 있다. 땅에도 인간의 의지가 반영된다. 너무 반영되어 '환경 오염'에까지 이른 것은 돌이키기 힘든 실수지만, 그 의지로 개선의 여지가 있다는 점도 상기해 볼 일이다. 줄잡아 2000년 동안이나 명당을 찾았는데 아직 찾지 못한 명당이 한반도에 남아 있을 가능성은 0퍼센트에 가깝다. 게다가 백두산의 영기를 이어야 할 백두 대간은 수없이 많은 곳에서 끊겼기에 전통적인 풍수 이론상으로도 명당은 없는 셈이다. 현재 우리는 "명당을 찾는 것이 아니라 명당을 만들어야" 하는 상황이다. 비보라는 풍수 방책은 이런 맥락에서 이해되어야 한다.

비보가 자생 풍수만의 독창적인 것은 물론 아니다. 다만 중국보다는 우리나라 풍수에 훨씬 더 많이 등장하기 때문에 자생 풍수의 한 특성으로 보았다. 중국의 경우 "원향당遠香堂 남쪽에서는 소복성 야원영冶園營에 소속된 오현향산방조원鳴縣香山帮造園 공인工人들이 황석黃石으로 인공 동산을 만들고 있었다. 이것은 정원에 들어서는 사람들이 내부를 한눈에 들여다보지 못하게 하는 일종의 병풍 역할을 하는데, 일단 이 인공 동산을 돌아가기만 하면 탁 트인 느낌이 배가되었다. 이러한 방법이 바로 소주 원림에서 흔히 볼 수 있는 욕양선억欲揚先抑, 돋보이게 하기 위해 먼저 억누름이라는 설계 방법이다."[38]라는 예가 그렇다.

사실 비보란 인간의 심리에 교묘하게 작용하는 매우 인간적인 조치라 할 수 있다. 내 고향집에서 본 비보의 한 예를 설명하기에 앞서 고향의 의미에 대한 설명이 필요하다. 내가 나서 자란 동대문구 용두동은 서울이지만 어린 시절, 그러니까 1950년대에는 사실상 시골이나 마찬가지였다. 그래서 서울이지만 나는 그곳을 주저하지 않고 고향이라 부른다. 지금도 형님이 살고 계신 서울 용두동 골목 집은 내가 태어난 곳이다. 그 골목 어느 귀퉁이에 쓰레기가 쌓였다. 아무리 경고문을 붙이고 동네 사람들이 감시를 하여도 쓰레기는 줄지 않았다. 어느 날 형님이 말끔하게 쓰레기를 치우고 그곳에 화단을 만들었다. 놀랍게도 이후에는 그곳에 일절 쓰레기가 쌓이지 않았다.

이와 비슷한 사례는 다른 곳에서도 보인다. 책을 보니 이것을 대조 효과contrast principle라고 한단다. 앞서 인식한 사물과 뒤에 인식한 사물이 어떤 면에서 큰 차이를 보일 경우, 그 두 사물의 차이가 실제보다 크게 인식되는 원리다. 나는 이것을 풍수의 비보 효과로 보아도 무방하다고 본다.

일본 아다치 구는 도쿄 외곽에 있는 낙후된 소도시다. 이곳에서 크고 작은 범죄가 2006년 한 해 동안 스물여섯 건 일어났다. 경찰의 단속과 주민 순찰대의 노력에도 범죄는 수그러들지 않았다. 그런데 다음 해 이곳의 범죄율이 급격히 하락했다. 그 이유는 가로등이었다. 대부분 백색이나 주황색인 가로등 대신 푸른 가로등으로 바꾼 뒤 이곳에서는 단 한 건의 범죄도 일어나지 않았다.[39]

색채 심리를 이용해 상황을 바꾼 것이다. 역시 비보라고 보아도 무방하리라.
보통 인간과 자연 혹은 문명, 과학, 기술과 자연은 대척점에 있다고 생각한다. 하지만 조금만 생각해 보면 그렇지 않다는 것을 알 수 있다. 거시적 관점에서 보면 인간 역시 자연또는 그 일부일 뿐이다. 요즘 '삶, 그 이후life, after'라는 말을 죽음 대신 사용하는 경우를 본다. 그런 논리라면 '죽음, 그 이전death, before'이 삶이라는 말도 가능하다. 이런 말장난 속에는 자연이 인간의 구성 요소라는 의미가 함축되어 있다. 자연을 인간에게서 분리시키는 것은 자연을 너무 약한 존재로 보기 때문이다. 예를 들면 자연이 오염되었다는 것은 그 범인이 인간이라는 말인데, 자연 오염은 자연스럽게 인간 오염이 된다. 자연과 인간은 서로 뗄 수 없는 관계, 더 정확하게는 같은 것이기 때문이다. 자연은 변화하고 변질되며 변태하기는 하지만 그 본질에는 변함이 없다. 자연이 어떤 오묘한 과정을 거쳐 인간이 되고 인간은 죽어 자연으로 돌아간다. 그러니 자연과 인간이 서로 누가 주인공인지를 다툴 필요는 없는 게 아닐까. 다만 인간에게는 의지가 있는 만큼 비보로 자연을 도울 수 있다. 중요한 것은 의지다.

무슨 일을 하든 그것은 재능이 아니라 어디까지나 의지의 힘이다. 그래서 미셸은 그 의지를 '천재'라고 부르지 않았던가.[40]

비보란 인간의 의지에 의해 마련되는 것이기에 풍수에서 채용한 비보라는 방책은 '천재성의 발로'로 보아도 무방하다.

인류 최초의 사회적 표현물에서 중심이 되는 것은 바로 인간의 육체, 즉 타자와의 관계의 상징체계에 길들여진 인간의 육체다. 이는 타고난 본래 신체, 즉 자연적인 신체에서 사회적인 신체로, 되돌아올 수 없는 이행이 이루어졌음을 의미한다. 그중에서도 특히 입술에 붉은색을 칠하거나 손가락에 반지를 끼거나 문신을 하는 행위는 오늘날까지도 계속되고 있다.[41]

이것은 인체에 가한 비보 행위라 볼 수 있다. 문신이 어떤 사람에게는 혐오스러운 것이 될 수도 있지만(나 자신이 바로 그렇게 여기는 부류다.) 그것을 예술로 보는 관점도 있다. 그러니 그것을 비보라고 한들 과장은 아니다. 추상화를 보면서 느끼는 내 개인적 감상은 한마디로 '뭐가 뭔지 도저히 모르겠다.'이지만 그 미술사적 의미를 부인하는 관련 학자는 지금 아무도 없다. 어느 먼 나라 주민들이 우리에게는 괴이하다고밖에 보이지 않는 문신을 하고 있을 때, 그건 우리 관점이고 그들로서는 숭고한 신앙 의식일 수도 있지 않은가. "황금색 불상과 등명燈明의 빛, 그리고 유향乳香 앞에서는 누구나 경건한 마음을 갖는다."[42]라는 것 또한 인간이 인공 환경으로 취한 비보와 비슷한 행위다.

비보라는 방법이 있다고 해서 교만하게 굴다가는 자멸을 면치 못한다는 것도 분명하다. "베이컨이나 데카르트의 철학은 우리가 자연을 지배하기 시작한 이래로 그 욕구를 중심적인 개념으로 삼았다. 그러나 이 찬란한 철학은 마침내 인간이 자연을 경시하도록 만들기에 이르렀다."[43] 확실히 그랬다. 그래서 환경은 인류에게 닥칠 가장 끔찍한 재앙 중 하나가 되었다. 대비하지 않는다면 말이다.

최소한 "인간의 이성이 자연을 대할 때는 선생님 앞에 선 초등학생 같은 태도가 아니라 증인 앞에 선 판사의 태도로 임하는 것이 틀림없다."[44]와 같은 마음가짐이라면 환경 재앙에 대처할 수도 있다. 너무 한쪽에 치우쳐 현실 판단이 부정확해지면 미래는 암담하다. 환경이 처한 현실을 솔직히 인정하고 그에 대한 대응이나 치유 행위가 가능하다는 전제로 대처할 필요가 있다.

문제는 지금 전자환경 재앙에 대해서는 지나칠 정도로 인식하면서 후자가능한 치유 행위. 이를 지금까지는 개발이라 불러 왔고, 그것은 악한 행위로 간주되어 왔다.에 대해서는 자신들의 적처럼 대응하는 현실이다.

> 은어가 돌고기, 피라미 등과 뛰어놀고 있다. 이들 생물을 잡아먹는 흰뺨검둥오리도 물길을 휘젓고 있다. 먹이 사슬의 정점에는 황조롱이가 있다. 이 모습은 서울에서 멀리 떨어진 어느 시골의 생태 마을 이야기가 아니라 서울 도심 한복판인 청계천의 현재 상황이다. …… 청계천은 2003년 7월 종로구 세종로 동아일보사 앞에서 성동구 신답 철교까지 5.8킬로미터 구간으로 2005년 10월 복원 공사를 끝냈다. 복원되기 전까지는 오폐수로 뒤덮인 썩은 하천이었지만 복원 공사를 통해 시민들이 산책과 휴식에 이용하는 것은 물론 먹이 사슬이 형성될 정도로 뛰어난 생태 환경을 갖게 되었다.[45]

지금 어머니인 우리 산천은 중병 상태를 넘어 응급실을 찾아야 할 단계에 이르렀다. 그러니 치료를 해 드려야 한다. 그런데 그것이 환경에 유해하다고 하여 반대하는 사람들이 있다. 이런 주장은 중병에 걸려 사경을 헤매는 어머니를 방치하자는 말과 같다. 중병 환자이니 당연히 큰 수술은 어렵다. 땅으로 치면 한강과 낙동강을 연결하자는 것대운하 사업이 그 예다. 대동맥들을 연결하여 치료하자는 것일 터인데, 이는 위험 부담이 너무 큰, 아니, 현재 기술로는 불가능한 치료법이다. 그러나 4대 강을 정비하는 치료법은 반드시 필요하다. 막힌 핏줄을 틔우고 더러워진 피를 맑게 하는 방법 정도이니 말이다.

문제가 되는 것은 자연과 인간을 적대적인 존재로 규정하는 잘못된 통념이다. 자연을 건드리면 그것이 치료를 위한 것이라도 잘못되었다고 생각한다. 비단 개발에 관련된 문제만이 아니다. 모든 기술 문명에 대한 적대감을 표출한 사례는 차고 넘친다.

환경과 함께 식량과 에너지 문제 또한 발등에 떨어진 불이다. 하지만 이에 관해서도 혼란은 계속되고 있다. 세계적 환경 운동 단체인 그린피스의 공동 설립자이자 15년 동안 그린피스를 이끈 패트릭 무어Patrick Moore는 지금 핵에너지를 지지하고 있다.

돌이켜보면 우리는 핵 기술의 파괴적인 면과 핵전쟁에만 집중한 나머지 핵에너지와 핵무기를 뭉뚱그려 나쁘게 생각하는 실수를 저질렀다. 그리고 실제로 그린피스는 아직도 핵에너지를 말할 때 '악'이라는 단어를 사용한다. 그것은 핵의학을 핵무기와 동일시하는 것과 같다. 핵의학은 방사성 동위 원소를 활용해 매년 수백만 명의 환자를 치료한다. 그 동위 원소들은 모두 원자로에서 생산된다. 이것이 내가 그린피스를 떠난 이유다. 과학 교육을 제대로 받지 못한 동료 지도자들이 화학과 생물학, 유전학 관련 문제를 다뤘다. 전문 지식이 없다 보니 그린피스 운동은 '대중 환경 운동'이 될 수밖에 없었다. 그들은 선정주의와 잘못된 정보로 대중에게 두려움을 안겼다. 사람들을 지적으로 설득했다기보다 감정적으로 자극했다.[46]

물론 원자력에 대한 의구심은 지금도 끊임없이 제기되고 있다.

웃을 일이 아닌 게 현대 문명 역시 마찬가지다. 저자[47]가 사는 미국 캘리포니아 주 내륙 지방의 경우 물 부족이 50년 지속되는 추세다. 이런 상황에서 지도자들이 보여 준 노력이란 마야인들의 것과 다를 게 없다. 프랑스, 캐나다라고 다를 게 없다. 두 나라 에너지의 75퍼센트가 원전에서 나온다. 그들은 핵에너지는 청정하다고 착각까지 한다. 하지만 매년 지구가 쏟아 내는 이층버스 100대 분량의 핵폐기물을 어찌할 것인가? 그건 시한폭탄이라서 "탄소 등 오염 물질을 공기 중에 배출하는 대신 땅에 파묻고 있을 따름"이다.[48]

나는 녹색주의자며 그들과 한통속으로 분류되겠지만, 그보다 더 중요한 점은 내가 과학자라는 것이다. 그 때문에 나는 녹색주의자인 내 친구들에게 지속 가능한 발전과 재생 에너지, 에너지 절약이면 할 일이 다 끝난다는 소박한 믿음을 재고하기를 간청한다. 무엇보다도 핵에너지를 반대하는 잘못된 태도를 버려야 한다. 설령 핵에너지의 위험을 지적하는 그들의 말이 옳을지라도, 그것을 안정적이고 안전하고 의지할 만한 에너지원으로서 활용할 때 생기는 위협은 세계의 모든 해안 도시들을 위협하는 해수면 상승과 치명적인 열파라는 현실적인 위협에 비하면 사소하다. 재생 에너지라는 말은 듣기에는 좋을지라도, 아직까지 그것은 비효율적이고 비싸다. 앞으로는 써야겠지만, 지금 우리는 꿈같은 에너지원을 놓고 실험할 시간이 없다. 문명은 풍전등화 상태에 있으며, 당장 핵에너지를 사용하든지 아니면 분노한 행성이 곧 가할 시련을 겪든지 해야 한다.[49]

물론 에너지 문제의 궁극적 해결 방안은 핵융합 시설이겠지만 현재로서는 어렵다. 그러니 아직은 원자력이라는 핵분열 방법밖에 없다. 이런 일들은 개발이라는 말이 붙는 곳이면 어디든 따라다니며 말썽을 부린다.

전라북도 새만금 방조제 공사는 어마어마한 반대에 부딪혀 공사가 지지부진했고 비용도 그만큼 크게 늘었다. 2010년 4월 27일 드디어 공식적으로 준공되었다. 《중앙일보》는 22일자 C면에서 「서울시 면적 3분의 2 맞먹는 간척지」, 「글로벌 명품 복합 도시의 꿈, 10만 명의 희망 깃발 춤춘다」 같은 제목을 붙였다. 반대했던 사람들은 말이 없다. 그래도 되는 것인가? 얼마나 많은 시간과 비용이 낭비되었는가?

4대 강 사업을 반대하며 여주군에서 농성하던 환경운동연합 회원들이 남한강과 맞닿은 주변 공원에 음식물 쓰레기 5킬로그램을 불법 매립한 사실이 드러났다. '금수강산 파수꾼'을 자처하며 환경과 생태를 입에 달고 살던 사람들이 주민들의 쉼터에서 이런 짓을 저질렀다.[50]

각종 사회 운동을 하는 사람들 가운데 자신이 도덕적이고 윤리적으로 온당한 일을 한다고 생각하는 사람들이 많다. 환경 운동이나 인권 운동 같은 분야가 대표적이다. 확실히 사회적 약자 편에 서는 것은 바람직한 일이자 꼭 필요한 일이다. 하지만 간혹 그들 중에 지나치게 근본에 휘말려 현실을 왜곡하고 아집을 부려 오히려 상황을 더 어렵게 만드는 경우가 있다.

미국산 쇠고기 수입 반대 운동을 보자. 그때 수많은 사람들을 거리로 불러내고 공포를 확산시킨 주역들은 지금 왜 침묵하고 있나? 나이 어린 중학생들까지 촛불을 밝히고 밤을 지새우게 한 그 세력은 지금 무엇을 하고 있나? 왜 잘못을 인정하고 사과하지 않는가? 당시 얼마나 많은 정육점과 식당들이 고초를 겪었는지 알고는 있는가? 개중에는 자살한 사람들도 있다. 미필적 고의에 의한 살인이다. 사실 환경 운동가들의 필요성은 절실하다. 그들이 선동적이지 않고 차분하며 이성적으로 사고한다면 말이다. 그리고 차분해야 믿음이 간다. 그렇기만 하다면 그들의 경고는 인류를 염세론자가 아닌 신중한 현실주의자로 만들어 줄 것이기 때문이다.

나는 하천 정비 사업이 왜 해서는 안 되는 일인지를 지금까지도 이해하지 못한다. 또 다른 개발이라고 본 것일까? 그렇다면 간단한 해결책이 있다. 정부 기관에서 발간한 4대 강 사업 영문 홍보 책자에서는 이 사업을 "Restoration of Four Major Rivers: Revival of Rivers, A New Korea"로 표기하고 있다.[51] 회복, 복구, 재생 등의 의미다. 사업보다는 훨씬 우리 정서에 맞는다.

물론 여기에도 문제는 있다. 얼빠진 정치꾼 출신 지방 자치 단체장들이 막무가내로 '녹색 코드' 하천 정비 사업을 벌이고 있다는 점이다.

녹색 코드 공사로 지방 산천이 몸살을 앓고 있다. 생태 하천 사업이 대표적이다. 멀쩡한 하천이 공사가 끝난 직후 물난리를 내는가 하면 반환경적인 공사가 이루어지기도 한다. 청계천 공사 같은 성공 사례를 재현시키려는 시장, 군수의 욕심이 낳은 폐해다.[52]

경기도 여주군 간매천은 30년간 물 한 번 넘치지 않다가 공사 후 수해 하천이 되었다는 것이며, 경남 창원시 창원천은 제2의 청계천 만든답시고 동네 촌구석 하천에까지 세금을 쏟아붓고 있다고 주민들이 비난하는 형편이라는 보도다.[53] 이런 곳이 한두 곳이 아니다. 환경 운동가들은 바로 이런 곳을 감시해야 한다. 해당 지방의 전문가아마도 관련 지방 대학의 교수들와 협력하여 공사 계획 단계부터 시공, 준공, 감리에 이르기까지 감시를 하라는 얘기다.

우리는 감정과 기분이 진리보다 더 중시되는 시대에 살고 있으며, 이 시대에는 과학에 대한 무지가 판을 치고 있다. 우리는 얼마 전까지 교회가 지옥 불에 대한 두려움을 이용해 먹었던 것과 똑같은 방식으로 소설가들과 녹색 압력 단체들이 핵에너지와 거의 모든 새로운 과학에 대한 두려움을 이용하도록 용인해 왔다.[54]

지금 환경 운동가들과 변호사들은 과학적으로 그렇지 않음에도 핵은 매우 위험하다는 인식을 깊게 심어 놓았다. 사실이든 아니든 그것은 관계없다. 사람들은 선택이 잘못된 것이거나 불합리한 것일 때에도 일단 선택하고 나면 그것을 옹호하는 경향을 보이도록 진화해 왔다. 이런 인지 부조화cognitive dissonance는 지금 축복이자 (핵을 조심스럽게 다루어야 한다는 점을 가르쳐준 점에서) 저주가 되어 있으며,(사실상 현재로서는 최선의 대안인 원자력을 어렵게 만들었으니까) 한 구절로 요약할 수

있듯이 "이미 결정을 했으니 더 이상 왈가왈부하지 말라."다.[55]

지금까지 원자력의 여러 가지 문제를 살펴봤다. 그럼에도 대중의 93퍼센트가 원자력 발전을 찬성하는 상황을 보면 힘이 빠진다. 사실 원자력뿐만 아니라 현대 과학 기술의 상황을 보면 무력감이 느껴지는 게 사실이다. 하루가 다르게 발전하는 인터넷, 컴퓨터, 휴대 전화의 예에서 보듯이, 과학 기술은 사회에 의해 통제를 받기는커녕 사회의 현재와 미래에 결정적인 영향을 끼친다. 미국의 역사학자 토머스 휴즈는 과학 기술이 사회에 막대한 영향을 끼치는 이런 현상을 '기술 공학적 모멘텀'이라 부른다. 그리하여 이 막대한 힘을 획득한 과학 기술은 원자력 에너지처럼 마치 '자율적' 실체인 양 행세하게 된다는 것이다. 이런 지적은 우리에게 중요하다. 특정 과학 기술이 사회 속에서 자리를 잡고 힘을 기르기 전에 견제하지 않으면, 그것은 결국 사회와 인간을 압도적으로 지배하는 '자율적'인 실체로 변모할 것이다. 최근의 생명 공학, 나노 기술, 로봇 기술 등에 절박한 심정으로 대응해야 할 이유도 여기에 있다.

그렇다면 기왕에 막대한 힘을 획득한 과학 기술은 그저 무기력하게 받아들여야 하는가? 실제로 아무리 강해 보이는 과학 기술도 사회로부터 벗어난 완전한 자율적 실체가 되지는 않는다. 그 과학 기술 역시 궁극적으로는 한 사회를 구성하는 이해관계의 구성 성분이다. 따라서 이 이해관계의 동맹이 붕괴하면 그 역시 숨통이 끊어질 수밖에 없다.[56]

이쯤 되면 전문 지식이 없는 일반인들은 그저 어리둥절할 수밖에 없다. 하기야 전문가라고 별로 다르지도 않다. 그들은 상반된 견해로 갈라져 있기 때문이다. 아마도 가장 현실적인 대응책은 기술이 발전하고 인간이 그것을 선용하리라 믿고 원자력에 의지하는 쪽일 터이지만 반대가 만만치 않다는 것이 딜레마다. 나는 이것이 풍수의 비보책과 흡사하다고 본다. 그런 비보책이 합리적일 수는 있지만 과학적이지 않다는 것은 분명한데도, 그 실효성을 부정할 수 없기에 하는 얘기다.

우리는 풍력, 조력, 태양 에너지에서 필요한 에너지를 전부 얻을 수 없다. 훌륭한 경제학자들이 경고해 왔듯이 공짜 점심이란 없다. 이미 풍력 발전 시설이 대기의 소용돌이를 바꿀 수 있고 인근의 기후에도 안 좋은 변화를 일으킬 수 있다는 사실이 드러나고 있다.[57]

결국 친환경 대체 에너지로도 해결되지 않는다는 말이다. 현재로서는 원자력이 어쩔 수 없는 대안이다.
에너지와 함께 우리가 당면한 또 하나의 중대 문제는 식량이다.

나는 가이아를 무력화시키지 않고서도 곧 80억 명으로 늘어날 인구를 먹여 살리는 것이 가능하리라고 추측한다. 그렇게 하려면 우리는 스스로를 행성의 대사 활동과 분리시켜야 할 것이다. 일단 수소 폭탄의 원리와 같은 핵융합로가 가동되면 우리는 필요한 에너지를 전부 다 생산할 수 있을지도 모른다. 하지만 여전히 행성 표면의 너무 많은 땅을 경작하며 해양 생태계도 위협하고 있을 것이 분명하다. 그래서 나는 80억 명이 필요로 하는 식량을 전부 다 합성함으로써 농경을 포기할 수 있는 가능성을 추정해 보고 싶다. 지구 전체의 한 해 식량 소비량은 탄소 약 7억 톤에 해당하며, 우리가 현재 연료로 쓰는 탄소량에 비하면 적은 비율이다. 식량 합성에 쓸 화학 물질들은 공기에서 직접 얻거나 발전소 배기에서 추출한 탄소 화합물에서 더 간편하게 얻을 수 있다. 이 배기에서 질소와 황도 얻을 수 있으며, 거기에 미량의 원소만 있으면 우리가 필요로 하는 것은 다 얻는 셈이다. 우리는 식물(광합성 작용)처럼 행동하겠지만, 아마 태양 에너지 대신 핵융합을 이용할 것이다.[58]

식량 문제 해결을 위한 여러 가지 방안들이 나와 있기는 하다. 그러나 아직은 정부도 기업도 큰 관심을 보이는 것 같지 않다. 아마도 당장 코앞에 닥친 재앙이 아니라는 물론 가난한 나라의 기아는 이미 경종을 울린 지 오래지만 불행히도 그들의 목소리는 너무나도 작아서 우리나라에서는 별로 관심을 끌지 못한다. 점과 경제성 즉 수익성이 아직은 없다는 것이 가장 큰 걸림돌일 것이다.

아마도 식량 문제에 관한 가장 이상적인 해결책은 인공 광합성 작용을 만드는 일이겠지만, 지금 당장 현실적인 비보책은 빌딩 농장 같은 것이라 생각한다. 마치 에너지 문제에 관한 비보책이 현재로서는 원자력인 것처럼 말이다.

빌딩 농장은 1960년대 이미 '식물 공장'이라는 개념으로 그 씨앗을 뿌렸다. 그러다 1999년 미국 컬럼비아 대학교 공중보건대학원의 딕슨 덱스퍼미어 박사가 구체화했다. 영국《파이낸셜 타임스》에 따르면 일본은 정부뿐 아니라 민간 기업 차원에서도 빌딩 농장을 미래 전략 사업으로 간주해 투자를 시작했다. 일본에는 이미 식물 공장으로 불리는 빌딩 농장 50개가 건립돼 운영 중이다. 일본 정부는 이 분야를 지원해 2012년까지 세 배 이상으로 늘릴 계획이다.

국내에서도 롯데마트 서울역점은 지난 7월 매장 안에 빌딩 농장의 축소판인 '행복 가든'을 설치했다. 경기도 수원시 국립농업과학원에는 빌딩 농장 두 채를 다음 달 2010년 11월 완공 목표로 짓고 있다. 농촌진흥청은 이곳을 우리나라 빌딩 농장 연구의 전초 기지로 삼기로 했다. 이곳 김유호 박사는 "빌딩 농장은 미래 농업을 이끌 신 성장 동력이자 희망"이라고 말했다.[59]

그 후 이런 후속 기사도 실렸다.

농촌진흥청은 다음 달 2011년 2월 중순 최첨단 빌딩형 식물 공장 문을 열고 상추 등 엽채류를 본격적으로 생산할 예정이다. 식물 공장은 경기도 수원시 서둔동 국립농

480

업과학원 안에 자리 잡았다. 지하 1층~지상 3층에 다단식, 수평형, 수직형 등 다양한 재배 시스템을 갖췄다. 지열 히트 펌프 시스템과 태양광 발전 시스템으로 열과 전기 에너지를 공급한다. 흙 대신 물과 영양액이 공급되고, 햇빛 대신 발광다이오드LED와 고효율 인공 광원이 식물을 비춘다. …… 일찌감치 식물 공장을 통한 채소의 연중 생산을 주력 사업으로 삼은 기업도 있다. 경기도 용인의 인성테크는 자체 식물 공장을 운영하면서 지난해2010년 3월부터 8개월 동안 신세계 백화점에 상추를 납품했다.[60]

문제가 생기기 전에 이런 시도들이 있다는 것은 분명 희망이다. 식량 문제에 대한 또 다른 비보책으로 유전 공학이 있다.

1960년대 이전까지 인류의 상당수는 굶주림에 시달렸다. 이 문제의 돌파구가 된 것이 암수 교배로 우수 품종을 얻는 전통 육종법, 이제는 10년 넘게 환경 영향 연구를 해 온 유전자 변형 그리고 무작위로 방사선을 쪼인 뒤 우수한 돌연변이를 고르는 방사선 육종법 등이다. 이 중 가장 가능성이 큰 유전자 변형 방법은 그 안전성이 의심스럽다며 재배나 보급을 금지하는 나라가 많다. 소비자들도 이런 점 때문에 꺼린다. 어쨌거나 맛이 좋고 수확량도 많은 잡초와 비슷한 갈색 벼, 사막에서 자라는 벼, 영양 성분이 강화된 황금 쌀, 비타민 A가 많이 함유된 쌀, 다수확 콩. 현재 전 세계 콩 생산량의 64퍼센트가 유전자 변형 콩이라 한다. 심지어 이런 것도 있다. 제주대 이효연 교수 팀은 네 잎 클로버를 높은 비율로 만들 수 있는 토끼풀을 개발했다고 한다.[61]

나같이 네 잎 클로버를 잘 찾는 사람에게는 전혀 반갑지 않은 소식이지만, 그런 일도 가능하다는 것이 신기하다.

흔히 '불임 종자'로 알려진 터미네이터 기술은 유전자 조작을 통해 발아를 하지 못하도록 하는 기술이다. 문제는 이것이 다른 작물과 수분하여 그것들까지 불임이 되게 만드는 것이다. 논의를 극대화하면 지구상의 모든 식물이 결국 생식을 못하여 종말을 보게 될 것이라는 우려다.[62] 충분히 경청해야 할 주장이지만, 극도로 제한적인 실험을 통하여 개선을 거듭한다면 극복 못 할 문제는 아닐 것이다. 필자의 지나친 기술 의존적 견해일 수 있지만, 굶주림에 대한 두려움을 생각한다면 시도해 볼 가치가 충분하다. 필자는 이미 "나는 배가 고프면 유전자 변형 식품이라도 먹겠다."라고 밝힌 바 있다. 6·25 전쟁 후 굶주림에 치를 떨던 경험이 과장되게 나온 견해일 수 있다는 것은 인정하지만, 다시는 그런 기아를 겪고 싶지 않다.

나폴레옹이 전쟁터에서 자기 발밑에 네 잎 클로버가 있는 것을 보고 신기해서 고개를 숙인 순간 바로 위로 총알이 지나갔다는 얘기에서 행운의 상징이 된 네 잎 클로버를 필자는 잘 찾아내곤 했다. 내 자식들과 특별한 인연을 갖게 된 분들께 표구하여 선물하곤 했는데 이제는 그것이 인공적으로 만들어 백화점에서 파는 상품이 되었다. 네 잎 클로버 찾기는 필자가 기를 설명할 때도 자주 인용하던 것인데, 조금은 아쉽다는 생각이 든다.

조선 중기 이후로 풍수는 주로 묏자리 보는 술법으로 전락했고, 그것을 위한 비보책도 많이 나타났다. 우암 송시열의 산소는 음기가 너무 강하다 하여 그 앞에 시장을 만들어 뭇 남자들이 밟도록 만든 것이 그런 예다. 이런 음택 풍수의 비보책은 동기감응론이 해명되어야 성립되는 주장이다. 지금까지 부모나 조상의 유골이 받은 땅기운이 자식이나 자손에게 전해진다는 동기감응론은 그야말로 대표적인 미신으로 꼽혀 왔다. 그런데 그게 사실일 수도 있다는 연구 결과가 나왔다. 이제 세상에서 뭘 믿고 뭘 무시해야 하는지 알기가 무척 어려워진 것만은 분명하다.

1993년 저널 《어드밴스*Advance*》에 한 연구 논문이 실렸다. 미 육군은 감정과 DNA의 연결이 분리 후에도 계속 이어지는지, 만약 그렇다면 얼마나 멀리까지 이어지는지 여부를 확인하기 위한 실험을 실시했다. 연구자들은 자원자들의 입안에서 조직과 DNA 샘플을 채취했다. 샘플을 같은 건물의 다른 방으로 옮기고는, 특별히 고안된 장치에 담긴 DNA가 수십 미터 떨어진 다른 방에 있는 샘플 제공자의 감정에 반응하는지 여부를 전기적으로 측정한 것이다.

샘플 제공자는 일련의 영상을 지켜보았다. 신체 내부의 감정 상태를 정확히 변화시키기 위해 참혹한 전쟁터의 생생한 광경에서부터 에로틱한 이미지와 코미디물까지 다양한 영상이 준비되었다. 덕분에 샘플 제공자는 짧은 시간 안에 다양한 감정을 진실로 경험할 수 있었다. 그동안 다른 방에서는 샘플 제공자의 DNA가 어떤 반응을 보이는지 관찰했다.

샘플 제공자가 극단적 감정에 이르렀을 때 멀리 떨어져 있던 세포와 DNA는 동시에 강력한 전기적 반응을 보였다. 수십 미터나 떨어져 있음에도 DNA는 신체에 물리적으로 연결되어 있는 듯했다.[63]

또한 샘플 제공자의 경험과 샘플 반응 사이의 시간 간격을 콜로라도에 위치한 원자 시계로 측정했다. 실험에서 감정과 세포 반응 사이의 시간 차이는 번번이 0이었다. 감정이 생기는 즉시 세포가 영향을 받았던 것이다. 세포가 같은 방 안에 있든 수백 킬로미터 떨어져 있든 결과는 마찬가지였다. 샘플 제공자가 감정적 경험을 하면 DNA는 몸 안에 있는 듯 즉시 반응했다.[64]

의식하지 못하고 있지만 우리는 저低에너지 장치를 이용하면서 대부분의 시간을 보내는 상태로 진화하고 있다. 휴대폰을 보라. 그 얼마나 놀라운 발명품인가. 휴대폰은 수다를 떨고자 하는 인간의 보편적인 성향을 이용하며, 최소의 에너지 비용으로 하루의 몇 시간을 소비할 수 있도록 해 준다. 그것은 지금까지 나온 가장 환

경 친화적인 발명품 중 하나다.[65]

정말로 놀라운 견해다. 문명의 이기가 환경 친화적이라니. 그것도 가장 나은 것이라니. 그런데 조금만 생각해 보면 정말 그렇다. 휴대폰으로 인하여 통행량을 줄인 것은 사실이니까. 억지스럽기는 하다. 아무리 소통의 욕구가 인간 본성이라 하더라도 휴대폰이 환경 친화적이라고 표현한다는 것은 상상 이상이다. 그렇다. 이런 관점도 필요하다. 휴대 전화를 가리켜 "인류 역사상 최악의 독재적 발명품"이라 혹평하는 사람들도 있다. 스물네 시간 몸에 찰싹 달라붙어 있기 때문이다.

오늘날 극단적 환경주의자들은 세상이 전환점에 이르렀다는 주장을 편다. 이들은 지난 200년간 자신들의 전임자들이 이미 다른 많은 이슈에 대해 똑같은 주장을 해 왔다는 사실을 정말로 모른다. 지속 가능한 유일한 해결책은 후퇴하는 것, 경제 성장을 중단하고 점진적으로 경기를 후퇴시키는 것이라고 주장한다. '미국의 역발전de-develop the United States, 오바마 대통령의 과학 고문 존 홀드린의 표현'을 위한 캠페인을 요구하는 데 무슨 다른 뜻이 있겠는가. …… 여기에 문제가 있다. 이 같은 미래는 과거 봉건 시대와 끔찍할 정도로 비슷해 보인다. 명나라 황제와 마오쩌둥주의 독재자들은 상업의 발달을 제한하는 규정들을 만들었다. 인가받지 않은 여행은 금지, 혁신은 처벌, 가족 규모는 제한! 비관주의자들이 후퇴를 말할 때 이들이 되돌아가고 싶어 하는 세계의 필연적인 모습이 바로 이것이다. 이런 세계를 원한다고 자기 입으로 말하는 것은 아니지만 말이다.[66]

개발이 당하는 수모의 극단적인 예를 하나 보자.

도롱뇽 소송을 기억하십니까? 2003년 시작한 경부고속철도 천성산 구간 원효터널 공사를 둘러싼 정부와 환경 단체 간의 소송입니다.

천성산 내원사의 지율 스님과 환경 단체가 터널 공사를 하면 산 정상 인근의 늪이 말라 생태계가 파괴된다며 '공사 착공 금지 가처분 소송'을 냈습니다. 소송 때문에 터널 공사는 6개월간 중단됐습니다. 공사는 2006년 대법원이 소송 기각 및 각하 결정을 내린 뒤에야 마무리할 수 있었습니다. 그 경부고속철도 천성산 구간이 다음 달2010년 11월 1일 개통됩니다. 《중앙선데이》가 7~8일 생태 전문가와 함께 개통을 앞둔 천성산 원효터널 위에 있는 밀밭늪과 화엄늪의 생태계를 둘러봤습니다. 천성산 자락에 사는 주민도 만나 봤습니다. 화엄늪 관리자에게는 "봄에는 웅덩이마다 도롱뇽과 알이 천지였다."라는 얘기를 들을 수 있었습니다.[67]

같은 신문 7면에 지율 스님과의 통화 내용이 있었으나 전체적으로 봐야 하는 문제이기 때문에 지금은 할 말이 없다는 것이었다.

스위스 남부에 알프스 산맥을 꿰뚫는 세계에서 가장 긴 터널이 뚫렸다. AFP 통신은 1996년 착공돼 공사를 계속해 온 '고트하르트 터널'이2010년 10월 15일 관통됐다고 보도했다. 이 터널은 총 길이가 57킬로미터로 일본의 혼슈와 홋카이도를 연결하는 세이칸青函 해저터널53.8킬로미터을 약 3킬로미터 차이로 따돌리고 세계 최장 터널이 됐다. 2017년부터 시속 250킬로미터의 고속 열차가 이 터널을 이용해 스위스 취리히와 이탈리아 밀라노를 오갈 예정이다.[68]

사실 서남부 유럽과 일본은 환경 인식에 관한 문제 의식에서 세계 최고 수준이다. 그런데 그들이 터널로 교통 문제를, 그것도 알프스라는 명산에 터널을 뚫으면서 해결했다는 것은 시사하는 바가 크다. 이런 것이 바로 최첨단을 달리는 현대의 비보책이다.

『브레인 섹스』[69]에는 미국의 사회학자 엘리스 로지의 말이 인용되어 있다.

"인간은 생물학적으로 다양하며, 모든 인간이 동등하다는 사상은 정치적·윤리적·사회적 권고일 뿐이다."[70]

서강대의 경영 주체가 미국 신부들에서 한국 신부들로 옮겨 오는 과정을 조정하기 위해 로마 교황청의 요셉 피토라는 예수회 신부가 전체 교수들 앞에서 "신은 인간이 완전하게 만들 수 있도록 이 세상을 불완전하게 만들었다."라는 깊은 신학적·철학적 진실을 담은 연설을 했다. 일부 가톨릭 신부가 4대 강 정비 사업에 대해 '하느님이 만든 강의 흐름을 인간이 변형시킬 수 없다. 신의 뜻을 거스르는 일'이라고 하면서 그 사업에 반대하는 집회를 열었다. 그러한 종교인들도 인간은 이성적이고 과학적인 힘을 통해서 불완전한 세상을 좀 더 나은 것으로 만들 '의지의 자유'를 행사할 수 있는 능력과 권한을 천부적으로 부여받았다는 점을 인정해야 한다.[71]

예수회는 한때 교황청으로부터 이단으로 규정된 진보적인 교파다. 그 소속 신부가 이제 우리가 자연을 건드리는 일이 신이 내린 소명이라고 규정했다. 건드린다거나 개발한다는 표현은 매우 부정적으로 인식된다. 풍수에서는 이를 보살펴 드린다든지 치유해 드린다는 표현을 쓴다.

내가 시민·사회·환경 운동가들에 대해서 간혹 의구심을 갖게 되는 이유는 그들이 전문 지식이 부족하면서도 자신의 주장에 독선을 싣는 경우가 너무 많기 때문이다. 때로는 그들 스스로 권력이 된다. 역설이다. 운동이란 항상 권력의 대척점에 있어야 어울리는 것이니까. 그런데 그 자신이 권력에 이르렀다면 이상이 이루어진 것일까? 당연히 아니다. 그에 대한 안티테제는 다시 생겨난다. 그렇다면 그 안티테제는 정당할까? 역시 아니다. 신新테제가 만들어져도 상황은 마찬가지다.

비보란 풍수에만 있는 것은 아니다. 사람들은 그들의 삶터 곳곳에 자신들이 살아가기 위한 여러 가지 방편들을 마련해 왔다. 게다가 현재 인류는 식량과 에너지라는 중대 과제를 풀어야 할 시점에 이르렀다. 일단 에너지는 원자력으로 발등의 불은 꺼 놓은 셈이다. 식량은 어떨까? 이미 종자 개량이라는 제1차 녹색 혁명을 지나 지금은 신녹색 혁명new green revolution이라는 구호 아래 유전자를 조작한 차세대 농작물을 제시함으로써[72] 또 다른 해결책을 내놓았다. 그러나 결국은 식량 제조인공 광합성 작용로 들어서야 할 것이다. 에너지건 식량이건 모두 자연으로부터 얻어야 하는 것들이고, 따라서 비보책은 땅을 대상으로 하는 풍수를 기반으로 그런 부문에까지 연장 적용될 수 있다고 본다.

그리고자 하는 대상이 무엇이건 그것이 실상과는 달리 미화되거나 과장되면 그것은 이미 사실적인 입장의 포기다. 그렇다면 무슨 유행처럼 아름답게만 그려지는 민중은 실상이 그러하기 때문인가? 어떤 목적으로 과장되고 미화되었기 때문인가? 세계사의 가장 감동적인 시기에서만 뽑아 만든 것 같은 허구의 인간상과 이 시대를 살아가는 사람들과의 단정적인 일치가 과연 사실적인 태도겠는가? 그 그림 같은 민중들에 의해 어떻게 이렇게 추악한 시대가 진행될 수 있는가?
하지만 의문이 많은 것처럼 해답도 많을 것이다. 이상을 보여 줌으로써 사람들을 그쪽으로 유도한다. 또는 사실이 그렇지 않더라도 그렇게 치켜세워 줌으로써 그들을 격려한다 따위.
그렇다면 이쪽은 어떻겠는가? 상상을 보여 줌으로써 자기들의 천박한 이기와 비굴을 반성하게 한다, 치켜세우기보다는 비판하고 나무람으로써 내면적인 성장을 돕는다 따위는?[73]

식량을 자연으로부터 얻는 것이 아니라 인간이 생산한다는 개념은 19세기에 이미 나타났다. 19세기 영국 과학자 윌리엄 크룩스William Crookes는 "질소를 고정하는 것은 머지않은 장래의 문제다. 이를 필연적인 결과로 간주하지 않는다면 전 세계의 백인Caucasian은 더 이상 '으뜸'이 아니며, 밀빵밀가루로 만든 빵을 주식으로 하지 않는 인종에 의해 사멸할 것이다."라고 주장했다.[74] 가이아 이론을 제창한 제임스 러브록James Lovelock도 "화학적·생화학적 공법을 통해 이산화탄소와 물과 질소로 식량을 합성할 수 있다면 그렇게 하고 지구를 쉬게 하자. 화학 물질이나 방사능의 통계적으로 미미한 수준의 발암 가능성을 놓고 안달하는 짓은 그만두어야 한다."라고 했다.[75] 광합성 작용을 인공으로 하여 식량을 생산해 보자는 그의 또 다른 획기적인 제안이다. 나는 머지않은 장래에 이런 일이 현실화되리라 생각한다.

인류에게는 경제적 진화를 지속시킬 도덕적 의무가 있다. 최근 몇 세기의 역사는 인간의 삶이 엄청나게 개선될 수 있다는 사실을 보여 주었다. 우리의 도덕적 의무는 정확히 이 때문에 생기는 것이다. 변화와 성장과 혁신을 막는 행위는 어려운 사람들을 도우려는 시도를 방해한다. 2000년대 초반 잠비아의 기근이 그런 예다. 당시 일부 압력 집단그린피스Greenpeace International와 지구의친구들Friends of the Earth을 말한다.이 현지의 굶주림을 악화시켰을지 모른다. 유전자 조작 식품을 원조 받는 데 따른 위험성을 과장해서 선전함으로써 말이다. 우리는 결코 이를 잊어서는 안 된다. "나중에 후회하는 것보다는 안전한 게 낫다."라는 소위 '예방 원칙'은 그 자체로 유죄다. 불완전한 이 세상에서 아무것도 하지 않고 가만히 있는다고 해서 안전할 수는 없기 때문이다.[76]

비보도 비슷하다. 지금 미신이라 여겨져도 일단 경비가 크게 들지 않는다면 심리적 평온을 얻기 위해서라도 비보를 하자.

인도의 운동가 반다나 시바Vandana Shiva는 비타민 강화 쌀에 반대하면서 이렇게 주장했다. "인도인들은 골든 라이스비타민 강화 쌀에 의존하지 말고 고기, 시금치, 망고를 더 많이 먹어야 한다." 그녀는 마리 앙투아네트빵이 없으면 케이크를 먹으면 된다는 말로 유명하다.의 추종자인 모양이다.

유전자 조작은 이를 대신할 명백한 해법을 제시한다. 소출이 높은 품종들에 건강에 좋은 특성들을 삽입하는 것이다. 옥수수에는 우울증을 방지할 트립토판을, 당근에는 우유를 마실 수 없는 사람들의 골다공증을 치료하기 위해 칼슘 운반 유전자를, 수수와 카사바를 주식으로 삼는 사람들을 위해 비타민과 미네랄을 말이다. 이 책이 출간될 즈음2010년 출간이면 미국 사우스다코타 주에서 개발한, 오메가3 지방산을 포함한 콩이 미국 내 슈퍼마켓으로 배달되고 있을 것이다. 이런 콩은 심근경색 위험을 낮춰 줄 뿐 아니라, 그 기름으로 요리하는 사람들의 정신 건강에도 도움이 된다. 또한 생선 기름을 채취하느라 야생의 물고기들에 가해지던 압력도 줄어들 것이다.[77]

어느 날 상반되는 두 가지 기사가 같은 신문에 실렸다. 하나는 『석유의 종말』이라는 책을 낸 폴 로버츠의 신간 『식량의 종말』이라는 책의 서평이다.

그는 기아와 식중독균, 비만 등 영양 관련 질환을 현대 식량 시스템의 두드러진 실패 증후로 꼽는다. 이것은 '저비용 대량 생산'이라는 산업 이념에서 비롯되었다고 지적한다. 예컨대 우리나라에서도 큰 문제가 되고 있는 구제역, 조류 인플루엔자AI의 창궐은 가금 산업의 밀집 사육 방식 탓이 크다. 식중독균의 피해도 끔찍하다. AI가 인간에게도 감염되는 것은 시간 문제라고 보는데 그런 고병원성 바이러스가 전 세계로 확산될 경우 7000만 명이 사망할 수 있고 경제적 손실은 수천조 원에 달하리라는 예상도 나왔다.[78]

다른 기사의 내용은 이렇다.

영국의 케임브리지 대학과 에든버러 대학 학자들이 공동으로 진행해 온 닭 유전자

변형에 대한 연구 결과 AI를 전염시키지 않는 '수퍼 닭'을 탄생시켰다.[79]

현대 기술의 이런 딜레마를 보면 혼란스럽다. 배가 고픈 것은 참을 수 없는 고통이자 죽음에 대한 신속하고도 확실한 계약이다. 그래서 나는 유전자 변형 식품이라도 배가 고프면 먹겠다고 했다. 불안하기는 하다. 그래서 인간의 지혜를 믿게 된다. 낙관적으로 생각하기 위해서, 그리하여 행복하다고 느끼기 위해서다.

만약 역사나 진화가 변증법적으로 이루어져 왔다면 지금 인류는 천국에 있어야 한다. 그렇지 않은가? 그 오랜 세월을 진보해 왔는데 어떻게 그렇지 않을 수가 있겠는가? 반증은 전쟁 한 가지로도 충분하다. 전쟁을 치른 미치지 않은 인간들은 누구나 그것이 마지막 전쟁이기를 바랐을 것이다. 현실은 전혀 그렇지 못하다. 오히려 더 가공할 위력과 광포함으로 덧붙여진 것 같다. 전쟁—평화—혼란—독재—혁명—전쟁의 반복의 예는 역사에서 쉽게 찾을 수 있다.

한때 문명의 반대 명제로 여겨졌던 야생 상태는 이제 도시의 공원이나 정원으로 모습을 드러내면서 도시의 일부분으로 자리하게 되었다. 우리는 이를 통해 일종의 역설을 볼 수 있다. 아니, 이를 통해 오히려 역사가 정상 상태로 되돌아가고 있음을 인식해야 한다. 위대한 발견의 시대에서 시작되어 지금 이 지경까지 이르게 된 이 세계는 단지 역사가 탈선한 부분에 해당되기 때문이다.[80]

이 글의 저자는 인간이 스스로의 힘으로, 즉 비보라는 방법을 통하여 나는 도시의 공원이나 정원을 풍수 비보책으로 여긴다. 다시 자연 상태로 돌아갈 수 있음을 주장한다. 관점에 따라서는 억지처럼 보일 수도 있다. 그러나 결코 억지가 아니다. 우리는 흔히 시골 또는 전원이라고 불리는 곳을 도시와 대비하여 자연이라 생각한다. 엄밀히 말해서 그런 곳은 자연이 아니다. 인류 최초의 전 지구적 자연

파괴는 농업으로부터 비롯되었다. 그 이전까지가 자연이고 농업이 인간에 의하여 시작된 이후의 풍경은 인공이라고 볼 수밖에 없다.

아마도 비보를 통하여 인간이 찾고자 하는 곳은 낙원 또는 유토피아일 것이다. 물론 에덴동산이나 무릉도원이라는 본래 있던 어떤 곳을 찾는 시도도 있지만, 이성의 시대로 접어들면서 그런 종교적무릉도원은 도교와 관계가 있다. 개념의 땅보다는 자신들이 건설할 수 있는, 그러니까 비보에 의하여 구축이 가능한 곳을 시도하게 되었다.

현재 프랑스어의 '낙원paradis'이라는 단어는 중세 교회의 라틴어 '파라디수스 paradisus'에서 나온 파생어다. 이 라틴어는 그리스어 '파라데이소스paradeisos, 울타리 안의 영토, 나무들을 심어 놓은 정원, 사냥을 위한 공원이라는 뜻'를 직역한 말이며, 그리스어 파라데이소스는 페르시아어에서 차용해 왔다. 이에 해당하는 페르시아어의 단어는 일반적으로 기원전 200년경, 구약 성서를 그리스어로 번역한 79명의 학자들에 의하여 그리스로 건너가게 된 것으로 추정된다.[81]

중요한 점은 오늘날의 자연적 공원이 고대의 낙원과 동일한 제도적 계열에 속한다는 사실이다.영국이나 중국의 공원, 일본의 정원, 프랑스의 국유림 역시 여기에 포함된다. 인도의 왕들이 사냥을 하러 나가던 공원들처럼 원시적인 전통이 유지되었을 경우, 그 공원들은 고대의 낙원에서 직접적으로 이어져 온 것이라 할 수 있다. 반면 그 전통이 재창조되거나 재해석되었을 경우, 그 공원들은 간접적인 연속성을 지닌다고 할 수 있다.[82]

즉 비보성이다.

대부분의 도시인들에게 자연은 마음을 안정시켜 주는 휴식의 공간이다.(물론 그 자연이 즐기기에 너무 불편한 상태가 아니라는 전제하에서.) 오랫동안 지속되어 온 이 같은 시각은 아마도 그다지 빨리 바뀌지는 않을 것이다. 비록 때때로 자연 스스로가 자연에 대한 이런 시각을 부정하는 경우가 있기는 하지만.[83]

부정적 자연이란 단순히 끔찍한 자연재해를 떠올려 보는 것으로 충분히 이해가 된다.

세계화globalization는 자본이 어디에서나, 누구에게나 절대적 권한을 휘두를 수 있는 권리를 보장한 체제다. 또 평등이란 다른 어떤 고결한 의미보다 시장에서 상대를 능가하거나 착취할 수 있는 고른 기회를 뜻하기에 이르렀다. 신화와 미신에 대한 상쾌한 비판은 과학 지상주의로 변질되어, 실험실에서 만지작거릴 수 없는 것은 진지하게 여길 필요조차 없다고 여기는 지경이 돼 버렸다. 그런가 하면 자기 스스로 생각할 용기를 가지라는 칸트의 명령은 전통이라는 자원에 대한 경멸과 무시, 권위란 본디 억압적이라고 보는 유아적 발상 따위로 왜곡돼 왔다.[84]

우리가 어쩌다가 단순히 자연 회귀라는 실현 불가능하고 따라서 유치하기만 한 개념에 집착하게 되었을까? 그곳에서야말로 그 좋았던 옛날로 돌아갈 수 있다는 망상을 실현할 수 있다고 착각하게 만들기 때문이다. 이미 앞에서 강조했지만, 그 좋았던 옛날은 있지도 않았다. 어릴 때 추억은 한껏 미화되어 있다. 지금의 삶이 너무 어렵게 비치기 때문이다. 정신 바짝 차리고 기억을 되살려 보면 그런 때는 단지 상상 속에서나 있었다는 것을 알 수 있다.

나는 상상 속에서 심리적 안정을 얻는 것까지 힐난할 생각은 없다. 그저 자신의 상상을 남에게도 강요하는 일은 하지 말라는 뜻에서 해 본 얘기다.

"프로테스탄트주의의 우두머리인 독일의 마르틴 루터는 독자적인 비판의 눈으로 성서를 음미한 끝에 어느 수녀의 사타구니를 벌리고 매일 밤 그 짓을 하고 있으니까."

"마지스테르, 아무리 의견이 다르다고 해도 그런 비방과 중상은 너무한 거 아닙니까?"

"중상이 아냐. 실제로 마르틴 루터는 수녀한테 아이를 다섯 명이나 낳게 했으니까. 흥, 이게 신앙의 구세주라니. 예수회가 욕할 만도 하지."[85]

만약 사실이라면 이 문제는 매우 중요한 것을 암시한다. 루터의 종교 개혁의 당위성은 역사적으로 인정되며 그것을 계기로 가톨릭이 개혁되었기 때문이다. 더구나 이것을 좀 확대 해석하면 이런 논리도 가능하다. 좌파 혹은 혁신 세력은 언제나 보수 세력에 대항하여 혁신적인 변화를 요구한다. 그런데 그들이 정권을 잡고 나면 철인 정치가 도래하느냐 하면 그건 아니다. 그들 중 상당수가 도덕적으로 부당한 일들을 저지르는 사례가 많이 나온다. 공정치 못한 것이다. 나는 교육학의 대단한 저서인 『에밀』을 쓴 장자크 루소가 자기 자식을 고아원에 집어넣었다는 사실을 알고 그 책을 버렸다. 주장은 이렇게 하면서 자신의 행동은 저렇게 하는 자들을 경멸하기에 그랬다.

이 문제는 내 경험에 공사를 구별한다는 주장과 비슷하게 보인다. 공식적인 자리에서 풍수의 폐해를 극구 주장하던 학자가 막상 자신이 친상親喪을 당하자 내게 도움을 청한 일이 여러 번 있었기에 하는 말이다. 공적으로 주장을 밝혔다면 사적인 일에도 그런 태도를 견지해야 옳다. "공은 공이고 사는 사 아닙니까?" 운운은 궤변일 뿐이다.

대중이 생각하는 창의적인 사람들의 이미지는 모든 규범과 관례, 관습에 정면으로 도전하는 모습이다. 그러나 이것은 잘못된 고정 관념이다. 진정한 변화를 이끌어 내는 사람은 자신의 영역을 통달하여 기존의 기술과 지식을 온전히 이해하고 숙달하는 과정을 먼저 거친다. 그 후에야 비로소 진정으로 창의적인 흔적을 남길 수 있다. 마치 기존의 '규칙'을 모두 혼합한 다음에야 그것을 부수거나 구부려 새로운 무언가를 재창조해 내는 것처럼 말이다. "옛것을 익히고 새것을 안다."라는 뜻의 온고지신溫故知新은 동양과 서양을 막론하고 만고의 진리다.[86]

내가 지나치게 환경 운동을 폄하했다는 혐의는 있다. 그런데 우리 사회 지식인들은 '인권과 환경'이라는 문제가 불거지면 회피하는 사례가 많았다. 그렇다 보니 이 두 명제에 대해서는 운동가들의 주장만 유포되어 일반인들이 편식하게 되는 일이 빈번해졌다. '말 없는 다수'라는 표현으로 얼버무릴 문제가 아니다. 그래서 과장인 줄 알면서 장황하게 문제점을 지적해 보았다.

이 글을 쓰던 중 이런 황당한 기사를 보았다.

해군 청해부대가 소말리아 해적 5명을 생포한 이후 수일 동안 신병을 억류하고 있었던 것을 두고 불법이라는 의견이 나왔다. …… 김대중 정부 말기에 대통령 사정비서관을 지낸 노인수 변호사國際平和連帶 회장은 (2011년 1월) 30일 "해적들을 전쟁포로가 아닌 민간인으로 본다면 국내법 절차를 밟는 게 맞다."라며 "국내 형사소송법을 적용하면 체포 직후 48시간 이내에 해적들에 대해 구속 영장을 청구해야 하고 그렇지 않으면 석방해야 하는데 이런 점에서 불법 구속의 소지가 있다."라고 주장했다. 이에 대해 법무부는 즉각 "해적들에게는 국제법이 적용되는데 이를 혼동해 국내 형사소송법 적용을 주장하는 것은 난센스"라고 일축했다.[87]

난센스가 아니라 어처구니가 없다. 도대체 해적의 인권은 존중하면서, 선박을 납치하고 돈까지 요구한 인질 납치범들의, 더구나 군사 작전으로 붙잡은 해적들의 인권은 말하면서 왜 그 상황에 대해서는 입을 다물고 있었는지 모르겠다. 법적인 거야 법무부가 지적했으니 내가 나설 문제는 아니지만, 피해자들의 인권은 어쩌라는 말인지. 아직 피랍 상태인 금미호 선원들의 자택이나 삼호 주얼리호 선장이 입원해 있는 수원 아주대 병원 앞에 가서 그런 소리를 하면 어떻게 될까? 게다가 '~이면 맞다'라든가, '~라는 소지가 있다'라는 식으로 책임 회피가 가능한 어법 구사를 보면 참기가 어려울 정도로 속이 울렁거린다.

3장 정치성: 새로운 세상, 개벽 지향

본래 풍수는 정치적 도구로 많이 쓰였다. 자생 풍수의 시조인 도선 국사의 한반도 중부 지방 중심설과 무학 대사의 한양 천도 주장이 대표적인 예다. 효종 승하 후 이런 논란이 있었다.

효종 대왕을 영릉에 장례하였다. 그 전에 윤선도尹善道가 수원부水原府 자리가 내룡으로 해서도 최상이요, 풍수로서도 대단히 큰 천재일우의 자리라고 하여 새 능을 수원에다 모시기로 결정하고 이미 석물 일까지 시작했는데, 이경석李景奭, 송시열宋時烈 등 모두가 수원은 바로 경기의 관문이요, 요충지인 데다 고을과 마을을 옮겨야 하는 폐단이 있고 또 장래 오환五患의 염려도 있는 곳인 반면 건원릉健元陵 왼편 산등성이 건좌乾坐는 바로 태조가 신승神僧인 무학과 함께 직접 정한 자리로서 명明나라 만세산처럼 꾸미려고 했던 자리이기 때문에 바닥이 우선 너무 좋고 일하기에도 편리하다고 하면서 혹은 차자 혹은 상소로 계속 쟁집하였다. 그리하여

496

상上이 드디어 경석 등의 건의를 받아들여 건원릉 왼편 산등성이에다 새 능 자리를 정했던 것이다.[88]

무학은 태조 이성계의 친구이자 스승이었다. 그런데도 『조선왕조실록』에는 그에 관한 기록이 지나칠 정도로 경미하다. 이상한 것은 그의 입적에 대한 『태종실록』의 기록이다. 임금이 국사 추존 의견을 내자 조정 대신들이 장문의 상소를 올려 그 일을 극구 반대한다. 무학이 정말 무지몽매한 인물이었다면 대신들이 그를, 더구나 죽은 그를 그토록 깎아내릴 필요는 없었을 것이다. 그의 영향력이 어느 정도였는지를 짐작하게 하는 대목이다. 그는 국가 대사에서 태조에게 막강한 영향력을 미쳤다. 그가 만약 정치적 야심을 가졌다면 큰 세력을 형성했을 테지만 그는 그렇게 하지 않았다. 하지만 유신儒臣들 입장에서는 자신들의 강력한 적대 세력이 될 가능성이 높았기 때문에 그토록 폄훼할 수밖에 없었다. 이는 풍수가 정치적 도구였다는 증거다.

조선의 임금들은 기회가 있을 때마다 풍수에 의한 천장遷葬을 금하는 명령을 내렸다. 특히 그 자리가 대단한 명당이라는 소문만 돌면 집요하게 그 자리를 빼앗았다. 정치적으로 왕권에 대한 도전으로 받아들였기 때문이다.

사실 정치인에 대한 인식은 그리 좋지 못하다. 풍수 지관에 대한 인식도 마찬가지다. 정치인들에 대해 정치를 잘하는 것은 논외이고 그저 솔직하기만을 바라기까지 한다. 무참하지만 현실이다. 나 자신도 무식하기는 하지만 다음과 같은 정도로 무작정 솔직한 사람이 그립기는 하다.

열 손가락 안에 들 열성적이고 순수했던 독립 투사 장건상 선생은 선거 연설 때 내가 어떻게 하겠다, 무엇을 하겠다, 국민을 위해 노력하겠다 등등의 말은 일절 하지 않았다.

"나를 국회로 보내 주시오. 거기에 가서 앉아 있을랍니다. 경로당에 가서 앉아 있기엔 아직 나이가 이르고 막노동을 하기엔 나이를 너무 먹었소. 아무리 생각해도 내가 앉아 있을 곳은 국회밖엔 없을 것 같아 이렇게 출마를 한 것입니다."[89]

액턴 경의 "권력은 부패하는 경향이 있고, 절대 권력은 절대적으로 부패한다."라는 격언은 대개 정치권력과 연관되며 진부해질 위험이 있다. 하지만 그것은 열역학 제2법칙의 다른 표현이기도 하다. 만물은 낡고 약해지며 더 무질서해지는 경향이 있다는 법칙 말이다. 이 우주에서 좋든 나쁘든 어떤 목적으로도 에너지를 부패시키지 않은 채 사용하기란 불가능하다.[90]

그렇다면 정치에 대한 시민의 인식이 이렇게 된 것도 이해 못 할 바는 아니다. 이 주장이 결코 그들의 면죄부가 되어서는 안 되지만 말이다.

산업화는 양면의 야누스적 얼굴을 한 것으로 드러났다. 현대 인류에게 인류 역사 어느 시대와도 비교할 수 없을 정도로 생산적 풍요를 가져다줌으로써 물질적 쾌락을 만끽하게 만들었고 달리 자연에 대한 압박과 착취를 초래함으로써 환경 위기를 고조시키고 있다. 물질적 풍요를 더욱 확장시키기 위해서는 현대적 산업화를 재촉해야 하지만, 그것이 문화의 생명적 뿌리인 자연을 황폐화시킴으로써 스스로의 기반을 허물어 마침내 문명 자체도 허물게 되는 화를 자초할 수 있다. 따라서 현대인은 딜레마 상황에 놓여 있다고 볼 수 있다.[91]

정치는 현실을 반영한다. 위와 같은 딜레마를 해결하기 위해 정치가 필요하다. 그들이 말로 드러내는 이상이란 그저 표를 의식한 서비스일 뿐이다. 모두들 그걸 알면서도 이 역시 현실이므로 그냥 지나칠 뿐이다.
역사에 드러난 신료들의 주장을 보면 풍수가 철저히 정치적이라는 것을 알 수 있다. 조선 건국 직후의 수도 결정 과정이나 매 임금의 붕어 때마다 벌어졌던 왕릉 결정 문제, 중신 모모某某가 제 부모 묏자리를 과도하게 썼다는 탄핵, 광해군 때 논쟁이 되었던 교하 천도 주장 등 일일이 열거할 수 없을 정도로 많은 정치적 문제에서 풍수 논리가 작용했음을 알 수 있다. 사실 어린이들의 놀이 과정도 정치적인 부분이 있는 게 현실 아닌가.

요즈음(2010년 9월 말) 국무총리 인준을 위한 국회의 인사 청문회 보도를 보고 있자면, 행정부 수반이자 다분히 정치적 자리인 총리에 도덕군자를 모시자는 얘기처럼 들린다. 수십 년 전 일부터 가족을 넘어 누나네 집까지 들추어가며 끄집어내는 것을 보면 대단하다는 생각이 들고 이 사람들이 갑자기 플라톤의 철인 정치로 돌아가자는 주장인가 싶어 심히 거북하다. 공정한 사회를 만들기 위해서라는데, 총리 후보의 미성년자 시절 일까지 파헤치지 않는 게 그나마 다행인가. 난세의 간웅奸雄이라는 소리를 듣기는 했지만 탁월한 경세 능력을 갖췄던 조조도 이런 청문회에서는 당장에 구속 기소될 수밖에 없을 것이다. 국무총리로 공자를 고르자는 것인지 조조를 선택하자는 것인지 의도가 분명히 드러났다. 답은 공자다.

공자는 춘추 시대에 조그만 나라 하나 제대로 관리하지 못했다. 행정의 실제 수완 면에서는 낙제라는 얘기다. 물론 그는 성현의 반열에 오른 대 철인이다. 그렇다면 조조는 어떨까? 『삼국지연의』대로 그는 "치세의 능신能臣, 난세의 간웅이다." 현대가 한漢 말보다 더 공자와 같은 성인을 필요로 하는 것은 물론이다. 아마 그래서 총리감으로 공자 같은 사람을 찾는 모양이지만, 현실은 너무나도 조조 같은 능신을 바라고 있다. 이명박 정부는 '공정한 사회'를 국정 지표로 삼았다. 당연한 목표이기는 하지만 지나치게 이상적이다. 마치 유토피아처럼 꿈을 꾸기는 좋지만 결코 이루어질 수 없는 일이다. 더욱 난감한 일은 그 누구도 공정함을 거부할 수 없다는 사실이다. 수많은 전문가와 지식인들이 지금의 청문회가 도를 넘었다고 판단하면서도 누구 하나 이를 지적하지 못하는 것은 바로 그 때문이다. 누가 공정을 걸고넘어질 수 있겠는가? 지적하는 순간 자신도 비난받을 것이 분명하기에 나서려 하지 않는 것이다.

　정치는 현실적이기에 만약 추진하고자 했던 정책에 제동이 걸리면 즉시 빠져나갈 궁리도 마련한다. 좋게 말해서, 아니, 어렵게 말해서 출구 전략이라는 것을 쓰면 된다.

　경제 영역에서 성공의 출구 전략이 필요하듯, 실패의 출구 전략은 이런 때 더 절실하다. 세종시 수정안 폐기와 함께 정권을 상징하는 두 개의 마스코트가 사라졌다고 서운해할 필요도 없다.[92]

　에스파냐 산탄데르 출신의 사회 심리학자 페르난도 디에고 로페스도 지적했듯이 "정치인들은 자신들의 세력권 내에 진짜 선택권을 쥐고 있었다. 권력을 손에 쥔 인간들이란 으레 하급자들이 벌벌 떠는 모습과 추종자들이 아첨하는 모습을 좋아하기 때문에 필연적으로 비뚤어진 반사회적 인간일 수밖에 없었다."[93] 이렇게까지 말하기는 거북하지만 잘 살펴보면 이런 얘기를 들어도 할 말이 별로 없는 게 정치 아닌가? 간혹 지도적 위치에 있는 정치가들의 말솜씨를 보면 기가 막힌다. 이럴 때 으레 나오는 게 "시정잡배들 같다."라는 표현인데, 가끔은 조직 폭력배나 쓸 말들도 나온다. 예컨대 '자연산' 운운한 것은 취한醉漢의 주정에 지나지 않고, "확 죽여 버려야 하지 않겠나?" 운운하는 표현은 시정잡배들도 난투극 직전에나 내뱉는 말이다. 게다가 발언 당사자가 그 당의 지도층이란다. 이러니 일반인들로서야 정치를, 도의는 차치하고 상식이나 사회 통념조차도 미치지 못하는 무엇으로 인식할 수밖에 없다.

　"대중의 심리 사회적 미성숙이란, 대중이라는 것이 본디 어린아이와 같아서 자기 부모들의 시시한 모습에 실망을 느끼고는 다른 어딘가에 있을 진짜 멋진 '부모'를 찾는 데 강박적으로 매달린다는 것이거든. 아닌 게 아니라 20세기와 21세기의 전반부를 수놓은 뉴스나 역사도 예외 없이 정치인들의 변덕, 취미, 스타일을 다룬 것이 대부분이었어."[94]

이런 인용문은 정치인들을 구상유취口尙乳臭하다고 평한 예다. 정치를 쓰레기통에 비유한 경우도 있다.

반면 저드는 저널리스트고 그에 걸맞게 현학적이다. 믹이 만났던 대부분의 저널리스트들처럼 저드도 세상만사에 나름의 의견을 가져야 한다고 여겼다. 정치에 대해서는 특히 그랬다. 정치는 가장 휘젓기 좋은 여물통이었다. 코와 눈과 머리와 앞발을 오물 속에 담그고 주위에 구정물을 튀겨 대며 그럭저럭 시간을 보낼 수 있다. 정치는 아무리 탐해도 고갈되지 않는 주제고, 뭐든지 조금씩은 들어 있는 구정물이었다. 저드의 말마따나 모든 것은 정치적이기 때문이다. 예술도, 섹스도, 종교, 원예, 상업, 원예, 식사, 음주, 방귀, 전부 다 정치적이었다.[95]

저널리스트는 시끄러운 고집쟁이고, 정치는 쓰레기통이다.

『조선왕조실록』에 나타난 풍수 논쟁은 그 자체가 난장판이다. 이런 주장을 했던 사람이 다른 논쟁에서는 저런 주장을 한다. 비일비재한 현상이니 일일이 소개하기도 귀찮다. 사실 정치만 더럽고 구상유취하고 난감한 게 아니다. 그것이 사회의 전반적인 흐름이라고 본 문필가도 있다.

나는 성수 대교와 삼풍 백화점이 차례로 무너지던 1995년 무렵을 일단 정치적으로는 형식적 민주주의 시대의 출발로, 경제적으로는 개발 독재가 종언을 고하면서 한국 자본주의가 스스로 재생산 구조를 갖추게 되는 시기로, 그리고 문화적으로는 사회 변혁에 대한 열정으로 지식인의 머릿속에서만 형성되어 온 민중이 걷잡을 수 없는 소비 사회의 적나라한 대중으로 휩쓸려 들면서 욕망에 얽혀 가는 시대였

다고 생각한다.[96]

우리 사회는 이미 격변기를 한참 지나고 있다. 그 와중에 무수히 많은 문제들이 불거졌다. 그런 모든 문제들에 대해서 대중들은 예전처럼 입을 다물고 있지 않는다. 그러니 세상이 온통 시끄러울 수밖에 없다. 극한적 대립도 있고, 그 극과 극 사이에 단락마다 층위를 달리하는 여론이 있다. 무엇이 옳은 것인지 판단하는 것은 현 시점에서는 무리다.

여기에서 결코 현명하지는 않지만 현실적인 해결 방안으로 내세울 수 있는 게 다수결 원칙이다. 그것에도 문제가 있다. 여론을 몰아가는 세력이 다수인지가 불분명하다는 점이다. 침묵의 다중이 있다는 뜻이다. 예컨대 많은 지식인들이 환경이나 인권과 같은 섣불리 나서기 힘든 이슈가 터지면 입을 다물어 버린다는 것인데, '환경 위주', '인권 본위'라는 원칙에 공연히 끼어들었다가 무슨 봉변을 당할지 모르기에 그러는 것이다. 한편 환경과 인권을 내세우는 세력은 도덕적으로 자신들이 옳다는 잘못된 확신을 가지고 아무런 책임 의식이나 현실 인식을 위한 노력도 없이 마구잡이로 주장만 편다. 침묵의 다중과 입 다문 지식인, 천방지축인 운동권이 뒤엉켜 세상은 더욱 혼란스러워진다. 기껏 중용, 중도, 조화를 내세우는 정도지만, 그게 말장난에 지나지 않는다는 것은 그걸 말하는 자신들도 잘 안다. 예컨대 우리가 단일 민족이라는 일종의 자부심도 이제는 옛이야기가 되었다.

이런 안이함과 조급증이 시간에 대한 인간의 한계성에 기인한다는 설도 있다. 진부한 얘기지만 벤저민 프랭클린이 말한 것처럼 시간은 돈이라 할 수도 있다. 이유는 간단하다. 인간이란 언젠가는 죽어야 할 필멸의 유한한 존재이기 때문이다.

왜 돈은 현명하게 쓰면서(물론 엉뚱한 곳에 허망하게 쓰는 사람도 많지만) 시간은 그러지 못할까? 시간은 저축할 수 없기 때문인지도 모르겠다. 쓰기로 마음먹든 그러지 않든 흘러가 버리는 게 시간이니까 말이다.[97]

혁명의 초기 단계에 참여하는 사람들은 무언가 크고 완전한 삶의 변화를 갈구한다. 대중 운동 지도자들은 이 점을 꿰뚫고, 대중의 환상적 희망을 부추기고 선동하는 데 집중한다. 조금씩 느리게 일어나는 변화가 아닌, 추종자의 삶을 한순간에 통째로 바꾸어 놓는 변화를 약속하는 것이다.

사람들이 어떤 조직에 들어갈 때는 그 안에서 자기 발전이나 이익을 얻으려는 이기적인 이유가 있다. 그러나 대중적인 혁명 운동에 참여하는 사람은 "원치 않는 자아를 버리기 위해" 그렇게 한다. 현재 자기 모습이 마음에 들지 않더라도 대중 운동에서는 아무런 문제가 되지 않는다. 개인의 자아는 대중 운동의 '성스러운 대의'에 밀려 의미를 갖지 못하기 때문이다. 그래서 지금까지 개인적 좌절과 무력만을 경험했던 사람들이 새로운 자긍심과 목표, 확신, 희망을 얻는다. '성스러운 대의명분'에 대한 믿음이 워낙 크기 때문에 자신에 대한 잃어버린 신뢰는 문제가 되지 않는다고 호퍼Eric Hoffer는 지적한다.

그렇다면 대중 운동에 잘 휩쓸리는 사람은 어떤 사람일까? 호퍼는 「잠재적 후보자」라는 글에서 아주 가난한 사람들은 아니라고 말했다. 하루하루 먹고살기 바쁜 그들은 원대한 전망에 관심을 둘 여력이 없다. 그보다는 좀 더 많이 가진 사람들, 좀 더 먼 곳을 바라볼 여력이 있는 사람들이 대중 운동에 잘 휩쓸린다. 호퍼는 "아무것도 갖지 못한 사람보다는 많이 갖고 있으면서 더 많은 걸 갖고 싶어 하는 사람의 욕구 불만이 더 크다."라고 말한다. 인간은 딱 하나만 갖고 있을 때보다 이것저것 부족한 것이 많을 때 더 큰 불만을 느낀다.[98]

이렇게 보면 대중 운동으로서의 정치는 필요악이라는 생각도 가능하기는 하다. 여기에서 더 나아가면 또 이상을 추구한다. 공산주의가 대표적인 예일 것이다. 공산주의는 인간의 본성을 깡그리 무시한 주장일 뿐이었다. 어떻게 "능력껏 일하고 필요한 만큼 가져다 쓴다."라는 꿈을 현실화할 수 있다고 생각 했을까? 그러니 자멸할 수밖에 없었다. 자본주의는 어떨까? 인간의 본성에 대해서는 이해했지만, 인간에게 선함도 있다는 점은 무시했다. 역시 언젠가 자멸할 것이다. 지금이 바로 그즈음이 아닐까 생각해 본다. 세상은 인정사정 볼 것 없다는 식으로 흘러간다. 그러니 반동이 일어나리라는 것은 자명한 사실이다. 아직은 패러다임을 전환시킬 정도의 주의가 나타나지도 않았다. 불안한 세월 이 흐른다.

홍상화의 장편 소설 『디스토피아』의 다음 대목에서는 이 문제를 이렇게 표현하고 있다.

"박 작가는 공산주의가 실패한 이유가 뭐라고 생각하나요?"

저녁과 함께 반주에 적당히 취했을 때쯤 구소련의 몰락에 관한 이야기가 이어졌고, 그 얘기가 끝났을 때쯤 내가 단도직입적으로 물었다.

"현실적으로 너무나 높은 이상에 근거한 제도 때문이라고 봐야지요."

박진섭 작가는 조금도 주저함 없이 답했다. 역시 내 추측대로 박 작가는 정치 현실에 초연한 것처럼 보였으나 뚜렷한 정치관이 있었음이 드러났다.

"높은 이상이란 어떤 건가요?"

"예컨대 체력이 허용하는 한 열심히 일한다, 필요한 만큼 이상은 어떤 물질도 보유하지 않고 사용하지도 않는다……. 그런 것이지요. 그것은 인간의 본성에 반하는 것입니다."[99]

역사 순환론을 들먹이지 않더라도 사람들은 항상 자기 시대가 말세라 여기는 경향이 있다. "솔직히 이야기해서 앞으로는 더 어둡고 더 살기 힘든 세상이 되리라고 생각합니다. 희망을 가질 수 없는 사회라고나 할까요?"[100] 최근에 단

504

행본으로 나온 『메타볼라』를 《아사히신문》에 연재하던 중에 그 신문과의 인터뷰에서 기리노 나쓰오가 한 발언이다. 그는 자기 딸에게도 그렇게 이야기했다고 한다.

이 힘든 세상에서 하나의 돌파구로 자살을 떠올리는 사람들이 있다. 세계의 모든 정통 종교에서는 자살은 커다란 죄악으로 규정한다. 자살은 상식의 기준으로도 용납할 수 없는 무책임한 자기 방기에 지나지 않는다. "우리나라 하루 36명씩 자살, 40분마다 1명꼴. 500만 명이 미성년자일 때 부모 이혼."[101] 충분히 세상 살기 어렵다, 어두워졌다는 얘기가 나올 법하다.

희망이 없는 사회, 더 바르게 말한다면 희망이 없을 것 같은 사회. 이것이 아마 많은 사람들의 생각일 것이다. 하지만 그런 풍조가 현대만의 특징일까? 아니다. 어느 시대나 자기 세대의 처지가 가장 암울하다고 여겼다. 그렇다고 해서 지금이 괜찮다고 말하는 것은 아니다. 다만 소식 전달 속도가 너무 빠르고 정보가 홍수를 이루기 때문일 수도 있다. 예전에야 남의 나라 일들을 알기나 했을까? 지구 어디에선가 지진이 나고 화산이 폭발하고 홍수가 나더라도 우리는 모르고 살았다. 그러니 걱정도 그만큼 범위가 좁았을 것이다. 한편으로는 자기 먹고살기도 바빴을 것이다.

사람들은 흔히 '그 좋았던 옛날'을 말한다. 『조선왕조실록』을 보면 어느 한 해 천재지변이 없었던 적이 없고, 그 결과 수많은 사람들이 굶어 죽었다는 기록들이 나온다. 19세기 말 서양인들이 찍은 우리 선조들의 모습은 민생고에 지칠 대로 지친 모습이다. 좋았던 옛날은 없다. 우리가 어릴 때 보았던 사물은 실제보다 훨씬 과장되게 기억에 남아 있다. 어려서는 무척 긴 다리인 줄 알았는데 어른이 되어 가 보니 너무 초라하더라는 경험은 누구나 갖고 있다. 그래서 그 좋았던 옛날이 자꾸 떠오르는 것이다. 게다가 당시에는 어렸기 때문에 삶을 책임질 필요가 없었다. 그러니 더구나 그 좋았던 옛날로 기억하는 것이다.

다시 자살 얘기로 돌아가자. 어찌 된 일인지 자살이 너무 늘었다. 2009년 우리나라 자살자는 1만 5413명이었다. '인생이 문제에 봉착했을 때 하는 최악의 선택', '가장 불행한 죽음'이라는 자살. 이해하지만 절대로 납득할 수 없는 것이 자살이다. 세상이 어려워지고 희망도 없으며 미래도 불확실한 상황이라서 그럴까? 그렇지는 않다. 예전에도 이 풍진세상 살아가는 어려움은 다르지 않았으니까. 그렇다면 왜? 정보 과잉이 가장 큰 요인이다. 하지만 열정의 좌절이 원인일 수도 있다. "자살할 열의조차 끌어낼 수 없을 만큼 우울하다."[102]

누가 죽었다. 유명 배우가, 가수가, 심지어는 전직 대통령까지. 전에야 동네 사람이라면 모를까 누가 자살했는지 알지도 못했다. 자살은 뉴스로 취급하지도 않았다. 사생활 보호 때문이기도 했지만 그보다는 그것이 결코 알려져서는 안 되는 일이었기 때문이다. 요즘은 '알 권리'라는 이상한 논리로 제멋대로 소식을 전파한다. 그러니 따르는 사람들이 느끼는 것은 당연한 일이다.

이왕 정치 얘기가 나왔으니 이런 얘기도 덧붙여 두겠다.

원래 나는 교원 노조에 대해서는 비판적이었다. 교육자가 노동자로서의 자각을 가지는 것이 과연 타당한 일일까 하는 회의가 있었기 때문인데, 이런 뜻의 말을 하자 이 주필은 현재의 사정이 아닐 바에는 일단 노동자의 자각으로써 단결할 필요가 있고, 또 교사들이 비굴하지 않기 위해서라도 그런 조직은 있음 직하다며 교원노조를 지지한다고 했다. 그러나 이 주필은 하나의 전제 조건을 내세웠다. 권익 옹호의 뜻에 앞서 교사들의 질적 향상을 위한 자기 훈련적 단체로서의 의미에 중점을 두어야 한다는 것이다.[103]

게다가 정치에는 여러 가지 부수적인 일들이 따른다. '운동'이라는 것이다. 운동이 필요한 것은 사실이지만 그것이 비현실적이거나 현실을 왜곡하는 것이라면 문제가 커진다.

모두가 툴툴거리면서도 평등함과 공정함이라는 이름으로 술을 별로 즐기지 않는 사람에게 가해지는 폭탄주 세례를 지켜보며 박수를 친다. 일상생활 속에 드러나는 관음증의 예이기도 하다. 평등을 가장한 집단적 압력의 표현이기도 하다.[104]

좀 엉뚱한 것 같지만 여성들의 평등한 권리를 위한 페미니즘 운동 역시 정치적이다. 레너드 쉴레인은 "여성은 모든 종을 통틀어, 배란 중일 때도 섹스를 시종일관 거부할 수 있는 최초의 암컷이라는 사실이다. 이 부분에 관한 한 여성은 성별과 종을 불문하고 자신이 원하면 금욕 생활을 할 수 있는 최초의 동물이다."라는 점을 가장 중시한다. 여성이 본능을 통제하게 됨으로써짐승들은 발정기에 스스로를 통제할 수 없다. 드디어 인간다운 삶을 살 수 있게 되었다고 보았기 때문이다. 그래서 그는 "우리의 종속을 호모 사피엔스보다는 지나 사피엔스Gyna Sapiens, 'gyn-'은 여성을 뜻하는 그리스어의 접두 어근이다.라 명명하는 것이 더 정확할 것"이라고 주장한다.[105] 페미니즘도 그런 사회 운동의 하나라 할 수 있다. 위의 인용문에서 우리는 여성에 의하여 우리가 보다 인간적으로 살게 되었다는 것을 알 수 있다.

다른 사회 운동과 마찬가지로 여기에서도 극단적인 주장들이 나온다. 그렇게 되면 역효과밖에 나지 않는다. 약자기에 어쩔 수 없다는 방법론상의 변명이 나오기도 하지만 설득력은 없다. 그들은 운동가이기 때문에 더더욱 책임감을 가지고 운동에 임해야 한다. 정치꾼들처럼 결과가 그렇게 나오지 않으면 그만이라는 식은 위험하다. 그들은 누군가가 선출한 사람들이 아니다. 그러므로 책임에서는 충분히 회피할 수 있는 입장이다. 그런 상황이니 도의적 책임이 더욱 무거워질 수밖에 없다.

생애 초기에 아기는 자아와 외부 세계를 분명히 구별할 수 없다. 어머니와의 관계가 세상의 전부라 느끼고 모든 것이 자신의 소망대로 이루어지리라 믿는다. 그러나 안타깝게도 어머니의 젖가슴으로 대표되는 외부 세계는 항상 만족을 주지 않고 원할 때마다 존재하는 것도 아니다. 아기는 불쾌함과 고통을 경험한다. 이를 피하기 위해 고통의 원인이 되는 모든 것을 던져 버리고 쾌락의 근원만 내면에 남겨 놓으려 한다. 쾌락 자아가 만들어져서 쾌락 원칙을 따르면 현실 원칙을 따르는 외부 세계에 반대하게 된다. 결국 대양감이란 유아기에 경험했던 외부 세계와 단절된 쾌락 자아의 경험을 재경험하는 것이다.[106]

로맹 롤랑은 종교에는 마치 자신이 커다란 세계와 하나가 되어 무한함과 일체감을 느끼는 대양감大洋感. oceanic feeling을 느끼게 하는 면이 있다고 했다. 프로이트는 1930년 『문명 속의 불만Das Unbehagen in der Kultur』에서 대양감은 사실 아이가 엄마 배 속에 있다가 나와서 초기에 경험하는 정서에서 비롯된 것이라 했다.

4장   현재성: 지금 이곳에서 적응하라

기본적으로 도선은 승려다. 그것도 선승이다. 선禪의 본령은 마음이다. 그런데 마음이 내 몸속에 있는 것인가? 그렇지 않다. 마음은 천지天地의 스스로 그러한 것自然이다. 때문에 선적 깨우침은 본질적으로 '지금'이라는 시간성과 '여기'라는 장소성의 주체적 각성인 것이다. 조주趙州 선사의 유명한 공안인 "정전백수자庭前栢樹子"를 보자. "조사祖師가 서쪽으로 온 뜻이 무엇입니까?" 하고 물으니 "뜰 앞의 잣나무다."라고 대답했다는 화두다. 이 문답에서 파악할 수 있는 조주의 선기禪機는 바로 "너는 지금 뜰의 잣나무 앞에 서 있지 않느냐."라는 현재적 장소성의 극명한 표현이다.[107] 도선의 자생 풍수에 현재성이라는 특성이 들어가는 것은 당연한 일이다.

현재는 불안하고 미래는 불확실하다. 풍수에서 중시하는 것은 과거나 미래가 아니다. 현재다. 그러니까 풍수는 불안과 불확실을 대상으로 삼는 셈이다. 그중 미래는 이른바 발복과 발음發蔭에 관한 음택 풍수로 자생 풍수가 중시하는 것은 아니다. 문제는 현재다. 지금 이곳에서 적응하는 것이 자생 풍수의 본래 목적이다. "호퍼는 희망과 꿈이 거리에 난무할 때 특히 조심하라고 경고한다. 그것은 대개 재앙을 불러오기 때문이다."[108] 만약 누군가가 어떤 곳이 천하의 대지, 최고의 명당이라면서 예컨대 대통령 자리를 보장한다면, 그것은 단지 꿈과 희망일 뿐이며 재앙이 머지않아 닥치리라는 경고로 받아들이면 좋겠다.

선택할 것들이 엄청나게 많고 실수도 잘 저지른다면 늘 '최고'를 찾는 것보다는 '이만하면 괜찮은 것'을 찾는 편이 낫다. 슈워츠Barry Schwartz는 인간의 유형을 '극대화자maximizer'와 '만족자satisficer'로 나누었다.

극대화자는 어떤 상황에서든 '최고'를 얻지 못하면 행복하지 않은 사람들이다. 그들은 결정을 내리기 전에 선택 가능한 모든 것을 모조리 점검하며 선택의 폭을 극대화한다. 열다섯 벌의 스웨터를 갈아입거나, 열 명의 배우자감을 만나는 것쯤은 개의치 않는다.

반면 만족자는 이 정도면 더 알아볼 필요가 없겠다는 선에서 대체로 만족하는 사람이다. 그들은 '최고'를 갖고 싶다는 관념적인 욕구보다는 모든 결정에서 확실한 기준과 조건을 갖고 있다. '만족'이라는 개념은 1950년대에 경제학자 허버트 사이먼이 처음 소개했다. 그는 결정하는 데 드는 시간을 고려한다면 만족이야말로 가장 좋은 전략이라고 말했다.[109]

마찬가지로 자생 풍수는 최고의 명당이 아니라 만족스러운 땅을 찾자는 게 목적이다. 왕후가 태어날 극도로 좋은 명당은 자생 풍수가 바라는 바가 아니다. 장상도 목적이 아니다. 마음의 평온을 얻을 수 있는 만족스러운 곳이 목적이다.

그런데 문제가 있다. 극대화자가 되느냐 만족자가 되느냐 하는 것이 유전자에 의한 것이라는 연구가 있기 때문이다. 극대화자냐 만족자냐의 조건은 사실상 낙관주의자냐 비관주의자냐 하는 비교와 같다.

《유에스 뉴스 앤드 월드 리포트》는 8일 미국 미시간대 브라이언 미키 교수 팀의 연구 결과를 인용해 "중추신경계 속에 있는 신경 펩티드 Y의 양에 따라 어떤 이는 낙관주의자로, 어떤 사람은 비관주의자로 태어나는 것으로 밝혀졌다."라고 보도했다.[110]

이렇게 되면 우리가 선택할 여지는 없다는 말인가? 마음의 평온을 얻으려면 낙관주의가 유리하다. 그런데 그런 성향이 타고나는 것이라면 어찌해야 할까? 그러나 낙담할 필요는 없다. 유전학 연구자들은 유전자의 영향이 결정적이지는 않다고 하기 때문이다. 그래도 허망하기는 하다. 내가 마음을 수양해도 그 효과가 미지수라면 그다음에는 어떻게 하라는 것인가? 또 무슨 연구가 나올지 모르니 기다려야 한다.

풍수에서도 다음을 기다려야 하는 경우가 있다. 유행 때문이다. 한때 자석이 좋다고 했다. 지구 자기장의 영향이라는 과학적 논거까지 등장했고, 구두 밑창에도, 이부자리 밑에도 자석이 깔렸다. 수맥이 유행이던 때도 있었다. 지금도 인테리어 풍수에 관심을 가진 사람들이 많다. 잘 때 머리를 어디로 두는 게 좋은가라는 질문은 지금도 가끔 받는다. 유행을 따르는 것이야 말릴 일이 아니지만, 좀 진중하게 살기를 바란다면 기다리는 게 좋다. 언제 또 무슨 유행이 찾아올지 누가 알겠는가?

여기에서 우리는 다시 한 번 '지금 여기에서now & here'라는 삶의 현재성을 떠올리지 않을 수 없다. 다행히 풍수에는 현재성이라는 특성이 있다. 알 수 없는 미래보다 지금 여기에서 발생한 문제에 집중하는 것이 현실적이라는 얘기다.

흔히 명당을 전원풍의 어떤 곳으로 생각하지만 지금 여기에서 만족스러운 곳이 시골이나 산골은 아니다. 현재 우리 대다수는 도시에 거주하고 있다. 다음 인용문을 보면 공감이 갈 수 있다.

베스코스의 주민들은 모든 이방인이 자연을 벗 삼아 살아가는 자신들의 건강한 삶에 매료되어 있다고 생각했다. 그래서 그들은 "아! 현대 문명과 동떨어져 사는 것은 정말 좋은 일이야!" 따위의 말들을 반복했다. 하지만 내심으로는 이 무료한 곳을 벗어나 공기를 오염시키는 자동차들 틈에서, 범죄가 난무하는 도시에서 살아 봤으면 좋겠다는 생각을 했다. 시골 사람들에게 대도시는 유혹 그 자체였다. 하지만 방문객들이 나타날 때마다 그들은 말로만, 오직 말로만 잃어버린 낙원에서 살아가는 기쁨을 증명하려 했고, 그럼으로써 그곳에서 태어난 것이 행운이라고 애써 마음을 달랬다. 그때까지 호텔에서 묵은 사람들 중 모든 것을 정리하고 베스코스에 들어와 살기로 결심한 사람이 단 한 명도 없었다는 사실을 그들은 까맣게 잊고 있었다.[111]

지금 대다수 사람들은 도시에서 산다. 그러니 도시를 무시한 풍수는 비현실적일 수밖에 없다. 어떤 면에서 도시는 인류 최초의 모임 장소였는지도 모른다.

도시 역사가 루이스 멈퍼드는 "죽은 사람을 묻은 무덤에 흙더미나 나무, 거대한 돌로 표시를 하는 것은 살아 있는 사람들을 위한 최초의 정식 회합 장소를 위한 것일지도 모른다."라고 했다. 이 주장이 맞는다면 무덤은 '도시의 싹萌芽'이라고 할 수 있다. "오래도록 변하지 않는 재료로 지은 이 최초의 도시는 '죽은 자들의 도시'였다."[112]

도시가 인류 최상의 거주 조건일 수는 없다. 그저 현실에 꿰어 맞춘 만족할 수도 있는 장소 중 하나일 뿐이다.

소심한 성격 탓에 또 변명을 좀 해야겠다. 도시 생활을 견디지 못하는 사람들이 있다는 것을 나도 안다. 가끔 그들의 삶이 그립기도 하다. 나의 아버님은 넷째이자 막내아들이셨다. 둘째 아들, 그러니까 내게는 둘째 큰아버님이었던 어른은 내가 초등학교 3학년이던 1959년 강원도 산골에서 홀로 돌아가셨다. 군부대에서 어찌어찌 알아서 연락이 와 그곳에 그대로 모셨다고 한다. 내 형님은 그곳에 갔지만 나는 아직 어리다고 빼셨던 모양이다. 그래서 큰아버님 산소가 어디인지 모른다.

그 큰아버님은 내 기억 속에 비현실적이고 이상한 분으로 남아 있다. 산속을 떠돌다 홀연 나타나 며칠 묵으며 기억에 남아 있지는 않지만 옛날얘기와 신기한 얘기들을 들려주곤 했다. 충분히 도시 생활을 해 나갈 수 있는 분이었지만 그러지 않았다. 아버님도 그런 형님을 굳이 잡지 못했다. 정처도 없이 산골을 찾는 떠돌이 생활을 한 건 도대체 무엇 때문이었을까? 모른다. 그분의 품성과 체질 때문이었을까? 그럴지도 모른다. 그분은 지금 내 기억 속에는 자유인으로 남아 있다.

답사를 다니며 수많은 산골의 이인들을 만나 보았다. 간혹 그럴 수밖에 없는 사연을 가진 이들, 그러니까 치료를 위해서라든가 수도를 위해서라든가 실연이나 실패를 극복하기 위해서인 경우도 있었지만 대부분은 그냥 거기서 산다고 했다. 그들 역시 자유인이었다. 그들도 그립다. 도저히 도시를 떠날 수 없는 체질인 나는 진정 그들이 부러울 때가 있다. 세상에는 그런 사람도 있다.

그런가 하면 산에 취하여 산에 기대어 살아가는 유장한 성품의 사람들도 있다. 예컨대 《중앙선데이》에 포토 에세이를 매주 쓰고 있는 사진작가이자 농부인 이창수 같은 사람이 그렇다. 나는 그를 본 적이 없고 그의 글만 보았다.

아직 겨울 풍경이 눈에 가득합니다. 하나 갈대밭 늪지에 홀로 선 버드나무 가지 끝에는 연두색 빛이 자분하게 서려 있습니다. 얼음 땅 깊숙이 뻗어 있던 뿌리는 벌써부터 봄을 준비했던 겁니다. 추위를 탓하며 게으름을 피우던 나에게 버드나무가 이미 봄이 왔다고 한마디 합니다. 그러고 보니 저 역시 두껍던 옷이 한 겹 가벼워 졌습니다. 알게 모르게 봄이 왔나 봅니다.[113]

이 글은 마음을 참 편하게 해 준다. 그를 모른다 한들 무슨 문제인가. 세상 엔 그런 사람도 있다. 내 바람은 그의 인품도 글과 같았으면 하는 것뿐이다.

실제 조사로도 극대화자가 만족자에 비해 덜 행복하고 덜 긍정적이며, 우울해하는 경향이 강하다고 한다. 마음의 평화와 만족스러운 삶을 원한다면 만족자가 될 일 이다.[114]

이와 유사한 방정식이 있다. 기대치가 없을 수는 없고, 따라서 0을 기대할 수는 없다. 만약 기대치가 0인 사람이 있을 수만 있다면 아마도 최대의 만족자 가 될 수 있을 것이다.

루이스는 행복에 대한 수학 공식을 고안한 경제학자로 역사에 기록될 것이다. E분 의 R, 즉 기대치Expectation로 나누어지는 현실Reality. 행복해지는 데는 두 가지 길 이 있다. 현실을 개선하거나 기대치를 낮추는 것. 한번은 이웃집에서 한 저녁 식사 자리에서 레이시는 남편에게 만약 기대치라는 게 없다면 어떻게 되느냐고 물었다. 0으로 나눌 수는 없지 않느냐고. 인생의 모든 편차를 그대로 받아들이면 결코 행 복해질 수 없는 거냐고.[115]

당연히 정답은 편차를 그대로 받아들이는 쪽이다. 이런 태도에 대하여 일 부 사람들은 이렇게 물을 수 있다. "그렇다면 언제나 히죽거리는 바보는 행복 한 것인가?" 이건 질문 자체가 틀렸다. 바보라는 기준도 모호하거니와 그런 예 가 있다고 하더라도 누가 그들의 의식을 장담할 수 있겠는가?

나는 항상 지금 내가 살고 있는 이곳을 명당이라고 여겼다. 지금도 당연히 그렇게 여긴다. 좋은 면만을 부각시키고 마음에 들지 않는 부분은 받아들인다. 계속 불만을 갖고 투덜거린다면 무슨 이득이 있겠는가. 물론 그런 부분을 개선할 수 있다면 개선해야 한다. 그것이 바로 비보다. 비보가 인과 관계가 명확한 방책은 물론 아니지만 심리적으로 긍정적인 효과를 낸다면 그걸 거부할 이유는 없다.

주변 환경과 진정한 접촉을 나누는 사람은 흥분 상태에 놓인다고 펄스Friz Perls는 말한다. 그들은 언제나 이런저런 방식으로 주변을 느낀다. 반대로 신경증자들은 세상과 진정한 접촉을 나누는 대신에, 그들이 익히 알고 있는 내면 세계로 후퇴하며 성장을 멈춘다. 그러나 건강한 사람은 세상과 맞물려 바삐 돌아간다. 그들은 "음식을 먹고, 사랑을 나누고, 공격하고, 갈등을 빚고, 의사소통하고, 인식하고, 무언가를 배운다."[116]

결국 인생을 살아가면서 행복을 찾으라는 얘기다. 인생을 포기하면 기대치는 없어지겠지만, 그런 게 어디 인생일 수 있겠는가.

아마도 앞으로 나타날 도시는 건축물뿐 아니라 도시 전체가 도시다운 특성을 띠게 될지도 모른다.

집 안의 대부분을 지배하는 정보 기술은 가구가 적고 기능이 다중적인 공간을 가능하게 할 것이다. 특정 기능을 위한 고정적인 가구들로 채워진 작은 방들이 많은 것이 오늘날 집의 전형이라면, 미래에는 더 넓은 소수의 방이 있는 집이 주류가 될 것이다. 실내와 실외의 구분도 그러한 추세를 따르지 않을 이유가 없다. 이미 사라지고 있는 집과 정원의 구분은 2020년에는 완전히 사라질 것이다. '실내'와 '실외'

의 개념은 변덕스러운 날씨와 관련된 의미를 상실할 것이다. 건축가 버크민스터 풀러는 거의 60년 전에 뉴욕시를 덮어씌우는 거대한 구형 지붕을 상상했다. 그러므로 실외도 실내처럼 통제되는 거대한 주거지를 구상하는 것은 지나친 상상이 아니다.[117]

이제 다시 살아 있는 지구, 가이아의 문제로 돌아가 보자.

가이아는 누구일까? 그녀는 무엇일까? 여기서 '무엇'은 지구의 뜨거운 내부(160킬로미터)와 그것을 둘러싸고 있는 상층 대기(160킬로미터) 사이에 있는 땅과 물로 된 얇고 둥근 물질을 말한다. '누구'는 40억 년이 넘는 세월 동안 그 안에서 살아온 살아 있는 생물들의 상호 작용하는 조직을 말한다. 이 무엇과 누구의 조합 그리고 둘이 끊임없이 영향을 주고받는 방식에 '가이아'라는 이름이 붙여졌다. 그것은 살아 있는 지구에 대한 비유다.[118]

이것은 아마도 경험에서 우러나온 비유일 가능성이 높다. "이론은 조만간 경험에게 숙청당할 수밖에 없다."[119] 알베르트 아인슈타인의 말이다. 경험에는 시행착오라는 좋지 않은 과정이 따른다. 그것이 낭비일지도 모르지만 독설가 버트런드 러셀의 말처럼 "즐기며 낭비한 시간은 낭비한 것이 아니다."[120]

손해를 볼 위험이 있을 때는 검증되지 않은 새로운 것을 포기하고 기존의 것을 유지하는 것이 유리하다. 현재 상태가 이상적이지는 않더라도 어느 정도 안전하니까 말이다. 그리하여 유기체는 기존의 유기체로 만족하는 듯하다. 자연은 보수적이다.[121]

진화론에 따르면 유전 과정에서 자연적 선택에 따라 열악한 형질은 도태되고 우세한 것만 대물림된다고 한다. 그런데 어째서 사람을 힘들게 하는 질병이 유전되는 것일까? 그는 그 이유를 '우성'에 대한 사람과 자연의 기준이 다른 데서 찾는다. 사람이 생각하는 우성의 기준은 '삶의 질'이지만 자연이 선택하는 기준은 '생존과 번식'이라는 설명이다. 예컨대 당뇨병의 경우 그 고통은 삶의 질을 현저히 떨어뜨릴 정도지만 혈액 농도가 높으면 동사할 가능성이 낮아져 빙하기를 넘기는 데 유익했으며 그 유전자가 지금까지 이어져 온 것이란다.[122]

땅이 나쁘면 버려야 하는가? 땅이 병든 것은 무조건 나쁜 것인가? 반드시 그렇지는 않다. 자연의 입장에서 보면 그럴 만한 이유가 있다.

흔히 명당을 찾으면서 완벽한 곳을 희구하는 사람들이 있다. 나는 땅을 사람에 비유하여 살핀다고 밝힌 바 있다. 사람 중에 완벽한 사람이 있을 수 없는 것처럼 땅에도 그런 것은 없다. 만약 완벽한 사람을 만나게 된다면 그 사람을 반드시 피하기를 권한다. 완벽한 이에게는 더 이상 바랄 것이 없기 때문이다. 말하자면 실망할 일만 남는다는 뜻이다.

"한마디로 말해 너무 미인이라서 거절하는 겁니다. 전 할 일이 많은데, 그런 아내를 맞이하면 아내 하나 지키기에도 힘이 부족할 것 같습니다. 전 주로 육상 근무를 한다고 되어 있지만 해군인 이상 언제 해상 근무를 해야 할지 모르는 처지입니다. 그런데 전 아내 때문에 불필요한 신경을 쓰는 형편에 스스로를 몰아넣기가 싫습니다."

이 대답은 나를 놀라게 했다. 그는 내가 몇 번 번의翻意를 종용했는데도 거절 의사를 굽히지 않았다.

아름다운 여자를 아내로 삼기 위해 별의별 수단을 쓰는 남자도 있고 미녀에게 홀려 평생을 망친 남자도 있는 세상에 이런 남자를 건실하다고 평할 것인지, 너무나 고지식하고 옹졸하다고 평해야 할 것인지 모르겠다. 그는 그 후 초등학교 여교사와 결혼했다고 들었다.[123]

우리는 완벽을 선택하려고 애쓸 것이 아니라 그런 관계가 되도록 노력하는 것이 중요하다는 것을 안다.

내가 이해하는 바의 기독교 신앙에서 일차적인 것은 하느님이 존재한다는 명제에 동의하느냐 않느냐의 문제가 아니라, 어둠과 고통과 혼란 속에 허덕이며 막다른 지경에 이르렀음에도 세상을 변화시키는 사랑에 대한 약속을 충실히 믿고 지키는 인간들이 보여 주는 헌신이다.[124]

인류의 미래에 관한 현대의 담론을 지배해 온 것은 비관주의적 관점이다. 1960년 대에는 인구 폭발과 세계적 기근이, 1970년대에는 자원 고갈이, 1980년대에는 산성비가, 1990년대에는 세계적인 전염병이, 2000년대에는 지구 온난화가 이를 대표했다. 비관론의 취지는 "인류는 경제 성장이라는 어리석은 목표를 포기할 때에만 비로소 살아남을 수 있다."라는 것이다. 유엔환경계획의 수석 책임자인 모리스 스트롱은 "지구의 유일한 희망은 산업 혁명이 붕괴하는 데 있지 않을까?"라고까지 물었다. 오바마 미국 대통령의 과학 고문인 존 홀드런은 '미국의 역逆발전'이 필요하다고 역설했다.[125]

아무리 완곡하게 표현해도 세상은 너무 힘든 곳이다. 그 종점에 죽음이 있다. 풍수에서 죽음과 주검의 처리 문제에 관심을 갖고 있는 것은 사실이다. 그러나 풍수의 본령은 그게 아니다. 어디까지나 산 사람의 관심이고 산 사람이 대상이다. 그럴 수밖에 없지 않겠는가. 죽은 사람이 무언가에 관심을 갖는지 않는지 누가 알겠는가?

"인간 50년, 천상의 하루에 비한다면 덧없는 꿈과 같구나. 한 번 생을 얻은 자, 그 누가 멸하지 않으리오." 일본 헤이안 말기 구마가이 나가자네라는 사무라이가 다이라노 아쓰모리를 죽이고 인생무상을 느껴 불문佛門에 들어가며 읊었다는 시가다. 예전에 읽은 시구가 최근 궁리에서 출판한 최철주의 『해피엔딩, 우리는 존엄하게 죽을 권리가 있다』와 유경의 『죽음 준비 학교』를 읽고 문득 떠올랐다.

앞의 시구절은 참으로 진부하다. 그런데도 묘하게 가슴을 친다. 죽음이라는 게 본래 진부해서인지도 모르겠다. 항상 곁에 있음에도 항상 잊고 지내는 죽음. 하기야 수시로 죽음을 떠올리는 삶이란 얼마나 잔인한 것일까? 최철주가 편안한 죽음을 권한다면, 유경은 죽음과 친해지기를 강조한다. 좋은 말씀들이다. 공감도 한다. 하지만 실제 내가 죽음에 직면한다면 그들의 조언대로 할 수 있을까? 자신 없다. 아무리 생각해도 죽음은 현재가 아니다.

많은 이들은 모든 종교의 권력이 바로 이런 죽음의 비즈니스에서 비롯된 것이라고 말한다. 즉 종교는 죽음과 망각의 현실성을 있는 그대로 대면하지 못하는 이들에게 보상적인 낙원을 제공한다. 다시 말해 종교는 헛된 희망에 매달려 산다는 것이다. 예컨대 종교는 빅토리아 시대의 소책자의 제목인 『죽음으로부터 생명에 이르게 하는 여행 안내서 The Travellers' Guide from Death to Life』와 같은 헛된 희망을 제공한다. 인류의 종교사를 통틀어 보건대, 모든 종교는 잘레스키 C. Zaleski가 '타계他界 여행'이라고 불렀던 것을 묘사해 왔다. 하지만 그런 여행을 실제로 할 수 있다는 말인가? 오셀로의 대사처럼 '죽음은 여정의 종착점'이라는 점을 인정하는 것이 훨씬 현실적이지 않을까? 도대체 우리가 사후에 어디로 갈 수 있다는 말인가?[126]

대학 시절에 나는 톨스토이 선생님의 『인생 독본』을 더러 읽었어요. 의식, 영혼이 사라지는 듯한 경험을 누구나 매일 한다고 선생님은 말하였습니다. 그게 잠이랍니다. 칠십 평생이라고 할 때 사람은 2만 번 이상 잠을 잡니다. 하느님이 지칠 줄도 모르고 그야말로 매일같이 잠이라는 이름의 죽음 연습을 시켜 주는데, 왜 죽음이 두려우냐고 톨스토이 선생님은 말하셨어요. "내일 일어날 것을 알기 때문에 잠이

두렵지 않다."라고 잠과 죽음의 다른 점을 선생님은 물론 덧붙였고요.[127]

정말 그렇게 생각할 수 있다면 성인의 반열에 오를 수도 있겠다. 그러나 현실은 그렇지 못하다. 특히 나이가 들면 더 심해진다.

옷에 가려진 이 몸을 보라. 이것은 상처투성이요, 육체의 여러 부분이 모인 것에 지나지 않는다. 또한 질병의 소굴이며, 수많은 망상을 가진, 안주하지 못하는 존재다.[128]

『법구경』에 나오는 말이다. 안주할 수 없기에 죽음이 두렵다. 외롭다. 죽음이 고통인지는 모르겠지만 기쁨일 수 없음은 확실하다. 초등학교 2학년 때던가 뚝섬에서 헤엄을 치다가 죽음 직전까지 몰렸던 경험이 있다. 숨을 쉬지 못하는 고통은 분명 있었다. 그러다가 어머니가 떠올랐고, 그다음에는 고통이 사라졌다. 그 순간 어떤 아저씨의 손에 몸이 잡혔다. '살았구나.' 하는 감상은 분명 기쁨이었다. 그래서 내 기억 속에 죽음은 고통, 삶은 기쁨으로 되어 있다.

붓다, 그분조차 죽음의 고통은 있었던 것이다. 한 사람의 인간으로서 그 고통을 감내하는 모습에 슬프기까지 한 친밀감을 느끼지 않을 수 없다. 붓다는 젊은 아난다에게 "피로하다."라고 하셨고 또한 "물을 마시고 싶다."라고 말씀하셨다.[129]

"아! 아난다여. 나를 위해 이 한 쌍의 사라나무사라쌍수 사이에 침상을 준비하여라. 머리를 북쪽으로 하도록 하여라. 아난다여! 나는 피로하다. 눕고 싶다. …… 아난다여! 너희는 수행 완성자자기 자신을 말한다.의 유골의 공양숭배에 관여해서는 안 된다. 아무쪼록 너희는 바른 목적을 위하여 노력하라. 바른 목적을 실천하라. 바른 목적을 위하여 노력하라. 바른 목적을 실천하라."

『대반야경』에 수록된 붓다의 마지막 말이다.[130] 죽음을 맞은 주검은 허망하다는 말씀으로 새긴다. 주검을 우상화하는 어리석은 짓을 하지 말라는 말씀으로도 여긴다. 인간의 주검은 비인간적인 표현이기는 하지만 혐오스럽다. 세월이 지나 이장을 위해 파헤쳐 놓은 주검은 더욱 끔찍하다. 그저 빨리 화장을 하여 모시는 것이 제일 낫겠다는 생각이 절로 든다.

올드 피플즈 디스토피아Old People's Distopia에서 읽은 부분이다. 말장난을 좀 해 보자. 유토피아Utopia는 '어디에도 없는 곳'이라는 뜻이다. 디스dis라는 접두사는 그에 반대되는 것이라는 의미이므로 디스토피아는 '어디에도 없는 곳이 아닌 곳' 즉 '어디에나 있는 곳'이라는 뜻이 된다. 흔히 우리는 유토피아를 이상향이라 여긴다. 물론 그곳은 실제로 존재하지 않는 곳, 존재할 수 없는 곳이다. 이상이라는 게 워낙 그런 것이니까 당연하다. 그런데 그 반대가 되면? 끔찍한 곳이 된다. 그런 곳이 어디에나 있는 디스토피아고, 사실 이 인간 세상은 디스토피아에 지나지 않는다. 나와 내 주위를 보면 고통이 즐비하다. 괴로움은 길고 행복은 순간이다. 죽음 그 뒤는 무신론자에게는 없는 것이기에, 삶의 행복은 그리 중요하지 않아진다.

아직 학계에서 추종 세력이 많지 않지만, 혼성 학문 중에서 가장 난폭한 것이 미래학future studies이다. 여기서 난폭하다는 것은 기존 학문을 자유자재로 이용하면서도 나름의 고유한 학문 방법도 없이 알 수 없는 것들에 대한 지식을 떠들고 있다는 의미에서다. 아직 일어나지도 않았고, 존재하지도 않으며, 앞으로 영영 일어나지 않을 수도 있는 것들을 어떻게 '연구'한다는 것인가? 분명히 이것은 보통 사람의 생각으로는 가능한 일이 아니다. 그러나 못 할 것도 없다.[131]

실존주의란 쉽게 말해, 우리가 열아홉 살이고 집에서 멀리 떠나 약간의 우울감에 젖어 있으며, 유아원에 간 아이처럼 뭐가 뭔지 갈피를 잡지 못하고 있다는 사실을 존재론적으로 그럴듯하게 말하는 방식이다. 20~30년 지난 뒤에도 10대 후반 아이들의 조건은 마찬가지였지만, 그걸 대변하는 어법은 후기 구조주의라고 불렸다.[132]

그래서 사람들은 더욱 현재에 집착한다. 그 집착은 현세의 행복으로 귀착된다. 강남은 현대인들에게 비난의 대상이 아니라 동경의 대상일 수 있다는 것은 억지가 아니다. 선악은 차치하고 말이다.

이홍이 『성탄 피크닉』에서 이전의 계급 소설이나 강남 소설과 다르게 보여 준 것은 "강남이 강북을 억압한다는 당연한 사실의 확인이 아니다. 강북도 강남을 욕망한다."라는 현실의 인정이다.[133]

사람들은 자신들이 억압당하고 착취당했다고 생각하는 이면에 항상 자신이 그 위치에 올라서고 싶다는 소망을 품고 있는 것은 아닌지 자문해야 한다. 만약 그렇다면 그것은 위선일 뿐이다.

공자님 말씀에 위방불거危邦不居 난방불입亂邦不入이라는 게 있어. 위험한 나라에는 살지 말 것이며 혼란된 나라에는 들어가지 말라는 얘기다. 나라라는 말을 상황이라는 말로 바꾸면 돼. 위험한 상황, 혼란된 상황을 피하고 자기를 보전하는 데 우선 중점을 두라는 가르침이다.[134]

현실을 중시하라는 조언은 일부러 기피하지만, 속마음을 들여다보면 꼭 그렇지도 않다. 대다수가 입으로는 이상을 말하지만 행동은 지금 여기에 머무는 까닭이기도 하다.

5 장 　 불명성: 비논리의 논리, 논리 뛰어넘기

이 세상에는 상반되는 뜻을 가진 경구가 참 많다. "아는 것이 힘"이라고 하지만 "모르는 게 약"이라는 말도 있다. "보통 불행은 '아는 것'에 의해 초래된다."[135]는 후자에 중점을 둔 말이다.

"인간은 합리적인 존재가 아니라 합리화하는 존재일 뿐이다."[136] 레온 페스팅거의 말이다. 이 말에는 세상 일 중에는 합리가 아닌 것들이 훨씬 많다는 의미가 들어 있다. 하지만 합리건 아니건, 합리화하려는 경향은 뚜렷하다. 풍수에서는 그런 비합리의 합리화가 많다. 하기야 풍수에서만 그렇겠는가? 대부분 자신의 합리화에 열중하는 것이 인생이다. 그래서 의견 충돌이 생기고, 그것은 화해를 어렵게 만드는 중요한 요인이 된다. 이럴 경우 과학은 그런 일들을 단연코 아니라고 부정하기도 곤란하다.

물리학자 폴 스타인하트는 이렇게 말했다.

나는 사람들이 과학자에 대해 그릇된 인상을 가지고 있다고 생각한다. 사람들은 과학자들이 질서 정연하게, 1단계에서 2단계를 거쳐 3단계로 착실하게 사고한다고 믿는다. 그러나 실제로 일어나는 일은 흔히 그 당시에는 터무니없어 보일 수도 있는 상상력의 도약이다. 그런 일이 이루어지는 단계에 당신이 과학자들을 만난다면, 그들은 마치 증명도 없이 상상하는 시인처럼 보일 것이다.[137]

"엘리베이터 문은 아가리입니다! 행운을 먹어 버리죠. 이런 곳에 살면 불행이 따라와요."[138] 같은 억지 합리화까지 풍수를 빙자하여 만들어지는 판이다.

"교부敎父인 테르툴리아누스는 'Credo quia absurdum'이라고 말했다. '그것이 터무니없기 때문에 나는 그것을 믿는다.'라는 뜻이다."[139] 독실한 종교인의 고백이지만 행간에는 버리지 못할 뜻이 숨어 있다. 터무니가 있다면 굳이 믿을 필요가 없다. 자명하기 때문이다. 스스로 분명한 사실을 무슨 까닭에 믿어야 한단 말인가? 그냥 받아들이면 될 일이다.

일단 믿으면 의심하지 않게 된다. 판단하지 않게 된다는 뜻이다. 세상에는 그런 현상이 비일비재하다. "판단을 유예할 줄 모르는 것이야말로 비합리성의 가장 두드러진 측면 중 하나다."[140]

이런 우스갯소리가 있다.

런던의 한 타블로이드 신문 편집자는 별점란을 맡은 점성술사에게 해고를 알리는 편지를 쓰면서 "틀림없이 이미 예측하셨겠지만"이라는 말을 맨 앞에 썼다.[141]

땅에 생명이 있는가? 생물학적 의미에서라면 단연코 땅에는 생명이 없다. 즉 땅은 생명체일 수 없다는 것이다. 그런데 모든 생명체는 땅을 바탕으로 한다. 강이나 바다 같은 물도 있지 않으냐고 할지 모르지만, 거기에 있는 생명체도 결국 땅으로부터 흘러 들어가는 먹이가 아니면 생명을 부지할 수 없는 것은 물론이고 그 물 밑이 땅이라는 것을 생각해 보면 생명체가 땅을 바탕으로 한다는 것은 결코 억지가 아니다. 여기서 땅 자체를 생명체로 오인할 수 있는 소지가 생겨난다. 오인일까? 오인이면 어떤가? 이 세상에 진정으로 오인 아닌 현상이 있을까?

나는 땅을 사람에 견주어 판단하는 버릇이 들었다고 여러 번 언급했다. 그렇다면 나는 분명 땅을 생명체로 여기고 있는 셈이다. 사람은 항상 무언가를 생각하며 산다. 그 생각의 대부분이 오인이리라. 분명한 것은 아무것도 없다. 종교? 아직 믿는 종교는 없지만 필요는 느낀다. 식민지 인도를 경영하던 영국 인들은 팔이 여덟 개나 달린 토착민들의 신을 어리석은 미신의 소산이라고 믿어 의심치 않았다. 당연히 경멸을 담아서였다. 그런 토착민이 예수의 어머니 마리아 얘기를 듣고는 황당하다는 반응을 보였다. 어떻게 처녀가 애를 낳을 수 있는가? 물 위를 걷는 것 정도야 인도인들에게는 별로 신기한 일도 아니지만 이 문제만은 불가사의였다고 한다.

세상사 앞일을 알 수 없는 경우가 너무나 많다. 사람이든 땅이든 그들의 인연도 그와 같다. "이렇게 쉽게 집이 결정되리라고는 아무도 예측을 못 했을 것이다. 상상력도 때로는 필요가 있다. 우리는 첫사랑처럼 집과 조우하기도 하는 것이다."[142] 일곱 번째 유전자 결손으로 생기는 질병인 윌리엄스 증후군이 있는 윤훈이 부모를 따라 집을 구하러 다니다가 결정하게 된 경위가 그렇다. 물론 이런 일은 우연일 수 있다. 문제는 그것이 '의미 있는 우연의 일치synchronicity'인 경우다. 우연과 의미는 맥락이 닿지 않는 단어지만, 이상하게도 일상생활에서 우리가 흔히 사용한다. 만약 그렇다면 그건 단순한 우연과는 다르다고 해야 한다.

우연은 육아에도 적용된다. 우리가 자식을 키울 때 의도된 행동을 하는 것은 아니다. 그런데도 많은 부모들이 자식으로부터 응분의 보답을 요구한다. 그건 응보가 아니다. 욕심일 뿐이다. 자식이 아기 때 얼마나 귀여웠는가? 그것만으로도 효도는 끝났다고 생각해야 옳다.

"아이들은 세 살이 되기까지 평생 동안 해야 할 효도를 모두 끝낸다는 말도 있습니다."

"그래서요?"

"자신이 낳은 자식을 세 살까지 키우는 동안 부모는 충분한 기쁨과 행복을 얻는다는 거죠. 그 후에는 자식 때문에 어떠한 고생을 한다 해도 그 기억만으로 아이를 사랑할 수 있는 겁니다."[143]

21세기인 지금 우리는 진정으로 위대한 물리학자 리처드 파인만이 양자론에 대해 했던 말을 받아들이기 시작하고 있다. "그것을 이해한다고 생각하는 사람이야말로 아마 제대로 이해하지 못한 사람일 것이다." 우주는 우리가 상상할 수 있는 것보다 훨씬 더 복잡한 곳이다. 생명, 우주, 의식, 심지어 자전거 타는 법 같은 단순한 것들까지도 말로는 설명할 수 없는 부분이 있다. 우리는 이런 창발적創發的 현상을 이제 겨우 다루기 시작했다. 가이아에서 그런 현상들은 거의 마법 같은 얽힘의 양자역학만큼 어렵기 그지없다. 그러나 그것이 현상의 존재를 부정하지는 않는다.[144]

육아도 효도도 마찬가지다. 이해하기 어렵더라도 그것을 받아들여야 하는 경우가 많다.

존 디John Dee는 어린 시절 에식스잉글랜드 남동부의 주에서는 물론이고 케임브리지에서도 탁월한 학생이었다. 디는 라틴어와 그리스어, 수학과 기하학과 철학 그리고 천문학을 완벽하게 배웠다. 또 튀코 브라헤와 케플러처럼 점성학에도 매료되었다.(당시 천문학과 점성학은 같은 것이었다.) 디는 행성이 강한 광선을 발사하며, 인체, 특히 사람들에게 작용한다고 생각했다. 이 생각은 정확히 1세기 후에 아이작

뉴턴이 수학적으로 계산해 낸 중력이라는 개념으로 발전하게 된다.[145]

이게 단순한 우연일까? 아니다. 우연 외에 섭리 비슷한 것이 작용한 결과다.

케플러는 점성가 교육에서 적극적인 활동을 벌였다고 한다. 그러나 그는 명민한 사람이었다. 케플러가 내린 점성술의 정의는 유명한데 "천문학의 망나니 어린 딸"이 그것이다. 후에 다음과 같은 말을 했다. "설사 점성가들이 간혹 알아맞힌다고 해도 그건 단지 우연일 뿐이다." 그렇지만 튀코 브라헤와 마찬가지로 케플러는 별과 인간 사이에 희미한 관계가 있다고 생각했다.[146]

희미하더라도 그것은 관계다. 우리는 그런 점을 무시해서는 안 된다.

문명 차원에서 우리는 계속 사용해도 죽고 갑자기 끊어도 죽는 마약에 중독된 사람과 너무나 비슷하다. 현재 우리는 자신의 지성과 창의력 때문에 엉망진창이 된 상태다.[147]

지성도 창의력도 실은 중요하지 않다. 문제는 우리의 정서에 관한 것이다. "역사는 과학적 또는 학문적 용어가 될 수 없고, 결국 정서적 용어가 될 수밖에 없다."[148]

"서양에서 기독교의 영향을 받아 규정한 씻을 수 없는 일곱 가지 죄란 분노, 교만, 정욕, 게으름, 탐욕, 탐식, 시기심을 말한다."[149] 이것들은 서양뿐 아니라 인간 세계에서 일반적으로 죄에 속한다. 특히 분노는 사람의 이성을 마비시킨다. 다행히 혈육 사이에는 그런 것이 잘 작동되지 않는다.

"인간은 조금씩 정도의 차는 있을망정 누구나 죄를 짊어지고 사는 거란다. 단순하게 선악을 구별하는 게 아니라 어디까지는 용서되고 어디까지는 용서받을 수 없는지 그 미묘한 차이를 구별하는 작업을 사람들은 신학이라고 하는 거란다."[150]

신학이건 뭐건 상관없다. 문제는 차이를 인식하는 우리의 판단이다.

해방된 내가 여기에 있다.

대나무 숲 속에서의 어두운 나날. 끊임없이 나를 대지에 눌어붙게 하고, 구속해 온 중력. 예상했던 대로 여의치 않았던 별 볼 일 없는 운명. 일체의 법률이나 관습, 인습이나 불문율 등등. 성기를 포함한 귀찮기 짝이 없는 육체. 한없이 질질 이어지는 번민. 시간의 파도가 끊임없이 실어 오던 불안과 공포. 그런 쐐기에서 완전히 해방된 내가 여기에 있다.[151]

바로 그것이다. 해방이 중요하다.

어떤 장소에서 느끼는 불명료한 기분. 그것을 논리적으로 설명해 보라면 할 수는 없다. 그러나 자신의 기분이 그런 것은 사실이니 아니라고 말하기도 어렵다. 풍수에서 명당이 갖는 성격은 분명 존재하지만 제대로 표현하기는 정말 어렵다.

에이텔E. J. Eitel이 1873년 홍콩에서 발간한 『중국 자연 과학의 원리*Principles of the Natural Sciences of Chinese*』에는 위의 상황을 아주 잘 표현한 대목이 있다.

그리고 진실로 믿을 만한 자리별천지는 궁극적으로 오직 순수한 체험에 의해서만 기술될 수 있다.

진정한 혈장穴場에는…… 비술적秘術的인 빛의 감촉이 있다. 어떻게 그처럼 비술적인가? 그것은 말로써는 표현할 수 없고, 직관적으로만 이해될 수 있는 것이기 때문이다. 산은 밝고, 물은 맑으며, 태양은 아름답고, 바람은 부드럽다. 즉 별유천지別有

天地다. 혼돈 속에 평화가 있고, 평화 속에 흥거운 기운이 있다. 그런 장소에 들어서는 순간 새로운 눈이 뜨인다. 앉거나 눕거나 가슴은 기쁨으로 가득하다. 여기에 기氣가 모이고, 정精이 뭉친다. 중앙에서 빛이 비치고 비술의 기운이 산지사방으로 뻗쳐 나간다. 그 위나 아래 또는 오른쪽이나 왼쪽은 그렇지 않다. 손가락 크기보다 크지 않고, 한 숟가락의 분량 이상도 아니며, 이슬방울같이, 진주알같이, 갈라진 틈 사이로 스며드는 달빛 같고, 거울에 반사되는 영상과도 같다. 그것과 함께 놀려고 해도 붙잡을 수가 없을 것 같다. 없애려고 해도 다함이 없다. 이해하도록 노력하라. 말로는 표현할 수가 없다.[152]

불명료하지만 좋은 표현이다. 그걸 따르면 된다. 한데 그걸 증명할 방법이 없다는 것이다. 증명이 안 된다고 해서 없는 것은 아니다. 그건 있는 거다.

풍수가 바로 그런 것이다. 풍수라는 용어 자체는 얼마나 상식인가? 사람들은 그저 그 신비적 속성 때문에 쓸모도 없는 기대를 하고 있을 뿐이다. 그렇다고 해서 풍수가 불필요한 미신일 뿐이라는 말은 아니다. 선인들의 지혜가 완전히 무의미한 것은 아니지 않은가?

바람과 물을 의미하는 중국어인 '풍수'는 고대의 전통에서 영향을 받은 원리로, 최근에는 극동 지역부터 서양까지 전파되고 있다. 풍수 원리에 따르면 세계는 양기와 음기로 차 있다. 양기는 중시하고 활용해야 하고 음기는 손대지 않고 그대로 두어야 한다는 것이다. 양기와 음기의 조화를 이루기 위해, 즉 음기의 영향을 피하기 위한 방의 배치와 가구의 배열까지 연구되고 있다. 오늘날 저명한 많은 서양 건축가들이 풍수 원리로부터 많은 영감을 받고 있다. 노먼 포스터는 처음으로 풍수 원리를 받아들인 영국 건축가다. 그가 설계한 작품 중에는 홍콩 상하이은행 본점 1979년이 있다. 조화로운 환경에서 생활하는 것은 건강에 이로울 뿐만 아니라 사업에도 도움이 된다. 부동산 개발업자 도널드 트럼프는 뉴욕의 거대한 리버사이드

사우스 프로젝트를 풍수 이론에 따라 추진한 바 있다.[153]

명백한 환상이랄 수 있는 현상도 있기는 하다. 산 정상 저 너머에 누군가가 서 있었다. 게다가 그 사람의 몸은 빛을 발하고 있었다. 키는 소녀와 거의 비슷한데, 몸의 윤곽을 따라 옅은 황색 빛을 발하고 머리 주변은 무지개 색 광채에 감싸여 있었다. 이때 뒤에서 한 남자가 나타나 말했다.

"저건, 너 자신의 모습이야. 태양의 각도와 안개의 농도가 미묘하게 맞아떨어지면 이런 현상이 일어나는 거야. 안개를 극장의 스크린 삼아서 사람의 그림자가 비치는 거지. 독일의 브로켄Brocken이라는 산에서 자주 볼 수 있다고 해서 브로켄 현상[154]이라고 해. 옛날 일본에서는 신이나 부처님의 현현이라고 착각되었던 모양이지만, 저건 너야. 지금 너 자신의 모습을 보고 있는 거야."

그러나 소녀의 내면에서는 생리적인 혐오감과 분노가 끓어올랐다. 그 남자를 지금 당장 절벽으로 밀어 버리고 싶은 충동을 느꼈다.[155]

지식은 전달할 수 있으나 지혜는 전달할 수 없다. 지혜는 찾아낼 수도 있고, 그것에 따라 살아가고, 그것에 의지하고, 그것으로 기적을 행할 수도 있다. 그러나 그것을 입 밖에 내어 말하고 남에게 가르칠 수는 없다. — 헤르만 헤세[156]

풍수를 제대로 전달할 수 없는 가장 큰 이유는 그것이 지성을 바탕으로 한 지식이 아니라 감성을 기반으로 한 지혜라는 것이다.

『심 여사는 킬러』라는 소설의 주인공인 킬러 심은옥 여사의 생각이다.

오랫동안 딸 진아에게 팔베개를 해 줬다. 아들 진섭이가 첫 걸음마를 떼던 순간, 진아가 첫 생리를 시작하던 날이 떠올랐다. 그때는 그게 행복인 줄 몰랐다. 알았다면 좀 더 기뻐했을 텐데. 아쉬웠다.[157]

지혜는 즐거움을 준다. 지식은 만족을 준다. 무엇이 더 중요할까? 단연히 즐거움이다. 만족은 곧 시들어 가지만 즐거움은 의미가 없더라도 오래간다.

"다행증多幸症. 항상 행복한 정신 병리학적 상태." 이런 인생은 어떨까? 가장 난감한 일은 병리적 상태에서 행복을 느끼는 상황이다. 다행증까지 들어갔다면, 그건 절망이나 마찬가지다.

당연히 이건 정상이 아니다. 행복은 불행이 있어야 성립한다. 불행을 모르는데 어찌 행복을 알겠는가. 하지만 심하게 불행한 상황이라면, 그래도 좋다는 생각이 누구나 들 것이다. 견디기 힘든 괴로움, 거기서 벗어날 수 있다면 어떤 짓이라도 하겠다는 사람은 많다. 이를 적극적으로 받아들이면 마약이나 술 같은 습관성 물질에 의존하는 경우도 생긴다. 그러나 이런 중독은 얘기가 전혀 다르다. 중독 상태에서 빠져나왔을 때 그 이전보다 훨씬 괴로워지기에 전혀 도움이 되지 않는다.

카타르시스의 효험을 믿는 정신 분석이 길러 낸 통념, 즉 화가 나면 즉각 풀어 버리라는 등의 믿음이 틀렸다는 실험 심리학의 증거는 많이 발견된다. 오히려 폭력의 악순환과 선행의 순순환順循環이 증명되는 추세다.[158]

이것 역시 잘못된 믿음이다. 흔히들 말한다. 화를 빨리 풀어 버리라고. 그게 가능하지 않다는 것을 우리는 잘 안다. 화를 풀라는 말은 그저 포기하라는 말과 다름없다. 이건 해결책이 아니다. 화가 나는데 어떻게 없었던 일로 하겠는가? 화는 화로 풀어야 한다. 다만 전제가 있으니 정도라는 것이다. 어디까지가 한도인지를 알아야 화를 풀 수 있다. 그게 바로 이성이고 지성이고 지혜다.

이런 시도는 죽음에까지 적용된다.

1934년 화장터가 새로 들어선 이래 묘지는 잇따라 수모를 겪었다. 도굴이 이어졌고 묘지는 뒤집어져 박살 났다. 그리고 개들과 낙서로 인해 더럽혀졌다. 지금은 묘지를 찾는 조문객이 거의 없다. 동시대를 함께 살았던 사람들은 하나둘 세상을 떠났고, 아직도 사랑하는 이를 이 묘지에 묻은 사람 몇몇이 남아 있었다. 그러나 그들은 묘지를 찾아 숨 막히는 보도를 걸어오기에는 너무도 허약했고, 야만적인 파괴 행위를 참고 보기에는 너무도 섬세했다.

늘 그렇지만은 않았다. 저명하고 영향력 있는 가족들이 빅토리아 왕조풍의 장려한 대리석 무덤 뒤에 묻혀 있었다. 도시를 세운 선조들, 지역 기업가들이다.[159]

얼마인가 시간이 흐르면 우리나라에서도 그런 꼴을 보게 될 것 같다는 예감이 든다. 지금처럼 난감한 세태가 계속된다면 틀림없이 그렇게 될 것이다.

인생이라는 에베레스트 산을 오를 때, 단번에 오를 수 없음을 안 선각자들이 요소 요소에 설치해 놓은 베이스 캠프.[160]

인생의 여러 중독증. 알코올, 마약, 담배, 골프를 비롯한 운동, 수집, 심지어는 속도까지.

지금 상황은 어떨까? 세대별 차이는 상상을 초월한다. 그러나 그게 현실이므로 그것을 받아들여야 하는데 쉽지 않다. 유소년들은 버릇이 없고, 노년들은 실제로는 권위도 없는 고집불통의 권위주의자들이며, 청장년은 기회주의자들이다.

당시의 상황에서는 그것이 기쁨인 줄 몰랐지만 뒤에 그런 줄 알 때가 있다. 간혹 명당에 대해서도 그럴 때가 있다. 몇 번 가 본 적이 있지만 그때는 몰랐는데 어느 순간 '그래, 그곳이었어. 바로 그곳에서 마음의 평온을 얻었지.'라고 회상할 때가 있다. 그런 회상을 되살릴 수 있는 방법은 무엇일까?

제일 좋은 방법은 어린이로 돌아가는 거지만 그게 불가능하다는 것은 누구나 안다. "아이들과 바보들은 항상 진실만을 말한다."[161]라는 독일 속담은 진실은 아기와 바보에게서만 기대할 수 있다는 뜻도 된다.

나는 아이들과 강아지를 아주 좋아한다. 그런데 "이런 사람들은 진정한 인간관계를 맺을 수 없다."라는 글을 보고 깜짝 놀랐다. 하기야 아이들과 강아지는 귀엽기는 하지만 속을 끓여 가며 고민할 관계일 수는 없으니까. 표면적으로 내성적 성격이라든가 사회성 결여라는 표지를 붙일 수는 있겠지만, 그건 변명일 뿐이다.

6장   편의성: 이상보다 현실에 충실하기

푸앵카레가 제시한 규약주의의 핵심은 기하학과 시간 측정술의 원리들이 일종의
규약이며 우리가 경험에 공간적·시간적 질서를 부여하기 위하여 만들어 낸 것에
지나지 않는다는 그의 주장에 놓여 있다. 관계를 추정하는 체계로서의 공간과 시
간은 결국 우리의 풍부한 경험으로부터 추상화를 통하여 도출되는 것이다.

"자연이 시간과 공간을 우리에게 부여하는 것이 아니라 바로 우리가 공간과 시간
을 자연에 부과한다. 왜냐하면 우리는 우리 자신의 편의를 위하여 그들을 발견해
낸 것이기 때문이다."[162]

말하자면 우리 마음대로라는 뜻이다. 자신의 편의를 위하여 자연에 시간과
공간을 부여했다니 당연한 일이다.

아나톨 프랑스는 "우연은 신이 자신의 이름으로 서명하기 싫을 때 사용하
는 신의 가명이다."라고 말했다.[163] 우리가 신의 이름을 사용하기 꺼리는 이유

는 이런 데도 있다. 우연은 말 그대로 우연인 경우가 드물다. 그 프로세스를 알지 못할 뿐 뭔가 이유가 있을 수 있다.

우연의 효과는 돌로 언덕을 쌓는 경우와 비슷하다. 돌덩이 몇 개만 쌓아서는 규칙적인 형태를 얻을 수 없다. 하지만 돌을 많이 모아 놓으면 비록 가까이에서 보면 표면에 구멍이 뻥뻥 뚫려 있다 해도, 멀리서 보면 그런 울퉁불퉁한 것들이 보이지 않고 제법 그럴싸한 언덕이 생겨날 것이다. 수많은 개별적인 우연들도 거리를 두고 관찰할 경우 수많은 동종의 사건들을 관찰할 때처럼 조화로운 전체로 녹아든다.[164]

우리나라 시골에서 비보의 방책으로 세운 탑[165]은 막쌓기식으로, 보기에는 우연히 그렇게 된 것처럼 여겨지지만 실제로는 여러 장인들의 공이 쌓여 이루어졌다.

우연은 입증된 생명의 기본 구조를 쉽사리 위험에 빠뜨리지 못한다. 세부적인 부분에서만 실험이 이루어질 뿐, 진화는 보수적인 동시에 진보를 환영한다.[166]

진화는 문제가 아니다. 풍수에서는 세부적인 상황을 중시한다. 풍수 논의에서 전체적인 맥락 즉 논리 체계를 요구하는 사람이 많다. 그러나 풍수는 현실을 살아가는 사람들의 편의에 의하여 쌓여 온 지혜일 뿐 사고의 진화가 불러온 구조는 아니다. 그때, 그곳에서 무슨 판단이 필요한가가 중요하다. 의미를 부여하고 상징성을 조작하는 것 역시 인간의 편의를 따를 뿐이다.

심각한 고민에 빠진 사람들은 풍수가나 점술가, 무당을 찾아가 그에게 의지하려 하는 경향이 있다. 그들은 그러한 고민이 해결될 때까지 자신들도 진정으로는 믿지 않는 것들을 찾아 헤맨다. 여기에서 만족하지 못하면 저기를 찾아간다. 그게 얼마나 모순인지를 따질 겨를도 없이 말이다. 그러다 우연이 그들을 행운으로 이끌면 거기에 빠지고 만다. 이것이 진정한 불행이다. 자신의 책임인 일들을 천지의 조화에 돌리려는 암담한 태도를 유지하며 삶을 지탱한다. 이것이 불행 아니면 무엇이겠는가?

새로운 발견은 불만족스러운 해결책과 오류를 참아 내며 많은 실험을 하고 적은 선택을 하는, 다소 불편해 보이는 진화의 법칙을 통해서 탄생할 뿐이다. 우연과 직관이 이성을 대신할 수 있다는 말이 아니다. 논리적 사고가 있어야 우리의 착상이 얼마나 의미 있는지를 점검할 수 있다. 하지만 그것은 2차적 단계다. 처음에는 언제나 우연에 대해 열려 있는 개방적인 자세가 요구된다. 그리하여 프랑수아 자코브는 혁명적인 발견을 추구하는 것을 '밤의 과학night science'이라 명명했다.[167]

그가 만약 풍수를 알았더라면 자코브는 풍수를 밤의 과학으로 불렀을지도 모른다.

이런 것이 과학은 아니다. 그렇다고 무시할 필요는 없다. 심리적인 기제가 사람에게 의외로 강한 영향을 미칠 수 있기 때문에, 비합리적인 경향성을 띨 수 있다는 점을 염두에 둬서 해로울 것은 없지 않은가.

과학은 영적이고 윤리적인 문제들에 대해 오랫동안 침묵을 지키지는 않을 것이다. 지금 우리는 그러한 문제들에 다가가는 진정한 과학적인 접근법(공개적이고 과학적인 연구 범위 내에서 가장 고상하고 신비로운 체험을 안겨 주게 될 접근법)이 어떤 것이 될지에 관해, 심리학자와 신경 과학자들이 벌이는 격론을 보고 있다. 우리의 삶을 사랑, 동정심, 환희, 경외심으로 가득 채우기 위해 우리가 비이성적이 되어야 할 필요는 없음을, 이성과 잘 지내기 위해 일체의 영성이나 신비주의와 관계를 끊어서도 안 된다는 사실을 깨달을 때다.[168]

최근에 방문한 오슬로의 한 병원에서 나는 마치 다윗이 골리앗을 억누르듯이 인간의 본성이 현대 기술을 억누른 사례를 보았다. 넓은 복도를 가로지르는 육교와 유사한 구조물 위를 걷고 있을 때, 나를 초대한 병원 관계자는 건물의 내부가 길거리와 유사하게 느껴지도록 설계되었다고 설명했다. 병원은 마치 중심 도로가 있는 마을처럼 보였다. 직원과 환자와 방문객들은 중심 도로 격인 중앙 복도를 거닐면서 길가에 있는 카페와 상점을 드나들었다. 우리의 자연적인 성향을 특히 예리하게 반영한 특징은 복도가 기능적인 직선이 아니라 곡선으로 뻗어 있다는 점이었다. 단지 실제 마을들의 도로들이 죽은 직선인 경우가 결코 없기 때문에 복도가 그렇게 설계된 것이다. 비인간적이고 위협적일 수도 있었을 병원의 분위기는 매우 편안하고 아늑했다. 비인간적이고 '탈개인적'인 거대한 것들은 우리에게 겁을 준다.[169]

이런 건물 구조는 우리의 명당 구조와 닮았다. 간선 도로에서 마을로 들어가는 진입로이를 명당구明堂口라 한다.는 구불구불한 지현之玄 모양이다. 그래야 마을 안쪽인 내부 공간과 마을 바깥쪽인 외부 공간을 연결하는 동시에 두 공간이 단절되도록 하여 거주민의 심성을 안정시킬 수 있다. 연결과 단절은 상호 모순되는 개념이다. 그런데 명당구의 곡선 길은 이 두 가지를 모두 만족시킨다. 간선에 이어져 있으면서도 시계視界는 닫히는 절묘한 구성이다. 시계를 닫는 대표적인 예가 마을 숲이나 서낭당, 솟대, 돌무지, 당산나무 같은 것들이다. 요즘의 건물 내 공간은 이런 식으로 만든 것이 많다. 동선을 최단화시키기 위한 직선을 피한다. 역시 풍수의 명당구를 닮았다.

주변 사람과 장소와 물건은 오래 함께할수록 더욱 편안하게 느껴진다는 사실은 누구나 알 것이다. 예를 들어 자기 집 거실로 들어갈 때가 다른 도시의 고급 호텔 방 '거실'에 들어갈 때보다 한결 마음이 편하기 마련이다. 가구며, 카펫이며 모두 최신 인테리어로 꾸며져 있어도 호텔 방이 우리 '집'처럼 느껴지지는 않는다. 집에서의 편안한 느낌은 세계와 우리를 조화시키는 미묘한 에너지의 미세한 조율 덕분에 생겨나는 것이다. 우리는 이를 '평형 공명equilbrium resonance'이라고 부른다.[170]

이렇게 생각해 보자. 생활 속에 복잡한 규정을 두는 것이 이롭지만은 않다. 정리와 정돈은 초등학교 『바른 생활』에서부터 배워 온 덕목이다. 그러나 사람에 따라서는 좀 어질러져 있어야 평온을 느끼기도 한다. 그들에게 정리, 정돈의 지나친 강조는 스트레스를 가중시킬 뿐이다. 철학자 라이프니츠는 "너무 복잡한 규칙은 규칙이 아니다."라고 말했다.[171]

제4차 북벌에 나선 제갈량이 위나라의 총사령관인 사마의를 궁지에 몰아넣고 화공火攻으로 끝을 낼 즈음 하필 비가 내려 뜻을 이루지 못한다. 이에 그는 "일을 도모하는 것은 사람이지만 일을 완성하는 것은 하늘이라謀事在人 成事在天."라며 탄식한다.

그런데 『삼국지연의』에는 이런 대목도 있다. "본래 시운時運은 하늘로부터 받는 것이라고는 하지만, 공업功業은 반드시 사람에 의해 성사되는 것입니다夫其運雖天所授 而功業必因人而成." 이것은 서진西晉의 형주 방면의 군사 책임자인 양호가 오나라 정벌을 요청하며 무제에게 보낸 상소문의 한 구절이다.[172]

이렇듯 상반되는 견해가 서로 명언이라는 이름으로 회자되는 게 현실이다. 딱 부러지게 확언할 수 있는 일이란 없는 법이다. 제 편의대로 해석한다는 뜻이다. 풍수에는 이런 사례들이 아주 많다. 그래서 편의성도 풍수의 한 특징이 된다.

그러니까 자신에게 맞는 쉬운 방법으로 생활하면 그것으로 충분하다. 풍수도 마찬가지다. 너무 어려운 용어와 복잡한 논거를 들어 이해 불가능한 설명을 하는 풍수라면 다시 생각해 볼 일이다.

당신 할아버지에게 제대로 설명할 수 없다면, 당신은 제대로 알고 있지 않은 것이

다. ── 알베르트 아인슈타인[173]

"신의 도리에는 어긋나지 않아."

네놈은 정통 기독교인의 말을 듣지 않을 셈이냐? 데시몽과 마찬가지로 나 역시 말문이 막혀 입을 벌리고 있을 수밖에 없었다. 말도 안 되는 논리였다. 그러나 로욜라의 말은 언제나 논리를 벗어나 있었으나, 항상 영감으로 충만해 있었으므로 결국에는 옳은 것으로 되어 버렸다.

나중에 성인聖人이 되는 이니고 데 로욜라이그나티우스 로욜라는 이때부터 영감의 힘으로 다른 사람을 굴복시키는 카리스마를 발휘했던 것 같다.[174]

사회심리학자 토머스 길로비치Thomas Gilovich는 편향 확증confirmation-bias이라는 용어를 도입했다.

자신의 믿음이나 신념에 유리한 정보에는 지나치게 관대하고, 그와 반대되는 정보에는 지나치게 인색한 것이 인지상정이다. 그런데 이러한 인지상정이 단순한 '태도'의 문제가 아니라 '인식'에도 영향을 미친다는 주장이 있다. 즉 사람들은 자신의 믿음이나 신념에 유리한 정보를 의도적으로 구해 기존의 인식을 더욱 강화하려는 경향이 있으며, 자신의 믿음이나 신념에 불리한 정보는 의도적으로 배제하거나 경시함으로써 인식의 수정을 기피한다는 것이다.[175]

이것이 바로 편의성이라는 개념이다.

『춘추좌씨전春秋左氏傳』「애공哀公」 11년에 "새는 나무를 선택할 수 있다지만 나무가 어찌 새를 선택할 수 있으리오."라는 말이 있다. 『삼국지연의』에 나오는 "머리 좋은 새는 나뭇가지를 골라 앉고, 현명한 신하는 주군을 선택하여 섬긴다良禽擇木而棲 賢臣擇主而事."라는 말의 연원이다.[176]

그들의 이야기에 한없이 귀를 기울여 인류에 어긋나지 않는 길을 설득하는 것이 정도正道라 한다. 하지만 그가 아무리 의미 있는, 좋은 말을 내뱉어 봤자 그 어딘가에서 빌려 온 인생 철학 따위는 마사코의 현실에 짐이 되는 가정적 고뇌의 거대한 치부 속에 어이없이 흡수되어 사라질 뿐이다.[177]

머리말에서 이미 고백했듯이 지금까지 내가 써 온 글들이 누군가에게서 빌려 온 것이라는 점은 안타깝지만 현실이다. 의도했건 의도하지 않았건 결과적으로는 그렇게 되었다. 그런데 서양의 학술 서적을 보면 처음에 '감사의 글'이 나오고 끝에는 참고 문헌이 빽빽하게 소개되어 있는 것을 본다. 그들도 많은 부분 베꼈다는 뜻이다. 편의성의 다른 예다.

환경을 통제하지 못한다는 생각과 미래에 대한 불확실성은 불안의 두 원천이다. 통제 능력과 예측 가능성을 높여 불안해지지 않겠다는 욕망이 문명 발달의 원동력이었다. …… 슈퍼컴퓨터로도 날씨를 예측할 수 없는데 어떻게 자기 앞날을 이성적 판단으로 내다볼 수 있겠는가. 답이 나오지 않고 가르쳐 주는 사람도 없다. 불안만 더 커진다. 차라리 초자연적이고 비이성적이라 해도, 묻지도 따지지도 말고 무조건 믿고 따를 답을 누가 던져 줬으면 하는 기대를 하게 된다. 차라리 그게 이성적 판단이다. 바로 이것이 21세기 현대 사회에 젊은이들이 여전히 점占에 열광하는 이유다.
점을 보지 않아도 되는 사회가 되려면 합리적으로 예측이 가능하고, 결과를 통제할 수 있다는 확신을 개개인이 가질 수 있어야 한다. 안타깝지만 세상은 그렇지 못하다. 그래서 오늘도 타로 점집에는 젊은이들이 평소 생활에서는 보기 어려운 참을성을 갖고 줄을 서 있는 것이다.[178]

가끔 나도 풍수 자문 요청에 응하는 경우가 있다. 요즘의 내 조언은 요약하면 이렇다. "남에게 피해를 주지 않는다면 당신께서 좋은 대로 하십시오. 잘 때 머리를 남쪽에 두니 두통이 사라졌다거나, 자석을 몸에 지니니까 건강에 좋았다면 그렇게 하십시오." 불행히도 사람들은 이른바 전문가라는 사람의 이런 조언에 만족하지 않는다. 보다 분명한 해결책을 바란다. 그걸 어찌 알겠는가? 다만 풍수건 점술이건 과히 부담이 가지 않는 돈을 요구하는 수준에서 전문가에게 마음 편한 얘기를 들을 수 있다면 그렇게 하는 편이 좋다. 얼마나 답답하면 미신이라 확신하는 데까지 마음이 끌렸겠는가? 그러나 분명한 사실이 하나 있으니 경제적으로 부담스러운데도 그에 의지해서는 안 된다.

나는 과학 기술의 진전에 상당히 희망을 품고 있다. 종말론이 판을 치는 세상보다는 낙관적인 분위기가 좋지 않은가?

좋은 소식은 이 과정에 불가피한 '막장' 같은 것이 없다는 점이다. 세계 전역의 사람들이 분업을 더 많이 할수록 더 많은 사람이 전문화하고 교환할 수 있으며, 우리는 더 부유해질 것이다. 더구나 이 과정에서 우리를 괴롭히는 문제들을 해결하지 못할 이유도 없다. 경제 붕괴, 인구 폭발, 기후 변화, 테러리즘, 빈곤, 에이즈, 경기 침체, 비만 등의 문제 말이다. 물론 해결하기가 쉽지는 않겠지만 분명히 가능하고 정말로 가능성이 높다.[179]

도저히 동의할 수는 없지만 심지어 이런 얘기까지 있다. "무기는 진실에 대한 탐구의 결과물일세."[180] 소설이지만 레오나르도 다빈치가 했다는 얘기다.

진실이 인간을 구원해 주지는 못한다. 리처드 도킨스 같은 세계적 석학이 아무리 신은 없다고 논증해 봐야 실익은 없다. 과학적이고 따라서 객관적일 수밖에 없는 진실이라도 신과 신앙을 부정하는 일에는 별로 소용이 없다는 것이다. 도킨스는 종교가 얼마나 많은 해악을 끼쳤는지 한탄하지만, 그것은 종교 자체의 문제가 아니라, 잘못된 종교관 때문이니 그 점을 공박해야 할 일이다.

살아 있는 인간은 언젠가는 죽어야 하기에 누구나 예외 없이 잠재적 시체다. 잠재적 시체에게 그것이 진실이 아니라 하더라도 기댈 곳이 없다면 어쩌겠는가? 진실이건 아니건 못 견딜 일을 당한 사람에게는 의지할 곳이 필요한 법이다. 만약 자식을 잃은 부모가 신앙에 의지하지 못한다면, 그게 무슨 실익인가. 그렇게라도 해야 조금의 위안이라도 얻을 것이 아닌가. 나 자신은 기성 종교의 신앙은 없지만 광신이 아니라면 신앙인을 존중한다. 최소한 그들에게는 기댈 언덕이라도 있으니 말이다.

풍수도 그 자체는 당시 풍토에 관한 지혜의 축적이었다. 그러나 그것은 변질되었다. 그것도 아주 교묘한 방법을 병행해서. 효도라는 거부할 수 없는 수단을 부른 것인데, 이 점에는 물론 의심스러운 부분이 있다. 처음부터 죽음에 대한 외경이 효도와 결합했을 가능성도 있다는 뜻이다. 어찌 되었거나 그것 때문에 풍수는 상당 부분 타락했다.

전생과 후생을 넘나들며 금지된 사랑으로 절절한 얘기를 현학적으로 풀어 놓은 김진규는 그의 소설에서 이렇게 말한다. "땅은 땅일 뿐입니다. 땅은 아무 짓도 하지 않습니다."[181] 소설의 내용에서 이 표현은 아주 적절하다. 그렇다. 땅은 땅일 뿐이다. 사람이니 그에 대한 감사의 마음을 갖는 것이야 당연하지만 그렇다고 해서 무언가를 더 달라고 하는 것은 비례. 풍수에서 발복을 바라는 태도에 관한 의견이다.

땅뿐이 아니다. 시간의 문제에서도 사람들은 편의성을 좇는 경향을 보인다. 사람마다 좋아하는 시기가 다르다. 매우 주관적이라는 뜻이다. 내가 군에 입대할 때는 날짜에 있어 선택의 여지가 없었다. 지금은 입대 시일을 자신이 고를 수 있다. 나 같으면 훈련받기 좋은 봄이나 가을을 선호할 것이다. 그런데 아들 친구 녀석 중 하나는 1월에 가겠다고 했다. 이유를 물으니 제대하고 복학하기가 알맞기 때문이란다. 나는 지금을 중시했고, 그 아이는 미래를 염두에 둔 것이다. 어찌 되었거나 객관적으로 군대 가기 좋은 날이란 없다는 얘기다. 항상 주관이 문제다.

신에게 인간에 대한 사랑이라는 지옥이 있다면, 모든 인간에게도 바로 손 닿는 곳
에 지옥이 있소. 그것은 가족에게 쏟는 사랑이오.[182]

풍수에서 '어머니인 땅'이라고 할 때, '어머니'는 자애로움의 극치를 의미한
다. 모두들 그렇게 믿어 왔다. 한데 알고 보니 그게 아니다. 어떤 일정한 생존 경
쟁의 규칙이 있더라는 것이다. 한마디로 '이기적'이라는 얘기인데, 충격적이다.
우리가 어머니로부터 많은 것을 빼앗을 때, 어머니인 땅은 우리에게 엄격한 교
훈을 준다. 그렇다면 땅은 이기적인가, 이타적인가? 필자의 생각은 '둘 다'라는
것이다. 이기적 유전자[183] 혹은 이타적 유전자[184] 둘 다 존재할 것이다. 비록 과
학이 아닌 풍수에 생물학을 끌어들이는 것은 거북하지만 말이다.
  "어떤 이들은 해를 아버지, 달을 어머니 그리고 특이하게도 땅을 유모에 비
유하기도 한다."[185] 하기야 어머니인 땅이라고 하면 지나치게 어리광을 피울 염
려가 있다. 다시 말해서 난개발의 소지가 커진다는 뜻이다. 유모라면 얘기가
다르다. 어리광에도 정도가 있는 법이다. 도를 넘어서면, 특히 유모라면 응징을
각오해야 한다. 지금 우리의 현실은 어디까지가 어리광이고 어느 선까지가 허
용되는 수준인지를 가늠하기가 어렵다. 환경론자는 어리광이라 판단하고 개
발론자는 그렇지 않다고 한다. 나는 앞서 밝힌 대로 중병을 앓고 계신 어머니
를 치료하는 개발까지 반대하는 것은 잘못된 판단이라 여긴다.

대자연 어머니는 인간 외의 포유류 암컷들에게 생명 유지를 위한 본능새끼의 태반을
다급히 먹어 치우려는 갈망을 부여했다. 풍부한 철분, 아미노산, 필수 지방 덩어리인 태
반은 어미가 분만의 시련 직후 곧바로 먹어야 하는 최고의 만찬이다. 어미는 태반
을 먹음으로써, 바로 몇 분 전에 잃어버린 바로 그 영양분을 완벽하게 복원시킨다.

갓 배출된 태반에는 1~2회의 수혈에 해당하는 철분이 들어 있다.

지나 사피엔스는 이 맛난 영양식에 대한 갈망을 잃어버렸다. 우리의 가까운 친척 침팬지만 해도 새끼를 낳자마자 태반을 맛있게 먹어 치운다. 이와 달리 사람은 산모가 태반을 구경하기도 전에 간호사들이 얼른 집어 쓰레기통에 버리는 것이 일반적이다. 현재 병원에서는 태반을 '유독성 폐기물'로 분류하여 처리를 엄격히 규제하고 있다. 태반을 개에게 던져 주는 일도 다양한 문화권에서 자주 있었다. 그러면 개는 이 귀한 것을 알아보고 고마워하며 얼른 먹어 치운다.[186]

어디까지가 어머니의 본심인지 알기는 어렵다. 지금이라면 어느 산모도 자신의 태반을 먹으려 하지는 않을 것이다. 그러나 문제는 그게 아니다. '어머니인 땅Mother Earth'이라고 했을 때 태반이 아무리 좋은 것이라 할지라도 그분은 섭취 여부를 가릴 형편이 되지 못한다는 점이다. 분명한 것은 그 어머니인 국토가 응급실 혹은 중환자실에 계시고 우리는 그분을 치료해야 한다는 것이다. 문제는 외과 수술을 할 것인가 말 것인가를 결정하는 일인데 그게 참 어렵다. 누구는 안락사를, 누구는 수술을, 또 누군가는 방치를 주장한다. 무엇이 적절한 조치인지를 알아내는 지혜가 필요하다. 서로 자기 것이 지혜로운 조치라고 우기는 것이 현실이라는 게 우려스러운 일이다.

어머니의 노후를 생각해 보자. 근래(대략 2006년부터 2010년 현재까지) 구로 도서관에서 아무거나, 특히 일본 소설을 거의 손이 가는 대로 빌려 보았다. 한 가지 뚜렷한 현상이 눈에 들어왔다. 치매에 관한 내용이 현저히 많아졌다는 점이다. 나의 어머니도 그렇고 내 친구 어머님들도 많은 분이 그 병에 시달린다. 엄밀히, 아니, 매정하게 말한다면 시달리는 것은 가족들이다. 큰 문제다. 더 큰 문제는 대책이 별로 없다는 것이다. 정확히 말하면 거의 대부분이 무력감에 빠져 있다. 막연히 효도를 들먹거릴 일이 아니다. 그런 상황에 빠진 사람이라면 누구나 공감하리라.

아이를 위해 많은 시간을 보내고 삶의 지혜를 나눠 주는 것이 오랜 세대 동안 이어져 온 조부모들의 임무였다면 지금은 아니다. 손자가 좋은 대학에 가려면 아이의 특출한 머리가 아니라 '할아버지의 재력, 아버지의 무관심, 어머니의 정보력'이라는 삼박자가 갖춰져야 한다는 말처럼 조부모는 더 이상 삶의 지혜만을 나눠 주는 존재가 아닌 것이다. …… 조부모의 권위는 이제 재력이 뒷받침되지 않으면 의미를 갖지 못한다. 삶의 냉정함이 여기에서도 드러난다.[187]

애처롭고 난감한 우리 조부모의 처지에 대해서는 이쯤 해 두고, 다시 어머니인 땅 얘기로 돌아가자.

라파엘 라레르는 현대 미술이 자연에 자리하는 방식에는 두 가지 경향이 있으며, 그 경향에 따라 각기 다른 표현 방법이 있다는 것을 보여 준다. 그중 하나는 어스 아트Earth Art, 자연 재료를 이용하는 예술로, 자연 위에서 작업하고 자연을 도구화하는 것이다. 이 미술은 자연의 거대함을 이용해서 인간 중심주의적인 기념물을 만든다. 대표적인 작품은 러시모어 산미국 사우스다코타 주에 있는, 워싱턴, 제퍼슨, 링컨, 루스벨트의 거대한 얼굴상이 새겨져 있는 산의 조각상이다.

두 번째는 대지 미술로, 이는 자연 속에서 그리고 흔히 자연과 더불어 작품을 만드는 것이다. 자연에서 찾아볼 수 있는 서명은 불안정하고 덧없는 표현물이며, 그 자연 속에 우리가 다녀갔다는 것을 은밀하게 표시하는 증거기도 하다. 여기서는 인간의 손길이 미치지 못하는 곳에 있는 야생 상태의 자연을 그대로 잘 보존해야 한다는 지극히 구시대적인 진부한 개념에 집착해서는 안 된다. 그보다는 오히려 질 클레망프랑스의 원예가, 희귀 식물 연구가의 견해에 따라, 우리의 야생에 대한 개념을 변화시켜야만 한다. 결코 원시림은 아니지만, 황무지와 미개간지, 사람들이 기대하지 않은 그곳에서 다시 무성하게 자라는 잡초들, 야생 상태가 아닌 것처럼 보이지만 사실상 야생 상태인 자연, 우리가 영원히 관계를 끊지 못할 것임을 우리의 오클레망의 생각은 자연의 치료라는 자생 풍수의 특성과 어울린다. 자연을 원시 그대로 두어야 한다는 강박 관념에서 벗어나 인간의 손길을 거친 사실상 자연 상태인 자연이 바로 그렇다. 우리는 이런 관점에서 중요한 사실 한 가지를 적시해야 한다. 즉 아직 원시 상태인 것 혹은 그에 가까운 것은 절대로 건드리지 말고 오직 보호해야 한다. 예컨대 국립 공원, 람사 협약에 의한 야생 습지, 한국의 비무장 지대 등이다. 이런 곳은 그저 사람이 건드리지 못하도록 보호하는 일이 중요하다. 이런 곳을 개발하겠다는 것은 마치 건강한 신체 부위를 미용을 위해 성형하겠다는 꼴이니 적극 말려야 한다. 성형 수술도 신체의 불구를 고치기 위한 것은 권장해야 하지만 오직 그 진위도 판단 기준도 불분명한 미美를 위해서 칼을 댄다는 것이 어불성설이기 때문이다.

7장 개연성: 그럴듯하게 보이고, 그럴듯하게 여겨지고, 실제 효과도 있다

풍수에서는 말로 잘 표현할 수 없는 내용을 설명하기 위해 비유를 많이 쓴다. 그런데 이 비유라는 것이 조금만 궤도를 벗어나면 이현령비현령耳懸鈴鼻懸鈴이 되어 버린다. 그렇다고 비유를 무시하면 설명 불가능해지기 쉽다. 그래서 개연성이라는 관점에서 땅을 설명하는 특성을 갖출 수밖에 없었다.

인류는 자연의 위력을 인간과 교제하듯이 교제할 수 있는 인격체로 만든 것이 아니다. 인간은 자연의 위력이 인간에게 주는 압도적인 인상을 정당하게 평가하지 못했다. 그래서 인간은 자연의 힘에다 아버지의 성격을 부여했다.[189]

어머니인 땅이라는 개념만으로는 개연성이 매우 큰 자연을 설명하기에 역부족이다. 그래서 아버지라는 함축이 추가된 것을 알 수 있다.

그런 개연성의 대표적인 예가 인류 역사상 무수히 점멸한 유토피아 개념이다. 그런 곳이 있을 리가 없지만 인간은 그 존재의 개연성을 믿으며 끊임없이 그런 장소를 공상 속에서 만들어 왔다. 개중에는 실제로 건설을 시도한 경우도 있었지만 너무나도 당연히 될 일이 아니었다.

'유토피아Utopia'는 물론 '어디에도 없는 곳'을 뜻하지만, 역사적 이유로 더 정확하게는 '좋은 곳'을 뜻하는 '유토피아Eutopia'라고 불러야 할 곳을 뜻하게 되었다접두사 eu 는 각각 '희열'과 '안락사', '우생학'을 뜻하는 'euphoria', 'euthanasis', 'eugenics'에서와 같은 작용을 한다. 유토피아의 반대말은 '나쁜 곳'을 뜻하는 '디스토피아'다.[189]

유토피아의 사전적 정의는 위와 같다.

세계의 문헌에서 제안한 유토피아들 가운데 그것을 현실에 적용하려는 노력의 대상이 된 것은 거의 없었지만, 두 가지는 실제로 실천에 옮겨졌고, 그 가운데 하나는 작동이 되었지만 하나는 작동되지 않았다. 작동되지 않은 것은 이른바 마르크스레닌주의의 '공산주의'와 그것의 소산인 스탈린주의와 마오이즘이다. 작동된 것은 에베네저 하워드Evenezer Howard의 전원 도시 구상이며, 꽃으로 장식되고 푸른 잔디가 깔린 조용한 교외에 있는 어떤 영국 도시들은 모든 편의 시설이 걸어서 갈 수 있는 거리에 있고 다른 곳과는 편리한 교통수단으로 연결되어 있어 그것이 지금도 꽤 잘 작동되고 있다.[191]

자연에 대한 서구적인 시각은 태초의 신화들에서 구축되었다. …… 이 신화들 가운데, '아르카디아'와 '낙원'은 서구 사회의 모든 문명에서 자연의 고유한 표현물들을 만드는 데 필수적인 역할을 맡고 있다. 펠레폰네소스 반도 중앙 고지에 위치한 그리스의 한 지방인 아르카디아는 고대의 창조자들에게 있어서 황금시대, 즉 항상 따뜻한 봄날만 있고 이상적인 자연 속에서 행복하고 순결한 인간들이 평화롭게 살던 이상적인 시대의 목가적인 장소였다. …… 이상적이고 영원한 전원시 자체였던 삶에 관한 이러한 표현에서는 많은 고대 문명에 공통되는 낙원이 등장하곤 했는데, 특히 그 낙원은 지상의 낙원으로서 정원庭園을 의미하는 것이었다. 오늘날과 마찬가지로 태곳적에도 정원을 만든 창조자는 혼돈의 공간을 행복과 정신적 평화에 대한 이상적인 조건들이 실제로 표현되는 질서 정연한 장소로 변형시켰다.

영국 시인 존 밀턴은 저 유명한 『실락원』에서 잘 가꾸어 놓은 정원을 예언하면서 그곳은 마치 에덴 동산과 같을 것이라고 말한다. …… 이 신화들은 크게 두 가지로 분류되는 아르카디아적인 공간을 묘사하고 있다. 그중에서도 널리 알려진 곳은 밝고 전원에 가까운 아르카디아(이는 서구 사회로 하여금 인공적인 낙원을 꿈꾸게 만들었는데, 그 가장 놀랍고도 집요한 화신化身은 아마도 교외의 잔디밭들일 것이다.)이다. 이곳은 한때 고대의 폐허와 이국적인 건축물 애호가들이 엄청나게 찾아왔던 곳이다.

나머지 하나는 어둡고 야생적이며 동물과 신들이 살던 곳으로, 두려움과 공포를 일으킨다. 이곳은 인간의 상상력이 드러내는 밤의 측면이며, 싸움과 전쟁이 발발하고 피가 흐르는 경이롭고도 마술적인 세계다. 이곳은 또한 장자크 루소가 성공적으로 그려 냈던 것처럼, 언제나 미화되곤 하던 무법자들의 피신처이자 원시적인 세계다.

이 두 아르카디아는 마치 야누스의 두 얼굴처럼 서로 불가분의 관계인 자연, 즉 우리가 자연을 생각할 때 상상력의 근원이 되는 낮과 밤의 이미지를 의미한다.[192]

우리의 자생 풍수 명당은 전적으로 밝고 전원적인 아르카디아는 아니지만, 야만적인 흔적은 전혀 없는 곳이다. 대체로 평온함을 중시하지만 거기에 사회적인 조화가 혼합되어 있는 상태다. 그래서 자생 풍수는 사람의 지리학이다.

좀 더 세속적인 바람은 불로장생의 꿈이다. 서양에도 이런 예는 있다. 콜럼버스의 부하 중 하나는 나름대로 성경을 해석하여 오늘날 푸에르토리코의 북쪽 어딘가에 있는 젊음의 샘 근처에 에덴동산이 있으리라 여기고 그 일대를 탐사하며 물맛을 보았다고 한다. 그 물을 마시면 30대의 젊음을 유지하며 영생에 가까운 장수를 누리리라고 예상한 것이다. 그는 그곳을 '꽃의 땅'이라는 뜻인 '라 플로리다'라 불렀다. 당연히 그의 예상은 틀렸다. 다만 지명에 그의 허망한 꿈이 남았을 뿐이다. 만약 젊음을 고통으로 여기고 인생을 고해로 받아들이는 사람이 있다면 그에게 이런 불로장수는 악몽일 뿐이다.

이탈리아어로 '눌라nulla'는 아무것도 아님nothing을 뜻하고 '치타citta'는 도시, 마을이라는 뜻이니 '눌라치타'는 결국 아무 곳에도 없는 마을이라는 뜻이 된다.[193]

이탈리아 나폴리에서 동남쪽으로 40킬로미터쯤 떨어진 분지에 있었다는 이 마을의 현재 공식 명칭이 토루치아라고 한다. 이탈리아 북부 출신의 지성적이고 근면한 사람들과 남부의 게으르고 평온한 사람들이 혼용되어 나름대로 유토피아 흉내를 낸 적은 있었던 모양이다. 지금은 어떨까?

"지금 주민들을 만나서 얘기를 들어 보면 하나같이 불평투성이야. 은행도 멀고 대도시도 멀고 교통도 불편하고 교육 시설도 열악하고 문화 시설도 별로 없고."[194]

작가는 이렇게 말한다.

"눌라치타를 보고 느낀 건데, 유토피아를 그려 놓고 절치부심으로 준비해서는 절대 유토피아가 오지 않는다는 거야. 살아가면서, 과정 속에서 그걸 발견하지 못하면 그건 끝내 오지 않는다는, 뭐 그런 얘기지."[195]

이것은 눌라치타가 꿈속에서나 그리는 곳이 아니라 삶의 과정에서 이루어지는 곳이라는 뜻이다. 삶과 유리된 곳은 인간 세상과는 멀다. 그런 곳은 신들의 세상, 즉 우리의 발이 닿지 않는 곳에나 있을 뿐이다.

사회적인 면에서의 유토피아는 대체로 평등을 위주로 한다. 이미 공자도 밝힌 것처럼 사람들은 절대적인 가난보다 남보다 못사는 것이 불만이었다.

평등이라는 이상이 구현된 예로 19세기와 20세기의 사회주의 운동과 공산주의 운동을 드는 사람들이 있을지도 모른다. 그러나 두 이념의 실험은 불완전하게 실천되어 다른 무엇보다도 고통과 박탈, 억압의 평등을 경험하게 하는 경향이 있었다.[196]

인간 본성에 관한 잠깐의 성찰만 있어도 세상에 절대적 평등이란 있을 수 없다는 것을 안다. 어찌 보면 사람은 태어나면서부터 평등하지 않다. 출신은 물론이고 타고난 체질과 재능이 평등할 수는 없다. 그런데 무리하게 그것을 이루려고 하면 결과는 불행일 뿐이라는 것을 역사는 증명한다.

내가 풍수에 들어 있는 신비주의(그것도 사이비 신비주의까지 포함해서)를 거부하지 못하는 까닭은 거기에 인간 자체의 모순과 알 수 없는 이끌림이 숨어 있기 때문이다.

근대에 들어 예술이 사실상 또 하나의 상품에 불과해졌음에도 그토록 커다란 비중을 지니게 된 이유는 영적인 가치가 거의 퇴색한 세상에서 예술이 초월성의 대용품을 제공하기 때문이다. 아무리 철저한 합리주의자라도 이성만으로는 살 수 없으며 어떤 불가해한 창조성에 대한 변함없는 믿음이 필수적임을 보여 주는 게 문학이라는 얘기다.[197]

문학만 그런 게 아니다. 풍수는 그것이 더욱 강조되는 분야다. 이성 말고 다른 불가해한 부분이 가득한 것이 사실이다. 하지만 세상에서 공식적으로 통용되는 것은 이성이다. 그래서 풍수는 공식적으로는 대접을 받지 못한다. 내가 경험한 공식적인 풍수 조언의 예는 상당히 많다. 그러나 그것이 공식화된 경우는 없었다. 겨우 2010년에야 '거마비' 또는 '수고비'라는 명목으로 행정이나 사법 기관에서 계좌 이체를 받은 것이 그나마 조금 위로가 되는 정도다.

풍수에서 명당 찾기는 지관의 실력에만 좌우되지 않는다. 그런 것을 찾는 사람의 덕망을 평가해야 한다. 그러니 실력과 덕망 그리고 알 수 없는 그 무언가를 갖추어야 명당을 얻을 수 있다는 얘기인데, 그것은 거의 우연에 의존해야 이룰 수 있는 일이다.

저자는 우연에 자리를 허락하지 않는 사람은 행복할 수 없다고 말한다. 우연으로부터 이익을 얻고자 하는 사람은 우리가 계획대로 살 수 있다는 환상에서 벗어나야 한다. 우연을 인정하는 것은 사람을 겸손하게 만든다. 우연을 인정하면 우리는 생각보다 자주 우연이 주는 선물을 받게 될 것이다.[198]

칸트의 스승이었던 철학자 요한 고트프리트 폰 헤르더는 "인류를 지배하는 독재자가 둘 있는데, 그중 하나는 우연이고 다른 하나는 시간"이라고 했다.[199] 이처럼 우연이란 시간처럼 불가해하고 통제 불가능한 요소다. 우리는 우연을 불러들일 수 없다. 그야말로 우연이기 때문이다.

우리 몸의 구성 요소들이 매 순간 죽는 동안에도, 우리가 아침 식사에 의해서 구성되듯이 우리는 관계들에 의해 계속적으로 구성된다.[200]

우리 몸의 세포들은 매 순간 죽어 간다. 그래야 우리가 산다. 세포가 죽기를 거부하면 암세포가 된다. 부분을 죽임으로써 전체의 삶이 지속된다. 전체의 삶이 끝나면 부분도 죽는다. 그것들은 부패 박테리아의 먹이가 되어 다른 생명을 얻는다. 이것이 순환 체계의 구성이다. 아무리 그것이 천리天理라 해도 개체로서의 인간은 자신이 먹이가 되기를 바라지 않는다. 결국 죽는다는 것을 알지만 자신은 예외이기를 바라고, 또 그렇다고 믿으며 산다. 매일 죽음만 생각하는 삶이 무슨 의미가 있으랴. 죽음에서 멀리 떨어진 아기들은 죽음 자체를 모른다. 하기야 그들은 삶도 모르지만. 죽음에 가까이 다가갈수록 죽음을 실감한다. 죽음 이후도 떠올린다. 그런 까닭에 말도 되지 않는다는 것을 많은 사람이 앎에도 음택 풍수가 끊이지 않고 명맥을 유지하고 있다. 개연성의 전형적인 증거다.

국제생명센터 의장인 매트 리들리는 현대의 비관론자들을 향해 이렇게 일갈한다.

예전 영국의 광우병 소동을 보자. 휴 페닝턴 등 전문가들은 영국에서 광우병에 걸린 소 75만 마리가 인간 먹이 사슬에 유입되면서 수만, 수십만 건의 인간 광우병이 발병할 것이라고 예측했다. 하지만 현재까지 누적 사망자 수는 166명이며, 2008년에는 단 한 사람, 2009년에는 단 두 명이 전부다.[201]

행인지 불행인지 2년 전 한국의 광우병 괴담은 그의 책에서 전혀 언급되지 않았다.

1950년대 '기적의 살충제'로 통했던 합성 화학 물질 DDT는 우리에게도 낯설지 않다. 몸에 축적되면 내분비계를 교란시켜 암을 유발한다는 치명적 독성이 확인된 것은 훗날의 일이다. 1962년 생태 운동의 고전 『침묵의 봄』의 저자 레이철 카슨은 DDT 같은 화학 물질 때문에 암이 대규모로 퍼진다고 인류 앞에서 공언했다. 당시 이 책의 저자(매트 리들리)는 영국의 10대 소년이었다. "학교에서 내가 병이 들어 일찍 죽을 것이라고 배웠을 때 정말 겁이 났다." 이후 세상은 과연 어찌 됐나?

암 발생률은 되레 떨어졌다. 학계는 화학 물질과 발암 사이의 상관관계를 추적했지만 모두 헛수고로 끝났다. 현재 화학 물질에 의한 암은 모든 암 발생의 2퍼센트 미만이다. 저자는 당시 DDT가 매년 5억 명의 생명을 구했다는 미국 과학아카데미 자료를 제시하면서 슬쩍 묻는다. 세상은 정말 악화일로인가? '입이 큰' 사람들이 암의 시대라고 단정했던 1980~1990년대에는 건강, 수명, 환경이 외려 더 좋아졌다.[202]

나와 내 초등학교 동창들도 가끔 DDT 세례를 받았지만 암과는 상관없이 잘들 살고 있다.

미국산 쇠고기 반대 운동 때 수많은 사람들을 거리로 불러내고 공포를 확산시킨 주역들은 지금 왜 침묵하고 있나. 나이 어린 중학생들까지 촛불을 밝히고 밤을 지새우게 한 그 세력은 지금 무엇을 하고 있나? 왜 잘못을 인정하고 사과하지 않는가? 당시 얼마나 많은 정육점과 식당들이 고초를 겪었는지 알고는 있는가? 개중에는 자살한 사람도 있다. 미필적 고의에 의한 살인이다. 사실 환경 운동가들의 필요성은 절실하다. 그들이 선동적이지 않고 차분하며 이성적으로 사고한다면 말이다. 그리고 엄격해야 믿음이 간다. 그렇기만 하다면 그들의 경고는, 인류를 염세론자가 아닌 신중한 현실주의자로 만들어 줄 것이기 때문이다.

내가 아무리 인간 위주의 사고를 주장해도 환경론자들의 노력은 꾸준히 계속되고 있다. "댐 건축을 막고, 망가진 습지를 복원하고, 위기 종을 되살려 낸 전 세계에 흩어져 있는 수많은 제인 구달에게서 듣는 희망의 메시지"라는 표제가 붙은 『희망의 자연』은 그 모습을 자세히 보여 준다. 뿐만 아니라 커다란 감동까지 안겨 준다. 딜레마다.

작고한 공상 과학 소설가인 더글라스 애덤스의 대표작 『은하수를 여행하는 히치하이커를 위한 안내서』는 주인공이 멀쩡하게 살아 오던 집이 급작스러운 고속 도로 건설 공사로 하루아침에 밀려 없어질 위기에 처한 날로부터 시작한다. 주인공은 그런 계획을 들은 바 없고 집주인으로서 동의할 수 없다며 트랙터 앞에 드러눕지만, 시에서는 그 계획이 오래전부터 시청 게시판에 붙어 있었으며 그 사실을 확인하지 않은 것은 시민 정신이 부족하고 게으른 탓이라며 공사를 강행하려 한다. 주인공에게는 일생 최대의 위기인 순간 지구 상공에 난데없이 우주선이 나타나고, 우주선은 은하 고속 도로 건설을 위한 지구 행성 철거 계획을 알린다.[203]

우주인들도 지구인에게 같은 소리를 하며 질책을 한다. 이는 마치 개발을 위해 야생 동물들에게 어느 날 갑자기 나가라고 하는 인간들의 말이나 같다고 한다. 개발과 보전, 참으로 지난한 문제다.

그는 변변해 보이는 구석이라곤 전혀 없었다. 게이 아니면 페미니스트, 고래 보호 운동가 아니면 파시스트 채식주의자……[204]

그들은 보통 사람들과 다르다. 그래서 보통 사람들은 그들을 두려워하거나 혐오한다. 그들 대부분은 원리주의자들이고 과격하다. 소수 부류이기 때문에 자신들을 보호할 필요가 있다. 그러나 우리는 그들을 받아들이기에는 너무 평범하다. 나는 동성애자를 싫어한다. 그래도 그들과 대화해야 할 때가 되면 스스럼없이 할 준비는 되어 있다. 그렇다고 해도 그건 위선적인 태도일 뿐이다.

레드먼은 자신이 맡게 될 이곳(청소년 갱생원)의 제자들에 대해 일말의 환상도 품지 않았다. 그들은 거칠었고 그럴 만한 이유로 갇혀 있었다. 여기 아이들 대부분은 당신을 보자마자 강탈하려 들 것이다. 필요하다면 눈 하나 깜짝 않고 당신을 불구로 만들 것이다. 그는 오랫동안 경찰에 몸담았기 때문에 이런 아이들을 옹호하는 사회학적인 거짓말을 믿을 수 없었다. 그는 희생자들을 알고 이런 아이들도 알 았다. 이 아이들이 저능아라고 생각하는 건 오해다. 그들은 혀 밑에 숨겨 놓은 면 도날처럼 빠르고 날카로울 뿐 아니라 죄의식도 없었다. 따라서 그들을 감상적으로 대하는 건 쓸데없는 짓이었다.[205]

현실감이 결여된 휴머니스트는 조심할 필요가 있다. 그들의 주장이 피해자 들에게 얼마나 상처를 주는지 전혀 깨닫지 못하기 때문이다.

그리고 나를 화나게 한 것은, 아니, 기가 막혔다고 해야 할까, 자백을 했다는 가와 하라 데루오를 구명하기 위한 모임이 생겼다는 사실이었다. 어째서 그런 인간쓰레 기를 구하려 드는지, 그 의문이 내 분노의 도화선에 불을 붙였다. 입만 열면 인권, 인권. 뭐가 인권이란 말이냐. 폭력에 사랑하는 사람을 잃은 내 심정, 피해자의 연 고자가 느끼는 마음의 고통을, 너희 '인권 단체'가 알기나 해? 너희의 연인, 아내, 아이를 잃어도 과연 변함없이 '인권'을 부르짖을 수 있을까? 육친이나 연인을 잃고 도 똑같은 마음으로 가와하라 데루오같이 짐승보다 못한 인간을 후원할 수 있겠 는가 말이다. 네놈들은 입만 살아서 그렇게 되어도 마음은 변하지 않는다고 말하 지만, 실제로는 그런 일이 생길 리 없다고 생각하니까 속 편하게 어리석은 소리를 지껄일 수 있는 거겠지.[206]

매트 리들리는 이성적으로도 낙관주의의 근거가 얼마든지 있다고 한다. 인류는 숱 한 난관과 위기에 부닥쳤지만 꾸준히 번영의 길을 걸어왔고 앞으로도 그리하리라 는 것이다. 옛날이 좋았다는 막연한 노스텔지어에서 깨어나자고 한다. 그렇다면 인 류가 지금까지 생존의 조건을 개선해 온 비법은 무엇인가? 그것은 한마디로 교환 과 협동을 통한 끊임없는 혁신이다.

인류 문명의 수수께끼는 커다란 두뇌에서 비롯됐다고 흔히 이야기된다. 그러나 리들리는 두뇌와 두뇌 사이에서 일어나는 집단 지능에 열쇠가 있다고 말한다. 근대 이후 그리고 20세기에 접어들어 그 성능은 놀랍게 업그레이드돼 왔다. 그 결과 노동 생산성과 에너지 효율이 가파르게 신장됐고 생활의 제반 여건이 크게 개선됐다. 그리고 지금은 아이디어의 네트워크가 전 지구적으로 확장되고 복합화되면서 앞으로 혁신은 더욱 숨 가쁘게 진행되고 삶의 질도 점차 향상될 것이라고 저자는 확신한다.

왜 비관주의가 득세하는가? 지식인 사회에서 낙관론자는 철부지 또는 기득권자로 여겨진다. 반면에 세상이 곧 끝날 것이라는 경고에는 비장미가 풍긴다. 비판적 지식인은 염세론에 친숙하다. 저자는 그 자체가 엄청난 횡포라고 비판한다. 그리고 극단적 생태주의의 이면에는 때때로 추악한 이해관계가 있기도 하다고 폭로한다. 환경 운동에 헌신하는 이들에게 '불편한 진실'이 될 수도 있겠다.

지금 온갖 비극을 자아내는 주범은 결국 '탐욕'이다. 그것을 제어하는 기술을 인류는 아직 개발하지 못했다. 그런데 인간이라는 동물은 생물학적 연명 이상의 욕망을 갖는다. 그 욕망은 추악한 탐욕으로 흐를 수도 있고, 창의성의 무한한 확장으로 이어질 수도 있다.[207]

책임질 수 있어야 의미가 있다. 무책임은 무관심보다 더 위험하다. 아무렇게나 떠들어도, 그 결과가 어떻게 되어도 상관없다면 그런 주장을 받아들인 자들에게 책임이 돌아간다. 굳이 책임이 아니라도 손해는 감수해야 한다.

이런 경우는 또 어떤가? "정통 기독교 신앙은 사회주의와 유사하다. 사회주의에서 미래 사회를 앞장서 이루어 낼 자는 현재 잃을 게 거의 없는 사람들이기 때문이다."[208] 대단히 매력적이지만 비현실적이고 무책임하다.

계속 기술의 진보를 생각해 보자.

미국 세인트루이스에 있는 몬산토는 2009 회계 연도(8월 31일까지)에 총매출 117억

달러, 순익 21억 달러를 기록했다. 몬산토의 매출은 5년간 매년 18퍼센트씩 늘었고 자본 수익률은 연 12퍼센트였다. 이런 성과 덕분에 몬산토는 2009년에 《포브스》에서 올해의 기업으로 선정되었다.

하지만 경제적 이득과 대중의 사랑은 별개였다. 그동안 몬산토는 혹독한 비난의 대상이었다. 초기에는 감히 옥수수와 콩의 유전자를 조작하려는 '농업계의 사탄'으로 매도됐다. 이 회사의 유전자 조작은 지구 생태계의 재앙을 초래할 뿐이라는 인식이 지배했다. 유전자 조작 작물을 금지하는 법률이 제정됐고, 유럽과 기타 지역에서는 바이오테크 작물을 갈아엎는 시위가 일어났다. 2002년 잠비아는 기근에 시달리면서도 기부받은 옥수수 화물의 반입을 거부했다. 유전자 조작 종자로 오염됐을지도 모른다는 이유에서다.

시간이 가면서 시위는 점차 누그러졌다. 유전자 변형에 대한 법적 조치도 완화되고 있다. 굶주리는 세계가 농업 생산성을 높일 수 있는 수단을 거부하는 것은 합당하지 않았다. 여전히 유전자 변형 작물 재배를 금지하는 유럽 대부분의 지역도 그런 작물로 만든 식품의 수입은 허가한다.[209]

누차 강조했듯이 배가 고프면 유전자 조작 작물이라도 먹겠다는 것이 내 생각이다. 자기 정당화를 추동하는 엔진, 즉 행위와 결정을 정당화할 필요성을 만드는 에너지가 '인지 부조화'라 부르는 불유쾌한 감정이다.

인지 부조화의 예를 보자. 나를 죽일 수도 있기 때문에 흡연은 어리석은 짓이라는 사실을 알면서도 흡연이 긴장 이완이나 비만에 도움이 된다는 등의 여러 가지 구실을 들며 자기를 기만하는 경우가 대표적이다.

부조화를 느끼는 사람들이 불안해하는 이유는 상충하는 두 가지 생각, 즉 부조리와 더불어 살기 때문이다.[210]

필자는 이 의견에 동의한다. 하지만 예로 든 흡연의 경우는 좀 생각해 볼 필요가 있다. 대마초의 해독과 담배의 해독 중 담배의 해독이 훨씬 심각하다고 주장하는 학자도 있기 때문이다.[211] 담배의 해독은 이미 충분히 증명되었다. 술이 끼치는 해독은 어떤가? 사실 매우 심각하다. 그러나 술은 버젓이 광고를 한다. 주변에 알코올 중독자가 있는 사람이라면 이해할 수 있을 것이다.

시간이든 돈이든 노력이든 불편이든 노력의 대가가 클수록 그리고 그 결과를 물릴 수 없는 정도가 클수록 부조화는 커진다. 더불어 자신이 내린 결정에 따르는 좋은 것들을 과도하게 강조함으로써 부조화를 줄일 필요도 커진다. 따라서 목전에 큰 거래나 중요한 결정을 앞두고 있을 때, 바로 전에 그것을 한 사람에게는 조언을 구하지 않는 것이 좋다. 그 사람은 그렇게 하는 것이 옳다고 당신을 설득하려는 동기가 무척 강화되어 있을 것이다. 고급 대형 외제 차를 산 사람은 비록 자신이 큰 실수를 했음을 인지한다 할지라도 자기를 정당화하게 되며, 따라서 누가 자기와 같은 일을 하려 한다면 적극 그렇게 하도록 권장할 것이다.[212]

부모님 산소를 옮기고 나서 좋은 일이 많이 생기고 나쁜 일은 줄어들었다고 말하는 사람들의 심리도 이와 마찬가지다. 그런 사례만 골라서 기억에 저장하고 싶어 한다. 듣는 사람은 그에 영향을 받는다. 그리고 여유만 있다면 자신도 그렇게 하고 싶어 한다. 김두규 교수가 조사한 바에 따르면 우리나라 대통령 희망자들의 상당수가 조상 산소를 이장한 경험이 있다고 하는데[213] 이는 인지부조화의 대표 격이라 할 만하다.

세상에는 헤아릴 수 없을 정도로 다양한 인간이 살고 있다. 일본의 한 아동 병원 아동 정신과 병동은 흔히 동물원이라 불린다. 환자에게는 동물 이름의 별명이 있다. 그중 매일 유서를 쓰기 때문에 하루살이(이페메라, ephemera라고 알려진 한 소녀가 있다. 유서의 내용 중 이런 부분이 있다.

노력하지 않으면 살아갈 가치가 없다고 당신들은 거듭 강조했다. 노력하지 않으면 인생은 의미가 없다고 질타했다. 그렇지만 당신들이 말하는 노력 그리고 노력하는 길은 무한히 욕망을 충족시키는 생활을 뜻하는 것이 아닌가? 소용이 있는지 없는지를 가지고 모든 생명의 가치를 판단하고, 살아남기 위해서는 늙음과 장애를 무시하는 한이 있어도, 거짓말로 약속을 파기하는 한이 있어도 어쩔 수 없는 것이라고 변명할 수 있는 길을 말하는 게 아닌가? 그런 길로 나아가기 위해 있는 힘을 다해 노력하는 것이 진정한 행복이냐고 물으면 당신들은 시끄럽다고 뿌리쳐 버린다. 이상한 애라고 상대도 하지 않는다. 개성과 순종이 동시에 요구된다. 실체도 없는 환상이 나를 무참히 찌부러뜨린다.[214]

개연성이 엿보이는 대목이다.

8장   적응성: 삶의 모든 분야에 적용된다

풍수는 어려울 필요가 없다. 어려워서도 안 된다. 사람人은 하늘天과 땅地 사이에서 삶과 죽음을 맞는다. 그런 것에 이해의 어려움은 있을지라도 행위 자체에는 그저 자연스러움만 존재할 뿐이다. 그래도 사람들은 이해하기를 원한다. 이건 쉽지 않은 일이다. 그래서 천지인을 해석, 이해하는 데는 이성과 감성이라는 두 가지 잣대를 사용해 왔다. 천에는 천문학Astronomy과 점성술Astrology이 있고 지에는 지리학Geography과 풍수 법술Geomancy이 있으며 인에는 경학經學과 위학緯學이 있게 되는 까닭이다. "자신도 답을 모르는 질문을 증인에게 해서는 안 된다."[215] 경학이 있다면 위학이 있는 이유가 바로 이것이다.

> "초자연 현상에 관해 '내 눈으로 보기까지는 믿지 않는다.'라고 말씀하시는 분이
> 종종 계십니다. 처음부터 부정도 하지 않고 광신도 하지 않으니 일견 상당히 합
> 리적인 것 같지만 그런 사람도 사실 위험합니다. '자신의 눈'이라는 것은 그다지

믿음직스럽지 않습니다. 실제로 오늘 이 스튜디오에 계신 분들 중 대부분이 자신의 눈으로 보고도 쉽사리 속았으니까요. 심령 현상, 초자연 현상의 연구 역사는 그야말로 사기꾼과 학자, 순진한 민중의 속고 속이기의 역사입니다. 저는 마술은 마술로서, 속임수도 장치도 있는 것 같지만 도저히 알 수 없어서 고개를 갸우뚱하며 넋을 잃고 보는 오락으로 존재했으면 좋겠습니다. 이상한 종교나 사이비 초능력자가 밥벌이를 하려고 착한 일반 사람들을 홀리는 짓은 결코 용서 못 합니다."216

소설에서 초능력자를 비판하는 미스터 미러클이 텔레비전에서 그 트릭을 까발리며 한 말이다. 한번 곱씹어 볼 필요가 있는 말이다. 풍수가 지닌 우리 선조들의 지혜는 물론 중요하지만, 돌아가신 부모님 음덕까지 바라는 것은 너무나 이기적인 것이기에 하는 얘기다.

그런데 까다로운 문제가 있다. 사기꾼의 그 행위에는 명백한 목적이 있다. 한편 사기를 당하는 사람은 어떨까? 당하는 측도 목적의식이 있다. 즉 나름대로 그렇게 되었으면 하고 바라는 인식 작용이 있었다는 뜻이다.

생물 인식의 본질이란 그 정보가 자신에게 있어 무엇을 의미하는가 하는 '의미 해석'이다. 이 해석은 그 정보가 생물 자신의 정보계(내부 세계) 속에서 어떤 방법에 의해 '위치'(귀속된 내부 정보와의 관계)를 부여받게 되는가에 따라 달성된다.
즉 인식의 본질은 자기에게 있어서의 의미 해석이고 해석이란 내부 정보와의 관계를 만들고 내부 세계 전체에서 입력된 정보의 위치를 정하는 것이다. 이 내부 세계에 있어서의 관계의 자율적인 생성은 '정보의 종합'이라는 작용을 활용해서 행해진다. 이렇게 생각하지 않으면 미리 상정되지 않은 정보를 생물이 그 나름대로 인식하고 적절한 행동을 취한다는 메커니즘을 이해하는 것은 불가능하다.
모든 정보는 그것을 수용하는 생물에게 있어 일정한 의미를 가진다. 이 의미가 없

으면 설사 관측자에게는 정보일 수 있어도 그 생물에게는 정보가 아닌 것이다.[217]

"저주는 실제 효력이 있다고 생각하고 싶어. SF 작가가 쓰고 싶어 하는 초능력 같은 게 아니라 문화적인 체계로서 저주는 실제 효력이 있지. 극단적으로 말하면, 예를 들어 말이라는 것은 하나의 저주다. 단, 그것은 같은 문화 토양에서만 효력을 갖는다. 간토 사람은 '아호'바보, 멍청이라는 말을 들으면 깊이 상처받지만 간사이 사람에게는 반쯤은 칭찬이나 마찬가지야. 즉 저주라는 것은 절대적인 게 아니라, 같은 삶의 터전에 있어야 작용한다는 거다."[218]

소설 속 주인공인 민족학자 오우베 교수의 말이다. 풍수에도 같은 논리를 적용할 수 있다. 풍토와 문화가 유사해야 풍수가 받아들여질 수 있다. 풍수를 어느 나라에서나 쓸 수 없는 것은 그 때문이다. 최근 글로벌화니 세계화니 하는 현상으로 인하여 풍수를 받아들일 수 있는 토양도 상당히 퍼져 나가는 추세다. 대표적인 것이 인테리어 풍수라는 것인데, 이에 대해서는 앞서 설명했다.

또한 거기에는 일종의 최면 효과도 작용한다. 미신인 줄 알면서도 남들 따라 그에 반응하는 현상이다.

나는 위선의 미덕을 존중하는 편이다. 거짓인 줄 알면서 역겨움을 감추고 덕담을 하다 보면 그 선량한 말들이 진짜라고 착각하게 되고 그러다 보면 덕담을 하는 사람도 듣는 사람도 조금씩 선량해지는 것이다.[219]

그런 착각은 환경에도 작용한다. 잘 알려지지는 않았지만 우리가 위선적으로 자연을 대하는 태도와 같은 것이 그렇다.

현대적으로 비유하자면 인류는 자본 투자에 실패했기 때문에 자신과 지구에 손실을 끼치고 있다. 지구의 자연 자원을 사용한다는 것은 헤픈 씀씀이 때문에 연금을 가불받는 것과 마찬가지다.[220]

우리는 여러 방면에서 적응을 한다. 하지만 본능을 무시하면 잘 적응할 수 없다. 타인은 위협이다. 그래서 모르는 사람과 가까이 있으면 자연스럽게 방어 기제가 작동한다.

엘리베이터에 타면 사람들은 표정이 굳어진다. 좁은 공간에 타인이 있다는 사실이 긴장감을 유발하기 때문이다. 이 긴장감에는 호감보다 적대감의 비율이 높다.[221]

여담이지만 그런 까닭에 엘리베이터 위쪽에 거울이나 눈길을 줄 만한 무언가를 설치하는 것이 어떨까 하는 생각도 했다.
심지어 이런 얘기까지 있는 형편이다.

자기만의 공간이 없는 사람은 결국 철로에 몸을 던진다.[222]

돈도 '내면 공간' 가운데 하나다. 돈은 자신의 가치를 매기는 방법이다.[223]

당신만의 공간은 당신을 제정신으로 있게 해 주지만 또한 당신을 외롭게 할 수도 있다.[224]

역설적이지만 타당한 말이다. 그렇다면 어떻게 해야 하나? 양자를 조화시켜야 한다. 사회생활을 위해서 자신만의 공간이나 내부 공간만을 고집할 수는 없다. 그렇다고 본능을 무시할 수도 없다. 사회생활을 하면서 자신만의 상징적 공간, 이를테면 산책로, 공원 벤치, 자신의 방, 단골 다방의 구석 자리나 술집의 지정석 같은 곳을 마련해야 한다.

인간이 세상을 혼자 살 수 없는 것과 마찬가지로 모든 생물군은 서로 연결되어 생명을 유지한다. 좀 심하게 표현하면 먹이 사슬이고 점잖게 말하면 공생이다.

행성 의사는 생물 다양성을 하나의 증후군, 변화에 대한 반응이라고 볼 것이다. 그는 한 생태에서는 희귀종이 다른 상태에서는 흔한 종이 된다는 것을 안다. 따라서 풍부한 생물 다양성은 반드시 아주 바람직한 것이자 어떤 대가를 치르고서라도 보존해야 할 것은 아니다.[225]

모든 현상은 이중적 해석이 가능하다. 누차 강조하는 말이지만 나는 아기와 강아지를 아주 좋아한다. 이것은 내 마음이 동심을 닮았기 때문이라고 믿었다. 그러다 어느 날 책에서 "아기와 강아지를 좋아하는 사람은 진정한 인간관계를 맺을 수 없다."라는 글귀를 보고 경악했다. 사실이 그랬다. 내가 아기와 강아지를 좋아하는 것은 순수한 마음의 발로였으며, 내게 약간의 인간 기피증이 있는 것도 사실이기 때문이다. 결국 현상에는 양면성이 있다는 뜻이 아닐까?

세상사 대부분이 이중성을 띤다. 한때 정치권이 열띤 논쟁을 벌인 4대 강 사업은 이상하게 종교계에서도 문제가 되었다. "피조물은 주님의 자녀가 나타나기를 간절히 기다리고 있습니다."[226] 4대 강 사업을 그냥 바라만 볼 수는 없다는 뜻으로 한 조 에너스 수녀의 말이다. 그런데 이 말은 순정한 마음으로 강을 고쳐 주려는 주님의 자녀에게도 통하는 말이다.

성 아우구스티누스는 창조된 것들이 감히 창조하려 들어서는 안 된다고 했는데,

이는 예술가에 대한 질책이 아니라 요즘 같으면 자기 창출self-origination에 대한 부르주아의 위대한 신화라 부를 만한 것을 경계하는 말이다. 스스로를 만들어 낸다는 생각은 부르주아적 환상의 전형이다.[227]

그저 고치고 다듬어 나갈 뿐이다. '질량 불변의 법칙'이라는 것이 있지만 말을 조금 바꾸면 '만물 총량 불변의 법칙'이다. 우리가 발명이라고 부르는 것들은 모두가 주어진 것들의 변형과 변질에 지나지 않는다. 좋은 쪽으로 바꾼다면 참으로 인간적인 일이 될 수 있다. 속담이나 금언 중에도 이중적인 것은 얼마든지 있다.

"당시 마을에 편의점이 없다고 불평하는 아이는 아무도 없었습니다. 태어났을 때부터 없었으니까요. 텔레비전에서 바비 인형이 나와도, 그건 본 적이 없는 인형인지라 갖고 싶다는 아이는 없었습니다. 그보다 우리에게는 프랑스 인형이 더 중요했죠. 그러나 마을에 공장이 생기고부터 우리 사이에 이상한 감각이 형성되기 시작했습니다. 에미리를 포함한 도쿄에서 전학 온 아이들을 통해 당연하다고 여겼던 우리의 일상이 꽤 불편하고 뒤처진 것임을 서서히 깨닫게 된 것이죠."[228]

모르는 게 약이라는 말의 한 전형이다.
이런 모든 문제들 중에서도 우리가 적응하지 않으면 안 되는 것이 죽음이다. 피할 수도 없고 알 수도 없다. 언제인지는 모르지만 인간은 무차별적이고 무한 평등하게 죽음을 맞아야 한다. "죽음을 말하지 않는 자는 이미 죽음을 안다. 죽음을 말하는 자는 아직 죽음에 대해 아무것도 모른다."[229] 죽음을 경험한 사람이란, 즉 죽음을 아는 사람이란 이미 죽은 사람이니 죽음을 말할 수 없고, 죽음을 말하는 사람은 말을 하니 살아 있을 것이며 그러므로 죽음을 알 리가 없다.

어떠한 의약醫藥도 죽음에 대항하지 못했으며 앞으로도 그럴 것이다. 고통스러운 죽음의 수수께끼는 늘 존재할 것이다. 자연은 이처럼 엄청난 힘으로 우리 앞에 버티고 서 있다. 자연은 웅장하고 잔혹하고 냉정하게 우리의 약함과 무기력함을 상기시킨다.[230]

이처럼 분명한 것이 죽음인데도 대부분의 사람들은 그것을 모르고 살아간다. 죽음에 인식의 차이가 있다는 것도 특이하다. 무한 평등의 현상인데도 그렇다는 것은 매우 이상하다. 언젠가부터 사람들은 강남이라는 말을 부유함의 대명사로 사용했다. 죽음과는 전혀 어울리지 않지만 강남을 비난하는 한편 그곳을 향한 선망의 감정도 가진다. 이 또한 특이하다.

작가는 강남인들의 자본이 단순히 경제적 자본이 아니라 예술을 향유할 수 있는 '문화 자본', 명문 대학이라는 '학력 자본', 인맥 중심의 '사회관계 자본' 등 세 가지 모두를 충족시켜 줄 수 있음을 확인시켜 준다.[231]

내면의 목소리는 영혼의 언어다. 이 목소리는 조용하고 고요하며, 감정을 객관적으로 나타내 주는 신호기의 역할을 한다. 이 목소리는 열광적이거나 들떠 있지 않다. '직관적'이라는 말은 '충동적'이라는 말과는 엄연히 다른 것이다. 내면의 목소리를 듣기 위해서는 진심으로 '귀 기울여' 그 목소리를 들을 수 있는 여력을 확보해야 한다. 내면의 목소리를 최대한 잘 듣기 위해서는 모든 생각과 감정, 희망과 기대를 잠재워야 하지만, 그러한 이상적인 상태에 도달할 수 있는 사람은 현실적으로 매우 드물다.[232]

필자의 어머니는 에베레스트를 오르는 전문 산악인들을 텔레비전에서 보며 "거기를 왜 그렇게 올라가나, 미친 녀석들." 하고 말씀하셨다. 너무 화내지 마시기를. 치매 증세가 있으셨으니까.

치매임에도 어머니는 가끔 일의 핵심을 꿰뚫는 요약을 하셨다. 「노잉」이라는 지구 최후의 날을 다룬 영화를 보시다가는 "난리 났네."라고 하셨다. 명쾌한 주제 파악이다. 평화방송 케이블 텔레비전를 보시다가는 "공부 많이 했구나."라고 하셨다. 젊은 신부의 강론을 보고 하신 말씀이다. 가톨릭 신자이신 분치고는 과한 표현이지만, 사실이 아닌 것은 아니다.

9장　자애성: 내가 중심이다

이렇게 특별한 우주에 137억 년의 과정을 통해 태어난 우리. 우주에 있는 1000억 개의 은하 중 하나인 우리 은하. 우리 은하에 있는 1000억 개의 별 중 그저 하나의 별인 태양. 그리고 그 안에서 동시대를 살고 있는 66억 명의 인구 중 하나인 나. 하찮아 보이는 나를 위해 거대한 우주가 한 일을 생각해 보면 나는 얼마나 특별한 존재인가.[233]

우리는 이토록 소중한 존재다. 거의 기적처럼 이 세상에 나타난 존재다. 그러니 자중자애自重自愛하지 않을 도리가 없다. 이게 지나치다 보면 세상에 나밖에 없는 것처럼 느끼기도 한다. 동서양을 불문하고 나만 생각하다가 아무 관계도 없는 남을 시기하는 일도 많다. 결코 있어서는 안 되는 일이지만 마음대로 되는 것도 아니다. 샤덴프로이데Schadenfreude는 남의 불행을 고소하게 여긴다는 뜻의 독일어다. "사촌이 땅을 사면 배가 아프다."라는 속담도 있다.

기껏해야 등산. 기껏해야 만년 처녀들의 노스탤지어와 자폐 혹은 자연 회귀라는 시시한 환상이 집적된 것에 불과한 등산의 세계에 있는 것은, 모리 요시타카에게는 잘 설명할 수 없었지만 실은 폐쇄된 개개인의 적나라하고 비루한 에고였다. 그래도 적어도 조직이라는 복잡하고 때로는 이해 안 되는 세계와는 무엇보다 거리가 먼 세계이기 때문에 경찰이라는 조직에 종사하게 되고 나서도 틈만 나면 산을 탄 것이다.[234]

자기애는 간혹 스스로를 고립시키기도 한다. 독립 산행은 전문 산악인에게는 의미 있는 일일 수 있지만 일반인들이 따라 해서는 안 된다. 고립을 자초한다면 반사회성이라는 덫에 치일 수 있기 때문이다.

사람들의 현실 감각을 흐리게 하고, 불안하게 하고, 혼란스럽게 하며, 스트레스를 주는 연인, 배우자, 친구, 동료, 직장 상사, 가족 등이 있다. 나는 이러한 고통스러운 상황을 오래된 영화 「가스등Gaslight」의 이름을 따 '가스등 이펙트Gaslight Effect'라고 부르게 되었다.[235]

로빈 스턴은 이런 상황에서 벗어나는 방법은 쉽지는 않지만 의외로 간단하다고 말한다. 바로 자신이 이미 유능하고 사랑스럽고 좋은 사람이므로 상대방에게 인정받을 필요가 없다는 것을 깨닫는 것이다. 상대방이 어떻게 생각하든 스스로 사랑받을 자격이 있는 훌륭한 사람이라는 정체성을 형성할 때, 우리는 자유를 향한 첫발을 내딛게 된다.

우리 몸의 명칭 중에는 재미있는 것들이 있다.

인체에서 '리' 자로 끝나는 대표적인 기관은 머리, 허리, 다리다. 머리는 하늘에 가깝고 다리는 땅에 닿으니 이상과 현실, 계획과 실천, 형이상학과 형이하학은 다 머리와 다리 하기에 달렸다. 하지만 허리가 없으면 두 기관은 따로 놀 수밖에 없다. 이처럼 하늘과 땅 사이에 있는 인간, 그 일직선상에 놓인 머리, 허리, 다리 가운데 허리는 아무 역할을 하지 않는 듯하면서 실상은 결정적인 역할을 하고 있다.[236]

자애성은 이런 식으로도 나타난다.

분명히 부富가 어느 정도면 충분한 때가 있을 것이다. 그러나 현자들은 반대라고 말한다. 부는 충분한 것이고, 그 충분한 것이 아주 조금일 수도 있다고 말이다. 가난해도 만족스러운 사람은 누구보다도 부유한 사람이다.[237]

명당이라는 것도 자신이 지금 서 있는 바로 이 땅에 만족하면 그만이다. 자애란 항상 주관적이기에 스스로 만족하지 못하면 천하의 명당이라 할지라도 명당일 수가 없다. 자신이 아니라고 믿는데 무슨 소용이 있겠는가. 이런 믿음에도 정당한 것과 부당한 것이 있다.

피아제Jean Piaget가 유아에 대해 "세계와 자기는 하나다."라고 말했을 때 그가 의미하는 세계는 기본적으로 물질적 세계다. 그러나 수많은 연구자들은 이에 대해 혼동했다. 그 세계가 '신비적' 상태 혹은 최상의 합일처럼 들리기 때문이다. 그러나 신비가가 "최상의 상태에서 세계와 자기는 하나다."라고 말했을 때 그가 의미하는 세계는 모든 수준에 걸쳐 있는 세계다. 그러므로 유아가 첫 번째 수준과 하나라면, 다시 말해 전前 주체·객체라면 신비가는 모든 수준에 걸친 것과 하나, 즉 초超 주체·객체인 것이다. 용어가 서로 비슷한 것처럼 보이기 때문에 이런 차이를 구분하지 못함으로써 신비가들은 퇴행하는 듯이 보였고, 반대로 유아와 여명의 인간은 일종의 삼매三昧라는 신비적·초월적 상태에 있는 것처럼 보였다. …… 우로보로스uroboros, 자신의 꼬리를 먹고 있는 원시적이고 신화적인 뱀의 상징으로, 자기 소유적인 모든 것을 담고 있지만 자기애적인, 낙원적이지만 파충류적인 것 또는 낮은 생명 형태에 매몰된 것을 의미한다.와 자연 숭배적 합일을 신비적 일체감과 혼동하지 말라.[237]

또한 그 내용의 중요성이 객관적으로 이루어지지 않는다는 점에도 주의가 필요하다. 뇌의 책략에 말려들지 말라는 일종의 경고다.

이 책은 합리적 마음이 숨겨진 뇌의 교묘한 책략을 감당해 내기가 얼마나 어려운지를 보여 주고 있지만, 또 이성이 편향을 극복할 수 있는 우리의 유일한 보루라고 주장하는 책이기도 하다. 우리의 숨겨진 뇌는 언제나 피부색을 이유로 특정 범죄자들을 더 위험하게 보이게 만들고, 특정 대통령 후보를 신뢰할 수 없는 인물로 보이게 한다. 테러리즘, 사이코패스 그리고 살인은 언제나 우리에게 비만이나 흡연 그리고 자살보다 더 무섭게 느껴질 것이다.

바다에서 길을 잃은 한 마리 돌고래에 관한 가슴 저미는 이야기는 말라리아로 사망한 100만 명의 아이들에 대한 건조한 설명보다 더 우리를 눈물짓게 만들 것이다. 이 모든 경우에, 이성은 무의식적 편향이라는 조류에 맞서는 유일한 암벽이다. 이성은 우리의 등대며, 우리의 구명조끼다. 이성은 양심의 목소리다. 그게 아니면, 양심의 목소리여야만 한다.[239]

"하늘이 내린 시운時運은 땅으로부터 얻은 이익보다 못하고 그 이익은 사람들 사이의 조화와 화목만 못하다天時不如地利 地利不如人和." 『맹자』「공손축」 하에 나오는 말이다. 즉 이 세상을 이루는 세 가지 근본 요소 중에 사람이 가장 중요하다는 말이다. 지금 우리가 이런 논의를 할 수 있는 것도 사람이기 때문이다.

그런데 사람들은 저마다 개성이 있다. 그 개성을 살려야 천시天時도 지리地利도 인화人和도 얻을 수 있다. 그러니 사람보다 더 중요한 것이 있을 수 없고 특히 자기 자신이 가장 중요하다.

노래방은 평소 회의나 강의실에서 상사나 강사가 발표를 시킬까 봐 무서워서 쉬지 않고 상대의 눈길을 기술적으로 피하는 사람들이 더욱 편안해하는 곳이다.[240]

그곳은 자아도취, 자아만족, 자기애의 명당이 된다. 범위를 좀 넓히면 자기는 이웃이 되고 국민이 된다.

거의 모든 나라는 한 가지 이상의 문화의 본고장이며, 이것만으로도 민족주의가 인위적 구성물이라는 것은 충분히 증명된다. 민족주의는 다른 누구보다도 정치 선동가와 분리주의자에게 유용한 개념이다.[241]

'우리 민족끼리'라든가 '우리끼리'라는, 구호에 가까운 표현은 문제가 있다.
최고의 명당은 어디일까? 자기가 가장 중요하니 무엇보다 장소 선정에서 중요한 것은 자기가 보호되는 곳이다.

"아버지께서 말씀하셨지. '어떤 장소에 처음 가거든 제일 먼저 몸을 숨길 곳부터 찾아야 해.'라고."[242]

자기의 중요성을 깨달으면 죽은 자들을 위한 음택 풍수는 자연스럽게 뒤로 밀려날 수밖에 없다.

지주地主는 내심 그곳에 묘지를 세운 것을 후회하고 있었다. 그 멋진 전망을, 즐길 수도 없는 죽은 자들에게 내주다니 말이다.[243]

자기애를 강조하다 보면 인간만이 주인공이 되고 만다. 그런데 최근 유전학의 발달은 그런 사고가 편협한 것임을 깨닫게 한다.

분자 생물학자들은 우리와 가까운 친척인 침팬지의 유전자가 인간과 98.4퍼센트 동일하다고 계산한 바 있다. 이 수치는 활성 유전자만 계산할 경우 99.6퍼센트로 올라간다.[244]

생물학의 연구 결과는 놀랍다. 인간은 다른 동물과는 뭔가 큰 차이가 날 줄 알았는데, 고작 그 정도라니. 인간 중심적 사고는 서양이나 유대-기독교 전통에만 있는 것은 아니다. 우리에게도 "천지 만물 중에 인간이 가장 귀하다天地之間 萬物之衆 唯人最貴."라는 가르침이 있어 왔다. 이것은 결과적으로 인간의 자기애를 낳는다. 그리하여 다른 생물은 물론 자연까지도 인간에 귀속된다고 착각해 왔다. 작물과 가축을 길러 먹고, 자연을 공생의 동반자로 보는 것이 아니라 이용 대상 정도로 여기는 사고방식은 기실 여기에서 비롯되었다.

자기애를 잃었을 때 가장 우려스러운 일은 자살의 발생이다.

그런데 그가 자살한 이유가 흥미롭다. 삶의 가치를 느끼지 못하거나 죄의식이 강렬해지고 우울함이 극에 달해서 그런 것이 아니라 거꾸로 자신의 죽음을 통해 상대방이 죄책감을 느끼고 평생 미안해할 상처를 주겠다는 것이 목표였으니 말이다.[245]

자살 동기는 밝히기 어렵다. 뻔한 것 같지만 실은 그렇지 않다. 누군가를 겨냥한 자살도 많다.

"자살은 전염병과 같습니다. 예컨대 어느 호텔 방에서 누군가가 자살하면 그 건물에는 눈에 보이지 않는 표지가 남습니다. 그러고는 또 다른 누군가가 동일한 장소에서 자신의 목숨을 끊지요. 결국 그 방은 죽음의 안식처가 돼 버립니다."[246]

이런 사례는 우리나라에 흔하다. 자살 명소라는 말이 있을 정도다.

그릇되니 허망한 명당: 주관적 명당론의 맹점

임철우의 소설 『유년의 삽화』의 마지막은 이렇다. 동네 아이들에게 마귀할 멈으로 불리는 함평댁에게는 원양 어선 선원인 칠만이라는 아들이 있다. 고생 끝에 돌아온 아들이 장가를 들려던 하루 전날 밤 친구들과 함께 읍내에 술을 마시러 나갔다 돌아오다가 새벽녘 집 바로 앞에 있는 철도 건널목에서 기차에 치여 죽는 사고를 당한다. 집에 거의 다 와서 당한 끔찍한 사고였다. 함박눈이 내리는 새벽 철길 모퉁이 건널목에서, 이제 스무 걸음만 더 가면 제 집인 장소에서 사고를 당한 것이다. 기관사의 증언에 의하면 그가 그 자리에 쭈그려 앉아 뭔가를 찾고 있는 것 같았다고 한다.

그가 왜 눈이 그리 쏟아지는 날 하필이면 그 자리를 골라 쭈그려 앉았을까? 조금만 더 가면 어머니가 계시는 내 고향, 내 집인데 말이다. 혹시 그가 소담스 럽게 세상을 덮고 있는 하얀 눈을 보고 그곳에서 물리적인 고향일 뿐 아니라 마음의 고향에 도달했다고 믿어 버린 것은 아닐까? 그렇다면 그 장소는 그에게 명당이었다. 그릇되고 헛되어 죽음을 부르는 명당이었던 셈이다. 전혀 합리적이지 못하고 다른 사람까지 불쾌하게 만드는 그런 곳이 왜 그에게는 명당으로 받아들여졌을까? 그의 주관이 오도한 명당관 때문이었다.

죽음 저 너머에 영원한 평온을 주는 어떤 곳이 있을 것이라는 생각은 많은 사람을 죽음으로 몰아넣었다. 그런 장소들은 생각보다 많다. 바닷가 절벽 위의 자살바위, 한강 대교의 교각 어느 지점, 고무신 벗어 놓고 들어가는 저수지 수

변 어느 지점. 스스로 죽음으로 향하는 사람들이 찾아가는 틀에 박힌 장소가 있는 것은 사실이다. 그런 곳에 가 보면 삶의 허망함, 어지럼증, 고통으로부터의 어긋난 탈출을 유도하는 느낌이 온다. 그것이 도깨비장난이든 물귀신이 부르는 것이든 그런 현상이 있다는 것을 부인하기는 어렵다. 하지만 이것은 잘못된 것이다.

영혼이 육체보다 오래 산다는 교의教義는 결코 옳지 않다. 죽음이 문제를 해결할 수 없는 이유이기도 하다. 그런 생각은 필연적으로 삶을 무가치하게 만든다. 수전 스미스는 어린 두 아들을 호수 바닥에 던질 때 "우리 아이들은 가장 좋은 곳에서 살 자격이 있고 이제 그렇게 될 것"이라는 합리화로 자신의 양심을 속였다. '사후 세계가 행복하리라는' 관념은 부모가 자식의 생명을 빼앗으면서 남기는 최후의 편지에 단골로 등장한다. 최근에도 그런 사고는 자살 폭탄 테러범과 공중 납치범에게 용기를 돋우어 준다. 자살을 부추기는 터가 명당일 수 없는 까닭이 바로 여기에 있다. 살아가는 사람들에게 사후 세계의 미점美點을 강조하는 것은 죄악이 될 수 있다.[247]

생명은 왜 죽음을 추구하는가? 그것은 평화를 위해서다. 그런데 에로스는 한편으로 부단히 평화를 어지럽히고 교란하는 방해자다. 죽음의 본능은 이런 갈등의 해결사다. 「시편」 127장 2절에 보면, "주님은 사랑하는 자에게 잠을 내리신다."라는 구절이 나오는데, 기록에 따르면 이 성서 구절은 빅토리아 시대의 많은 사람들에게 큰 영향을 끼쳤다고 한다.[248]

『애도하는 사람』을 한창 번역할 때, "삶과 죽음은 자연의 한 조각 아니겠는가!"라는 유서를 남기고 노무현 전 대통령이 유명을 달리했다. 일손을 놓고 아이처럼 엉엉 울면서 텔레비전을 지켜보았다. 텔레비전에서는 네모 상자 밖으로 쏟아질 듯 많은 사람들이 고인을 '애도'했다. 그리고 목소리 좋은 아나운서는 그분이 누구에게 사랑받고, 누구를 사랑하고, 어떤 이들이 고인에게 감사를 표하고, 또 고인은 누구에게 감사했는지 친절히 설명해 주었다. 사카쓰키 시즈토처럼 꼬치꼬치 묻지 않았음에도 말이다. 그분을 보낸 아픔이야 무엇에도 비유할 수 없을 정도지만, 다시 일상으로 돌아와 이 작업을 마칠 때쯤 마지막 장의 한 대목을 읽으며 큰 위로를 받았다. 앞서도 말했지만, 사카쓰키 시즈토의 어머니 준코는 말기 암 환자다. 그리고 시즈토의 여동생 미시오는 새 생명을 잉태하고 있다. 그런데 공교롭게 세상을 떠날 날짜와 아기를 세상에 내보낼 날짜가 비슷한 두 사람은 똑같이 구토를 하고, 똑같이 변비의 고통을 겪는다. 다음은 그 사실에 대해 준코가 위안을 받는 대목의 일부다.

"준코는 죽음을 앞둔 엄마와 새 생명을 낳으려는 딸이 먹는 것은 물론 배설 문제에서도 똑같이 어려움을 겪고 있다는 사실이 신기했다. 그리고 생과 사가 비속하다고 할 수 있는 생리적인 차원에서 이웃하고 있다는 현실이, 자칫 과민 반응을 보이기 쉬운 죽음에 대한 공포를 조금이나마 덜어 주었다."

이 마지막 장의 주제야말로 '사람과 죽음은 자연의 한 조각 아니겠는가!'라고 생각한다.[249]

자살한 사람에 대해서, 그를 좋아하던 사람들은 극도의 슬픔과 당혹에 빠졌고, 그를 싫어하던 사람들은 할 말을 잃고 말았다. 자살에 대해서 개신교 목사 한 분이 어느 케이블 종교 방송에서 자살이 죄악임을 언급하는 것을 흘깃 보기는 했지만, 누구도 그 점을 제대로 지적하지는 못했던 것 같다.

제대로 된 모든 기성 종교는 예외 없이 자살을 죄악으로 지목한다. 사람이 자신의 삶을 선택할 수는 없으나, 죽음은 선택이 가능하다. 방법은 단 하나, 자살뿐이다. 그러나 분명한 사실이 하나 있다. "스스로에게 벌을 주기 위해 죽는 사람은 드물다. 누군가에게 벌을 주기 위해 자살한다."[250]라는 점이다.

그렇다면 장수하는 사회에는 어떤 문제가 있을까? 노령화 사회에는 차마 말은 못 하지만 많은 어려움이 있다. 치매 노인 보호 시설의 관리부장인 성실한 중년 여성의 말이다.

"전 이렇게 생각합니다. 생활하면서 우리는 자기가 사는 곳을 정리하죠. 그런 일을 가사라고 하지요. 그리고 다음 세대를 기릅니다. 이걸 양육이라고 합니다. 그리고 앞선 세대의 죽음을 지켜본다는 의미에서 노인을 간호해야 합니다. 이런 과정을 거치지도 않고 하지 않아도 되는 사람이라면 오로지 어린아이밖에 없지 않을까요? 물론 생활을 지탱하기 위해서는 돈을 벌어야 하죠. 그것 또한 정말 힘든 일이기는 합니다. 그렇지만 그건 사는 장소를 정리하는 가사의 절반 정도에 지나지 않고, 양육이나 간호는 또 다른 문제입니다. 일만 하면 그만이라는 것은 어린아이가 밖에서 열심히 놀고, 집에 돌아와서는 모든 것을 어머니에게 맡기는 것과 별다를 바가 없습니다. 정말 어른이 해야 할 절실하고 중요한 일은 양육과 노인 간호라고 생각합니다. 그러나 나이만 먹었다고 누구든 다 어른인 것은 아닙니다. 우리가 사는 현실 세계에 어른이 된 사람이 과연 얼마나 되겠습니까? 나 역시 아버지를, 어머니를 잘 모시지 못했다는 자괴감 때문에 이 일을 시작하게 되었는데, 이런 나를 어른이라고 하기는 어렵겠죠. 정말 멋진 어른을 찾아보기 힘든 세상이라고 할 수 있습니다. 그래서 아직 어린 사람들끼리 협력하고 서로를 도울 필요가 있지 않을까요? 바로 그게 희망이 아닐까 생각합니다. 개개의 인간에게 억지로 자립을 강요하는 것이 오히려 많은 사람을 어린아이의 세계로 퇴행시키는 결과를 낳고 있다는 생각이 듭니다."[251]

노인 병동의 수간호사로 일하는 주인공 유키의 말이다.

"하루라도 빨리 공공 시설이나 외부 시설을 이용하세요. 가족 일이라고 안에서만 해결하려고 하면 안 돼요. 부인이 아무리 애를 써도, 자칫하면 효도하려다가 오히려 정반대의 결과를 낳을 수도 있으니까요. 폐쇄적이 되어서는 안 됩니다. 어린아이는 사회의 재산이니까 동네 사람들끼리 연대하고 학교와 보호자 간에 네트워크를 형성해 함께 돌보고 교육을 시키는 경우가 많잖아요. 나이 드신 분들도 같은 사고방식으로 대할 필요가 있어요."[252]

2008년 보건복지부가 시행한 유병률 조사에서 2010년 현재 우리나라 65세 이상 노인 11명 중 1명이 치매로 추정됐다. 인구수로는 약 48만 4000명에 이르고, 이들을 부양하는 가족까지 함께 생각한다면 치매와 전쟁 중인 국민은 이미 400만 명을 상회할 것으로 보인다.

서울대학교 신경 정신과 김기웅 교수는 우리 치매 환자들이 조기에 진단과 치료를 받지 못하고 방치되는 데는 전문적인 치매 진료 기관의 부족과 높은 진단·치료 비용이 한몫한다며, 전국의 보건소와 적절한 보험이 그것을 방지할 수 있으며, 따라서 치매의 조기 진단과 치료를 가로막는 유일한 장벽은 국민 상당수가 아직 떨치지 못하고 있는, 치매는 진단해도 해 줄 것이 없다는 근거 없는 무력감뿐이라고 단언한다.[253]

과연 그럴까? 국가의 조력을 받기 위한 장벽이 얼마나 높은지에 대해서는 눈감고 제도만 예를 들고 있기에 하는 얘기다. 소득이 기준을 넘었다거나 현장 실사를 나와서 치매 정도가 심하지 않다거나 하는 등의 이유로 그런 고마운 조력을 받을 수 없는 경우가 얼마나 많은지 잘 모르는 모양이다.

20년 뒤에는 65세 이상 인구가 10억 명에 육박할 것이다. 특히 많은 나라에서 85세 이상 초고령자가 급격히 늘어난다. 이 같은 '연령 파동Age Wave' 현상이 한국을 비롯한 모든 선진국에서 쓰나미처럼 몰아닥칠 것이다.

대부분의 노인은 시설에서 타인에 의해 여생을 연장하기보다 가정에서 본인의 삶을 적극적으로 살기를 원한다. 따라서 노인 케어는 현재의 시설 중심에서 가정과 지역 사회 중심으로 바뀌어야 한다. 노인은 소외받은 계층이 아닌 동반자이며 이들이 머물 곳은 시설이 아닌 집이다.[254]

보건복지부가 (2010년 9월) 26일, 제2차 저출산 고령 사회 대책의 일환으로 고령 친화 사업에 나서기로 했다고 밝혔다.

고령화에 관해 항상 눈여겨봐야 할 곳은 일본이다. (2010년) 9월 15일 현재 일본의 65세 이상 인구 비중은 23.1퍼센트에 달한다. 특히 80세 이상이 처음으로 800만 명을 넘어서(826만 명) 전체 인구에서 차지하는 비중도 6.5퍼센트에 이르렀다. 운동 신경, 시력, 청력 등의 저하를 막기 위한 장치 등 고령화 관련 산업 측면에 눈을 돌린 일본의 독보적 장점을 우리도 생각해야 할 시점이다.[255]

이건 노인을 경제적으로 활용할 비책일까, 아니면 여기까지 왔다는 위험 신호일까? 십수 년 전만 해도 지구가 포화 상태에 이르는 것을 의미하는 '인구 폭발'이라는 말을 자주 들었다. 실제로 지구의 인구 포용력은 이미 한계를 넘어선 지 오래다. 그런데 지금은 출산을 장려한다. 대부분의 선진국에서는 그런다. 우리나라도 여기에 속한다. 얼마나 이기적인가. 내 나라만 잘되면 그만이라는 생각 아닌가. 어떤 경제학자는 저출산, 초고령 사회를 '인구 지진'이라고 표현한다. 폭발과 지진, 양쪽 다 위험하다. 막무가내로 낳는 것도, 대책 없이 오래 사는 것도, 너무 적은 것도 문제다. 그래서 문제가 더욱 복잡해진다.

이를 해결하기 위해서 단일 민족이라는 좀 이해하기 어려운 자부심을 버려야 할 때가 올지도 모른다. 우리보다 못사는 나라 사람들이 노동 인력으로 이주해 온 것은 이미 현실이다.

농림 및 어업 종사자 중 기혼 남성의 36퍼센트가 외국인 여성과 결혼한 것이다. 이

제 농어촌 집안 새색시의 3분의 1은 외국 여성이라는 말이다.[256]

영국 금융가의 경제학자 조지 매그너스는 한국에 대해 이런 지적을 했다.

노동력을 보충하기 위해 이민을 적극적으로 받아들이는 방법도 있다. 그러나 한국 사회에서는 비현실적이다. …… 2050년께 한국의 60세 이상 인구 비율은 41.2퍼센트에 이를 것으로 예상된다. 만약 한국이 이민을 받아들이려면 인구 대비 30~40퍼센트는 돼야 한다. 전체 인구의 열 명 중 서너 명은 외국인으로 채워져야 한다.[257]

평자의 말대로 충격적이다 못해 섬뜩한 얘기다.

노인 인구(65세 이상)는 2009년 519만 명으로 전체 인구의 10.7퍼센트를 기록한 데 이어, 올해(2010년)는 536만 명으로 11퍼센트에 이를 것으로 추정된다. 요양 시설은 '사각지대'에 놓여 있다. 자식들은 노부모를 맡길 요양 시설이 마땅치 않아 전국을 헤맨다. 김진수 연세대 사회 복지학과 교수는 "이런 상황이 계속되면 결국 대한민국은 늙기 두려운 사회가 될 것"이라고 지적했다.[258]

저출산 고령화라는 인구 지진 사태를 맞은 정부는 지금 출산 장려 정책을 쓰고 있다. 사회적으로도 '아기 없는 세상'을 염려하며 그에 적극 동조하는 분위기다. 지구는 인구 과잉으로 몸살을 앓는데 선진국은 출산을 권장하는 현상은 불합리하다.

생명의 샘이라는 뜻을 지닌 '레벤스보른lebensborn'은 미혼모가 아기를 낳게 하기 위해 만들어진 조직이다. 나치 SS 최고 지휘자인 하인리히 힘러 장관이 낸 아이디어였다.

이곳에서 태어난 아기는 어머니가 키울 수 없을 경우 부속 시설에서 키우다가 나중에 양자를 원하는 SS 대원 가정으로 보낸다. 독일 국내는 물론 수많은 독일 관할 지역에서 레벤스보른이 생겨났다. 총통은 국가의 아기를 간절히 원했다. 정절은 당국에 의해 이미 미덕이 아닌 관념이 되고 말았다. 부총통 루돌프 헤스는 "여성의 첫째 의무는 건강하고 순수한 혈통을 지닌 아기를 국가에 제공하는 일이다."라며 결혼 제도에 구속되지 말고 출산하기를 공공연히 권장한다. 넷에서 여섯 명의 아이를 낳은 어머니에게는 청동십자훈장, 일곱에서 여덟을 낳으면 은십자훈장, 아홉 이상이면 금십자훈장. 훈장 뒤에는 "아기는 어머니를 귀족으로 만든다."라는 밴드가 매달려 있다. 사람들은 이것을 '토끼 훈장'이라고 놀린다.[259]

늙은 베르타는 거의 15년 전부터 매일 자기 집 문 앞에 나와 앉아 있었다. 베스코스의 주민들은 노인들이 그렇게 하염없이 앉아 무엇을 하는지 잘 알고 있었다. 그들은 과거를, 젊음을 꿈꾸고, 더 이상 그들의 것이 아닌 세상을 바라보고, 이웃들과 나눌 얘깃거리를 찾는다.[260]

이 문제를 매우 심각하게 받아들이는 것은 대체로 현실이다. 그런데 더 무섭게 만드는 주장도 있다.

"대부분의 사람들이 범죄를 저지르지 않는 이유는, 그것으로 그 사회에서 불리한 대접을 받기 때문입니다. 하지만 그건 사회의 규칙을 따르기만 하면 정당한 대접을 받는다는 전제하에만 성립되는 이야기예요. 우리 세대에는 그런 전제가 깔려 있지 않아요. 규칙을 지키든 지키지 않든 우리는 불리한 대접을 받을 수밖에 없어요."

"왜 그렇게 생각하지?"

"우리는 소수 집단이니까요."

"소수 집단?"

"늙은이들이 너무 많아졌어요."

료지는 빨간 고추를 접시 구석으로 밀어내며 말했다.

"앞으로 자꾸자꾸 더 많아지겠죠. 이제 소수파인 우리 젊은이들은 그 늙은이들을 부양해야만 해요. 싫든 좋든 군말 없이. 유감스럽게도 우리는 민주주의 사회에 살고 있단 말입니다. 이 사회에서는 다수 집단의 의사가 존중되지요. 다수파인 늙은이들에게 알랑거리는 정치가가 선거에 이겨서 국회의사당에 모이고, 늙은이들을 위한 정책을 계속해서 입법화할 겁니다. 그 말은요, 결국 그 법을 따르는 한, 우리는 앞으로도 줄곧 늙은이들이 하라는 대로 살아가야만 한다는 뜻이에요. 배고프다, 밥을 달라, 허리가 아프다, 병원에 보내 달라, 심심하다, 노인들을 위한 놀이 시설을 만들라."

료지는 어깨를 으쓱했다.

"우리는 늙은이들의 응석을 받아 주기 위해 언제까지나 착취당하면서 살게 될 겁니다. 숭고한 민주주의의 위대한 다수라는 미명 아래. 그게 얼마나 지긋지긋한 일인지 선생님도 알잖아요? 지금도 그래요. 적자 국가 채무라는 그 방대한 빚을 누가 갚는 겁니까? 정치가요? 기업가? 정말 웃기지 말라 그래요. 그 책임이 드러날 즈음이면, 그 작자들은 이미 관에 들어가 있겠죠."[261]

일본 어느 지방의 옛 풍습에 고려장이 있었다고 한다. 그리고 집집마다 대문 안마당에 자살용 감나무를 심었다. 그런데 할머니는 제외되었다. 남녀 차별이라는 문제와는 관계가 없었다.

"왜 할머니는 버리지 않는 거죠? 불공평해." 주인공 타에코의 물음에 귀농한 도예가 쓰쓰미는 이렇게 설명한다. "할머니야 손자를 돌보거나 부엌 준비를 하거나 이것저것 허리를 펴지 못할 정도로 도울 일이 많지만 나이 든 남자는 성가실 뿐이죠. 아들들이 자신의 뒤를 잘 이어 가면 이제 자신의 시대가 끝났다고 깨닫고 냉큼 목을 맨대요. 그런 담력도 없는 남자는 이런 곳에 들어와 사는 거죠."[262] 결국 모든 인간이란 쓸모 여부에 따라 생명이 결정되는 것인가.

앞으로 우리나라도 1971년생 기준으로 남성들도 절반이 90세 이상 산다고 한다. 50대 이하 한국인은 절반 가까이가 100세를 바라보는 나이까지 생존할 것이라는 예측도 나왔다.[263] 자고로 장수는 커다란 복이었다. 하지만 앞으로도 그럴 것이라는 보장은 없다. 오히려 개인적으로나 사회적으로 장수가 재앙이 될 가능성이 훨씬 높다.

치사성 가족성 불면증Familial Fatal Insomnia. 이 병의 특징은 진행성 불면, 야간 흥분, 환각, 기억력 저하 등이다. 결국은 고도의 기억 장애, 운동 실조 같은 것이 겹치다가 발병한 지 1년 이내에 혼수상태에 빠진다. 유전병, 프리온 단백질 유전자의 코돈 178에 이상이 있는 가계에서 볼 수 있다.
시상視床이라고 하는 뇌가 침범당한다. 우선 불면증이 생기고 그게 점점 심해진다. 그다음 환각 증상이 나타나고, 기억력이 나빠지다가 결국에는 치매가 되어, 경련 상태를 일으키고 발병한 지 1년 정도 되면 누워만 있는 상태. 발병 후 2년 이내에 전신 쇠약, 호흡 마비, 폐렴 등으로 사망.[264]

"오랜 시간이 지나 내가 나이 들어/ 머리숱이 없어져도/ 발렌타인데이나 생일에 축하주를 보낼 건가요." 1960년대 초반에 비틀스의 폴 매카트니는 「내가 예순네 살이 된다면When I am Sixty-four」이라는 노래를 불렀다. 내가 늙고 병들어도 나를 사랑해 줄 것이냐며 말이다. 하지만 1942년에 태어난 폴은 예순네 살이 되던 2006년, 연인에게 사랑을 확인하지 못했다. …… 조너선 스위프트의 『걸리버 여행기』 3편을 보면 '러그내그'라는 나라가 나온다. 그곳에는 '스트럴드 브러그'라는 늙기만 하고 죽지는 않는 존재가 살고 있다. 이들은 불멸이지만 젊은 모습은 유지하지 못한 채 나이가 들면서 점차 추해지고 약해지며 쭈글쭈글해진다. 스위프트는 "모든 사람은 오래 살기를 갈망하지만 아무도 나이 들고 싶어 하지는 않는다."라고 하기도 했다.[265]

영화 「베니스에서의 죽음Morte a Venezia」에 대한 영화평에서 유종호는 아센바흐의 말을 인용한다. "노년이 이 세상 불순물 가운데서 가장 불결하다."[266]

노인은 인간의 막장, 누구나 언젠가는 쓸모없는 쓸쓸한 존재가 된다.[267]

죄송하지만 사실이다. 조금 긍정적인 추정도 있다.

그리고 이성적 낙관주의자들은 여기에서도 독자들이 마음을 놓을 수 있는 근거를 또다시 제시할 수 있다. 아주 최근의 연구 결과, 두 번째 인구학적 천이遷移가 드러났다. 가장 잘사는 국가들의 경우 일단 번영이 특정 수준을 넘어서면 출산율이 미세하게 증가한다는 사실 말이다. 예컨대 미국의 경우 1976년쯤 최저 출산율을 기록했다. 인간 개발 지수가 0.94를 넘는 24개국 중 18개국은 출산율이 높아졌다. 흥미로운 예외는 출산율 하락이 계속되는 일본이나 한국 같은 나라들이다. 미국 펜실베이니아 대학교의 한스 피터 콜러는 그 이유가 다음과 같은 데 있다고 믿는다. "국가가 부유해짐에 따라 여성들이 일과 생활의 균형을 더 잘 맞출 수 있게 해 줘야 하는데, 이들 국가에서는 그것이 지체되고 있다."

대체로 보아 세계 인구에 대한 소식은 더할 나위 없이 좋다. 인구 폭발 가능성은 소멸하고 있고, 출산율 저하는 바닥을 쳤다. 사람들이 더 부유하고 자유로워질수록 출산율은 여성 한 명당 두 명 근처에서 안정된다. 강요할 필요 없이 말이다. 이것이 좋은 소식이 아니고 무엇이란 말인가![268]

그렇다면 적극적으로 개입해 환자가 죽는 것을 돕는 문제는 의사들이 마땅히 적극 관심을 기울여야 할 중요한 문제일 것이다. 결국 의사의 첫 번째 의무는 언제나 가능하면 생명을 구하고 상처를 치료하고 병을 고치고, 아니면 고통이라도 덜어 주는 것이기 때문이다. 따라서 어쩌면 의학의 한 분과로서 죽음을 전문적으로 다루는 죽음학(죽음과 그 고통을 회피함으로써가 아니라, 정직한 대면을 통해 근원적인 삶에 대해 질문하는 학문. 한국의 죽음학회는 2005년 창립되었다.)을 도입하는 것이 현실적 대안일지도 모르며, 만일 도입한다면 마취학의 하위 분과로서 도입하는 것이 가장 좋을 것이다.[269]

산행에서 배운 것 중 한 가지는 계곡의 바닥에 닿으면 올라가는 일밖에 없다는 것이다. 정상에서는 내려갈 일밖에 없다. 인생에서 절망의 나락에 떨어졌다면 희망을 향한 여정이 있을 뿐이다. 아니면 죽든가. 기쁨의 절정에 닿았다면 그것이 옅어져 가는 것을 볼 일밖에 없다. 아니면 죽든가. 명심하자. 계곡에서 죽든 정상에서 죽든 죽음은 산행을 끝마치지 못했다는 얘기다. 누구도 별 의미 없이 대미를 장식하고 싶지는 않을 것이다. 그러니 죽음은 결코 해결책이 될 수 없다. 그저 나아갈 뿐이다.

죽은 뒤에 대해서는 알 수 없다는 것이 상식의 답변이지만 세상은 그렇게 간단하지 않다. 조선 중기의 한 유자儒者가 이런 글을 남겼다.

동기감응설이 설령 아닌 것이라 하더라도 죽은 자를 샘물 질퍽한 모래와 자갈밭 속에다 버려 땅강아지와 개미 떼가 우글우글 모여 파먹게 한다면 사람 마음이 어찌 유쾌하겠는가. 이것이 풍수설이 하나의 기술로 성립된 까닭이다. 비록 옛 성인들도 일찍이 말을 하지 않았고 후세에 와서 정직한 선비들이 더러 금하기도 했으나 온 천하가 모두 거기에 휩쓸려 아직까지도 고쳐지지 않고 있는데, 따지자면 그것은 물정이 그렇고 사리가 그래서 그런 것이다. …… 요약하면 그저 편안하면 그

뿐이었지, 예제를 무시하고 신도神道를 범하면서까지 화복을 따지고 이달移達을 추구하는 일 따위를 군자는 하지 않았던 것이다.[270]

이 문제는 결코 단순하지 않다. 조선 중기 효종, 현종, 숙종 3조에 걸친 대신 이며 박세당의 영향을 받은 것으로 알려진 약천 남구만에 대해서 "공이 지조 를 지킨 것을 말하면 세속에서 풍수설에 혹하여 선대의 묘를 자주 이장해서 후손들의 복을 구하는 것을 크게 경계할 일로 여겼다."[271]라는 기록이 있는 반 면, 같은 『약천집』에 수록된 서공徐公 묘갈명墓碣銘에는 "공은 처음 결성현結城 縣 지석리支石里에 있는 선영의 아래에 장례하였는데, 풍수지리가 좋지 못하다 하여 다시 결성현의 은화봉銀華峰 아래 곤좌坤坐의 산에 이장하고 의인을 부장 하였다."[272]라고 기록돼 있다.

그뿐만이 아니라 이런 기록도 있다.

풍수를 매우 중요한 일로 여겨서 상소하여 장릉長陵, 인조와 그 비인 인렬왕후의 능을 옮길 것을 청하기까지 하였고, 자손들이 선도를 이장한 것이 또 몇 번인지 알 수 없는데 그 집안에 초상이 이와 같으니 선인善人에게 복을 내리는 이치가 이미 아득 하며 지리는 억지로 힘을 써서 구할 수 없음을 여기에서 징험할 수 있다.[273]

심리학에서 바넘 효과barnum effect라 불리는 이 현상은 19세기 말 미국의 유명한 서 커스 흥행사였던 바넘의 이름을 딴 것이다. '모든 사람에게 해당하는 무언가'와 '잘 속아 넘어간다'는 것이 바넘 효과의 핵심이다. 사람들은 자신에게 유리한 내용이 나 모호하고 추상적인 내용은 그것이 사실과 맞지 않더라도 자신의 이야기로 받 아들이는 것이다. …… 이런 바넘 효과의 예는 우리 주위에서 심심치 않게 볼 수 있다. 길거리에서 흔히 볼 수 있는 사주 카페나 타로 점, 관상이나 궁합 등을 보는 철학관 등에서 우리는 자기 자신에 대한 이야기를 듣고 그것이 들어맞는다고 생각하는 경우가 많다. 그러나 대부분의 심리 테스트나 성격 분석의 경우, 누구에게나 들어맞을 법한 말을 써 놓으면 사람들은 자기 자신의 성격과 일치한다고 생각하기 마련이다. 이런 일들은 모두 세상의 중심이 '나'이기 때문에 일어난다. 세상의 모든 이야기가 마치 자신의 이야기인 것처럼 들리게 되는 것이다.[274]

이런 모든 일들이 인간은 결국 죽는다는 사실memento mori에서 기인한다. 게 다가 사람들은 선입관을 갖는 경우가 많다. 어쩌면 죽음에 대한 상념에도 선입 관이 크게 작용하는지 모른다.

심리학에 후광 효과halo effect라는 용어가 있다. 이것은 어떤 대상을 평가할 때 그 대상에 대한 일반적인 견해나 평가가 다른 특성을 바라보는 데 영향을 미치는 현 상을 말한다. 학력에 따라 상대방의 능력을 검증도 해 보지 않고 높게 평가하는 것이 바로 그런 예다.[275]

예컨대 사람의 정신 상태를 치료해야 할 정신과 의사들을 언제나 신뢰하기 는 어렵다는 생각을 하면 좀 걱정이 된다.

그가 지금까지 만나 본 정신과 의사들은 예외 없이 자신만의 문제를 지니고 있었 다.[276]

자신만의 문제를 지니고 있다는 것은 어느 정도 정상에서 일탈해 있다는 뜻 이다. 이건 문제가 되지 않는다. 지극히 정상적인 사람이 정신과 전문의가 되었 다면, 그는 환자들을 인간미 있게 대하기가 어려울 것이다. 현실을 잘 모를 테니 까. 그러나 자신이 그런 경험을 했다면 얘기가 달라진다. 의사까지 못 믿는다면 문제는 심각하다. 연구에 따르면 신뢰는 아주 어려서 형성된다고 한다. 그러니까 아기 때 그런 신뢰감을 갖추지 못한 사람은 끔찍하게도 평생을 불신 속에서 살아야 할지도 모른다.

믿음이란 자기 존재에 대한 확신과 타인에 대한 예측 가능성 속에 만들어지는 것이다. 에릭슨은 인생 발달 여덟 단계를 얘기하며 0세에서 1세 사이의 과제를 '신뢰와 불신trust vs. mistrust'이라고 했다. 즉 신뢰의 문제는 인간의 삶에 있어서 가장 기본적이며 첫 번째 발달 과제로 인생의 첫 단추에 해당한다.[277]

하기야 믿음을 비틀어 보는 사람도 있기는 하다.

버나드 쇼는 "우리 사회에서 위험한 것은 불신이 아니라 믿음"이라고 했다. 맹목적 믿음의 위험성을 지적한 것이다. 이는 사회뿐 아니라 한 개인의 심리에도 적용 가능하다. 믿음을 강조하며 반복해서 얘기하는 사람일수록 '자신의 존재와 삶에 대한 근본적 믿음'이 약하고 그마저도 흔들리고 있을 가능성이 높다.
일이 힘들거나 하는 일마다 꼬이면 우리는 '괜찮아. 별일 없을 거야.'라고 주문을 외듯 되뇐다. 닥쳐올 좌절의 폭풍이 눈앞에 보이지만 인정하기 싫을 때, 그 고통에 대한 예기 불안anticipating anxiety을 잠재울 유일한 진통제는 '난 괜찮아.'라고 거꾸로 생각하는 것이다.[278]

10 장   상보성: 인간도 주인이고 자연도 주인이다

환경에 대한 의무는 최소한 18세기 이래로 이른바 '후견자의 관념'에 기초하여 등장하였다. 세계를 보호해야 한다는 공공연한 권고의 기초가 되는 것은 능력과 취약성 사이의 구별이라는 전제였다. 능력을 지닌 존재는 취약성을 지닌 존재를 원조할 의무를 지닌다. 인간은 환경에 영향을 미칠 수 있는 강력한 능력을 지니고 있다는 점이 증명되었으므로 인간은 환경을 보호하고 유지할 의무를 지닌다. 간단히 말하자면 인간은 지구 전체를 돌보는 의사로서 행위해야 할 의무를 지닌다는 것이다. 이러한 돌봄의 영역과 관련된 현실적인 주제들과 인간이 상황을 더욱 악화시킬 가능성에 대하여 많은 공적인 논의가 이루어졌지만 과연 이런 의무들의 근거가, 설령 이것이 손실을 최소화하여야 한다는 소극적인 의무라 할지라도, 무엇인지에 대한 논의는 철학적 주제와는 무관한 주제로 간주되기도 하였다.[279]

사실 지금까지 우리는 환경에 관한 과도하게 비관적인 견해들을 접해 왔다.

비판주의의 끊임없는 북소리는 지금까지 내가 이 책에서 표현해 온 승리주의의 모든 노랫소리를 들리지 않게 만든다. 혹시 당신이 세상은 지금까지 점점 좋아졌다고 말한다면, 순진해 빠졌고 둔감한 사람이라는 비판을 면할 수도 있다. 하지만 만일 세상이 지금까지와 같이 앞으로도 점점 좋아질 거라고 말한다면 당황할 정도로 '미친 사람' 취급을 당할 것이다. …… 반면 파국이 임박했다고 말한다면 당신은 맥아더 천재상이나 심지어 노벨 평화상을 기대할 수도 있다. 서점들은 비판주의의 신전에 깔려 신음하고 있으며 공중파 방송은 파멸의 소식으로 초만원을 이룬다.[280]

상보성이라는 문제에서 가장 신경 써야 할 부분은 본성과 경험에 대한 해결이다.

진화론을 부인하는 문제에 관하여, 의견이 분분한 본성nature, 유전자 대 양육 nurture, 경험 논쟁을 먼저 중화하고자 한다. 환경에 따라 변할 수 있는 유전적 특징은 없다. 마찬가지로 환경의 영향을 극복할 수 없는 유전자 구성도 사실상 없다. 이 두 요인은 서로에게 영향을 미치고 서로를 바꾸어 놓을 수 있다. 인간은 '미완성'인 상태로 세상에 태어난다. 변덕스러운 인생에 사람이 반응하는 방식은 때로 그 사람이 속한 문화나 환경에 의해 더 많이 결정되기도 하고, 그가 물려받은 유전자들에서 더 많은 영향을 받기도 한다. 본성과 양육은 양자택일의 이분법적 관계가 아니라, 오히려 서로를 필요로 하는 보완성을 띤다.[281]

풍수는 이처럼 어느 한 가지 논리에 귀착하는 경우가 거의 없다. 양자를 통합하여 판단해야 한다. 그 과정은 불명不明이지만, 그래서 그것은 블랙박스로 받아들인다. 투입input이 있고 산출output이 있지만 그 전개 과정은 블랙박스 속처럼 알 수 없다.

마음은 갈겨 쓴 낙서와 같다. 예측도 단정도 할 수 없는, 갈겨 쓴 낙서 자국 말이다.[282]

사람들이 삶터 주변의 풍토에 적응하기 위한 자연적·인식론적 의미를 부여하는 것은 마치 물리학에서 말하는 공명 현상과 비슷하다. 1950년대 중반 내이모님은 강원도 원주 피난민촌에 살고 계셨다. 서울에 살던 나는 형들과 누나를 따라 몇 번 그곳을 찾은 적이 있다. 청량리역에서 중앙선을 타고 가는 그 길은 끔찍한 여정이었다고 기억된다. 그때 이미 20대를 바라보던 누나의 기억도 같았던 걸 보면 어렸던 탓만은 아님을 알 수 있다. 기차는 시커먼 연기를 내뿜는 증기 기관차였다. 청량리를 출발하자마자 망우리 터널이다. 그리고 무수한 터널을 지났다. 모든 승객이 석탄 가루를 뒤집어써서 시커메졌다. 기차에 올라타는 일부터 고역이었다. 창문으로 타는 사람도 무척 많았다. 누나와 형들이 어린 동생을 데리고 타는 것은 전쟁이었다. 당시는 그게 별로 이상하게 느껴지지 않았다. 지금 그런 일을 하라면 도저히 할 엄두가 나지 않는다.

그곳에서 이모부는 도저히 이해할 수 없는 방법으로 생계를 꾸려 갔다. 얇고 구멍이 숭숭 뚫린 누런 갱지에 조잡한 표지를 단 얄팍한 얘기책들을 노점에서 팔아 살아간다는 것은 어린 나이에도 신기함을 넘어 기괴하게 느껴졌다. 『춘향뎐』, 『심청뎐』, 『장화홍련뎐』, 거기에 제목이 기억나지 않는 여러 가지 책도 있었다. 당장 끼니가 어려운 것은 물론, 아직도 전투가 끝나지 않아 아침 길바닥에 전날 사살한 공비 시체가 놓여 있는 상황인데 어떻게 얘기책을 보는 사람이 있는 건지 알 수가 없었다. 지금은 이해한다. 사람들은 어떤 상황에서도 꿈을 놓지 않는다. 현실 도피라고 해도 좋다. 여하튼 그때도 허구의 세계가 필요했던 것이다.

그 가운데 아마도 조선 시대 소설이었을 책의 내용이 기억난다. 어린아이가 어떻게 그런 걸 기억했는지 알 수 없지만 나는 기억하고 있다. 세상에는 어린이에 대한 편견이 의외로 많다. 초등학교 입학하고 나서 나는 폐결핵 판정을 받았다. 당시 대학 병원 의사는 내가 어리다고 나를 없는 셈치고 어머니께 "이 아이는 얼마 살지 못할 것"이라는 끔찍한 선언을 아무렇지도 않게 하는 정도였으니 말해 무엇하겠는가. 그러니 시체가 놓인 바로 옆자리에서 이모부가 팔던 옛날이야기 책의 일부가 기억에 남아 있다는 것도 전혀 이상한 일이 아니다.

공명 얘기로 돌아가자. 활을 쏘는 사람은 과녁의 중심을 노린다. 화살은 과녁의 중심을 향하여 날아간다. 이때 사람과 화살 및 과녁 사이에 공명이 일어나면 그 화살은 과녁에 적중하게 된다. 즉 명중이다. 이게 바로 적응의 원초적예이며, 지금 나는 명중을 명당으로 이해한다. 사람이 자기가 사는 장소와 공명을 일으키면 그곳이 명당이라는 주장이다.

사람은 모든 것과 공명을 일으킬 수 있다. 그래야 서로 돕고 같이 사는 세상이 만들어질 수 있기 때문이다. 나自와 남他 사이에 벽을 쌓고 단절되면 쌍방모두 존재할 수 없다. 여기에서 남에는 사람뿐 아니라 이 우주 만물 모두를 포함시킬 수 있다. 모두가 그물망network으로 구성되어 있다고 믿는 것이 중요하다. 눈에 보이지도 않고 아직은 그 존재 여부도 알려지지 않았지만, 그래야 그것으로 이해할 수 있는 부분이 많기 때문에 우리 마음속의 문제인 믿음으로바꿔 표현한 것이다.

상보성 문제는 꿈과 현실을 조화시켜야 한다는 점에서도 중요하다.

동물도 꿈을 꾸는지 모르지만, 나의 한 제자는 이와 관련하여 이런 속담을 말해주었다. "거위는 무슨 꿈을 꾸는가? 옥수수 꿈을 꾼다." 이 두 문장에 꿈은 소망의충족이라는 이론이 담겨 있다.[283]

구속이란 공간적인 제한이며 명당은 좋은 공간을 의미한다. 공간과는 불가분의 관계인 시간의 경우는 어떨까? 마찬가지로 시간을 강제로 조정한다는 것은 구속과 같은 것이 되고, 시간의 사용이 자유로운 것은 명당과 마찬가지로 사람들이 원하는 것이 된다.

북부 카메룬 팔리족과 말리 도곤족의 아프리카 문화는 독특한 신인 동형론적神人同形論的 상징주의에 기반을 두고 있다. 팔리족의 경우 마을의 배치는 땅의 형상을 본떠 이루어진다. 윗부분은 머리, 아랫부분은 손발, 중심의 곡창 지대는 성기를 상징한다. 곡창 지대는 다시 사람의 형태에 따라 머리, 몸, 팔과 다리를 지닌다. 도곤족 문화의 우주론적 상징주의에서 조물주인 암마는 우주와 양성을 지닌 놈모라는 원시 쌍둥이를 잉태하기 위해 땅과 결혼한다. 이들로부터 네 명의 남자 조상과 네 명의 여자 조상이 탄생했으며, 이들은 스스로 수태하여 도곤족의 조상을 잉태했다. 이 조상들이 바로 놈모의 화신이었다. 이들 중 한 명이 세계를 조직하고 인류를 창조하기 위해 천상의 삶을 포기했고, 인류에게 여덟 개의 관절을 주었다고 한다. 이 관절들은 두게dougue석(우주적 창조의 씨앗들), 인간의 정신, 최초의 조상에 해당한다. 어깨와 엉덩이의 관절 두 쌍은 남성, 팔꿈치와 두 무릎의 관절 두 쌍은 여성을 의미하며, 각각의 종족을 상징한다. 혼인은 서로 다른 성性을 지닌 종족끼리만 이루어질 수 있었다. 도곤족 마을의 배치는 이러한 구도를 반영한다. 개인 주택은 가슴과 복부에 해당하는 지역을 차지하고, 공동체 영역은 발 부분에 해당한다. 월경을 하는 여자들의 집은 윗다리에 해당하고, 토구나마을 회관는 머리에 해당한다. 심지어 주택 자체도 신인 동형론적 상징주의를 내포한다. 즉 부엌은 머리를 상징하고, 입구는 성기를, 식료품 저장실은 팔을 의미한다. 토구나 지붕 위의 필라스터는 팔을 들고 있는 인간 형상에 해당한다.[284]

사람과 자연 역시 상보성의 입장에서 보아야 한다.

21세기가 미래에 남겨 줄 유산은 인류의 미래가 고독의 시대가 된다는 것뿐일 것이다. 이 시대를 시작하면서 우리가 남길 유언은 다음과 같은 것이리라.

"여기저기 사용하지 않고 남겨 놓은 얼마 안 되는 야생 환경과 함께, 하와이의 합성 정글 그리고 한때는 울창했던 아마존 잡목 지대를 우리는 당신들에게 유산으로 남깁니다. 당신들이 할 일은 유전 공학으로 새로운 종류의 동식물을 창조하고 이들을 독립적인 인공 생태계에 적응시키는 것입니다. 우리는 이 임무가 불가능할지도 모른다는 점을 이해합니다. 우리는 당신들 다수가 그런 일을 할 생각조차 혐오할지도 모른다고 확신합니다. 부디 행운이 있기를. 그리고 기술 발전 덕분에 그 시도가 성공한다고 해도 당신이 만들어 내는 것이 원래 창조되었던 것처럼 성공적일 수 없다는 사실을 유감으로 생각합니다. 과거에 존재했던 놀라운 세계를 보여 주는 시청각 자료를 받아 주십시오."[285]

대부분의 환경 과학자들은 그 대체가 너무 많이 이루어지면 "어머니 자연에 메스를 가하지 말라."라는 사람들의 명령이 힘을 얻게 된다고 믿고 있다. 자연은 물론 우리의 어머니이자 천부적인 힘이다. 자연은 30억 년 이상 진화해 왔고, 진화적 시간으로 보면 눈 깜짝할 기간인 불과 100만 년 전에야 우리를 낳았다. 원시적이면서 상처를 받기 쉬운 자연은 다 큰 자식들의 제멋대로인 입맛을 더 이상 참아 낼 수 없을 것이다.[286]

어머니인 땅, 즉 지모地母 사상은 대체로 인류 공통의 사고방식이었다. 여기에는 오해의 소지가 있다. 언제나 그런 것은 아니지만 어머니는 자애의 표본이다. 땅은 엄부嚴父라는 아버지의 성격도 가지고 있다. "땅은 거짓도 없고 용서도 없다."라는 풍수 금언처럼 용서 없이 벌을 내리기도 한다.

점점 드문 곳이 되고 있는 야생 자연은, 자연 과학과 생명 공학을 통해서 객관적인 인식만을 획득하려는 인간에 예속되지 않고 독자적으로 존재한다. 오랫동안 인위적으로 제어될 수 없었던 신비로운 야생 자연은, 마치 맹수를 길들이는 사람과 한 마리 맹수의 관계처럼, 자연을 지배하려는 인간의 상상력을 자극했다. 그리하여 인간은 야생 자연을 그것이 나타내는 그대로 이용하기도 하고, 간혹 상징적이고 미학적인 특성을 그 자연에 부여하면서 길들이기도 했다.[287]

정원과 공원에서 맛보는 야생 상태는 일찍이 경험해 보지 못한 낯선 것이 아니다. 한때 정원은 나무들이 우거진 상징적인 공간을 만들어 내고, 그 극치인 희귀한 황홀경을 제공해 주었다. 범속하게는 한 공원 내의 모든 공간이 세심하게 관리되고 보존되었기 때문에 그곳에서 특정한 부분은 상대적으로 더욱 야생적으로 변했다. 게다가 윌리엄 로빈슨William Robinson과 거트루드 지킬Gertrude Jekyll 같은 조경가는 한여름의 이국적인 식물 대신에 생명력이 강한 다년생 식물을 활용하면서 정원 안에서 많은 창작의 자유를 구현했다. 그러므로 이 정원들은 충분히 그들을 만들어 낸 예술가들이 사용하는 관례적 은유인 '야생적'이라는 관형사로 표현될 자격이 있다.[288]

카타르시스는 동조同調, synchronicity로도 설명할 수 있다. 무주에 가면 반딧불이의 군무를 볼 수 있다. 수천 마리의 반딧불이가 처음에는 두서없이 반짝이다가 어느 순간부터는 몇 초 간격을 두며 똑같은 리듬으로 반짝이는 것을 목격할 수 있다. 동조 현상이다. 또 같은 직장에 다니는 동료나 친한 친구 사이인 여성들 사이에 월경 주기가 비슷해지는 현상도 동조로 설명할 수 있다.

이런 동조가 갖는 힘은 크다. 어느 순간 주파수가 같아지는 동조 현상은 공명을 일으켜 혼자서는 절대 이루어 낼 수 없는 강력한 힘을 형성한다. 이 힘은 다리를 무너뜨리기도 한다. 1940년 11월 미국 워싱턴의 타코마 해협의 철제 다리가 산들바람에 의해 공명이 일어나 어이없이 무너져 버린 일이 그 예다.[289]

그는 이성적으로도 낙관주의의 근거가 얼마든지 있다고 한다. 인류는 숱한 난관과 위기에 부닥쳤지만 꾸준히 번영의 길을 걸어왔고 앞으로도 그러하리라는 것이다. 옛날이 좋았다는 막연한 노스텔지어에서 깨어나자고 한다. 그렇다면 인류가 지금까지 생존의 조건을 개선해 온 비법은 무엇인가? 그것은 한마디로 교환과 협동을 통한 끊임없는 혁신이다.

인류 문명의 수수께끼는 커다란 두뇌에서 비롯됐다고 흔히 이야기된다. 그러나 리들리는 두뇌와 두뇌 사이에서 일어나는 집단 지능에 열쇠가 있다고 말한다. 근대이후 그리고 20세기에 접어들어 그 성능은 놀랍게 업그레이드돼 왔다. 그 결과 노동 생산성과 에너지 효율이 가파르게 신장됐고 생활의 제반 여건이 크게 개선됐다. 그리고 지금은 아이디어의 네트워크가 전 지구적으로 확장되고 복합화되면서 앞으로 혁신은 더욱 숨 가쁘게 진행되고 삶의 질도 점차 향상될 것이라고 저자는 확신한다.

왜 비관주의가 득세하는가? 지식인 사회에서 낙관론자는 철부지 또는 기득권자로 여겨진다. 반면에 세상이 곧 끝날 것이라는 경고에는 비장미가 풍긴다. 비판적 지식인은 염세론에 친숙하다. 저자는 그 자체가 엄청난 횡포라고 비판한다. 그리고 극단적 생태주의의 이면에는 때때로 추악한 이해관계가 있기도 하다고 폭로한다. 환경 운동에 헌신하는 이들에게 '불편한 진실'이 될 수도 있겠다.

지금 온갖 비극을 자아내는 주범은 결국 '탐욕'이다. 그것을 제어하는 기술을 인류는 아직 개발하지 못했다. 그런데 인간이라는 동물은 생물학적 연명 이상의 욕망을 갖는다. 그 욕망은 추악한 탐욕으로 흐를 수도 있고, 창의성의 무한한 확장으로 이어질 수도 있다.[290]

바보가 되려면 두 가지 방법이 있다. 하나는 진실이 아닌 것을 믿는 것이다. 다른 하나는 진실을 믿기를 거부하는 것이다. ─ 키르케고르[291]

앞에서 제기한 수많은 문제들을 상보성의 관점에서 받아들인다면, 그것이 사실이냐 아니냐의 문제를 떠나서 마음 편하게 살 수 있을 것이다.

비보로서의 풍수: 서울과 개성의 예

나는 팩션fact+fiction 수준에서 자생 풍수의 맥이 도선 — 묘청 — 신돈 — 무학 — 이의신 — 홍경래 — 전봉준 등으로 이어졌다고 본다. 그 까닭은 나의 다른 글에서 주장한 바 있기에 여기에서는 생략한다.[1] 그리고 개성과 서울은 그런 사람들에 의해 입지 선정이 이루어졌다고 보기에 예로 들기로 한다. 필자는 개성은 도선의 제자들에 의해, 서울은 무학에 의해 사실상 입지가 결정되었다고 주장했고 지금도 그 생각에 별 변화가 없다.

개성은 왕건의 근거지였다. 그곳을 수도로 정한 것은 그의 뜻이었다. 이성계가 서울을 염두에 둔 것은 『조선왕조실록』의 기록을 보면 분명하다. 처음에는 계룡산에 간다며 공사까지 벌였으나 실은 공사에 힘을 쓰지 않았다. 주춧돌만 가져다 놓고 『조선왕조실록』에는 기록이 전혀 나오지 않다가 1년도 못 되어 하륜의 반대 의사를 받아들여 서울로 수도를 정한다. 그리고 『조선왕조실록』에 처음 수도로 거론된 곳도 계룡산이 아니라 서울이었다. 주관적인 결정이었다.

완벽한 명당이 없는 것처럼 개성도 완벽하지 않았다. 이곳은 분지 지형으로 풍수에서는 장풍국으로 명당 규모가 작았다. 게다가 주산인 송악산이 달아나려는 형국이라 오수부동격이라 하여 다섯 짐승이 서로 견제하여 개성을 떠나지 못하게 하는 방책을 세웠다. 쥐는 고양이를, 고양이는 개를, 개는 호랑이를, 호랑이는 코끼리를, 코끼리는 쥐를 두려워한다. 이 다섯 짐승의 석상을 세워 안정을 도모했다.

서울은 주산인 북악산이 서쪽으로 너무 치우쳐 있다. 게다가 인왕산과의 적격성 논란도 있었다. 그래서 정궁正宮, 대궐인 경복궁을 중앙이 아니라 서쪽에 가깝도록 배치했다. 둘 다 명백한 비보책을 썼다.

새로운 왕조는 천도를 필수 조건으로 삼았다. 이것은 기존의 정치적 기반을 와해시킬 수 있는 아주 좋은 방법이므로 당연한 일이다. 또한 자신의 새로운 정치적 기반을 닦기에도 적합하니 마다할 이유가 없다. 개성과 서울은 천도 당시의 현실을 반영한다. 정치적인 효과와 함께, 지금 이곳에서 무엇이 필요한지를 판단하면 답은 간단하다. 우선은 새로운 왕조의 기반을 다지기 위해 천도를 해야 한다. 개국조가 아니면 일이 복잡해진다. 2~3대만 지나도 성사하기 어렵다. 반드시 개국한 시점에 천도가 단행되어야 효과가 크다.

그런데 누군가 요즘 식으로 말해서 합리적이고 타당한 천도의 이유를 조목조목 따지고 들면 일이 복잡해진다. 그것을 막기 위해 각종 신비스럽고 불분명한 이유들을 만들어 낸다. 불분명한 이유는 상징성을 띠면서 신왕조에 좋은 명분을 줄 수 있다. 그들이 이런 점을 놓칠 리 없다. 개성과 서울은 한반도의 중심이다. 육지부를 통합하기 쉬울 뿐 아니라 예성강이나 한강을 통해서 수운도 확보할 수 있다. 편의성의 문제라면 이의가 있기 어렵다.

기득권층은 천도를 당연히 문제 삼을 것이다. 하지만 여론은 점차 신왕조 편으로 돌아서기 마련이다. 힘을 가진 세력, 그러니까 신왕조의 새로운 권력에 백성들이 따를 개연성이 높다는 뜻이다. 일단 천도하면 얼마 지나지 않아서 백성들뿐 아니라 지배층도 적응한다. 현실 적응력은 인간의 본성이기 때문이다.

여기에 스스로를 돌보기 위한, 즉 자기 스스로의 이익을 위한 노력으로 새 수도는 그 지위를 확고히 한다. 이제 그 수도는 왕조가 존속하는 동안 변화 없이 존속할 수 있다. 물론 왕조 중간에 개성에서 평양으로, 한양에서 교하로 천도를 하려는 움직임이 있었다. 아직 그럴 시기가 아니라면 이는 이루어지지 않는다. 자기애는 현상 유지를 원한다. 변화는 기본적으로 자기애에 반한다. 그러니 수도는 왕조와 운명을 같이하게 된다.

그리고 완벽하지 않은 풍수적 조건은 우리 자생 풍수의 가장 큰 특징인 비보로 보완한다. 그리고 그런 방책은 백성들에게 잘 먹혀든다. 내가 자생 풍수의 특성으로 제시한 주관성, 비보성, 정치성, 현재성, 불명성, 편의성, 개연성, 적응성, 자애성 등 아홉 가지는 사실 서로 긴밀히 연관되어 있다. 서로를 보완하는 관계이니, 바로 상보성이다.

결론

도선에 관한 기록은 신빙성이 떨어진다. 그럼에도 그가 우리나라 풍수의 비조라는 평가에서 누구도 이견이 없다. 고려 왕씨 가문의 정치적 술수가 강하게 작용한 것은 사실이지만, 아무래도 지나치다.

그는 최치원과 동시대의 인물이지만 학벌이나 경력, 가문 등에서 비교가되지 않을 정도로 한미한 출신이다. 그런데도 『고려사』에서는 그를 설총, 최치원과 동렬에 놓고 있다. 더구나 그에 관한 기록대로라면 그는 당연히 존숭받아 마땅한 선승이었어야 하지만 필자의 연구 결과 그렇지 않았다는 쪽에 무게가 실린다.

그렇다면 풍수 비조로서의 그의 무게는 어디에서 기인하는가? 바로 그의한미한 출신과 당나라 유학을 하지 못한 평범한 승려라는 점과 혜철이라는 당시의 고승을 스승으로 두고서도 짐짓 풍수는 지리산 이인으로부터 배웠다는 점도 고려 대상이다. 그는 철저히 비보를 주장했다. 역시 신뢰에 문제는 있지만 묘청, 무학 등이 그의 법맥을 이었다고 자처한 것도 판단에 영향을 미쳤다.

그의 풍수는 철저히 국토의 풍토에 바탕을 두었으므로 우선 중국의 이론 풍수가 난해한 것에 비하여 상식적이기 때문에 이해하기 쉽다. 현지 적응성도 뛰어나고 현실적이다. 게다가 그의 풍수 사상을 관통하는 비보 사상은 현대의 환경 논리에도 쉽게 적용할 수 있다. 편의성과 개연성도 큰 이유다. 그는 지리를 다루면서 인간을 배제하지 않았다. 그것 때문에 그의 풍수가 주관적일 수밖에 없었지만, 이 문제는 심리학을 이해하면 오히려 장점으로 작용한다는 것을 알 수 있다. 사실 인문학을 필두로 많은 학문이 주관을 중시하고 있지 않은가?

필자의 견해가 지금까지 여러 학자들의 연구와 배치되는 점이 많다는 것을 안다. 특히 그가 고매한 선승도 아니고 학벌도 가문도 시원치 않다는 점을 강조한 것은 필자로서도 안타까운 일이다. 여기까지 읽은 사람들은 이해하겠지만, 필자는 도선을 폄훼할 의도가 조금도 없다. 오히려 그를 존경하고 사랑한다. 그런 필자의 의도도 결론에 꼭 추가하고 싶었다. 특히 유학파가 아닌 국내파가 면면히 풍수의 비조로 추앙받는 것은 기쁘기 그지없는 일이다. 예나 지금이나 선진 문물을 받아들이는 것은 좋고 바람직한 일이다. 그러나 우리 전통 사상까지 외국에 가서 배울 필요는 없지 않은가? 우리의 것을 가지고 외국에 나가 인정받는 것이 중요하지는 않다. 그래서 국위를 선양한다는 따위는 실로 가소로운 일이다.

흔히들 동시대성을 말한다. 동시대성이란 무엇인가? 그것은 A와 B가 같은 시대에 있다는 말인가? 아니면 A와 B가 시대의 흐름을 잘 찾는다는 말인가? 니체 이후 적지 않은 철학자들은 동시대성을 반시대성反時代性으로 바꿔 읽고 있다. 동시대성이란 시대에 편승하는 것이 아니라 시대와 공간적 거리를 두거나 '틈'을 만들어 내는 것, 그 시대와 시간적 거리를 두고 시대를 바라보는 시차를 갖는 것을 뜻한다는 것이다. 동시대성은 시대착오적으로도 쓰인다.[1] 필자는 도선을 동시대적 인물로 그려 보려는 시도를 했지만 실패했다. 도선은 자신의 시대를 살았고 필자는 이 시대를 살아간다. 필자의 그런 시도는 필경 시대착오적이었다. 다만 도선 풍수 자체를 지금에 끌어다 쓰자는 것은 아니다. 필자는 일종의 변용을 도모했다. 그 핵심이 바로 이 책 후반의 열 가지 특성이다. 도선 풍수에 이론적 체계는 없다. 그는 현장에서 직관에 의지하여 판단했다. 옳은 방법이고 그것이 본받을 만한 점이다.

이호신 화백은 "자연과 인공이 조화된 가람은 경배의 도량이자 누구나 찾는 마음의 안식처로 저마다 창건 의지의 역사를 지니고 있다. 또한 당대의 안목과 지혜가 빚은 뛰어난 건축 문화의 진수를 맛볼 수 있는 곳이다."[2]라고 술회한 바 있다. 여기에서 가람을 우리 국토로 대치시키면 그대로 자생 풍수에서 땅을 보는 기준이 될 수 있다.

도선은 승려이면서 우리 고대 사상을 융합하여 자생 풍수를 정리한 사람이다. 다시 한 번 강조한다. 필자는 그를 존경하며 사랑한다.

2016년 봄 최창조

주(註)

머리말

1   서지문, 「역사의 사실과 문학의 진실」, 《한국사 시민 강좌》 제41호(2007), 241~242쪽.

2   이문열, 『변경』 5(민음사, 2014), 175쪽.

도선을 알아야 할 이유

1   마틴 브레이저, 노승영 옮김, 이정모 감수, 『다윈의 잃어버린 세계』(반니, 2014), 65쪽.

2   『조선금석총람』 上, 189~190쪽.

3   이익, 『성호사설』(민문고, 1967), 123쪽.

4   위의 책, 114쪽.

5   위의 책, 289쪽.

1부 한국 풍수 사상 개관

1   대표적인 예가 24절기이다. 대설보다는 소설 때 눈이 많이 내리고 대한보다는 소한 무렵이 더 춥다. 우리나라에서 24절기는 대체로 15일 정도의 시차를 갖는다. 중국 풍토에서 만들어진 절기 정보를 우리나라에 그대로 적용해 나타나는 당연한 현상이다.

2   이 문제에 관해서는 신유승의 『측자 파자』(시간과공간사, 1993)에 잘 정리되어 있다.

3   최창조, 『사람의 지리학』(서해문집, 2011)에서 발췌했으며, 인용 표시는 생략한다.

4   이경미, 「포스트 드라마 시대, 연극은 어디로 가고 있는가」, 『한평생의 지식』(민음사, 2012), 219쪽.

5   테드 피시먼, 안세민 옮김, 『회색 쇼크』(반비, 2011), 18~19쪽.

6   David Ley & Marwyn S. Samuels, "Introduction, Contexts of Modern Humanism in Geography", Edward Soja, *Advisory*(Maaroufa Press, Inc., 1978), 1~21쪽.

7   『周易』, 「繫辭」 上, 第七.

8   『周易』,「乾爲天」.

9   『葬書』,「內篇」, 사고전서본; 허찬구 역주, 『장서역주』(비봉출판사, 2005)에서 재인용.

10 이진삼·천인호, 「풍수 동기감응은 친자감응인가?」,《한국학 논집》제49집(2012), 384~392
    쪽에서 재인용. 이외에 『장서』의 역서로는 오상익, 『장경』(동학사, 1993)도 있다.

11 검인정 국사 교과서가 모두 몇 종이나 발행되었는지는 모르겠으나 필자는 6종도 너무 많은
    게 아닐까 염려스러울 정도다. 필자가 많아 발행처만 밝힌다. 미래엔컬처그룹, 삼화출판사,
    지학사, 비상교육, 법문사, 천재교육.

12 미래엔컬처그룹, 삼화출판사, 지학사.

13 법문사.

14 천재교육.

15 "도선은 중국으로부터 풍수지리설을 들여와 중앙 정부의 권위를 약화시키는 이념적 토대
    를 제공하였다." 비상교육, 36쪽.

16 오르한 파묵, 이난아 옮김, 『소설과 소설가』(민음사, 2012), 52쪽.

17 마이클 그루버, 박미영 옮김, 『바람과 그림자의 책』(노블마인, 2008), 118~119쪽.

18 강중탁, 「풍수설의 국문학적 수용 양상 연구」, 중앙대 국어국문학과 박사 학위 논문, 1987,
    173쪽.

19 『地理琢玉賦』,「陰陽歌」(上海, 會文堂書局, 연대 미상).

20 『雪心賦辯謂』,「辯論三十篇」, 地理辯(臺灣, 竹林書局, 1975).

21 "人得陰陽玄妙之理 知其衰旺生與死." 『地理正宗』 권5, 「靑囊序」.

22 『金彈子地理元珠經』,「巒頭心法」, 上海, 校經山房, 연대 미상.

23 『地理大成 山法全書』,「卷之首」上, 龍穴砂水釋名總說(上海, 九經書局, 연대 미상).

24 이 책은 당나라 현종이 아껴 비단 주머니에 보관하였다 하여 『금낭경』이라는 이름으로 유
    명하다.

25 지기(地氣)를 뜻한다.

26 『錦囊經』,「氣感篇」一, 奎章閣圖書, 圖書番號, 1741.

27 최창조, 「풍수지리, 도참 사상」, 『한국사』 16(국사편찬위원회, 1994), 302~303쪽.

28 중국 신석기 시대의 문화. 1921년 안데르손에 의하여 발견되었는데, 연구 결과 그들은 농경
    을 생산 기반으로 하여 가축 사육과 수렵도 병행했다. 특히 그들의 주거는 방형(方形)으로
    이루어진 수혈식(竪穴式)으로 집단 부락을 형성했던 것으로 추정된다.

29 김두규, 『풍수학 사전』(비봉출판사, 2005), 601~602쪽.

30 위의 책, 404~405쪽.

31 율리 체, 장수미 옮김, 『어떤 소송』(민음사, 2013), 11~12쪽.

32 최창조, 앞의 글, 303~307쪽.

33   박시익, 「풍수지리설 발생 배경에 관한 분석 연구: 건축에의 합리적 적용을 위하여」, 고려대 건축공학과 박사 학위 논문, 1987, 230~243쪽.

34   박용숙, 『신화 체계로 본 한국 미술론』(일지사, 1975), 13쪽.

35   『三國史記』 권23, 「百濟本紀」 제1 始祖溫祚王.

36   『三國史記』 권13, 「高句麗本紀」 제1 瑠璃王 11年 조.

37   김득황, 『한국 사상사』(남산당, 1958), 195~201쪽.

38   이룡범, 「풍수지리설」, 『한국사』 6(국사편찬위원회, 1983), 272쪽.

39   이병도, 『고려 시대의 연구: 특히 도참 사상의 발전을 중심으로』(아세아문화사, 1980), 21~30쪽.

40   임동권, 「삼국 시대의 무, 점복」, 《백산학보》 제3호(1967), 168~172쪽.

41   노도양, 「한국 문화의 지리적 배경」, 『한국문화사대계』 I(고려대민족문화연구소, 1970), 76쪽.
     박종홍, 「한국철학사」, 『한국사상사: 고대편』(법문사, 1974), 90쪽.

42   최병헌, 「도선의 생애와 나말여초의 풍수지리설」, 《한국사 연구》 제11호(1975), 129~130쪽.

43   조광, 「역사적 측면에서 본 풍수지리설」, 《한국의 풍수지리》(국립박물관 주관 제7회 학술강연회, 1982), 76쪽.

44   이몽일, 「한국 풍수지리 사상의 전개 과정」, 경북대 박사 논문, 1990, 84~85쪽.

45   최창조, 「한국 풍수 사상의 역사와 지리학」, 《정신 문화 연구》 제42호(1991), 127~128쪽.

46   김득황, 앞의 책, 196쪽.

47   박용숙, 『한국의 시원 사상』(문예출판사, 1985), 4~27쪽.

48   아라가야향토사연구회, 『안라고분군』(유적 답사 총서 3집)(아라가야향토사연구회, 1998), 17쪽.

49   1999년 12월부터 2000년 6월까지 《한겨레》에 연재했던 글이며, 『땅의 눈물 땅의 희망』(궁리, 2000), 226~233쪽에 실려 있다. 여기에 새로운 내용을 보충했다.

50   예컨대 『한국의 풍수지리』(민음사, 1993), 『한국의 자생 풍수』 I, II(민음사, 1997), 『최창조의 북한 문화유적 답사기』(중앙M&B, 1998), 『땅의 눈물 땅의 희망』(궁리, 2000) 외에, 체계를 갖춘 『땅의 논리 인간의 논리』(민음사, 1992)가 참고가 될 것이다.

51   송명호, 『신 계룡산』(남광출판사, 1986), 122~124쪽.

52   지창룡, 『옥형 한국 풍수지리 총람』(명문당, 1972), 278~283쪽.

53   이 글은 1998년 2월부터 1998년 8월까지 《중앙일보》에 특별 기획 연재로 게재한 글의 일부다. 『최창조의 북한 문화유적 답사기』(중앙M&B, 1998), 171~177쪽에 다시 정리하여 수록했다.

54   이 답사에는 김일성대학교 고고학과 리정남 교수가 동행했다. 그는 조교 시절 이 무덤 발굴에 직접 참여했다고 한다. 처음 만났을 때 풍수를 "봉건 도배들의 터 잡기 잡술"로 매도하던 그는 나중에 "민족 지형학"이라며 풍수의 긍정적 측면에 공감했다.

55   조선유적유물도감편찬위원회, 『조선 유적 유물 도감』 20(동광출판사, 1990~1996), 291~292쪽.

56 위의 책, 292쪽.

57 위의 책, 같은 곳.

58 그는 당시야 말할 것도 없고 조교 때부터 고려 왕릉과 왕비릉의 발굴에 직접 참여했다고 한다. 필자로서는 그의 동행이 얼마나 값진 것이었는지 말로는 다 표현하기 어렵다. 그는 고려의 왕릉들이 자신이 배운 중국 풍수와 너무 다른 것에 충격을 받았다고 한다.

59 세력가의 무덤(규모가 크니까 그렇게 추정)은 명당이라 여기고 거기에 늑장(勒葬, 힘으로 밀어붙여 억지로 산소를 씀)을 한 예는 조선 시대에 가끔 있었다.

60 김열규, 『한맥원류』(주우, 1982), 302~303쪽.

61 일연, 김원중 옮김, 『삼국유사』(민음사, 2007)에는 '탈해치질금(脫解齒叱今)'이라 하였고, 일연, 이민수 옮김, 『삼국유사』(을유문화사, 2013)에도 그렇게 나온다. 이하 내용이 다르지 않으면 김원중이 옮긴 책을 인용한다.

62 경주시 동천동 금강산의 남쪽 길가에 탈해왕릉이 있다.

63 일연, 이상호 옮김, 강운구 사진, 『사진과 함께 읽는 삼국유사』(까치, 1999), 77~85쪽.

64 이런 초승달 모양의 지세는 주산과 좌청룡, 우백호를 형성하기에 적절하다.

65 무라야마 지준, 최길성 옮김, 『조선의 풍수』(1990, 민음사), 326~327쪽.

66 이근직, 『신라 왕릉 연구』(학연문화사, 2012), 95~96쪽.

67 일연, 김원중 옮김, 『삼국유사』(2007, 민음사), 115~116쪽.

68 최창조, 『한국의 자생 풍수』 2(민음사, 1997), 541~542쪽.

69 최창조, 『한국의 자생 풍수』 1(민음사, 1997), 82~85쪽.

70 백형모, 『호남의 풍수』(동학사, 1995), 140쪽.

71 필자는 개발을 반대하지 않는다. 오히려 병든 어머니를 치료하는 방편으로서의 개입은 필요하다고 본다. 풍수 이론에서도 '탈신공 개천명(奪神工 改天命)'이라고 했다.

72 삼국을 통일한 그 시대에 신라가 왕릉 정도의 토목 공사를 벌일 수 없을 만큼 어려웠다고는 보기 어렵다. 오히려 그의 유언을 문자 그대로 받아들이는 것이 합리적이다.

73 이근직, 앞의 책, 273~274쪽.

2부 도선의 등장

1 스티븐 핑커, 김영남 옮김, 『우리 본성의 선한 천사』(사이언스북스, 2014), 165~166쪽.

2 이태진, 『새 한국사』(까치, 2012), 6~9쪽. 이 책의 저자는 「창세 신화와 외계 충격 현상」이라는 독립된 장을 두었다.

3 로재성, 『백두산 대폭발』 2(나남, 2012), 128~130쪽.

4 채용석, 「통일 신라에서 고려로의 왕조 교체를 어떻게 볼 것인가」,《한국사 시민 강좌》 제40호(2007), 79쪽.

5   강봉룡·서의식, 『뿌리 깊은 한국사 샘이 깊은 이야기』(솔, 2002), 212~216쪽에서 발췌 인용.

6   임종태, 「풍수지리와 정치」, 국사편찬위원회 편, 『하늘, 시간, 땅에 대한 전통적 사색』(두산 동아, 2007), 226~227쪽.

7   박한설, 「고려 건국과 도선 국사」, 『선각 국사 도선의 신연구』(영암군, 1988), 22~23쪽.

8   양은용, 「도선 국사와 한국 불교」, 『도선 국사와 한국』(대한전통불교연구원, 1996), 207~208쪽.

9   박영규, 『신라왕조실록』(웅진지식하우스, 2011), 396~401쪽.

10   『고려사』, 『동문선』, 「도선비문」.

11   박영규, 『고려왕조실록』(들녘, 1996), 33~35쪽. 왕건의 세계(世系)에 관해서는 고려 의종 때 김관의가 지은 『편년통록』에 자세히 나오지만 믿기는 어렵다.

12   이근직, 『신라 왕릉 연구』(학연문화사, 2012), 483쪽.

13   그의 풍수지리 식견은 이병도, 『고려 시대의 연구』(아세아문화사, 1980)에 잘 나타나 있다.

14   이병도, 『한국사 대관』(보문각, 1964), 136~137쪽.

15   이기백, 『한국사 신론』(개정판)(일조각, 1985), 130~131쪽.

16   이태진, 앞의 책, 175쪽.

17   임종태, 앞의 글, 227쪽.

18   한영우, 『다시 찾는 우리 역사』(개정판)(경세원, 2011), 34쪽, 224쪽.

19   이는 우리나라 도처에 있는 근친상간의 의미가 담긴 '달래'라는 지명에 대하여 특이한 해석 을 한 것을 가리킨다. 어느 오누이가 고개 혹은 산을 넘는데 앞서 가던 누이의 옷이 땀에 젖 어 몸매가 드러난다. 뒤에 가던 오빠가 성욕을 느끼고 그에 가책을 받아 자살한다. 그에 누 이가 "달래나 보지."라고 했다는 데서 유래한다.

20   최창조, 『한국의 자생 풍수』 1(민음사, 1997), 73~76쪽.

21   최범서, 『소설 도선비기』 상(오상, 2001), 25쪽.

22   대한불교조계종 월출산 도갑사, 『도선 국사 성지 월출산 도갑사』(도갑사, 2000), 71~72쪽.

23   영암문화원 편, 『영암의 전설집』(영암문화원, 1994), 163~171쪽.

24   최유청이 지은 「백계산옥룡사증시선각국사비명병서」에 월유산 화엄사라 되어 있다.

25   이태진, 앞의 책, 175쪽.

26   얼굴에 분을 바르고 구슬로 장식한 신을 신었다는 뜻이다.

27   이능화 집술, 이종은 역주, 『조선 도교사』(보성문화사, 1981), 25~26쪽.

28   대동여지도를 만든 김정호가 백두산을 그렇게 여러 차례 답사하기는 불가능하다는 한 국 사학과 교수의 견해가 있었다. 자금이 없었고 호랑이의 공격 가능성 때문이라고 했다. 필자 는 당시 백두산 등정은 백두산 포수를 따라나서는 것이 통례였고, 풍수지리를 아는 사람은 여행 때 어렵지 않게 숙식을 제공받을 수 있었다고 반박한 바 있다. 현장 무시의 한 예로 제 시해 둔다.

29 서윤길, 「도선 국사의 생애와 사상」, 『선각 국사 도선의 신연구』(영암군, 1988), 63~93쪽.

30 신영훈, 『신영훈의 역사 기행: 송광사와 선암사』(조선일보사, 2000), 39, 94쪽.

31 최원석, 『우리 땅 풍수 기행』(시공사, 2000), 101~107쪽.

32 이에 관해서는 향토문화진흥원 편, 『왕인과 도선의 마을 구림』(향토문화진흥원, 1992)이 참고 가 된다. 다만 현지 노인들은 자신들이 어렸을 때는 왕인에 관한 얘기는 거의 없었다고 증 언한다. 일본 관광객들이 찾아들면서 왕인이 솟아난 것이라 표현할 정도다.

33 권혁진·이종훈 엮음, 『대중 독재의 영웅 만들기』(휴머니스트, 2005), 309~310쪽.

34 같은 곳.

35 같은 책, 엮은이의 말.

36 최창조, 홍성담 그림, 『땅의 눈물 땅의 희망』(궁리, 2000), 106~110쪽.

37 김미영, 『산(山), 수(水), 풍(風)의 조화를 꿈꾸는 풍수』(한국국학진흥원, 2007), 58쪽.

38 이강래, 『삼국사기 인식론』(일지사, 2011), 27~28쪽.

39 구윤서, 「풍류도 서설」, 《민족혼》 제1집(1987), 77~82쪽.

40 「지증대사적조탑비명」, 『동국통감』, 『최문창후전집』.

41 이강래, 앞의 책, 171~172쪽.

42 같은 책, 205~214쪽에서 발췌 인용.

43 이상곤, 『낮은 한의학』(사이언스북스, 2011), 56쪽.

44 제레드 다이아몬드, 김진준 옮김, 『총, 균, 쇠』(문학사상사), 654쪽.

45 국사편찬위원회, 앞의 책, 230~231쪽.

46 그가 논문에서 "국립 서울대학교에 풍수지리학과가 신설되어 꽤 연륜을 쌓고 있음은 정말 값진 일"이라고 밝힌 것은 잘못이다. 2014년 현재까지도 풍수지리학과가 신설되지 않은 것 은 물론이고 풍수지리 관련 강의도 개설된 적이 없다. 다만 필자가 재직했던 1980년대 말에 서 1990년대 초까지 '지리학 개론'이라는 교양 과목과 '역사 지리학'이라는 전공 과목에서 풍수지리를 강의 내용에 전반적으로 편입한 것이 전부다. 다만 최근에 필자의 제자 중 풍수 에 관심을 보이는 서울대학교 지리학과 교수는 있다.

47 필자는 이 주에 동의할 수 없다. 구슬을 삼킨 것보다 오이를 먹은 것이 더 신격화된 것이라 는 주장은 상식적이지 않기 때문이다.

48 뛰어나게 총명하다는 뜻이다.

49 흔히 두음법칙을 무시하고 장량이라 부른다.

50 한나라 때 삼걸(三傑)의 하나. 고조(高祖)를 도와 천하를 다스리고 찬후(酇侯)가 됨. 한나라 의 율령은 주로 그가 제정한 것이다.

51 시(蓍)는 시초 시, 서죽(筮竹)이라는 뜻이고, 서(筮)는 점대 서로, 시서란 점치는 일을 말한다.

52 숙(俶)은 비롯할 숙, 정리할 숙, 요(擾)는 길들일 요, 순할 요, 어지러울 요. 숙요는 어지러움

이 정리됨을 말한다.

53 백운,「도선 국사 연구: 최유청 본비를 중심으로」,『도선 국사와 한국』(대한정통불교연구원, 1996), 171~180쪽.

54 정성본,「선각국사 도선 연구」,『도선 국사와 한국』(대한전통불교연구원, 1996), 126~132쪽.

55 같은 글, 133쪽.

56 최병헌,「도선의 풍수지리설과 고려의 건국 이념」,『도선 국사와 한국』(대한전통불교연구원, 1996), 255쪽.

57 성춘경,「도선 국사와 관련한 문화 유적」,『도선 국사와 한국』(대한전통불교연구원, 1996), 30쪽.

58 최병헌,「도선의 생애와 풍수지리설」,『선각 국사 도선의 신연구』(영암군, 1988), 103쪽. 이하 그의 논문에서 103~113쪽을 내용의 훼손 없이 발췌하여 인용한다.

59 향토문화진흥원 편,『왕인과 도선의 마을 구림』(향토문화진흥원, 1992), 102~104쪽.

60 최창조,「한국 풍수지리설의 구조와 원리」,『도선 국사와 한국』(대한전통불교연구원, 1996), 273쪽.

61 다른 설화에서는 어머니 최씨가 빨래터에서 오이를 주워 먹고 도선을 잉태했다고도 한다.

62 권형진·이종훈 엮음, 앞의 책, 지은이 머리말에서 인용.

63 사생아임을 일컫는다.

64 대한불교 조계종 월출산 도갑사,『도선 국사 성지 월출산 도갑사』(도갑사, 2001), 72~73쪽.

65 최범서,『소설 도선비기』상(오상, 2001), 16~31쪽.

66 여기에서 부(父)는 아버지가 아니라 집안의 남자 어른을 가리키는 용어로서 사용했을 것이다.

67 임형택,『한국학의 동아시아적 지평』(창비, 2014), 425~432쪽.

68 향토문화진흥원 편, 앞의 책, 106쪽.

69 목정배 편저,『불교 교리사』(지양사, 1987), 35~36쪽.

70 고은,『화엄경』(민음사, 1996), 2~3쪽.

71 최범서, 앞의 책, 166~167쪽.

72 최병헌, 앞의 글, 108~109쪽.

73 린 맥타가트, 황선효 옮김,『초생명 공동체』(정신세계사, 2013), 251~252쪽.

74 신기철·신용철 편저,『새 우리말 큰 사전』(삼성출판사, 1985).

75 이홍직 편,『국사 대사전』(삼영출판사, 1984), 1383쪽.

76 양은용,「도선 국사와 한국 불교」,『도선 국사와 한국』(대한전통불교연구원, 1996), 207쪽.

77 김용구,「도선 이전」, 위의 책, 239~240쪽.

78 성춘경,「도선 국사와 관련한 문화 유적」, 위의 책, 1996, 44~45쪽.

79 양은용, 앞의 글, 209쪽.

80 박용문 외, 『고려 시대사의 길잡이』(일지사, 2007), 176쪽.

81 추만호, 「나말여초의 동리산문」, 『선각국사 도선의 신연구』(영암군, 1988), 286쪽.

82 박용문 외, 『고려 시대사의 길잡이』(일지사, 2007), 17쪽.

83 이광준, 「도선 국사와 도선사」, 『도선 국사와 한국』(대한전통불교연구원, 1996), 58~61쪽.

84 양은용, 앞의 글, 212~215쪽.

85 최창조, 『한국 풍수 인물사: 도선과 무학의 계보』(민음사, 2013).

86 박용운·이정신·이진한 외, 『고려 시대 사람들 이야기』 3(신서원, 2003), 64~65쪽.

87 같은 책, 162~163쪽.

88 정유정, 『28』(은행나무, 2013), 236~237쪽.

89 『산경표』에 따르면 호남 정맥과 낙남정맥에 해당된다.

90 결국 시대의 문제다.

91 김두규, 『풍수 강의』(비봉출판사, 2008).

92 안춘근 편, 『정감록 집성』(아세아문화사), 1981, 630~631쪽에 영인본이 실려 있고, 이민수 역주, 『정감록』(홍신문화사, 1985), 92~94쪽에도 실려 있다. 내용은 거의 같으나 앞의 것이 글에 꾸밈이 더하다. 그 외에도 앞 책에는 「도선여사정씨오백년(道詵餘詞鄭氏五百年)」, 「옥룡자기(玉龍子記)」, 「옥룡자청학동결(玉龍子青鶴洞訣)」 등이 들어 있다. 볼 만한 것은 없다. 다만 그 하나만 신기로 한다.

93 김갑동, 『고려 시대사 개론』(혜안, 2013), 297쪽.

94 임진왜란 때 명나라 장수 이여송(李如松)과 이여백(李如栢)을 가리킨다고 설명하기도 한다.

95 병자호란을 뜻하는 말일 것이다.

96 '궁궁(弓弓)'을 '궁궁을을(弓弓乙乙)'이라고도 하는데 필자는 글자 모양 그대로 단지 골짜기를 가리키는 표현으로 보았다. 최창조, 「영춘승지에 대한 지리학적 해석」, 《호서문화논총》 제2집(1983) 참조.

97 최낙기, 「정감록 연구」, 선문대 박사 학위 논문, 2011.

98 최창조, 「정감록의 힘과 꿈, 그 과학적 해부」, 《마당》 1983년 1월호, 64~71쪽.

99 김성동, 「일제가 강제로 폐사: 3·1절 맞춰 중창」, 《월간 조선》 2015년 4월호, 376쪽.

100 최창조, 「풍수지리, 도참 사상」, 『한국사』 16(국사편찬위원회, 1994), 301~331쪽.

101 김득황, 『증보 한국 사상사』(백암사, 1978), 110쪽.

102 같은 책, 198쪽.

103 원음대로 하자면 마가갑이나 불교식 발음에 따라 마하갑이라 표기한다.

104 강충이 지리산에 들어가 수도했다는 것은 도선과의 관계에서 중요한 의미를 갖는다.

105 이상은 『고려사』, 『고려세계(高麗世系)』에 수록된 김관의의 『편년통록』에서 정리한 것이다.

당연히 지어낸 얘기일 뿐이다.

106   김기덕, 「고려 시대 개경의 풍수지리적 고찰」, 《한국사상사학》 제17집(2001), 67~69쪽.

107   이에 대한 학계의 반응은 대체로 부정적이다.

108   최병헌, 앞의 글, 262~265쪽.

109   이재범, 『슬픈 궁예』(푸른역사, 2000), 44~47쪽.

110   이도학, 『궁예, 견훤, 왕건과 열정의 시대』(김영사, 2000), 146~162쪽.

111   왕릉의 본래 이름은 용건이다.

112   이재범, 앞의 책, 130쪽.

113   같은 책, 66~69쪽.

114   이원태·김탁환, 『조선 누아르, 범죄의 기원』(민음사, 2014), 280~281쪽.

115   나의 글 모음은 최창조, 『최창조의 새로운 풍수』(민음사, 2009) 뒷부분에 수록하였다.

116   최홍, 『마이산 석탑군의 비밀』(밀물, 2005), 277~280쪽.

117   이는 진흥왕 순수비를 잘못 안 것이다.

118   李重煥, 『擇里志』, 「八道總論」, 京畿道 조.

119   이익, 민족문화추진회 옮김, 『성호사설』 I(민족문화추진회, 1989), 207쪽.

120   같은 책, 319쪽.

121   이익, 민족문화추진회 옮김, 『성호사설』 IV(민족문화추진회, 1989), 20~21쪽.

122   대체로 남남동쪽을 바라보는 좌향이다.

123   정남향이다.

124   지관들이 자리를 볼 때 패철(佩鐵), 즉 나침반을 놓는다고 표현한다.

125   작자 기록 없음, 『한양오백년가(漢陽五百年歌)』(진문출판사, 1970), 2~3쪽.

126   김득황, 『한국 사상사』(백암사, 1958), 195~196쪽. 이런 일은 굳이 수입하지 않아도 사람들이 본능적으로 간취할 수 있는 사례이기에 필자는 이 역시 풍수와 마찬가지로 자생의 참위설이 있었을 것이라 생각한다.

127   본문에는 '이조(李朝)'라고 되어 있으나 조선으로 고쳤다.

128   김득황, 『한국 사상사』, 197~198쪽.

129   삼가(三嘉)는 오기다. 무학은 지금의 합천군인 삼기(三岐) 사람이다.

130   안춘근 편, 『정감록 집성』(아세아문화사, 1981), 47~48쪽.

131   이민수 역주, 『정감록』(홍신문화사, 1985), 70~75쪽.

132   목멱(木覓)이라 주가 붙어 있다.

133   도봉(道峯)이라 주가 붙어 있다.

134   인왕(仁王)이라 주가 붙어 있다.

135   삼각(三角)이라 주가 붙어 있다.

136 42라는 숫자가 『은하수를 여행하는 히치하이커를 위한 과학』이라는 과학서에 등장하는 것은 괴이한 우연이다. 이 책을 보면 "우리가 왜 존재하는가?"에 대해 42라는 답이 나온다. 그 이유는 설명하지 않는다. 고중숙 외, 『책 대 책』(사이언스북스, 2014), 79쪽.

137 본문에는 황사(黃巳)로 되어 있으나 십간(十干)의 색에 배속하여 기(己)로 본다.

138 본문에는 금마(金馬)로 되어 있으나 금(金)은 경(庚)으로, 십이지의 마(馬)는 오(午)로 보았다.

139 임금이 평상시에 머무는 편전의 문.

140 정씨(鄭氏)의 파자다.

141 이씨(李氏).

142 조씨(趙氏).

143 최씨(崔氏).

144 3년.

145 배(裵)의 파자. 배극렴.

146 조(趙)의 파자. 조준.

147 정(鄭)의 파자. 정도전.

148 최낙기, 「정감록 연구」, 선문대 박사 학위 논문, 2011, 18~19쪽.

149 李重煥, 『擇里志』, 「八道總論」, 京畿道 조. 이 부분을 이중환, 『조선팔도비밀지지』(성진문화사, 1978), 60쪽에서는 고풍스럽게 다음과 같이 표현했다. "일야(一夜)에 천강대설(天降大雪)하야 외적내소(外積內消)하니 태조(太祖)가 이지(異之)하야 명종설립(命從雪立)하니 즉금성형야(卽今城形也)라 하였다."

150 무라야마 지준, 최길성 옮김, 『조선의 풍수』(민음사, 1990), 553~583쪽.

151 임학섭 편저, 『전설로 배우는 풍수』(문예산책, 1996), 80쪽.

152 최창조, 『한국의 풍수사상』(민음사, 1984), 301~328쪽.

153 최창조, 『사람의 지리학』(서해문집, 2011), 125~139쪽.

154 김성칠·김기협 옮김, 『역사로 읽는 용·비어천가』(들녘, 1997), 22쪽.

155 장영훈, 『서울 풍수』(도서출판 담디, 2004), 17쪽.

156 이성계의 아버지 자춘(子春)의 묘호는 항조가 아니라 환조(桓祖)다. 항조는 오기다.

157 김득황, 『한국 종교사』(백암사, 1963), 206~207쪽.

158 李重煥, 『擇里志』, 「八道總論」, 咸鏡道 조.

159 석가모니가 입적한 후 왕사성에서 행한 1차 모임에 참가한 500명의 아라한.

160 이 경우는 한양의 주산을 지칭한다.

161 김득황, 『한국 종교사』, 207~208쪽.

162 같은 책, 209~210쪽.

163 스즈키 다이세쓰, 조벽산 옮김, 『임제의 기본 사상』(도서출판 경남, 1997), 307~308쪽.

164 『太祖實錄』, 2년 2월 丙戌 조.

165 『太祖實錄』, 3년 8월 庚辰 조.

166 매트 리들리, 신좌섭 옮김, 『이타적 유전자』(사이언스북스, 2001).

3부 도선과 고려 왕가

1 1997년 12월 답사 당시 김일성대학교 고고학과 교수였다.

2 최창조, 『최창조의 북한 문화유적 답사기』(중앙M&B, 1998), 132~145쪽.

3 정남향은 중국의 천자(天子)만 쓸 수 있다 하여 조선의 정궁(正宮)인 경복궁의 정문인 광화
문은 정남향에서 약간 비틀어 앉았다. 그러나 고려는 그에 구애받지 않았다. 이 또한 도선의
자생 풍수의 한 영향이라 할 수 있다. 도선이 중국에 구애될 이유가 없었기 때문이다.

4 우리 자생종인 조선솔은 잎이 두 개만 나지만 왜송은 세 개, 잣나무는 다섯 개가 난다.

5 코끼리는 자생의 동물은 아니다. 일설에는 쥐가 코끼리 귀로 들어가면 코끼리의 뇌가 파괴
되어 즉사한다고 한다.

4부 천도론

1 김재한, 「천도는 권력의 이동 의미, 정변·전쟁 아니면 험난한 길」, 《중앙선데이》, 2015년 1월
4일, 제408호.

2 한명기, 『역사평설 병자호란』 1(푸른역사, 2014), 196~197쪽.

3 정자(程子)가 『장설(葬說)』에서 말한 터 잡기에서 피해야 할 다섯 가지 근심거리. ① 훗날 도
로가 되지 않아야 한다. ② 성곽이 되지 않아야 한다. ③ 도랑이나 연못이 되지 않아야 한
다. ④ 권력자에게 빼앗기지 않아야 한다. ⑤ 논밭이 되지 않아야 한다.

4 『국조보감』 39권, 현종 조 1, 즉위년(기해, 1658), 한국고전번역원, 4/8쪽.

5 최창조, 「풍수로 본 '청와대 비극'과 천도 불가론」, 《황해문화》 제44호(2004년 가을호),
310~320쪽.

6 김진, 「MB 회고록, 반쪽짜리 용기」, 《중앙일보》 2015년 2월 4일자 35면.

5부 도선과 도선식 풍수 사상의 특성

1 이종항, 「풍수지리설의 성행의 원인과 그것이 우리 민족성에 미친 악영향에 관한 일고찰」,
《경북대 논문집: 인문사회과학편》 제5집(1962), 492쪽.

2 도선 국사에 관해서는 1988년 영암군에서 펴낸 『선각 국사 도선의 신연구』에 11편의 논문
이 실렸고, 1996년 대한불교전통연구원과 도선사가 공동으로 펴낸 『도선 국사와 한국』에
11편의 논문이 실려 있다. 한 사람에 대한 연구로는 이례적으로 많은 양이다. 이후의 글은
필자가 그 논문들을 참조하여 정리한 것이다.

3   정성본, 「선각 국사 도선 연구」, 『도선 국사와 한국』(대한전통불교연구원, 1996), 156~157쪽에서 재인용.

4   이기백, 『한국사 신론』(신수판)(일조각, 1999), 190~191쪽.

5   최병헌, 「도선의 생애와 풍수지리설」, 『선각 국사 도선의 신연구』(영암군, 1988), 115쪽; 이룡범, 「풍수지리설」, 『한국사』 6(국사편찬위원회, 1983), 275쪽.

6   비보와 염승 혹은 압승의 풍수 논리는 한국 풍수의 특징적 현상으로, 비보는 지기가 허한 곳을 보하는 방법이고, 염승은 지기가 지나친 곳을 누르는 방법이다.

7   최병헌, 앞의 글, 96~98쪽.

8   정성본, 앞의 글, 133쪽, 157쪽.

9   같은 글, 157쪽.

10 이와 비슷한 주장을 신라의 감간 팔원이 제기했음은 앞에서 밝혔다.

11 요아힘 라트카우, 이영희 옮김, 『자연과 권력』(사이언스북스, 201), 121~122쪽.

12 김성준 편, 「부록」, 『한국 풍수지리 총론』(육지사, 1982)이 출전인데, 도선의 실제 작품은 아니다. 다만 민간 전승의 풍수서들에는 우리 풍수의 원초적인 모습이 담겨 있으리라 기대된다.

13 부안군 하서의 한 유학자에게서 입수한 필사본인데, 이 또한 도선의 실제 작품은 아니다.

14 지리학에서 공간이라는 용어는 오늘날 장소 또는 지역과 구분하여 사용하지만, 여기에서는 '지표 환경'이라는 단순한 일반 개념으로 사용하였다.

15 최기엽, 「경관적 표현과 공간 인식」, 《지리학총》 제10호, 경희대 지리학과, 1982, 219쪽.

16 최창조, 『한국의 풍수 사상』(민음사, 1984).

17 명당의 규모가 수많은 인마(人馬)를 수용할 정도로 넓다는 뜻인데, 그를 위한 경제력도 구비되어 있음을 함축한다.

18 개성 송악산에서 서울 쪽을 바라보면 실제로 그렇게 보인다.

19 신유승, 『측자파자』(시간과공간사, 1993), 5쪽.

20 최창조, 「고려 전기의 풍수 사상, 도참 사상」, 『한국사』 16(국사편찬위원회, 1994), 308~321쪽.

21 김정호, 「도선 실록과 도선의 오해」, 『도선 국사와 한국』(대한전통불교연구원, 1996), 203~204쪽.

22 이 부분은 필자가 1997년 12월 북한을 방문했을 때의 기록이다. 최창조, 『최창조의 북한 문화유적 답사기』(중앙M&B, 1998)에서 발췌했다.

23 이 부분은 최창조, 『최창조의 북한 문화유적 답사기』(중앙M&B, 1998), 197~215쪽에 쓴 글을 전재한 것이다.

24 대표적인 연구로는 다음과 같은 저술이 있다. 김두규, 『풍수 여행』(동아일보사, 2008), 이도원 외, 『전통 생태와 풍수지리』(지오북, 2012), 최원석, 『한국의 풍수와 비보』(민속사, 2004) 등.

25 李重煥, 『擇里志』, 「八道總論」, 京畿道 조.

26 양은용, 「도선 국사 비보사탑설의 연구」, 『선각 국사 도선의 신연구』(영암군, 1988), 224~227쪽.

27 윤덕향,『옛절터』(대원사, 1995), 6쪽.

28 서울을 예로 들면 북한산이 진산이고 북악산이 주산이다.

29 도선이 당에 유학했다는 일부 기록은 사실이 아니다. 다만 그가 스승인 혜철을 통해 강서법 계열의 풍수를 어느 정도 익힌 것은 사실일 것이다.

30 학계에는 도승이 곧 도선이라는 연구가 있다.

31 최범서,『소설 도선비기』상(오상, 2001), 182~198쪽.

32 최창조,『한국의 자생 풍수』1(민음사, 1997), 109~114쪽.

33 도선은 827년에 태어났으므로 이는 사실이 아니다.

34 양은용,「도선 국사와 한국 불교」,『도선 국사와 한국』(대한전통불교연구원, 1996), 205~217쪽. 더 자세한 연구는 양은용,「도선 국사 비보사탑설의 연구」,『선각 국사 도선의 신연구』(영암 군, 1988), 183~247쪽 참조.

35 최범서, 위의 책, 192쪽.

36 「만복사 발굴 조사 보고서」, 전북대학교 박물관, 1986, 7쪽. 이 보고서에서는 고려 문종 때 라고 추정했다.

37 도선 당시의 절 이름으로 있는 절도 있으나, 그 자리가 아닌 곳에 새로 지은 절들이 많다.

38 최영주,『신한국 풍수』(동학사, 1992), 249~250쪽. 신숭겸의 묘는 봉분이 세 개 있다. 도굴이 나 밀장을 걱정하여 가짜 봉분 두 개를 더 만들었다는 이야기가 전해진다.

39 성춘경,「도선 국사와 관련한 유물, 유적: 전남 지방을 중심으로」,『선각 국사 도선의 신연구』 (영암군, 1988), 416~418쪽.

40 『조선사찰사료』상, 1911, 18~19쪽.

41 진홍섭,『한국의 석조 미술』(문예출판사, 1995), 193~197쪽.

42 김두규,「'국역(國域) 조경'으로서의 비보 풍수 연구」,《한국정원학회지》제18호(2000), 40~47쪽.

43 김성칠·김기협 옮김,『용비어천가』(들녘, 1997), 93쪽.

44 최홍,『마이산 석탑군의 비밀』(밀물, 2005), 203~205쪽.

45 김은수 역주,『주해 환단고기: 단군은 아시아를 통일했다』(가나출판사, 1985), 204~205쪽, 218쪽.

46 이병도,「서에 대신하여」,『고려 시대의 연구』(개정판)(아세아문화사, 1980).

47 순천대학교 박물관,『광양 옥룡사지』I(순천대학교 박물관, 1995), 16쪽.

48 최창조,『한국의 자생 풍수』1(민음사, 1997), 85~89쪽.

49 정명철 외,『생태 문화의 보물 창고 마을 숲을 찾아가다』(농촌진흥청 국립농업과학원, 2014), 243~244쪽.

50 이 장(章)은 김두규,「신지비사를 통해서 본 한국 풍수의 원형: 우리 민족 고유의 '터 잡기'

이론 정립을 위한 시론」,《고조선 단군학》제31집(2014), 1~37쪽의 내용을 발췌 인용한 것
이다. 논문이 발간되기도 전에 원고를 보내 준 김두규 교수에게 감사드린다. 이 장은 전적으
로 김 교수의 논문에 의존하였음도 밝혀 둔다.

51 이홍직 편,『국사 대사전』(삼영출판사, 1984), 846~847쪽.

52 윤영철,「고구려 문화 형성에 작용한 자연환경의 검토: 터와 다핵(field & multi-core) 이론을
    통해서」,《한민족 연구》제4호(2007).

53 최치원, 최영성 교주,『사산비명』(이른아침, 2014), 216~286쪽.

54 최병헌,「도선의 풍수지리설과 고려의 건국 이념」,『도선 국사와 한국』(대한전통불교연구원,
    1996), 255~257쪽.

55 같은 글, 256쪽.

56 김두규,『조선 풍수, 일본을 논하다』(드림넷미디어, 2010), 60쪽.

57 신채호, 박기봉 옮김,『조선상고사』(비봉출판사, 2006).

58 필자는 이를 자생 풍수라 한다.

59 김진명,『코리아닷컴』 2(해냄, 2009), 217~218쪽.

60 최창조,『한국의 풍수사상』(민음사, 1984), 301~337쪽.

61 이홍직 편, 앞의 책, 해당 조 참조.

62 『조선금석총람』.

63 봉화태자사(奉化太子寺) 낭공대사백월서운지탑비(朗空大師白月栖雲之塔碑).

64 『해동금석원』;『조선금석총람』.

65 같은 책.

66 『고려사』.

67 『고려사』;『조선금석총람』; 홍법사 진공대사탑비.

68 『신증동국여지승람』.

69 『고려사』;『조선금석총람』.

70 『조선금석총람』.

71 『고려사』;『해동금석원』;『조선금석총람』.

72 「정진국사비명」,『삼국유사』.

73 『조선금석총람』.

74 『조선금석총람』;『해동금석원』;『불교통사』.

75 『고려사』.

76 최범서,『소설 도선비기』 하(오상, 2001), 241~242쪽.

77 이하 주는 이병도 박사의 책 주를 그대로 따른다. 태조가 나주 지방으로 출정한 연대에 대
    하여『삼국사기』「궁예전」에는 이것을 신라 효공왕 15년경이라 하였고『고려사』「태조세가」

에는 이것을 동왕 7년의 사실인 듯 말하였으나, 후자는 이케우치(池內) 박사의 말과 같이 후년의 사실을 과거에 가져다 붙인 것으로 믿을 수 없다. 『만선 지리 역사 연구 보고』 제7권 12~13쪽에 있는 동 박사의 고설을 참조하는 것이 좋다.

78   이 내용은 향토문화진흥원, 『왕인과 도선의 마을 구림』(향토문화진흥원, 1992), 105쪽에도 실려 있다.

79   『조선금석총람』 상, 59쪽.

80   이병도, 『고려 시대의 연구』(아세아문화사, 1980), 61~63쪽.

81   이진삼, 「한국 전통 풍수 통맥법 연구: 유리자통서를 중심으로」, 동방대학원대학교 철학 박사 학위 논문, 2012.

82   『高麗史』 권28, 「世家」.

83   이진삼, 앞의 글, 35~42쪽.

84   한영우, 『다시 찾는 우리 역사』(개정판)(경세원, 2011), 275쪽.

85   박영규, 『한 권으로 읽는 신라왕조실록』(웅진씽크빅, 2001), 383~446쪽에서 발췌 인용.

86   같은 책, 5~6쪽.

6부 도선의 신이한 이야기

1   이수봉, 『백제 문화 권역의 상례 풍속과 풍수 설화 연구』(백제문화개발연구원, 1986), 158~159쪽.

2   이병주, 『그해 5월』 4(한길사, 2006), 252쪽.

3   이기백, 『한국사 신론』(신수판)(일조각, 1999), 151~153쪽.

4   『高麗史』, 「世家」, 太祖二十六年 條.

5   『東文選』 권27, 「玉龍寺王師道詵加封先覺國師敎書及官誥」.

6   『東文選』 권117, 「白鷄山玉龍寺贈諡先覺國師碑銘竝序」.

7   『高麗史』, 世系 條.

8   같은 곳.

9   『도선국사실록』, 『삼성산삼막사사적(三聖山三幕寺事蹟)』, 『일봉암기(日封庵記)』, 『전남순천군조계산선암사사적(全南順天郡曹溪山仙庵寺事績)』, 『석왕사소전고려국사도선전(釋王寺所傳高麗國師道詵傳)』 등.

10   서윤길, 「도선 국사의 생애와 사상」, 『선각 국사 도선의 신연구』(영암군, 1988), 69~70쪽.

11   최승범, 「이지함」, 『한국인의 원형을 찾아서』(일념, 1987), 277~287쪽.

12   김무학, 『한국인의 뿌리를 찾아서』(학일출판사, 1984), 49~50쪽.

13   임학섭 편저, 『전설로 배우는 풍수』(문예산책, 1996), 72~75쪽.

14   그에 관한 내용은 서윤길, 앞의 글, 85~92쪽이 참고가 될 것이다.

15   같은 글, 92~93쪽.

16 기욤 뮈소, 전미연 옮김, 『그 후에』(밝은세상, 2011), 171쪽.

17 이한우, 『고려사로 고려를 읽다』(21세기북스, 2012), 15쪽.

18 본래 백제의 벽골군. 경덕왕 때 김제로 바뀌었다.

19 백제의 완산 또는 비사벌, 비자화.(벌이 화(火)로 한자화한 것) 위덕왕 2년 완산주로 바뀌었다가 신라 제35대 경덕왕 15년 전주로 바뀌었다.

20 백제 때는 진아 또는 월량이다가 경덕왕 때 바뀌었다.

21 고대 장산국(萇山國)이었으나 신라에 병합된 뒤 거칠산군이 되었고 경덕왕 때 동래로 바뀌었다.

22 유경, 『죽음 준비 학교』(궁리, 2008), 150쪽.

23 최철주, 『해피 엔딩, 우리는 존엄하게 죽을 권리가 있다』(궁리, 2008), 170쪽.

24 정동호, 「죽음에 대한 철학사적 조망」, 정동호·이인석·김광윤 편, 『죽음의 철학: 현대 철학의 논의를 중심으로』(청람, 1986), 3~4쪽.

25 이정용, 『죽음의 의미』(전망사, 1980), 33쪽.

26 정승석, 「죽음은 곧 삶이요, 열반」, 『죽음이란 무엇인가』(도서출판 창, 1990), 102~104쪽.

27 정진홍, 『만남, 죽음과의 만남』(궁리, 2003), 301~311쪽에서 발췌 수록.

28 김열규, 『메멘토 모리, 죽음을 기억하라』(궁리, 2002), 11쪽.

29 이준곤, 「도선 전설의 변이와 형성」, 『선각 국사 도선의 신연구』(영암군, 1988), 289~328쪽.

30 성춘경, 「도선 국사와 관련한 문화 유적」, 『도선 국사와 한국』(대한전통불교연구원, 1996), 23쪽.

31 김지견, 「사문 도선상 소묘」, 『선각 국사 도선의 신연구』(영암군, 1988), 15~16쪽.

32 정성본, 「선각 국사 도선 연구」, 『도선 국사와 한국』(대한전통불교연구원, 1996), 123~132쪽.

33 같은 글, 132~148쪽.

34 민병삼, 「도선의 전통 풍수 사상 형성 배경에 관한 연구」, 『한국 전통 풍수의 인류무형문화유산적 가치 평가』(한국전통풍수세계화추진위원회, 2015), 57~94쪽.

35 이런 주장은 지금까지 여럿 있었다. 가장 최근의 예는 민병삼, 「도선의 풍수 사상과 물형론」, 『2015년 풍수 대토론회: 풍수와 물형론』(한양대 건축학부, 2015), 21~52쪽이다.

36 대한불교 조계종 도갑사, 『도선 국사 성지 월출산 도갑사』(도갑사, 2001)에서 발췌 인용.

37 최원석, 『도선 국사 따라 걷는 우리 땅 풍수 기행』(시공사, 2000)에서 발췌 인용.

38 김벽담 스님 엮음, 『지장경 강화』 63(소산동, 1988), 477~478쪽.

39 신영훈, 『신영훈의 역사 기행: 송광사와 선암사』(조선일보사, 2000), 39쪽.

7부 도선 사상의 뿌리

1 M. 엘리아데, 정진홍 옮김, 『우주와 역사』(현대사상사, 1982), 49쪽.

2 김기홍, 『새롭게 쓴 한국 고대사』(역사비평사, 1993), 95~108쪽.

3 다음의 내용은 김은수 역주, 『주해 환단고기』(가나출판사, 1985)에서 발췌 인용했다. 여기에
   는 「삼성기」, 「단군세기」, 「북부여기」, 「태백일사」가 포함되어 있다. 이 책들의 진위 여부를
   알 수 없어 이하 편명만 본문에 밝혀 두기로 한다.

4 지승, 『피야 피야 삼신 피야』(전예원, 1985), 24쪽.

5 단군 신화가 가장 먼저 실린 기록은 『삼국유사』다.

6 노태돈, 「역사적 실체로서의 단군」, 《한국사 시민 강좌》 제27집(2000), 6~7쪽.

7 최남선, 「단군급기연구(檀君及其硏究)」, 《별건곤(別乾坤)》, 12~13(1928), 3의 2. 노태돈, 앞의
   글, 7쪽에서 재인용.

8 서영대, 「신화 속의 단군」, 《한국사 시민 강좌》 제27집(2000), 35~36쪽.

9 김득황, 『한국 종교사』(백암사, 1963), 49~50쪽.

10 박광용, 「단군 신앙의 어제와 오늘」, 《한국사 시민 강좌》 제27집(2000), 79쪽.

11 이몽일, 『한국 풍수 사상사 연구』(일일사, 1991), 84쪽.

12 이종항, 「풍수지리설의 성행의 원인과 그것이 우리 민족성에 미친 악영향에 관한 일고찰」,
   《경북대 논문집》 제5집(인문사회과학편, 1962), 492쪽.

13 박용후, 「탐라 부족 국가의 성립」, 《제주도 연구》 제3집, 39~40쪽.

14 같은 글, 39~40쪽.

15 구미래, 『한국인의 상징 세계』(교보문고, 1992), 11~23쪽. 이하 인용문도 그 책에서 발췌한
   것이지만 3과 관련된 내용은 인용 부호를 표시하지 않았다.

16 같은 책, 11~23쪽.

17 안중선, 『굿것 그리고 나티』(청송, 1985), 333쪽.

18 홍명희, 『임꺽정』 1(사계절출판사, 1985), 174쪽.

19 조선민주주의인민공화국 사회과학원 력사연구실, 『단군과 고조선에 관한 연구 론문집』(조
   선 평양, 1994).

20 유병덕, 『한국 신흥 종교』(시인사, 1986), 97쪽.

21 최창조, 『최창조의 북한 문화유적 답사기』(중앙M&B, 1998), 78~88쪽.

22 더글라스 케네디, 조동섭 옮김, 『모멘트』(밝은세상, 2011), 133쪽.

23 『단군 전설』 1(조선 평양, 금성청년출판사, 1995), 87쪽.

24 최창조, 『최창조의 북한 문화유적 답사기』, 163쪽.

25 김두진, 「단군에 대한 연구의 역사」, 《한국사 시민 강좌》 제27집(2000), 99쪽.

26 이기동, 「북한에서의 단군 연구와 그 숭앙 운동」, 《한국사 시민 강좌》 제27집(2000), 116쪽.

27 황우연, 『천부의 맥』(케이, 1988), 50~55쪽.

28 같은 책, 64~65쪽.

29 홍재현 편저, 『강도(江都)의 발자취』(강화문화원, 1990), 177~181쪽.

30 이능화 찬술, 이종은 역주, 『조선 도교사』(보성문화사, 1981), 193~196쪽.

31 최창조, 홍성담 그림, 『땅의 눈물 땅의 희망』(궁리, 2000), 45~50쪽.

32 유동식, 『한국 종교와 기독교』(대한기독교서회, 1977), 21~22쪽.

33 이을호, 「단군 신화의 철학적 분석」, 『한국 사상의 심층 연구』(증보판)(우석, 1987), 10~13쪽.

34 블라디미르 티호노프, 「유라시아 민속의 자연관과 한국 고대 무속」, 『인간과 자연이 함께하는 국학: 국학총서 4』(집문당, 2000), 281~303쪽.

35 이에 대한 출전과 비판적 견해는 김태곤, 「한국 무계의 분화 변천: 강신무와 세습무의 분화 원인을 중심으로」, 《한국 민속학》 1호(1969), 54쪽 참조.

36 무속에서 강신(降神)에 의한 정신이상적 인격 전환의 불가사의한 종교적 경지를 신병이라고 한다. 신병의 증상과 의의에 관해서는 김태곤, 「입무 과정의 강신 신병 현상 연구」, 《아세아 여성연구》 9호(1970), 92쪽 이하 참조.

37 김태곤, 『한국 무속 연구』(집문당, 1985), 11~14쪽.

38 서낭은 산왕(山王)에서 전음(轉音)·정착된 것이므로 서낭신은 산왕신, 즉 산신이다.

39 김태곤, 앞의 책, 281~282쪽.

40 차차웅(次次雄) 혹은 자충(慈充)은 무(巫)를 가리키는 발언이다.

41 사령(師靈), 생령(生靈)에 붙들려 점을 치고 예언을 하는 사람. 즉 무당의 존칭.

42 마한 때 소도(蘇塗)라는 특수한 지역을 지배하던 제사장의 칭호로 전국 각 읍마다 한 명씩 두어 제사 지역을 설치하고 제사 사무만을 주관했다.

43 예에서 행하던 제천 의식. 매년 10월에 공동으로 큰 제사를 지냈으며, 산에 올라 가무를 즐겼다고 한다.

44 가야에서 행하던 제천 의식.

45 마한 지방을 중심으로 한 삼한에서 읍별로 제주(祭主)인 천군을 선발, 매년 한두 차례씩 산천에 일정하게 정해서 제사 지내던 장소. 손진태(孫晉泰) 설에 의하면 소도에 영고(鈴鼓)를 단 큰 나무를 세우고 제사 지내던 주술적인 민속 신앙이 오늘날 솟대의 유래라고 한다. 전라도에서는 소주, 소줏대, 함흥 지방에서는 솔대, 황해와 평안 지방에서는 솟댁, 가원 지방에서는 솔대, 경상도 해안 지방에서는 별신대라 했다.

46 부여에서 행하던 제천 의식. 일명 맞이굿(迎神祭)이라고도 한다. 11월에 동민이 한곳에 모여 천신에게 제사 지내면서 가무를 즐겼다. 추수 감사제의 성격을 띠었으며 친목을 도모하고 죄수를 석방시키기도 했다.

47 고구려에서 10월에 행하던 제천 의식. 동명(東明)이라고도 한다. 『위지(魏志)』「고구려전(高句麗傳)」에는 왕도(王都) 동쪽에 수혈(隧穴)이 있어 10월에 국중대회(國中大會)를 열어 수신(隧神)을 제사 지내며, 목수(木隧)를 신좌(神座)에 모신다고 기록되어 있다. 수신은 주몽의 어머

니며, 목수는 곡식을 의미한다. 일종의 추수 감사절로 영고, 무천과 같은 행사다.

48 분향하면서 도(道)를 닦음.

49 성신(聖神)에게 지내는 제사로, 성신제(聖神祭)라고도 한다.

50 이능화, 이재곤 옮김, 『조선무속고』(동문선, 1991), 10~13쪽.

51 유동식, 『민속 종교와 한국 문화』(현대사상사, 1978), 42~45쪽.

52 G. 프루너, 조흥윤 옮김, 『중국의 신령』(정음사, 1984), 65쪽.

53 이능화 찬술, 이종은 역주, 『조선 도교사』(1981, 보성문화사), 25~26쪽.

54 차주환, 『한국 도교 사상 연구』(서울대 출판부, 1983), 90~96쪽.

55 사카이 다다오, 최준식 옮김, 『도교란 무엇인가』(민족사, 1996), 32~33쪽.

56 구보 노리타다, 최준식 옮김, 『도교사』(분도출판사, 1990), 33~34쪽.

57 이을호, 「단군 신화의 철학적 분석」, 『한국 사상의 심층 연구』(증보판)(우석, 1987), 13쪽.

58 차주환, 앞의 책, 161쪽.

59 오노다 다이조, 곽철 옮김, 『선도의 불로강정법』(동서문화사, 1976), 347~349쪽.

60 김정호, 「도선실록과 도선의 오해」, 『도선 국사와 한국』(대한전통불교연구원, 1996), 184쪽.

61 이준곤, 「도선 전설의 변이와 형성」, 『선각 국사 도선의 신연구』(영암군, 1988), 289~290쪽.

62 이용범, 「도선의 지리설과 당승 일행 선사」, 『선각 국사 도선의 신연구』(영암군, 1988), 29~61쪽.

63 『三國遺事』 권5. 서윤길, 「도선 국사의 생애와 사상」, 『선각 국사 도선의 신연구』(영암군, 1988), 80쪽에서 재인용.

64 같은 글, 83~84쪽.

65 같은 글.

66 최병헌, 「도선의 생애와 풍수지리설」, 『선각 국사 도선의 신연구』(영암군, 1988), 177~178쪽.

67 양균송, 김두규 교감·역주, 『감룡경, 의룡경』(비봉출판사, 2009), 4~16쪽.

68 이 이론은 도선과 관련이 없으나 현재 지관들이 이 이론의 용어를 많이 사용한다. 구체적 내용은 최창조, 『한국의 풍수 사상』(민음사, 1984), 89~98 참조.

8부 한국 자생 풍수와 도선

1 이하 8부와 9부는 최창조, 『사람의 지리학: 최창조의 망상록』(서해문집, 2011)중 많은 부분을 전재한 것임을 밝혀 둔다.

2 정재승·진중권, 『크로스』(웅진지식하우스, 2009).

3 예컨대 『도시 풍수』(판미동, 2007), 『새로운 풍수 이론』(민음사, 2009) 등이 있고 그 외에도 답사 모음집까지 하면 나 자신도 기억할 수 없을 정도다.

4 스티븐 킹, 장성주 옮김, 『언더 더 돔』(황금가지, 2010), 243쪽.

5 다쿠치 란디, 오희옥 옮김, 『콘센트』(한숲, 2001), 288쪽.

6   최창조,《좋은생각》2011년 1월호, 41쪽.

7   크리스티안 뵈르크, 유향란 옮김, 『달링 짐』(은행나무, 2010), 63쪽.

8   같은 책, 67쪽.

9   슈테판 클라인, 유영미 옮김, 『우연의 법칙』(웅진지식하우스, 2006), 8쪽.

10 AA 연합단체 한국지부 엮음, 『온전한 생활』(AA 연합단체 한국지부, 2004), 133쪽.

11 A. C. 그레일링, 윤길순 옮김, 『새 인문학 사전』(웅진지식하우스, 2010), 165쪽.

12 카렌 암스트롱, 정준형 옮김, 『신을 위한 변론』(웅진지식하우스, 2010).

13 장디디에 뱅상, 류복렬 옮김, 『인간 속의 악마』(푸른숲, 2002), 19쪽에서 재인용.

14 앤드류 스컬, 전대호 옮김, 『현대 정신 의학 잔혹사』(모티브북, 2007), 11쪽.

15 파울로 코엘료, 이상해 옮김, 『악마와 미스 프랭』(문학동네, 2003), 109~110쪽.

16 김상섭 외, 『하늘이 무너져도』(건강신문사, 1998), 8쪽.

17 에두아르 쉬레, 진형준 옮김, 『신비주의의 위대한 선각자들』(사문난적, 2009), 279쪽에서 재
    인용.

18 프레드 바르가스, 김남주 옮김, 『4의 비밀』(민음사, 2009), 220쪽.

19 나카지마 라모, 한희선 옮김, 『오늘 밤도 모든 바에서』(북스피어, 2009).

20 톰 버틀러 보던, 이정은 옮김, 『내 인생의 탐나는 심리학 50』(흐름출판, 2008), 216쪽.

21 가이도 다케루, 지세현 옮김, 『의학의 초보자』(들녘, 2010), 16쪽.

22 크리스토퍼 히친스, 김승욱 옮김, 『신은 위대하지 않다』(알마, 2007), 313쪽.

23 황대권, 「애니미즘의 부활」, 《녹색평론》2011년 1·2월, 80~81쪽.

24 같은 글, 80~81쪽.

25 윤휴, 『백호전서』 제33권, 「잡저(雜著)」, 한국고전번역원, 13/28쪽.

26 설이강, 문성자·이기면 옮김, 『잃어버린 천국』(플래닛, 2008), 108~109쪽.

27 같은 책, 220쪽.

28 톰 버틀러 보던, 앞의 책, 263쪽에서 재인용.

29 로렌스 스턴, 「신사 트리스트럼 샌디의 생애와 의견」.: 앤드루 스컬, 전대호 옮김, 『현대 정신
    의학 잔혹사』(모티브북, 2007), 23쪽에서 재인용.

30 한면희, 『미래 세대와 생태 윤리』(철학과현실사, 2007), 350쪽.

31 최동현, 『판소리 이야기』(인동, 1999), 84쪽. 한면희, 같은 책, 357~358쪽에서 재인용.

32 이광준, 『한방 심리학』(학문사, 2002), 195쪽.

33 최창조, 『새로운 풍수 이론』(민음사, 2009), 200~215쪽.

34 같은 책, 200~224쪽에 이런 예들이 소개되어 있다.

35 톰 버틀러 보던, 앞의 책, 26쪽.

36 짐 데이터, 「짐 데이터의 미래학 이야기」,《중앙선데이》2010년 12월 12일~13일자, 28면.

37 헬무트 E. 뤼크·루돌프 밀러, 강대갑 옮김, 『심리학: 사진과 함께하는 깊은 이야기들』(시그마프레스, 2005), p. vii, 추천사 중에서.

38 장디디에 뱅상, 앞의 책, 127쪽.

39 아이블 아이베스펠트, 이경식 옮김, 『야수 인간』(휴먼앤북스, 2005), 24쪽.

40 백승종, 『정감록 역모 사건의 진실 게임』(푸른역사, 2006), 67쪽.

41 데이비드 미첼, 『유령이 쓴 책』(문학동네, 2009), 250~251쪽.

42 같은 책, 79쪽.

43 천상병, 『주막에서』(민음사, 1979), 141쪽.

44 박진규, 『내가 없는 세월』(문학동네, 2009), 129쪽.

45 천상병, 앞의 책, 112쪽.

46 윌리엄 포크너, 이진준 옮김, 『성역』(민음사, 2009), 172쪽.

47 카를 구스타프 융, 조성기 옮김, 『카를 융: 기억 꿈 사상』(김영사, 2007), 642~643쪽.

48 위의 책, 438쪽.

49 레너드 쉴레인, 강수아 옮김, 『지나 사피엔스』(들녘, 2005), 25쪽.

50 크리스토퍼 히친스, 김승욱 옮김, 『신은 위대하지 않다』(알마, 2007), 385쪽.

51 시게마츠 기요시, 고향옥 옮김, 『졸업』(양철북, 2007), 84쪽.

52 유현산, 『살인자의 편지』(자음과모음, 2010), 120쪽.

9부 자생 풍수의 특성

1 유현산, 『살인자의 편지』(자음과모음, 2010), 463쪽.

2 덴도 아라타, 김난주 옮김, 『영원의 아이』 중(살림, 1999), 34쪽.

3 알렉스 로비라·프란세스코 미라예스, 박지영 옮김, 『아인슈타인, 비밀의 공식』(레드박스, 2010), 178쪽에서 재인용.

4 카를 구스타프 융, 조성기 옮김, 『카를 융: 기억 꿈 사상』(김영사, 2007), 12~13쪽.

5 조선희, 『열정과 불안』 1(생각의나무, 2002), 250쪽.

6 최창조, 『닭이 봉황 되다』(모멘토, 2005), 140쪽에서 재인용.

7 시노다 세츠코, 김성은 옮김, 『도피행』(국일출판사, 2008), 231쪽.

8 매트 리들리, 조현욱 옮김, 『이성적 낙관주의자』(김영사, 2010), 244쪽.

9 엘프리다 뮐러카인츠·크리스티네 죄닝, 강희진 옮김, 『직관의 힘』(시아출판사, 2004), 74쪽.

10 조정래, 『불놀이』(해냄, 2010)(초판은 1983), 394쪽.

11 시노다 세츠코, 앞의 책, 218쪽.

12 이필재, 「김경준 대표의 발언」, 《Gold Club, Hana Bank》 81호(2011년 1월).

13 정미경, 『아프리카의 별』(문학동네, 2010), 284쪽.

14 이병주, 『그해 5월』 4(한길사, 2006), 208쪽.

15 개인의 구체적인 정황이 다르므로 치료할 때 구체적인 정황을 정확하게 파악하여 합당한 치료를 해야 함을 말한다.

16 이광준, 『한방 심리학』(학문사, 2002), 26쪽.

17 최창조, 앞의 책, 31쪽에서 재인용.

18 톰 버틀러 보던, 이정은 옮김, 『내 인생의 탐나는 심리학 50』(흐름출판, 2008), 53쪽.

19 EBS 지식프라임 제작팀, 「지하철에도 명당 자리가 있다」, 『지식 프라임』(밀리언하우스, 2009), 184~187쪽.

20 톰 버틀러 보던, 앞의 책, 296~297쪽.

21 스튜어트 서덜랜드, 이세진 옮김, 『비합리성의 심리학』(교양인, 2008), 353~355쪽.

22 같은 책, 375쪽.

23 톰 버틀러 보던, 앞의 책, 498~499쪽.

24 에드워드 윌슨, 전방욱 옮김, 『생명의 미래』(사이언스북스, 2005), 213~214쪽.

25 시미즈 히로시, 박철은·김광태 옮김, 『생명과 장소』(그린비, 2010), 251쪽. 번역 문장이 좀 이상하지만 주의해서 읽어 보면 이해할 수 있다.

26 같은 책, 155쪽.

27 스튜어트 서덜랜드, 앞의 책, 47쪽.

28 알베르 자카르, 장석훈 옮김, 『과학의 즐거움』(궁리, 2002).

29 그렉 브레이든, 김시현 옮김, 『디바인 매트릭스』(굿모닝미디어, 2008), 84~85쪽. 이 책에는 이 실험에 관한 각주가 첨부되어 있다.

30 시미즈 히로시, 앞의 책, 98~101쪽.

31 같은 책, 117~118쪽.

32 페리 더글러스 지음, 방원일 옮김, 『자연 상징: 우주론 탐구』(이학사, 2014), 240~241쪽.

33 다카노 가즈아키, 전새롬 옮김, 『그레이브 디거』(황금가지, 2007), 399쪽.

34 Sarah Rossbach, *Interior Design with Feng Shui*(Penguin/Arkana, 1987, 2000).

35 S. 로스바하, 최창조 편역, 『서양인이 본 생활 풍수』(민음사, 1992).

36 Mary Lambert, *Clearing the Clutter for Good Feng Shui*(Friedman, 2001).

37 톰 버틀러 보던, 앞의 책, 73쪽.

38 설이강, 문성자·이기면 옮김, 『잃어버린 천국』(플래닛, 2008), 231쪽.

39 EBS 인간의 두 얼굴 제작팀·김지승, 『인간의 두 얼굴: 외부 조종자』(지식채널, 2010), 97~114쪽.

40 사토 겐이치, 김미란 옮김, 『카르티에 라탱』(문학동네, 2004), 284쪽.

41 드니 비알루, 「자연에 관한 최초의 시각」, 베어드 캘리콧 외, 윤미연 옮김, 『자연은 살아 있다』(창해, 2004), 25쪽.

42 시노다 세츠코, 김해용 옮김, 『가상 의례』(상, 북홀릭, 2010), 220쪽.

43 도미니크 부르, 「자연에 대한 지배에서 자연에 대한 경시로」, 베어드 캘리콧 외, 윤미연 옮김, 『자연은 살아 있다』(창해, 2004), 54쪽.

44 칸트, 「서문」, 『순수 이성 비판』(재판본)(1786); 장 마르크 드루엥, 「자연의 무대」, 베어드 캘리콧 외, 윤미연 옮김, 『자연은 살아 있다』(창해, 2004), 91쪽에서 재인용.

45 이동영, 「청계천 복원: 먹이 사슬도 부활」, 《동아일보》 2010년 8월 12일자, A18면.

46 「핵에너지는 핵무기와 다르다」, 《뉴스위크》(한국판) 2008년 4월 30일자, 82쪽.

47 레베카 코스타, 장세현 옮김, 『지금, 경계선에서』(샘앤파커스, 2011).

48 조우석, 『지금, 경계선에서』 서평, 《중앙일보》 2011년 1월 29일자, 21면.

49 제임스 러브록, 이한음 옮김, 『가이아의 복수』(세종서적, 2008), 34쪽.

50 권순활, 「'환경 운동꾼'들의 위선」, 《동아일보》 2010년 8월 5일자, 30면.

51 4대강살리기추진본부에서 발간한 영문 팸플릿의 제목이다.

52 전세근 외, 「세금 7억 날린 간매천의 역설」, 《중앙일보》 2011년 2월 9일자, 8면.

53 개인적으로 예시된 단체장들에게 미안한 마음이 있다. 보도를 인용하다 보니 그렇게 되었다. 뻔한 변명이지만 개인적인 감정은 없다.

54 제임스 러브록, 앞의 책, 36쪽.

55 같은 책, 189쪽.

56 김명진, 『대중과 과학 기술』(잉걸, 2001), 27쪽; 강양구, 「원자력을 둘러싼 일곱 가지 신화」, 《녹색평론》 112호, 2010, 110~111쪽에서 재인용.

57 제임스 러브록, 앞의 책, 113쪽.

58 같은 책, 199쪽.

59 이에스더, 「빌딩 농장, 국내에도 뿌리내린다」, 《중앙일보》 2010년 10월 25일자, E15면.

60 조강수·최준호·홍주희, 「기후 시대, 삶의 패턴도 바뀐다」, 《중앙선데이》 2011년 1월 30일자, Focus.

61 박방주, 「Special Knowledge: 육종」, 《중앙일보》 2010년 4월 20일자, E18.

62 김은진, 「유전자 조작 기술의 문제」, 《녹색평론》 2015년 5·6월호, 96~99쪽.

63 그렉 브레이든, 앞의 책, 88쪽.

64 위의 책, 90쪽.

65 제임스 러브록, 앞의 책, 201쪽.

66 매트 리들리, 조현욱 옮김, 『이성적 낙관주의자』(김영사, 2010), 462~463쪽.

67 임현욱, 「"올봄 천성산 웅덩이엔 도롱뇽, 알 천지였습니다"」, 《중앙선데이》 2010년 10월 17일자 1면 및 6면 관련 기사.

68 김한별, 「알프스 관통 57km……세계 최장 터널 뚫어」, 《중앙일보》 2010년 10월 16일자, 12면.

69   앤 무어·데이비드 제슬, 곽윤정 옮김, 『브레인 섹스』(북스넛, 2009).

70   톰 버틀러 보던, 이정은 옮김, 『내 인생의 탐나는 심리학 50』(흐름출판, 2008), 433쪽.

71   이태동, 「비판의 강, 선동의 강」, 《동아일보》 2010년 5월 25일자, A25면.

72   라즈 파텔, 유지훈 옮김, 『식량 전쟁』(영림카디널, 2008), 181쪽.

73   이문열, 「책머리에」, 『미로의 날들』(둥지, 1994).

74   라즈 파텔, 앞의 책, 181쪽에서 재인용.

75   제임스 러브록, 앞의 책, 35쪽.

76   매트 리들리, 앞의 책, 54쪽.

77   같은 책, 239쪽.

78   김성희, 「구제역, AI, 밀집 사육 방식이 부른 재앙」, 《중앙일보》 2011년 1월 15일자, Book 22면.

79   이상언, 「AI 전염 막는 '수퍼 닭' 탄생」, 《중앙일보》 2011년 1월 15일자, 국제 14면.

80   프랑수아 시고, 「자연과 문명」, 베어드 캘리콧 외, 윤미연 옮김, 『자연은 살아 있다』(창해, 2004), 44쪽.

81   같은 글, 46~47쪽.

82   같은 글, 48쪽.

83   같은 글, 53쪽.

84   테리 이글턴, 강주헌 옮김, 『신을 옹호하다』(모멘토, 2010), 100쪽.

85   사토 겐이치, 김미란 옮김, 『카르티에 라텡』(문학동네, 2004), 136~137쪽.

86   미하이 칙센트미하이, 노혜숙 옮김, 『창의성의 즐거움』(북로드, 2003), 톰 버틀러 보던, 이정은 옮김, 『내 인생의 탐나는 심리학 50』(흐름출판, 2008), 525쪽에서 재인용.

87   이태훈, 「'군이 해적 불법 감금했다', 법무부 발끈」, 《동아일보》 2011년 1월 31일자, A4면.

88   『국조보감』 제39권, 현종 조 1, 즉위년(기해, 1659), 한국고전번역원, 4/8쪽.

89   이병주, 『그해 5월』 4(한길사, 2006), 195쪽.

90   제임스 러브록, 앞의 책, 111쪽.

91   한면희, 『미래 세대와 생태 윤리』(철학과현실사, 2007), 6~7쪽.

92   송호근, 「4대 강 출구 전략이 필요하다」, 《중앙일보》 2010년 7월 27일자, 31면.

93   매트 리들리, 앞의 책, 68쪽.

94   같은 책, 68쪽.

95   같은 책, 239쪽.

96   황석영, 「작가의 말」, 『강남몽』(창비, 2010), 377쪽.

97   필립 짐바르도·존 보이드, 오정아 옮김, 『타임 패러독스』(미디어윌, 2008), 23쪽.

98   톰 버틀러 보던, 앞의 책, 88~89쪽.

99   홍상화, 『디스토피아』(랜덤하우스중앙, 2005), 129~130쪽. 이 소설에서 작가는 한국 지식인,

특히 인문 분야 지식인들의 좌경화 원인을 대체로 시기심에 두고 있다. 즉 교수로서 이미 사회적으로 확고한 신분이 보장되었음에도 대학 시절 자신들보다 뒤떨어진다고 보았던 자들이 이제는 자신들보다 경제적으로나 정치적으로 더 나은 위치에 있다는 점을 받아들일 수 없다는 인식 때문이라는 것이다.

100 권일영, 「옮기고 나서」, 기리노 나쓰오, 권일영 옮김, 『다크』(비채, 2007), 548쪽.

101 통계청 2010년 8월 발표.

102 스칼렛 토마스, 이운경 옮김, 『Y씨의 최후』(민음사, 2010), 53쪽.

103 이병주, 『그해 5월』 4(한길사, 2006), 68쪽.

104 하지현, 『도시 심리학』(해냄출판사, 2009), 28쪽.

105 레너드 쉴레인, 강수아 옮김, 『지나 사피엔스』(들녘, 2005), 49~53쪽.

106 하지현, 앞의 책, 54쪽.

107 최원석, 『도선 국사 따라 걷는 우리 땅 풍수 기행』(시공사, 2000), 26~27쪽.

108 톰 버틀러 보던, 앞의 책, 90쪽.

109 같은 책, 120쪽.

110 황규인, 「낙관론-비관론 차이 유전자가 가른다」, 《동아일보》 2011년 2월 10일자, A20면.

111 파울로 코엘료, 이상해 옮김, 『악마와 미스 프랭』(문학동네, 2003), 37쪽.

112 마르코 부살리, 우영선 옮김, 『세계 건축의 이해』(마로니에북스, 2009), 74쪽.

113 이창수, 「봄이 오는 길목」, 《중앙선데이》 2011년 2월 13일자, 11면.

114 톰 버틀러 보던, 앞의 책, 121쪽.

115 조디 피콜트, 곽영미 옮김, 『19분』(이레, 2009), 51쪽.

116 톰 버틀러 보던, 앞의 책, 166쪽.

117 수전 그린필드, 전대호 옮김, 『미래』(지호, 2005), 31쪽.

118 크리스핀 티켈, 「서문」, 제임스 러브록, 이한음 옮김, 『가이아의 복수』(세종서적, 2008), 12쪽.

119 알렉스 로비라·프란세스 미라예스, 앞의 책, 172쪽에서 재인용.

120 필립 짐바르도·존 보이드, 앞의 책, 341쪽에서 재인용.

121 슈테판 클라인, 유영미, 『우연의 법칙』(웅진지식하우스, 2006), 124쪽.

122 채인택, 『아파야 산다』 서평, 《중앙일보》 2010년 9월 25일자, 20면.

123 이병주, 앞의 책, 223~224쪽.

124 테리 이글턴, 강주헌 옮김, 『신을 옹호하다』(모멘토, 2010), 55쪽.

125 조현욱, 「이성은 낙관주의를 선택했다」, 매트 리들리, 조현욱 옮김, 『이성적 낙관주의자』(김영사, 2010), 535~536쪽.

126 존 바우커, 박규태·유기쁨 옮김, 『죽음의 의미』(청년사, 2005), 21~22쪽.

127 김곰치, 『빛』, 산지니, 2008, 368쪽.

128 다니 다다시, 권서용 옮김, 『무상의 철학』(산지니, 2008), 28쪽에서 재인용.

129 같은 책, 36쪽.

130 같은 책, 38쪽에서 재인용.

131 W. 워런 와거, 이순호 옮김, 『인류의 미래사』(교양인, 2004), 15쪽.

132 테리 이글턴, 앞의 책, 14~15쪽.

133 김미현, 「웰컴 투 강남」(작품 해설); 이홍, 『성탄 피크닉』(민음사, 2009), 219쪽.

134 이병주, 앞의 책, 225쪽.

135 나카지마 라모, 한희선 옮김, 『가다라의 돼지』(북스피어, 2010), 361쪽.

136 EBS 지식프라임 제작팀, 『지식 프라임』(밀리언하우스, 2009), 58쪽에서 재인용.

137 수전 그린필드, 전대호 옮김, 『미래』(지호, 2005), 250쪽.

138 데이비드 미첼, 최용준 옮김, 『유령이 쓴 책』(문학동네), 2009, 119쪽.

139 크리스토퍼 히친스, 김승욱 옮김, 『신은 위대하지 않다』(알마, 2007), 110~111쪽.

140 스튜어트 서덜랜드, 이세진 옮김, 『비합리성의 심리학』(교양인, 2008), 14쪽.

141 크리스토퍼 히친스, 앞의 책, 115쪽.

142 김윤영, 『내 집 마련의 여왕』, 자음과모음, 2009, 230쪽.

143 혼다 다카요시, 이수미 옮김, 『얼론 투게더』(소담출판사, 2010), 124쪽.

144 제임스 러브록, 이한음 옮김, 『가이아의 복수』(세종서적, 2008), 69~70쪽.

145 엔리케 호벤, 유혜경 옮김, 『보이니치 코드』(해냄, 2010), 158~159쪽.

146 같은 책, 260쪽. 참고로 이 소설의 저자인 엔리케 호벤은 물리학 박사이며, 현재 에스파냐
     카나리아 제도에 있는 천체물리학연구소의 상임 연구원이다.

147 제임스 러브록, 앞의 책, 28쪽.

148 이병주, 앞의 책, 252쪽.

149 그리오 드 지브리, 임산·김희정 옮김, 『마법사의 책』(루비박스, 2004), 39쪽.

150 사토 겐이치, 김미란 옮김, 『카르티에 라탱』(문학동네, 2004), 65쪽.

151 마루야마 겐지, 김춘미 옮김, 『물의 가족』(현대문학, 2005), 31쪽.

152 Andrew L. March, "An Appreciation of Chinese Geomancy", *The Journal of Chinese
     Geomancy*, Vol. 27, No. 2, 1968. 최창조 편역, 『터 잡기의 예술』(민음사, 1992), 184~185쪽.

153 마르코 부살리, 우영선 옮김, 『세계 건축의 이해』(마로니에북스, 2009), 37쪽.

154 이 용어는 카를 구스타프 융, 조성기 옮김, 『카를 융: 기억 꿈 사상』(김영사, 2007), 170쪽에도
     소개되어 있다. 옮긴이는 이를 "높은 산에서 비쳐 오는 햇빛으로 관찰자의 그림자가 짙은
     안개 속에 비쳐 보이는 현상"이라 풀이했다.

155 덴도 아라타, 김난주 옮김, 『영원의 아이』 상(살림, 1999), 21~22쪽.

156 엘프리다 뮐러카인츠·크리스티네 쾨닝, 앞의 책, 42쪽.

157 강지영, 『심 여사는 킬러』(씨네21북스, 2010), 284쪽.

158 엘리엇 애런슨·캐럴 태브리스, 박웅희 옮김, 『거짓말의 진화』, 추수밭, 2007, 43~52쪽.

159 같은 책, 222쪽.

160 박광수, 『악마의 백과사전』(홍익출판사, 2010), 162쪽.

161 엘프리다 뮐러카인츠·크리스티네 죄닝, 앞의 책, 41쪽.

162 롬 하레, 김성호 옮김, 『천년의 철학』(서광사, 2006), 288쪽.

163 슈테판 클라인, 유영미 옮김, 『우연의 법칙』(웅진지식하우스, 2006), 19~20쪽에서 재인용.

164 같은 책, 37쪽.

165 비보탑 혹은 조산(造山), 조탑(造塔)으로도 불린다.

166 슈테판 클라인, 앞의 책, 132쪽.

167 같은 책, 138쪽.

168 샘 해리스, 김원옥 옮김, 『종교의 종말』(한언, 2005), 53쪽.

169 수전 그린필드, 전대호 옮김, 『미래』(지호, 2005), 341쪽.

170 그렉 브레이든, 앞의 책, 210쪽.

171 슈테판 클라인, 앞의 책, 35쪽.

172 이나미 리쓰코, 이정환 옮김, 『명언으로 읽는 삼국지』(까치, 2007), 348쪽.

173 알렉스 로비라·프란세스 미라예스, 앞의 책, 143쪽에서 재인용, .

174 사토 겐이치, 김미란 옮김, 『물의 가족』(현대문학, 2005), 264쪽.

175 EBS 지식프라임 제작팀, 『지식 프라임』(밀리언하우스, 2009), 16쪽.

176 이나미 리쓰코, 앞의 책, 32~33쪽.

177 시노다 세츠코, 김해용 옮김, 『가상 의례』 상(북홀릭, 2010), 225~226쪽.

178 하지현, 「기습 폭우와 점집」, 《중앙일보》 2010년 9월 27일, 33면.

179 매트 리들리, 앞의 책, 23~24쪽.

180 레오나르도 고리, 이현경 옮김, 『신의 뼈』(레드박스, 2008), 295쪽.

181 김진규, 『저승 차사 화율의 마지막 선택』(문학동네, 2010), 99쪽.

182 파울로 코엘료, 앞의 책, 86쪽.

183 Richard Dawkins, *The Selfish Gene*, Oxford University Press, 1976.

184 Matt Ridley, *The Origins of Virtue*, Viking, 1996.

185 엔리케 호벤, 유혜경 옮김, 『보이니치 코드』(해냄, 2010), 465쪽.

186 레너드 쉴레인, 앞의 책, 63쪽.

187 A. C. 그레일링, 윤길순 옮김, 『새 인문학 사전』(웅진지식하우스, 2010), 91쪽.

188 카트린 라레르, 「머리말」, 베어드 캘리콧 외, 윤미연 옮김, 『자연은 살아 있다』(창해, 2004), 20~21쪽.

189 존 바우커, 앞의 책, 41쪽.

190 A. C. 그레일링, 앞의 책, 87쪽.

191 같은 책, 91쪽.

192 피에르 도나디외, 「가꾸어진 자연, 야생의 자연」, 베어드 캘리콧 외, 윤미연 옮김, 『자연은 살아 있다』(창해, 2004), 92~95쪽.

193 조선희, 『열정과 불안』 1(생각의 나무, 2002), 267쪽.

194 같은 책, 219쪽.

195 같은 책, 222쪽.

196 A. C. 그레일링, 앞의 책, 156쪽.

197 테리 이글턴, 강주헌 옮김, 『신을 옹호하다』(모멘토, 2010), 113쪽.

198 슈테판 클라인, 유영미 옮김, 『우연의 법칙』(웅진지식하우스, 2006), 347쪽.

199 같은 책, 8쪽.

200 존 바우커, 앞의 책, 372쪽.

201 매트 리들리, 앞의 책, 458쪽.

202 조우석, 「비관론자들아 보아라, 이 눈부시게 발전하는 세상을」, 《중앙일보》 2010년 8월 21일자, 20면.

203 김지선, 「옮긴이의 글」, 제인 구달 외, 김지선 옮김, 『희망의 자연』(사이언스북스, 2010), 635~636쪽.

204 같은 책, 288~289쪽.

205 클라이브 바커, 정탄 옮김, 『피의 책』(끌림, 2008), 114~115쪽.

206 오리하라 이치, 김선영 옮김, 『원죄자』(폴라북스, 2010), 117~118쪽.

207 김찬호, 『이성적 낙관주의자』 서평, 《동아일보》 2010년 8월 21일자, A16면.

208 테리 이글턴, 앞의 책, 70쪽.

209 「GM으로 종자 혁명, Monsanto」, 《Gold Club, Hana Bank》 70호(2010년 2월), 82~83쪽.

210 엘리엇 애런슨·캐럴 태브리스, 앞의 책, 27쪽.

211 마리 명옥 리, 「나는 왜 9살짜리에게 대마초를 주는가」, 《녹색평론》 116호(2011), 210~225쪽. 이 글의 필자는 자식이 고통 속에 있는 형편이다. 나는 대마초에 관해서 아는 바가 없지만 이 글만으로 대마초를 찬양하고 싶지는 않다. 다만 경우에 따라서는 그 유익함이 있을 수 있다는 증언에는 충격을 받았다.

212 엘리엇 애런슨·캐럴 태브리스, 앞의 책, 39쪽.

213 김두규·안영배, 『권력과 풍수』, 장락, 2002.

214 덴도 아라타, 김난주 옮김, 『영원의 아이』 상(살림, 1999), 311쪽.

215 조디 피콜트, 곽영미 옮김, 『19분』(이레, 2009), 65쪽.

216 나카지마 라모, 앞의 책, 65쪽.

217 시미즈 히로시, 박철은·김광태 옮김, 『생명과 장소』(그린비, 2010), 185~186쪽.

218 나카지마 라모, 앞의 책, 290쪽.

219 조선희, 『열정과 불안』 2(생각의나무, 2002), 53쪽.

220 에드워드 윌슨, 전방욱 옮김, 『생명의 미래』(사이언스북스, 2005), 230쪽.

221 조선희, 앞의 책, 55쪽.

222 데이비드 미첼, 최용준 옮김, 『유령이 쓴 책』(문학동네, 2009), 66쪽.

223 같은 책, 79쪽.

224 같은 책, 106쪽.

225 제임스 러브록, 앞의 책, 77쪽.

226 조 에노스, 「생태 위기에 대한 그리스도인의 응답」, 《녹색평론》 113호(2010), 86쪽.

227 테리 이글턴, 앞의 책, 29~30쪽.

228 미나토 카나에, 김미령 옮김, 『속죄』(학산문화사, 2009), 14~15쪽.

229 존 바우커, 앞의 책, 5쪽.

230 같은 책, 40쪽.

231 김미현, 앞의 글, 219쪽.

232 엘프리다 뮐러카인츠·크리스티네 죄닝, 앞의 책, 30쪽.

233 이석영, 『빅뱅 우주론 강의』(사이언스북스, 2009), 295쪽.

234 다카무라 가오루, 정다유 옮김, 『마크스의 산』 1(손안의책, 2010), 395쪽.

235 로빈 스턴, 신준영 옮김, 『가스등 이펙트』(랜덤하우스코리아, 2008), 29쪽.

236 성석제, 「허리의 성자」, 『인간적이다』(하늘연못, 2010).

237 A. C. 그레일링, 앞의 책, 209쪽.

238 켄 윌버, 조옥경·윤상일 옮김, 『에덴을 넘어』(한언, 2009), 83쪽.

239 샹커 베단텀, 임종기 옮김, 『히든 브레인』(초록물고기, 2010), 448쪽.

240 A. C. 그레일링, 앞의 책, 193쪽.

241 같은 책, 199쪽.

242 가이도 다케루, 지세현 옮김, 『의학의 초보자』(들녘, 2010), 55쪽.

243 파울로 코엘료, 앞의 책, 133쪽.

244 레너드 쉴레인, 앞의 책, 38쪽.

245 A. C. 그레일링, 앞의 책, 128쪽.

246 파블로 데 산티스, 조일아 옮김, 『파리의 수수께끼』(대교출판, 2010), 26쪽.

247 최창조, 『닭이 봉황 되다』, 모멘토, 2005에서 재인용.

248 존 바우커, 앞의 책, 38쪽.

249 권남희, 「옮긴이의 말」, 덴도 아라타, 권남희 옮김, 『애도하는 사람』(문학동네, 2010), 646~647쪽.

250 기리노 나쓰오, 권일영 옮김, 『얼굴에 흩날리는 비』(비채, 2010), 121쪽.

251 덴도 아라타, 김난주 옮김, 『영원의 아이』하(살림, 1999), 119~120쪽.

252 같은 책, 351쪽.

253 김기웅, 「치매 잡는 지름길」, 《중앙일보》 2010년 9월 7일자, 37면.

254 고종관, 「미국 시니어 케어 전문가 나카지마 씨 인터뷰」, 《중앙일보》 2010년 9월 27일자, S5면.

255 박대욱, 「실버 산업, 우리에게도 좋은 기회」, 《중앙일보》 2010년 9월 27일자, E4면.

256 하지현, 『도시 심리학』(해냄출판사, 2009), 36쪽.

257 김필규, 「고령화 시대의 경제학」, 《중앙일보》 2011년 1월 8일자, Book 23면.

258 특별 취재팀, 「늙고 병든 몸, 쉴 곳이 없다」, 《조선일보》 2010년 9월 28일자, 1면.

259 미나가와 히로코, 권일영 옮김, 『죽음의 샘』(시작, 2009)에서 재인용.

260 파울로 코엘료, 앞의 책, 7쪽.

261 혼다 다카요시, 앞의 책, 167~169쪽.

262 시노다 세츠코, 김성은 옮김, 『도피행』(국일출판사, 2008), 215쪽.

263 《조선일보》 2011년 1월 3일자.

264 기시다 루리코, 오근영 옮김, 『천사의 잠』(대교베텔스만, 2006), 260, 302~303쪽.

265 하지현, 앞의 책, 83~84쪽.

266 유종호, 『내가 본 영화』(민음사, 2009), 166쪽.

267 다카하시 겐이치로, 양윤옥 옮김, 『겐지와 겐이치로 B』(웅진지식하우스, 2007), 290쪽.

268 매트 리들리, 앞의 책, 323쪽.

269 A. C. 그레일링, 앞의 책, 79~82쪽.

270 윤휴, 『백호전서』 제33권, 한국고전번역원, 14/28쪽.

271 『약천집』 제17권, 「신도비명」, 낭선군 효민공 신도비명, 한국고전번역원, 3/5쪽.

272 『약천집』 제26권, 「가승(家乘)」, 한국고전번역원, 1/3쪽.

273 같은 글, 1/1쪽.

274 EBS 인간의 두 얼굴 제작팀, 『인간의 두 얼굴』(지식채널, 2010), 44~46쪽.

275 같은 책, 114~115쪽.

276 하지현, 앞의 책, 51~52쪽.

277 같은 책, 51~52쪽.

278 같은 책, 52~53쪽.

279 롬 하레, 앞의 책, 379쪽.

280 매트 리들리, 앞의 책, 419~420쪽.

281 레너드 쉴레인, 앞의 책, 20쪽.

282 같은 책, 129쪽.

283 톰 버틀러 보던, 앞의 책, 285쪽.

284 마르코 부살리, 앞의 책, 26~28쪽.

285 에드워드 윌슨, 앞의 책, 134쪽.

286 같은 책, 174쪽.

287 피에르 도나디외, 「가꾸어진 자연, 야생의 자연」, 베어드 캘리콧 외, 윤미연 옮김, 『자연은 살아 있다』(창해, 2004), 104쪽.

288 같은 글, 110쪽.

289 하지현, 앞의 책, 49~50쪽.

290 김찬호, 『이성적 낙관주의자』 서평, 《동아일보》 2010년 8월 21일자, A16면.

291 그렉 브레이든, 앞의 책, 75쪽.

비보로서의 풍수

1 나의 글 모음은 『최창조의 새로운 풍수』(민음사, 2009) 뒷부분에 수록했다.

결론

1 양창렬, 「옮긴이의 말」, 자크 랑시에르, 양창렬 옮김, 『무지한 스승』(궁리, 2008), 265쪽.

2 이호신, 「그림 기행 첫머리에」, 『풍경 소리에 귀를 씻고』(해들누리, 2001).

한국 자생 풍수의 기원, 도선

1판 1쇄 찍음 2016년 3월 25일
1판 1쇄 펴냄 2016년 4월 1일

지은이 최창조
발행인 박근섭·박상준
펴낸곳 (주)민음사

출판등록 1966. 5. 19. 제16-490호
주소 서울시 강남구 신사동 506번지 강남출판문화센터 5층 (135-887)
대표전화 515-2000 | 팩시밀리 515-2007
홈페이지 www.minumsa.com

ISBN 978-89-374-3271-2 (93150)